湛庐CHEERS

与最聪明的人共同进化

HERE COMES EVERYBODY

SOCIAL PSYCHOLOGY

5TH EDITION 原书第5版

GOALS IN INTERACTION

西奥迪尼社会心理学

道格拉斯·肯里克（Douglas T. Kenrick）
[美] 史蒂文·纽伯格（Steven L. Neuberg） ◎ 著
罗伯特·西奥迪尼（Robert B. Cialdini）

谢晓非 等 ◎ 译

北京联合出版公司
Beijing United Publishing Co.,Ltd

作者寄语

对学生们来说，一本有代表性的社会心理学读物，犹如一场精彩的马戏团演出，好戏连连，颇有些让人目不暇接。瞧，不同的花样轮番上阵——惊人的利他主义行为、骇人的攻击行为、不可思议的说服把戏、人类合作行为的金字塔架构以及令人迷惑的自欺行为。在所有这些行为中是气定神闲的课程传授者——马戏团总指挥，他将学生们的视线交替引向各种奇妙的场景。现在，女士们、先生们，请你们将视线从滑稽的自欺行为转向奋不顾身跃入湍急爱河的男男女女，再转向攻击行为的血盆大口中！

为什么以整合的途径探讨社会心理学

这场社会心理学的马戏狂欢秀可能会掩藏着这样一层重要的含义：人类的社会行为是以相互关联的方式交织在一起的。单独、孤立地呈现各章节主题——这里谈点儿攻击、说服、偏见，那里谈点儿人际关系，只能提供一些支离破碎的见解。共同的概念、维度以及原则是所有社会行为的基础。我们相信，知晓它们会让学生们获益匪浅。毕竟，学习和记忆的一个重要原则便是，当材料的不同部分有机地组合在一起时，人们能够更轻易地掌握以及记忆更多的材料。

马戏表演让人眼花缭乱，但却不是学习的好方式。在剧院、电影院或是文艺作品中，我们能够欣赏到同样精彩的画面，并且这些画面的结构更为周密。社会心理学这一学科更应该是一部生动的、有序的编年史，而不是一场混乱的马戏表演。它是一部错综复杂的编年史，波澜起伏、柳暗花明，又不失连贯一致性：循环的人物、场景以及主题会将其各个部分串联起来。我们撰写这本书的主要目的是为读者提供一个凝聚的框架：在保留社会心理学丰富趣味性的同时，融入更多有益的理论整合。

我们如何达成整合

在决定写这本书之前的一年里，本书的作者们每周都会抽一个下午碰面，试图勾勒出一个真正整合了的理论框架。我们知道，我们彼此分享着“甜蜜的酸涩”。我们基本意见一致，但是我们各自又拥有不同的社会心理学研究视角（社会认知、社会学习和进化心理学），有时这些视角会发生冲突。我们意识到，如果我们能够找到一个重要的理论框架，将所有这些不同的途径联结起来，它将为整合材料提供极为广阔的基础，即容纳并涵盖一系列的理论出发点。

我们多次的会面充满了善意的争论、令人大开眼界的洞察、错误的启程、盲目的摸索以及满意的突破，伴随这些的是我们的共同体会：我们对社会心理学的了解正在逐步加深。即使不写这本书，这些努力与付出也是值得的。通过一年的讨论与争辩，我们不仅拥有了一笔宝贵的中年学习经历，也就整合的框架达成了一致的见解，而这个框架正是我们的热情所衷。

这本书的英文副标题翻译成中文是“互动中的目标”，这正反映了我们联结本书内容（章节内以及章节间）的两条主要线索。

1. **社会行为的目标导向特性**。首先，我们会强调社会反应是目标导向的。目标本身可能难以用言语表达，甚至难以被觉察到，但是当人们服从权威人物、开始一段新恋情或是彼此间拳脚相加时，他们是出于某种目标才这样做的，比如获得某人的认同、确认自我形象或获取社会地位。在本书第 1 章中，我们会描述日常目标是如何源于基本的社会动机的，比如建立社会纽带、吸引配偶以及理解自己和他人。在第 2 章中，我们会检视目标是如何运作的。
2. **个人 – 情境交互作用**。其次，为了完全理解人们发生社会行为的原因，我们需要考虑个人的不同方面是如何与他所处的情境产生交互作用的。个体内部的一些特征，比如态度、特质、期望、归因、心境、目标、刻板印象以及情绪，是如何与情境特征产生交互作用以共同影响社会行为的？从库尔特·勒温（Kurt Lewin）开始，这种交互作用的主题就在这一领域极为突出。不幸的是,社会心理学的入门书籍往往低估了交互作用的解释效力。相对而言，在本书中，我们会持续邀请读者们考虑个体内部力量与外部力量的相互影响。

联结视角：认知、文化和进化

在过去的 20 年，社会心理学家们热衷于采用认知视角探讨人们加工社会情境信息的方式，并取得了丰硕的成果。这些成果也进一步充实了社会学习视角下的研究发现。而近年来，研究者们在不同的人类文化和不同的动物种系间发现了许多令人振奋的社会行为，因此社会文化与进化论的视角正日益受到关注。

社会文化视角强调社会思想和行为是如何被囊括入我们所居住的庞大的社会情境中的。文化的力量可能会改变以下问题的答案：哪种说服的技术是有效的？一个人如何定义自己，是以群体中一员的身份还是以独立个体的身份？一个女人可以嫁给一个人，还是多个人？文化研究是令人着迷的，因为它经常强调差异性，会提醒我们“我们的方式”并不是唯一的方式。

但是，跨文化研究也告诉我们，全世界的人们都拥有一些共同的思维和行为方式。进化论视角能够帮助我们理解，为什么不同的人类文化存在共性，甚至不同的物种之间也存在共性。乍一看，进化心理学似乎强调人类本性的黑暗面，即“自私基因”会驱动攻击行为、性侵犯以及两性间的斗争，但进化论的分析也显示，我们的祖先之所以能够存活，不仅取决于自私的竞争，也取决于一些积极的行为，比如形成友谊、与群体内的其他成员合作以及建立牢固的家族纽带等。

显然，这些不同的视角并非彼此的“附属品”，它们协同工作，帮助我们更加全面地理解社会这个世界。我们这些作者都受到认知、文化和进化论视角的长期浸润，我们也努力将它们的精华交织编入本书中。在这一版中，我们会强调社会心理学是如何发挥桥梁作用，联结心理学的不同领域（比如认知神经心理学、发展心理学和临床心理学）以及其他行为科学（比如人类学、经济学、政治科学和动物学）的。

每章的架构

在每一章的特殊专栏中，我们将会突出强调社会心理学的若干信息与主线。

1. 小调查

社会心理学家们也是侦探。这个比喻很贴切，所以我们邀请读者们将自己与“小调查”专栏中的概念联系起来。这些看似微不足道的小问题，却能吸引读者们投入一个调查，或是通过组合书里的概念、发现以及他们对自己和他人的认识，或是通过运用他们自己的逻辑分析能力去批判性地分析刚刚揭示的证据。“小调查”中所设计的问题不仅强调社会心理学与生活的密切相关性，也能够帮助初学者更加高效地学习。关于学习和记忆的相关研究显示，如果我们能将学习材料与自身建立联系，对其加以批判性地思考并积极练习，那么我们就能够更加轻松地掌握它们。

小调查

思考两个你认识的人，他们的文化背景与你不同（来自不同的国家、有不同的社会阶层及种族）。在哪些方面，不同的文化规范使你们在彼此的互动中表现出不同的行为？

2. 联结：理论与应用

在这个专栏中，我们将会探讨某一特定的实验发现或系列发现是如何与现实世界中的问题建立联系的。比如，研究中所获得的见解如何用来减少课堂歧视、帮助已婚夫妇巩固婚姻或减少暴力等。

3. 联结：方法与证据

在第 1 章中，我们用侦探的比喻阐述了研究方法：在碎片中筛选，搜寻蛛丝马迹。在接下来的章节中，我们为研究者的“侦探工作”引入了新的工具。比如，在讲述媒体暴力与观看者攻击性的研究中，我们在专栏中介绍了元分析的方法；在讨论关于爱情的研究时，我们引入了因素分析的工具；在探讨人们克制偏见流露的方式时，我们引入的最前沿的研究采用了脑成像的技术。通过在本书中介绍这些工具，我们希望能够为读者展示方法对于解决这些谜团的特殊重要性。

4. 联结：适应与障碍

学心理学的人常常对紊乱的行为兴趣浓厚。在这个专栏中，我们通过深入挖掘紊乱行为以揭示一些更广泛的原则。我们会考察：通常情况下健康的社会行为是如何走向极端，以致产生不良后果的，比如，恋人之间发展紧密纽带的适应性倾向是如何导致迷恋关系的。

5. 回顾

在每一章的最后一部分，我们将回顾章节开头抛出的那个谜团，以帮助读者融会贯通本章中所讨论的各种研究发现。比如，探讨完说服领域和亲密关系领域的研究发现（我们会将章节中所揭示的新线索衔接起来），我们会回顾为什么男孩会违心认领自己犯下的“滔天大罪”。通过这种方式，我们希望不仅能够激发读者的好奇心，也得以实践另一种学习和记忆的常规原则，即当亲身经历的事情与生动的案例相联系时，人们能够回忆起更多相关的事情。

将方法和应用融入故事

粗略浏览一下，我们可以看到，本书并没有设置单独阐述“应用”的章节，比如健康、商业或是法律等话题。这并不是因为它们在社会心理学中的地位不重要，恰恰相反，与其在书中为这些话题开辟专门的空间，我们更想强调的是它们与该领域主流话题的频繁联系。因此，当它们在课文中的讨论部分或是章节中的“联结：理论与应用”专栏中（此时特别的阐述是适宜的）自然出现时，我们会指出这些联系。通过这种方式，我们希望能够向读者传达社会心理学的原则与人们在工作场所、课堂以及其他应用性环境中所呈现出的行为之间的固有联系。

出于相似的原因，我们也没有设置单独的章节或者附录专门阐述研究的方法。尽管在第 1 章中，我们向读者展示了社会心理学研究的主要方法及脉络，但我们认为，更有价值的方法指导来自随后章节中的“联结：方法与证据”的专栏。在这个专栏中，方法与谜题的讨论融合在一起，读者能够了解到解决问题的一些方法的细节。此外，读者还会逐渐认识到无法理解的结果是如何得到的，这样就不能对研究的结果抱有百分之百的信心了。

最后，再次强调一下我们对整合的重视：各个章节并不是归结、分割成独立的部分，比如社会认识、社会影响以及社会关系。反之，各章节的话题是一个流动的连续体，从个体内部发生的现象自然过渡到外部发生的现象，但是，这种次序并不是强制性的，除了第 1 章和最后一章以外，**读者可以按照自己的偏好自主排列章节的阅读次序，这样也不会影响对章节内容的理解。**

本书具有这种贯通性的一个原因在于，我们所提出的整合并不来源于书中内容的丝丝入扣。反之，这种整合来自一对概念，目标和个人 – 情境交互作用，这对概念通常适用于各种话题。尽管各个章节的目标不尽相同，但是目标起作用的方式——发展、运作的机制是相似的，无论是关于攻击、吸引还是自我呈现或者其他社会行为。此外，尽管特定的因素因所研究的行为而异，但理解个体因素如何与情境因素交互作用却为找到日常社会行为的原因提供了最真切的洞察——无论行为是什么以及我们以何种次序考察它们。我们的这两个核心概念，使本书的组织架构既得到整合又表现出灵活性。

在接下来的部分，读者们将会发现，紧密交织、互相关联的日常社会行为比马戏团的演出更让人目不暇接。社会心理学不仅可以是“地球上最炫目的演出”，也可以是最宏伟的故事——激动人心、有条有理，又饱含深义。我们希望你们能够产生共鸣。

第 5 版的新变动

除了一些重要的经典研究及现今研究外，第 5 版还增添了 412 篇新的参考文献，引领读者们阅读这些新的研究发现（其中超过 324 篇文章发表于 2007 年以后）。同时，21 世纪心理学一些激动人心的潮流也正日益体现在社会行为的研究中。在这个版本中，我们进一步加强了对下列研究的覆盖面：积极心理学、社会神经科学、文化和进化论以及上面所提及的，我们还通过不同方式强调了社会心理学作为桥梁学科的独特地位。

增加的新内容的具体例子包括：

- 人们通常认为，把钱花在自己身上会更开心，但最近研究显示，人们把钱赠予他人时会感到更加开心（第 1 章和第 9 章）。
- 帮助他人会激活我们头脑中的奖赏中枢，而这个中枢常常与一些愉快的活动相联系，如进食和性行为（第 9 章）。
- 认为自己与群体中的其他成员意见不一致会激活特定部位的脑区，而这些脑区通常与躯体疼痛相联系（第 6 章）。
- 一个社会是强调集体主义还是个人主义，一个国家的人们是否会拥有某些与社交性相关的人格特质，都与当地传染病的普及性息息相关（第 1 章）。
- 新近研究发现，体内荷尔蒙（如睾酮和雌二醇）水平的波动，会决定我们受何人的吸引，且与我们的经济行为相关（第 1 章和第 8 章）。
- 健康行为，比如戒烟和节能等，可能以传染潮流的形式席卷整个群体（第 6 章）。
- 一种文化下的象征物能够启动其他文化下人们的思维方式。比如，向欧裔美国人展现阴阳的标志后，能够使他们的思维方式更接近东亚人（第 2 章）。
- 新的脑研究显示，态度能够以无意识的方式习得（第 5 章）。
- 在美国，你能在不同地区或是不同社会阶层所流行的音乐风格中聆听出各自的文化价值观：乡村和西部音乐强调顺应世事、坚韧不拔和正直不阿；而摇滚乐则强调特立独行、不拘常规以及改变世界（第 1 章）。

西奥迪尼被誉为“影响力之父”，30 年后他又进行了哪些研究？
扫码掌握抢先一步说服他人的“先发影响力”。

作者简介

十年来，道格拉斯·肯里克（Douglas Kenrick）、史蒂文·纽伯格（Steven Neuberg）和罗伯特·西奥迪尼（Robert Cialdini）每周都会碰面，他们就着美味的辣椒肉馅玉米卷饼、中东烤肉或是意大利面，讨论实验设计或是社会心理学领域的重要问题。随着时间的流逝，他们逐渐意识到，彼此在一些重要观点上达成了一致意见，而这些观点可以汇聚成一本综合、有趣的社会心理学读本。这三位作者，每一位都拥有数年的社会心理学教学经验，他们曾在私立学院或是公立大学给本科生以及研究生们授课，也都曾在社会心理学领域的最顶尖的杂志上发表过自己的研究，且研究的主题非常广泛，包括社会认知、自我呈现、说服和社会影响、友谊和爱情、助人行为、攻击、偏见以及刻板印象等。每一主题都卓然独立，但结合起来，又浑然一体，共同演绎了本书的两条主要线索。本书中会加入他们的许多教学和研究心得。

道格拉斯·肯里克

亚利桑那州立大学的一位教授。他在道林学院获得了学士学位，在亚利桑那州立大学取得了博士学位。在回到亚利桑那州立大学任教前，他曾在蒙大拿州立大学执教四年。他的研究发表在许多杂志上，包括《心理学评论》（*Psychological Review*）、《美国心理学家》（*American Psychologist*）等。1994 年，他和约翰·西蒙（John Seamon）共同执笔了《心理》（*Psychology*）一书。现在，他教授教学心理学的研究生课程，也非常享受为本科生们开设的社会心理学课程，而后者为他赢得了多项教学奖。

史蒂文·纽伯格

史蒂文·纽伯格在康奈尔大学获得了学士学位，在卡内基梅隆大学取得了研究生学位。他在加拿大滑铁卢大学做了一年博士后研究，然后便一直在亚利桑那州立大学执教。纽伯格的研究也发表在许多杂志上，包括《实验社会心理学进展》（*Advances in Experimental Social Psychology*）、《心理科学》（*Psychological Science*）等。他的研究曾获得美国国家精神卫生研究所（National Institute of Mental Health）和美国国家科学基金会（National Science Foundation）的资助。他也获得了多项教学奖，包括他所在大学的“杰出教学奖”以及“突出荣誉教师奖”。

罗伯特·西奥迪尼

亚利桑那州立大学的终身校董事讲席教授（Regents Professor），也是研究生特聘教授。他在威斯康辛大学获得了学士学位，在北卡罗来纳大学取得了研究生学位。他曾任美国人格与社会心理学协会的主席，并获得了协会颁发的突出科学贡献奖。他的研究发表在许多杂志上，包括《社会心理学手册》（*Handbook of Social Psychology*）、《个性与社会心理学杂志》（*Journal of Personality and Social Psychology*）等。他的著作《影响力》已被翻译成 30 种语言，在全球售出了 300 万册。

目录
CONTENTS

第1章 导论

本章案例：《三杯茶》的人生

1.1 什么是社会心理学 / 3

描述和解释社会行为·社会心理学是一座跨学科的桥梁

1.2 社会心理学的主要理论视角 / 4

社会文化视角·进化论视角·社会学习视角·社会认知视角·视角融合

1.3 社会行为的基本准则 / 9

社会行为是目标导向的·个人与情境的交互作用

1.4 心理学家是如何研究社会行为的 / 12

描述法·相关与因果·实验法·为什么社会心理学家们需要博采众长·社会心理学研究中的伦理问题

1.5 社会心理学与其他知识领域的联系 / 22

社会心理学与心理学的其他领域·社会心理学与其他学科

第2章 个人与情境

本章案例：马丁·路德·金——从平凡到非凡

2.1 个人 / 28

动机：驱动之力·知识：我们对世界的看法·情感：态度、情绪和心境·介绍自己

2.2 情境 / 39

人也是情境：纯粹在场、适宜性以及示范性规范·规则：禁止性规范和脚本情境·强情境与弱情境·文化

2.3 个人与情境的交互作用 / 46

不同的人会对相同的情境做出不同的反应·情境选择个人·个人选择情境·不同的情境会启动个人的不同方面·个人改变情境·情境改变个人

第3章　社会认知：了解我们自己和他人

本章案例：希拉里·克林顿的“画像”

3.1　社会思考者　/　55

社会认知的四个核心过程·社会认知的目标

3.2　努力地保存　/　56

期望·特质推论·其他认知捷径：启发式·唤醒与昼夜节律·结构需求·复杂情境和时间压力·当世界并不符合我们的期望时

3.3　管理自我形象　/　64

提升和保护自我的认知策略·自尊·对自尊的威胁·当自尊很脆弱时·对积极自尊的需要在多大程度上具有文化的普遍性

3.4　寻求准确的理解　/　71

无偏的信息搜集·考虑其他可能性·逻辑性的归因：寻求行为的起因·心境·认知需要·意外事件·社会性的相互依赖·准确性动机需要认知资源

第3章

第4章　呈现自我

本章案例：弗雷德·德马拉的传奇人生

4.1　什么是自我呈现　/　83

人们为什么要自我呈现·人们何时会自我呈现·自我呈现的本质

4.2　表现得讨人喜欢　/　89

逢迎的策略·性别与逢迎·潜在的朋友和掌权者·多个观众

4.3　表现能力出色　/　96

自我推销的策略·胜任动机和羞怯·当能力至关重要的时候·能力检验·自我推销的人际循环

4.4　传达地位和权力　/　100

传达地位和权力的策略·性别、地位和权力·受到威胁的形象和新的资源·对不同观众使用不同策略

第4章

第5章　态度和说服

本章案例：彼得·赖利的蜕变

5.1　态度的本质　/　110

态度形成·态度强度·态度－行为一致性

5.2　什么是说服　/　113

测量态度的改变·认知反应：自我对话能起到说服效果·说服的双加工模型：改变的两条路径·说服的目标：人们为什么要改变他们的态度和信念

5.3　对世界有一个准确的认识　/　120

获得准确性的好捷径·什么会影响追求准确性的愿望

5.4　维持态度和行为的一致性　/　126

平衡理论·认知失调理论·什么会影响认知一致性需求·一致性和文化

5.5　获得社会认同　/　131

自我监控·性别：女性、男性和说服·对讨论的预期和自我监控

第5章

第6章　社会影响：从众、顺从和服从

本章案例：史蒂夫·哈桑的两次惊人转变

6.1　社会影响的分类：从众、顺从和服从　/　139

从众：阿希的群体影响研究·顺从：登门槛技术·服从：米尔格拉姆的电击程序·社会影响的目的

6.2　正确选择：向准确屈服　/　145

权威人物·社会确认·一致性和相似性·不确定性

6.3　赢得社会认可：向被喜欢屈服　/　150

社会规范：行为的法规·哪些个人因素会影响社会认可的影响力·哪些情境因素会影响社会认可的影响力·谁能足够强大以抵抗强大的群体规范

6.4　管理自我形象：向一致性屈服　/　157

引发承诺的策略·利用现有承诺·主动承诺和公开承诺·性别和公开承诺

第6章

第7章 归属与友谊

本章案例：两位囚犯的友谊

7.1 什么是朋友 / 164

研究现实生活中的关系·归属与友谊的目的

7.2 获得社会支持 / 167

女人更习惯照料和交友，而男人却更习惯战斗或逃跑吗·威胁：为什么有时总是祸不单行·拒绝支持·依恋与社会化发展

7.3 获得信息 / 172

社会比较与相似相吸·自我表露者与非自我表露者·重要事件的不确定性·与我们的相似性·当不相似能挽回自尊时

7.4 获得地位 / 176

男人的友谊更加等级分明·依靠关系获得地位·男人的地位寻求会削弱社会支持

7.5 物质利益的交换 / 178

社会交换的基本模式·共享倾向的个体差异·共享和交换关系·临近性与社会资本·远距离的朋友：电视、facebook和网络·交换关系在西方和非西方文化中有差别吗

第8章 爱情与浪漫关系

本章案例："大象与鸽子"的风流韵事

8.1 爱情与浪漫吸引的定义 / 186

爱情特点的定义·是否存在不同类型的爱·浪漫关系的目标

8.2 获得性满足 / 188

谁具有性吸引力·性行为中的性别差异·激素与性欲·社会性性行为取向·同性恋和双性恋吸引·唤起情境·性行为的文化规范·男人与女人对性情境的不同认识·文化规范与进化机制的交互作用

8.3 建立家庭联系 / 195

依恋的重要性·依恋类型·交换/共享倾向·威胁对依恋的放大效应·嫉妒与同性竞争者·关系改变我们的人格

8.4 获得资源和社会地位 / 199

性别和性取向·文化、资源和多配偶制·承诺关系中的社会交换·当支配力起作用时

8.5 分手还是在一起 / 205

一些人更擅长与人相处·一些情境使夫妻分开·交流：使两个人渐入佳境

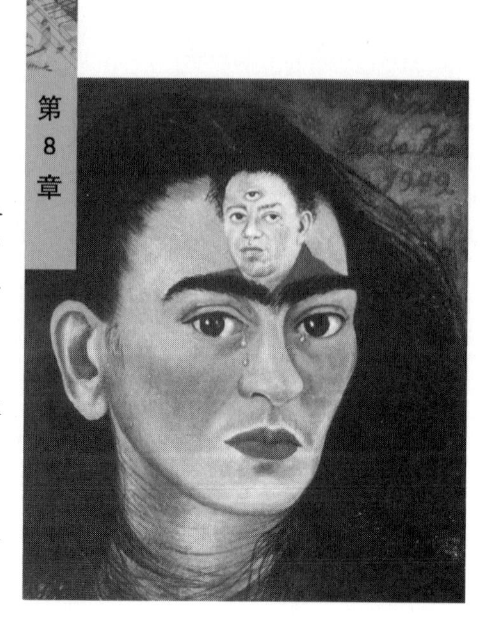

第9章 亲社会行为

本章案例：杉原千亩的救人之举

9.1 亲社会行为的目标 / 210

9.2 提高我们基本的福利：获得基因与物质的收益 / 211

洞察帮助的演化·学习助人·相似性与熟悉性

9.3 获得社会地位与认同 / 216

社会责任：帮助的规范·渴望赞同·我们身边的他人效应·性别与帮助

9.4 自我形象管理 / 221

个人规范与宗教法则·贴标签与自我聚焦·决定不帮助朋友或不寻求他们的帮助

9.5 管理我们的情绪与心境 / 226

管理紧急事件中的情绪唤起：唤醒/成本–回报模型·管理非紧急事件中的心境：负向状态减缓模型

9.6 纯粹利他主义存在吗 / 229

共情–利他序列·一种自私自利的解释

第9章

第10章 攻击行为

本章案例：一场无意义的暴力行为

10.1 什么是攻击 / 235

攻击的不同类型·攻击的性别差异可能是基于你的定义·攻击性行为的目标

10.2 应对愤怒的情绪 / 238

挫折攻击假设·唤起与愤怒的情绪·不愉快的情境·愤怒导致对情境知觉的变化·有些人会主动地制造出愤怒性情境

10.3 获得物质和社会奖赏 / 244

社会学习理论：对暴力性行为进行奖赏·哪些人从暴力行为中得到了奖赏·媒体对于暴力性行为的美化·媒体暴力对暴力性倾向的放大作用

10.4 获得或维持社会地位 / 251

攻击与性选择·性欲与睾酮·侮辱与荣誉文化·社会地位在什么时候会起作用

10.5 保护自己或他人 / 256

自卫者·知觉到的威胁·自我保护性攻击可能会使危险增加

10.6 减少暴力性行为 / 259

除了攻击以外的替代性奖赏方案·合法的惩罚·通过移除威胁来进行预防

第10章

第11章 偏见、刻板印象和歧视

本章案例：安·奥特沃特和埃利斯的不可能之路

11.1 浩如繁星的偏见 / 266

偏见和刻板印象·歧视·偏见、刻板印象和歧视的代价·偏见、刻板印象和歧视的目的

11.2 支持和保护自己的群体 / 273

创造和保持群体内优势·社会支配倾向·群体间竞争·群体间竞争的自我实现升级

11.3 寻求社会赞许 / 277

笃信宗教与偏见·偏见标准随时间而变化·知觉到的社会地位与偏见的表达

11.4 自我形象管理 / 280

个体身份和社会身份·群体内身份认同·权威主义与偏见·失败与自我形象威胁·自尊与威胁

11.5 寻求心理效率 / 284

有效率的刻板印象的特征·对于结构的需求·情绪和情感·认知负载情境·无意中听到种族诽谤

11.6 减少偏见、刻板印象与歧视 / 291

基于忽视假设的干预·基于目标的方法·什么时候接触会起作用

第11章

第12章 群体

本章案例：揭露隐藏的群体病变

12.1 群体的实质 / 303

仅仅他人在场与社会助长·人群与去个体化·作为动态系统的群体：规范的出现·“真正的”群体·为什么人们要归属于群体

12.2 完成任务 / 309

减轻负担与分配工作·个体失败与群体成功的预期·当前的需求，个人主义社会·什么时候群体最多产

12.3 做出正确的决策 / 314

了解的需要·不确定的情境·讨论与决策

12.4 获得领导地位 / 320

谁想当领导·当机会来敲门·谁会成为领导·什么时候领导最有效

第12章

第 13 章　社会困境：是合作还是冲突

本章案例：两种截然不同的未来世界

13.1　定义社会困境　/　330

紧扣问题和解决方案 · 全球社会困境背后的目标

13.2　获得立即满足　/　334

社会陷阱 · 利己取向和亲社会取向 · 改变短视的自私自利所造成的后果 · 干预措施和动机的匹配

13.3　捍卫自己以及自己重视的人　/　339

外群体偏见和国际冲突 · 有些个体比一般人的防御性更强 · 竞争和威胁 · 文化间的误解和国际冲突 · 合作与冲突的互惠性动力学

第 14 章　整合社会心理学

本章案例：奥巴马的登顶之路

14.1　我们已经取得了什么样的进展　/　354

研究结果和理论

14.2　社会心理学的主要理论视角　/　356

社会文化视角 · 进化论视角 · 社会学习视角 · 社会认知视角 · 性别差异是存在于我们的基因中、文化学习经验中还是我们所有人的思想中

14.3　结合不同的观点　/　362

社会行为是目标取向的 · 人和环境之间的交互作用

14.4　研究方法为什么重要　/　369

14.5　社会心理学是怎样嵌入知识网络的　/　371

14.6　社会心理学的未来　/　373

术语表　/　375

译后记　/　383

参考文献　/　384

第 1 章

导论

《三杯茶》的人生

高中毕业后的十多年，格雷戈·莫滕森（Greg Mortenson）就过着平常人的生活，磕磕绊绊地寻找一份适合自己的职业。他可不像有些人那样，生来便注定干某一行，并能在这行中功成名就。因为无力支付大学费用，他先在军队待了两年，然后靠刷盘子支撑自己读完了大学。大学毕业后，他被医学院录取了，但他最终却决定不去医学院。之后，他修读了印第安纳大学的神经生理学研究生课程，却又中途辍学，移居到了加利福尼亚。在加州，他在一家攀岩馆混日子，勉强挣些钱来维持自己攀岩的爱好。他 35 岁了，但仍然没有固定的伴侣。

莫滕森对自己的职业生涯并没有一个明确的目标，便匆匆赶往喜马拉雅去挑战世界第二高峰——乔戈里峰。他希望以此来祭奠自己 23 岁便英年早逝的姐姐。莫滕森接近了顶峰，却没有最终到达峰顶。在长达一周的下山途中，他饱受高空缺氧和刺骨寒风的折磨，并且他还与自己的向导走散了。他迷路了，跌跌撞撞中意外撞入一个地图上没有标注出的名为科飞（Korphe）的小村子。村长哈吉·阿里（Haji Ali）招呼了他，给他送上热茶并留他住宿。在科飞村的日子里，莫滕森很惊讶地发现，村里的孩子既没有学校也没有老师。附近的孩子每天自愿在近村的悬崖上集合，诵读经文给彼此听。尽管莫滕森几乎一无所有，但他却对哈吉·阿里发誓，他一定会回来的，还要为孩子们建所真正的学校。

莫滕森飞回了加州伯克利，为攒张飞回巴基斯坦的机票，他节衣缩食地过日子。但是除了返回的机票外，他还得购买材料、雇用劳力去建造学校。他开始给数百个素不相识的人写信，希望他们能够帮帮这些巴基斯坦边远山区渴望学习的儿童。可惜，在一台陈旧的打字机上敲完了 350 封信后，他一分钱也没有募捐到。就在莫滕森快要放弃的时候，他写了封信给简·霍尼（Jan Hoerni）。此人在成为硅谷大亨前，曾经成功地攀登过乔戈里峰。霍尼询问莫滕森建造一所学校大概需要多少钱，然后给他开了张支票，金额刚好能够建学校。但是，在买完材料后，莫滕森却发现了个大难题，原来科飞村坐落在一个难以逾越的裂谷腹地，根本没办法将沉重的建筑材料运过去。莫滕森没有气馁，又飞回美国，筹集更多的资金来建造一座桥梁。

自 1993 年开始，莫滕森在霍尼以及其他捐助者的帮助下，共建造了 55 所学校。他还成立了一个机构来募集资金，为教师们发放薪水以及维持学校的日常运转。他帮助科飞村兴建供水系统以降低婴儿死亡率，还兴建了图书馆，为科飞村的妇女以及巴基斯坦大城市难民营中的妇女建立职业培训中心。然而，他的努力并没有得到所有人的称赞。当地的宗教领袖曾经用死亡威胁他，因为他的学校接收女童入学。他还被塔利班绑架过。回到美国后，他时不时地会收到国人的恐吓信，这些人认为他帮助穆斯林儿童的举动是“不道德”“不爱国”的表现。有一封信中曾这样写道：“老天有眼，你会为你的背叛付出昂贵的代价！”另一封信中则这样写道：“我真希望我们的炸弹能够轰碎你，你简直是在和我们的军队对着干！”但是莫滕森依旧坚持着，他每晚仅睡数个小时，来回穿梭于美国与巴基斯坦的贫困地区。这些地区饱受印巴军事冲突与阿富汗难民群的双重蹂躏，已是满目疮痍。在数年之间，他成功地使数千名儿童接受了教育，这些儿童中有许多是难民营中的孤儿或者是与父母失散的儿童（Mortenson & Relin, 2006）。

莫滕森的故事引发了一些疑问。为什么一个在35岁还靠打零工勉强度日的美国人，会如此不遗余力地帮助远在半个地球以外的人们？更别说许多美国人还把这些人看作是敌人！

确实，莫滕森不仅置极端分子的威胁于不顾，他还呼吁国会代表和五角大楼的官员们要“扭转恐怖主义战争的方式，用书本取代炸弹”。为了这些，他剥夺了自己享受平常舒适生活的机会，他几个月不能和自己的孩子见面，自己的薪水也少得可怜。本书将用一章来阐述亲社会行为（也叫积极的社会行为），探讨慈善行为到底是由基因因素决定的，还是由抚养方式或者文化、宗教决定的。在其他章节中，我们会探讨个体动机以及情境压力对攻击、偏见、从众、领导力、友谊和爱的影响。

如果你去莫滕森为之奋斗的地方——巴基斯坦和阿富汗的一些地区，你不仅会被那里壮丽的景色打动，你可能还会对居住在那里的人们的文化传统惊叹不已。一天中总有数次，你能听到附近清真寺的钟声，接着你视野所及范围内的所有人都会拜倒在地，朝着麦加方向祈祷。在一些村庄，你根本就看不到女人，因为当地的传统是，女人就应该养在深闺，与男人保持隔离。而在另一些村庄，你兴许能看到女人，但是她们几乎完全躲在重纱之后，袍子裹住了她们的身体和头部，就连眼睛也藏在薄面纱的后面。

格雷戈·莫滕森和他的学生们，在巴基斯坦贾法拉巴德（Jafarabad）一所由他帮助兴建的学校里。

关于什么才是“合适”的社会行为，为什么世界范围内的差异会如此迥异？在沙特阿拉伯，一个男人可以娶很多女人；在阿富汗，婚前性行为会受到死刑的惩罚；而在澳大利亚，婚前依旧保持贞洁会被看作有点不正常。巴西的雅诺马莫人认为男人殴打妻子和孩子是天经地义的；而在加州的帕洛阿尔托，这种行为则被认为是糟糕的、粗野的、犯法的。揭开文化多样性的谜底，我们或许能够解决当今世界的大多数难题。经济全球化以及人口过剩化使人们不得不与其他部落、种族、国家的人打交道，而在以往，由于受到距离的限制，人们兴许还能将这些事情忽略。

像莫滕森这样的故事引发了许多更宽泛的问题，我们会在本书中逐一解答。个体头脑中的想法（你邻居的观念和偏见）是如何影响简单的人际互动的（如友谊和恋爱）？波及一国乃至全球的社会事件又是如何从成千上万个个体的互动中孕育出来的呢？有人相信，我们只有揭开了社会心理学的神秘面纱，才能解决当今世界的紧迫难题。尽管我们中的大多数人都没有与巴基斯坦的山民们一起工作过，但是，我们所有人都会面临与莫滕森一样的问题：我们如何使他人乐意与我们合作？我们如何避免与陌生人、朋友和同事发生冲突？为什么不同宗教、党派、种族背景的人拥有与我们如此迥异的观念与见解？我们中的大多数人都会试图在脑海中解决这些疑问：通过阅读新闻、书籍或是和朋友聊天，听听他们的感受和意见。社会心理学家则在他们的探索性工作中更进一步，他们运用系统的方法研究科学问题。

1.1 什么是社会心理学

社会心理学（social psychology）是以科学的方法研究人们的思想、情感和行为是如何受到他人影响的一门学科。那么，从何种意义上说社会心理学是“科学的”？

1.1.1 描述和解释社会行为

我们可以把科学的社会心理学需要完成的任务归为两类：描述和解释。第一步是对现象进行科学的描述——无论是鸟类迁徙、地震，还是种族战争，我们需要的是客观、可信的描述。科学家的一部分工作就是发展出一套可信的、有效的方法来帮助他们避免粗心、有偏颇的描述。

细致的描述仅仅是第一步，它本身还不足以满足科学家们的好奇心。社会心理学家们还致力于解释为什么人们会以这样或那样的方式影响彼此。一个科学合理的解释能够将许多看似毫无关联的观察结果汇聚成一个相关联的、条理清晰的、有意义的模式。正如哲学家亨利·庞加莱（Jules Henri Poincaré）所指出的：“科学是建立在事实之上的，正如房屋是由砖块砌成，但是事实的集合并不能称为科学，正如一堆砖块并不能称为房屋。”能够联结、组织已有观察资料的科学化的解释，也被称为**理论（theory）**。

除了组织我们已经知道的事实外，科学理论还能够指导我们今后的方向。是什么激发了格雷戈·莫滕森的慈善之举？没有一个坚实的理论，我们在寻求答案时会无从下手。或许这种助人倾向是源于冥冥之中这个星球的安排：利他主义者的出生条件便与众不同，抑或他们孩提时代所饮用的水中含有某种特殊物质。社会心理学理论则倾向于另辟蹊径寻求社会行为的原因，比如，个体是如何描述其周围的社会环境的？其家庭背景是什么？其所处的更广泛的文化氛围是什么？个体是否与狒狒以及其他动物拥有一些共同的基本倾向？正如我们即将看到的，社会心理学家们发展出了一套引人入胜的研究方法来对这些不同的影响源进行分类。

最后，科学的理论能够帮助我们预测未来的事件，从而控制之前无法掌控的现象。在科学理论的指导下，人们发明了电灯泡、个人电脑、航天飞机，控制了天花病的传染。正如我们即将看到的，社会心理学理论能够解释许多让人困惑的现象：如偏见、善意以及爱情产生的根源是什么，为什么人们会加入骚乱暴徒队伍或邪教组织等。

1.1.2 社会心理学是一座跨学科的桥梁

格雷戈·莫滕森的使命是在巴基斯坦的边缘山区兴建学校。然而我们可以从不同的视角来审视这一举动。人类学家会对巴基斯坦和阿富汗山区不同部落间的文化差异和文化共性产生兴趣，他们会注意到，沃什里普什图部落（Washiri Pashtun）和哈扎拉什叶派（Hazara Shia）对于妇女在公众场合应该如何穿着以及有怎样的举止有着不同的规定，对于男人如何与外人打交道也有着不同的规定，甚至对于人们应该在什么时候以及用什么方式吃饭、祈祷都有着不同的规定。进化生物学家则会关注，这些不同部落的人对于性别、婚姻的态度是如何反映出人类本性的某些方面与一般生态因素（如丰富资源的匮乏、极端层级化的社会结构）之间的相互作用的。政治科学家和历史学家们的兴趣又有所不同，他们会关注莫滕森的经历是如何受到该地区长期以来的部落冲突的影响的，包括东部50年来与印度的克什米尔之争以及西部数十年来由开伯尔山口潮水般涌入的阿富汗难民。

我们如何把这些视角拼出一幅完整的图画呢？更宽泛地说，如何把你在生物学课上学到的知识与你在人类学的课堂上学到的知识联系起来呢？如何将史实与神经学建立联系？宗教哲学与地理的联结纽带又是什么？所有这些看起来都紧密关联着，它们不仅会影响我们个人生活的轨迹，还会影响历史的进程。进化生物学、神经化学、历史、文化、地理会深刻影响人们的社会交往方式，而这些社会交往又会决定道德和宗教情感是如何获得强制实行而成为法律的，决定孩子们是如何接受教育的，甚至决定医生是如何对待自己的病人的。因为这些力量常常汇聚在一起影响社会行为，所以社会心理学家往往在多层水平上考察社会行为。比如，社会心理学家对世界范围内社群的最新系列研究就发现，在友好性与社交性上的文化差异与疾病分布的地理差异密切相关——疾病横行之处的人们拥有一些特质，使自己避免与他人接触（Fincher, Thornhill, Murray, & Schaller, 2008; Schaller & Murray, 2008）。另外一些我们即将讨论的研究则关注我们与他人的关系是如何受到历史因素、荷尔蒙水平、月经周期、脑活动的影响的，这些力量又是如何反作用于我们的身心健康以及经济行为、政治信仰的（e.g., Apicella et al., 2008; Little, Jones, & DeBruine, 2008; Miller, Tybur, & Jordan, 2007; Stinson et al., 2008; Uskul, Kitayama, & Nisbett, 2008）。因此，社会心理学在很大程度上是连接各门学科的终极桥梁。在本书中，我们会遇见许多这样的跨学科桥梁，它们所涉及的研究发现反映了文化、进化生物学、神经科学的方方面面，并且与应用性学科（商科、法律、医学等）密切关联。

1.2 社会心理学的主要理论视角

从 DNA 的发现到人工智能的兴起，前行的科技浪潮都对社会心理学的理论施加了广泛的影响。研究者们在社会心理学领域的开拓工作主要围绕四个视角展开，分别是：社会文化视角、进化论视角、社会学习视角以及社会认知视角。

1.2.1 社会文化视角

1908 年，最早的两本《社会心理学》教科书问世了。其中的一本是由美国社会学家爱德华·阿尔斯沃思·罗斯（Edward Alsworth Ross）所撰写的。罗斯认为，社会行为并非来源于单独的个体，而是来源于社会群体。他提出，人们会受到“社会潮流”的影响，而这在“群体中私刑风气的传播以及宗教情感的爆发”中得到了体现（Ross, 1908）。罗斯剖析了诸如 1634 年荷兰的郁金香球茎收购热等事件。在那次郁金香投机狂潮中，人们不惜倾家荡产去抢购一株名贵球茎，而贵比黄金的郁金香在抢购狂潮戛然而止时便立刻一文不值了。为了解释这些狂热，罗斯着力于审视作为一个整体的群体心理，而不单是群体中个体成员的心理。他认为狂热源自“暴民心理……一群沟通中的个体在兴趣、情感、意见或行为上存在非理性的一致，而这种非理性的一致源于暗示和模仿”（Ross, 1908, 65）。

和罗斯一样，其他以社会学为基础的理论研究者强调的也是更广阔的社会团体，从街区团伙到种族群体以及政党派别（Sumner, 1906）。这一传统在现代的**社会文化视角**（**sociocultural perspective**）中得到了延续。社会文化视角认为，个体的偏见、喜好以及政治信仰会受到群体水平上诸多因素的影响，如国籍、社会阶层和现今的历史趋势等。比如，和出身工人阶级的爱尔兰祖母相比，一个如今的曼哈顿女经理会对婚前性行为以及妇女在商界所扮演的角色持有不同的态度（Roberts & Helson, 1997）。社会文化理论家们聚焦于**社会规范**（**social norm**）（或是关于恰当行为的规则）的核心作用，比如“过了劳动节后别穿白色鞋子”，“和祖母说话时别说粗口”等。这一视角的中心是**文化**（**culture**）这一概念。我们可以将文化定义为生活在特定的时间和空间内的人们所共享的一套信念、风俗、习惯以及语言。作为一个美国人，格雷戈·莫滕森认为女孩和男孩一样接受教育是理所当然的，但是他所遇到的巴基斯坦边远地区的大多数人们则认为这种想法是令人震惊的，甚至是一种冒犯。

不同的文化规范。这些贾法拉巴德（位于印巴边界）的女孩们，不仅与美国堪萨斯州的同龄人穿着不同，所置身的文化规范也截然不同。对这些女孩来说，接受教育是不适宜的，但成为男人的第二个妻子却合乎规范。

文化囊括了环境中所有的人类可以调控的特征，从主观的特征如礼节规定，到客观的特征如房屋和服饰等（Fiske, 2002; Triandis, 1994）。我们文化中的技术性特征能对我们的社会行为产生强大的影响，如近年来手机、黑莓、因特网社区等无不深刻地影响着人们彼此沟通的方式与时间（Crabb, 1996a, 1996b, 1999; Guodagno, Okdie, & Eno, 2008; McKenna & Bargh, 2000）。

我们每个人都会置身于不同的社会规范中，这取决于我们的种族、社会经济地位、成长的地域和宗教信仰（Cohen, 2009; Iyengar & Lepper, 2009; Maass et al., 2006; Sanchez-Burks, 2002）。如果你在美国南部的贫困地区长大，你可能会比较喜欢听乡村音乐和西部音乐；如果你在西海岸的富人区长大，你可能会比较喜欢听摇滚乐。你能在这两种音乐的歌词中聆听出不同的文化价值观。摇滚乐的歌词强调特立独行、不拘常规以及改变世界；而乡村音乐的歌词则强调顺应世事、坚韧不拔、正直不阿（Snibble & Markus, 2005）。再举一个例子，亚裔美国人和欧裔美国人在一些方面也有所不同，亚裔美国人对自我表达、个人选择以及“说出你的想法”并不那么看重（Kim, 2002; Kim & Sherman, 2007）。正如你即将看到的，关于群体、文化以及社会规则的研究仍在持续发展中，且有望成为社会心理学研究的一个主要推动力量（e.g., Adams, 2005; Chen, 2008; Matsumato, Yoo, & Nakagawa, 2008; Ross, Heine, Wilson, &

Sugimori, 2005）。我们在本书的每一章中都会提及社会文化因素的影响。

社会文化取向的研究者会被不同文化中个体的行为差异深深吸引，而持进化论视角的研究者则对不同的人类文化以及不同物种间的相似之处更为着迷。

小调查

在脑海中搜索你的两个熟人，他们的文化背景与你不同（不同的国家、不同的社会阶层、不同的种族或是不同的宗教信仰）。不同的文化规范是如何使你在与他们互动的过程中采用不同的方法呢？

1.2.2　进化论视角

1908 年出版的另一部《社会心理学》教科书出自一位有着生物学背景的英国裔美国心理学家——威廉·麦独孤（William McDougall）之手。这位学者持**进化论视角（evolutionary perspective）**，他认为人类的社会行为根源于生理、心理上的先天倾向，这种倾向曾经帮助我们的祖先存活以及繁衍。麦独孤继承了查尔斯·达尔文（Charles Darwin, 1873）的观点：人类的社会行为（如微笑、轻蔑以及其他情绪表达）和生理特征（如直立姿势以及紧握大拇指）一样，也在不断进化着。

进化的核心驱动力是**自然选择（natural selection）**，即动物将有利于其生存和繁衍的特征传递给后代的过程。适应特定环境的进化精良的新特质，又称作**适应特质（adaptation）**，这些特质将替代那些进化不够精良的旧有特质。例如，海豚和奶牛相似，同属哺乳类动物，但是海豚的腿进化成了鳍，因为鳍的形状更适合于水下生活。达尔文假设，动物的大脑与它的身体机能一样，会受到自然选择过程的塑造。

心理学家们曾经假设，进化仅会使物种产生一些不灵活的“本能”，这些本能在物种出生之时就被赋予了，且不太可能受到环境的影响。许多进化学及行为学专家现在则倾向于认为，生物学力量对人类以及其他动物的影响会因为环境的改变而灵活变动（Gangestard, Haselton, & Buss, 2006; O'Gorman, Wilson, & Miller, 2008）。以恐惧为例，已有充分的证据显示，恐惧是一种进化而来的心理反应，它能够帮助我们的祖先对潜在的威胁（毒虫、毒蛇、敌人等）迅速做出反应（Ohman, Lundqvist, & Esteves, 2001）。但是恐惧使我们的身体持续保持在高度唤醒的状态，久之会耗竭我们的身心资源，所以我们发展出了战斗 – 逃跑反应模式（在惊恐的情境中是逃跑还是防卫），使自己保持对环境中危险线索的敏感度（Cannon, 1929）。

一些研究者试图从恐惧产生的进化论视角向我们解释，为何不同群体的人常会抱有潜在的、多变的偏见（Schaller, Park, & Mueller, 2003）。研究者分别让加拿大大学的白人大学生和亚裔大学生对一幅黑人照片进行评定。一些被试在光线明亮的房间内进行评定，一些被试在漆黑的屋子里进行评定。在黑屋子里评定照片时，那些认为世界充满危险的被试更倾向于认为照片上的黑人是“具有威胁性的”。并且，这种效应在男被试中更为突出。研究者们从进化论的视角以及群际关系的层面上对这一现象做出了解释（Kurzban & Leary, 2001; Sidanius & Pratto, 1998）。按照这种视角，在一定情形下（黑暗中），我们的祖先对陌生人尤其感到害怕是具有进化适应意义的。黑夜降临，两个相遇的不同族群间发生危险冲突的可能性骤增，所以人们有必要保持高度的警惕。然而研究者也提及，在如今多元文化的社会中，原始的自我保护反应可能会导致一些负面的后果，如恃强欺弱、帮派战争、群际冲突等。

持进化论观点的学者对物种的整体特征深感兴趣，所以他们在全世界范围内寻找人类社会行为的一般特征（e.g., Kenrick & Keefe, 1992; Matsumoto & Willingham, 2006; Schmitt, 2006）。在每一种人类社会中，男人和女人都会建立长期的婚姻关系，在这种关系中，男人帮助女人抚养家庭（Geary, 2000; Hrdy, 1999）。但是我们会发现大多数和我们有亲缘关系的物种并不如此。在其他哺乳类动物中，95%~97% 的雌性会独立抚养自己的子女。为何这些雄性哺乳类动物的家庭观念相对淡薄呢？或许是因为对这些物种而言，父亲的作用在受精之后便微乎其微了。然而，父亲的养育作用对草原狼以及人类等物种来说却是至关重要的，因为这些物种的婴幼儿在出生之时非常弱小无助（Geary, 2005）。

除了探寻人性的广泛共通之处外，进化心理学家也对个体间的差异饶有兴趣（e.g., Duncan, Park, Faulkner et al., 2007; Boothroyd et al., 2008; Feinberg et al., 2008; Jackson & Kirkpatrick, 2008）。任何物种都会采取多种策略为生存和繁衍而奋斗。比如，大个头的雄性太阳鱼能够保卫自己的领地、搭筑巢窝，以吸引雌性的太阳鱼。而小个头的雄性太阳鱼则会伪装成雌性同类，趁雌性太阳鱼与大个头雄性太阳鱼交配时，猛冲进来，使卵子受精（Gould & Gould, 1989）。尽管在所有国家的社会中，人们都会形成某种形式

亲代投入。和95%的其他雄性哺乳类物种不同，人类的父亲对后代投入了大量的时间、精力以及资源。

的、长期的双亲抚育纽带，但是不同的社会文化所倡导的交配策略也是异常迥异的。有些国家的社会遵循一夫一妻制，有些则采取一夫多妻或者一妻多夫制（Schmitt, 2005）。我们将在以后的章节中学到，社会心理学家刚刚才开始探索的生物学倾向是如何与文化因素一起相互作用，共同塑造人类复杂的社会行为的，从暴力、偏见到利他主义、爱和对宗教的狂热（e.g., Cottrell & Neuberg, 2005; Elfenbein & Ambady, 2002; Weeden, Cohen, & Kenrick, 2008）。

1.2.3 社会学习视角

在1908年之后的几十年中，罗斯的社会文化取向和麦独孤的进化论视角日渐式微。许多心理学家采取了**社会学习视角（social learning perspective）**，认为个体的社会行为是受其过去的奖惩学习经历所驱动的（Allport, 1924; Hull, 1934）。

社会学习经历毫无疑问对格雷戈·莫滕森的转变产生了影响。尽管莫滕森和父亲一样出生在明尼苏达州，但是他的父母在他只有几个月大的时候就去了非洲，并在那里直到莫滕森14岁的时候。莫滕森的父母在非洲当老师和传教士。他的父亲筹集资金帮助兴建了坦桑尼亚第一所教学医院，他的母亲则建起了一所国际学校。在母亲的学校里就读的日子里，莫滕森认识了很多其他国家的小朋友，包括印度的和巴基斯坦的。因此，他的早期经历不仅为他与有着不同的社会文化的人相处打下了基石，还使他亲眼目睹了双亲是如何因为善举而得到喜爱和尊重的。在莫滕森的例子中，我们可以看到，我们周围的人会对我们的职业生涯道路产生深远的影响（Simonton, 1992）。有研究发现，在那些赢得诺贝尔奖的科学家中，有半数以上的人早期所师从的老师也曾获得诺贝尔奖（Simonton, 1994）。

各种人类文化中的快乐表情。在第一本有关进化心理学的开山之作中，查尔斯·达尔文提出，一些情绪表情可能是从祖先处继承的普遍的沟通模式。

当然，并不是我们从他人身上学到的一切都是积极有益的。在一个经典的系列实验中，阿尔伯特·班杜拉（Albert Bandura）和他的同事们向我们展示了儿童是如何通过社会学习而习得攻击行为的。当儿童看到另一个儿童或者成人因为殴打了充气娃娃而获得奖赏时，儿童也表现出了相似的模仿行为（e.g., Bandura, Ross, & Ross, 1961）。班杜拉表达了自己的忧虑，因为现今的电影和电视总是在向青少年们宣传：暴力行为是英勇的，是值得奖赏的。这些忧虑并非杞人忧天。2000年4月8日的《亚利桑那共和报》就报道过，一群当地的高中男孩模仿布拉德·皮特1999年同名电影中的角色，组建了一个"搏击俱乐部"。受电影中角色的影响，男孩们聚集在一起不戴护具徒手搏击（Davis, 2000）。类似地，我们也将在第10章中讨论暴力电子游戏产生的问题。在这种电子游戏中，玩家每杀死或者重创一个有生命的对手时，会得到额外的加分。有证据表明，这会使男孩们对暴力行径感到麻木，并促使他们将伤害他人和获得奖赏联系起来（Anderson & Dill, 2000; Bartholow, Sestir, & Davis, 2006）。

社会学习视角与社会文化视角的相似之处在于，它们都致力于在个体所处的环境中寻找社会行为的原因。但是这两种视角的不同之处在于，它们在时间、空间焦点的广度上有所差异。社会学习取向的学者们强调个体在特定的家庭、学校以及同龄团体中的独特经历。而社会文化取向的学者们则对具体的个人及其独特经历不甚关心，他们关心的是更为广阔的社会群体，如亚裔加拿大人、拉美裔美国人、女生联谊会或是上流社会人士等（e.g., Cohen, Malka, Hill et al., 2009; Hoshino-Browne et al., 2005; Vandello & Cohen, 2003）。并且，社会文化取向的研究者们认为诸如穿衣风格之类的规范相对来说是可以改变的，而社会学习取向的研究者们则认为个体早期生活中习得的习惯是很难打破的。

社会学习。大威廉姆斯（Venus Williams）的父亲在她很小的时候就开始教她打网球了。根据社会学习理论，一个人能否成为出色的运动员、医生甚至罪犯，取决于孩提时期的模仿经历以及父母和周围人的奖励。

小调查

在脑海中搜寻一下最近的新闻，找出一个公众热议的人物。尝试运用社会文化、进化论以及社会学习的视角对这个人的行为进行解释，看看有何不同之处。

1.2.4 社会认知视角

尽管各有差异，但总体来说，社会文化、进化论和社会学习视角都强调客观环境的重要性。它们都认为，我们的社会行为是受到所处世界的真实事件的影响的。在20世纪三四十年代，库尔特·勒温（Kurt Lewin）为社会心理学引入了一个新的视角，他认为社会行为的驱动力是每个人对社会事件的主观解释。比如，你是否愿意通过努力成为班长的决定取决于：（1）你对获得这一职位的概率的主观猜测；（2）你对成为班长所得益处的主观评估（Higgins, 1997）。如果你认为成为班长并不能给自己带来好处，或者你有意成为班长但达成的可能性微乎其微，你就懒得为竞选奔走了，哪怕从客观上看，你获得这一职位的胜算很大，且此职位也颇能给你带来乐趣。

尽管强调主观解释，勒温并不认为客观现实不重要。反之，勒温很重视情境中的事件与主观解释的交互作用。勒温认为，个体对情境的解释与个体此时此刻的目标是息息相关的。例如，如果一个男孩很想打架，他就很有可能会将一个意外的碰撞解释为故意的冲撞。

这种对内在体验与外部世界相互作用的强调，很自然地将社会心理学与认知心理学建立起了密切的联系。认知心理学家研究思维的过程，涉及对环境中事件的注意、解释、判断和记忆。在20世纪50年代，计算机的出现引领了一场"认知革命"，人们对大脑工作机制的兴趣重新燃起。在20世纪七八十年代，越来越多的社会心理学家采取了**社**

会认知视角（social cognitive perspective）。该视角强调人们对社会事件的选择性关注、解释以及如何在记忆中储存这些经历的过程（e.g., Andersen & Chen, 2002; Plant, Peruche, & Butz, 2004; Roese & Summerville, 2005）。

研究者开展了大量有趣的实验来探索人们对社会情境的反应是如何受到认知因素（如注意、记忆）影响的（e.g., Donders, Correll, & Wittenbrink, 2008; Sharif & Norenzayan, 2007; Trawalter, Todd, Baird, & Richeson, 2008）。在其中的一个实验中，研究者让高中生想象未来工作赚很多钱对自己的重要性（Roney, 2003）。一些学生在回答这一问题时与异性同处一室；而另一些学生则与同性同处一室。正如图1-1所示，有没有男同学存在，并不会影响高中女生的答案；但是有女同学存在时，男生们则普遍夸大了财富的价值。研究者还发现，广告中年轻貌美的模特（相对于老年人）会使芝加哥大学的男生更倾向于将自己评定为"雄心勃勃"的以及更看重财富上的成功。研究者采用了一个简单认知机制来解释这一结果——看到年轻漂亮的女人能使男人产生约会的想法。接着，男人又会联想到"女人要什么"，当然女人总是倾向于寻找有雄厚经济实力的伴侣（e.g., Li et al., 2002）。

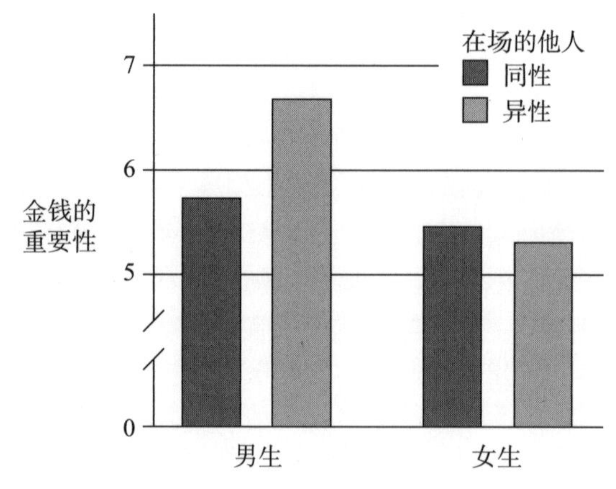

图 1-1　社会情境与决策

当高中生被问及"挣很多钱对你的生活有多重要"时，男生的答案会因是否有女同学在场而有所不同。

我们在加工社会信息时所遇到的一个问题是，这样的信息实在是浩如烟海。要记住今早穿过校园时所遇到的每一个人几乎是不可能的，更别提记住上周或去年结识的所有人了。因为我们无法专注于我们看到、听到的所有事情，因此我们实际上只能对社会信息进行选择性的加工。我们将在以后的章节中看到，有时我们会不假思索，通过专注于一两个表浅的细节来帮助我们对下一步行动迅速地做出决策（比如，当你匆匆赶路时，你需要决定是否给乞讨的流浪女人50便士）。在另外一些情况下，我们则会对特定的细节勤加关注，像科学家一样搜索某种类型的社会信息以帮助我们做出正确的决策（比如当你想约会某人时）（Chaiken & Trope, 1999; Strack, Werth, & Deutsch, 2006）。

社会心理学家发现，尽管付出诸多努力，但人们还是难以全然对新的社会信息保持一种恰当的、开放的心态（e.g., Lord, Ross, & Lepper, 1979）。与其说我们加工社会信息的过程像科学家寻求真理一样，不如说这一过程更像律师为委托人辩护（Haidt, 2001）。想想这个问题：你现在境况如何？现在的自己和16岁的自己有何不同？当研究者把这个问题抛给加拿大的大学生时，大多数学生对现在的自己发表了许多积极的感慨，而对过去的自己则吐露了更多消极的抱怨。当然，很可能是，随着年龄的增长，人们确实变成了更成熟的个体。但是，当研究者请另外一组被试就这个问题评定自己的同龄人时，学生们并不以为他们的同龄人成了"更好的人"（Wilson & Ross, 2001）。这种将我们自己（而非他人）看成"蒸蒸日上"的认知倾向，与许多其他研究发现不谋而合，这意味着人们会以一种浮夸自己的方式处理社会信息（Greenwald et al., 2002; Vohs, Baumeister, & Ciarocco, 2005）。

社会认知视角在现代社会心理学中占据着极其重要的中心位置，贯穿全书，它都会为我们所要讨论的社会行为的不解之谜提供关键的解释。

小调查

想想你今天在街上、校园里或其他什么地方遇到的不同的人。我们这部分所讨论的认知过程会以怎样的方式影响你的"提取"过程？哪一个人最先跃入你的脑海？

1.2.5　视角融合

表1-1总结了社会心理学领域的四个主要理论视角。这些视角有时被看作是彼此竞争的，但实际上，每一视角各自侧重于社会生活之谜的不同方面。

单一的视角只能展露图画的一部分，我们需要融合、整合不同的视角以欣赏一幅图的全貌。认知心理学家所研究的注意、记忆会受到个体学习经验及文化因素的影响，反之，学习经验与文化又是进化的产物，来自人们在社会群体中创造以及被创造的过程（Kenrick, Nieuweboer, &

Buunk, 2010; Klein, Cosmides, Tooby, & Chance, 2002)。以偏见为例，在某种程度上，对其他群体成员的偏见与人们进化出的对陌生人的反感是息息相关的，人类的祖先会将陌生人看作人身危险与新疾病的来源（e.g., Schaller et al., 2003）。但是，对外人的反感总会涉及利弊权衡，因为不同群体的成员需要彼此间通商、通婚（Faulkner, Schaller, Park, & Duncan, 2004; Navarette, Fessler, & Eng, 2007）。因此，人类总得学会识别谁是朋友、谁是敌人、谁是应该害怕的以及谁是可以信任的（e.g., Phelps et al., 2000）。当不同群体间的关系随着历史事件不断改变时，文化规范也会相应做出改变。比如，在 20 世纪 50 年代，许多非裔美国人连选举的权利都没有。然而 20 世纪 50 年代后，一切发生了翻天覆地的改变，非裔美国人也能成为美国总统。为了完全领会社会生活的神秘之处，我们需要将不同视角中的线索拼合在一起以观全貌。

表 1-1　社会心理学的主要理论视角

视角	是什么驱动了社会行为	例子
社会文化	更大的社会群体力量	20 世纪 60 年代，IBM 的员工常穿蓝色衬衫上班（与白色形成对比）；而 2009 年的今天，苹果公司的员工们更喜欢穿彩色 T 恤衫和短裤上班
进化论	用遗传得来的倾向对社会环境做出反应，这种反应曾经帮助我们的祖先生存和繁衍	全世界的婴儿生来便具有一套行为机制（吮吸、啼哭、咿咿呀呀），使母亲的荷尔蒙水平发生变化，也使他们获得更多被照料与关心的机会
社会学习	奖励和惩罚。观察他人是如何因其社会行为而受到奖励或惩罚的	当看到观众向音乐会的主唱歌手发出崇拜的尖叫声时，男孩下决心也要成为一名音乐家
社会认知	在社会情境下我们关注什么、如何解释关注点以及如何将现在的情境与记忆中的相关经验联系起来	当你在街上见到一个无家可归的人时，如果你将他的困境看作是他不能控制的，抑或他使你想起好心的撒玛利亚人的故事，这时你更可能会提供帮助

1.3 社会行为的基本准则

尽管彼此间存在差异，但社会心理学的所有主要视角仍然共享一对核心的假设。第一，人们通过人际互动以达成某种目标或满足某种内在动机。认知心理学家强调由现时情境所引发的有意识的目标，比如当一则广告喧嚷着“父亲节就要到啦”，这会提醒你赶紧给爸爸再买条夏威夷风格的领带，他去年可是对这款领带赞不绝口。社会学习理论家们则会强调过去的奖励是如何鼓励我们趋近一些目标并且回避另一些目标的。比如，每当你与妹妹分享自己的玩具时，父母就露出自豪的笑容；每当你谈及金钱时，他们就面露不悦之色，而这会让你更可能将目标设定为加入和平队而非华尔街经纪公司。进化论理论家们则强调社会动机根植于我们祖先的进化历程：与自我中心导向的隐士们相比，那些与社会群体中的其他成员相处融洽的人存活的概率更大。

第二，关注人和情境之间的交互作用。所有主要的视角都假设我们内部的动机会与遇到的外部情境发生相互作用。比如，进化论视角强调内部的反应如愤怒、害怕或性唤起等，是如何经由那些与生存或繁衍相关的情境（比如饥肠辘辘的捕食者或者调情的目光）而引发的。社会学习理论家们则关注个体内部习得的反应是如何与社会情境中的奖励或者惩罚建立联系的。认知理论家们则检视个体的思维过程是如何与社会形势的瞬息变化息息相关的。

通览全书，我们都会着重强调这些不同的视角所共享的两套宽泛准则：

1. 社会行为是目标导向的。人们通过人际交往来达到某种目标或者满足某种内部动机。
2. 社会行为代表了人与情境之间的连续互动。

接下来，我们将近距离考察这两个准则。

1.3.1 社会行为是目标导向的

目标会在多层水平上影响我们的社会行为。在表面的水平上，我们可以列出一长串日常的目标，比如打探最新的办公室八卦，给老师留下好印象，搞定下周六晚上的约会等。在更广义的水平上，我们可以讨论长期的目标，比如获得“能人”的好名声，被他人喜爱，对自己感觉良好或者谈场恋爱等。这些更广义的目标常与其他日常目标联系在一起，谈恋爱实际上包含一些短期的目标比如搞定周六晚上的约会，或是考砸后获得心上人的安慰。

在最广义的水平上，我们可以询问根本性的动机，即我们社会行为的终极功能（Kenrick, Griskevicius, Neuberg, & Scholler, 2010）。比如，事业成功、贵友如云可以被囊括入“获得以及保持地位”这一根本动机之中。为了更好地理解这些根本动机，让我们来看一些这方面已有的社会心理学的探究成果吧。

建立社会纽带 若不是他人相助，格雷戈·莫滕森怎能凭一己之力在巴基斯坦和阿富汗兴建起55所学校！出钱的捐助者们、帮他讨价还价以获得便宜原材料的当地商人们、设计房屋的建筑师们、将材料运到工地并展开施工的工人们以及保护他不受伊斯兰激进分子迫害的当地领导人等，都功不可没。**如果有他人相助，我们会更加容易达成目标。**有些事情（比如建学校），如果没有团队协作的话根本就是天方夜谭。

当心理学家们列举人类行为最基本的动机时，与他人建立联系的渴望通常高居榜首（e.g., Bugental, 2000; McAdams, 1990）。人们对拒斥是极为敏感的，如果感到自己被排除在外的话，人们会竭尽全力与他人重新建立联系（Anthony, Holmes, & Wood, 2007; Maner, Dewall, Baumeister, & Schaller, 2007）。一群研究者们观察了被试在与另外两个玩伴玩掷球游戏时的脑波图像。当另外两个玩伴彼此掷球而把被试排斥在外时，落单的被试在大脑皮层的两个不同区域的脑波会活跃起来，而这些区域通常和生理创伤相联系（Eisenberger, Lieberman, & Williams, 2003）。其他一些研究也显示，社会隔离之痛可以通过服用麻醉药、兴奋剂等得到缓解，而这些药物通常是用来止血镇痛的（Panksepp, 2005）。为什么社会孤立会涉及生理疼痛的神经机制？或许是因为，没有了朋友，我们的祖先便无法存活（Hill & Hurtado, 1996; MacDonald & Leary, 2005）。因此，社会排斥会引发原始的生理紧急应激反应。

理解自己以及他人 人们会传播流言蜚语、会阅读报纸上的罪犯简介，也会寻求朋友的反馈，看看自己能约到魅力十足的新同学的机会有多大。这种信息的重要性显而易见，即通过理解我们自己以及我们与他人的关系，我们能够更有效地管理自己的生活。那些对这些现实不管不问的人，很难在社会群体中生存下去（Leary & Baumeister, 2000; Sedikides & Skowronski, 2000）。社会知识可谓所有人类关系的基石，因此社会心理学家们将大量的关注投向了社会认知领域（如之前提到的，指人们关注、解释、记忆他人的思维过程）。在第3章中，我们将深度探讨这一话题，而在此后的章节中，我们也会不断回溯这一话题。

获得以及保持地位 小学生们为少年棒球联盟全明星赛的席位激烈竞争，大学生们为分数废寝忘食，中层管理者们为晋升决策层苦苦奋斗，参议员们为登上总统宝座竞选拉票……然而，并不只有人类才会为地位而奋斗。狒狒是一种社会性的灵长类动物，和我们一样，它们也极为关注自己在社会等级中的位置。一项研究细致观察了狒狒对社会事件的生理反应，结果发现，社会地位的丧失会导致狒狒荷尔蒙预警反应出现特殊的系列式紊乱（Sapolsky, 2001）。获得地位的好处不仅包括直接的物质收益（如获得食物），也包括伴随他人（或其他狒狒）的尊敬和钦佩所带来的一些无形的社会性好处（Henrich & Gil-White, 2001）。所以，大多数人不仅会竭尽全力在他人面前展现一个积极的自己，而且也会竭力使自己深信，我们有理由抬头挺胸（e.g., Sedikides, Gaertner, & Toguchi, 2003; Tesser, 2000）。在本书中，我们将看到，获得以及保持地位的动机能够孕育出一系列广泛的社会行为。

获得以及保持地位的动机。莎拉·杰西卡·帕克（Sarah Jessica Parker）出生于俄亥俄州的一个贫穷家庭，有八个兄弟姐妹。她是“从赤贫到巨富”的典范，她从一个一无所有的乡下女孩，出落成一个稍显笨拙的少女，后又成为享誉国际的金球奖得主。尽管不是每个人都有如此雄伟的抱负，但是大多数人都会为赢得别人的尊敬而孜孜不倦地努力。

捍卫自己以及自己重视的人 邻里社区间，人们会在私宅周围筑起篱笆，在自家街道上竖起“生人勿近”的标志，拉帮结派，甚至买军犬保护自己。在国家层级上，各国都会兴建军队以保卫国土。当名声、资源或家庭受到威胁时，人们会奋起捍卫。**人们能在千分之一秒中识别出一个愤怒的表情，且愤怒的表情若是出现在男人的脸上，人们识别的速度会更快**（Becker, Kenrick, Neuberg, Blackwell, & Smith, 2007）。这是为什么呢？因为和女人相比，男人通常会带来更严峻的生理威胁，这种情况在男人是陌生人或群体外成员时尤为明显（Ackerman, Shapiro et al., 2007）。

捍卫自己的动机显然会带来诸多益处，如增加我们自己以及家庭成员存活的概率，但是它也会导致不断升级的暴力冲突和种族歧视（Duntley, 2005; Schaller et al., 2003）。在探讨攻击、偏见以及群际冲突的章节中，我们将会重点讨论自我保护的动机，它的力量有时非常骇人。

吸引以及留住配偶 布品达·辛格（Bhupinder Singh）是印度帕蒂亚拉邦的第七代邦主，他有 350 位妻子；大多数北美人也是至少拥有一位配偶。人们常常竭尽全力寻找以及设法留住自己的另一半，比如撰写洋洋洒洒的情书、在凌晨两点煲电话粥或者注册电脑约会服务。在心理课上与一位迷人的对象暗送秋波，可能会使你神魂颠倒，接着坠入浪漫爱河，甚至可能共建家庭携手今生。从进化论视角看来，这些都是密切联系着的（Kenrick, Maner, & Li, 2005）。确实，持进化论观点的研究者们相信，繁衍的目标是所有其他社会目标的基础。按照这种观点，我们加入某团体、寻求社会信息、为地位奋争，甚至有时还表现出攻击行为或自我保护行为，这一切的一切都是为了能将我们的基因传承下去（Buss, 2004; Neuberg, Schaller, & Kenrick, 2009）。

捍卫自己以及重视的人。越战中，这个女人拖家带口逃离被战火吞没的村庄。来自外群体的真实或知觉到的威胁会引发一系列社会行为，包括种族歧视和攻击。

小调查

回想你与一个人或一个群体的愉快及不愉快的互动。这些互动是如何与我们刚刚讨论过的目标相联系的？

1.3.2 个人与情境的交互作用

如果你左边有一位迷人的异性开始与你调情，你可能就顾不上站在你右边的老板了。如果你接着又注意到另一个人——一个身穿皮外套且身材高大的男人，开始对你面露讥讽之色，并靠近那位迷人的异性，你可能会下意识地想进行自我保护。相反，一个渴望晋升的同事则会围着老板团团转以图留下好印象，而对调情的机会或身体的危险视而不见。

换句话说，任何时候，活跃的根本动机与具体目标都反映了个体内部因素与外界因素间的持续相互作用。我们将在本书中细致考察这些相互作用，但是不妨让我们先来简单熟悉一下什么是“个人”、什么是“情境”以及两者是如何通过“个人–情境交互作用”而交织在一起的。

个人 当我们谈及**个人（person）**时，我们特指个体在社会情境中的一些特征或特质。如果让你描述一下你自己，你可能会提及生理特征（比如身高、性别）、一贯的态度或偏好（比如你会投票给共和党、民主党，还是自由党派）以及心理特征（比如你是外向的还是内向的，是容易激动的还是相对平和的等）。这些特征可能基于基因的或生理的因素，使你与他人不同；也可能基于过去的学习经历，并通过你理解自己的特殊方式或日常生活中遇到的人对待你的方式而得以保持。个人的其他方面的一些特征则比较不稳定，比如你现在的情绪或自我价值感。

情境 当我们谈及社会**情境（situation）**时，我们指的是个体外部的事件或状况。这些包括社会背景下转瞬即逝的事件（比如陌生人朝你眨了一下眼睛）以及长久的影响（比如你是成长于蒙大拿州偏僻的农场还是纽约市多种族混居的社区）。

个人–情境交互作用 个人与情境都不是固着的实体。正如威廉·詹姆斯（William James）所观察到的，“许多年轻人在长辈面前毕恭毕敬，在朋友中间却满口脏话举止嚣张，像个海盗”（1890，294）。不同的社会情境会引发不同的目标——有时我们需要招人喜爱，有时我们需要让人生畏等（Griskevicius, Tybur, et al., 2009; Maner & Gerend, 2007）。因为单一的情境会包含诸多可能性，所以你在任何特定时刻的目标可能取决于你在关注什么。依从你现实的目标以及长期的特征，你可能会对一个情境做出与他人不同的反应（e.g., Graziano, Habashi, Sheese, & Tobin, 2007）。想想，在一个聚会上，有人会迷恋舞池，有人会探讨哲学，还有人则会倾听别人讲笑话。

我们将在第 2 章中具体探讨个人与情境交互作用的几种方式。比如，我们会以契合个人目标的方式对模糊的情境做出解释（Balcetis & Dunning, 2006）。他人是在调情或只是在表达友善，取决于你的性别以及你是否处于恋爱的心态中（Maner et al., 2003）。我们的人格也会影响我们对情境的选择（Roberts, Caspi, & Moffitt, 2003; Snyder & Ickes, 1985）。如果你是个性格内向的人，你可能会婉拒一个晚会的邀请。而一个外向者则可能会从天而降不请自来。

正如人会选择情境，社会情境也能选择特定类型的人予以准入。比如，高个子的中学新生可能会被篮球队招入，一个擅长数理化的学生则可能被尖子班录取。人与人之间起初微小的差异可能会被情境放大（比如篮球训练与尖子班授课）。因此情境与人会以持续循环的方式相互塑造、相互选择。

1.4 心理学家是如何研究社会行为的

科学研究如同侦探的侦察工作。遇到疑团时，一个侦探会采用一系列程序揭开疑团：访问目击者、寻找动机、排除各种可疑对象、检查物证等。每一步都可谓“危机四伏”：目击者可能撒谎或者将其证词基于一些莫须有的假设上；一些动机可能是隐而不见的；证据也有可能已被污染破坏。像侦探一样，社会心理学家们也是从层层迷雾中启程。本章开篇就抛出了诸多问题：是什么使一个仅能勉强糊口的美国人倾尽全力为远在另一半球的人们建造学校？为什么在一些社会中女人可以嫁多个男人，男人也可以娶多个女人，而另一些社会仅允许一夫一妻制？为什么婚前性行为在一些社会中见怪不怪，而在其他社会中则恰恰相反？社会心理学家也拥有一套程序来解决这些谜团，但是像侦探一样，他们在使用这些程序时必须小心潜在的陷阱。

心理学家们的“侦探工作”从**假设（hypothesis）**开始，假设是对可能显现证据的一种有依据的估计。如果你想寻找某一有趣的社会行为的证据，你会如何提出一种切实可行的假设来指导你的搜索呢？你可能会从我们之前讨论过的某一理论视角开始。比如，若采取社会学习视角来理解格雷戈·莫滕森对巴基斯坦贫困村庄人们的帮助，你可能会注意到他小时候就耳濡目染双亲在非洲的义举。也许，与其他群体成员相处的早期积极经历对这种慈善行为至关重要（我们会在第 9 章中详细探讨）;而另一个可能的假设（我们也将在第 9 章中探讨）则是：人们会从父母那里继承利他的基因倾向。

然而，并非所有的社会心理假设都想当然地源于科学理论。你甚至能从一个悖于常理的怪异事件中提出一个有趣的假设。你可以在既定的心理规则中找到一些例外，比如奖励有时会适得其反，会使孩子停止在某项任务上的努力（e.g., Lepper, Green, & Nisbett, 1973）。美国社会心理学家威廉·麦奎尔（William McGuire）于 1997 年列举出了产生研究假设的 49 种方法。

为什么他人会表现得慷慨、热情、进取或者友爱？许多人一旦找到一个看起来合理的解释后，便会停止思索。然而，提出一个貌似合理的假设仅是科学研究的第一步。正如我们即将看到的，有时，看起来再确凿不过的假设常常会被证明是完全错误的。

联结：方法与证据

好马配好鞍——为什么完善的理论离不开可靠的数据

2003 年 5 月 28 日，我们在咖啡厅喝咖啡时，在一张丢弃的报纸上瞥见了这样的一个标题：经费大缩水！硅谷两校区 DARE 项目胎死腹中！这篇报道描述了几所美国当地学校是如何放弃 DARE 项目的，这一项目旨在教育孩子们远离毒品（Galehouse, 2003）。许多美国人都很熟悉汽车保险杆上黑红相间的贴纸“DARE 让孩子远离毒品”。DARE 是“抵制药物滥用教育”（Drug Abuse Resistance Education）的首字母缩写。作为项目的一部分，警员们会拜访每所小学，向孩子们宣传毒品的危害性。警员们也会教给孩子们一些增强自尊以及抵制同伴压力的普适性技巧。

DARE 项目帮助孩子们远离毒品、提升自尊、抵制危险的同伴压力，为什么这些负责的校区会抛弃这一项目呢？答案是，尽管家长、学生和警员们对该项目寄予厚望，但是严格控制的研究却没有发现 DARE 发挥实质性作用的证据。比如，一项受美国国家药物滥用研究所（National Institute of Drug Abuse）资助的研究调查了 1 002 位青少年，其中 75% 的人曾经在十多年前接受过 DARE 项目的熏陶。结果显示，参加过 DARE 项目的受访者和未参加过的受访者在酒精、烟草、大麻或其他危险药物的使用概率上都没有显著差异（Lynam & Milich, 2002）。其他研究者们也发现了相同项目的“零效应”（Rosenbaum & Hansen, 1998; West & O' Neal, 2004）。

尽管 DARE 项目并不能使孩子们远离毒品，但正如一位 DARE 项目成员所言：“教给孩子们自尊以及独立思考的能力又有什么过错呢？”提升学生们的自尊听起来不错，但是却被教育家和政治家们过于夸大了，他们把自尊看成是治愈一切的万能之药，从婚前性行为到暴力袭击、强奸以及谋杀（Baumeister, Smart, & Boden, 1996）。乍一看，这一理论假设似乎颇能站得住脚：对自己感觉糟糕的人更可能以性发泄或暴力的方式行事，他们这样做或许是为了提升他们脆弱的自尊。但是，当心理学家们检视研究结果时却发现，这些假设无论看起来多么合情合理，实际上却是错误的。在综合回顾了自尊方面的研究后，社会心理学家罗伊·鲍迈斯特（Roy Baumeister）、布拉德·布什曼（Brad Bushman）和基思·坎贝尔（Keith Campbell）（2000）总结道：“我们不应该对低自尊的人感到害怕，我们应该对自我膨胀之人更加畏惧。”这一相反的结论也是合情合理的，我们想想，确实，低自尊的人常常表现得比较谦虚，而高自尊的人常常表现得骄傲自大目中无人。

也许 DARE 的那位工作人员还是会觉得委屈，但是我们不能忽视，这个项目每年的花费超过 700 万美元。事实上，它是联邦预算支出中最大的一笔学校预防项目（West & O' Neal, 2004）。根据项目官方网站（www.dare.com）的统计数字显示，仅 2008 年一年，就有 50 000 名警员参与了该项目，并且该项目在全美 30 万个教室中开展，甚至惠及了其他 43 个国家的数百万儿童。这些资金和精力原本可以花在一些确实奏效的教育项目上。所以，尽管从理论开始寻求假设是个好办法，但是细致的研究方法却也必不可少，它们帮助我们去伪存真。

底线是这样的：研究者们需要数据来证实他们的假设。一个优秀的侦探需要将确凿的证据与虚假的可能性区别开来。确凿的证据十分重要，因此我们不仅会在本章中探究数据搜寻的方法，也会在接下来各章节的“联结：方法与证据”专栏中给予持续关注。通过理解研究方法，我们有望磨炼我们的侦察技巧，从一位业余侦探成为福尔摩斯式的神探。

DARE 确实奏效吗？ DARE 项目，每年花费纳税人数百万美元，确实能够帮助孩子们远离毒品吗？理论上确实如此，然而研究结果却恰恰相反。

心理学家们收集数据的“侦察方法”大致可以分为两类：描述法和实验法。**描述法（descriptive method）**是在自然状态下，测量或记录行为、思考和感受的过程。当心理学家们采用描述法时，他们希望在不改变行为的情况下记录行为。**实验法（experimental method）**则恰恰相反，它通过系统操作情境的某些方面来揭开行为的原因。

1.4.1 描述法

在理解任何现象产生的原因之前，细致描述一下我们到底在谈论什么是很有帮助的。我们如何才能细致描述社会行为？社会心理学家们主要采用五种方法：自然观察、个案研究、档案法、调查法以及心理测验。

自然观察 或许最直接的描述法便是**自然观察（naturalistic observation）**了。这种方法比较简易，只需观察那些在自然情境中徐徐展露的行为即可。举个例子吧。心理学家莫妮卡·摩尔（Monica Moore）在1985年曾做了个研究。她来到一家单身酒吧，期望看到这里的女人们会自然地表露出许多非言语的调情行为。她坐在一个隐蔽的地方，记录下女人们朝男人们摆出的各种姿势，并将之与女人们在图书馆或妇女中心展露的姿势进行比较。结果发现，在单身酒吧与男人调情的女人会做出一些在其他情境中很少看到的姿势。比如，酒吧里的女人会频繁地向男人投出含情脉脉的一瞥、露出微笑、拨弄发丝或是将脖子倾斜45度角以露出玉颈。

作为一种研究方法，自然观察拥有众多优势。首要的一点是，在自然情境下的行为是自发的，不是虚假的或是精心谋划得来的。做个对比，想象一下吧，让学生们在实验室里表露出调情的姿态该是多么困难！第一，人们在实际调情时或许并不能意识到自己是如何“调情”的；第二，当被试知道拿着笔记本的研究人员正在观察他们，肯定会浑身不自在，难以表现出真实的调情行为。

尽管自然观察有着诸多优点，但它的缺点也显而易见。研究者必须确保他们的被试不知道自己正在被观察。否则，被试很可能不能按照自然的方式行事。我们在第6章中会看到，社会心理学家们发明了许多聪明的办法来观察人们的行为，且能使被观察者毫无察觉。自然观察的另一个缺陷是，一些研究者感兴趣的行为实际上很少发生。不妨想象一下研究者在街角徘徊，等待谋杀发生的情景吧。即使在治安最差的社区，你恐怕也得耗些时候才能逮到这一幕吧。

还有一个问题，除非采用系统化的方式进行观察，否则观察者的一些有偏颇的期望会使其忽视一些因素对行为的影响，而夸大另一些因素对行为的影响。研究者的假设会使研究者寻求支持性信息而忽略那些不一致的证据。这种情况又被称为**观察者偏差（observer bias）**。

比如，如果你期望在酒吧中看到调情行为，你可能会将一个女人撩拨头发的动作误解为调情，而实际上她只是不想让头发掉入啤酒杯。

个案研究 另一种观察式的方法是**个案研究（case study）**，即对一个个体或群体进行深入、细致的检视。研究者当然可以探究完全正常的个体或群体，但他们常常选择一个案例，因为案例能代表某些异常的行为模式。试想一下，你对这个研究点很感兴趣，比如默默无闻的人一夜间功成名就，你会有怎样的反应呢？如果你在商场或心理课上随机抽样，你可能会失望地发现，你的样本中找不到一个名人。另一方面，你却可以与格雷戈·莫滕森或奥巴马进行面谈以获得第一手资料。

如果心理学家们想要更好地了解一个罕见的或不寻常的个体或群体，他们有时就会采用个案研究法。比如，英国社会心理学家马克·沙勒（Mark Schaller）对人们一夜成名后的心理感受很有兴趣，于是他在1997年的研究中，考察了数个名人的案例资料，这些资料来自名人的日常生活和书信。他研究的对象包括摇滚巨星科特·柯本（Kurt Cobain），这位巨星在20世纪90年代声名鼎沸时突然自杀。柯本的案例显示，名声并不总是件好事，它能使一些人陷入不愉快的高度自我关切中。

个案研究常能为我们提供丰富的假设。例如，对于梵高为什么会割下自己的耳朵，包起来并将之作为礼物送给一个妓女，心理学家们提出了许多不同的假设（Runyan, 1981）。其中的一个假设认为，梵高以此对那个妓女表达愤怒，因为她和自己的朋友保罗·高更（Paul Gauguin）上床了。而另一个假设则认为，他之所以做出这样的举动，是因为他对保罗·高更存在下意识的、不能为社会所容忍的同性情感，他想以此象征性地阉割自己。不幸的是，拘泥于案例材料的心理学家们在搜索个体的生活证据时，往往会受到先入假设的误导，即他们总是挑选出那些支持其预感的事件（Runyan, 1981）。基于一个个案研究，我们很难分辨清楚，何种事件确实导致了所关注的事件，而何种事件其实与所关注的事件是不相干的。一个个案研究可以指示许多有趣的假设，但是却不能告诉我们为什么一件事情会发生。

个案研究的另一个问题是**普遍性（generalizability）**，即一个特定研究结果适用于相似情形的程度。仅仅检视一个案例，如梵高或格雷戈·莫滕森，我们很难知道哪一种具体的细节可以推广到其他相似的案例中。

档案法　解决推广性的方法之一便是考察许多相似的案例。一项研究曾经考察了底特律市1972年所发生的512起杀人案件的警察报告。下面是一段摘录：

案例185：受害者（男，22岁）与犯罪者（男，41岁）都在一家酒吧，这时双方都认识的一位熟人也走进了酒吧。犯罪者向受害者吹嘘这位熟人的打架能力，并说自己曾和他干过一架。受害者回复“你倒挺彪悍的”，然后两个人就开始为谁更厉害而争论不休。受害者说“我可带着家伙”，犯罪者回复道“我也带着”，两个人都指指自己的口袋。受害者又说“我可不想死，我知道你也不想死，让我们忘了这件事吧”，但是犯罪者掏出了一支小型自动手枪，打死了受害者，然后离开了酒吧（Wilson & Daly, 1985, p.64）。

尽管一个特殊案例的细节可能是独特的，但马戈·威尔森（Margo Wilson）和马丁·戴利（Martin Daly）却在他们所检视的数百宗杀人案中找到了许多相似的细节：首先，犯罪者和受害者大都是男性，特别是20岁出头的小青年；其次，社会支配地位的冲突起到了煽风点火的作用。

威尔森和戴利对杀人案件的研究便是**档案法（archival method）**的一个很好的例子。档案法是研究者们采用已有的数据来检验其假设，而这些数据最初是为其他目的而收集的（警察报告、结婚证书、报纸文章等）。另一个档案研究发现，在小布什任美国总统的首次任期中（他发动了对阿富汗和伊拉克的战争），每当政府发布恐怖袭击警告时，民众对小布什的支持率便会上升（Willer, 2004）。另一些研究则考察了特定城市的每日气温与同日所报告的暴力犯罪数目的关系（e.g., Bell, 2005; Bushman, Wang, & Anderson, 2005; Cohn & Rotton, 2005）。档案法的好处是它能帮助研究者轻而易举地获得大量的现实资料，但缺点是许多有趣的社会现象并没有被记录下来。一段为时两个月的婚姻的缔结与结束都会被记录在案，可是有些情况却很难在档案中找到痕迹，比如双方有长达五年的同居关系，却为婚礼邀请人的人选问题发生争执而告吹。

调查法　一些非常有趣的行为不太可能被记录在案或是在自然情境中展露。比如，早在20世纪40年代，美国生物学家阿尔弗雷德·金赛（Alfred Kinsey）就对一些性行为（如手淫或婚前性行为）的普遍性产生了好奇。由于这些行为很少在公众场合展露，自然观察法便缺乏用武之地了。同样，对受判决的性犯罪者和妓女的个案分析，也不能告诉人们正常的性行为到底是怎样的。因此金赛选择了**调查法（survey method）**，在这种方法下，研究者只需向调查对象询问一系列问题，这些问题涉及他们的行为、信念或意见。

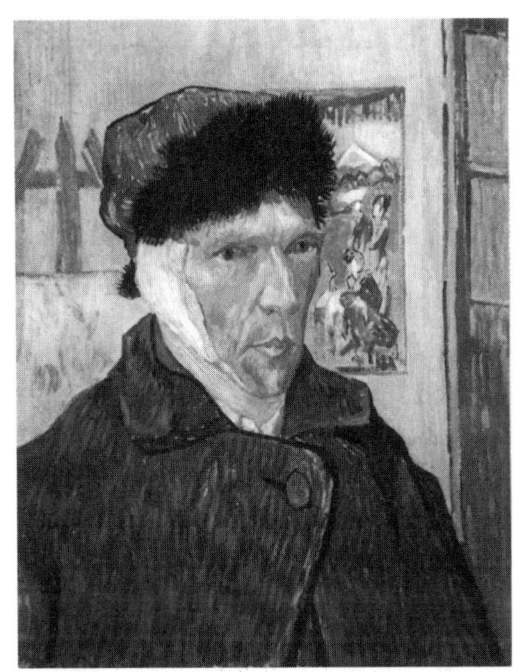

个案研究法的缺陷。梵高为什么会割下自己的耳朵？心理学家们采用他的生活细节来支持各自提出的不同假设。但是，单一的案例并不能给出清晰的因果结论。

问卷调查法有一个非常突出的好处，它使研究者能够就某些很少在公众场合出现的现象搜集大量的数据。如同其他方法，问卷调查法也有一些缺陷。首先，出于不诚实的动机或记忆偏差，调查对象所给予的信息可能是不准确的。比如，**参加问卷调查的男人们常常比女人们报告更多的与异性间的性体验，这是颇为让人迷惑不解的。**英国、法国以及美国的男人们报告自己生活中的性伴侣大概有10~12个，但是这些国家的女人们给出的数字却刚刚超过3个（Einon, 1994）。这种差异可能是源自**社会赞许性偏差（social desirability bias）**，即人们倾向于报告他们认为恰当的或可接受的内容（不论事实是否如此）。对男人来说，性行为是更有社会称许意味的（Hyde, 1996）。因此男人们更可能大谈特谈自己的性越轨行为，也更可能记住它们；而女人们更倾向于低调谈论自己的性行为（Alexander & Fisher, 2003）。

问卷调查的另一个潜在问题是如何获得一个**代表性样本（representative sample）**。当作为一个群体的被试，其特点与研究者想描述的更大人群的特点相匹配时，我们就说这个样本是具有代表性的。北美经理层的代表性样本应该包括一定比率的男人、女人、黑人、拉美裔美国人、加拿大人、中西部美国人、南部美国人等，这个样本必须体现出这个大陆上各种人群中的经理。而来自多伦多的一小群男性银行经理或是纽约时装行业的拉美裔女经理，并不能代表整个北美经理层。金赛性调查的样本大都由社区组织的志愿者们组成，这意味着他们并不能代表美国社会的全部。

金赛的调查可能会遇到另一个问题，即一些调查对象自愿进入其样本，而另一些调查对象则自愿退出其样本。许多潜在的调查对象很不情愿主动讨论自己的性生活，而另一些则颇为享受这个机会，趁机透露自己狂野情色的经验以娱乐研究者。如果那些参加或未参加调查的人在性活动上与常模迥异，那么研究者可能对整体人群做出错误的推论。精心结构化的问卷可以减少这些问题，但不是所有的问卷都是值得信赖的，特别是当其允许被试自主选择是否愿意参加之时。

心理测验 是否有些人的社交能力更胜一筹？是否有些人倾向于在进行批判性思考后才能被某一论据说服？**心理测验（psychological test）**是一种评估人们在能力、认知或长期动机上的差异的工具。心理测验与调查不同，调查的目的是获得具体的态度或行为，测验的目的却是揭示更广泛的潜在特质。大多数人都进行过多种心理测验。大学能力测验的设计依据是，根据人们在大学课程上的学习能力对人们加以区分。职业兴趣测验（比如斯特朗职业兴趣量表）的设计依据则是，根据人们对各种职业的可能热爱程度对人们加以区分。

心理测验并非每时每刻都能精准地测量其想要测量的建构。比如，在流行杂志上刊登的“测测你与爱人相处能力”的小测验，可能并不能很好地预测你在一段感情中的实际技能。一个有用的心理测验必须合乎两项指标的要求——信度和效度。

信度（reliability）是测验结果的一致性。如果你第一次做某一社交技能测验时，结果显示你是一个非常有魅力的人；而一星期后当你再次做这个测验时，结果却显示你有社交缺陷，那么这个分数便是不可信的。不论测量什么，我们都需要确保测量工具的一致性。一些心理测验，比如罗夏墨迹测验，并不能提供非常可靠的测量。而其他一些测验，比如智商测验，其产生的分数则具有更高的一致性。但即使一个测验是可信的，它也未必是有效的。

效度（validity）是一个测验能够测量到其想建构的程度。举个不恰当的例子吧，理论上我们可以用眼睛的颜色来衡量个体受异性欢迎的程度。我们的测验当然是非常可信的——受过训练的观察者们对被试眼睛的颜色大都能达成一致意见，不论眼睛是蓝色、淡褐色或棕色的；即使我们一两个月后再次测量被试的眼睛颜色，也能得到颇为一致的结果，因为眼睛的颜色显然不会发生很大的改变。但是，眼睛的颜色却可能并非是衡量吸引力的有效指标，它可能与被试在过去的一年中的约会对象的数目毫无关联。反之，如果评判者对被试整个面孔的吸引力进行评估，或者对被试交谈中的录像进行评估，得到的分数虽然会欠缺些可靠性，但是却能对被试的异性缘做出更有效的预测。

所有的研究方法都不能忽视信度和效度。比如，对男女结婚时的年龄差异的档案记录，在不同文化中和不同时代下都是相对一致的（Campos et al., 2002; Kenrick & Keefe, 1992）。因此，这是一个可信的估计（即女孩在十多岁就结婚的概率是男孩的数倍）。但是一个小城镇上一个月中的结婚记录却可能并不可靠（也许在那个特定的月份中，两个十多岁的男孩结婚了，而只有一个十多岁的女孩结婚）。至于效度，三个不同的环境调查可能会得出一致结论：人们在提高废品回收利用率，也在减少开车的次数。这些调查结果尽管是可靠的，却未必是有效的。人们可能会一致错报了自己的回收或驾驶行为。对每一个研究我们都应该询问：结果是可信的吗？即如果换种方式测量或者换个观察者的话，我们还能得到一样的结果吗？结果是有效的吗？即研究者是否真的在研究其想研究的建构？

1.4.2 相关与因果

来自描述法的数据能够揭示**相关（correlation）**关系，或者说是两个以上变量关联的程度（心理学家们使用“变量”这个名词以宽泛地指代任何波动的因素，比如每日气温，人们的身高、发色，群体的大小或者不同大学校园的酒精使用量等）。利昂·曼（Leon Mann）1981 年对“自杀引诱”这一奇怪现象产生了兴趣，想探讨什么变量与这一现象有关。“自杀引诱”是指围观者常会鼓励试图自杀的个体赶紧结束生命。在一个典型的例子中，夜色中的 500 多号围观者不仅催促格罗瑞娅·波利齐（Gloria Polizzi）立刻从 46 米高的水塔顶端跳下，还朝救援队破口大骂并扔石头。曼等人采用报纸记录来研究这一问题，结果发现“自杀引诱”与群体的大小相关。当群体增大时，群体中的人员更可能嘲笑讥讽那些命悬一线的自杀者。

两个变量间的相关常常用数学上的一种统计指标**相关系数（correlation coefficient）**来显示。相关系数的范围可以从 1.0（表示两个变量间存在完全的正相关）到 0（表示两个变量间不相关），再到 –1.0（表示两个变量间存在完全的负相关）。正相关意味着当一个变量起起伏伏时，另一个变量也随之起起伏伏。比如，当群体变大时，“自杀引诱”发生的概率也会变大。

负相关则指示相反的关系——当一个变量起起伏伏时，另一个变量以相反的方向变化。比如，那些对现在的伴侣更忠诚、更满意的女人，一般来说很少花时间去打量其他英俊的男人（Maner et al., 2003; Miller, 1997）。

相关能够提供许多重要的暗示，但是它们不能够帮助研究者得出因果结论。再来看一下群体大小与“自杀引诱”的关系。大规模的群体常常与其他一些不恰当的行为方式相关，比如，从摇滚音乐会和万圣节的街区舞会中或者重大体育赛事结束后冲上街头的疯狂粉丝身上，我们都能看出许多端倪。曼在其研究结果中总结道，大规模的群体使围观者感到自己是“匿名的”，即使是这种残忍的无耻行为的始作俑者，自己也不用担心被揪出来。但是这种推论并非无懈可击，因为我们需要牢记，相关关系并不等同于因果关系。

为什么相关关系不等同于因果关系呢？首先，研究者之前假设的因果关系的方向常常会倒转过来——不是 A 引发了 B，而是 B 引发了 A（见图 1-2）。比如，一旦自杀引诱开始了，人们可能会从广播中听到消息，然后附近的听众会蜂拥赶往事发地点（因此，可能是自杀引诱使围观群体增大，而非相反情况）。另一个问题是，两个变量间可以仅存在相关关系，而不存在因果关系，如由另外一个变量 C 引发了变量 A 和 B。比如，曼曾发现，自杀引诱常常发生在夜间。或许人们更可能在夜间饮酒，而饮酒使人们聚集在一起（因此形成人群）任性而为（因此会辱骂自杀者）。如果这样来解释，夜色或者群体的大小都不是自杀引诱的直接原因，两者都是偶尔才与这一现象相关的。

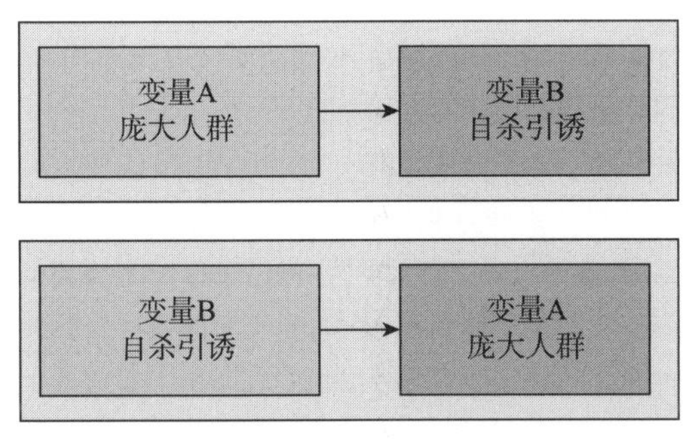

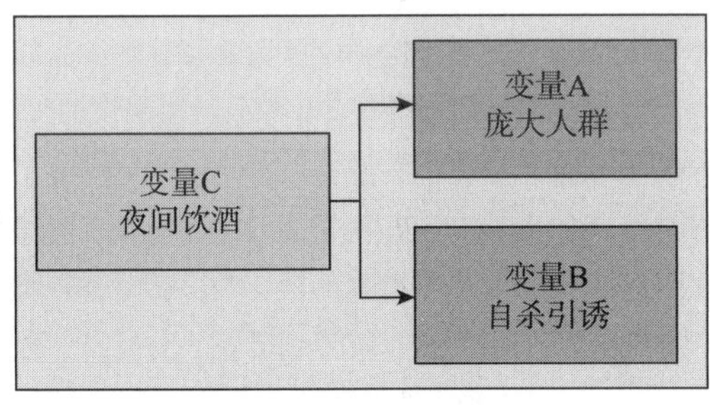

图 1-2 解释相关关系

当两个变量（如群体大小和自杀引诱）存在相关时，可能的原因是变量 A（群体大小）使变量 B（自杀引诱）发生了变化。但是，也可能是变量 B 引发了变量 A，或者第三个变量 C（夜间饮酒）同时独立地引发了 A 和 B。

因为相关的变量间存在诸多可能的联系，因此我们很难从相关中得到明确的因果结论。要突破这一局限，研究者需要寻求实验法的帮助。实验法能够抽丝剥茧般把主要变量与混淆变量区分开来。

小调查

想象你正为一本杂志执笔。你需要写一系列文章，主题是一些有趣的群体成员（比如犹他州的一夫多妻制的实行者、纽约黑帮成员或好莱坞的超级明星等）和典型的美国郊区民众有何不同。你将采用何种描述法来帮助解决这一问题呢？在得出确信的结论前你又会遇到什么问题呢？

1.4.3 实验法

当采用描述法时，研究者们总会尽力避免去人为干扰那些所要考察的现象。比如，一个采用自然观察法的研究者总是希望他的被试不要注意到自己正在被观察。一个问卷调查研究者在设计问题时会采用谨慎的措辞，使被试不至于歪曲自己真实的情感或行为。但是在一个**实验（experiment）**中，研究者常常通过系统地操纵情境的某一方面，并控制其他方面，从而改变被试的行为。如果研究者想知道人群中的匿名感是不是反社会行为的罪魁祸首，那么研究者可以对情境进行操纵，让一些人感到自己是“极为隐匿的”，而让另一些人感到自己是“极易被识别的”。事实上，菲利普·津巴多（Philip Zimbardo）① 在 1969 年恰恰这样做了，在实验室研究中，他让被试对其同伴进行电击。一半被试戴着有姓名的标签，穿着自己的衣服，因此是极易被识别的；而另一半被试则保持“隐匿状态”，他

① 菲利普·津巴多是著名的社会心理学家，他的著作包括《津巴多普通心理学（原书第 7 版）》《雄性衰落》等，中文简体字版已由湛庐文化策划、中国人民大学出版社和北京联合出版公司分别出版。——编者注

们穿上宽松的白大褂，戴白色的面罩，面罩几乎遮住了他们整个脸。结果发现，这些“匿名”的被试给予的电击量是“易识别”被试的两倍。

操控变量 实验者所操纵的变量被称作**自变量**（**independent variable**）。在津巴多的实验中，自变量便是不同的着装（隐匿的和易被识别的）。被测量的变量称作**因变量**（**dependent variable**）。在上述研究中，研究者测量了被试所给予的电击量。

关于实验研究，有几点需要注意。津巴多实验的一个突出特点便是，被试是被随机分配到匿名和非匿名的情境中的。**随机分配**（**random assignment**）意味着每一个被试都有相同的概率被分配在不同的情境中。比如，通过投掷硬币决定把被试分到哪一组，研究者减少了两组被试在情绪、人格、社会等级或者其他因素上的差异，而这些因素往往会影响结果。这样，研究者最小化了组与组之间的系统性差异，而有些差异可能会使夜间和白天的围观人群有所不同。尽管大规模的自杀引诱人群与小规模的非自杀引诱人群在反社会倾向上可能有所差异，但如果被试是随机分配的话，这种系统的差异并不会构成问题。在津巴多的研究中，被试之间的唯一差异来自总体人口的随机波动（当被试数目增大时，这种波动的影响力会减小）。必须注意的是，两组被试间的差异仅存在于衣服的匿名性（自变量）上。情境的所有其他方面都是一样的——主试、环境、被电击者以及任务。这也降低了其他变量影响反社会行为的概率。最终，研究者用相同的方法来测量两组被试的攻击性，这使研究者能够以量化的方式可靠地测量每组被试给予的确切电击量。

通过随机分配被试并控制无关变量，实验者们获得了一种得天独厚的优势——对因果关系做出推断的能力。津巴多可以相当自信地说，是他对匿名性的操作（而非处于匿名状态下的被试具有某种异常的特征）导致了被试更高水平的攻击性。

实验法的潜在局限 相比描述法，实验法能帮助研究者更好地做出因果推断，但是实验法也存在一定的缺陷。比如，大多数实验中的设置都是人为的。穿上宽松的衣服、戴上面罩所制造出的“匿名感”和黑夜中的庞大人群所体验到的“匿名感”真的一样吗？给予电击的倾向又能等同于向救援队扔石头的倾向吗？

我们在心理测验中会讨论效度的问题——一个测验是否真正测量到了它所期望测量的建构。实验也存在效度的问题（Aronson, Wilson, & Brewer, 1998）。**内部效度**（**internal validity**）是指实验得出的因果关系间的明确程度，即自变量是不是被试的行为产生系统性变化的唯一原因。想象一下，若是在津巴多的去个体化实验中，所有在匿名条件下的被试所遇到的都是一个令人讨厌的、粗暴的男性主试，而所有在非匿名条件下的被试所遇到的都是一位和颜悦色的女性主试，那么我们会看到，匿名条件下的被试会表现得更富于攻击性，但是我们并不能知道真实的原因，是因为被试是匿名的，抑或他们所遇到的主试让他们嫌恶。当另一个变量随着自变量产生系统变化时，它被称作**混淆变量**（**confound**）。在上述例子中，主试的性别与脾气都能够与匿名性的操作产生混淆。这些混淆变量正如相关关系中看不见的“第三种变量”，它们使我们难以判断到底是什么引发了被试的行为。

外部效度（**external validity**）是指一个实验的结果能被推广到其他情境中的程度。我们之前提到，研究一个单一的案例会带来普适性的问题。实验室实验也存在相同问题的困扰。在匿名的实验室实验中给予电击的行为，就能帮助我们了解夜幕中暴民的真正心态吗？答案可能是否定的，因为没有两个情境能够完全一模一样。但是研究者们可以选取一些有代表性的变量，它们能够帮助我们模拟广阔的外部世界中的相似心理和情绪过程。

将实验室研究推广到自然情境中还存在另一个难点，即实验室中的被试往往知道自己正在被观察。我们之前在自然观察法中也提及，当被试知道自己正在被观察时，他们的行为举止会有所不同。在实验中**需求特征**（**demand characteristic**）是一个暗示，常使被试意识到实验者期望他们做出何种反应。为避免这一问题，实验者们会将被试的注意力从实验的真实目的上转移开。比如，主试并不会直接告诉被试“作为一种敌意的指标，我们正在考察你按住电击按钮的时间”。相反，主试会为施行电击提供其他一些合适的理由，诸如惩罚如何影响学习效果之类。这便将关注点从被试的电击使用量转移到了受电击者的“学习反应”上了。正如你即将看到的，社会心理学家们发展出了一些相当精妙的方法来探究被试的自然反应。但是，关注这些可能的混淆变量总是相当重要的。比如，你是否会觉得让匿名组的学生穿上白大褂、戴上白面罩，会传递一种无言的期望？

现场实验 如果将我们的实验带出实验室，放入每日的生活情境中，我们或许能够克服人为设置以及需求特征的负面影响。这种方法，将实验操作施行于那些自然情境中没有觉察的被试，又被称作**现场实验**（**field experimentation**）。

让我们来看一个研究，研究者采用自然的方式对“匿名性”进行操控（Diener, Fraser, Beaman, & Kelem, 1976）。实验中被试就是万圣节中一群穿着化妆服的小孩，场景是西雅图的一户人家。一个研究助理会招呼这些“小捣蛋”们，并指给他们放着糖果的碗，而糖果碗的旁边则是一个装满便士的碗。研究助理让小孩们每个人从碗中拿一颗糖果，然后装作很着急的样子匆匆离开。小孩们并不知道，研究助理正悄悄躲在一个看不见的角落，记录这些“小天使”或“小英雄”们是否会多拿些糖果或偷拿些硬币。

这是一个实验，因为研究者们随机将小孩们分入了不同匿名水平的条件中。匿名性通过主试招呼小孩的方式得到操作。在一种情况下，主试会询问小孩的姓名，无形中消解了化妆服的身份掩蔽作用；而在另一种情况下，主试允许小孩们保持匿名。研究的结果支持了曼等人的相关研究以及津巴多的实验研究的结论。在匿名条件下，大多数“小捣蛋”们都会多拿些糖果或拐走些硬币；在报上姓名的条件下，大多数小孩表现得更像“小天使”。

去个体化实验。在津巴多的实验中，一半被试的着装使他们看起来是“隐匿的”，而另一半被试则身穿自己的衣服且能被他人看出来。这种差异便构成了自变量。因变量是被试给予同伴的电击量。

1.4.4　为什么社会心理学家们需要博采众长

表 1-2 总结了不同的研究方法以及它们的优势与局限。如果每一种方法都不可避免地存在缺陷，是否意味着我们对社会心理学的知识的追求是无望的？当然不是。一种方法存在的缺陷可能正是另一种方法的强项。比如，虽然实验能够帮助研究者做出因果推论，但是实验中又难免存在人为操作的问题。相比之下，档案法和自然观察虽然不能够给出因果结论（因为在性质上，它们属于相关研究），但是它们所提供的数据却是纯粹自然的。相较于任何一种单一的方法，结合不同的方法能使社会心理学家们得出更为可信的结论（McGrath, Martin, & Kukla, 1982）。

举个最近的研究作为例子吧。伊丽莎白·邓恩（Elizabeth Dunn）想探究这一假设：给予他人东西能使我们自己感到快乐。她和她的同事们首先做了一个调查来检验这一假设（Dunn, Aknin, & Norton, 2008）。她们请 632 位美国人（具有全国代表性的样本）评定自己的一般幸福感，然后估计一下自己在以下方面的花费占个人总体收入的百分比：账单、个人消费、为他人买礼物以及慈善捐助。结果发现，为自己买礼物和受访者的幸福感不相关，但是为他人买礼物却与受访者的幸福感相关。这个结果是相关性质的，我们并不能确信，到底是为他人买礼物使人们开心，还是不开心的人们会更加吝啬（如果他们为别人花钱的话，会变得更加不开心）。

研究者们又开展了一项纵向研究，研究对象是意外得到一笔奖金的上班族。研究者们测量了他们得到奖金之前的幸福感以及 6~8 周后的幸福感。那些把大多数奖金花在别人身上的被试，其幸福感水平得到了显著的提升；而那些把大多数奖金花在自己身上的被试却没有表现出这种幸福感的提升。这一纵向研究使研究者能够控制起始的幸福感水平，但依旧没能确定因果关系（除了长期的幸福感水平外，或许那些愿意为别人花钱的人在其他方面也会有所不同）。

接着，研究者们又开展了实验研究。他们让一群大学生们评定自己在清晨的幸福感水平，然后给他们一个装有 5 美元或 20 美元的信封，并随机把他们分配到两种条件下：把钱花在自己身上或把钱花在别人身上（为他人买件礼物或是将钱捐给慈善事业）。到傍晚时，学生们再次评定自己的幸福感水平。那些把钱花在自己身上的学生，其幸福感水平较之早晨没有太大变化；而那些把钱花在他人身上的学生普遍报告自己感到更加快乐了。有趣的是，当研究者们让另一些学生预测一下，为自己花钱更开心还是为别人花钱更开心，大多数学生都认为，如果能得到 20 美元并全花在自己身上，那是再开心不过了。但是，他们的预测却是不准确的。也许有人会说，这种实验是不自然的，因为被试可能猜到实验者对自己的幸福感水平感兴趣，所以故意在两次测量之间给予他们金钱。但是，因为研究的结果与另两项自然情境中的相关研究的结果契合一致，与仅用一种方法相比，研究者可以对自己的结论更有信心。

心理学家的工作犹如侦探工作。一个侦探可能需要聆听好几位目击者对谋杀案的阐述，而每一位目击者讲得可能都不那么完整：一个盲女人听到了争吵，却看不清是谁扣动了扳机；一个失聪的人在案发前看到有人走近了房间，但是却没有听到枪击；一个小孩在案发地点有所耳闻目见，却把细节混杂在一起。尽管每一个目击者的证据都不充分，但是如果他们一致认为是男管家干的，那么就有必要将男管家的指纹和枪支上的指纹对照一下。像侦探一样，社会心理学家们也总是会遇到支离破碎的证据，但是将它们拼接起来，却能够得出令人信服的结论。

正如一个侦探总是在证据与灵感间来回穿梭，用证据激发灵感，再用灵感引导自己搜索新的证据，一个社会心理学家也会在实验室与真实世界间自如转换（Cialdini, 1995）。来自现实世界的描述性研究的结果，会孕育出新的理论，而理论又有待于接受严格的实验检验。实验的检验结果又会激发研究者们对真实世界中发生的自然事件做出新的预测。通过结合不同的证据，我们能够得到更加确信的结论。

表 1-2　社会心理学家采用的研究方法的汇总

方法	描述	优点	缺点
描述性的相关方法			
自然观察	在自然情境中，且被观察者没有觉察时，记录其行为 例子：摩尔对女人调情行为的研究	● 自发的行为 ● 并不依赖于人们对自己经历的报告能力	● 研究者可能会干扰正在进行中的行为 ● 一些有趣的行为很少能看到 ● 研究者可能有选择地关注某些事件，而忽略其他事件（观察者偏差） ● 耗费时间
个案研究	对一个个体或群体进行深入、细致的检视 例子：沙勒对名声和自我意识的研究	● 提供丰富的假设 ● 可以研究罕见的行为	● 观察者偏差 ● 单一案例的结论很难进一步推广 ● 复杂的过往经历使研究者难以重现行为的真正原因
档案法	对多种公共档案进行检视 例子：威尔森和戴利对杀人报告的研究	● 轻易获得大量已经记录的数据	● 许多有趣的社会行为并没有被记录下来
调查法	研究者直接问人们问题 例子：金赛对性行为的研究	● 可以研究难以观察到的行为、思想以及感受	● 参加调查的人们可能不具有代表性 ● 参加者可能会做出有偏误或不真实的反应
心理测验	研究者试图评估个体的能力、认知、动机或者行为 例子：斯特朗职业兴趣测验；SAT 测验	● 能够测量不太容易观察到的特征	● 测验可能是不可信的（产生不一致的分数） ● 测验即使是可信的，也未必是有效的（并没有测量到研究者所期望测量的建构）
实验法			
实验室实验	研究者直接操作变量，并观察它们对实验室被试行为的影响 例子：津巴多对攻击与匿名性的研究	● 允许做出因果推论 ● 允许控制无关变量	● 人工操作可能并不能代表自然情境中发生的相关事件 ● 参与者的反应可能是不自然的，因为他们知道自己正在被观察
现场实验	与实验室实验一样，但是被试是处于自然情境中的 例子：迪纳等对“不请客就捣蛋”的小孩的研究	● 允许做出因果推论 ● 参与者表现出更自然的反应	● 操作可能是非自然的 ● 对无关变量的控制也不如实验室中精细

小调查

假设你是某个研究小组的一员，你的任务是解决以下问题：酒精会如何影响我们对新面孔的记忆？你如何采用相关的途径探索这个问题？用实验的途径呢？每种途径最大的优点和缺点可能是什么？

1.4.5 社会心理学研究中的伦理问题

阅读津巴多的攻击与匿名性的研究时，你可能忍不住会想，在给予同伴电击后，被试会产生什么样的自我感受呢？与地理学和化学研究不同，社会心理学研究是与活生生的、有血有肉的人（或者其他动物）打交道。因此我们有必要考虑一个重要的问题：研究在伦理上是无可非议的吗？

社会心理学研究的伦理风险 拿我们这些作者所做过的研究来举例吧。我们中有人采用以下"欺骗性"的技术诱使学生献血：你愿意参加我们的长期献血项目吗？每隔六周捐献 3.79 升血液，并且最短持续时间是三年？不愿意？那么就明天捐献 3.79 升血液如何？（Cialdini & Ascani, 1976）。在另一项研究中，我们中有人询问学生是否有过杀人的幻想，如果有的话，具体描述一下（Kenrick & Sheets, 1994）。最后，我们还询问那些三四十岁的被调查者，男女在什么年纪能达到性欲的顶峰，此时性活动的次数最为频繁并且能获得极大的快感（Barr, Bryan, & Kenrick, 2002）。

这些研究提供了许多潜在的有用信息，涉及慈善捐献、攻击冲动以及性关系等方面，但是每个方面都面临着伦理的拷问，这也是社会心理学家们经常遇到的。询问人们的杀人幻想或者性感受有可能侵犯到人们的隐私，但实验中这种侵犯不至于太过分，因为毕竟参与者都是一些志愿者，且有权决定是否愿意与别人分享他们的私人信息。但是，是否仅是询问这些内容，研究者就已经违反了社会规范呢？隐私侵犯问题在自然观察与现场实验中更为严重，这些情况下的被试根本不知道自己正在暴露一些个人信息。在一个有争议的研究中，毫不知情的被试遇上佯装的私家侦探，侦探给被试提供了一个为政府立功的机会，而被试需要完成的任务是非法闯入一间办公室以获取证据（West, Gunn, & Chernicky, 1975）。仅凭着"探究人类行为"这一目的，就可以对这种隐私侵犯视而不见吗？心理学家们现在遵循的基本原则是：如果能够保证被试的身份不被泄露，或者并不需要被试真的去做一些行为（比如不用真的闯入一家办公室），那么采用不知情的被试是可以接受的。

在实验研究中，被试的行为是会被操纵的，这也带来了另一个问题：研究会给被试带来生理或心理的伤害吗？社会心理学的研究有时会涉及一些令人不悦的生理刺激，包括吃力的运动（Allen et al.,1989），注射一些药物如肾上腺素（Schachter & Singer, 1962），暴露在酷热中（Rule, Taylor, & Dobbs, 1987）或是摄取酒精（MacDonald, Fong, Zanna, & Martineau, 2000）。

虽然社会心理学研究带来的生理危险不如在医药研究中那么明显（医药测验中的操作常常会真的导致疾病或者死亡），但是也会带来不适或轻微的风险。社会心理学研究更可能涉及心理的伤害，从尴尬（比如知道自己被"表面故事"欺骗了）到内疚（居然会有杀人的幻想，对其他异性想入非非），甚至到焦虑（面临被电击的威胁时）。

斯坦利·米尔格拉姆（Stanley Milgram）1963 年的研究在社会心理学界掀起了轩然大波[①]。他使被试相信，自己正在给予一个患有心脏病的老者以痛苦的电击。在实验进程中，被试听到这位老年人完全停止了反应，但是主试却坚持要求被试给予更高水平的电击。这个研究中的被试表现出了极度的焦虑，汗如雨下、瑟瑟发抖、说话结结巴巴。尽管这个研究一直存在伦理上的争议，但米尔格拉姆 1964 年为自己辩解时指出，并没有证据显示，被试受到了长期的伤害。事实上，74% 的被试认为他们学到了重要的一课。一年后，一个被试回忆道："这个实验强化了我的这一信念——哪怕违背权威，人们也不应该对自己的同胞做出伤天害理的事。"（Milgram, 1964, 850。）米尔格拉姆分析说，研究者们之所以钟情于有争议的话题，是真心希望研究的结果能够"给人类带来福祉，并不完全是因为知识胜于无知，而是因为新的知识会孕育关系人类的后果，指导人们的实践"。

社会心理学研究中的伦理卫士 社会心理学研究的潜在益处是显而易见的，即关于爱情、偏见或者杀人暴力的知识能被用来改进社会。但是我们也必须权衡得失，即给被试造成多大程度的不适感是可以接受的。

所幸的是，我们拥有一些保护措施，以防止研究者们滥用科学研究的名义。其中的一个原则便是，美国心理协会（American Psychological Association, APA）制定了一套指导研究的伦理方针。根据这些方针，心理学研究中的被试

① 有关米尔格拉姆备受争议的实验和人生经历，可参阅他唯一的传记《电醒人心》，中文简体字版已由湛庐文化策划、中国人民大学出版社出版。——编者注

会被告知，在同意参加任何有潜在伤害的程序前，他们都有权随时退出；并且，当研究结束后，研究者会对被试进行事后解释。**事后解释（debriefing）**包括与被试讨论研究的程序和假设，消除被试出现的任何负面反应，以及在被试离开前缓解他们的任何不适症状。APA的原则也鼓励心理学家们权衡自己研究的成本与收益，即研究结果是否具有潜在的有用价值，是否可以弥补暂时的不适。比如，米尔格拉姆就指出，他对服从行为的研究能帮助人们深入了解纳粹魔爪下的德国所发生的令人发指的暴行。

另一个伦理方针是，任何申请国家研究基金的机构都要求成立一个机构审查委员会，评估研究的潜在损失与收益。审查委员会的成员并不参与具体的研究，他们的职责是督促研究者们修改实验操控方法、知情同意书或是事后解释的程序。通过这些保护措施，心理学家们希望能够一方面最大程度地降低被试的不适感，另一方面获得更多有益的知识。

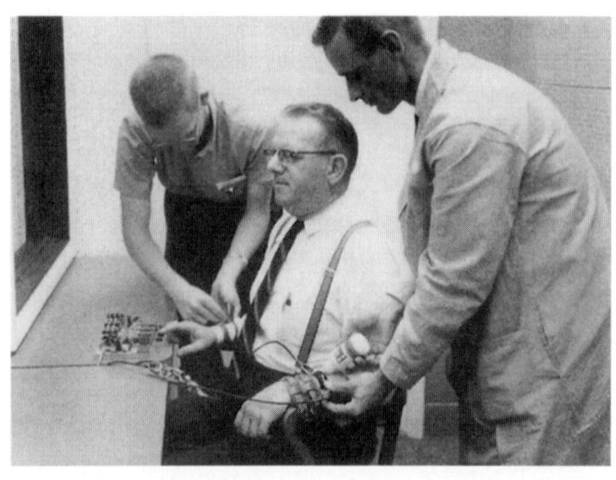

一个有伦理争议的实验中的一幕。在米尔格拉姆的权威服从研究中，研究者使被试相信，自己正在给予一个心脏病患者（如图）电击。这个研究引发了人们的思考：应不应该将被试置于心理不适中呢？

1.5 社会心理学与其他知识领域的联系

正如我们已经看到的，社会心理学在很大程度上是联结所有学科的终极桥梁。社会心理学家们可以与其他领域的研究者们分享许多理论、方法以及研究成果。因此，你若能知晓社会心理学是如何与其他领域的知识融为一体的，便能更好地理解社会心理学。

1.5.1 社会心理学与心理学的其他领域

社会心理学与心理学的所有其他领域都有着直接联系。不妨看看实验心理学的两个核心方向——认知心理学（研究心理过程）和行为神经科学（研究生物化学以及神经元结构如何与行为产生关联）吧。他人是如何影响我们的生理体验的，比如血压、心率和眨眼反应？社会心理学家们对这一领域的研究兴趣正越发浓厚（e.g., Amodio, Harmon-Jones, & Devine, 2003; Fritz, Nagurney, & Hegelson, 2003; Mendes et al., 2003）。这方面的工作又衍生出一个新的附属学科——社会神经科学（研究社会行为是如何与大脑的活动以及神经系统的其他分支相关联的）（e.g., Berntson & Cacioppo, 2000; Dickerson, Gruenewald, & Kemeny, 2004; Lieberman, 2007）。比如，一项近期研究采用磁共振成像（magnetic resonance imaging, MRI）考察了白人大学生看到黑人面孔时的脑波活动。当学生们看到的黑人是陌生人时，他们产生的负面情感与杏仁核的活动有关（该区域与情绪评估相关）；而当学生们看到的黑人是大家熟悉的正面榜样时（比如马丁·路德·金、威尔·史密斯、丹泽尔·华盛顿），却没有出现类似的脑活动（Phelps et al., 2000）。社会神经科学的另一分支则是研究脑损伤的病人，致力于发现大脑、认知以及社会行为是如何彼此联系的（Stone et al., 2002）。比如，有一种特殊的脑损伤会导致一种称为“面孔失认症”的紊乱，即患者无法识别人们的面孔（Rossion et al., 2003）。

社会心理学与临床心理学也存在紧密的联系。临床心理学致力于研究行为缺陷及其治疗方法（e.g., Snyder & Forsyth, 1991; Snyder, Tennen, Affleck, & Cheavens, 2000）。一个临床心理学家若想要治疗抑郁症或孤独症，或是教导人们如何应对日常的压力，那么理解社会关系是至关重要的（Dandeneau, Baldwin, Baccus, Sakellaropoulo, & Pruessner, 2007; Fredrickson et al., 2003; Simpson et al., 2003）。并且，许多行为紊乱都会依据它们对个体社会生活的毁灭性后果而得以定义。贯穿全书，我们都会穿插一个特殊的专栏“联结：适应与障碍”，在这里，我们会考察根植于社会关系的心理问题，以及为社会关系带来障碍的心理问题。在这个专栏中，我们还会考察，社会是如何影响出现紊乱症状的个体的，以及貌似正常的群体进程为什么有时会出岔。我们涵盖的话题会非常广泛，从强迫性的恋爱关系到对“外人”的偏执、多疑等。

传统上，临床心理学关注的是患者的痛苦、虚弱、紊乱以及如何帮助患者缓解这些症状（Seligman, Steen, Park, & Peterson, 2005）。相形之下，一些社会心理学家们越来越多地将兴趣点转向了积极心理学——对个体及群体的积极情绪、善意行为和最优绩效的影响因素的研究（e.g., Diener & Biswas-Diener, 2008; Gable & Haidt, 2005; Hogan & Kaiser, 2005）。比如，一些心理学家考察了哪些因素会使人们对自己的社会生活感到满意（e.g., Lyubomirsky, King, & Diener, 2005; Myers, 2000; Van Boven, 2005）。

也有许多社会心理学家开始探索健康心理学，这一学科对影响疾病及生理状况的行为、心理因素进行探究。我们与他人的关系对我们的健康有着直接的影响，关系融洽能帮助我们缓解压力，关系糟糕则会诱发许多健康问题（e.g., Stinson et al., 2008; Taylor et al., 2008）。社会心理学家们也开始将社会影响的知识运用于提升健康行为，如提高少年犯的避孕套使用率，鉴于这些少年犯感染艾滋病毒的风险普遍较高（e.g., Bryan, Aiken, & West, 2004）。

发展心理学领域的研究者们致力于探索个体的生活经历是如何与其先天气质及早期的生物性影响因素一起，影响成人期的情感、思想以及行为的。社会关系是个体发展的中心环节。比如，社会发展方向的研究者们会考察婴儿是如何与父母产生依恋的以及这种早期经历是如何影响成人期的人际关系的（e.g., Del Giudice, 2009; Rom & Mikulincer, 2003; Sharpsteen & Kirkpatrick, 1997）。

人格心理学关注的是个体间的差异以及个体的各种心理建构如何拼接起来，使个体成为一个“完整的人”。许多重要的人格差异与社会关系密切相关（e.g., Biesanz, West, & Millevoi, 2007; Joireman, Anderson, & Strathman, 2003; Webster & Bryan, 2007）。比如，人们经常使用两种特质来描述彼此——外向与内向，而这两种特质在很大程度上都是根据社会关系定义的（e.g., Aron & Aron, 1997; Graziano, Hair, & Finch, 1997）。

环境心理学研究的是个体与物理、社会环境的相互作用（e.g., Aarts & Dijksterhuis, 2003）。关注于环境心理学的社会心理学家们会研究许多重要的社会事件，如人们为什么会破坏物理环境，如何对高温天气、水资源短缺以及都市拥堵做出反应（e.g., Campbell, Bush, Brunell, & Shelton, 2005; Monin & Norton, 2003; Schroeder, 1995b）。这些研究有望解决全球性的社会困境，我们会在第 13 章中重点探讨。

积极心理学。传统上，心理学家们关注的是临床紊乱及负面行为，而积极心理学家们则致力于研究人类行为的“光明面”。图中，格雷·莫滕森正与巴基斯坦北部的老村民们交谈，以获知村民们的迫切所需。

小调查

思考一下你大学毕业后（或研究生毕业后）的计划。准确地掌握社会心理学的原则及发现，能在哪些方面给你带来启发？

1.5.2 社会心理学与其他学科

社会心理学不仅与心理学的其他领域密切联系，而且也与其他学科密切关联。社会心理学的第一本教科书是出自一位社会学家之手，并且社会心理学与社会学的血脉也延续到今日。以往，社会心理学家们更多关注的是个体的思想、情感以及行为，而社会学家们则更为关注群体层面的互动。但是，如同社会学家们，社会心理学家们也会经常考虑，诸如社会等级以及共享的社会规范这些变量是如何影响偏见、攻击等行为的（e.g., Jackson & Esses, 1997; Vandello & Cohen, 2003）。社会心理学家们也开始考虑个体的思想及行为是如何自然孕育出群体的进程的（Kerr & Tindale, 2004; Vallacher, Read, & Nowak, 2002）。

人类学关注的是人类文化与人类本性之间的纽带，同样，社会心理学也与人类学息息相关（e.g., Fiske, 2000; Henrich et al., 2006）。人类学家们研究世界各地的文化，希望从中得知人类社会行为中的哪些是普遍的，哪些又是因文化而异的。社会心理学也与生物学的一些领域相关，包括遗传学和动物学（e.g., Campbell, 1999; Gangestad & Simpson, 2000）。近年来，社会心理学家们开始采用神经科学的方法来考察荷尔蒙以及脑结构是如何影响养育行为、恋爱关系以及对社会压力的反应的（e.g., Berntson & Cacioppo, 2000; Diamond, 2003; Lieberman, 2007）。

社会心理学除了与一些基础学科紧密联系外，还与一些应用性学科密切相关，比如法律、医学、商务、教育和政治学（e.g., Caprara et al., 2003; Kay et al., 2008; McCann, 1997）。我们与他人的许多互动发生在学校以及工作场所，了解社会心理学能帮助我们在这些场合应对自如。工业组织心理学将社会心理学与商务结合在一起，以帮助我们理解组织中的社会关系（Pfeffer, 1998; Roberts et al., 2003; Van Vugt, Hogan, & Kaiser, 2008）。在政治领域，许多当今世界面临的紧迫问题——从环境破坏到人口过剩到国际冲突，都与社会互动直接关联。在“联结：理论与应用”专栏中，我们会探讨社会心理学如何能够帮助我们理解、缓解一些实际问题，而我们所关注的焦点会小到一个教室，大到全球的生态系统。

从这些关联中，我们不难看出极为重要的一点：尽管课程表上的每一门课程都着眼于某一领域的知识，但是它们会联系在一起，并形成一个大的网络系统。你的大学教育就是一串长长的课程单，它将帮助你回答几个宏观的问题：

- **我们应该采取何种逻辑或方法工具，来帮助我们获得有用的知识，并去伪存真？**
- **从前的思想家们对人性以及人类在宇宙中的位置有何重要见解？**
- **这些重要的见解是如何彼此关联的？**

回顾

神秘的社会生活

在本章开头，我们曾经讨论过数个不解之谜，一些比较微观，另一些则比较宏观。在微观层面上，我们曾经问及，是什么力量使格雷戈·莫滕森倾注毕生之力在巴基斯坦的偏僻村庄兴建学校？为什么他的行为会招致强烈的偏见？又是什么因素使巴基斯坦和美国在婚姻习俗和妇女地位上存在如此显著的文化差异？在宏观层面上，我们曾经问及什么因素会导致慈善行为、偏见以及其他社会行为的产生。

社会心理学家们已经对慈善行为、英雄行为、偏见或领导术做出了许多卓有成效的探索。然而在本章中，我们并没有深入探究这些成果。但是，我们所谈及的理论、方法、原则已经促使我们去搜寻更加完善的答案。首先，个案研究的局限性告诉我们，在重构格雷戈·莫滕森巨大转变（从一个闲散的、关注自我的人到一个倾情慈善事业的人）的特殊原因时，我们知道的很有限。或许是源于他的直接体验——莫滕森亲眼看到父母是如何在其他国家从事慈善行为的；或许是因为他从父母那里继承了高度共情、慷慨大方的天性；又或许是出于他的一些个人特质与关键经历的共同作用。个案研究可以激发我们提出理论假设，但是这些假设最终却需要通过更加严格的数据加以验证。这些数据的来源必须是多样化的，且通过严格控制的方法采集。反之，严格论证后的理论原则又可以激发我们用新的方法去思考现实世界的特殊案例。

社会心理学的理论和方法也为我们提供了一系列的实际检测工具，帮助我们解决这些特殊案例所提出的更为普遍的问题。诸如社会文化、认知等理论视角会提示社会心理学家们，哪些场所适于开展调查。研究方法（调查法、实验法等）之于社会心理学家们，犹如指纹试剂盒之于侦探们，是一种利器，能够帮助研究者超越肉眼的局限。在以后的章节中，我们会看到这些不同的理论、方法是如何孕育出丰富的研究成果，以帮助我们回答本章中提到的那些较宏观的问题的。正如我们即将看到的，社会心理学家们在这些方面已经大有斩获：人们为什么会喜欢、讨厌、迷恋、憎恶彼此？人们又是以何种方式演绎这些爱恨情仇？慈善及英雄行为背后的动机是什么？我们开始知晓，生物力量为何会影响我们与他人的关系以及这种影响是如何发生的；我们也开始知晓，人类生物机制与人类文化是如何以动态有趣的方式相互作用的。

当然，并不是每一个人在读完社会心理学教科书后，都会有志于成为一名人类行为的研究者。但是我们所有人的思想、情感以及行为都会受到他人行为的深刻影响。对社会心理学基本原则的理解能够给予我们一副全新的视角，帮助我们更好地透视那些深刻影响我们的人类行为。正如我们即将看到的，人们对社会行为的日常直觉常常是略有偏误的，有时甚至会犯根本性错误。**认识人们的深层动机以及我们自己的认知偏差，能够使我们免受表面现象的蛊惑，也能够帮助我们欣赏到平静湖面下的波涛暗涌。**

我们的日常生活离不开对社会行为根本动机的深刻理解。这些理解会提示我们，如何与同事、爱人、邻居以及那些习俗迥异的不同群体的成员和谐相处。不仅如此，如果我们的公民和领导者们能掌握一些这方面的知识，便能在教育、犯罪行为、城市发展、种族关系等重要方面做出更漂亮的决策。最后，学习社会心理学，理解它的发现和理论是如何与其他领域的知识相互联系的，也能带给我们纯粹的知识上的满足感。我们已昂首迈入新世纪，许多社会生活的神秘面纱即将被揭开，唯有一颗有准备的头脑，才能对面纱背后的神奇惊叹不已。

关键词：

适应特质（adaptation）
档案法（archival method）
个案研究（case study）
混淆变量（confound）
相关（correlation）
相关系数（correlation coefficient）
文化（culture）
事后解释（debriefing）
需求特征（demand characteristic）
因变量（dependent variable）
描述法（descriptive method）
进化论视角（evolutionaty perspective）
实验（experiment）
实验法（experimental method）
外部效度（external validity）
现场实验（field experimentation）
普遍性（generalizability）
假设（hypothesis）
自变量（independent variable）
内部效度（internal validity）
自然选择（natural selection）
自然观察（naturalistic observation）
观察者偏差（observer bias）
个人（person）
心理测验（psychological test）
随机分配（random assignment）
信度（reliability）
代表性样本（representative sample）
情境（situation）
社会认知视角（social cognitive perspective）
社会赞许性偏差（social desirability bias）
社会学习视角（social learning pespective）
社会规范（social norm）
社会心理学（social psychology）
社会文化视角（sociocultural perspective）
调查法（survey method）
理论（theory）
效度（validity）

第2章

个人与情境

马丁·路德·金——从平凡到非凡

按照马丁·路德·金的姐姐的说法，他就是个“平常人”，在一个中产阶级家庭长大，度过了快乐的、无忧无虑的少年时期（Branch, 1998; Garrow, 1986）。虽然那时候的马丁·路德·金资质聪颖，但是他的家人和朋友们倒也不认为他是个天才。

他的大学生活也并不引人注目。他的成绩马马虎虎，打暑期工时他的同事们甚至颁给他一个“懒惰奖”。在获得神学硕士学位后，马丁·路德·金便和妻子搬到了阿拉巴马州的蒙哥马利市安家落户了。这位“平凡”的年轻牧师过的就是一个普通牧师的生活。

但是这种既定的生活轨迹并没有延续很久。在他的第一个孩子出生数周后，蒙哥马利市的警察逮捕了罗莎·帕克斯（Rosa Parks）——一名非裔美国妇女，她乘公交车时拒绝将自己的座位让给一个白人。之后发生的一切，都将被载入史册。这位“平凡”的、受人尊敬的马丁·路德·金博士（Martin Luther King Jr.）霎时间名满天下。他成功地领导了1955年至1956年间的蒙哥马利市巴士抵制运动，这也标志着他所领导的美国民权运动首战告捷。

在接下来的12年中，马丁·路德·金承受着牢狱、监禁以及被谋杀的危险。尽管困难重重，他却义无反顾地继续前行。在他的领导下，民权运动成功地扭转了过去那些根深蒂固的法律条文，这些条文曾经阻止黑人在教育、就业、选举、住房等方面拥有与白人平等的机会。马丁·路德·金为了大众的利益忍辱负重，他赢得了各种族人们的尊敬。当刺杀者的子弹结束了他年仅39岁的生命时，马丁·路德·金成为许多人心目中的殉道者，他的逝去也象征着双重的含义：美国的种族关系曾经不堪回首，然而未来一定能变得更美好。

一个“平凡”人为何能铸就如此丰功伟绩？他为什么能够深刻影响他所处的世界？

有些人认为，人们的行动取决于他们的人格。按照这个观点，马丁·路德·金在领导巴士抵制运动前肯定就拥有某种非凡的人格。难道我们能说，他的家人、朋友、同事和老师们统统都错了吗？或许吧。如果最了解他的人都不能识别出他的真实人格，还有谁能呢？而且，如果马丁·路德·金的行为确实源自某种非凡的人格（彰显其特殊的价值和才能），我们又如何来解释一些显然不符的事实呢？比如，一个致力于寻求平等与公正的人，为什么会忽视其机构中女性成员的见解与贡献呢？又比如，这个人虔诚地信仰基督并且重视对家庭的承诺，那又如何解释他的婚外情

一个“平凡”人? 马丁·路德·金因在民权运动中的非凡之举而被视为英雄。但是，按照他的朋友和家人的评价，他在许多方面其实很“平凡”。为什么一个平凡人能够成就如此非凡的业绩？本章中我们将会探索，个人与情境的特征是如何结合在一起，以多彩的方式影响人们与社会世界的互动的。

呢？如果他在罗莎·帕克斯事件之前的人格决定了他之后的行动，那么这种人格肯定不像人们之前草率归结的那样简单。

另一些人则认为，人们的行动取决于情境。或许我们可以假设，马丁·路德·金所处的情境是如此震撼人心，以至于事实上每个人都会和他做出相同的反应。马丁·路德·金自己很喜欢这个解释。他会说，他并没有在领导运动，相反，是人民推动他一往无前。当然，这种解释也过于简单化了。毕竟，当时的蒙哥马利市还有其他潜在的领袖人物，但是他们并没有站出来肩负重任。在这个国度中，数不清的人们也曾目睹类似的种族歧视事件，然而却没有采取行动。这些情境虽然未能触动这些人，却深深地感染了马丁·路德·金。

看来，马丁·路德·金的人格或是他所处的情境都不足以解释他的行为。那么，我们到底该如何解释马丁·路德·金的非凡之举呢？

马丁·路德·金的故事彰显了现代社会心理学的一个根本原则：个人和情境本身都不足以决定社会行为。实际上，个人与情境的特征会结合在一起，以生动复杂的方式影响人们对所处的社交世界的反应（Snyder & Cantor, 1998）。在本章中，我们将开始探索个人与情境的绚丽互动，并向读者们介绍，对社会心理学家们来说，什么是“个人”、什么是“情境”以及什么是“个人－情境交互作用”。

2.1 个人

我们在对社会行为进行考察前，需要透视个体，并询问以下问题：社会情境中的个体到底是一个什么样的人？我们的回答是：社会化的个体是动机、知识和情感的动态结合体，所有这些彼此协作，产生广泛的社会思想以及行为。这些思想和行为将会贯穿全书并被予以讨论。

2.1.1 动机：驱动之力

动机（motivation）是一种促进人们获得渴望结果的驱动力和能量。在面临一桩悬疑案件时，警探们会关注作案动机，希望知晓罪犯做出如此残忍行径的原因。贯穿全书，我们都会试图对动机的诸多难解之谜做出解释：为什么人们会奋不顾身地帮助他人？为什么人们甚至会对自己不认识的人抱有偏见？为什么人们有时会买一大堆自己不需要也用不上的东西？现在，不妨让我们先简单宽泛地介绍一下动机的概念吧。

动机和目标 想想，你在接下来的数周中想完成哪些任务。你想和以前的舍友小聚且搓一顿吗？你想周六晚上去看场最新大片吗？你想改善自己的学习习惯吗？你的**目标（goal）**是什么？你想达成什么或完成什么？

如果你和大多数人一样，那么你的目标清单中应该会包括许多与日常事务或需求相关的目标，如为即将到来的约会精心打扮、借同学的笔记补上落下的课程或者打扫公寓等（e.g., Emmons, 1989; Little, 1989）。现在想一想，你为什么需要实现这些目标。为什么你要让自己有吸引力、要借同学的化学课笔记或是保持公寓的整洁？你的许多目标其实只是分目标，即通往更大目标的步骤之一。比如，容光焕发有助于你获得约会的机会，借课堂笔记则能帮助你获得一个好分数。如果你再问自己，为什么找到一个约会对象或是得到一个好分数很重要？你可能会说，约会能带来对长期的感情关系的渴望，而在学校里表现出色有助于自己日后平步青云。如图 2-1 所示，**我们拥有多个层次的目标，许多较低层次的目标将我们引向其他更高层次的目标**（e.g., Chulef, Read, & Walsh, 2001; Murray, 1938; Vallacher & Wegner, 1987）。**动机（motive）**是更宽泛的目标，包括对获得地位的渴望以及保护家庭成员免受伤害等。

有意识和自动化的目标追求 达到我们的目标有时需要相当多的注意力。人们必须思考可供选择的策略，决定追求的目标，密切监控自己的实施进程，并在必要时做出调整（e.g., Duval & Wicklund, 1972; Mischel, Cantor, & Feldman, 1996; Scheier & Carver, 1988）。**注意（attention）**是个体有意识地关注环境或自身某些方面的过程。我们的注意会在很大程度上受到目标的影响（e.g., Maner, Gaillot, Rouby, & Miller, 2007; Moskowitz, 2002）。确实，不如将注意看作是聚光灯，它照亮了我们达成目标所需要的信息。当我们春心萌动时，会将聚光灯的光束射向对自己有吸引力的同学，并时刻关注他对我们的反应；当我们关心自身安危时，我们会警惕高大的陌生人、黑暗的小巷以及疾驰而过的汽车。

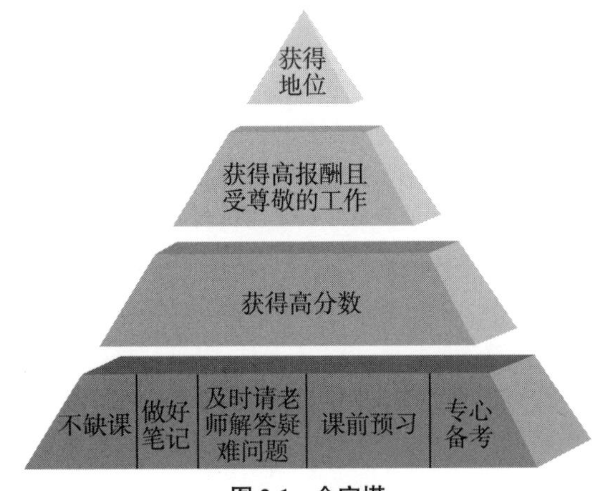

图 2-1 金字塔

但是有时，我们的策略被运用得如此娴熟，以至于它们变得“自动化”了，无须注意力也能顺利进行（e.g., Bargh & Williams, 2006）。**自动化（automaticity）**是一种行为或认知过程的能力，一旦启动，便无须意识的引导（Wegner & Bargh, 1998; Wood & Neal, 2007）。比如，一般说来，一个有经验的司机驾车时，是无须集中注意来协调油门、变速器和方向盘的，并且他调整汽车的方向和速度以适应车流变化的过程也会变得相对自动化。类似地，当一个富有经验的推销专家决定施展其舌功时，他会在好戏的开端就不假思索地采用一些基本的策略（比如“您的孩子真可爱”）。

因为注意是一种稀缺资源——我们在任何时刻只能注意到一小部分的信息（e.g., Pashler, 1994），所以自动化的好处便显而易见了：以自动化的方式完成任务，我们可以将自己有限的注意力投向其他任务。如果你是一位老驾驶员，你大可一边开车一边与乘客交谈或是调整电台频道。类似地，一个训练有素的推销员总能够分配出一定的注意力，根据每一位客户的特点灵活打造说服战术。我们若能以自动化的方式思量他人以及与他人互动，便能以思维简省的形式达成许多目标。

不用密切关注需要做出的每一个决定，能给我们的生活带来莫大的便利。但是这种自动化也是一把“双刃剑”：我们有时会犯一些“盲目”的错误。试想一下：你正要使用图书馆的复印机时，一个陌生人突然走过来，询问你是否可以让他先复印五张。在埃伦·兰格（Ellen Langer）、阿瑟·布兰克（Arthur Blank）和班·查诺维兹（Benzion Chanowitz）（1978）的研究中，如果陌生人能够提供一个理由（“我能先用一下复印机吗，因为我赶时间”），被试则更可能愿意帮忙（在有理由的情况下，94% 的被试同意；在无理由的情况下，仅有 60% 的被试同意）。这个结果看起来合情合理，毕竟这只是一个小请求，而且陌生人也有充分的理由，为什么不顺水推舟帮个小忙呢？然而，真正令人惊异的是，当陌生人提供的理由并不含有实质性信息时（“我能先用一下复印机吗，因为我需要复印几份文件”），被试也倾向于答应请求（93% 的同意率）。显然，这些被试无心地激活了自己的常用策略，只要听到别人说“因为”，就倾向于帮助别人并答应请求。“因为”意味着存在一个理由，而我们往往意识不到，即便是理由也有可能是站不住脚的（毕竟，所有人不都是用复印机来复印文件吗）。有时，人们真是不大注意自己在干什么，也不太清楚自己为什么干这些（Langer & Moldoveneau, 2000）。

意志力 通往特定目标的道路常常充满艰辛。不断有其他目标跳出来，吸引我们的注意，使我们难以全神贯注于手头的工作（Shah & Kruglanski, 2002）。幸运的是，我们在一定程度上也能对其他目标的干扰应对自如（Shah, Freidman, & Kruglanski, 2002）。尽管如此，达成目标有时却也意味着割舍其他诱人的机会。比如，为明天的考试准备，可能意味着拒绝一个朋友的晚宴邀请；为新房子的首付攒钱，可能意味着你得继续开着老爷车颠簸数年。在这些情况下，达成目标意味着控制强烈的反方向的冲动。用来克服这些冲动的力量也称为**意志力（willpower）**（e.g., Mischel, 1996）。

马克·穆拉文（Mark Muraven）和罗伊·鲍迈斯特（2000）假设，意志力的工作原理与肌肉类似。对，就是肌肉。正如肌肉能够施加的力量是有限的，人们能够运用的意志力也是有限的。**在持续工作后，肌肉会变得疲劳松弛；而在我们使用意志力后，意志力也会遭到削弱。运动后，肌肉需要一定的时间才能恢复原来的力量；而在施加自我控制后，我们的意志力也需要一定的时间才能复原。**

让我们来看一个验证这个假设的实验（Baumeister, Bratslavsky, Muraven, & Tice, 1998）。饥饿的学生们（在“味觉测试”开始前，已经饿了至少三小时）坐在房间中，房间里弥漫着新鲜烘焙的巧克力曲奇的香味。他们面前的桌子上摆着两堆食物：一堆是巧克力曲奇和巧克力糖果，另一堆则是一碗小萝卜。被试被分为两组：主试要求一组被试在接下来的五分钟内尝两三个小萝卜，但是不允许尝曲奇或糖果；而要求另一组被试在接下来的五分钟内尝两三片曲奇（或是一小把糖果），但是不允许尝小萝卜。然后主试离开了房间。当她再次返回时，她让被试完成一些与研究不相关的字谜游戏，以等待他们对所品尝食物的“感觉记忆”消退。被试并不知晓，字谜是根本解答不了的。让我们牢牢记住之前的假设：意志力是一种有限的资源，一旦使用，便会减弱。你认为哪一组被试会最快地放弃字谜游戏呢？那些品尝小萝卜而抵制曲奇诱惑的被试，那些品尝曲奇而不用吃小萝卜的被试，还是那些在解答字谜前没有接触任何食物的控制组被试？

如果你猜是第一组——那些吞下小萝卜的被试，那么你猜中了（见图 2-2）。与其他组相比，这个组的被试需要运用意志力，他们需要强迫自己做一些不喜欢的事情（吃小萝卜），同时压抑自己对渴望的事情的强烈冲动（吃曲奇和糖果）。经过一番耗费，他们能够运用在复杂字谜任务上的意志力便所剩不多了。相形之下，“曲奇组”的被试做的是喜欢的事情（吃曲奇和糖果），不用完成一些讨厌的任务（吃小萝卜）。品尝美味食物避开难咽食物，并不需要付出意志努力，所以他们能将更多的意志力投入到复杂的字谜任务中。这些研究发现似乎意味着，当我们需要意志力来达成一个眼前目标时，短期内留给之后目标的意志力就会缩水（Schmeichel et al., in press; Twenge & Baumeister, 2002; Vohs, Baumeister, & Ciarocco, 2005）。

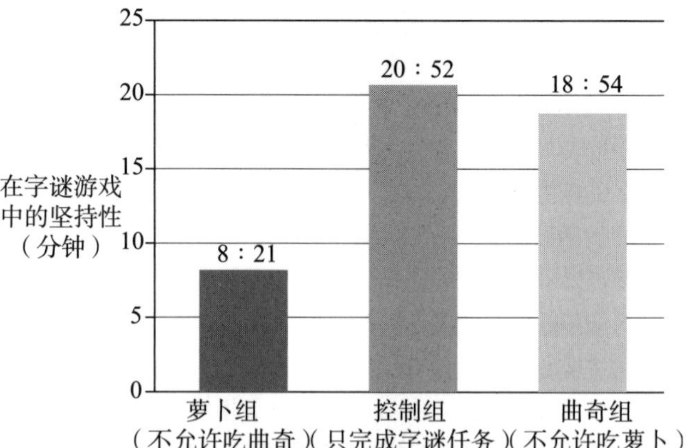

图 2-2　意志力：用一分是一分（短期内）

这些结果与之前的假设一致：在一项任务（抵制美味的诱惑）上运用了意志力，在接下来的任务（解答复杂字谜）上意志力便会减少。

资料来源：Baumeister et al. (1998, Table 1, p.1255).

为什么施加意志力会减少其随后的易得性呢？在从事剧烈的体育运动时，你的肌肉需要大量的血糖来维持运动；在完成复杂的思维任务时（比如远离美味的巧克力曲奇），你的大脑也需要许多糖分来保持运转。近期有研究显示，除非血糖得到及时补充，否则你在完成其他需要自我控制的任务时，都会感到举步维艰（Gailliot et al., 2007; Masicampo & Baumeister, 2008）。这些发现颇具实际应用价值，下一次，如果你施加意志力后觉得空虚，不妨吃些健康的水果、点心补充血糖吧。

思考抑制　有些时候，为了达成不同的目标，我们需要抑制一些与目标不一致的思绪。比如，节食塑身者总会忍着不去想那些美味的餐后甜点，刚刚戒酒的人总是压抑自己对钟爱美酒的思念，失恋后慢慢舔伤的人总是避免想起旧爱。不幸的是，试着不做某事常常是相当困难的。让我们来做个小实验吧：拿出一张纸、一支笔和一块手表。排除杂念，直到头脑清晰后再读下面的文字。

在接下来的三分钟内，不允许你想起白色的熊。对，白色的熊。别想北极熊；别想那些可爱、娇小、毛茸茸的白色泰迪熊；反正别去想任何白色的熊。如果你还是忍不住想起了白色的熊，你就在纸上打个勾。但是这不应该经常发生，因为你必须尽力不去想白色的熊。准备好了？记住，不要去想白色的熊。好，让我们开始计时……

怎样？你有没有想起白色的熊？如果你和丹尼尔·韦格纳（Daniel Wegner）等人的研究（Wegner et al., 1987）中的被试一样，那么白色的熊可能会数次进入你的脑海。有些被试甚至报告，自己的脑海中充斥着这种毛茸茸的动物的图像。现在，你已经被“解禁”了，你有没有发现白色的熊会更加频繁地蹦入你的脑海？如果之前没有压抑对白熊的思考的话，你现在可能根本不会想到白熊这回事（Wegner & Erber, 1992）。

真是哭笑不得，居然赶不走“反复蹦入”脑海的熊。我们在抑制其他一些重要思绪时，是否也会感到困难重重呢？比如，在减肥时，我们越是忍着口水不去想食物，却越发思念美味的薯条、巨无霸汉堡和冰激凌。我们压抑自己对已经结束的恋情的回忆，会不会使我们更加念念不忘逝去的旧情以及错过的机会呢？越是压抑自己对一个不喜欢的种族的刻板印象，会不会反而加强了我们对这个种族的刻板印象呢？这些问题的答案无一例外：是的（e.g., Macrae et al., 1996; Monteith, Scherman, & Devine, 1998; Wenzlaff & Wegner, 2000）。试图不做某事可能非常困难。

总而言之，我们对“个人”的粗浅一瞥显示，我们是一种受动机驱动的生物。我们拥有目标，我们也追求目标。对目标的追求有时需要注意力和意志力，但这种过程常常是自动进行的。自动化使我们分身有术，可以将注意力和意志力集中到其他地方。现在，让我们来考察个人的第二个重要构成——知识。

小调查

我们大多数人都会在新年下决心，比如，力图改变生活的某些方面。回忆一个你未能付诸实践的决心，或者没能达成的重要目标。根据所学到的意志力和目标达成的相关知识，你觉得为什么你的决心成了泡影？你将来会采取什么措施，以增加自己达成目标的机会？

2.1.2　知识：我们对世界的看法

知识反映了我们丰富多彩的生活经历。如图 2-3 所示，我们拥有对视觉图像、气味、声音、味道以及触摸的感觉记忆。比如，基于你看过的电影，你可能对马丁·路德·金的音容并不陌生，林肯纪念堂中他那慷慨激昂的“我有一个梦想”的演讲让你记忆犹新。我们对人们的行为、特质、能力、目标、偏好、关系以及日常活动都会存有一定的信念。比如，你对马丁·路德·金的印象可能包括以下信念：他有着虔诚的信仰，希望根除美国的种族歧视现象，他有着一副出类拔萃的好口才。我们的知识中也会包含一些解释：为什么个人、群体或情境会成为现在的样子（e.g., Kunda, Miller, & Claire, 1990; Sedikides & Anderson, 1994）？比如，我们可能将马丁·路德·金对平等目标的追求归结于他的宗教价值观。

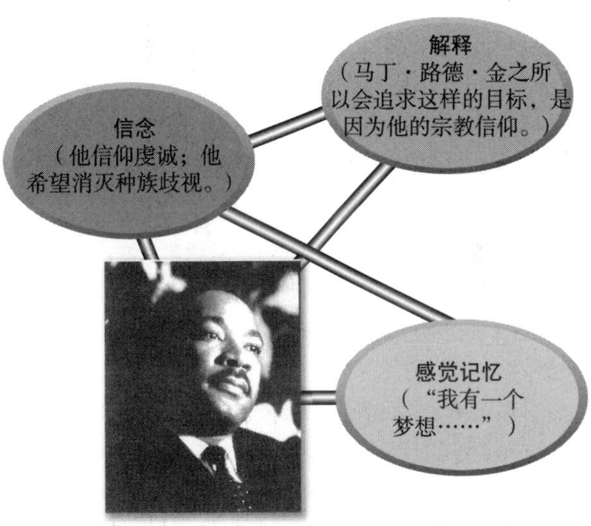

图 2-3　马丁·路德·金博士一览

心理表征能够储存、组织我们关于人、物、事件的信息。一个假想的马丁·路德·金的心理表征可能包含这些信息。

所有这些知识又是如何在记忆中进行组织的呢？举个例子吧。请拿出一支笔和一张纸，写下你对伟大领袖的想法，任何方面都可以。你可以自由随意地列举，写下进入脑海的任何想法。

基于以往的研究，我们猜测，你的单子里可能包括一些伟大领袖的具体例子，他们或许是马丁·路德·金、亚伯拉罕·林肯或是埃莉诺·罗斯福。我们将对某个特定情节、事件或个体的知识称作**样例（exemplar）**（e.g., Smith & Zárate, 1992）。我们也猜测，你的单子里还会包括一些伟大领袖人物所拥有的一般特征。比如，或许你会认为伟大的领袖总是致力于改善周围人的生活，会运用自己的魅力影响他人，以共同创建美好的未来。这种代表一般特征的信息又称作**图式（schema）**（e.g., Bartlett, 1932; Taylor & Crocker, 1981）。我们对世界的看法既包括样例也包括图式。在接下来的内容中，我们将会看到，人们还拥有关于社会情境以及如何融入社会情境等方面的知识。

知识有什么作用？ 知识为我们进行社会判断提供了最初的“原材料”。正如一个建筑工人需要采用砖块、木头、玻璃和混凝土等材料建造房屋一样，人们也需要运用自己的知识来形成印象并做出决定。

知识也会告诉我们，我们可以从现实世界的际遇之中期望到什么。如果你认为大学教授总是一群漫不经心的人，你会不由自主地期望你所遇到的下一个教授多少有些古怪；若是你相信好的餐馆总是人手紧缺的，你会期望自己在光顾下一家高档餐馆时能等上一段时间。知识能够为我们提供期望，帮助我们对社会际遇做好准备，提示我们该关注什么、如何解释模糊的情境以及如何关注自己的言谈举止。

来看看哈罗德·凯利（Harold Kelley）1950 年的一项经典研究。大学生们得知一位代课老师将会给大家上课。研究者使一些学生相信，这位老师亲切而友好；而使另一些学生相信，这位老师有点冷漠且不易接近。在讲座结束后，所有的学生对这位代课老师进行评价。结果发现，尽管两组学生听到的都是同一个讲座，但是相对于存有负向期望的学生，那些抱有正向期望的学生对老师的印象更为积极。显然这两组学生关注的是老师的不同行为，即使他们关注的是相同的行为，两组学生也对这些行为做出了不同的解释。我们在观察社会事件时自身的知识会影响我们对社会事件的理解（e.g., Bruner, 1957; Higgins, Rholes, & Jones, 1977; Sinclair, Mark, & Shotland, 1987）。在本书第 3 章中，我们会继续探索期望在人们理解社会时所扮演的重要角色。

启动后的知识 我们一生中积累的知识可谓浩如烟海。不论何时何地做决定，难道我们都会用到这些知识吗？如果我们仅是使用其中的一些，那么我们到底使用的是什么呢？又为什么使用这些呢？是否有些知识比其他知识更加“可得”呢？

我们中的一位作者，曾经在青年时代，用家里的割草机为邻居清理草坪以赚些零用钱。尽管他用的割草机在那时还是比较先进的，但他还是得通过“启动”来引燃发动机，比如在拉导火索前，充进一点天然气。正如启动引擎是割草机正常运转的一步，**启动（priming）**在心理学意义上是激活知识和目标的过程，即令它们一切就绪以备使用。

知识是通过我们所处的情境而得以启动的。你在数学课上头脑中的想法肯定和在家里餐桌旁的想法不一样。情境启动是相当有用的，它使我们在需要时，能够更及时地获得最相关的知识。毕竟，理解数学课所需要的知识和搞清弟妹们为什么争吵的知识大不一样。

知识也会经由相关的知识而得到启动。比如，当你想到弟弟时，一个视觉图像可能跃入你的脑海，伴随而来的是你对他的目标、人格以及典型行为的一些想法。想起弟弟也会使你想起其他的家庭成员。因为知识之间是彼此关联的，当一种知识变得活跃时，相关的知识也会受到启动。

最后，总有一些想法会比其他想法更容易进入脑海，这些想法是**长期可得（chronically accessible）**的，稍受暗示，便会“蠢蠢欲动”。比如，如果你是个家庭观念很重的人，那么你的脑海中可能常常闪现兄弟姐妹及父母的形象；但如果你对工作极其投入，那么你的脑海中则更可能出现同事的形象（e.g., Bargh & Pratto, 1986; Higgins, King, & Mavin, 1982; Wyer & Srull, 1986）。同样，这也相当具有实际价值。一个人若是和家人相处的时间更多，那么和家庭相关的知识就应该处于易得状态，以供随时使用；同理，一个人若是将大量时间花在工作上，那么与工作相关的知识就应该处于易得状态，以备不时之需。

贯穿全书，我们都会致力于探索，我们对社交界的知识是如何影响我们在社会中的思考、感受以及行动的。

2.1.3 情感：态度、情绪和心境

偏僻小道上面露凶相的歹徒会让我们的心提到嗓子眼。亲人的逝去会让我们长久地沉浸在悲伤中。与“梦中人”不经意间的神奇邂逅会点燃我们的柔情与渴望。而马丁·路德·金那充满激情的男中音会久久回荡在我们耳旁，让我们微微伤感，旋即满怀信心与希望。**情感是我们生活的旋律。**

社会心理学家们主要研究三种类型的情感——态度、情绪和心境。**态度（attitude）**是对特定的人、物、事件或想法的积极或消极评价（Eagly & Chaiken, 1998; Petty & Wegener, 1998）。比如，你可能讨厌政治家们的嘴脸，而喜欢可可蜜饯口味的冰激凌，并且支持死刑。态度是一些相对基本的情感，是沿着积极或消极维度所做出的简单评估，比如我们对某事的态度是积极还是消极，是支持还是不支持，是同意还是不同意。

情绪（emotion）是诸如恐惧、快乐、愤怒和内疚等情感，比态度更为丰富、复杂、强烈。它们除了拥有积极或消极的成分外，还拥有生理唤起成分。比如，当人们感到害怕时，心会开始狂跳，呼吸急促，脸色大变，身体也会产生一些重要的生物化学物质。并且，复杂的思绪常常伴随着情绪的体验，比如缺乏信心或是自我怨恨会带来强烈的耻辱感。

最后，**心境（mood）**与情绪相比，是一种不太集中的、

更为长久的情感。当我们处于糟糕的心境时，眼前的一切都好像被蒙上了一层灰色；当我们处于美好的心境时，一切看起来都是那么阳光明媚；当我们焦虑不安时，我们甚至会被自己投下的影子弄得紧张兮兮。心境不仅会影响最初的特定“源头”经历，也会为我们所有的经历镀上一层颜色。

因为社会行为会受到情感的强烈影响，所以测量这些情感便显得至关重要了。尽管揣摩个体的内心是非常困难的，但聪明的心理学家们还是发现了一些较成功的方法。我们不妨来看一看。

联结：方法与证据

评估情感

如果你想知道一个朋友看完最新的好莱坞悲情大片后感受如何，你会怎么做呢？最简单的方法是可以直接问他。研究者们通常也是这么做的，当然是以一种更为系统化、精细化的方式。自陈式报告法会直接问被试一系列简单的问题。比如，“在 9 点量表上，1 代表极度悲哀，9 代表极度快乐，你此时此刻的感受可以用几来代表呢？”

让人们报告自己的情感当然行得通。毕竟，情感是一种个人体验，人们通常也最了解自己的情感。但是，这种方法也存在局限性。比如，人们可能并不太情愿报告自己的一些情感，因为它们是不为社会容许或称赞的。举个例子，当看到英雄的爱犬在影片结尾壮烈牺牲时，男大学生们可能并不太愿意承认自己实际上很想哭的事实。

人们有时需要隐藏自己的真实情感，有时觉得难以用言语表达自己的情感，这时候社会心理学家们也会从人们的行为中寻找蛛丝马迹。一些非心理学家们也常采用这种方法，特别是当他们不相信所听之言时。比如，一个人若是眼喷怒火、下巴紧绷、拳头攥得紧紧的，你可能会认为他非常愤怒。确实，**对面部表情的具体分析常能使我们窥见个体丰富多彩的情感世界**（Ekman, 1982; Keltner & Ekman, 1994）。但是，这种方法并非万无一失。人们有时可以有效地操控自己的情绪表达，比如装成很愤怒的样子（其实这并不是真的愤怒）。并且，不同的人会对相同的情感做出不同的反应（e.g., Gross, John, & Richards, 2000）。有些人在愤怒时会暴跳如雷，而另一些人则是表面不动声色，内心计算谋划。不管怎样，心理学家们若是倾心于评估人们的情感，大可以通过观察人们的行为来获得非常有用的信息。

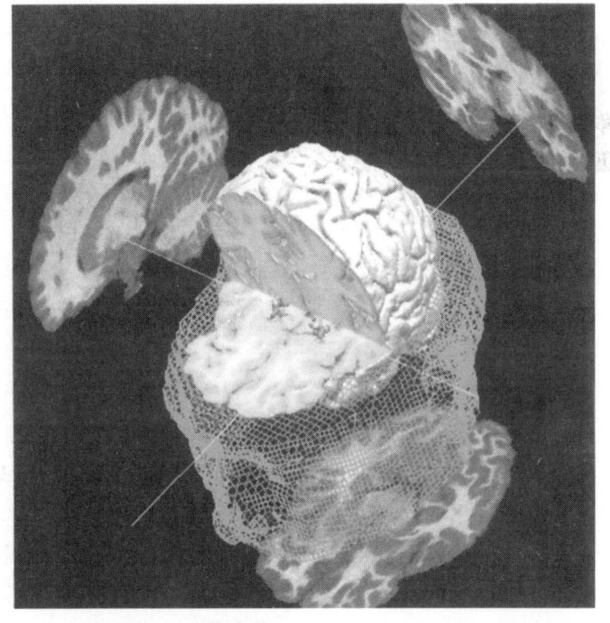

映射情绪。心理学家们是如何知晓他人的感受的呢？功能性磁共振成像技术能够通过扫描大脑，显现与不同的激活图式相关的大脑区域血流量的变化。图中的“云状区域”在人们看到一些负向的图像（武器或骇人的事故）时，会变得极为活跃。生理测量工具如 fMRI 等，能与自陈式报告和行为观察一起，帮助研究者们识别他人的情感。

最后，社会心理学家们也会拥有一些“独门武器”，以供不时之需。研究者们会使用一些仪器来收集被试的生理指标，比如血压、心率、呼吸频率、流汗量以及生化代谢物等。人在紧张状态下，手掌就会湿润，心脏也会剧烈跳动，而专门的仪器可以把这些都记录下来（Blascovich, & Kelsey, 1990）。类似地，不同的面部表情所代表的不同情绪（愤怒、害怕、厌恶、快乐等）也可以通过面部电极设备得到评估，这些电极设备对面部肌肉的微小变化都会极为敏感（Cacioppo et al., 1993）。与情绪相关的脑区活动则可以通过一些现代技术如正电子断层扫描技术（positron emission tomography, PET）和功能性磁共振成像技术（functional magnetic resonance imaging, fMRI）而得到观察。打个比方，当我们感到快乐或是厌恶、愤怒时，不同的脑区就会相应地被激活。

但是生理指标也存在弱点，这些弱点表现为：不同的人可能会对相同的情绪状态做出不同的生物反应。当情绪唤起时，一些人表现为心率增加，另一些人则表现为皮肤传导性的提升。并且，生理指标常常会受到情绪以外的其他因素的影响。比如，体育运动和愤怒都会使心率提高。更重要的是，研究者们还不能确认，特定的生理图式会与特定的情绪完美匹配。事实上，这种疑虑也使"测谎器"的使用饱受争议。我们会在本书第 4 章中重点探讨这个问题。

不管怎样，生理仪器还是颇具应用价值的，特别是当它和其他工具配合使用时。如果一个人说自己很害怕，并表现出了常见的面部表情和身体姿势，且心跳加快、手心出汗，那么他或许真的很害怕。确实，归根结底，如果自陈式报告、行为指标和生理测量都提供了同样的结果，我们可以更有信心地说"我们确实知晓个体的情感"。

资料来源：Terry Oakes, Lab for Affective Neuroscience, University of Wiscons-in-Madison, www.news.wisc. edu / package / emotion.media.html.

情感的基因和文化基础　是否存在某种基因决定我们体验到并表达出什么样的情感呢？我们从何知晓呢？首先，我们可以预期情感的许多方面是具有共性的，因为人类彼此间共享大多数的基因。依据这一假设，来自不同社会的人们会以极其相似的方式表达以及体验情绪（e.g., Ekman & Friesen, 1971; Hejmadi, Davidson, & Rozin, 2000; Mauro, Sato, & Tucker, 1992）。比如，来自不同文化的人们，包括那些未接受西方文化影响的、尚未开化的人，都会一致同意何种面部表情反映了快乐、悲伤、恐惧、厌恶和愤怒，这些人也会报告非常相似的情感、生理症状以及与情绪相关的行为（Scherer & Wallbott, 1994）。其次，如果特定的情感存在某种强大的基因基础的话，那些没有机会习得情绪体验和情绪表达的人，也应该能够体验并表达出这些情感。这个假设也得到了艾布尔·艾贝斯费尔特（Eibl Eibesfeldt）1973 年研究的支持。他发现，那些天生聋哑或有脑损伤的孩子，虽然无法从社交中习得情绪反应，但也能表现出许多常见的情绪反应，比如微笑、大笑、愤怒和惊奇。最后，如果基因确实能够影响情感，那么那些基因不同的人在情感体验上也会有所不同。这一假设也得到了证实（e.g., Gabbay, 1992）**基因遗传特征会影响我们的情绪和心境，甚至是我们的一些日常态度**（e.g., Lykken & Tellegen, 1996; Plomin et al., 1990; Tesser, 1993; Waller et al., 1990）。显然，基因对情感的影响不容小觑。

同样，文化和学习也发挥了重要的作用。尽管人们在体验及表达情感上存在跨文化的一致性，我们也不能忽视那些重要的跨文化差异（e.g., Eid & Deiner, 2001; Kobayashi, Schallert, & Ogren, 2003; Marsh, Elfenbein, & Ambady, 2003; Mesquita, 2001; Russell, 1994, 1995; Wong, Bond, & Rodriguez, 2008）。比如，虽然欧裔美国人、亚裔美国人和中国香港人都希望体验积极的情感，但是欧裔美国人尤为重视兴奋感，中国香港人则比较看重镇静感，而亚裔美国人对两者都很重视（Tsai, Knutson, & Fung, 2006）。再举一个例子，乌特库（Utku）的爱斯基摩人即使受到挑衅，也很少表达自己的愤怒；而西埃及的奥拉得阿里贝都因部落的男人们，哪怕对微小的不敬都会暴跳如雷（Abu-Lughod, 1986; Briggs, 1970）。并且，不同文化下的人们会关注面部以及周围情境中的不同线索来推测他人的情绪（Masuda et al., 2008; Yuki et al., 2007）。显然，文化会传授其成员在合适的时间以合适的方式体验、表达以及理解彼此的情感（e.g., Lewis, 1993; Saarni, 1993）。基因和文化一起，为我们体验和表达情感提供了坚实的基础。

情感的生理和认知影响因素　基因赋予我们体验某种情感、心境和态度的能力，而这些能力又通过学习以及文化的浸润而得到调整、分化以及发展。但是，是什么决定了个体在特定时刻的感受呢？有个答案能提供部分解释且相对简单，即个体对特定事件的知觉会自动引发一些情感

（e.g., Zajonc, 1980）。比如，若是看到一只黄蜂朝你的头部快速飞来，你当然会觉得害怕。我们在这里会探索情感的另外两个重要的决定因素：现在的生理状态以及思绪。

试一下这个动作吧：用牙齿轻轻咬住钢笔的末尾，别让钢笔碰到你的嘴唇，如图 2-4（a）所示，你的感觉如何呢？过一会儿，拿掉钢笔，然后再放入嘴中，这一次用你的双唇（不是牙齿）紧紧夹住钢笔的末端，别让它垂下来，如图 2-4（b）所示，这种感觉又如何呢？

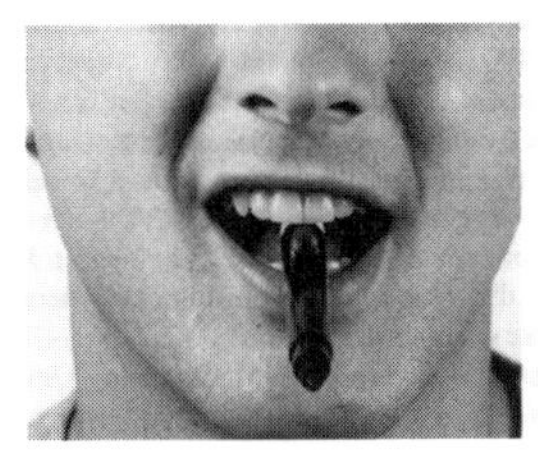

（a）

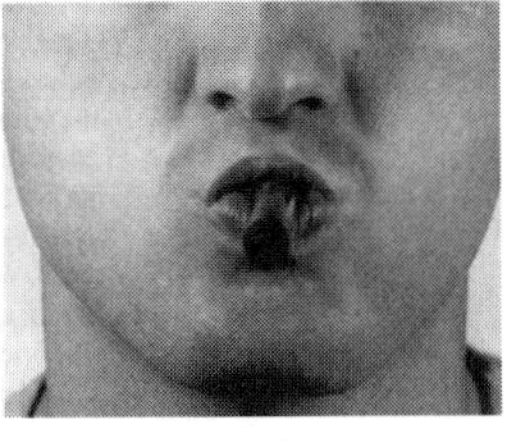

（b）

图 2-4　夹笔实验

按照图（a）方式夹住笔，这时你的感觉如何？再按照图（b）的方式夹住笔，这时你的感觉又如何？你注意到两种感觉的不同之处了吗？这些不同的面部表情是如何影响你的情感体验的呢？

弗里茨·施特拉克（Fritz Strack）、伦纳德·马丁（Leonard Martin）和萨宾·斯泰普（Sabine Stepper）（1988）在研究中就采用了这个实验。被试（以为研究的目的是考察人们在生理不便的情况下如何完成一些日常的任务，如写字、拨电话等）被分为三组：一组被试用牙齿夹住钢笔，一组被试用双唇夹住钢笔，还有一组被试则用他们的非利手握住钢笔。三组被试以不同的方式完成一个连点练习和划线任务。最后的任务是评定几张卡通图画的滑稽程度，三组被试需要以各自的运笔方式在评定量表上圈出合适的数值。这最后一个任务才是研究者的关心所在。他们期望看到三组被试对卡通图画滑稽程度的评定存在差异。你猜猜他们发现了什么？为什么呢？

再回想一下你刚才夹住钢笔的两种不同方式。不妨再看一下图 2-4。用牙齿轻轻夹住钢笔会使你的面部肌肉微微收缩，看起来你像在微笑；相比之下，用双唇紧紧夹住钢笔会使面部产生微微愤怒的扭曲。施特拉克和他的同事们假设，因为不同的面部表情与不同的情绪状态相联系，比如，我们开心或觉得好笑时，常常会微笑，那些用牙齿夹住钢笔的被试（促使其微笑）应该会觉得卡通图画非常滑稽，而那些用双唇夹住钢笔的被试（阻止其微笑）则不太会觉得卡通图画有多么好笑。这也确实就是被试的反应。其他人也发现了相似的结果（McCanne & Anderson, 1987），研究者们现在相信，特定的面部肌肉收缩和放松会影响人们所体验到的情绪（e.g., Cacioppo et al, 1993; Kleck et al., 1976）。

正如面部肌肉的改变会调整人们的情感，我们生理其他方面的变化，比如神经化学物质以及自主神经系统（心脏、内脏器官、内分泌腺等）也能产生相同的效果（Lewis, 2000; Plutchik, 1994）。思绪的变化也能影响我们的情感。值得一提的是，我们的情感会强烈地受到我们解释（或评估）情境所采用方式的影响（e.g., Lazarus & Folkman, 1984; Neumann, 2000; Siener, Mauss, & Gross, 2007; Sinclair et al., 1994）。比如，内疚的情感多半源自这种知觉：我们伤害了自己关心的人或是关心我们的人（Baumeister, Stillwell, & Heatherton, 1994; Tangney, 1992）。因此当我们没能给妈妈回电话时，会感到内疚；但当我们拒绝接听一个难缠的推销员的电话时，却不会感到内疚（这个推销员在过去的三周里反复纠缠我们，向我们推销一些不需要的杂志）。在这两种情况下，我们的行动都是一样的——没有回电话，只是我们对两种情境的不同评估使我们产生了不同的情感。

维多利亚·麦德维克（Victoria Medvec）、斯科特·马迪（Scott Madey）和托马斯·吉洛维奇（Thomas Gilovich）[①]（1995）很巧妙地证明了持续的思绪会影响个体的情感。在阅读他们的研究前，不妨回答一下这个问题：你觉得奥林匹克比赛结束后谁会更加开心？第二名的银牌获得者，还是第三名的铜牌获得者？研究者们评估了 1992 年夏季奥林匹克运动会上运动员们的影像资料，发现铜牌获得者普遍比银牌获得者更开心，尽管银牌获得者的表现更佳。为什么呢？因为银牌获得者会不由自主地懊恼，自己距离金牌只有一步之遥了，如果再努力一下，完全可以把荣光闪耀的金牌收入囊中。因此，银牌获得者多少对自己的表现有些失望。相比之下，铜牌获得者则会庆幸，哪怕微小的失误都会使自己的名次下滑，最终可能根本拿不到奖牌。因此，他们的心态相对释然，赢得铜牌自然就很开心了。

这种“原本可能怎样”的思维又被称作“**反事实思维**”（**counterfactual thinking**），会影响我们对日常事件的情绪反应（e.g., Epstude & Roese, 2008; Mandel, 2003）。无论我们感到悲伤、快乐、后悔，还是内疚，可能都取决于我们是否觉得“如果获得其他选项，自己会更加快乐、悲伤或是自

① 托马斯·吉洛维奇是著名社会心理学家，也是现代行为经济学的领路人，他的代表作《理性犯的错》从认知、动机和社会三方面探讨了生活中常见的思维谬误，中文简体字版由湛庐文化策划、中国人民大学出版社出版。——编者注

豪”（e.g., McMullen & Markman, 2002; Niedenthal, Tangney, & Gavanski, 1994; Tykocinski & Steinberg, 2005）。

总而言之，我们情感产生的基础取决于我们的基因和文化，而我们直接的情感反应又在很大程度上取决于我们现在的生理状态以及我们解释环境、标定情感的方式。

情感为什么是重要的 你下课后，行走在校园中，脑海中思索着你朋友即将举行的婚礼。这时，你的眼角突然瞥见一个快速移来的物体。在你意识到这是一辆汽车前（当然也在你能够为报案指证识别出它的牌子和型号前），你的身体开始紧张，并不由自主地倾向一边，你的心狂跳不已，你将自己的注意力从婚礼的钟声移向了近在咫尺的危险。在恐惧的驱使下，你将迅速躲闪开急速驶来的汽车。

这个例子说明，情绪最重要的功能之一就是在异常状况下给予我们警示。当我们正在进行的活动被打断时，比如，当那辆横冲直撞的车打断了你对朋友婚礼的思考，我们会在生理上被唤起，这种唤起也会提示我们将自己的注意力从现在的活动转移到新出现的紧急状况上（e.g., Berscheid, 1983; Frijda, 1986; Tomkins, 1980）。

当然，当我们注意到急速驶来的汽车时，我们不会变得开心、悲伤或是觉得好笑，这些情绪状态都不能够帮助我们采取回避行动。反而，我们会感到害怕——一种伴随着快速移动而产生的高水平的肾上腺素状态。这也给我们提示了重要的一点：每一次意外情况发生时，拉响同样的情绪警报是不明智的。事实上，不同的情绪常伴随不同的情形而产生（Brehm, 1999; Carver & Scheier, 1998; Frijda, 1988; Gonnerman et al., 2000; Izard, 2007; Schiota, Keltner, & John, 2006）。当我们的安全受到威胁时，我们会感到害怕；当我们得知一个未意料到的低分时，会感到悲伤；当我们在社交场合失礼时，会感到不安；当我们伤害了自己所爱的人时，会感到内疚或是羞愧；当我们获得的加薪超过预期时，会感到开心。

铜牌的激动，银牌的失落。谁会更加开心，是第二名还是第三名的运动员？维多利亚·麦德维克、斯科特·马迪和托马斯·吉洛维奇（1995）的研究表明，铜牌获得者（站在右边的体操运动员）通常比“更成功”的银牌获得者（站在左边的体操运动员）更加快乐。这到底是什么原因呢？

态度和心境也是相当有用的。态度使我们不用思考太多便能迅速做出判断：是趋近还是回避某物（e.g., Cacioppo, Gardner, & Berntson, 1999; Chen & Bargh, 1999）。看见一个朋友，我们会自然而然地走近她；看见一个高大魁梧、身穿皮外套且戴着链子的陌生人，我们会将视线挪开，走自己的路装作没有看到。至于心境，常携有情绪反应中的情感，能为我们处理新近的情形做好准备（Schwarz & Clore, 1996）。比如，如果我们听说公司正在裁员，我们会焦虑不安地对任何被裁迹象保持高度关注；如果老板最近称赞了我们，我们则会开开心心地等待公司的其他奖赏。

情感也会带来一些长期的益处。弗雷德里克森[①]等认为，积极情绪能够在某种程度上减轻负面生活事件所带来的生理压力，使人们以更加全面、灵活、开放的方式思考问题（e.g., Fredrickson & Levenson, 1998; Isen, 2002; Zautra, Johnson, & Davis, 2005）。因此，它们能帮助我们发展出更加有效的方式来应对生活中的危机（Fredrickson, 2001）。2001年“9·11”事件后美国民众的反应就是个很好的例子。那悲剧性的一天给美国民众带来了沉重的情感创伤，许多美国人体验到强烈的愤怒、害怕和悲伤感，他们无法入睡也无法集中注意力。然而，“9·11”事件发生后数周所收集的数据显示，那些用积极情绪来弥补负面情绪消耗的人能够更好地应对这一创伤事件。并非因为这些有复原力的个体报告了更少的与恐怖袭击有关的负面情绪，而是因为这些个体同时还报告：自己体验到了希望与自豪等其他积极情绪（Fredrickson et al., 2003）。显然，这些人努力在废墟中寻找光明，或许是对友谊和家庭更加珍惜了，或许是感到美国民众一定能够齐心协力共度艰难。积极情绪发挥着重要的、适应性的作用，无论从短期还是长期来看，它们都能够帮助我们更好地应对遭遇到的负面事件与重大危机。

简言之，情感是个体的一个关键组成部分。情感告诉我们，什么时候是顺境，什么时候是逆境。情感还能帮助我们做好准备，从容应对周围的情形并做出有用的调整。有一种流行观点认为，情感是“人类错误与苦难的非理性的根源”，

① 芭芭拉·弗雷德里克森（Babara Fredrickson）的著作《积极情绪的力量》中文简体字版已由湛庐文化策划、中国人民大学出版社出版。——编者注

我们却不这么认为。我们以为，情感具有重要的功能，且必不可缺（Keltner, Haidt, & Shiota, 2006; Parrott, 2002）。

2.1.4 介绍自己

你是一个“好”人吗？你会采取哪些行动达到自己的长期目标？你为什么认为别人只是用他自己的眼光来看你？尽管我们在寻求这些问题的正确答案时总是颇费周折，但我们还是会情不自禁地问自己这些问题。和其他动物不同，我们人类具有自我反思的能力，我们常常花很多时间思考自己。

我们为什么花那么多的时间自我反思呢？**自我反思使我们能够了解自己、控制行动，并且更有效地将自己呈现给他人**（e.g., Leary & Tangney, 2003）。在本书中，我们都会探索自我的效应。下面，我们先简要地介绍一些主要观点。

我是谁？我对自己的感觉如何？——自我概念和自尊 你是谁？花一分钟写写自己吧：列举进入你脑海中的任何想法。

尽管单子上的内容可能与你之前对伟大领袖的描述有所不同，但是两次列举的内容在类型上可能是相似的。你可能会列出一些过去行为的例子，你肯定也会列出一些觉得能够描述自己的一般特征。确实，正如我们拥有关于他人的知识，我们同样也拥有关于自己的知识，即**自我概念（self-concept）**。你和他人及社会事件一样，是一个需要你的大脑来理解的“物体”（James, 1980）。

自我反思。人们总会花很多时间评估自己的优势与弱点，思量着如何才能达到目标以及应该给他人留下怎样的印象。

你也许还会描述对自己的态度，这便是你的**自尊（self-esteem）**。那些对自己感觉良好的个体被认为拥有高水平的自尊；而那些对自己感觉负面的个体则拥有低水平的自尊。你的自尊有多高、有多稳定以及受社会事件影响的程度都会强烈地影响你思考、感受以及行动的方式。

多重自我 是否仅有一个你？还是多个你？正如你对“伟大领袖”的思考可能包括多种例子，你的自我概念中也会包括多重的自我。一些自我与你所扮演的角色及所处的关系网络相关（e.g., Chen, Boucher, & Tapias, 2006; Markus & Wurf, 1987）。比如，马丁·路德·金会将自己看成一个丈夫、一个父亲、一个领导或一个牧师。

另一些自我则与未来相关，它们代表着你希望成为什么样的人、你觉得自己应该成为什么样的人以及你害怕成为什么样的人（e.g., Markus & Nurius, 1986; Oyserman et al., 2004）。马丁·路德·金希望成为一个民权运动的有力推动者，认为自己应该成为一个妻子眼中更好的丈夫、孩子眼中更好的父亲，害怕成为那种脱离民众、追名逐利的领袖。诸如此类的未来自我是十分重要的，它们能够帮助我们定义自己的目标，也能够引导我们的行动。比如，当我们认为自己的“实际自我”（我们认为自己实际是谁）与“应该自我”（我们认为自己应该是谁）存在差距时，我们会变得焦虑，但这也会促使我们朝着目标继续孜孜不倦地努力（Higgins, 1996）。

我们中的大多数人在某种程度上都拥有一种群体或集体自我。正如马丁·路德·金将自己看作是美国黑人中的一员，你可能会将自己看成是纽约人、女人或是其他群体中的一员（e.g., Deaux et al., 1995; Triandis, 1989）。在以后的章节中，我们会不时遇到“你是谁”的问题，比如你的自我中的哪一个部分居于主导位置，这常常取决于你的自我中的哪一个部分会被现实的情境所激活。

自我概念和自尊来自何方 我们对自己的信念和情感来自何方呢？有时，我们通过**社会比较（social comparison）**来了解自己，即将自己的能力、态度和信念与其他人相比较（Blanton & Stapel, 2008; Festinger, 1954; Wood & Wilson, 2003）。比如，通过将自己的考试分数和其他同学相比较，你可以大体知道自己的学业能力。

人们也通过**反射性评价过程（reflected appraisal process）**来了解自己，比如通过观察以及想象别人如何看待自己（e.g., Cooley, 1902; Mead, 1934; Tice & Wallace, 2003）。依据这种过程，一个小孩若是认为父母觉得自己是富有才能的、风趣逗人的、难以管教的或肥胖超重的，他多半会以相同的方式看待自己。

有时我们也会以了解他人的方式来了解自己。比如，如果你看到一个邻居正凶恶地训斥着自己的小孩，你可能会觉得这个邻居粗率、迟钝又狠心。我们也可以用相同的方式了解自己，“跳出自己”来观察自己的行为（Bem, 1967, 1972）。通过进行**自我知觉过程（self-perception process）**，即人们通过观察自己的行为来推断自己内部特征的过程，那个邻居可能会意识到自己真不是个好家长。

让我们来看一看杰里·伯格（Jerry Burger）和戴维·考德威尔（David Caldwell）（2003）的一个实验吧。被试是一群大学生（以为自己正在参加一个关于人格的研究），一位学生（实际上是主试的同谋）请求这些被试在请愿书上签名，以呼吁政治家们更加关心那些无家可归的人。在第一种条件下，请求者只是向被试提出签名的请求。在第二种条件下，被试若是在请愿书上签名，则能够得到1美元。在第三种条件下，被试签名后，请求者会对被试说："看到有人关心这些无家可归的人们真是太棒了。"

两天后，另一位主试打电话给所有的被试（还包括一个控制组的学生，这些学生之前没有被请求在请愿书上签名），询问他们是否愿意在下周贡献两小时的时间，为附近的一个收容所装箱罐头食品。你猜猜研究者们发现了什么？哪一组被试更可能参加义务劳动呢？

如图2-5所示，那些在请愿书上签过名，并且被请求者评价为"关心他人"的被试更可能贡献出自己的时间。为什么呢？原因可能包括两方面：首先，他们看到自己选择在请愿书上签名了，因此通过自我知觉过程，他们可能会将自己看作是有爱心的人。其次，请求者们也认为他们是有爱心的人，因此通过反射性评价过程，他们认为自己是有爱心的人。确实，在签过名后，这些被试尤其倾向于报告"自己是那种帮助穷困者的好心人"。

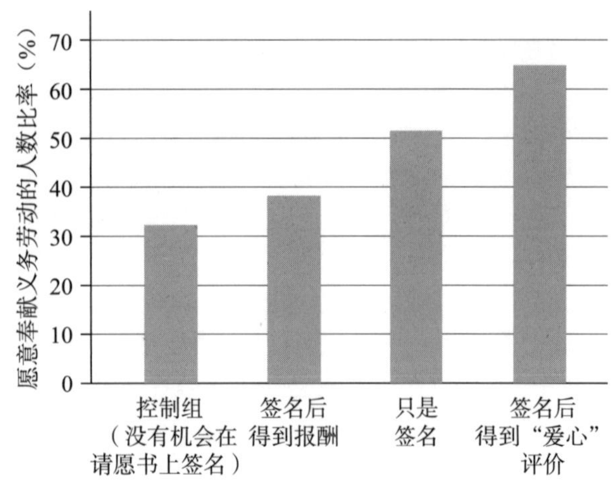

图2-5 "我是个乐于助人的人"

根据自我知觉以及反射性评价过程等社会心理学知识，那些自愿在请愿书上签名以帮助无家可归的人，且在签名后得到"有爱心"的评价的被试，更可能为收容所提供义务劳动。而那些在签名后得到金钱的被试，在志愿服务意向上与控制组被试（之前没有在请愿书上签过名）没有显著差异。

资料来源：Adapted from Burger & Caldwell (2003), Table 3, p. 239.

但是那些签名后得到1美元的被试呢？他们难道不应该更加踊跃地参加义务劳动吗？难道奖励不会增加其以后从事相似行为的可能性吗？事实根本不是我们想象的这样。根据自我知觉过程，"看到"自己为钱而签名反而会使这些被试推断自己只是为了钱才签名的，并不是真心出自亲社会的动机。确实，这部分被试不仅对义务劳动缺乏兴趣，而且没有迹象显示他们亲社会就能使自我概念得到强化。

在本书第6章中，我们将会读到"登门槛技术"，这是一种影响技术，探讨为什么人们在同意了一个小要求（比如在请愿书上签名）之后，同意一个更大要求（比如义务劳动两小时）的可能性就会增加。但是，现在让我们还是关注这个研究，这个研究的结论是相当直白的：**我们不仅会通过与他人比较来了解自己，还会通过观察他人如何看待自己以及观察自己的行为来了解自己。**

我们愿意看到自己的哪一面 当他人给予你反馈时，你希望反馈是准确无误的吗？哪怕这意味着知道自己的缺点和负面特质？或者，你希望这些反馈与你对自己的认识契合一致，从而使你能够巩固已有的自我概念？又或者，你希望这些反馈是积极的、自我提升的，这样你可以对自己感觉良好？正如我们即将在第3章中看到的，人们常常花费大量的认知努力来提升自我感，与不如自己的人进行比较，或者将成功的荣耀归于自己，将失败的职责推给他人等（e.g., Crocker & Park, 2003; Sedikides, Skowronski, &Gaertner, 2004）。

不管怎样，人们有时确实能够找到关于自己的准确信息。人们也能从他人处寻求信息来确认自我概念（e.g., Bosson & Swann, 1999; Swann, Rentfrow, & Guinn, 2003）。这种证实自己已有信念的渴望能够影响我们的人际交往。在一个研究中，研究者发现，如果个体认为配偶看待自己的方式与自己相似，那么个体对婚姻的忠诚度会更高，哪怕配偶的评价是负面的（Swann, Hixon, & De La Ronde, 1992b）。对于那些拥有非常确定的自我形象的人来说，这种"证实"尤为重要（Pelham, 1991）。**如果我们深信自己了解自己，那么我们也希望他人以同样的方式看待自己。**

我渴望什么，我如何得到？——自我调节 想象你正在一个朋友的舞会上，突然看见班上一位迷人的同学帕特在音响边闲站着，翻看架上的CD。此时，你的心狂跳不已！你可是一学期都对帕特朝思暮想！而且你也正酝酿着怎样接近帕特。这时你会怎么做呢？首先你会在不同的策略间穿梭。（"我应该等帕特注意到我吗？""我应该让朋友给我俩介绍吗？"或者"我应该漫不经心地走过去，装作对CD很感兴趣的样子吗？”）于是你鼓足勇气，选定一个策略付诸实施，然后评估结果，如有必要的话（前提是你依旧斗志昂扬），再换方案 B（或者 C 或者 D 等）。这便是行动的**自我调节（self-regulation）**过程，即人们选择、监控并调整策略，以试图达成目标的过程（Baumeister & Vohs, 2003）。

我们在前面刚刚提到，自我调节需要我们付出注意力（当我们第一次学着操作变速杆时）和意志力（当我们试图忽略那些美味的垃圾食品时）。尽管如此，你还是可能会功亏一篑（希望那些白熊现在已经从你的脑海中消失了）。但是，大多数时候我们都能够有效地调节、控制自己的行为，你看，我们的许多目标导向的活动都已经实现自动化了，因此我们开车时也能做做白日梦，购物时会自动避开糖果架，然后会思索一些比白熊更紧迫的事情。

我希望他人如何看待自己？——自我呈现 让帕特注意到你后，你可能便开始思考着怎么给帕特留个好印象了。你希望帕特喜欢你吗？如果是的话，你会如何呈现自己，使自己招人喜爱呢？比如你希望帕特认为你是精明强干的或是位高权重的？你如何呈现自己来制造这些印象呢？

自我呈现（self-presentation）是指人们试图控制他人对自己形成印象的过程，这为我们的许多社会生活染上了一层颜色（e.g., Leary, 1995; Schlenker, 2003）。周六晚上你赴宴前穿的衣服、你在找工作面试时的举止以及你在祖母进入房间时收敛的行为，都反映出你希望他人如何看待自己。这并不奇怪，**人人都很关心自己留给他人的印象**。毕竟，他人经常能提供给我们一些渴望的东西，比如友谊或者工作。而且，刚刚我们也看到，我们对自己的观点会受到自己行为的影响——通过自我知觉这一直接过程或是通过反射性评价这一间接过程。我们在公众场合呈现自己的方式会影响我们对自己的看法。

自我呈现对日常生活来说实在太重要了，我们会在本书第 4 章中更为深入地探索自我呈现这一现象。我们会考察在何种情形下人们特别乐于自我呈现，何种类型的人更可能自我呈现，我们最希望传递给他人何种形象以及我们会采取何种行为有效地制造出这种形象。

我们已经了解，自我是与我们的动机、知识以及情感密不可分的。在本章接下来的部分，我们会将关注点从个人移向情境，再移向个人 – 情境的交互作用。而在第 3 章中，我们会关注社会生活丰富多彩的特性，到时，我们会再次与你分享自我的力量，比如它是如何影响人们的思考、感受以及行为的方方面面的。

小调查

想想你是谁？你认为自己拥有什么特质（或者想拥有什么特质）？你对自己感觉如何？你所拥有的价值观，你希望以何种方式展现于他人面前？你的“自我”的这些方面是如何影响你的未来计划以及长远抱负的？

2.2 情境

你的一天过得怎样？你看见了什么人？又和什么人打过交道？你去过哪些地方？这些地方看起来如何？

当你回想自己的一天时，你会注意到自己无时无刻不沉浸在周围的物理世界和社会世界中。你也会注意到这个世界对你施加着微妙的影响（当然有时也没那么微妙）。你是置于情境中的，你发现自己所处的情境会深刻地影响你思考、感受以及行为的方式。

来看看你的物理环境吧。它可能非常吵闹或是安静，温暖或是寒冷，狭小或是宽敞，丑陋或是美观。这些特征会影响到你（e.g., Guinote, 2008）。比如，噪声会给人压力感。长期处于噪声之下（这些噪声可能来自机动车辆、飞过头顶的飞机及设计不科学的建筑等）会损害你的健康、抑制你的阅读能力、使你无法在困难任务上持之以恒（e.g., Maxwell & Evans, 2000）。或者考虑下你的室内设计吧。如果房间的布局使同屋者常能够出人意料地侵入你的私人空间，那么你可能在心理上深感苦恼，也可能表现出社交退缩倾向。反之，如果住在一个设计合理的屋子里，则很少会出现这种情况（e.g., Evans, Lepore, & Schroeder, 1996）。在一个有趣的实验中，安德鲁·鲍姆（Andrew Baum）和格伦·戴维斯（Glenn Davis）（1980）发现，仅仅通过改变宿舍大门的方位，就可以增进居住在宿舍楼里学生间的友谊（见图 2-6）。

如同物理环境一样，社会环境也能够塑造我们的思想、情感以及行为。人是一种高度社会化的动物，我们的大量时间都花在了与他人的相处上。在撰写本章时，我们中的一位作者突发感想，不妨数数自己一天中遇到的人吧，应该非常有趣，然而，很快他便不堪重负了。早上遇见老婆和 3 个孩子；离家前和 5 个人通了电话；开车上班途中经过了数百个人；从停车场到办公室的路上又经过 100 个左右的大学生以及学校雇员；到了办公室，收到 14 封电子邮件以及 3 个电话留言；接着遇到 12 个左右的系里员工和同事；在去图书馆的路上经过40多个人，图书馆里遇到50多个人，回来的路上遇到30多个人。还不到上午10点，他就已经和30多个人谈话并密切交往过了。他可能会影响到数百个人，也可能受到数百个人的影响。

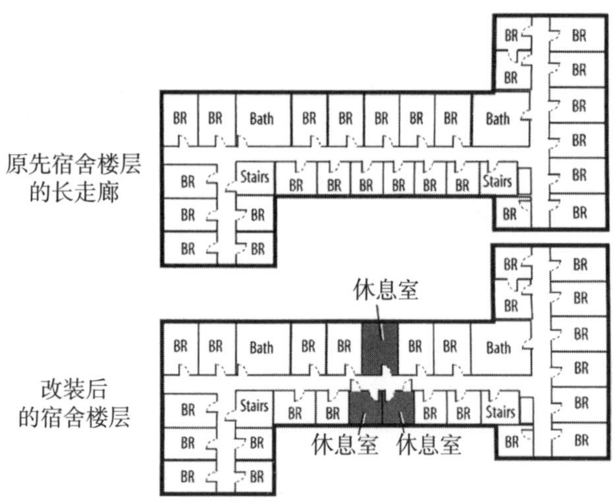

图 2-6　室内设计与宿舍生活

仅通过给长长的走廊添加了两个门以及将三个宿舍改装成公共休息室，安德鲁·鲍姆和格伦·戴维斯（1980）就改善了宿舍居住者的社交生活。尽管这两层楼的居住者开始时比较相像，但是后来改装楼层的居住者结交了更多的朋友，也更加乐于社交，且报告了更少的与舍友间的摩擦。

资料来源：Baum & Davis (1980), Fig. 1, p. 475.

表面上看，许多社会性交往不是很重要。毕竟，本书的这位作者在那个早晨所遇到的数百个人中，有多少能够真正影响他呢？但实际上，比你想象得要多。确实，我们可以看到，即使是微妙的、短暂的社会邂逅也会带来强大的后果。有些时候，甚至相关的人不在我们眼前时，也能施加对我们的影响。比如，**我们常会在头脑中想象与父母或朋友的对话，以督促自己"做正确的事"**；又比如，在极权主义国家，哪怕是独裁者的雕像都会在民众心中唤起恐惧。

在接下来的部分，我们会更加深入地探索丰富多彩的社会情境，为大家预演一下不同类型的情境的影响力量。贯穿全书，我们都能够看到它们的身影。

2.2.1　人也是情境：纯粹在场、适宜性以及示范性规范

1963年的那一天，华盛顿民权游行大会上，马丁·路德·金的"我有一个梦想"的演说深深感染了浩瀚人群中的每一颗心。我们之前重点关注的是马丁·路德·金本人，可能忽视了这样一个事实：人群对于马丁·路德·金来说，也是他所处情境的重要部分。这可以推广到所有的社会情境中。人们对彼此的影响在一定程度上是相互的。比如在教室里，你所处的情境主要由老师界定，而老师所处的情境很大程度上又由你来界定。和朋友吃饭时，你所处的情境主要由朋友界定，而你朋友所处的情境也主要由你来界定。在这些情况下，人即是彼此的情境。

他人的纯粹在场　哪怕他人仅仅出现在我们眼前，都能创造出一种情境，影响我们思考、感受以及行为的方式。想想你高中学校的学生数目吧，无论学校的规模是大还是小，都可能影响到你在那儿的求学体验。罗杰·巴克（Roger Barker）和他的同事们（e.g., Barker & Gump, 1964）通过对堪萨斯州东部的13所高中进行比较，对这一问题进行了研究。尽管这些学校的组织机构大体相似，但它们的学生却表现出许多有趣的差异。为了理解这些差异产生的原因，我们需要认识到，不论学校的大小如何，学校都会为学生提供一些相似的活动和比赛。比如，即使规模较小的学校通常也会拥有田径队、语言俱乐部、合唱团、募捐活动机构、学生会以及学校舞会等。这意味着规模小的学校常常会"人员匮乏"，要找到足够多的学生来参加活动可不容易。相形之下，规模大的学校则常常"人员过剩"，每一种活动都挤满了人。

因此，在规模较小的学校中，每一个学生都会"炙手可热"。我们也可以预期：规模小的学校的学生更能容忍学生间的差异，也会更加努力地说服、鼓励自己的同学积极参加活动。相反，我们预期，规模大的学校的学生对差异的容忍度会更低，且会倾向于将同学排挤到社交圈的边缘并孤立他们，使他们成为无所事事的旁观者。

研究结果支持了这一假设（Barker & Gump, 1964）。与那些规模大的学校的学生相比，规模小的学校的学生积极性更高，参加了更多的活动，肩负着更多的职责，并且觉得时刻充满挑战。应该看到，积累领导经验、参加多种活动对学生今后发展的助益是显而易见的。因此，尽管身在大群体中拥有诸多好处（比如，可以培养完成宏大项目的能力），但身在小群体中也可以拥有别样精彩。

巴克的研究显示，个体周围人群的数目就可以制造出不同的情境。而且，不仅人群的数目会影响我们，人群所处的位置也会影响我们。一个研究发现，地铁中上班族的压力水平并不会受到地铁上总体乘客数目的影响，但会受到那些坐在自己附近的乘客数目的影响（Evans & Wener, 2007）。真是与我们的空中飞行体验不谋而合，坐在飞机中间的位置总是会让人倍感压抑！

我们已经看到，**周围人的数目会显著影响你的社会行为**。我们在第 12 章中还会遇到两个更加典型的例子：首先，我们会看到，哪怕仅仅是有他人在周围，个体在熟练、简单任务上的表现都会得到提升，而在生涩、复杂任务上的表现却会受到抑制。其次，我们将会看到，哪怕是一群不认识的人，都会使个体迷失自己内在的价值观和标准，并在“怂恿带动”下表现出反社会行为。

适宜性：机遇与威胁　不同的人会提供给我们不同的东西。在公司野餐会上，若能赢得老板欢心，你便晋升有望；校园中邂逅的俊男或美女，则为一段罗曼史埋下了伏笔；你的社会心理学老师则可能让你的分数上一个台阶。当然，他人并不仅仅是一些积极的机会，他人也可能是潜在的威胁（Baron & Misovich, 1993）。一个醉酒的司机可能会给你带来人身伤害；新上任的热衷于控制成本的经理，可能给你一笔遣散费打发你走人。就算是那位邂逅的俊男或美女，给你浪漫机会的同时，也可能使你陷入被拒绝的尴尬中。人和情境所提供的机遇或威胁又称作**适宜性（affordance）**（Baron & Boudreau, 1987; Gibson, 1979; McArthur & Baron, 1983）。

人少士气高。在 1954 年 3 月 20 日，米兰高中（注册学生仅有 162 人）的男孩们大爆冷门，击败了来自大城市的曼西中部高中的强劲对手，赢得印第安纳公立高中篮球锦标赛的冠军。这个事件如此轰动，以至于好莱坞还专门为此拍了部纪念电影《球场雄心》（*Hoosiers*）。尽管“生源不足”学校中的学生在很多方面处于劣势，但他们也能在其他方面获得收益。尤其值得一提的是，他们能够参加更多的学校活动，也更有机会锻炼自己的领导能力，迎接更多的挑战。

人们还是非常善于评估他人所能提供的潜在机遇与挑战的（e.g., Ambady & Rosenthal, 1992; Kenny, Albright, Malloy, & Kashy, 1994; Zebrowitz & Collins, 1997）。比如，仅仅通过观看一些面部照片和无声短片，人们就能够相当精确地评估出目标对象的支配、外向、认真、宜人、攻击以及性开放的程度。在一个研究中，被试仅通过观看两秒钟的无声授课录像，就能准确地判断出一个老师的讲课效果，真是令人震惊（Ambady & Rosenthal, 1993）。总之，我们所遇到的人会为我们提供各种机遇与威胁，但是我们常常能有效地识别出它们，且不费吹灰之力。

示范性规范　人们通过出现在他人周围或是提供给他人机遇与威胁来影响他人。人们还会通过传递**示范性规范（descriptive norm）**——在某种情形下大多数人的通常做法，来影响他人。示范性规范能帮我们做出正确的选择。比如，在你进入大学的第一堂班会课上，如果你发现辅导员走近讲台时，你的同学们都停止了交头接耳，这时你多半也会停止交谈。示范性规范的影响是相当强大的。除了其他方面的影响，它们还会影响我们是否会为他人提供帮助，是否会表达我们的偏见，是否会偷税漏税，是否可能通奸、赌博以及是否会节约能源（e.g., Buunk & Barker, 1995; Larimer & Neighbors, 2003; Latané & Darley, 1970; Nolan et al., 2008; Steenbergen, McGraw, & Scholz, 1992）。

适宜性。这些个体会提供给彼此什么呢？友谊，还是办公室的嚼舌？浪漫，还是让人下不了台的拒绝？哪怕是公园一角的简单谈话，都是机遇与威胁并存。

若是顾客在一家俱乐部的门外排起了长队，这通常意味着顾客认为这个地方值得他们花时间等待。但是有时，人们的行为所指示的规范与他们实际的信念和感受并不匹配。不妨想象一种课堂情境吧。老师呈现的幻灯片实在让你丈二和尚摸不着头脑（当然，这种情况很少发生）。尽管非常困惑，你却犹豫着该不该举手问老师。为什么呢？或许你觉得让其他同学知道自己的“无知”是非常难堪的。于是，你想寻找一些迹象，证明这个讲座实在让人费解。你环视课堂，试图发现同学脸上的迷惑不解之情，同时你又小心翼翼地掩藏好自己的疑惑感。不幸的是，扫了一圈，你发现大家脸上的神情都是自信满满。这时，你原本打算举起的手就放下了，你可不想在众人面前丢脸。你没有想到的是，其他学生实际上也在做相同的事：他们也是藏好自己的疑惑感，然后观察他人是否有疑惑的神情。没有人站起来询问老师，因为你们都将自己的真实想法藏得很好，不让别人看见（Miller & McFarland, 1987）。

这个课堂中常见的现象便是**多数无知（pluralistic ignorance）**的一个典型例子，因为每个人的行为都与自己的想法不一致，所以群体中的成员错误地感知到别人想法的一种现象（e.g., Miller & Nelson, 2002）。在上述例子中，学生们对彼此的困惑无从知晓，因为每个人都隐藏好了自己的困惑。我们将在下面看到，多数无知可能会助长大学校园里一种危险的消遣活动：狂饮。

联结：适应与障碍

示范性规范、多数无知以及校园狂饮

斯科特·克鲁格（Scott Krueger）聪明而又健壮，颇具领袖风范。他受人喜爱，被很多人视为好榜样。他的前途不可限量，他具有一个美国男孩典型的特质。

他的雄心壮志却永远不能实现了。刚迈入人才济济的麻省理工学院数周，斯科特·克鲁格便躺在了医院的病床上昏迷不醒。他并不擅长饮酒，却在兄弟会的欢迎晚宴上遭众人罚酒，灌下了大量的啤酒和朗姆酒，使自己血液中的酒精含量达到了剧毒的0.41%，甚至比麻省法定的司机血液酒精含量的上限还高出5倍。在接下来的三天里，医疗专家们使尽了各种技术，却依旧无法挽回他的生命。他的大脑最终停止了反应。斯科特·克鲁格去世了。

狂饮，其通常定义是：男人连续喝下5杯或5杯以上的酒，女人连续喝下4杯或4杯以上的酒。在大学校园这是比较普遍的现象（Wechsler et al., 2000; Wechsler & Nelson, 2008）。一项研究对遍及美国39个州的119所四年制大学的14 000位学生进行了调查，结果显示：

- 45%的学生在喝酒时会狂饮。
- 47%的学生饮酒是为了酩酊大醉。
- 兄弟会和姐妹会中的学生（79%）比其他住在宿舍（45%）以及校园外（44%）的学生更可能进行狂饮。
- 男大学生（51%）比女大学生（40%）更可能进行狂饮。
- 白人学生（49%）比其他种族的学生更可能进行狂饮（拉美裔占40%，亚裔占23%，非裔占16%）。
- 与非狂饮者相比，频繁狂饮者更可能逃课、荒废学业、做一些让自己后悔的事情、毁坏财产、与警察纠缠、受伤以及随意进行无防范措施的性行为。

大学校园里饮酒是如此普遍，以至于入校新生和不擅长饮酒者会觉得学生们都喜欢喝酒，多喝些没关系（e.g., Borsari & Carey, 2003; Segrist et al., 2007; Suls & Green, 2003）。但是，这种观念可能正是多数无知现象的一种麻烦体现。比如，德博拉·普伦蒂斯（Deborah Prentice）和戴尔·米勒（Dale Miller）（1993）研究发现，一个典型的学生会误以为只有自己才对校园酒精泛滥的现象感到不安。这种错误知觉给予这个研究中的被试以重要的警示：在过去的一学期中，他们正逐渐转变自己的态度，使之与他们错误知觉到的他人的观点保持一致。然后随着时间的流逝，他们真的就对狂饮习以为常了。

多数无知可能会带来危险。以酒精为例，学生们会不顾自己的极限狂喝滥饮。为什么呢？“应该是安全的吧，因为别人也都这么喝。”这种想法颇能代表斯科特·克鲁格这样的青涩初饮者，因为他不知道到底喝多少就不能再喝了。这种狂饮也会进一步传递一种信息——多喝点没事（尽管私底下很少有人认同这一点）。因此，学生们可能会在无意中怂恿他人多喝一些，然后大家都会陷入继续循环的多数无知中。

难道是多数无知杀害了斯科特·克鲁格？我们也不能确定。但是，极有可能，多数无知是个活跃的幕后帮凶。

“美国梦”的破灭。才进大学几周，斯科特·克鲁格的灿烂前程便在兄弟会的罚酒宴上戛然而止了。作为一个初饮者，他应该会从周围的人群中寻找线索：喝多少就不能再喝了。可悲的是，他没有找到线索。会不会正是因为斯科特周围的人隐藏了对狂饮危险的真实想法，制造了一种多数无知的状态，从而导致了斯科特的死亡呢？

2.2.2　规则：禁止性规范和脚本情境

如图 2-7 所示的表格。表格上栏是人们的几种表现行为（比如谈话、大笑、打架等）。左栏是人们有时所处的一些情境（比如自己的卧室、公共卫生间、面试场所等）。在每个格子中，指出相关行为在每种情境中的适宜程度。比如，在公共卫生间谈话或在宗教场所打架的适宜程度各是多少呢？

理查德·普赖斯（Richard Price）和丹尼斯·布法德（Dennis Bouffard）（1974）让印第安纳大学的学生们填写了这个表格，学生们的任务是评估 15 种行为在 15 种情境中的适宜程度。一些结果非常引人注目。首先，一些行为（比如谈笑等）在许多不同场合都是合适的，而另一些行为（比如打架等）一般来说是不被允许的。更重要的发现是，每一种情境对我们施加的限制是不一样的。在一些情境中，比如在自己的房间里、公园里或是宿舍休息室里，你可以相对自由自在。而在其他情境中，比如在宗教或是面试场所，你可能会受到很多限制。

确实，许多情境（比如宗教仪式或是面试过程中）拥有一些“规则”，告诉我们什么是允许做的，什么又是不允许做的。这些规则被称为**禁止性规范（injunctive norm）**。这是一种在某一情境中通常什么被认可、什么不被认可的规范。禁止性规范和示范性规范不同。示范性规范传递的是人们通常做什么，而禁止性规范传递的则是人们应该（以及不应该）做什么（Cialdini, Kallgren, & Reno, 1991）。一个重要的禁止性规范便是互惠规范。这种规范要求我们“投桃报李”“礼尚往来”。我们会在本书第 6 章和第 9 章中探讨互惠规范。

禁止性规范会决定特定情境实现“脚本化”的程度。我们的意思是，在一些情境中，存在一种脚本，即按预期顺序发生的一系列事件。这种情境叫作**脚本情境（scripted situation）**。比如，20 世纪 80 年代，大学校园里约会的步骤通常如下（Pryor & Merluzzi, 1985）：

- 两个人注意到彼此；
- 发现彼此也都在注视对方，于是微笑；
- 向朋友打听彼此的情况；
- 制造机会，“撞见”对方；
- 找一个朋友为彼此引荐；
- 开始交谈，寻找共同兴趣；
- 最终，一个人邀请另一个人出来聚聚。

甚至关于约会时，什么时候该做什么事情，都有相应的“脚本”（e.g., Morr Serewicz & Gale, 2008; Rose & Frieze, 1993）。一段关系（从初次约会到订婚）应该如何发展也有相应的脚本（Holmberg & Mackenzie, 2002）。有一些描述性生活满足体验的脚本（Seal et al., 2008），甚至还有一些脚本会告诉你，如何结束一段感情（Battaglia, Richard, Datteri, & Lord, 1998）。这些心理脚本帮助我们协调自己的行为，使其与他人保持一致；也能帮助我们避免违反某些情境中的禁止性规范（Abelson, 1981; Forgas, 1979; Schank & Abelson, 1977）。确实，为了了解自己依赖心理脚本的程度，不妨想想你是否能快速、不费力地识别出那些违反脚本的情况。比如，若是一个女招待坐在你旁边，拨弄你盘子里的食物；或是一位邻居，穿着百慕大短裤和夏威夷衬衫参加缅因州的一个长老会的葬礼，你会不会觉得非常惊讶？

	行为					
情境	谈话	大笑	打架	哭泣	打嗝	朗读
约会						
洗手间						
面试场所						
宗教仪式						
宿舍休息室						
自己房间						

图 2-7　这些行为在不同场合的适宜程度

在每个方格中，评定每一具体行为在具体情境中的适宜程度。比如，在左上方的格子中，评定“在约会时谈话”的适宜程度，量表的评定范围在 0（“这种行为在这种场合极为不合适”）到 9（“这种行为在这种场合极为合适”）之间。

浏览你的评定结果，你发现了什么？是否有些行为不论在什么场合都是比较适宜的？是否有些场合的限制比较多，即它们所“允许”的行为少于其他场合？

资料来源：Adapted from Price and Bouffard (1974), Table 1, p. 581.

2.2.3　强情境与弱情境

基于我们已经掌握的知识，我们可以看到，一些情境比另一些情境更为“强势”（Snyder & Ickes, 1985）。一些情境（猛冲过来的卡车、葬礼）要求人们以特定的方式行事，而另一些情境（夜总会、无人的起居室）则允许人们以多种方式行事。强情境所能提供的机遇和威胁的范围比较狭窄。比如，猛冲过来的卡车让你别无选择，除非你想发扬英雄主义救人精神，它就是个实实在在的威胁（关乎你的人身安全）。强情境一般也会拥有明显的禁止性规范和示范性规范，比如葬礼上应该表现出什么行为或不应该表现出什么行为是显而易见的。如果一个吊唁者不能基于他人的行为识别出这些规范，他人就会用严厉的目光注视他，或是轻推他的肘部以纠正他的错误。最后，强情境通常是脚本化的。比如，葬礼通常会包括一系列常规的程序，而这些固定的程序为其他活动留下的发挥空间是比较狭小的。

相反，弱情境能够提供的机遇和威胁的范围则相对宽泛。比如，在夜总会，你可以与朋友寒暄，发展一段艳遇或是一起跳舞；你也可能会对朋友说些傻话，被一位中意的对象拒绝，或是在舞池中笨拙地跳一段。而凌晨两点，你那空荡荡的起居室则提供了更丰富的可能性，你几乎可以在那儿做你想做的任何事情。弱情境的一个主要特征便是缺少明确的示范性规范，因为弱情境中他人的行为差异很大。比如，一些夜总会的客人可能会进行私密的交谈，而另一些人则不停地喝酒，还有一些人则肆无忌惮地调情献媚。这些形形色色的举止为你的行为提供了一种社会许可证，即你也可以表现出这样的行为。弱情境所能传递的禁止性规范也很少，夜总会可没有葬礼的“规矩”那么多，你的起居室更是随心所欲之地。最后，弱情境一般也不会被脚本化，与葬礼相比，在夜总会的你对于什么时候做什么事情有着更大的灵活性。

小调查

前面提到的约会脚本是 20 年前的普遍做法。这个脚本在今天还成立吗？如果不成立的话，差别在哪里呢？当今主流的约会脚本是使你谈恋爱更容易还是更艰难了呢？

当然，大多数情境实际上是介于强情境（猛冲过来的卡车）与弱情境（空荡的起居室）之间的，它们还为人们提供了一定程度的行为灵活性。

2.2.4　文化

如果你出生在中国，你的许多朋友可能就是你的表亲、阿姨和叔叔。你的举动会在很大程度上受到他们意愿的影响。相比之下，如果你在美国南加州长大，你也会结交许多朋友，但是他们大都不是你的亲戚，更重要的是你亲戚们的偏好也不会对你的生活决定产生多么重大的影响。文化，即生活在特定时间、地点的人们所共享的信念、风俗、习惯和语言，能够影响我们所处的环境（比如我们花多少时间与亲戚在一起）以及这些环境对我们的影响方式（比如我们的亲戚是否会强烈影响我们的举动）。

近些年来，社会心理学家们对文化影响人们思考、感受和行为的方式愈发感兴趣（e.g., A. Cohen, 2009; Kitayama & D.Cohen, 2007; Lehman, Chiu, & Schaller, 2004; Oyserman & Lee, 2008; Smith, Bond, & Kagitcibasi, 2006）。理由是显而易见的：

尽管来自不同文化的人们在许多方面彼此相似——毕竟我们拥有共同的生物基础和基本需求，但人们有时还是会表现出令人炫目的差异。在本书中，当我们致力于解开社会生活的不解之谜时，我们都会探索这些共性与差异。

大多数文化研究关注的是各种文化在个人主义与集体主义程度上的差异（见表 2-1）（Chinese Culture Connection, 1987; Hofstede, 1980/2001; Triandis, 1989）。**个人主义文化（individualistic culture）**（比如美国、澳大利亚、英国）通过特有的社会化过程，使其成员将自己看作是一个单独的个体，并致力于优先实现个人目标。相反，**集体主义文化（collectivistic culture）**（比如危地马拉、韩国、中国台湾）则通过特有的社会化过程，使其成员在考虑自己时，将自己放置在人际网络中，把自己看作是一个更大社群中的一员，且优先考虑与自己相关的他人和群体的利益（Brewer & Chen, 2007）。尽管文化也会在其他维度上存在差异，但是大多数研究都侧重于个人主义 – 集体主义维度，分别以北美和欧洲文化以及东亚文化为典型代表。因此，我们在本章中也会重点关注个人主义 – 集体主义维度，希望能够为读者们展示文化是如何为其成员提供广阔的社会情境的。

表 2-1　个人主义与集体主义

个人主义排行	所选国家或地区	个人主义排行	所选国家或地区
1	美国	32	墨西哥
2	澳大利亚	34	葡萄牙和东亚地区
3	英国	40	新加坡、泰国和西非地区
4	加拿大和荷兰	43	中国台湾
10	法国	44	韩国
15	联邦德国	45	秘鲁
20	西班牙	49	哥伦比亚
22	日本	50	委内瑞拉
25	牙买加	51	巴拿马
26	阿拉伯地区和巴西	52	厄瓜多尔
30	希腊	53	危地马拉

霍夫斯泰德（Hofstede）（1980, 2001）对一家大型跨国公司的 80 000 名员工的目标和价值观（与工作相关）进行了分析。上面的排行显示，与拉美和亚洲相比，西方倾向于鼓励个人主义。

资料来源：From J. Deregewski et al. (1983), *Expiscations in Cross-Culture Psychology*, pp. 335-355, Fig.2, Swets & Zeitlinger Publishers. Used with permission.

文化适宜性　不同的文化为其成员提供了不同的机会。比如，个人主义文化为其成员提供了更多独立自主和个人控制的机会。其中有一种做法便是给予其成员多种选择（Fiske et al., 1998）。举个例子，美国人的一个信条便是，人人都能成为总统（无论是宇航员、专业运动员还是著名音乐家）。“只要努力奋斗，你能成为你想成为的任何人——所有的机会都将向你敞开。”哪怕是在当地超市买牛奶，美国人都拥有铺天盖地的选择：全脂、2% 脂肪、1% 脂肪或脱脂牛奶？是选择普通的、酪乳的，还是酸牛奶？不含糖的？加大豆基的代乳？高钙的？巧克力口味的？草莓口味的？纸盒装的还是塑料罐装的？通过为其成员提供多种选择，个人主义文化使人们能够表达自己的个性，并且经由个人控制达成自己的需求。我们可以看到，不同的文化为居住其中的人们提供了不同的机会（Bond, 2004; Morling, Kitayama, & Miyamoto, 2002）。

文化与规范　“发挥你的极致”，这是颇为引人注目的美国军队的新兵征募广告语。而现在的口号是“全民一军”，异曲同工，但是更有侧重。“别当墙头草了”，人们常常这样讥笑那些反复无常的人。个人主义文化的规范传递了一个清晰的信息：要脱颖而出！要独立！要听从自己的心声！

马来西亚有这样一句有警示性的谚语：**“一滴染料会毁了一桶牛奶。”**中国也有一句类似的谚语：**“牵一发而动全身。”**这些国家的俗语代表了一种非常迥异的集体主义文化观念。这种观念认为，群体成员应该寻求和谐，不要与他人拉开距离。正如个人主义社会所传递的规范鼓励人们的独立行为一样，集体主义社会所传递的规范则鼓励人际互依而非人际独立。用一句日本人常用的话就是：**“如果哪个钉子冒出来，就把它锤下去！”**

鉴于这种对和谐与互依的追求，集体主义文化中的人们尤其倾向于调整自己的行为，使其与他人的行为保持一致，特别是当他人是自己的熟人时。著名的“线条判断”实验最初是在美国做的，主试要求被试从三根长度不同的线中选出与目标线条长度最为接近的一根（具体实验详见本书第 6 章）。当被试独自一个人完成这项任务时，长度判断对他们来说相对简单，被试几乎从不犯错。但是在群体中，被试常常会屈从于明显的错误选择（Asch, 1956）。而这种从众形式在集体主义文化中更为普遍（Smith & Bond, 1994）。

文化在施加规范的方式上也会存在差异（Tinsley & Weldon, 2003）。美国父母常通过剥夺一些权利与特权来惩罚任性的孩子，比如“你一个星期不许看电视”。相比之下，日本和中国的父母更可能威胁孩子们的社会纽带，比如“我不喜欢像你这样的孩子”或是“如果你再这样的话，人家会嘲笑你的”（Miller, Fung, & Mintz, 1996; Okimoto & Rohlen, 1988）。这些不同的惩罚方式对于不同的文化都是合情合理的。个人主义文化中的人们更看重个人自由，因此剥夺自由的惩罚方式会特别有效；而集体主义文化的成员则比较看重彼此间的关系，因此那些威胁其社会纽带的惩罚方式会极为有效。

从英国到巴厘岛：不同文化的葬礼脚本。我们所身处的文化在很大程度上决定了我们所遇到的规范。文化也会影响许多重要的社会脚本的内容，正如图中我们可以看到的，英国和印度尼西亚巴厘岛的葬礼仪式是多么不同。

文化脚本 我们在之前看到，社会脚本的呈现使个体能够更好地协调自己的行为，并与他人保持一致。那么，文化又是如何影响人们对这些脚本的使用的呢？

首先，社会脚本可能在一些文化中更为普遍。比如，你觉得是个人主义还是集体主义社会的情境会更为脚本化？你可能会猜测，集体主义社会更可能将其情境脚本化，因为脚本能够帮助协调人们的行为，这对于注重社会和谐的文化来说是非常重要的。一些研究显示，你的直觉是正确的。比如，一些正式的和仪式化的日本文化脚本就涵盖了从家庭聚餐到钢琴课再到社交问候的方方面面（Hendry, 1993），而这些在美国通常不会那么讲究有序。

其次，即使不同的文化对相同的事件进行脚本化，它们的内容也会存在很大的差异。以葬礼为例，尽管大多数文化中的葬礼都有一些共同的特征，比如处理尸体、哀悼，但不同文化间也存在一些复杂的差异（Matsunami, 1998）。比如，在北美，一个典型的葬礼是安静的、低调的（尽管也会因种族、宗教和地区的不同而存在一些差异）。人们倾向于穿着保守、低声谈话，并尊敬地倾听讲话者，控制自己在众人面前过于悲伤的表露。我们可以将这种葬礼和婆罗洲岛巴拉湾人的葬礼进行比较（Metcalf & Huntington, 1991）。巴拉湾人的葬礼包括两次仪式，间隔至少 8 个月，有时甚至长达 5 年。第一次仪式在死者逝去后立刻举行。尸体会在一个特制的椅子上陈列一两天，直到死者所有的近亲都过目了，尸体才会被放入棺材或者大缸中。第二次仪式中，来自四面八方的客人参加在大缸或棺材附近的游廊上举行的喧闹晚会，时间持续 4~10 天左右。客人们饮酒狂欢，闹饮声、音乐声、嬉戏声以及枪弹声能够透过密密的丛林传到半公里以外。这还真不是我们习惯看到的典型葬礼的模样！文化不仅会影响每一种情境受社会容许脚本支配的程度，还会影响这些脚本的内容。

在这一部分，我们已经看到，人们是处于物理以及社会环境中的，而这些情境又会影响人们的思想、情感及行为。下一步，我们会将个人与情境结合起来考虑。

2.3 个人与情境的交互作用

如果有人让你描述你最好的两个朋友的人格，你可能会提及，一个人很外向，另一个人则很害羞；一个人靠不住，另一个人则值得依赖等。但是，当谈话继续深入时，你可能会发现自己会这样措辞：“她遇到陌生人时挺紧张沉默的，但是和朋友在一起很放松，有时还玩得挺疯”或者“他对工作可能不那么积极上心，但是作为一个朋友，他绝对是忠诚可靠的”。

这样的表述透露出一些端倪：我们的人格在部分程度上取决于我们如何对情境做出反应，取决于不同情境下我们所遇到的特定系列的目标、思想、情感以及行为（e.g., Mischel, Schoda, & Mendoza-Denton, 2002）。这些表述也与社会心理学的基本原则一致，这一原则早在多年前就由库尔特·勒温（1951a）提出了：个人会与情境一起，影响人们思考、感受以及行为的方式（e.g., Kenrick & Funder, 1988; Ozer, 1986; Shoda, LeeTiernan, & Mischel, 2002; Snyder & Ickes, 1985）。在本章的剩余部分，我们将主要探讨个人与情境相互影响以及交互塑造社会生活的六种途径。

2.3.1 不同的人会对相同的情境做出不同的反应

想象一下，你答应参加一个实验，实验的目的是研究玩电子游戏对迅速决策能力的影响。首先，你和另一位参加者各自分开玩游戏。其次，主试引入了一个竞争性的任务：你和另一位参加者必须迅速对耳机中传来的提示音做出反应。如果你在对手之前按下了电脑上的反应键，你的屏幕上便会出现“你赢了”。如果你反应慢了，屏幕上则会出现“你输了”，紧接着你会听到耳机中传来一阵刺耳的噪声。在每一轮开始之前，你需要设定，若是你赢了，你的对手需要承受的噪音强度水平以及持续时间；噪音设置的范围是从无噪音到持续 2.5 秒的 105 分贝的噪音（相当于站在汽车喇叭前几米处）。每次你赢后，你会迫使对手承受多大的噪音呢？

正如布鲁斯·巴赛洛（Bruce Bartholow）、马克·塞斯蒂（Marc Sestir）和爱德华·戴维斯（Edward Davis）（2005）所发现的，这取决于你之前所玩的电子游戏是暴力的还是非暴力的，也取决于你过去玩电子游戏的经验。他们随机分配一些被试玩一种仿真的“射击”游戏，成功与否取决于被试在游戏中所杀死的人物数量。他们让另一些被试玩一种有趣的、快节奏的、非暴力性质的解谜游戏。对那些之前不怎么玩暴力游戏的被试来说，他们所玩游戏的种类会显著影响他们的攻击倾向（这正彰显了情境的力量）。与玩非暴力游戏的个体相比，玩暴力游戏的个体会让对手承受更强的噪音。相形之下，游戏的种类并不会影响那些之前玩过暴力游戏的个体：不论玩哪种游戏，他们都会猛烈刺激一下对手的耳膜（见图 2-8）。

这些发现揭示了一种重要的个人 – 情境交互作用：不同的人会对相同的情境做出不同的反应。这种个人 – 情境交互作用之所以会发生，是因为不同的人会对某一情境的不同方面有所感应，或者相同的情境对不同的人实际上意味着不同的场景。在这个实验中，尽管所有的被试接受的惩罚都是相等的，但“对手”实际上是按照编好程序运行的电脑。那些之前玩过暴力电子游戏的被试更可能将对手的反应看作是暴力的，哪怕他们在实验中玩的是非暴力的游戏。相反，之前没怎么玩过暴力电子游戏的被试，仅当玩过暴力游戏后，才会将对手看作是充满敌意的。因为非暴力的情境对于有（暴力游戏）经验和无经验的被试含义不同，他们也对这一情境做出了不同的反应。

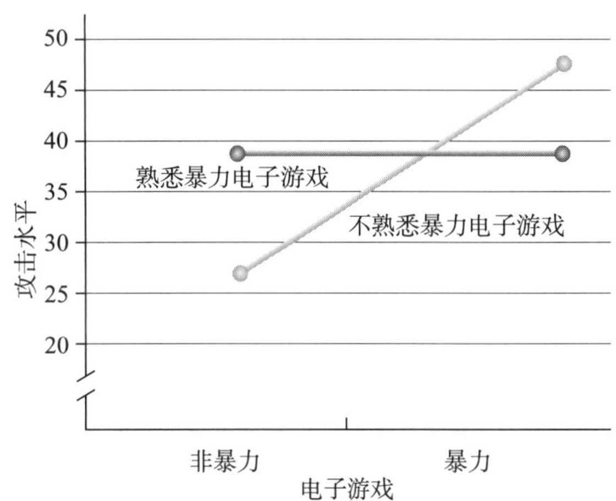

图 2-8 “不同的人在相同的情境中会表现出不同的行为”

之前没怎么玩过暴力电子游戏的学生，在玩过暴力游戏后，表现出了更高的攻击水平（让对手承受更多噪音）。相比之下，之前对暴力电子游戏很熟悉的被试则不会因为实验中玩过什么游戏，而变更自己的暴力水平。

资料来源：Adapted from Bartholow et al., (2005), Figure 2, p. 1581.

个人 – 情境匹配（person-situation fit）是指个人与情境之间相容的程度。正如钥匙只有插入正确的锁中才能打开锁，除非情境为个体提供合适的机会，否则个体难以达成自己的目标。确实，那些发现自己处于非匹配情境中的个体常感到不满意，也往往难以成功。比如，那些认为自己的价值观与校园环境的价值观非常匹配的学生，较之那些感觉不匹配的学生，会体验到更高的满意度（e.g., Pervin & Rubin, 1967; Sagiv & Schwartz, 2000）。

联结：理论与应用

工作场所的个人 – 情境匹配

迈克尔·奥维茨（Michael Ovitz）是好莱坞的首席明星代理人。作为汤姆·克鲁斯等超级巨星的经纪人以及创新演艺经纪公司（Creative Artists Agency, CAA）的掌门人，他操控着大批导演、演员的命运沉浮，可谓好莱坞当之无愧的“超级操盘手”。因此，当迪士尼公司高层换血时，将奥维茨招入旗下，作为二把手。一把手是迈克尔·艾斯纳（Michael Eisner），他本人也可谓企业界的超级明星。拥有了艾斯纳和奥维茨，迪士尼公司打造起一支管理的“梦之队”。

但是美梦不久便成了噩梦。那些使奥维茨成为明星经纪人的特质，比如事必躬亲或调兵遣将的能力，并未能在公司管理实务中助他一臂之力。而且，他并不习惯于接受命令，处理起来总是很生涩。在敲锣打鼓声中嫁入迪士尼仅 16 个月，奥维茨便承认自己的职业转型是个错误，随后他从迪士尼引退，当然是带着迪士尼的祝福离开的（Ovitz & out at Disney, 1996; Ovitz, Hollywood power broker, resigns from no.2 job at Disney, 1996）。尽管迈克尔·奥维茨见多识广、精力充沛而又才华横溢，但对这份工作来说，他却不是个合适的人选，他与工作并不匹配。

希腊哲学家柏拉图早在公元前 4 世纪就提出，应该根据人们的能力和人格特点来分配工作。他分析说，不同的工作需要不同的技能和人格特征，因此并不是每一个人都能胜任每一份工作。当代学者们也持赞同意见（e.g., Driskell, Hogan, & Salas, 1987; Hackman & Oldham, 1980; Holland, 1997）。研究数据也表明，当员工的个人特质，比如兴趣、目标、能力、特点，与所从事职业的需要和机会相匹配时，员工们会感到更加快乐，也更可能继续做这项工作（e.g., Ambrose et al., 2008; Meir & Hasson, 1982; Spokane, 1985）。另一项研究发现，商学院一年级新生中，那些人格特质与“年轻有为的经理”形象相匹配的学生，在一年后毕业时获得了更多的工作选择机会。并且，毕业后四年，这些学生普遍拿到了更高的薪水，他们更可能参加全职工作，他们也较少会变动工作（Chatman, Caldwell, & O'Reilly, 1999）。

其他研究显示，个人与工作的匹配固然重要，但个人与组织文化的匹配也不容忽视。与组织文化匹配的员工，满意度更高，对公司的忠诚度也更高，且不太可能另谋他职（e.g., Adkins & Caldwell, 2004）。

因此，“匹配”的好处是显而易见的：应该使员工与自己的工作相匹配，与所处的工作氛围相匹配。个体可以通过鉴别出自己的人格特质，然后寻求与之匹配的工作类型，从而提升自己的求职“匹配性”以及工作满意度。雇主可以通过面试排除那些价值观与公司的价值观不匹配的应征者。组织也应该鼓励新员工积极融入公司的价值文化氛围，从而增加双方的匹配度（Chatman, 1991）。

奥维茨和艾斯纳事先预料到这个错误了吗？或许吧。不管怎么说，这个错误让各方都付出了沉重的代价：奥维茨的个人声誉受到了重创；迪士尼也付出血本——打发奥维茨的一揽子遣散费接近 9 000 万美元。这都是不匹配造成的！

2.3.2 情境选择个人

每年，经过一番奋力拼搏迈入理想大学的新生们，总会迫不及待地涌入姐妹会、兄弟会、餐饮俱乐部等团体。他们力图在剧团里争得一个角色，在学生会能有一席之地，在运动队中能出尽风头。他们也会争着挤入各种优秀学生的名单名册。当他们毕业时，他们又会为找到一份好工作或进入研究生院展开另一番竞争。

伟大的行为科学家米克·贾格尔（Mick Jagger）观察到，我们并不总能得到我们渴望的任何东西，并不是每个人都能进入自己心仪的情境。学生们常常会被自己的第一志愿拒绝，也可能会被热门的姐妹会拒之门外，甚至不得不徘徊街头找工作。这是因为情境也会选择个人，这是另一种形式的个人 – 情境交互作用。我们将在本书第 8 章中看到，世界各地的女人们普遍倾向于选择同龄男人或者比自己稍长的男人作为理想配偶（Kenrick & Keefe, 1992）。因此，一个 14 岁的男孩不太可能与 21 岁的女人约会。男孩们可能梦想这样的机会，但是女人们却不会选择他们。正如年长的女人并不会选小男孩作为伴侣，社交笨拙的女人不会被心仪的姐妹会接纳，新进的员工不会被赋予领导公司的重任，懒惰的学生也鲜能进入顶尖的研究生院。

确实，大多数情境限制“入会”，并不是每个人都能进入。运动队的名额往往有限，人们的时间、精力只能允许自己结交一定数目的朋友。由于这些限制，甚至一些随意的情境也会涉及这样或那样的“准入要求”。你不妨试试两星期不洗澡不洗头，看看你能交到多少新朋友。

2.3.3 个人选择情境

正如情境能够选择个人，个人也能够选择情境。周六的晚上，你可能在附近的电影院消磨一晚上；而你的舍友则可能泡在图书馆。你可能忙着结婚成家；而你最好的朋友依旧保持单身。情境并不会总是自动“撞上”我们。反而，我们在很大程度上能够决定自己所处的情境。

我们基于情境所能提供的机会来选择情境。如果你的目标是忘记即将到来的考试，那么电影院比起图书馆是个更好的选择；如果你偏头疼发作，那么安安静静在家待着好过去摇滚音乐会上凑热闹。当不同的情境提供不同的机会时，我们倾向于选择那些看起来与自己的愿望、目标相匹配的机会（Buss, 1987; Caspi & Bem, 1990; Emmons, Diener, & Larsen, 1986; Snyder & Ickes, 1985）。电影院能够提供消遣放松以转移焦虑，所以希望从考前压抑中喘口气的人会选择电影院，而不是图书馆。摇滚音乐会比较嘈杂，所以希望缓解头痛的人会选择在家中的沙发上静心休息。

2.3.4　不同的情境会启动个人的不同方面

我们觉得，你们中的大多数人应该都认识双重文化者，这些个体通常内化了两种文化价值观，感觉两种文化都“活在心中”。可能你就是一个双重文化者。双重文化个体常常报告，两种内化的文化“交替”影响他们的行动（LaFrombroise, Coleman, & Gerton, 1993; Phinney & Devich-Navarro, 1997）。“在学校……每个人都是美国人，我也是。可下午回到家后，我又成了一个墨西哥人。”（quoted from Padilla, 1994, 30）

我们在之前已经看到，情境能够启动相关知识，以备随时使用。对于上面的那个墨西哥学生来说，不同场景中所说的语言可能启动了她不同的文化倾向。在家里，父母和祖父母们所说的西班牙语使她在心理上觉得自己是个墨西哥人；而在学校里所说的英语又使她在心理上觉得自己是个美国人（Ross, Xun, & Wilson, 2002）。许多研究采用了启动的方法来探讨，情境的特征是否确实能够引发某种文化倾向，而非其他文化倾向（e.g., Hong et al., 2000; Pouliasi & Verkuyten, 2007; Sui, Zhu, & Chiu, 2007; Zou, Morris, & Benet-Martinez, 2008）。其中的一个研究发现，中国香港的大学生们同时拥有中国和西方的自我概念。他们在观看象征着中国文化的图符后（比如龙或万里长城），思维方式变得更加集体主义；而在他们看到象征着美国文化的图符后（比如美国国旗或者美国国会大厦），思维方式却变得更加个人主义（Hong, Chiu, & Kung, 1997）。**一种文化的象征甚至能够启动其他文化成员的思维风格**。八卦图（阴阳图）代表了东亚人对持续不断的生命动态变化与平衡的理解。在一个有趣的系列研究中，亚当·阿尔特（Adam Alter）和弗吉尼亚·关（Virginia Kwan）（2009）发现，欧裔美国人在看到八卦图后，思维方式会更接近东亚人而非欧裔美国人。他们更可能预测现在看涨的股票以后可能会缩水，现在表现平平的股票以后可能会升值；一连串的晴天后必然会下雨，一连串的雨天后必然会放晴。

诸如此类的发现显示了另一种类型的个人 – 情境交互作用：不同的情境会启动个人的不同方面。比如，看见一位帅哥或美女朝你微笑会启动你的浪漫思绪，听见相同的人朝你吼叫则会提升你的安全意识。我们所处的情境会引发我们的目标和信念，从而影响我们思考、感受以及行为的方式，哪怕我们已经跳出这个情境了（e.g., Higgins, 1996）。比如，若在电影院外与陌生人发生了磕磕碰碰，你可能会以不同的方式解释这种碰撞并做出相应的反应，这取决于你之前看的电影是滑稽喜剧（“瞧我俩，真是笨手笨脚”）还是武打动作片（“他怎么能这样，我要给他点颜色看看”）。

甚至那些我们没有意识到的情境特征也会强烈地影响我们的行动（Ferguson & Bargh, 2004）。在约翰·巴奇（John Bargh）、马克·陈（Mark Chen）和莱拉·伯罗斯（Lara Burrows）（1996）的实验中，主试要求学生们从五个打乱的词语中挑出四个造一个句子。实验设计如下：有些被试所遇到的词语与粗鲁相关，另一些被试遇到的词语与礼貌相关，还有一些被试遇到的词语与粗鲁和礼貌均无关。在完成任务后，被试离开实验室去找主试，为第二个研究做准备。他们却发现主试正在和另一个被试交谈，直到被试打断主试（或者 10 分钟以后），主试才会停止交谈。哪一组被试更可能在 10 分钟的时间限制内打断主试的谈话呢？是之前受“粗鲁词语”启动的被试，或之前受“礼貌词语”启动的被试，还是之前看到中性词语的被试呢？

如果你猜是那些之前受粗鲁词语启动的被试，那么你

变动的情境，变动的个人。右边这个正在校园里与朋友交谈的女孩，与课堂上的她是“同一个”人吗？可能不是。随着情境的变动，人们自我的某些特征会凸显出来，而另一些特征会隐藏起来。不同的情境能够启动个人的不同方面。

猜对了。这一组被试中，63% 的人会打断主试的谈话，而在中性条件和礼貌词语启动的条件下，分别只有 38% 和 17% 的被试打断了主试的谈话。我们所处情境中的微小特征都会启动我们的目标、信念、情感以及行为。因此，我们可能在一种情境下彬彬有礼，而在另一种情境下却莽撞无礼。

2.3.5 个人改变情境

如果一个笨手笨脚的人不小心撞上了一堵墙，墙自然是巍然不动的，而这个人却被撞"歪"了。但是社会情境并不像一堵砖墙，每个进入情境的人都有能力来改变情境。公司野餐会上的休闲橄榄球游戏中，若是加入了一个争强好胜者，游戏立刻会变得火药味十足。同理，在一个充满尴尬的幼儿园新生教室里，若是走进了一位富有经验的老师，孩子们可能会立刻摆脱害羞感，并彼此开始认识。

有时，人们改变情境的目的和选择情境的目的是一样的：都是为了更好地达成目标。一个人若是希望垃圾遍地的社区能够焕然一新，可能会招募其他人组成一支协作小分队；而那个幼儿园老师当然希望自己的学生能够自在相处。

人们也可能在不经意间改变自己的情境。抑郁的大学生们并不想让自己的舍友感到压抑，但是他们可能无意中这么做了，随后他们的舍友就开始避开他们（Joiner & Metalsky, 1996; Strack & Coyne, 1983）。一个认为别人都不喜欢自己的男孩并不是故意想惹新朋友讨厌的，但是他可能无意中这么做了，然后他们彼此间就充满敌意（Dodge, 1986）。相反，一个兴高采烈的舍友并没有刻意为别人打气鼓劲，但是她可能无意中这么表现了，于是人们需要振作精神时总会去找她。我们会在本书中看到，许多情况下，人们都在改变自己的情境——当领导们致力于提升团队绩效之时，当孤独者逐渐陷入社会隔离之时，当持小众观点者力图改变他人观点之时，等等。

2.3.6 情境改变个人

马虎的父母可能会将一个天性安静的小婴儿转变成一个焦躁不安的小捣蛋。我们的配偶可能会改变我们对政治和社会事件的看法。观看一些暴力色情电影，可能会使你对妇女受到的攻击缺乏敏感。正如人能够改变情境，情境也能够改变人。

有时，这种改变是非常明显的：我们"当时"是一个样子，而现在的我们完全不同于以往。一个婴儿若整日淹没在保姆吵闹的嗓门中，可能会突然开始怕狗。但有时，情境会以更加缓慢、更加微妙的方式塑造我们。

社会化（socialization）是文化在信念、风俗、行为习惯及语言等方面教化其成员的过程。在我们对文化的讨论中，我们可以看到，个人主义文化致力于将其少年社会化为这样一种成人：追求独立、个人成功以及高水平的自尊。相比之下，集体主义文化则致力于将其少年社会化为这样一种成人：重视人际关系、群体成功以及群体内的和谐。文化是如何施展这种魔力的呢？文化通常拥有一些关于"什么才是好的"的核心信念，这些价值观会在该文化的风俗、规范、政治、制度等方方面面得到彰显。比如，"个人成就"这一个人主义价值观，体现在美国的法律（如强调个人财产所有权）、教育理念（如使每一个上进的孩子发挥他的潜能）和媒体宣传（如对企业家及其成功事迹进行连篇累牍的报道）中。这些方方面面的力量会潜移默化地影响人们日常交往的方式（如美国小孩在很小的时候就有自己的房间，父母也会鼓励他们"为自己做主"）。

小调查

想想你的一个密友以及密友的兄弟姐妹。他们在哪些方面比较相像，而在哪些方面又全然不同呢？你如何运用刚刚学到的六种个人－情境交互作用来解释这些共性与差异呢？

文化可以分为多个"层级"（A. Cohen, 2009）。在美国，文化因地区而有所不同（比如，我们会在本书第 10 章探讨"南部的荣誉文化"）。城市文化与乡村文化也会存在差异；与小城镇和农村相比，大城市的集体主义观念相对淡薄。文化也会因为种族和宗教而产生差异。每一所大学都拥有自己的文化——一个学生若是在海军学院生活了四年，那么他所遇到的规范、规则和习惯肯定与他在伯克利大学求学时所遇到的截然不同。甚至是家庭也都有自己的文化——你在家里所接受的教导与你在邻居家听到的肯定会有所不同。因此，即使在世界上最个人主义的国家之内，也存在诸多文化力量，将我们塑造成今天的自己。**情境，不论是短暂的还是长久的，孤立的或是与相关情境牵连的，都能够深刻地改变我们。**

正如我们所看到的，个人和情境会以生动的方式影响我们的思想、情感以及行为（见表 2-2）。

表 2-2　不同类型的个人 – 情境相互作用

相互作用	例子
不同的人对相同的情境做出不同的反应	一些学生认为大学生活精彩纷呈，另一些学生则认为大学生活沉闷而单调
情境选择个人	你的大学并不会录取每一个申请者
个人选择情境	你可能选择住在姐妹会或兄弟会中；而你的舍友可能选择住在宿舍里
不同的情境启动个人的不同方面	你觉得自己在课堂上全神贯注，在聚会上却是谈笑风生
个人改变情境	一个精力旺盛、博学多才的老师能将安静、被动的课堂转变成一个活跃、投入的课堂
情境改变个人	如果一个学生进入了海军学院，而与之相似的一个朋友进入了加州大学伯克利分校，那么四年后他们的相似性应该会减少

回顾

一个平凡又非凡的人之谜

尽管马丁·路德·金在许多方面确实很普通，但是他还是到达了阿拉巴马州的蒙哥马利市，日后发挥光芒，成为民权运动的领导者。他热切希望非裔美国人能够得到尊重，这种渴望是他的父亲灌输给他的。当一家鞋店的店员拒绝在“白人区”为他的父亲服务时，他父亲愤然走出了鞋店，而这一幕在他年幼儿子的心中留下了深刻持久的印记。

路德·金的动机和信念也伴随着强烈的情感。孩提时代的他就是个悲天悯人的孩子，他对大萧条年代那些排着长队领取救济食品的穷人表现出了极大的同情。这种饱满深刻的情感在他对民权事业的执著奉献以及他慷慨激昂的演说中都有所体现。通过关注个人——路德·金的动机、信念以及情感，我们可以初步看到，路德·金是如何成为一个为世人所熟知的路德·金的。

但是，这些人格特质并不足以解释路德·金之所以成为路德·金的全部。首先，我们需要看到，他在合适的时间出现在了合适的地点。罗莎·帕克斯，这位勇敢的妇女，因为勇于挑战蒙哥马利市的隔离法令而将自己置于了风口浪尖上。她是全国有色人种协进会（NAACP）的一位秘书，而年轻的马丁·路德·金也正在为该协会服务。这种关联使他密切卷入了这个当地轰动性的争议事件。并且，作为一个新落户者，当人们推举路德·金来领导社区的巴士抵制运动时，他一定也会觉得非常受器重。推辞这种请求确实也很难，因为当地民众普遍认为牧师是社区的领袖。

但是情境的特征只是在民权运动初期将路德·金置于了领导者的位置上，并不能保证他日后的成功。确实，路德·金并不是一夜成名的。他宣布抵制运动的那场演讲，为日后声势浩大的抗议运动奠定了基调。尽管开始时并不引人注目，但是，他的听众，由于他们多年来饱受不平等与歧视的痛苦，并不允许路德·金辜负他们殷切的期望。听众们需要一个辉煌的时刻，听众们所有的响应与热情需要来自他。于是，他开始翱翔：

“我的朋友们，总有一天，人们会厌倦这充满羞辱的深渊，这深渊里只有凄凉缠绕的绝望……总有一天，人们会拥抱盛夏灿烂的骄阳，拒绝站立在深秋阿尔卑斯刺骨的寒风中……”

马丁·路德·金在激励周围的人群，向自己以及他们证明：我能够领导。情境选择了他，而他也义不容辞地接受了挑战。路德·金被塑造成一位领袖，成为领袖的他又给予周围的人们以高涨的希望。

在整个抵制运动中，个人与情境产生了持续的相互作用。当路德·金的信念与信心开始动摇时，是人们的热情与支持强有力地支撑了他。警察以莫须有的超速罪拘留了他，这反而使他的知名度与信誉迅速提升，同样，对他的住所纵火也起到了相同的效果。正是普通大众的牺牲精神使抵制运动大获成功，也使《时代周刊》将路德·金作为封面人物，让他迅速成为全美国人民的偶像。

马丁·路德·金将以下特征带入了他所处的情境：对平等原则的强烈追求、非暴力抗议方式（甘地倡导）以及无与伦比的演讲口才。而情境也赋予了他自信、能量和丰富的机会。他的丰功伟绩不仅取决于他的人格力量，也取决于他生命历程中人格与情境因素的交互作用。如同我们所有人，他也是优点与缺点并存的；如同我们所有人，他的行动以及他的性格都经由他所遇到的情境塑造；如同我们所有人，他也反过来塑造他所处的世界。这便是社会心理学的精要所在。

我们可以看到，路德·金与他所处情境的匹配促进了他的伟大成功，也推动了民权运动的进程。确实，个人–情境匹配这一社会心理学概念对理解日常生活的许多方面是极有价值的，从提高工厂的生产率到提高政治领导的功绩。本章中的研究显示，社会心理学的贡献并不仅仅局限在工业或组织行为领域以及政治科学领域。我们已经看到，社会心理学能与遗传学、神经科学、人类学相结合，帮助我们了解情绪及其起源、影响；社会心理学还能够与社会学及其他文化研究一起，帮助我们解释示范性规范和禁止性规范是如何塑造简单而又复杂的社会行动的。

在探索精彩纷呈的社会世界的征途上，我们才刚刚启程。在接下来的章节中，我们将继续这一旅程，并更加深入地探索人们在社会世界中的心理过程以及行为。

关键词：

适宜性（affordance）
注意（attention）
态度（attitude）
自动化（automaticity）
长期可得（chronically accessible）
集体主义文化（collectivistic culture）
反事实思维（counterfactual thinking）
示范性规范（descriptive norm）
情绪（emotion）
样例（exemplar）
目标（goal）
个人主义文化（individulistic culture）
禁止性规范（injunctive norm）
心境（mood）
动机（motivation）
动机（motive）
个人–情境匹配（person-situation fit）
多数无知（pluralistic ignorance）
启动（priming）
反射性评价过程（reflected appraisal process）
图式（schema）
脚本情境（scripted situation）
自我概念（self-concept）
自尊（self-esteem）
自我知觉过程（self-perception process）
自我呈现（self-presentation）
自我调节（self-regulation）
社会比较（social comparison）
社会化（socialization）
意志力（willpower）

第3章

社会认知：了解我们自己和他人

希拉里·克林顿的“画像”

她曾是保守派的共和党人，如今却变成一位自由派的民主党人；她在美国中西部长大，在东北部上的大学并学习了法律，她曾经生活在南方腹地；她是一位母亲，一位很有造诣的律师，她还是站出来为穷人说话的一位令人信服的领导者；她曾是美国第一夫人，美国众参议员中的一员，并且曾在总统选举中处于领先地位；她现在是美国的国务卿，主要负责美国的外交事务；她曾经因为一系列的犯罪和道德沦丧被指控但却从来没有正式被起诉过；她曾经历过丈夫对于婚姻的不忠，经历过公开的丑闻，也经历了被弹劾的过程；她是全世界最具知名度的女性之一。这个人就是希拉里·克林顿。不可否认，希拉里·克林顿拥有一段非同寻常且多姿多彩的人生。

即便如此，也很少有人能够预料到她的回忆录的出版发行会引起如此强烈的反响。在希拉里的回忆录——《亲历历史》(*Living History*)刚刚发行的24小时之内，就卖出了20万册。而在一个月之内，该书更是卖出了100万册之多，这简直不可思议。在该回忆录出版发行的第一天，上千市民在曼哈顿的一家书店外排队等候。他们手持刚刚购买的《亲历历史》，希望得到希拉里参议员的签名，而这一场景在两天之后的华盛顿特区被复制，场面甚至更加宏大。政治评论家以及普通民众滔滔不绝地争论着这本书的功过是非，当然，他们其实是在争论作者的功过是非。

实际上，和近代史上众多名人一样，希拉里所得到的评价呈现两极分化的态势——她虽被一部分人崇拜和尊敬，却受到另一部分人的谩骂与嘲讽。似乎是为了强调这一点，在她的回忆录出版发行之前曾进行了一项民意测验，结果证实了民众对希拉里的矛盾态度：有43%的美国民众认为希拉里“讨人喜欢”，但同样有43%的民众认为她“不讨人喜欢”(“Hillary Clinton Remains Polarizing Figure”, 2003)。虽然最近人们对她的印象在逐渐好转，但对其持消极态度的美国民众仍不在少数(“As Senate Hearings Begin, Hillary Clinton’s Image Soars”, 2009)。下面是一些富有智慧和经验的政治观察员和政治家对她的评价：

“她拥有着超乎寻常的智慧和坚韧，并具备出众的职业道德。我曾郑重承诺要重建美国的外交并修复同盟关系，对希拉里的任命正是向我们的朋友和敌人传达了这样的一种决心。”——巴拉克·奥巴马在2008年底宣布任命希拉里·克林顿为美国国务卿

“我不知道她将会变得多么危险……她和比尔（指美国前总统比尔·克林顿）都

不热爱美国，他们对总统职位的追逐并不是为了帮助这个国家，而是想利用其作为自己权力的平台。”——罗纳德·里根和乔治·赫伯特·沃克·布什的前讲稿撰写人佩姬·努南（Peggy Noonan），引自 Wakefield (2002)

“希拉里·克林顿是这样的一个人，她为年轻的小女孩提供了生活的榜样，为小男孩对女性所能获得的承诺与机会提供了崭新的理解。”——卡伦·伯斯坦（Karen Burstein），2002，前纽约州议员、家庭法院法官

“我们的第一夫人——一位毋庸质疑的天才女性、一位同龄人中的榜样，是一个天生的谎言家。”——威廉姆·萨菲尔（William Safire），1996，普利策奖得主，《纽约时报》记者

“希拉里·克林顿扎根于纽约的目的是为了被选入参议院，这一做法是对基本的代议制民主思想的一种根本性的攻击……希拉里并非想加入我们。除非我们把她送入华盛顿，否则她不会同意和我们住在一起。我们不过是个跳板，一旦希拉里戴上了扬基（“美国佬”的意思，有“土生土长的本地人”的意思）的帽子，接下来就该轮到我们的胃了。”——迪克·莫里斯（Dick Morris），1999，比尔·克林顿的前政治战略家

“希拉里·克林顿是理想主义与坚韧顽强的有效结合，而这一特点恰恰是纽约的那些渐进改革者所具备的。毫无疑问，这一纽带关系足以使她成为一名合格的纽约当地人，甚至和那些土生土长的扬基并无二致。”——阿伦·切斯勒（Ellen Chesler），1999，作家，生殖保健及生育权的倡导者

希拉里·罗夏·克林顿？就像罗夏墨迹测验一样，不同的人所看到的希拉里·罗德姆·克林顿是不同的。她是一个理想主义且有天赋的公仆，并值得我们把她奉为楷模吗？或者说，她不过是一个危险的、虚伪的、反美的政治权利追逐者而已？为什么人们对同一个女性的看法会如此不同？

需要指出的是，国务卿希拉里的很大一部分生活暴露在公众的视线中，她生活中的主要事实也是广为人知的，因此，观察者对其形成较为一致的印象似乎才是合理的。然而，人们对其看法的分歧由来已久，直到今天，分歧依然是巨大的。实际上，即使是那些在她身边工作的人，对其形象的刻画有时也是截然不同的，尽管这部分人很可能比一般的观察者对其的了解更多。

这种公众的观点出现分歧的现象不仅仅适用于希拉里，对于我们日常生活中所熟知或遇见的人来说同样适用。你的室友可能认为自己的新女友非常善解人意，而且令人着迷；但当他将女友带回家时，他的父母却有可能认为其令人讨厌且非常肤浅。你可能觉得你的弟弟很有趣，但你的男友可能会认为他没有礼貌。我们该如何解释这些现象呢？我们究竟是如何思考他人的，以至于我们会对他人形成千差万别的印象呢？当然，不仅仅是我们在思考像希拉里这样的公众人物时会出现差异，当我们思考那些每天生活在我们身边的人的生活和行为时同样如此。

3.1　社会思考者

大部分社会心理学家认为认知在决定人们的行为中扮演了一个核心角色。我们不仅对人们的实际行为感兴趣，同时也对在人们头脑中所经历的过程感兴趣。也就是说，在人们经历的社会事件和他们对该事件的行为反应之间有一个认知的“黑箱”，我们同样对这个“黑箱”感兴趣。人们对于自身所处的社会的行为反应如何，关键在于人们如何看待它，因此，我们在这一章中将重点探讨**社会认知**（**social cognition**）这一过程，也就是人们在社会中思考并理解自己和他人的过程（Moskowitz, 2005）。

3.1.1　社会认知的四个核心过程

目前为止，相信你们中的大部分人已经和你们的社会心理学的教授有了几个星期的接触，通过这几个星期的观察和交流，你觉得他怎么样？你是怎样形成这种印象的？为了回答类似这样的问题，我们需要从社会认知的四个核心过程去考虑：注意、解释、判断以及记忆。

注意：选择信息　我们在第 2 章中已经学习过，注意是指有意识地关注一个人所处的环境或这个人本身特定的某一方面的信息的过程。**注意是有限的，人们只能注意他们可得信息中很小的一部分。**更为关键的是，根据我们的目的，我们会对环境中的某些人分配更多的注意，而对其他人则分配较少的注意。即使是关注同一个人，我们也可能出于不同的目的而重点关注他某一特定的方面（见图 3-1）。

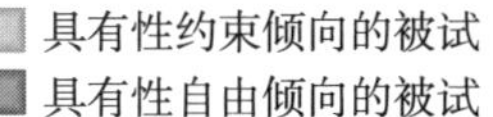

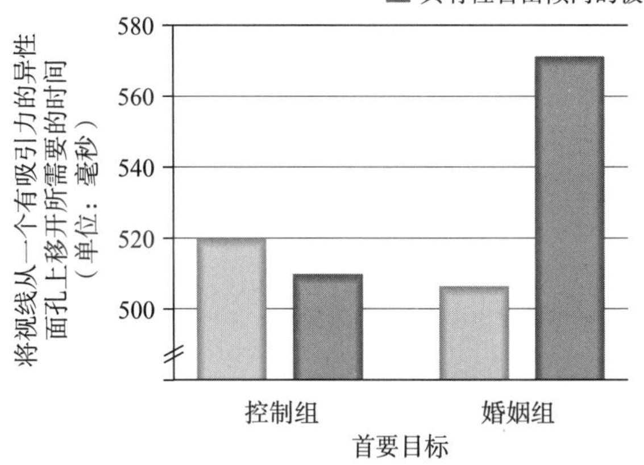

图 3-1　我无法将视线从你身上移开

有些异性恋者天生喜欢短期的性经历（即崇尚性自由），并且把婚姻作为头等大事来考虑。同时具备上述两种特点的个体对拥有一段性关系具有浓厚的兴趣。一项研究发现，这类人很难将视线从一个具有吸引力的异性身上移开（Maner, Gailliot, Rouby, & Miller, 2007）。

资料来源：Adapted from Maner et al. (2007), Figure2.

因为不同的人暴露在不同的信息之下，又因为人们可以选择性地注意某一方面的信息，因此，在对你们的教授形成某一印象的过程中，你所依赖的信息和你的同班同学所依赖的信息可能并不相同。在你们当中，有一些人可能参加了该教授所有的讲座或课堂讨论，或者经常去他的办公室，或者曾经在当地的一家餐馆或咖啡厅见过他；而另一些人除了对该教授在课堂上的表现有所了解以外，对他的其他方面则一无所知。当然，对不同信息的注意可能会导致不同印象的形成（e.g., Maner et al., 2003; Sanbonmastu, Akimoto, & Biggs, 1993; Taylor & Fiske, 1978）。试想一下，某堂课上，你们的教授激动地谈论了他刚刚出生的小孩，但是你恰恰错过了这堂课。在这种情况下，班上的其他同学可能认为该教授是非常热情友善的，但你可能就不以为然。通过本章，我们将探讨他人和情境的特征是如何影响我们注意的内容的，进而进一步探讨我们对自己和他人印象的形成过程。

解释：给信息赋予意义　当我们注意某些信息之后，我们还需要弄明白这些信息的意思是什么，即我们还需要对它进行解释。你们的教授可能会表现出一种积极乐观的行为方式，这种行为方式是他热心的性格的一种自然流露，还是为了让你们对课程感兴趣的一种做作的行为呢？

大部分的社会行为都可以用多种途径进行解释。举个例子来讲，在希拉里的回忆录出版发行的那段日子里，政治上的自由派人士会指责媒体对于希拉里的批评太过苛刻了；而那些政治上的保守派人士则坚信媒体对希拉里和她的回忆录的反应太过积极。类似这样对同一件事却有不同解释的现象是很常见的。对某些社会或政治事件的极端拥护者通常认为主流媒体更加偏爱与他们对立的观点（Matheson & Dursun, 2001; Vallone, Ross, & Lepper, 1985）。在罗杰·希内尔－索罗利亚（Roger Giner-Sorolla）和谢利·切肯（Shelley Chaiken）1994 年的一项研究当中，他们让亲以色列和亲巴勒斯坦的被试观看一段完全相同的新闻报道，该新闻报道是关于巴以冲突的。研究结果发现，他们对该报道的理解有很大的差异。亲以色列的被试认为该报道偏向巴勒斯坦，而亲巴勒斯坦的被试则认为该报道偏向以色列。在本章当中，我们将探讨影响人们对某一事件进行解释的各种因素。

判断：利用信息来形成印象及做出决策　我们收集并

解释信息是因为我们需要形成对某个人的印象或者做出一些重要的决定。我们需要判断一个老师在课堂之外对我们有多大的帮助作用；我们需要判断一个新认识的人是否会成为我们值得信任的朋友；我们还需要判断对于一个不熟悉的顾客来说哪一种销售策略更加有效。有时候，决策的过程非常简单明了。举例来说，如果你想知道你们的教授有多高，你可以让他对墙站立，然后扯出你的卷尺进行测量。社会性的印象和决策则要困难许多，因为它通常包含大量的不确定性。举例来说，我们该如何权重我们所持有的信息，这一点似乎并不明确。（比如，我现在需要一名建议者对我能进入研究生院的机会进行评估，他可以对我进行一次坦率的、实事求是的评估，也可以通过激励我的信心的方式进行评估，以便让我为实现目标而更加努力地工作，那么以上的两种建议方式哪种对我来说更为重要呢？）我们很多的印象形成和决策都是一种“最好的猜测”，是我们利用现有信息进行的一种最优化估计。在本章中，我们将探讨我们的目标、认知努力以及先前经历是如何影响我们的社会判断过程的。

记忆：储存信息以备不时之需 如果我们对某一事件给予了足够的注意，他就会在我们的记忆中形成表征。记忆可以直接影响我们未来的决策过程。举例来说，你和某个教授曾经有过一次友好的会面，这一记忆很有可能导致你将来更愿意寻求该教授的建议。记忆还可以通过影响我们关注的对象以及影响我们对关注对象的解释来间接地影响我们的印象形成和决策过程。还是上面的例子，当你回忆起你和某教授有过一次友好的会面时，你可能更倾向于认为将来你和这位教授的交流也将会是富有成效的。正如我们在第 2 章中所学到的，当记忆“准备好了”时，它对我们的行为更具影响力。也就是说，当某一记忆要么在当下比较重要，能随时被我们提取；要么对我们有深远的影响，具有长期的易得性时，其对我们行为的影响尤为重要。

为了理解人们如何思考他们自己和他人，我们需要考虑以下的几个基本的认知过程：注意、解释、判断和记忆。考虑这些过程可以帮助我们理解为什么人们对于同一个希拉里·克林顿却形成了千差万别的判断。她的支持者关注的是她为帮助儿童所做出的努力，而对于她竞选总统的行为，支持者们则倾向于解释为这反映了她为民众服务的意愿。同时，支持者们较少能够回忆起她在政治上的一些失败的举措。与此相反，对于希拉里的反对者来说，他们会更加关注希拉里在一系列政治丑闻中的可疑角色，对于她竞选总统的行为，反对者则倾向于解释这是她赤裸裸地追逐政治权力的一种表现，同时，他们也较少能回忆起希拉里在维护儿童权益上所取得的成就。在本章中，我们将围绕上面提到的四个认知过程，探讨我们自身的目标、知识、情感是如何影响这四个认知过程的以及这四个认知过程是如何影响我们思考自己和他人的。

小调查

回想一下你和你的室友、朋友或家人最后一次争执时的场景。为什么你们之间会发生争执？你们之间的争执在多大程度上受到认知过程差异的影响？举例来说，你们之间的争执在多大程度上是由你们关注的内容不同或者你们对同一件事情的不同解释所造成的？

3.1.2 社会认知的目标

社会思考必须要灵活多变。举例来说，对一个素不相识的陌生人和一个浪漫的合作者分配相同的心理资源显然是毫无意义的。幸运的是，我们的思维过程能够很好地适应各种情况。举个例子，有时候人们追求心理过程的高效性，在这种情况下，人们希望他们的印象形成和决策过程足够好，而且这一过程所需要的心理努力也相对较少；而有时候人们则希望有良好的自我感觉，希望提升和保护自己的自我形象；另外一些情况下，为了避免失误或错误带来的潜在代价，人们则对自己判断的准确性提出了很高的要求。因为这些目的各不相同，所以人们就需要各种不同的思维方式来达到这些目的。人类是动机性的策略家，随着他们目标的改变，他们会采用不同的方式进行思考（Fiske & Taylor, 1991; Simth & Semin, 2007）。我们将利用本章剩余的篇幅探讨这些目标是如何影响人们思考自己和他人的方式的。

3.2 努力地保存

你生命中的大部分时间都在复杂的社会环境中度过，包括教室、商场、学生宿舍等。在这些社会环境中，你会遇到各种各样的人，他们的种族、性别、吸引力、举止行为、年龄甚至着装风格等都千差万别，那么你将如何同时处理数量如此庞大的信息呢？

回顾本书第 2 章中所讲的内容，我们知道，人们只能同时有意识地对一部分信息进行思考，而对另一部分信息则无能为力。当然，如果我们所遇到的人或所经历的事情是缓慢的、一件一件发生的，也就是说，我们可以对每一个新的情境进行充分的思考，当获得了满意的结果时，再转向下一情境，那么在这种情况下，我们对信息的处理能力或许并不是一种局限。但是，不幸的是，社会中的信息不仅仅是极其丰富的，而且是连续不断呈现的。大量的社会事件不会等着我们去“邀请它”，而是会迅速地呈现在我们面前而不顾及我们目前是否有能力对其进行仔细的处理。

出于上述原因，很多情况下我们没有足够的心理资源对某一事件进行细致的、理性的处理，但我们仍然可以运用一定的认知策略来进行更为有效的决策。我们需要一定的认知策略将稀缺的心理资源腾出来用于其他更重要的任务。总之，我们需要用简单的方式来理解这个世界，那些既能帮助我们做出足够好的判断，同时又仅仅需要消耗很小的一部分心理资源的策略才是我们所需要的（e.g., Goldstein & Gigerenzer, 2002; Haselon & Funder, 2006）。我们接下来将会探讨这样的几个策略（见图 3-2）。

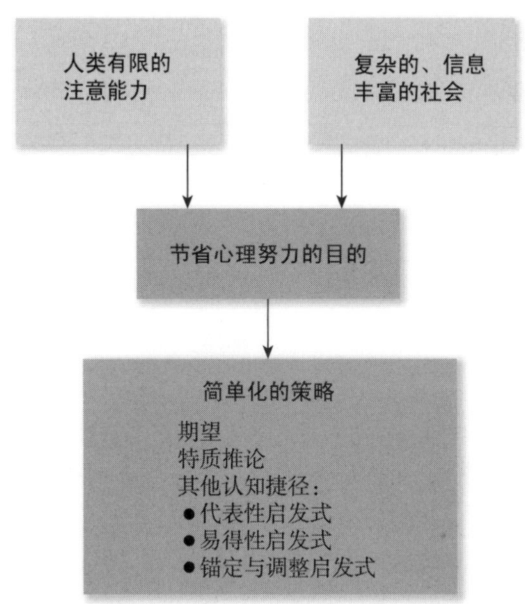

图 3-2　保持简单

我们所处的社会环境中的信息是非常丰富的，但是我们自身的注意资源却是有限的，这就决定了我们需要的策略是那些简单的、需要较少的认知努力的策略。即便如此，这些策略也要让我们的印象形成和决策过程足够好才行。

3.2.1　期望

我们在第 2 章中已经了解到，我们对这个世界的信念起到了期望的功能，它使我们对周围的人和情境产生一定的预期，这样，我们在评估一个新的情境时就不必从头开始，从而节省了我们的努力。举个例子来说，你可能对兄弟会中的人有一定的刻板印象，当你了解到你的一个同班同学是兄弟会的成员时，你可能马上就会对该同学有了一定的了解，甚至你马上就会知道你会不会喜欢他。类似于这样的刻板印象可以让你迅速了解某个“标签”下的个体，而不用消耗精力对其进行专门的了解（Sedikides & Skowronski, 1991）。实际上，类似于这样的期望确实非常有用，以至于我们不愿意看到它被证明是错的。

为了维持期望给我们带来的便利，我们倾向于用一种能够维持期望的方式进行思考。举例来讲，人们对于那些与他们期望相符的行为或事件往往会给予特别的关注，有时候甚至会主动搜寻一些信息来证实他们的期望（e.g., Trope & Thompson, 1997）。当你明确知道某个同学是兄弟会成员的时候，你可能会特别容易注意到他上课迟到的行为，因为这一行为的特点和你对兄弟会成员的看法是相符的。

此外，**我们倾向于将一些模棱两可的事件或行为以一种符合我们期望的方式进行解释**。当你看到一个疲惫不堪的兄弟会成员时，你可能倾向于认为他从昨天晚上到今天凌晨一直在参加聚会，而不会认为他正在为即将到来的期中考试勤奋学习。

最后，**我们倾向于记住那些与我们的期望相一致的人或事件**（e.g., Hirt, McDonald, & Erikson, 1995）。某个兄弟会成员吹嘘他热衷于低价啤酒的场景可能很容易被你回忆起来，实际上，该兄弟会成员也可能曾表现出对冰激凌杏仁软糖的钟爱，但这一场景却很难被你回忆出来。尽管在有些情况下，那些和自己本身期望不一致的事件也可能导致人们对其有深刻的记忆，因为这类事件能吸引我们过多的注意，但是人们对那些和自己期望相一致的事件总是会有深刻的记忆（e.g., Sherman & Frost, 2000; Stangor & McMillan, 1992）。

因此说，期望不仅仅为我们理解周围的人和事提供了一条“廉价”的认知途径，同时还证实了其本身的效用并大大简化了我们的认知生活（e.g., Macrae, Milne, & Bodenhausen, 1994）。此外，由于期望通常都是正确的，因此在决策过程中利用它不仅提高了我们决策的效率，同时还增加了决策的准确性（Jussim, 1991）。

令人遗憾的是，我们的期望有些时候也是不正确的。举例来讲，尽管人们对兄弟会成员所形成的普遍的刻板印象可能在很大程度上反映了这一群体的核心特质，但是其仍然无法代表另外的一些兄弟会成员。举个例子，有一些兄弟会成员实际上拿到了博士学位，并且成了社会心理学教科书的第二作者。不幸的是，根据不正确的期望所做出的行为反应可能会导致一些糟糕的决策或判断。比如，某位经理对兄弟会成员持有负面的刻板印象，而这可能会导致其错过一位优秀的应聘者。更为麻烦的是，不正确的期望有时会导致一种“自我实现预言”，即这种不正确的期望可能会变成现实。

联结：适应与障碍

自我实现预言

在 19 世纪 30 年代初，成千上万家美国银行倒闭，银行客户的存款损失殆尽。这不足为奇，其他地方的储户也变得紧张不安，担心相同的事情也会发生在他们身上。关于银行即将破产的谣言泛滥成灾。大量的客户涌入银行，将他们的存款转移，这直接导致了一场灾难的降临。那些管理良好、可以信任的银行不会将他们客户的存款只是简单地锁在金库里，而是会以一种长期投资的形式在各种社会团体中循环使用，这些长期投资形式包括房屋抵押贷款以及商业贷款等。因此，银行无法满足客户如此集中地提取现金的要求。大量惊慌失措的储户涌入银行希望关闭他们的账户，这一风潮使那些曾经繁荣且有偿付能力的银行都招架不住。银行在数小时内就破产了，随之而来的就是储户们损失了他们的终生积蓄。惊慌失措的银行客户糊里糊涂地就将他们最初想象的恐惧变成了现实。

根据上述事例以及社会生活中的一些其他事例，社会心理学家罗伯特·默顿（Robert Merton）在 1948 年提出了**自我实现预言（self-fulfilling prophecy）**的概念。自我实现预言是指最初持有的错误期望引发某些行为，从而使期望变成现实的一种现象。那些被老师错误地期望为聪明的孩子在学校的表现可能会更好，因为老师会对他们更加热情友善，会向他们提供更多的学习资料，会和他们进行更多的交流（e.g., Harris & Rosenthal, 1985; Madon et al., 2001）。那些被错误地期望为不称职的应聘者在实际的面试中会表现得比较差，因为在这种情况下，面试官倾向于问一些刁难的问题，面试的时间通常也较短，并且面试官会对应聘者表露出一些否定性的非言语行为（e.g., Neuberg, 1989; Word, Zanna, & Coop-er, 1974）。那些被错误地认为性格内向的人在社会交往的过程中往往表现得更加腼腆，因为别人在对待他们的时候往往缺乏热情（Stukas & Snyder, 2002）。我们的行为与我们错误的期望相一致，通过这种方式，我们把期望变成了现实。

从潜力到表现。对于同一个学生来说，如果她的父母和老师对她的期望是正向的，并因此给她提供一些合适的考验和鼓励，那么她就很有可能发挥出她的潜力；但如果她得到的是负向的期望，并因此鲜有机会得到关注的话，那么她很有可能表现得毫无潜力可言。期望不仅会改变我们思考别人的方式，同时还会改变我们所思考的那个人。

错误的期望有时候是负向的，此时它所带来的危害可能是巨大的。试想一下，一个 14 岁的男孩和他的家人一起移民到一个小城镇中定居，他本来是聪明友善的，但是当地的居民通常把这类移民和小偷联系起来。因此，在街道上，这个小男孩可能被路人或警察以嫌疑犯的身份来对待；在教室里，他可能被老师忽略，因为老师错误地假定他没有什么学习潜力；而在社区中，他却是当地小混混青睐的对象，因为他被看作是帮会潜在的发展对象。在这样的情况下，该男孩取得一些正当的、令世人所尊敬的成就的可能性非常小，因此，他可能会铤而走险，去从事一些违法犯罪活动，而这恰恰反过来印证了人们的期望。

难道自我实现预言就无法避免吗？幸运的是，事实并非如此。自我实现预言更有可能在以下条件下发生：（1）持有错误期望的人在社会交往中占有主导性、控制性的地位；（2）被期望的对象顺从于这种控制（e.g., Smith et al., 1997; Snyder & Haugen, 1995）。也就是说，当持有期望的人在社会交往中拥有特殊的权力时，自我实现预言更有可能发生。正如我们所看到的，在老师与学生之间、面试官与应聘者之间以及治疗师与病人之间更有可能出现自我实现预言（Copeland, 1994）。实际上，教育系统中的弱势群体对于他们老师的期望具有更强的易感性，这类弱势群体包括社会经济地位低下的个体以及女性（Jussim, Eccles, & Madon, 1995）。

当期望正确时，其作用是不言自明的，但是当它不正确时，其危害也是显而易见的。它不仅会导致我们对他人或情境产生错误的判断，有时还在别人取得成就的道路上充当了绊脚石的角色，更为可怕的是，有时它会导致我们糊里糊涂地把最害怕的情况变成了现实。

3.2.2　特质推论

想象一下下面这个场景：当你回到宿舍的时候，你发现你的新室友正对着电话那头的父亲咆哮。你将如何解释她的行为？你会觉得她的这种耍脾气的行为是由她的人格特点所造成的吗（也许她在特质上就是无礼取闹和娇生惯养的）？还是会把她的行为归因于情境的特征（也许她的父亲正在喋喋不休地妄加批评她的男友）？或者，你觉得情境特征和人格特点的相互作用共同导致了这一行为的发生（或许是你朋友暴躁的脾气和她父亲对男友的批评共同导致了冲突的发生）？

接下来，我们将探讨为了正确地理解一个人的行为，我们是如何利用个人及情境的信息的。当人们需要简化并节省心理努力的时候，人们倾向于认为他人的行为主要是由他们自身的人格特点决定的（Gilbert & Malone, 1995; Jones, 1990）。上面的例子中，你很可能推断你的室友之所以对她的父亲如此无礼是因为她的性格是自私的。所谓**特质推论（dispositional inference）**就是指我们倾向于判断一个人的行为是由他的气质或人格决定的。实际上，这种特质推论看起来似乎是自动发生的而且仅需要极少的努力。也就是说，当我们观察到某个人的行为时，我们首先会假定它是由这个人内在的某些人格特点引起的（e.g., Carlston, Skowronski, & Spark, 1995; Moskowitz & Roman, 1992; Uleman, Saribav, & Gonzalez, 2008）。

对应偏差：基本归因错误　因为我们很容易把别人的行为看作是和他的特质相对应的，所以我们常常低估了情境因素的影响。**对应偏差（correspondence bias）**是指将他人行为归因为特质而非情境的倾向（Jones, 1979）。实际上，这种对应偏差发生得非常频繁，以至于一位社会心理学家把它称为**基本归因错误（fundamental attribution error）**（Ross, 1977）。在爱德华·琼斯（Edward Jones）和维克托·哈里斯（Victor Harris）1967 年的一项经典的研究当中，研究者向被试展示了一些短文，并告诉被试这些短文是某个辩论队的一些学生写的，这些短文中有些是支持古巴革命领导人菲德尔·卡斯特罗（Fidel Castro）的，有些则是反对他的。在实验中，有些被试被告知短文的作者（即学生）可以自由表达他们的观点；而另一部分被试则被告知辩论队的教练强制要求学生们为某一观点辩护。当被告知短文是自由撰写的，被试推断这些短文反映了作者真实的态度，即那些写出"亲卡斯特罗"短文的作者确实是拥护卡斯特罗的，反之，那些写出"反卡斯特罗"短文的作者确实是反对卡斯特罗的，被试做出这样的推断实际上也是明智的。然而，奇怪的是，即使被试被告知短文的作者无法自由选择自己的立场，他们仍然会进行这样的特质推论。也就是说，被试在很大程度上忽略了情境对于短文作者行为的影响，在本次研究中，情境即指辩论队教练的命令。

因此可以推断，**我们都有这样一种倾向，即倾向于认为别人的行为源自于他们的人格特点**，但这种倾向有时候会导致我们低估了情境因素对一个人行为的影响。为什么会这样呢？总的来说，假定一个人的人格特点而非情境因素影响了他的行为要容易得多（Gilbert & Malone, 1995）。

那些影响人们行为的情境因素对于观察者来说通常是不可见的。举例来说，当你看到你的新室友朝她的父亲咆哮时，你可能并不了解她的父亲正在妄加批评她的男友。既然你对这一情境因素并不了解，那么你对她行为的归因就更有可能是特质性的（她是没有礼貌的）。

人们之所以倾向于进行特质推论是因为它通常是正确的。在实验室以外，人们很少被随机分配到某一社会情境中。正如我们在本书第 2 章中所了解到的，人们选择那些与自己人格特点相一致的情境，而情境也会选择那些与它们需求相符合的人。因为人和情境通常能很好地结合在一起，比如，专业的运动员倾向于关注他们的身体健康，而大学教授则倾向于充满好奇的心，所以特质推论不仅仅是理解他人行为的一个简捷的途径，它通常也是正确的。

文化与基本归因错误　1991 年 11 月，卢刚博士在艾奥瓦大学持枪射杀了五人，并重伤一人，随后他向自己开了一枪，自杀身亡。卢刚是艾奥瓦大学物理系的一名学生，刚刚获得了博士学位。在一项著名学术奖的竞争中，卢刚输给了他的另一位同学，这导致他焦躁不安，从而酿成了惨剧。在恐怖的 10 分钟里，他穿梭于两栋建筑物之间，有条不紊地搜寻着他所要射杀的对象——那个学术奖的获得者、物理系主任、物理系的两位教授、负责学生事务的一位副校长以及该副校长的接待员。大屠杀结束之后，卢刚饮弹自尽。

两周之后，在美国密歇根州底特律市的郊外，托马斯·麦基万（Thomas McIlvane）带着一把半自动步枪强行闯入一家邮政服务中心，在接下来的六分钟里，他疯狂地朝他曾经的同事开枪，共杀死了四名主管并射伤了五名雇员。在警察到达现场之后，麦基万饮弹自尽。麦基万曾是这家邮局的雇员，不久前因为不服从命令而被解雇，而就在六天前，他为重新获得工作而进行的上诉刚刚失败。

为什么卢刚和麦基万会走上这条不归之路？根据前面的探讨，我们可以预期：观察者们对这些行为的解释大多数情况下会是特质性的，即会认为这些杀人犯的行为与他们的人格特点是息息相关的。实际上，《纽约时报》的记者在他们的报道中强调了下面几点：“卢刚有严重的精神紊乱，并且脾气非常糟糕，当其受到别人的挑战时会暴露出一定的心理问题；而麦基万的精神状态不稳定，并且热衷于武力、性情暴躁。相比之下，迈克尔·莫里斯（Michael Morris）和彭凯平在 1994 年发现，《世界日报》（*World Journal*）的撰稿人对这两起大规模屠杀事件的原因则有截然不同的描述。《世界日报》是一份中文报纸。该报特别强调卢刚是被孤立于华人社区之外的，并认为枪支不受管制才是导致其行为的主要原因；同样，在对麦基万的描述中则特别强调他刚刚被炒鱿鱼，他的主管曾经是“他的敌人”，他是在“效仿得克萨斯州最近发生的大规模屠杀事件”等。可以看出，虽然美国报纸的撰稿人更多关注的是特质层面的原因，而这也是基本归因错误所预期的结果，但是中文的报纸则更多关注情境层面的原因。我们如何解释这种差异？如果这种差异确实存在，那么基本归因错误何来“基本”可言？

在第 2 章中我们已经了解到，有些文化是偏个人主义的，而有些则是偏集体主义的。在美国这样的个人主义文化背景下，人被定义为独立的个体，通过社会化的过程，人们倾向于独立行动，也就是说，人独立为他们自己的成功或失败负责。而在像中国这样的国家中，人被定义为自己和他人之间的关系，通过社会化的过程，人们在行动时倾向于相互依赖，也就是说，他们在行动时要考虑别人对自己的期望。考虑到这种重要的差异，我们或许可以预期，来自不同文化背景下的个体在推论别人行为的原因时同样会表现出不同。个人主义者更倾向于认为人们内在的某些方面是他们行为的最主要原因，比如特质、态度等；相比之下，集体主义者则更加关注情境的某些方面对人们行为的影响，比如行为规范、社会压力等。因此，人们理解他

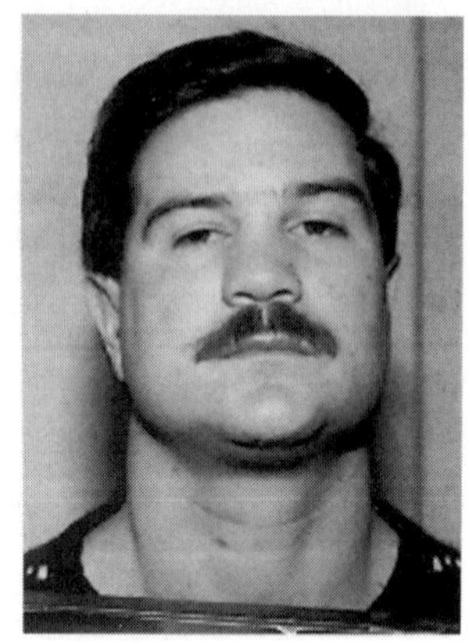

为什么他们会这么做？ 卢刚和托马斯·麦基万在疯狂残忍地夺去了数条生命之后开枪自杀。是他们人格的某一方面导致了他们的犯罪行为吗？还是情境因素导致了这些行为的发生？我们的解释会因为我们在不同的文化背景下长大而不同吗？

人行为起因的这种文化差异可能来源于一种更广泛的差异，即人们所生活的文化环境更注重于将人看作是独立的个体，还是更注重将人看作是社会团体中的一员（e.g., Norenzayan & Nisbett, 2000; Oyserman & Lee, 2008）。实际上，尽管来自个人主义和集体主义社会的个体都很容易注意到行为的特质性原因，但是后者更有可能假定行为是由情境因素引起的（Krull et al., 1999; Lieberman, Jarcho, & Obayashi, 2005; Miyamoto & Kitayama, 2002; Norenzayan, Choi, & Nisbett, 2002）。

从跨文化的视角来看，基本归因错误看起来似乎远不是“基本的”。

3.2.3　其他认知捷径：启发式

到目前为止，我们已经探讨了既能帮助我们理解社会同时又能节省心理努力的两种策略：（1）人们用一种验证性的方式运用他们的期望；（2）人们对他人的行为进行特质推论（特别是在个人主义的文化背景中）。在这里我们将继续探讨其他几种比较常用的认知捷径——**认知启发式（cognitive heuristic）**。

代表性启发式　吉姆喝很多的啤酒并且花费大量的时间阅读体育杂志，那么他更有可能是“德尔塔·豪斯兄弟会”（Delta House Fraternity）的成员还是塞拉俱乐部（Sierra Club）的成员呢？（塞拉俱乐部又叫山岳协会、山峦俱乐部和山脉社等，是美国的一个环境组织，著名的环保主义者约翰·缪尔［John Muir］于 1892 年 5 月 28 日在加利福尼亚州旧金山创办了该组织，并成为其首任会长。塞拉俱乐部拥有百万会员，分会遍布美国，且与加拿大塞拉俱乐部有着紧密的联系。）在其他条件都相同的情况下，大部分人会猜测他是“德尔塔·豪斯兄弟会”的一员，毕竟在人们的期望中，兄弟会的成员才会表现出这样的行为。这种利用我们期望的方式有时会被称为“**代表性启发式**”（**representativeness heuristic**），吉姆的特点更符合或更能代表哪个团体，我们就更倾向于判断他属于哪个团体（Kahneman & Tversky, 1972）。因为此时吉姆的特点与兄弟会成员相一致，因此我们会猜测他是兄弟会的一员。

易得性启发式　让我们先来做一个小练习：将表 3-1 中列出的导致死亡的事件进行排序，以此来表示一个普通的美国公民死于这些事件的可能性大小。

表 3-1　　供选择的死亡原因

在每一个死亡原因前面标一个数字，按照一个普通的美国公民死于该原因的可能性进行排序。

估计的数字	死亡原因	估计的数字	死亡原因
	艾滋病		心脏病
	医疗过程中的并发症		谋杀
	糖尿病		肺炎
	意外跌倒		意外中毒
	火灾或吸入浓烟		前列腺癌症
	枪支事故		交通事故
	流感		自杀

（1）心脏病；（2）糖尿病；（3）肺炎；（4）交通事故；（5）自杀；（6）前列腺癌症；（7）意外中毒；（8）意外跌倒；（9）谋杀；（10）艾滋病；（11）火灾或吸入浓烟；（12）医疗过程中的并发症；（13）流感；（14）枪支事故。

资料来源：Estimates based on 2005 U.S. Cause of Death data, reported by the Centers for Disease Control.

做完了吗？让我们来看看你做的如何。如果你和大部分人一样，那么你会低估糖尿病（第 2 位）、肺炎（第 3 位）和前列腺癌症（第 6 位）的威胁；而高估谋杀（第 9 位）、艾滋病（第 10 位）、流感（第 13 位）以及枪支事故（第 14 位）带来的威胁。

为了理解上述现象，需要首先思考一下你是如何完成这一任务的。因为你手头上没有相应的统计资料，你的猜测很可能是基于你能回忆出上述致命性事件的特定例子的难易程度，而这一策略被心理学家们称为“**易得性启发式**”（**availability heuristic**）（Caruso, 2008; Schwarz et al., 1991; Tversky & Kahneman, 1973）。如果你回忆起一些谋杀的案例要比回忆起一些死于糖尿病的案例更加容易，那么你完全有理由猜测谋杀会发生得更为频繁。毕竟那些更容易进入我们脑海中的事件在通常情况下会发生得更为频繁一些。不幸的是，媒体更倾向于报道一些像谋杀这样影响力大、生动鲜活的事件，因此媒体扭曲了我们对外面世界所发生的真实事件的感知。正因为此，**我们倾向于高估那些“有新闻价值”的死亡原因而低估那些新闻价值不大的死亡原因。**

锚定与调整启发式 你觉得“大学入学反歧视行动项目”是一个好主意吗？为什么？如果在和你一起上社会心理学的同班同学中做一个民意测验，你觉得他们会怎么想？有多少人会持和你相同的观点？

当人们进行类似于这样的判断时，他们倾向于高估别人对自己观点的同意程度，此时他们就陷入了**虚假一致性效应（false consensus effect）**的深渊（e.g., Kulig, 2000; Mussweiler & Strack, 2000; Ross, Greene, & House, 1977）。然而，虚假一致性效应来源于另一个非常有用的简单化策略——**锚定与调整启发式（anchoring and adjustment heuristic）**。当进行一个新的判断任务时，我们通常把先前的粗略估计作为一个“锚”或一个出发点，因为先前粗略的估计在当前情境中可能“并不完美”，因此需要对其进行一定的调整（Janiszewski & Uy, 2008; Tversky & Kahneman, 1974）。举个例子来讲，如果你要估计你在社会心理学的期末考试中将会取得怎样的成绩，你可能会首先根据你的期中考试成绩进行一个初步的估计，然后考虑到期末考试的一些特定因素对其进行调整。（比如，期末考试相较于期中考试可能有更多的论述题；或者你在同一天中还有另外的两门考试。）

和其他的认知启发式一样，锚定与调整启发式为我们节省了时间和精力。在做决策之前，我们没必要搜集大量的信息，只需要以一个有价值的大致估计作为出发点并进行相应的调整即可。实际上，如果我们选择了一个好的“锚”，并进行了适当的调整，那么这一认知策略将会是省时且高效的（Dawes, 1989; Krueger, 2007）。不幸的是，有时候我们选择了一个糟糕的“锚”或者进行的调整不够充分（Epley & Gilovich, 2004; Kruger, 1999）。虚假一致性效应正是由于在锚定与调整的过程中，人们利用自身的观点作为“锚”并进行了不恰当的调整所导致的（Alicke & Largo, 1995; Fenigstein & Abrams, 1993）。

举例来说，你觉得其他人是如何看待“大学入学反歧视行动项目”的？在对这一问题进行判断时，因为你并不清楚别人对这一项目的实际看法是怎样的，因此你很有可能用自己的观点作为一个“锚”，并假定你的很多同学的观点也会是相似的。当然，你也可能认识到班里仍然会有一部分同学并不认同你的观点，因为他们并没有像你那样仔细地思考上述问题。在这种情况下，你可能并不会认为百分之百的同学都会同意你的观点，所以你会对自己的估计向下进行适当的调整，尽管这一调整可能并不充分。当然，你也可以选择在对全班同学（或者从全班同学中抽取一个有代表性的样本）进行民意测验之后再来回答我们的问题，但是这一策略无疑将花费大量的时间，而且你可能会觉得对这一问题追求一个“完美的答案”也是没有必要的。因此，利用锚定与调整启发式所做出的简单的、直觉性的估计看起来似乎是可以接受的。

前面我们已经探讨了好几种认知策略，人们利用这些策略来简化他们对于社会的理解。这些策略都很好地满足了人们节省心理资源的目的，即它们可以被快速地实施、需要相对较少的心理资源，并且在一般情况下所做出的判断或决策的准确性是可以接受的。接下来，我们将探讨在什么情况下人们会寻求如何节省心理资源，我们将首先从个体内在的因素进行探讨。

3.2.4 唤醒与昼夜节律

慢跑、骑自行车以及观看一场恐怖电影都能够增加我们生理上的唤醒。然而，你可能会很惊奇地发现，这些行为同样能够改变我们思维的方式。具体来说，唤醒能够促使我们更加依赖于认知捷径。举例来说，唤醒状态下的个体更有可能依赖于已存在的信念或期望（Wilder & Shapiro, 1989），更有可能“屈从于”易得性启发式（Kim & Baron, 1988），在进行决策时也更有可能忽视其他的可能性（Keinan, 1987）。为什么会这样呢？

唤醒可以通过分散我们的注意力导致我们采用简单化的策略。举例来说，如果你在打网球的时候过分关注自己剧烈的心跳，那么你可得的注意资源就会减少，而这就会导致我们很难理解为什么我们会被对手打得如此溃不成军。唤醒还可以通过其他方式导致我们采用简单化的策略，比如它可以缩小我们的注意范围，从而使我们在运用更为精细的认知策略时（比如那些在本章的后面将会探讨的策略）变得更加困难。无论如何，当我们处于唤醒状态时，复杂精细的思考变得更为困难，因此会导致我们更加依赖于需要较少努力的认知捷径。

在另一个相关领域，盖伦·博登豪森（Galen Bodenhausen）在1990年指出个体在他们生理节律（也就是他们的日常生物周期）的某一特定时期会丧失注意资源。因此，他假设那些认知功能在早晨时段达到高峰的人（云雀型的人）更容易在夜间运用认知捷径（比如代表性启发式）；而那些认知功能在晚间达到高峰的人（猫头鹰型的人）则更容易在早晨依赖于认知捷径。在社会判断的研究当中，研究者将题目在早上9点或晚上8点的时候随机分配给被试。这样，对于一些被试来说，实验恰好是在他们的认知高峰期进行的，但是对另一部分被试来说，实验却是在他们的认知低谷期进行的。正如博登豪森所预计的，云雀型的人在晚上更有可能使用认知捷径，而猫头鹰型的人更倾向于在早晨使用认知捷径。

总的来说，当我们处于高唤醒状态或者处于生理节律的低谷期时，我们的注意资源是相对短缺的，在这种情形下，我们更有可能依赖于简单化的认知策略。

昼夜节律与判断。你是一个云雀型的人还是一个猫头鹰型的人？如果你觉得这并不重要的话，或许你需要重新思考一下，因为人们在他们生理节律的低谷期比高峰期更有可能运用认知捷径。

3.2.5 结构需求

如果你认为只有那些智力水平不高的人才会运用简化策略来理解社会的话，那你就大错特错了。举个例子来说，当人们处于唤醒状态时更有可能运用简化策略，而毫无疑问，我们是经常被唤醒的。况且，我们运用简单的还是复杂的认知策略还会受到一种稳定的人格特点的影响，这种人格特点被定义为：结构需求，它反映的是人们在多大程度上愿意用一种简单的方式来组织他们的心理世界和物理世界。为了评估这一动机，梅根·汤普森（Megan Thompson）、迈克尔·纳卡拉托（Michael Naccarato）以及凯文·帕克（Kevin Park）在 1989 年开发出了《结构需求量表》（*Personal Need for Structure Scale*）。那些在《结构需求量表》上得分高的人倾向于对下述题目表示强烈的赞同："我喜欢清楚和结构化的生活方式"以及"我不喜欢不确定的情境"等。他们通常更有可能运用各种各样的认知捷径。举例来说，在对他人进行判断时，他们会依赖于先前已经存在的期望，他们通常也更容易形成刻板印象，并且会将他人的行为进行特质性的归因（Moskowitz, 1993; Neuberg & Newsom, 1993; Schaller et al., 1995; Webster, 1993）。

总的来说，生理上的唤醒以及结构需求这一性格特点都会增加人们节省心理资源的需要，并因此导致个体更多地采用认知捷径。接下来我们将会探讨导致人们运用简单化策略的情境因素。

3.2.6 复杂情境和时间压力

现在是期末考试周，一切都混乱不堪。你有 4 门功课要通过期末考试，还要写一篇学期论文，并且你还要计划从公寓里搬出来。更为紧要的是，你所在的餐厅老板要求你对 18 个人进行面试，为两家新店的开业做准备。当你手头有这么多工作要处理时，你会深入地探究每一个应聘者的以往经历、性格特点以及背景吗？你会仔细比对他们每一个人的强项和弱点吗？抑或此时你会比平时更加依赖于"快速且肮脏"的认知捷径吗？研究表明后者是正确的。因为每一个额外的关注都会从我们有限的注意资源库中抽出一部分资源，对我们来说，**情境变得越复杂，进行精细的思考就变得越困难**（Biesanz et al., 2001; Bodenhausen & Lichtenstein, 1987; Gilbert, Pelham, & Krull, 1988; Pratto & Bargh, 1991）。

当我们处于时间压力之下时，我们同样更有可能依赖认知捷径（De Dreu, 2003; Epley et al., 2004; Rieskamp & Hoffrage, 2008）。试想一下下面的情景：你要在明天参加两门功课的期末考试，并且要上交学期论文，而你既没写完论文又没开始复习，在这种情形下，你利用认知捷径来评估应聘者的意愿会不会受到影响呢？

在一个实验当中，实验者向以色列的教师呈现一些短文，并要求他们阅读后进行打分，他们要么被告知这些短文是一位德系犹太学生（在以色列社会地位较高的群体）写的，要么被告知是一位西班牙裔的学生（在以色列社会地位较低的群体）写的。实验中有些教师有 1 小时的时间对短文进行打分（低时间压力组），而另外一部分教师只有 10 分钟的时间给短文打分（高时间压力组）。实验结果发现，在低时间压力条件下，对于完全相同的两篇短文，德系犹太学生获得的分数要高于西班牙裔的学生（73% 对 64%）；更为重要的是，当教师处于高时间压力的条件下，这种刻板印象的效应被放大了（80% 对 64%），也就是说，那些处于高时间压力下的教师更加偏好德系犹太学生，分数上升了 7%（Kruglanski & Freund, 1983）。

总的来说，当情境比较复杂时，或者当时间比较仓促时，人们更有可能运用简单化的认知策略。

3.2.7 当世界并不符合我们的期望时

通过前面的探讨，你可能形成了这样的印象：在社会生活中，人们更喜欢运用各种各样的认知捷径而很少采用其他更为复杂的策略。我们的确拥有很多简单化策略并且会经常使用它们，但是，不可否认的是，我们生活在一个真实的世界中，在某些情境下，为了生存我们必须要灵活地调整我们的策略，该摒弃简单化的策略时就要摒弃。举例来讲，当我们要为自己的判断负责，即当我们要向别人进行解释时，我们可能就会较少地采用简单化的方式来判断我们所处的社会（e.g., Bodenhausen et al., 1994; Pendry & Macrae, 1996; Schaller et al., 1995）。在本章的后半部分，我们将会深入探讨那些促使我们摒弃认知捷径的情况，而在这里，我们仅仅对下述论点进行证明：当情境需要时，人们确实会摒弃他们的认知捷径。

想象一下下面的场景：你和你的一位朋友正在一起喝咖啡，他向你描述起刚认识的一位艺术家——巴勃罗。此时，你可能马上想象出了一位有创造性的、不循规蹈矩且有些理想主义的个体形象，因此，当你的朋友谈论起和他共度的愉快时光以及他奇特的着装方式时，你可能并不感到吃惊。巴勃罗和你的期望相一致，因此你用刻画其他艺术家的方式来刻画他的形象。再试想一下这样的情形：你的朋友所描述的巴勃罗是极其整洁的、是细致严谨的，而且是政治上的保守派。这一描述显然并不符合你的期望。一个细致严谨的艺术家？而且极其整洁？此时你还会坚持自己最初的期望并把他想成是一个典型的艺术家形象吗？如果最初的期望或信念对你来说非常重要的话，或许你会坚持，而在其他条件下，你可能会寻找一条更为合适的途径来理解巴勃罗，通过这条途径可能更容易理解巴勃罗令人费解的行为（e.g., Biek, Wood, & Chaiken, 1996; Edwards & Smith, 1996; Fiske & Neuberg, 1990）。

因此，我们的期望并不总是会引起确认过程。是进行确认还是寻求更高的准确率是由我们的期望和我们可得的信息相互作用共同决定的。当我们的期望和现实世界相去甚远时，我们通常会摒弃它（McNulty & Swann, 1994）。

小调查

想象一个你用刻板印象来对某个人进行判断的场景，也就是说，此时你不是把他看作一个复杂的个体，而是看作他所在社会团体的一个典型成员。到目前为止，我们所探讨的因素在多大程度上会对此产生影响呢？下次你将怎样做来降低你依赖刻板印象理解别人的可能性呢？利用你所学到的知识来回答这一问题。

3.3 管理自我形象

你最近的学习成绩如何？为什么你的成绩比较好（或比较差）？你和同学之间的关系融洽吗？如果不融洽的话，谁该为此负责？当我们考虑上述这些问题的时候，我们似乎不愿意采用快速而简单化的回答方式，也就是那些我们为了提高认知效率所采用的方式。此时，我们更愿意去寻求一种让我们自我感觉良好的答案，这种答案让我们坚信自己是有价值的人，是有天赋的人。“我发现那些课程太枯燥了，根本没必要认真对待”，我们可能会对自己这样说。我们还可能告诉自己：“那个人实在是无法相处。”

如果你有这样的一些想法，不必大惊小怪，因为很多人都和你一样。举个例子来讲，大部分的美国人所报告出的自尊水平都比较高，并且对他们的未来前景都持乐观的态度，大部分人认为他们自身的一些消极行为是由外部力量引起的，并且相信他们比其他普通个体拥有更多的优点和更强的能力（e.g., Alicke & Govorun, 2005; Helweg-Larsen & Shepperd, 2001; Malle, 2006; Weinstein & Klein, 1996; Williams & Gilovich, 2008）。用一句话概括就是，**大部分人都希望能自我感觉良好。**

我们对这种积极的自尊的渴求有很多的原因。首先，积极的自尊可以让我们产生一种信念，即我们是有能力的，也就是说我们能够达成我们的目标。这种信念可以帮助我们唤起那些达成目标所需要的意志力和能量。因此，如果你能找到一些途径来改善自身的自尊水平，那么就会在某种程度上提高你完成重要任务的能力（McFarlin, Baumeister, & Blascovich, 1984）。其次，自尊水平对我们在社会生活中的表现起到了一个指示的作用。当我们的社会交往状况良好，朋友之间相处融洽的时候，我们的自我感觉也会比较好（e.g., Anthony, Holmes, & Wood, 2007; Denissen, Penke, Schmitt, & van Aken, 2008）。因此，当我们自我感觉非常糟糕时，通常表明我们需要重新评估我们的人际关系并对其进行改善（e.g., Leary et al., 1995）。因此，寻找到一些途径来增强你的自尊可以降低因为人际关系危机带来的焦虑。最后，自尊水平还指示了我们在多大程度上符合了这个社会的价值标准。当我们的自尊水平比较低时，它可能向我们传达了这样一种信号：我们需要重新审视自己所在社会的价值观。在自尊水平较低时，我们会认为自己在这个社会的其他人眼中并不是一个“好人”，而这就会产生焦虑，因此，找到一些途径来增强你的自尊可以降低这一方面的焦虑（Pyszczynski et al., 2008）。

我们对自身看法的提升（即自尊水平的提升）对我们

的身体健康同样有益（Stinson et al., 2008）。我们可以举个例子来说明这个问题：有大量的纽约居民生活在世贸大厦附近或者在这附近工作，在“9·11”恐怖袭击之后的数天或数月内，这些人很可能产生了一些潜在的精神创伤。而实际上，恐怖袭击确实给很多居民带来了心理创伤，但是研究者们发现，对于那些具有自我提升人格倾向的个体来说，在恐怖袭击发生 7~18 个月之后，他们表现出了较少的抑郁症状和创伤后应激障碍（PTSD）（Bonanno, Rennicke, & Dekel, 2005）。

这并不是说人们在不假思索地欺骗自己。坚信某件事情是美妙的，而实际上它却是糟糕的，这显然不具有适应的意义。当积极的自尊变得不公正时，或者当其扩展为一种自满和自恋时，它将对我们的社会关系构成危害，而且有可能导致一种恃强凌弱的行为或者造成其他严重的后果（Baumeister et al., 2003; Colvin, Block, & Funder, 1995; Crocker & Park, 2004）。实际上，对于那些具有高自我提升倾向的个体而言，如果他们对恐怖袭击表现出非同寻常的适应性，其朋友或家人通常会把他看作是适应不良的或者是不诚实的（Bonanno et al., 2005）。不管怎么说，当我们的这种自我欺骗的行为程度较弱时，即这种行为对反馈比较敏感时，它可能会帮助我们实现目标，同时还能帮助我们缓解一些日常的担忧（e.g., Sedikides & Luke, 2008; Taylor et al., 2003b）。在本节中，我们首先将探讨那些人们用来提升和保护自我形象的认知策略，然后探讨那些促使人们采用这些认知策略的个人因素及情境因素。

3.3.1　提升和保护自我的认知策略

在其他的章节中我们将会看到：人们有时候会利用一些行为来获得自己所需的自我形象。举个例子，帮助他人的行为可以使人们自我感觉良好。在本节中，我们将关注那些人们用来提升和保护自我形象的认知策略（见图 3-3）。

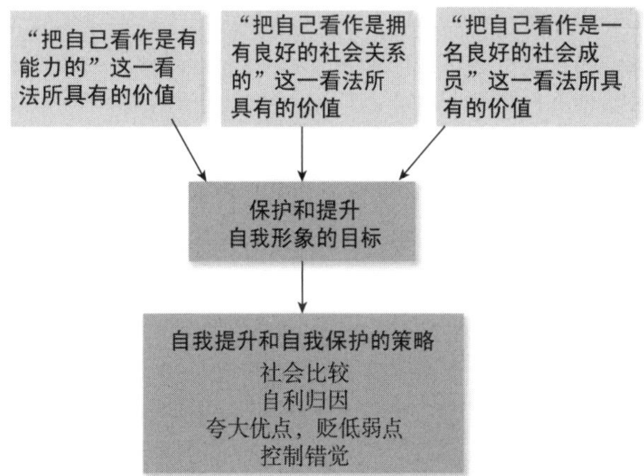

图 3-3　维持所需要的自我形象

为了能在社会中生存我们需要肯定自己。我们需要应对我们所处的社会环境并从中获取我们所需要的东西。为了达到这一目的，我们要有类似这样的信念：相信我们是有能力的，相信我们有一个良好的社会关系，相信我们是一名良好的社会成员等，因为这样的信念可以给我们信心。正是出于这种原因，人们才利用各种各样的认知策略来提升或保护他们的自我形象。

社会比较　你有多聪明？你是如何得知的？你的政治观点合理吗？同样，你又是如何得知的？美国社会心理学家利昂·费斯廷格（Leon Festinger）在他 1954 年发表的一篇里程碑式的论文中指出：人们有一种评估自身能力和观点的基本倾向，而且这一评估通常通过对自己和他人的比较来实现。为了评估你的智力，你可能会拿你 SAT（学术能力评估测验，美国高中生进入美国大学的标准入学考试）的成绩和你的同班同学进行比较；为了评估你对总统的观点，你可能会把你的观点和邻居的观点进行比较。费斯廷格的社会比较理论关注的是一种倾向，即人们正确评估自己的能力以及正确评估自己观点的合理性的倾向。在本书第 7 章和第 12 章中，我们将会探讨“人们会选择什么样的人作为自己的朋友”以及“为什么人们会加入团体”等问题，在探讨这些问题时，我们还将进一步检验费斯廷格的这一理论。

人们还会利用和他人的比较来达到自我提升的目的（e.g., Stapel & Johnson, 2007; Suls, Martin & Wheeler, 2002; Wood, 1989）。那么，人们如何利用社会比较来提升自我形象呢？首先，你可能会采用一种**下行社会比较（downward social comparison）**策略，也就是说你可能会和那些比自己更加不幸或者能力不如自己的人进行比较。举例来讲，一个关于乳房癌病人的研究表明：相当一部分病人都会自动和那些比自己情况更加糟糕的人进行比较（Wood, Taylor, & Lichtman, 1985）。一位妇女这样说道：“我只不过是做了一些比较小的乳房手术就已经感觉非常糟糕了，因为这实在是太痛苦了，那些做了乳房切除手术的女性该有多么不幸。”因为下行社会比较能够增加人们的自尊并减小压力，因此上面提及的那位女性在处理自身所面临的困难情境时会更加容易（Gibbons & Gerrard, 1989; Lemyre & Smith, 1985）。

其次，有时候人们还会通过**上行社会比较（upward social comparison）**过程来创建一种积极的自尊，也就是通过和那些比自己优秀的人进行比较来实现（Collins, 1996）。这一策略具有一定的危险性。比如，你可能拿你自己的数学成绩和班里的一位尖子生进行比较，这一策略一方面可能是有益的，因为他可能激发你自我改善的动机（Blanton et al., 1999; Helgeson & Taylor, 1993; Vrugt & Koenis, 2002）；但另一方面，这一策略具有一定的风险，你可能会认识到你没有其他人那么聪明。实际上，如果你很随意地选择自己向上比较的目标，那么很有可能会导致适得其反的效果。选择的技巧在于你要确信你所选择的比你优秀的比较对象和你处于"同一个区间内"。**如果你确信自己和那些成功人士处于同一"轨道"上，那么上行社会比较可以让你的自我感觉变得良好**（e.g., Burleson, Leach, & Harrington, 2005）。

自利归因　回忆一下你最近一次取得优异成绩的考试并写下你取得优异成绩的原因。完成了吗？现在回忆一下你最近的一次表现糟糕的考试，同样写出你表现糟糕的原因。

如果你和大部分人一样，那么你很有可能会表现出一种**自利偏差（self-serving bias）**。你会把成功归功于自己，而把失败归咎于外部因素（Shepperd, Malone, & Sweeny, 2008）。如果学生的考试成绩为A，则他们通常将其归功于自身内部的一些因素，比如对学习材料的独到见解或者自己在学习上非常勤奋努力等。但如果考试成绩很糟糕，他们则倾向于将其归咎于一些外部的、自身无法控制的因素，比如一个有失公允的老师或者在考试前夜患上了感冒等。

这种自利偏差部分来源于我们对于自身表现的期望，因为一般情况下我们会期望成功，因此我们倾向于将成功解释为是我们能力与努力的一种反映；与此相反，因为我们并没有期望失败，所以我们倾向于寻找那些阻挠我们成功的外部事件来进行解释（Miller & Ross, 1975）。从更根本上来说，自利偏差起到了提升自我形象的作用。将成功归因于自己可以使我们自我感觉良好（e.g., Miller, 1976; Sicoly & Ross, 1979; Weary, 1980）。

在失败之后进行自利归因，也就是说将自己的失败归咎于外部因素是很容易发生的，甚至可能是自动发生的。在一项研究当中，要求被试完成一项非常困难的任务（确定一些快速呈现的面孔彼此之间是否相同），并及时向被试提供反馈，同时记录下被试在实验过程中脑部的活动状况。研究者通过实验对被试得到的反馈进行了操纵，即要么告诉被试其判断是正确的，要么告诉他是错误的。在这之后，被试要为他们的成功或失败选择一个理由，同时检测他们大脑的活动状况。内部的理由包括"我很聪明""我并没有努力去做"等；而外部的理由包括"它太难了""运气不好"等。研究结果发现，当被试把成功归功于内部因素，而把失败归咎于外部因素，即被试进行自利归因时，其大脑的活动状况未见异常；但是当被试将失败归咎于自己或者将成功归功于外部因素时，其大脑部分区域的激活水平显著增强，而这只有在人们需要控制他们自动的惯常反应时才会出现（Krusemark, Campbell, & Clementz, 2008）。这一发现表明：人们进行自利归因是很容易的，但是进行无偏见的归因则需要加强心理控制。

夸大我们的优点，贬低我们的弱点　我们来做个小练习（可以将这个练习推荐给你的朋友做）：按重要性将下述六个特点进行排序。如果你认为"智慧"对一个人来说最重要，那么你就把"智慧"放在第一位；如果你认为"敏感性"对于一个人来说最不重要，那么你就把它放在第六位。

- 创造性；
- 勤勉；
- 智慧；
- 友善；
- 幽默感；
- 敏感性。

现在将上述特点重新进行排序，按照能代表你的特点进行排序。也就是说，如果你觉得"创造性"这个词很适合你，你应该把它放在第一位。比较前后两次排序，你有何发现？

如果你和大部分人一样，那么两次排序的结果应该是相似的。也就是说，如果你觉得自己非常聪明，你很有可能会赋予"智慧"更高的价值；如果你认为自己是一个有趣的人，你可能会赋予"幽默感"更多的权重。一般来说，不管评估自己还是他人，人们倾向于将那些他们自己恰好拥有的特点或能力赋予更高的价值（e.g., Dunning, Perie, & Story, 1991; Harackiewicz, Sansone, & Manderlink, 1985; Schmader & Major, 1999）。同样，人们倾向于贬低那些他们所不具有的特点或能力。例如，一项研究发现：那些在智力上很有天赋的男孩，如果他们在课堂上表现糟糕的话，就会贬低学业的重要性，而提升其他追求的重要性（Gibbons, Benbow, & Gerrard, 1994）。

从自尊的角度看，这一倾向的原因非常明确，那就是通过操纵不同特点及能力的相对重要性，我们可以提升我们的自我形象（Greve & Wentura, 2003）。人们会想"我具有那些重要的特点和能力"，因此我们自身的价值感会得到提升。另外，运用我们自身的优点来评估其他人，通常会使我们比别人看起来更优秀，这同样能帮助我们提升自我形象。

相信我们能够控制 通常情况下，提升和保护我们的自我形象还包括这样一种信念：相信我们自己能够控制生命中的某些特定情境和事件。有段时间，美国“多州博彩”的最高奖金曾达到了 1.1 亿美元，这也使本教材的其中一位作者不顾极低的中奖概率，跑去排队购买彩票。在他排队的过程中，他听到了如下的对话：

甲：你愿意采用哪种方式？自己选择数字呢，还是要电脑帮你选择？

乙：自己选择，这样我更有可能获奖。

更有可能获奖？这种推测在逻辑上显然是说不通的。因为彩票的数字是随机选择的，因此所有的数字中奖的概率都是一样的。尽管如此，如果让电脑来帮我们选择的话，我们将会丧失对这一事件的控制，而这一事件的潜在结果又是如此之重要——1.1 亿美元的奖金。在这种情况下我们该如何做呢？在赌桌上，我们倾向于选择自己掷骰子；在观看重大比赛时，我们会选择穿上幸运衫；同样，为了给自己创设一种控制感，我们倾向于自己选择彩票的数字（e.g., Biner et al., 1995; Langer, 1975; Thompson, 1999）。

在某种程度上，这种控制感有一定的适应意义，没有它，我们可能会缺乏信心，而信心则是完成一些潜在困难目标所必需的。例如，在找工作的过程中，如果你不相信自己能让某公司的招聘人员雇用你，你可能都不会去参加面试，因此你自然不会得到这份工作。实际上，那些缺乏自我控制感的青少年通常很难在学校取得好成绩，而且容易参与到一些违法的行为当中。40 年来，美国青少年在控制感上的发展趋势是令人担忧的。这些年来，他们对自身所经历的事件的控制感急剧下降（Twenge, Zhang, & Im, 2004）。

具有自我控制感非常重要，如果它被剥夺的话人们的反应将会非常强烈（Brehm & Brehm, 1981）。举个例子来说，如果我们对一些人们本身就喜欢的行为进行奖励，很有可能会扼杀他们对该行为的兴趣，因为这样的奖励在他们看来是一种试图控制他们的表现（e.g., Deci, Koestner, & Ryan, 2001; Lepper, Greene, & Nisbett, 1973）。因此，**对那些本身就很乐意学习的孩子给予学习上的奖励可能会导致他们对自我学习丧失兴趣**。当然，如果一个孩子对阅读确实不感兴趣，奖励可能是必要的（e.g., Hidi & Harackiewicz, 2000）。不管怎么说，赞扬和其他形式的奖励都可能导致严重的不良后果，特别是当这些奖励被接受者感知为是在试图控制他们的行为的时候（Deci, Koestenr, & Ryan, 1999; Henderlong & Lepper, 2002）。

控制感的丧失不仅仅会降低我们达成目标的动机，以及削减我们对曾经热衷行为的兴趣，它还有可能对我们的健康有至关重要的作用，这一点我们接下来将会探讨。

联结：理论与应用

控制信念和健康

当人们丧失了控制感时，人们应对压力和疾病的有效性会降低。对于养老院的老人来说，那些感觉自己对生活有较少控制感的老人比那些有较多控制感的老人的身体状况更糟糕（Rodin, 1986），而且，那些有较少的自我控制感的癌症患者的适应能力通常更差（Taylor, Lichtman, & Wood, 1984; Thompson et al., 1993）。

不难看出，通过设计一些增强人们自我控制感的方案可以增强人们应对压力的能力。事实确实如此：在养老院中，那些能够更多地控制自己的日常生活的老人通常表现得更快乐、更活跃，也更健康（Langer & Rodin, 1976; Rodin & Langer, 1977; Schulz, 1976）。而且，如果让手术后的病人自我支配止痛药的服用量，并为此负责的话，他们的痛苦通常会减少，有时候甚至恢复得更快。即使病人服用的止痛药数量少于医生的建议用量，这一现象也会出现（Egan, 1990; Ferrante, Ostheimer, & Covino, 1990）。

自我控制感的增强对所有的个体都是有益的吗？显然不是。控制感可以使那些内控者（那些喜欢控制他们所处环境的人）得益，但却会对那些外控者（那些喜欢被别人控制的人）造成伤害。一项研究发现，对于那些患有类风湿性关节炎并且属于“外控型”的中年妇女来说，如果她们的丈夫鼓励她们更多地进行自我控制的话，她们会变得更加痛苦（Reich & Zautra, 1995）。自我控制感仅仅会使那些需要它的人获益，而对于那些喜欢让其他人扮演“主角”的人来说，自我控制感可能是有害的。

控制与健康。控制感可以对人们的心理和生理健康产生重要的影响。例如，对于那些生活在养老院中的老人来说，那些感觉自己有机会控制自己生活的老人（比如那些玩任天堂的老人）比那些控制感极其有限的老人的健康状况要好。

最后，当控制感仅仅是一种“错觉”时，也就是说，我们并非真正能够控制生活中的某些重要事件时，这种控制感则是适应不良的（e.g., Baumeister, 1989; Colvin & Block, 1994）。例如，那些患有心脏病或类风湿性关节炎的患者所持有的不切实际的控制感和他们比较差的适应性有关（Affleck et al., 1987; Helgeson, 1992）。然而，我们对健康的实际控制能力比我们想象的要强。举个例子来讲，即使是对于那些 HIV 阳性患者，如果他们能够坚持采用药物疗法进行治疗、养成健康的生活习惯、维持一种支持性的社会关系，并且避免其他生活压力的话，同样可以增加他们自身的寿命。最近的研究表明，与控制有关的积极信念恰恰可以帮助个体坚持上述行为（Taylor et al., 2000a）。总的来说，当我们确实能够对某件事情进行控制的时候（通常情况下是这样），控制感对于人们的生理健康和心理健康都是有益的。然而，当某件事超出了人们的控制范围，即人们没有能力去影响或改变该事件时，坦然地接受控制感的丧失这一事实反而会让人们更舒服一些。

通过前面的分析，我们已经了解到，为了使自我感觉良好，人们采用了各种各样的认知策略。比如和他人进行比较，把成功归功于自己，将自己的优点看得特别重要，夸大自己的控制感等。当然，自我提升和自我保护的需要对有些人来说至关重要，而对另外一些人则并非如此。接下来我们将会探讨那些能够促使人们寻求积极的自尊的个人和情境因素。

小调查

回忆一下你的某位好友被社会性拒绝（比如某次约会）时的情景，或者在某次考试中成绩很糟糕时的情景。你的朋友有没有表现出你前面学习过的任何一种偏差？比如下行社会比较或者自利归因。为什么会这样？在什么情况下上述行为反应比较常见？在什么情况下较少出现？

3.3.2 自尊

那些高自尊的个体，即那些自我感觉良好的个体更容易采用自我提升的策略。这类个体比那些低自尊的个体更有可能通过社会比较的过程来提升他们自己，而且他们在运用上行或下行社会比较策略时表现得更有技巧（Buunk et al., 1990）；他们更有可能通过贬低他人来改善自身的自我价值感（e.g., Crocker et al., 1987; Gibbons & McCoy, 1991）；他们同样更有可能采用自利偏差这一认知策略（Blaine & Crocker, 1993; Taylor & Brown, 1988），且更容易夸大他们自身所具备的特点和成功的重要性（Harter, 1993），同时更容易夸大他们的控制感（Alloy & Abramson, 1979）。总之，那些高自尊的人会运用各种各样的认知策略来改善他们对自我的看法。

那些低自尊的个体的情况又如何呢？他们不需要这种自我提升的策略吗？他们对积极的自尊不感兴趣吗？实际

上，不管自尊水平高低与否，大部分的个体都需要有良好的感觉（Baumeister, 1993; Pelham, 1993）。然而，人们创造积极的自我形象所运用的策略似乎要受到自尊水平的影响。高自尊的个体是“肆无忌惮”的，他们倾向于采用直接的自我提升策略；而那些自尊水平适中或比较低的个体在获得积极的自尊时则表现得非常小心谨慎（e.g., Shepperd, Ouellette, & Fernandez, 1996）。他们把更多的精力放在了保护他们已经拥有的自尊上（Bernichon, Cook, & Brown, 2003; Spencer, Josephs, & Steele, 1993; Tice, 1993）。

3.3.3　对自尊的威胁

对自尊的威胁可以促使人们去提升和保护他们的自我形象。在某项研究当中，研究者们要评估学生对于标准智力测验的印象，其中的一部分任务是要求被试尝试去解决一系列问题，被试被告知这一系列问题是创造力和智慧的基础（Greenberg, Pyszczynski, & Solomon, 1982）。在这之后，告诉被试该测验能够很好地预测一个人未来学术上及经济上的成就。然后引导一部分被试相信他们在该测验上表现非常糟糕，同时引导另一部分被试相信他们在该测验上表现优异，最后询问被试对该测验的评价。结果发现，两组被试的意见存在巨大的差异，前者（那些认为自己在测验中表现糟糕的被试）普遍认为在该测验中表现得优秀与否并不重要。不仅如此，他们还倾向于将他们偏低的得分归咎于“运气不好”“指示语不清楚”“测验的有效性低”等因素。实际上，他们几乎可以归咎于其他任何因素，但是却不会考虑自身能力不足这一点。这一类型的自我保护偏差不仅仅局限在实验室当中。举个例子来讲，在以佛罗里达大学的大学生为被试的一项研究中发现，那些在 SAT 中表现糟糕的大学生更有可能将 SAT 看作是无效的（Shepperd, 1993b）。

类似这样的发现是非常普遍的，一旦出现对我们的自我形象构成威胁的情境因素，我们就会付出一定的努力来修复我们的自我形象（e.g., Guenther & Alicke, 2008; Jordan & Monin, 2008; Shepperd, Arkin, & Slaughter, 1995）。除了糟糕的测验成绩，自我形象还有可能受到负面的人际反馈的威胁（“你难道不能够减减肥吗”），或者受到严重疾病的威胁（比如癌症），甚至会受到一些我们自身行为的威胁（比如当我们对某个自己所深爱的人表现得漠不关心时，我们的自我感觉可能是非常糟糕的）。为了应对这些威胁，我们很有可能会运用前面提及的那些认知策略，也就是说，我们可能会和那些比我们更加不幸的人进行比较，贬低那些给我们负面反馈的人（e.g., Dunning, Leuenberger, & Sherman, 1995; Kernis et al., 1993; Wood, Giordano-Beech, & Ducharme, 1999）。

自我形象威胁还有一种特别有趣的形式：死亡突显性（mortality salience），即个体知道他会在某一个时间点死亡。汤姆·科林斯基（Tom Pyszczynski）、杰夫·格林伯格（Jeff Greenberg）和谢尔登·所罗门（Sheldon Solomon）在他们 1999 年的一项研究中提出了如下假设：一个人考虑他自己死亡的可能性对其自我形象是一种极其严重的威胁。为了应对这一威胁，我们需要寻找一些途径来保护和提升我们对于自己的看法。他们的研究结果证实了他们的假设：对自己死亡的思考使人们更愿意采用“自利偏差”这一认知策略。同时，对死亡的思考还能导致大学生被试对他们未来 15 年的财政状况持过分乐观的态度（Kasser & Sheldon, 2000; Mikulincer & Florian, 2002）。

这些研究者们进一步指出：承认我们必死无疑的事实是一件很恐怖的事情，为了应对这种恐怖，我们从祖先那里继承了一些具有精神和文化特色的观念，这些观念为我们的生命提供了一些额外的意义（比如，有的观念认为人在天堂中可以得到永生）。在生活中，每当考虑到死亡这一事实时，我们会不断强化上述的观念，也就是说，我们会赞同那些承认我们观念的个体，同时贬低那些对我们的观念提出质疑的人。

在一项研究当中，研究者们将信仰基督教的学生分为两组，其中一组被分配到高死亡唤醒组，即要求被试写下他们死后将会发生的事，并写下想象自己死亡的感觉；而另外一部分被试则完成一份问卷，该问卷没有提及任何与死亡有关的信息。在这之后，研究者要求所有被试提供对某个并不认识的人的印象，这个人要么是一个基督教徒，要么是一个犹太人。实验结果验证了作者的假设：被试对基督教徒的印象评估明显好于犹太人，也就是说，被试更加喜欢那些和他们共享同样的宗教价值观的人，但是这一差异仅仅在高死亡唤醒组的被试中出现（Greenberg et al., 1990）。当死亡的想法威胁到我们的自我形象时，我们倾向于喜欢那些认可我们价值观的人，而不喜欢那些质疑我们价值观的人（Greenberg et al., 2001）。

总之，那些威胁到我们自我形象的情境（包括明显的失败、来自他人的负面反馈、严重的疾病、个体自身的消极行为以及死亡突显性）都会促使我们努力采取各种措施保护自我。

死亡威胁。在思考了死亡之后，人们喜欢那些和他们共享同样的宗教价值观的人，而贬低那些质疑他们价值观的人；人们还会为他们的社会态度和信念寻找支持，并且采用一些其他的认知策略来强化他们对于世界的观念。而所做的这一切都是为了保护他们自己不受“必死性想法”的威胁。

3.3.4 当自尊很脆弱时

在你的朋友当中，有些人的自尊可能是相对稳定的，也就是说他们今天自我感觉良好，昨天也自我感觉良好，而明天他们仍旧自我感觉良好。但是对于另外一些人来说，他们的自尊可能在不断波动，即使是在很短的一段时间内也是如此（Kernis et al., 2000）。

那些自尊不稳定的人更加关注日常生活事件对于一个人的自我的影响，而且他们也更有可能以一种保护和提升自我的方式对这些事件进行反应。在一项研究当中，那些自尊不稳定的学生比自尊稳定的学生更愿意为他们的物理测验成绩找一个借口（比如“我并没有认真去准备这次考试”）。实际上，那些高自尊的学生倾向于找一些借口来提升他们的自我形象，而那些低自尊的学生更倾向于找一些借口来保护他们的自我形象，这样的一种现象在那些自尊不稳定的学生中更为常见（Kernis, Grannemann, & Barclay, 1992）。由此可以看出，自尊的稳定性和自尊水平的交互作用影响了人们维持积极自我形象的方式。

当一个人感觉他的自尊受到威胁的时候，自尊水平和自尊稳定性的交互作用所产生的影响将更加明显。在一项研究当中，被试首先要进行一个演讲，然后得到积极的或消极的反馈。实验结果发现，在得到消极反馈时，那些自尊水平高且自尊不稳定的个体最容易找一些借口来解释他们糟糕的表现（比如“我并没有努力去尝试”），但是这类个体在得到积极的反馈时却是最不愿意找借口的一类人（Kernis et al.,1993）。自尊、自尊的稳定性以及威胁三者共同作用，影响着我们看待自己的方式。

3.3.5 对积极自尊的需要在多大程度上具有文化的普遍性

传统意义上，对于积极自尊的需要应该是一种普遍的需要，至少看起来是这样，也就是说，每个人都希望把自己看作是优秀的。事实真的如此吗？显然，到目前为止，我们所提及的发现证实了这一点：人们把自己和他人进行比较；人们对他们看待成功和失败的方式进行调控；人们夸大他们的优势而忽视他们的弱点；人们对事物有一种控制错觉。所有这一切都只有一个目的，那就是让人们对自我的感觉经常处于良好的状态。然而，上面我们所探讨的研究大多以美国人、加拿大人或者北欧人为被试。在其他文化背景下的个体提升自尊的动机会不会相对较弱呢？

我们已经知道，那些个人主义文化背景下的个体更多地关注“我”，他们希望自己引人注目，并追求自己的目标和兴趣。在多数情况下，他们的自尊根植于他们自身独立的自我概念之中，根植于他们独立自主的个体观念之中。与此不同的是，集体主义文化背景下的个体更多地关注“我们”，他们希望能够和他人和谐融洽地相处。大多数情况下，他们的自尊根植于他们社会性的、相互依赖的自我概念之中，根植于他们人际关系的个体观念之中（Markus & Kitayama, 1991）。因此，那些具有相互依赖型的个体（集体主义文化背景下的个体）提升和保护自我形象的动机可能相对较弱一些。毕竟在群体中表现得太过“扎眼”可能会破坏你和他人之间的和谐关系，而自我提升恰恰会让你显得比较“扎眼”。

实际上，以日本人和北美人为被试的跨文化研究表明：集体主义文化背景下的个体较少地表现出我们前面所探讨过的偏差（e.g., Chang & Asakawa, 2003; Heine & Hamamura, 2007; Ross et al., 2005）。例如，美国人倾向于将他们的失败归咎于情境的因素，而日本人则倾向于将他们的失败归咎于自身的不足（Kitayama, Takagi, & Matsumoto, 1995）。相似地，加拿大人比日本人表现出更多的不切实际的乐观（Heine & Lehman, 1995）。

对积极的自尊的需要看起来似乎更多的是个人主义文化背景下的个体的典型特征。事实真的如此吗？最近有研究者以中国、日本和美国的大学生为被试进行了相关研究，结果发现：三种类型的被试在内隐的自尊测量中都出现了自我提升（Yamaguchi et al., 2007）。另有研究表明，集体主义文化背景下的个体和个人主义文化背景下的个体在自我提升的程度上没什么差异，但是两者自我提升的方式不同（e.g., Dalsky et al., 2008; Kudo & Numazaki, 2003; Kurman, 2001; Sedikides, Gaertner, & Vevea, 2005）。举个例子，如图 3-4 所示，美国人在描述他们自己时，如果涉及的是那些在个人主义文化中具有很高价值的特点（比如独立、独一无二、自立等），则他们更容易自我提升；但对于日本人来说，当他们描述自己所涉及的特点在集体主义文化中有很高的价值时（比如忠诚、中庸、合作等），他们更容易自我提升（Sedikides, Gaertner, & Toguchi, 2003）。

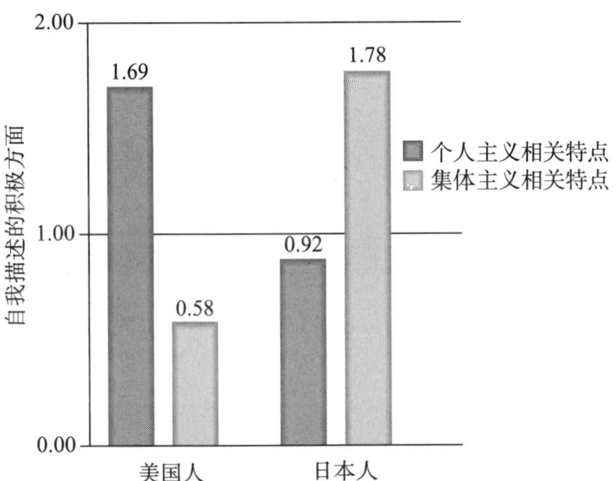

图 3-4 美国人和日本人的自我提升

有研究表明：美国人（或其他个人主义社会中的个体）比日本人（或其他集体主义社会中的个体）更容易自我提升。然而，另一些研究则表明：美国人和日本人都会自我提升，只是所采用的方式不同而已。这个研究发现：美国人倾向于认为自己更多地拥有那些个人主义相关的特点（比如自立），而日本人则倾向于认为自己更多地拥有那些集体主义相关的特点（比如合作）。

资料来源：Based on data reported in Sedikides et al. (2003), Table 3.

那么，对于积极自尊的需要到底是否具有普遍性呢？虽然有研究者给出了肯定的回答（Sedikides & Gregg, 2008），但该问题仍然悬而未决。但不管怎么说，创设和保持一种积极的自我感觉对很多人（如果不是全部人的话）都是非常重要的，另外，这种需要在很大程度上会影响我们思考自己和他人的方式。

3.4 寻求准确的理解

目前为止，你可能已经注意到人类的判断过程被各种形式的简单化策略及自我提升策略笼罩。因为有些认知捷径会导致我们的判断和行为带有偏见，所以乍看之下，作为社会思考者的人类似乎被刻画成了这样一副模样：他们除了自我阿谀奉承之外一无是处。

然而，事实并非如此。回顾前面的内容，你会发现，我们心理上的捷径是为了给我们提供“足够好”的答案而诞生的，这是因为我们所处的社会环境太过纷繁复杂，而且我们自己经常置身于繁重的认知情境当中（Haselton & Funder, 2006）。实际上，这样的认知捷径通常表现良好，即使当我们所掌握的他人信息极度匮乏或转瞬即逝时，我们仍然能做出相当准确的判断（Ambady, Bernieri, & Richeson, 2000; Funder, 1999; Johnson, Gill, Reichman, & Tassinary, 2007; Kenny, 1994; Yamagishi ct al., 2003）。而且，试图摒弃简单化的启发式策略有时候会导致我们考虑得过多，从而导致准确率的降低（e.g., Wilson & LeFleur, 1995）。这当然不是说心理上的捷径可以帮助我们对自己和他人做出完美的判断，但是它却能为我们理解自己或他人提供一种“快速廉价”且“质量相对较高”的途径（Goldstein & Gigerenzer, 2002）。

再次回顾一下前面的内容，我们不难发现，自我提升策略同样有其特有的功能。在现实生活中，我们有可能会冒着失败的风险去争取一些机会，而这些机会通常是高回报的，比如，我们有可能会和几百人去竞争一份高报酬的工作，或者追求一位高不可攀的同班同学，又或者投入额外的精力去完成一件非常困难的任务等。当然，面对上述情境，我们很难保证每次都成功，但是有一点却很明确，“如果你连尝试都没有，你肯定不会赢”。而通过自我提升的思考过程，恰恰能够提高我们尝试的可能性，这一点或许是自我提升策略最重要的功能。因此，提升自我形象在某种程度上具有适应的意义。

尽管如此，我们仍不会不假思索地运用简单化的策略或自我提升的策略。毕竟，要想在这个充满挑战的社会中生存，有时候也需要我们认真、仔细地审视我们自己和他人。接下来，我们就将探讨当人们希望更准确地理解他们所处的社会时所采用的一些认知策略（见图 3-5）。

3.4.1 无偏的信息搜集

在日常生活中，当我们追求准确性时，我们会比平时搜集更多的信息。举个例子，当我们需要对某人形成准确的印象时，我们倾向于更多地倾听并询问更多的问题（Darley et al., 1988; Neuberg, 1989）。此时，我们还会特别看重那些能帮助我们跳出最初偏见的信息。拉尔夫·埃伯（Ralph Erber）和苏珊·菲斯克（Susan Fiske）在 1984 年做过这样

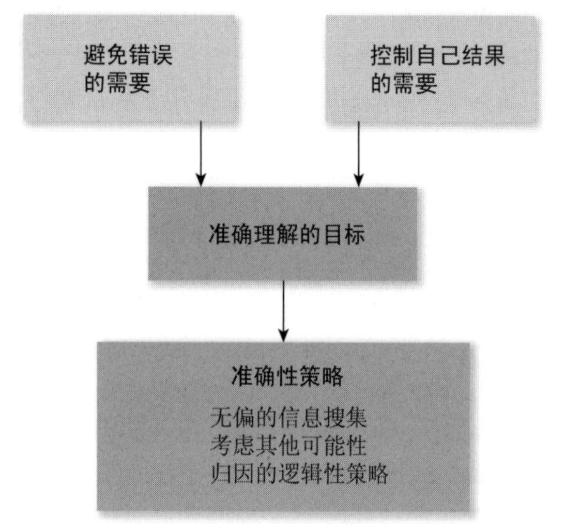

图 3-5　寻求准确性

当人们有控制他们生活的特殊需要时，或者当他们希望避免错误时，他们有时会摒弃简单化的策略和自我提升的策略，并希望以此获得对自己和他人更为准确的理解。

一项研究：他们找到一批学生被试，并告诉他们，在实验中他们将和一位教育专业的学生（实际上是实验者的助手）一起为儿童开发新游戏，如果做得好的话，他们将会得到现金奖励。实验开始之前，他们首先私下里做了一遍，然后互相交换个人档案，在个人档案中有他们对于自己创造力的描述。对于一半被试来说，"助手"将自己描述成是"极富创造力的"；但是对于另一半被试来说，"助手"则将自己描述成是"毫无创造力的"。最后，所有的被试都被告知他们有机会去阅读那位"助手"的教学评估，该评估中有一半是正面的评价，而另一半则是负面的评价，实验者秘密地记录下每位被试阅读不同类型的评估（正面或负面）的时间。

被试会将他们的注意力集中在哪里呢？在回答这个问题之前，我们必须明确：**那些和你的期望不一致的评价尤为重要，毕竟只有这部分评价包含了新的信息**。实际上，实验结果证实了这一点：当"助手"的自我评价是积极的（极富创造力），被试更加关注那些负面的评价；但是当"助手"的自我评价是消极的（毫无创造力），被试则更加关注那些正面的评价。在这个实验当中，被试和"助手"之间要相互依赖才能赢得奖励，因此被试有正确评估对方的强烈动机，在这种情况下，他们会对那些能帮助他们跳出最初观念的信息给予特别的关注（Fiske & Neuberg, 1990）。

3.4.2　考虑其他可能性

即使人们搜集了大量的信息，他们同样有可能做出糟糕的决定，因为他们可能并没有认真地评估其他可能性。这就是为什么那些需要做出困难抉择的团体通常会指定一位成员扮演"魔鬼代言人"（故意唱反调的人）的角色。该成员的任务就是要和"流行的观点"唱反调，不管该观点是什么。这样的一个角色是非常有价值的，因为他促使该团体考虑其他多种可能性，并且使该团体暴露了弱点。

对于个体而言，当我们对自己的认知过程进行审议的时候，同样可以采用这样的策略。实际上，通过考虑其他可能性，我们可以避免很多错误发生，而这些错误通常是由于运用锚定与调整启发式或其他认知捷径所引起的（e.g., Hirt & Markman, 1995; Mussweiler et al., 2000）。查尔斯·洛德（Charles Lord）、马克·莱佩尔（Mark Lepper）以及伊丽莎白·普雷斯顿（Elizabeth Preston）在 1984 年所做的一项研究很好地证明了该策略的作用方式。在他们的研究当中，被试首先阅读两个相互对立的研究，其中一项研究表明死刑对于防止谋杀案的发生至关重要，而另一项研究则否认了这一点。结果发现，和那些反对他们自身观点的研究相比，被试认为那些支持了他们自身观点的研究在方法上更具说服力，研究结果也更能令人信服。也就是说，那些支持死刑的被试所偏爱的研究恰恰是"证明了死刑的威慑力的研究"；而那些反对死刑的被试所偏爱的则是"证明了死刑缺乏威慑力的研究"。毫无疑问，这一点与期望偏差领域的研究结果是相一致的。

对于另一部分被试来说，他们所经历的实验程序大致相同，但是却有一个重要的改动，即在阅读研究之前告诉被试：人们通常会用一种符合他们期望或需要的方式来对事物进行解释。为了抵消这一自然倾向，实验者要求被试从反面进行考虑。"在你做每一步的时候，都要扪心自问如果该研究得出的结果完全相反的话，你是否还会对它做出同样高（或低）的评价？"（p. 1233）从本质上说，其实就是要求被试做自己的"魔鬼代言人"。正如研究者所预期的那样，这一策略有效地减少了偏见：这一部分被试对于两个研究的可信性和说服力的评价基本相同。当你需要公正无私的时候，质疑自己最初的观点并考虑其他的可能性或许是一个很不错的方法（e.g., Sanna, Schwarz, & Stocker, 2002）。

3.4.3　逻辑性的归因：寻求行为的起因

人们还试图更好地理解他人行为的起因，并以此达到增加他们判断的准确性的目的。然而，要做到这一点并非易事。人们究竟是如何对他人的行为进行归因的呢？社会心理学家对这一问题的探讨由来已久（e.g., Heider, 1958; Malle, 1999, 2004）。为了解决这一问题，人们最初试图把行为的原因归结为行动者内部（比如该行动者的人格特征）或外部的因素（比如社会情境的特征）。当人们追求简单化时，西方人尤其倾向于进行内部的特质归因。但是当人们追求准确性时，人们似乎变成了一位公正无私的“侦探”，此时人们更加谨慎小心地考虑行为内部的（特质性的）和外部的（情境的）原因。

但是我们如何决定某一行为的原因是行动者内部的因素还是外部的因素，抑或是两者之间的结合呢？**归因理论**（**attribution theory**）正是为了解决这一问题而诞生的。讲到这里，就不得不提两个非常著名的归因理论。首先是爱德华·琼斯和基斯·戴维斯（Keith Davis）（1965; Jones, 1990）提出的**对应推论理论**（**correspondent inference theory**）。行动者某一特定的行为与其持久的人格特点是否一致呢？为了回答这一问题，人们需要进行逻辑性的推理或判断，该理论正是对人们的这一逻辑性判断过程进行了阐述。第二个著名的理论是哈罗德·凯利（Harold Kelley）（1967; 1973）提出来的**归因共变模型**（**covariation model**）。该模型认为人们会更加看重那些与事件共变或相关的原因，并以此为标准对他人的行为进行归因。综合上述的两个理论以及其他一些相关理论，我们可以总结出人们在进行行为归因时的几个基本原理。

在社会背景中分析行为　某天早上来到学校，你发现你的同班同学杰克正在向吉尔求婚。一开始你可能倾向于认为杰克爱吉尔，也就是你会对这一行为做出一个内在的特质性的推论，但是你的好奇心可能会促使你对这一行为进行更深入的思考，并力求准确。毕竟杰克的求婚行为可能另有原因。那么，你将如何判断杰克的求婚行为是不是他真爱吉尔的一种表现呢？

当面临一个需要解释的行为时，一个好的“侦探”可能会首先从相邻区域中寻找线索，也就是在行为发生的环境中寻找线索。这种类型的分析正是对应推论理论所关注的重点。根据该理论，我们可能首先会考察一下该行为的发生是不是“有意的”以及该行为的后果是不是“可预见的”。以上面的例子来讲，可能杰克只不过是在模仿某个电影中的人物台词，他并没有注意到吉尔此时刚好回到教室，在这种情况下，我们更可能会把杰克的求婚行为看成一种意外。当行为的发生并非有意，且行为的结果不可预见的时候，我们一般不会将行为的原因归结为行动者稳定的人格特点，也很少将其归结为情境的特征。

如果我们确信某一行为的发生是“有意的”，且结果是“可以预见的”（在上例中，即杰克的求婚行为是有意的，且他知道吉尔会把他的求婚行为当真）。接下来我们需要考虑的就是该行为是不是“自由选择的”。同样是上面的例子，如果杰克是被别人强迫向吉尔求婚的话（比如被吉尔全副武装的哥哥强迫），我们也不会将该求婚行为归因为“杰克爱吉尔”。只有那些在“自由选择”条件下发生的行为才反应了一个人的内在特质。

然而，即使杰克的求婚行为是“自由选择的”，他也很明确该行为的后果（比如吉尔可能会答应他的求婚），我们仍然不清楚该求婚行为是不是杰克内在特质的一种反应，因为它还有可能是由杰克所面临的情境因素引起的。在这种情况下，对杰克行为的归因就变得十分复杂了，因为每种情境因素包含了多种可能性。举个例子来讲，可能存在下述情形：杰克的好朋友们非常喜欢吉尔；吉尔住在山上的豪华别墅里；吉尔是杰克所认识的女性中唯一一个能容忍他坏习惯的人。由于存在大量的可能性，因此决定哪个因素对杰克的行为更加重要就变得异常困难。杰克的求婚行为可能确实是由“爱”所驱动的，但其他可能性依然存在。在这样的情形下，由于我们不愿把“全部身家”都压在“杰克爱吉尔”这个解释上，我们可能会采用一种“**折扣原则**”（**discounting principle**），即随着可能的原因数量的增加，我们对于某一特定原因（“杰克爱吉尔”）的信心指数会逐渐下降（Kelley, 1973; Oppenheimer, 2004）。

或者试想一下下面的情形：杰克的朋友们鄙视吉尔；吉尔穷困潦倒；吉尔总是试图改变杰克的坏习惯。如果在有上述条件限制的情况下，杰克依然向吉尔求婚的话，则表明“杰克爱吉尔”这一内在因素对求婚行为的影响是极其强烈的。在进行这样的推理过程时，我们实际上在运用一种“**扩大原则**”（**augmenting principle**），即如果一件事情在重重阻力下依旧发生了，我们应该给予导致该事件的可能原因以更大的权重（Kelly, 1973）（见图 3-6）。

扩展分析：归因共变模型　凯利的归因共变模型认为，一个高效的“侦探”可能会进行更深入的扩展分析，而该扩展分析需要通过考虑即时情境以外的其他可得信息来实现。例如，我们可能会问：“是否有其他男性也向吉尔求过婚？”如果缺乏“一致性”的话，也就是说，如果只有除杰克之外的很少男性对吉尔感兴趣的话，我们可能会对杰克自身的内部原因分配更多的权重。与此相对应，如果有很大程度的“一致性”的话，也就是说，如果有很多的男性都想和吉尔结婚的话，我们更可能会将杰克的求婚行为归结为外部因素的影响，比如吉尔的“稀缺性”（吉尔是众人心目中渴求的理想对象）。

在哪种情况下你会更加确信杰克的求婚行为是由“他对吉尔的爱”所驱动的？

A	B
杰克爱吉尔 杰克的朋友们喜欢吉尔	杰克爱吉尔 杰克的朋友们喜欢吉尔 吉尔很富有 吉尔能够容忍杰克的坏习惯

你多半会选择A情形，因为B情形包含了太多可能会导致杰克求婚的原因。随着导致杰克求婚的原因的数量增加，人们对于“杰克爱吉尔”这一行为的信心指数逐渐下降，这就是所谓的“折扣原则”。

现在考虑一下下述杰克求婚的情形，同样，哪种情形下“杰克对吉尔的爱”这一原因在解释行为上更具影响力？

A	B
杰克爱吉尔 杰克的好朋友们讨厌吉尔 吉尔穷困潦倒 吉尔总是试图改变杰克的坏习惯	杰克爱吉尔 杰克的朋友们喜欢吉尔 吉尔很富有 吉尔能够容忍杰克的坏习惯

同样，你更可能选择A情形。原因何在？因为在A情形中，尽管有很多阻碍杰克求婚的原因，但是他仍然选择了求婚行为。

一般来说，随着阻碍某一特定行为的原因数量的增加，我们会对那些促使该行为发生的原因分配以更多的权重。这就是所谓的“扩大原则”。

图 3-6　折扣与扩大

考虑下述事件：杰克向吉尔求婚。当然，导致该事件发生的一个可能原因是“杰克爱吉尔”。但是，在这里我们考虑一下图中的 A 和 B 两种情形。

另外，我们还可能会问：“杰克是否对其他女性也表现出相同的行为？”如果杰克的行为没有表现出“特异性”的话，也就是说，如果杰克向他约会过的每一个女性都有求婚行为的话，我们更可能会对他的行为进行内部归因（比如杰克想要结婚的强烈动机）。与此相对，如果杰克对吉尔的求婚行为具有“特异性”的话，即杰克仅向吉尔求婚而非其他女性的话，那么该行为至少有部分原因可以归结为外部因素的影响（吉尔讨人喜欢的特征）。

最后，我们还有可能会问：“杰克是否在其他时间向吉尔求过婚？”高水平的“一贯性”（比如，杰克每个周末都会向吉尔求婚）表明引起该行为的原因是非常稳定的；而低水平的“一贯性”（比如，这个星期杰克想娶吉尔，下个星期他又不想了）会导致我们很难做出一个确定性的结论。

总的来说，“一致性”信息、“特异性”信息以及“一贯性”信息三者之间不同水平的结合会导致我们对某一行为的起因得出不同的结论。图 3-7 展示了当人们试图理解他人行为的原因时，三种类型的信息是如何起作用的。

我们已经知道，当人们追求准确性时，他们会运用一系列的策略。他们可能会详细地搜集各方面的信息，可能会考虑多种可能性，还有可能对事件进行逻辑性的归因。接下来，我们将探讨那些导致人们仔细思考自己和他人的个体及情境因素。

3.4.4　心境

在本书第 2 章中我们已经了解到，感觉快乐传达的是一种“一切都好”的信号，即世界是安全的也是有益的。因此，当我们感觉快乐的时候，我们没有必要保持警觉和小心翼翼，而且此时我们对自己“历经考验”的思维方式表现得更有信心，认为这一思维方式是有效的。实际上，当我们快乐的时候，我们尤其喜欢运用简单化的认知捷径（e.g., Bodenhausen, Kramer, & Süsser, 1994; Park & Banaji, 2000; Ruder & Bless, 2003）。

与此相对应，负面的情绪传达了一种“事情并不好”的信号，即我们未能达成一些重要的目标（Frijda, 1988）。举例来讲，悲伤象征着我们失去了一些有价值的东西，比如一段友谊、一个好成绩或者一件珍贵的私人物品。因此，**当我们悲伤的时候，我们需要特别关注我们所处的社会环境**。因为一方面，恰恰是这些社会环境让我们达成目标变得异常困难；另一方面，它又是我们将来能达成目标的希望。人们有时候会用快速而简单化的方式来理解世界，但运用类似的认知捷径可能会造成一定的偏差，那些正在经历轻度到中度悲伤的人会更少地运用认知捷径，他们更多地采用那些偏差较少的思维方式来思考他们所处的情境（Forgas, 1995; Isbell, 2004; Schaller & Cialdini, 1990; Schwarz, 1990）。

举例来讲，在思考社会事件的时候，那些轻度抑郁的人通常想得更加彻底和深入（e.g., Gannon, Skowronski, & Betz, 1994）。试想一下下述情景：当你知道你的现任室友不愿和你住在一起之后，你在和下任室友谈话时无疑将变得异常小心谨慎。约翰·爱德华兹（John Edwards）和吉福德·伟瑞（Gifford Weary）1993 年的一项研究发现，那些轻度抑郁的学生在形成对其他学生的印象时较少依赖于刻板印象。仔细深入的思考方式显然能够帮助那些悲伤的个体来控制那些不确定性和损失（Weary et al., 1993）。

当出现下述情形时，我们会将杰克的求婚行为看成是杰克内在特质的一种反应，比如，他迫切想结婚的强烈动机（一种内部的或者个人的归因）。

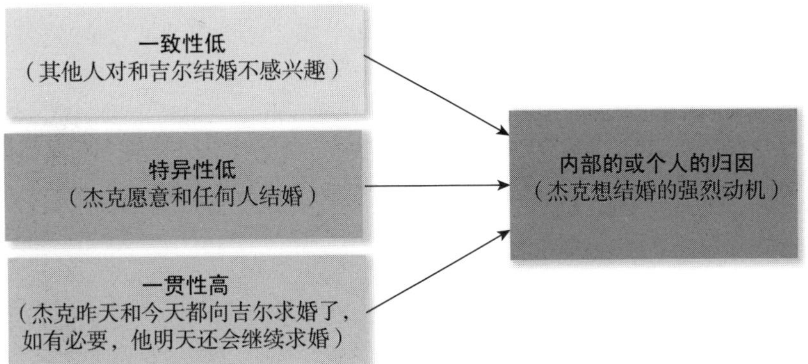

当出现下述情形时，我们会把杰克的求婚行为归因为吉尔的特殊性（一种外部的或者情境的归因）。

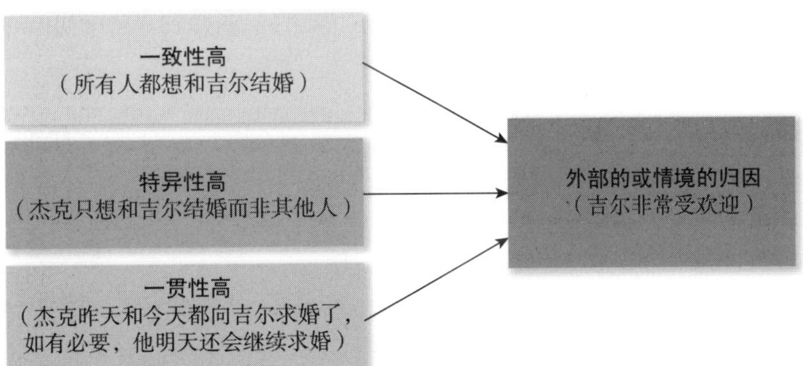

当出现下述情形时，我们会把杰克的求婚行为归因为是他与吉尔特征的一种结合，即他们之间的特殊"魔力"（一种交互作用的归因）。

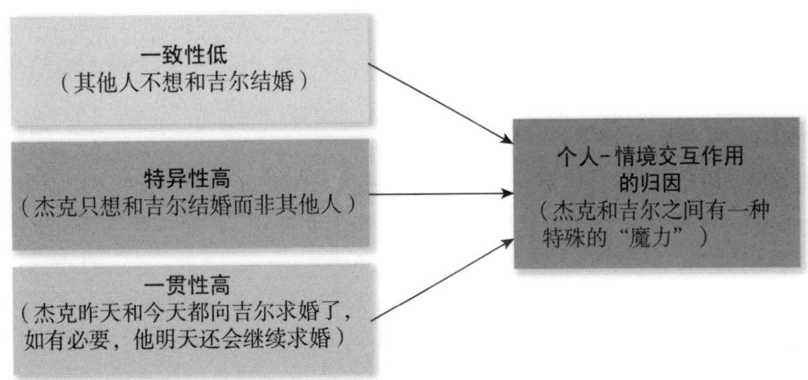

图 3-7　运用一致性信息、特异性信息以及一贯性信息来理解一个人行为的原因

凯利的共变模型认为：一致性信息、特异性信息以及一贯性信息三者之间不同水平的结合会导致我们对某一行为进行不同的归因。图中所示的三种结合形式在实际应用中尤为常见（McArthur, 1972）。考虑图 3-6 中所列举的事件：杰克向吉尔求婚。

3.4.5　认知需要

那些具有高认知需要的个体（即那些喜欢解决生活中的难题，把思考当作一种乐趣，并且喜欢发掘自身观点的优势和弱点的人）喜欢寻求对世界的准确理解。这类个体较少地运用简单化的启发式，而更喜欢付出额外的努力来对其所处的环境进行全面的评估（e.g., Cacioppo et al., 1996）。

在一项研究当中，被试首先阅读一篇演讲稿，该演讲稿要么反对堕胎合法化，要么支持堕胎合法化。所有被试都被告知该演讲稿的作者没有选择观点的自由，是被强制分配到某一观点之下的。研究结果发现：那些低认知需求的被试表现出了对应偏差，即他们相信演讲稿的内容和作者真实的观点是一致的，也就是说他们忽略了演讲稿的作者没有选择自由这一点。但是，那些高认知需求的被试则非常明智地把情境因素纳入了考虑范围（D'Agostino & Fincher-Kiefer, 1992）。

3.4.6 意外事件

我们对准确性的寻求起源于我们对控制感的需要，当一个人的控制感被剥夺时，他会思考得更加仔细（e.g., Pittman & D'Agsitino, 1985; Swann, Stephenson, & Pittman, 1981）。因为意外事件会威胁到我们的控制感，因此它通常会导致我们以一种更为复杂的方式进行思考（e.g., Clary & Tesser, 1983; Sanna & Turley, 1996）。在一项研究当中，研究者让被试通过阅读首先了解一名学生的高中成绩。该学生的成绩分为"好"和"差"两种情况，被试需要了解该学生在大学里的学分绩点情况。对一部分被试而言，他们的期望最终得到验证，也就是说，那些在高中阶段成绩优异的学生在大学里的绩点也相对较高。但对另一部分学生而言，情况则恰好相反，他们的期望最终被违背了，也就是说，那些高中阶段成绩较差的学生在大学里的表现出人意料地好。最后，被试需要对着录音机把他刚刚阅读到的故事复述出来，就像向一位朋友讲述一样。结果，研究者发现，那些期望被违背的被试比那些期望得到验证的被试考虑了更多的因果归因（"或许是因为他最终学会了如何去学习，所以才表现得出人意料的好"）(Kanazawa, 1992)。**意外事件促使我们寻求更多的解释。**

3.4.7 社会性的相互依赖

当我们的结果依赖于他人时，即当他人的行为对我们有重要的影响时，我们对他人的思考会更加仔细。当我们对他人负有责任时，该结论是适用的，举例来说，如果你知道你的老板会仔细审查你的招聘决策的话，你在评估应聘者时将会更加谨慎周密（e.g., Kruglanski & Mayseless, 1988; Tetlock & Kim, 1987）；当我们在和他人进行竞争或者他人有凌驾于我们之上的权力时，该结论也是适用的，举例来说，初级管理者更多地去关注他们的老板，而老板则很少关注初级管理者（Hall, Carter, & Horgan, 2001; Ruscher & Fiske, 1990）；当我们与他人有合作关系时，该结论同样也是适用的，当我们依赖于我们的朋友、配偶、项目合作者时，我们会更加仔细谨慎地去了解、审视他们（Brewer, 1988; Fiske & Neuberg, 1990）。

在一项研究当中，学生被试被告知他们将参与到一个项目当中，该项目旨在帮助那些曾经患有长期疾病的青少年患者回归到正常的日常生活中来。为了消除彼此之间的隔阂，被试被告知他们将和患者共同参与一项开发趣味游戏的工作。对于极富创造性的想法，被试将会被给予现金奖励。一部分被试被告知他们能否获得奖励仅仅是基于他们自身的工作情况，而另一部分被试则被告知他们和患者的合作情况才是能否获得奖励的关键。所有的被试都了解到他们的同伴——弗朗姬曾经因为精神分裂症而入院治疗。然后研究者要求被试阅读弗朗姬写的一段个人陈述，并要求被试给出他们对弗朗姬的初步印象。

当被试的"命运"与患者息息相关时，他们对患者的印象会较少地受到精神分裂症的刻板印象的影响。实际上，这部分被试对患者的个人陈述给予了额外的关注，并据此对他们的印象进行了调整（Neuberg & Fiske, 1987）。当我们和他人相互依赖时，我们对他们的思考将变得更加仔细谨慎，同时也会减少我们对认知捷径的依赖。

更加努力地去思考我们的朋友和同学。当我们依赖于他人时，即当他人的行为影响到我们的结果时，我们会以一种更细致、更富有逻辑的方式进行思考。

3.4.8 准确性动机需要认知资源

不管我们追求准确性的动机有多强，如果我们缺乏必要的注意资源的话，我们就不能进行深入的思考（Bargh & Thein, 1985; E.P. Thompson et al., 1994; Wyer, Sherman, & Stroessner, 2000）。不管是搜集大量的信息，还是做你自己的"魔鬼代言人"，抑或是进行复杂的归因推理，这些任务都是非常困难的，都需要大量的心理资源。举例来说，如果你同时被下述三件事情分散精力的话：即将到来的贷款审批、与女友父母的晚餐计划以及公司的裁员传闻，那么即使你想在工作中做到最好，你也很有可能会失败。

在路易丝·彭德利（Louise Pendry）和尼尔·麦克雷（Neil Macrae）1994 年所做的一项研究当中，他们告知被试将和一位名叫希尔达的 65 岁老人一起完成一个任务。和前面所提及的“弗朗娅”研究相类似，有一部分被试被告知，如果他们和希尔达的工作表现好的话，将会获得金钱的奖励。这一情形下被试与希尔达是相互依赖的，因此能激发被试对其形成一个准确的印象。另外一部分被试则被告知将仅仅依据他们自己的工作表现进行奖励。在这一情形下，他们的绩效是独立的，因此并不能激发被试对希尔达形成一个准确的印象。另外，实验者向被试宣称该研究旨在探索人们是如何同时完成多重任务的，因此，上述两种条件下各有一半的被试需要在头脑中记住一个八位数的数字。所以，这一部分被试在认知上是忙碌的，即他们需要将自己的精力分摊到理解希尔达以及记忆一长串数字这两项任务中。在这之后，所有被试需要阅读一段关于希尔达性格特点的概述，该部分概述要么与老年人的刻板印象相一致，要么不一致。最后，在见到希尔达之前，研究者要求被试给出他们对老人的印象。

结果如图 3-8 所示，那些没有被准确性所激发的被试更多地运用老年人的刻板印象来评估希尔达，那些虽然被准确性所激发但是认知忙碌的被试也是如此。只有那些被准确性所激发而且认知上不忙碌的被试能够减少他们对老年人刻板印象的依赖。这一研究表明，仅仅有对准确性的渴求是不够的，只有当对准确性的渴求和充足的认知资源相结合时，人们才能从简单化的认知倾向中摆脱出来。

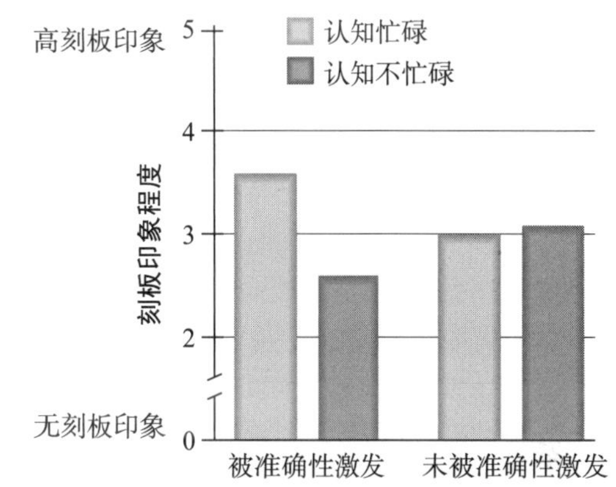

图 3-8　仅仅有对准确性的渴求就够了吗

在彭德利和麦克雷 1994 年的研究当中，被试要么被激发形成准确的印象，要么没有；同时，被试在认知上要么是忙碌的，要么不是。只有那些被准确性所激发且在认知上不忙碌的被试减少了他们对刻板印象的依赖。

资料来源：Adapted from Pendry & Macrae (1994), Table 1.

回顾

希拉里·克林顿的“画像”

在本章之初我们曾经指出，人们对希拉里·克林顿的看法存在很大的分歧。为什么观察者对这位国务卿的看法会如此不同呢？本章的课程对我们回答上述问题给了哪些启示呢？

我们的期望和观点是如何影响我们解释、判断以及记忆我们身边的事物的？经过数十年的研究，这一问题已经得到了证明。举个例子来说，在希拉里新书发行的那段日子，民主党人对其所持的观点更加积极肯定（支持与反对的比例分别是 75% 和 13%），而共和党人对其同样持有强烈的偏见，但方向恰恰相反（支持与反对的比例分别是 18% 和 72%）。另一方面，无党派人士对其所持的观点成势均力敌的态势（Gallup, 2003），这表明在两个党派中有部分成员存在强烈的偏见。

我们再来看一下所引用的评论员的情况：对希拉里持强烈的批评态度的两位评论员（佩姬·努南和威廉姆·萨菲尔）是众所周知的保守派人士，他们早年曾是共和党总统身边得力的讲稿撰写人；而对希拉里持支持态度的两位评论员（伯斯坦和切斯勒）则是众所周知的民主党人。如果坚定的政治保守派对希拉里·克林顿表示赞同，或者坚定的政治自由派对其表示反对，都将引发认知冲突，而认知冲突是我们大部分人想避免的一种心理状态。幸运的是，对于我们吝啬的认知系统来说，人类的很多行为所表示的意义是模棱两可的，这就使我们可以相对轻松地以一种我们所喜欢的方式来理解事物。对于同样的一个问题：“如果希拉里在短短数月当中将 1 000 美元的商品投资转换成了

100 000美元的利润，你将对此作何解释？”那些想对其保持消极印象的人可能会回答：“那些投资的经理向她提供了非法的好处，希望能改变政府的政策。”而那些想对其维持积极印象的人则可能会说：“这是一次有远见的投资且时机恰到好处。”这次财政上的成功是毋庸质疑的，但其意义却并非如此。人们总是看到他们想要看到的东西。

这种自利式的解释方式并非仅仅局限于维持现有的价值观和意识形态。迪克·莫里斯就曾经以各种理由强烈谴责希拉里，但在他发表这些言论的时候并不反对民主党人。实际上，他曾担任民主党和共和党候选人的高薪政治顾问，并曾经为比尔·克林顿工作过一段时间，后来据传被解雇。由于他曾经有机会近距离地接触美国前第一夫人，因此有人可能会据此推论他能真实地了解希拉里的动机，因此他对希拉里的谴责是准确无误的，也就是说希拉里只不过想利用纽约市民在参议院中获得一席之地罢了。然而，由于他曾经被克林顿夫妇解雇并宣称遭受过虐待，因此也有人认为这一事件影响了他的政治立场。即存在这样的可能:他坚信通过反咬一口、污蔑别人的方式可以重塑自己已经遭受玷污的形象，而这个人不是别人，恰恰是对其解雇负有部分责任的希拉里。当然，当我们对众多的可能解释进行选择的时候，我们内心的真实态度也暴露无疑：那些不喜欢希拉里的人更青睐于前一种解释，而那些喜欢她的人则恰好相反。

显然，希拉里就像一块“画布”，我们每个人都可以在上面画出一幅“画像”，而“画像”的特征则是由我们自身的信念、目标以及社会状况所决定的。我们每天都会画很多类似的“画像”，对象可以是他人也可以是我们所经历的事，当然，还有可能是我们自己。

那些购买《亲历历史》的人很有可能希望从书中找到证据，以此来支持他们对希拉里所画的“画像”，而且为了达到上述目的，人们会竭尽所能对该书的内容进行“合理”的解释。对另外数以千计的读者来说，他们排了很长的队伍并花费28美元来购买这本书是因为他们对希拉里如何看待她生活中的一些事件感到好奇。人们想知道：“她将对‘白水门丑闻’和‘旅行门丑闻’作何解释？”“当她知道自己的丈夫和莫尼卡·莱温斯基（Monica Lewinsky）有染之后有何反应？”不幸的是，正如著名作家达芙妮·杜穆里埃（Daphne du Maurier）在她的自传中所述，“所有的自传都是自我放纵的”（du Maurier, 1977），希拉里将对她和比尔的指控归咎于“一个巨大的右翼阴谋”，其目的在于将她丈夫从总统的职位上拉下马，这些指控并非是对她和比尔合理的关切。当我们读到这些时也就不必感到惊奇了。人们希望自我感觉良好一点，并且拥有一种为不光彩的事寻求掩饰的自然倾向，虽然这一倾向有时确实也是令人痛苦的。

希拉里同样追求对事物的准确理解，这一点我们能在她的回忆录中找到佐证。比如，在一场高中辩论赛中，一句简单的“考虑一下反方”对她产生了重要的影响，从此她与共和党渐行渐远，却与民主党日益亲近。而这种“考虑一下反方”的思考方式我们在前面介绍一个著名的研究时就曾经提及。我们从她的回忆录中了解到，她探索了很多对立的观点并最终形成了适合自己的政治哲学。我们还了解到，在决定竞选参议员之前，为了彻底全面地搜集信息，她曾经向100位经过精心挑选、精通政治的纽约市民进行过咨询，并进行了一次所谓“倾听之旅”的州际旅行。

和希拉里一样，在我们的认知工具箱中同样有大量的工具，这些工具帮助我们达成当下的目标。当我们更加关注心理效率时，我们会采用那些需要的努力很少但却能获得“足够好”的判断的策略。当我们关注自我形象时，我们会采用那些能够保护和提升我们自尊的策略。当我们所面临的情形非常重要时，我们会采用那些需要更多努力的策略，以便获得准确的理解。

随着我们完成对本章内容的学习，社会心理学与认知科学之间的密切关系渐渐凸显。人们的认知在很大程度上是一种社会认知。作为一种社会性的动物，我们的福祉和健康取决于我们是否有能力高效地处理好我们与他人之间的人际关系，包括街道上的行人、杂货店的店员、工作中的同伴以及家庭成员等。这就需要我们对某些人分配更多的注意（为了提升效率而忽略其他人），理解他们的意图，了解他们的性情，制定与其交往的策略等。如果想真正了解社会行为，我们就必须感激认知所起的作用，还要理解人的大脑是如何运作的。然而，为了理解人们的大脑为何以现有的方式运作，我们必须搞清楚作为一种社会性和文化性物种的人类所要面对的复杂但却令人着迷的挑战，而这也正是前沿科学正在努力去揭示的。社会心理学和认知科学之间的联结是双通道的，在每个方向上都有稳定的信息流在穿梭。

关键词

锚定与调整启发式（anchoring and adjustment heuristic）
归因理论（attribution theory）
扩大原则（augmenting principle）
易得性启发式（availability heuristic）
认知启发式（cognitive heuristic）
对应偏差（基本归因错误）（correspondence bias [fundamental attribution error]）
对应推论理论（correspondent inference theory）
归因共变模型（covariation model）
折扣原则（discounting principle）
特质推论（dispositional inference）
下行社会比较（downward social comparison）
虚假一致性效应（false consensus effect）
代表性启发式（representativeness heuristic）
自我实现预言（self-fulfilling prophecy）
自利偏差（self-serving bias）
社会认知（social cognition）
上行社会比较（upward social comparison）

第 4 章

呈现自我

弗雷德·德马拉的传奇人生

情人节的早上，在阴冷的空气和凛冽的寒风中，一队缅因州州警穿越了佩诺布斯科特湾，前往北哈芬岛，他们的猎物是马丁·歌德卡特（Martin Godgart）。除了在高中教英语、拉丁语和法语，歌德卡特也是航海童子军的领队、浸信会教堂主日学校的导师，还为岛上的贫苦儿童扮演圣诞老人。虽然歌德卡特到岛上的时间很短，岛上的居民也往往对陌生人有所戒惧，但他却已赢得了这些居民的尊敬和赞赏。那天他被捕时，他的邻居们都震惊不已。

打斗不是他的作风，他束手就擒后由海岸警卫队快艇押回北美大陆。审讯当天，法庭内座无虚席，他犯了什么可怕的罪行？谋杀？强奸？不然。他的罪名是"利用虚假前提进行欺诈"，最高可判处七年监禁。这个自称马丁·歌德卡特的人，看起来不过是和你我一样的普通人，而事实上他是弗雷德·沃尔多·德马拉（Ferdinand Waldo Demara Jr.），在过去的二十多年中，他一直是"伪装大师"。

德马拉并非是世界上第一个伪装者，还有许多人也一直在竞争"伪装大师"这个头衔。你也许看过史蒂文·斯皮尔伯格的电影《猫鼠游戏》（*Catch Me If You Can*），片中莱昂纳多·迪卡普里奥以戏说的方式演绎了小弗朗姬·阿巴内尔（Frank Abagnale Jr.）五年的人生。现实世界中阿巴内尔的故事同样引人入胜。他 16 岁离家出走，陆续伪装过航空公司飞行员、医务监督和法律学院研究生，在此期间他通过伪造支票诈骗了 250 万美元，最终被捕入狱。如果说阿巴内尔是一个令人难忘的出色伪装者，那么德马拉则是真正的"大师"，他的故事也被拍成了一部自传体电影，还有电视剧《伪装者》（*The Pretender*）。让我们来看看德马拉的一些事迹：

- 以罗伯特·林顿·弗润兹（Robert Linton French）博士的身份，德马拉是阿肯色州的一名自然课教师，是加努恩大学（Gannon College）的哲学学院主任，还是圣马丁大学（St. Martin's College）的副教务长、心理中心主任和教员。
- 以塞西尔·博伊斯·哈曼（Cecil Boyce Hamann）博士的身份，德马拉在美国东北大学（Northeastern University）法学院受训成为一名牧师，并帮助建立了缅因州的莱美奈斯学院（LeMennais Collge）。
- 以约瑟夫·塞尔（Joseph Cyr）硕士的身份，德马拉在朝鲜战争时加入加拿大皇家海军，在摇晃的战船上，他英勇地实施了几次起死回生的外科手术，而在这之前他还从未亲眼看过一个活人的身体内部。
- 以本·琼斯（Ben W. Jones）的身份，他在得克萨斯州臭名昭著的亨茨维尔（Huntsville）监狱当起了看守，短短一个多月就升为最高安全监狱的助理典狱长，其平息纷争的出色能力受到了大家的敬重。

这一切（或者更多）事迹的演出者只是一个中学辍学，没有接受任何职业训练和取得合法学历证书的人（Allen, 1989; Crichton, 1959, 1961; McCarthy, 1952）。

在德马拉的成功伪装中，有几处令人惊叹的地方。首先，他有过人的表现能力，能够长时间以另一个人的面貌示人，并且做到让人信服。其次，尽管他对自己所承担的各种工作都缺乏专业背景，但却能够避免在工作中犯错。事实上，虽然好几次他都被揭穿了，但都不是因为在工作中露出的破绽。他要么是被人认出是德马拉（那次是亨茨维尔监狱的一个犯人在几年前的一本《生活》[*Life*]杂志中发现了关于德马拉的故事），要么就是他在新角色中如鱼得水、声名鹊起，被“真身”发现（那次是真正的塞尔医生在报纸上看到了“自己”在战时妙手回春的惊人事迹）。最后，还有很神奇的一点，就是在真相大白后，许多被他欺骗的人依旧期盼他的回归。通常情况下人们会觉得被伪装者愚弄了，但对德马拉则不然。他的未婚妻说无论他是谁都爱他；亨茨维尔的典狱长说如果德马拉能拿到一些合法证书，他非常乐意再次聘请他并引以为豪；北哈芬岛善良的居民们则游说法官判他无罪，甚至力邀德马拉继续在岛上教书。

马丁·歌德卡特、罗伯特·弗润兹、约瑟夫·塞尔、本·琼斯等各色人物，为什么德马拉会如此不厌其烦地去呈现不同的自己？在这样一个又一个的伪装之中，他又如何能够有效地呈现自己呢？

德马拉的传奇故事充满戏剧性而不可思议，同时，他的确也是一个极端的例子。然而，正如医学研究者会去研究疯狂生长的癌细胞，从而更好地了解健康细胞的正常生长模式一样，研究一个像德马拉这样的伪装大师的行为也可以帮助研究者了解，你我这样的普通人为什么会以及如何去经营他人对我们的看法。为什么我们希望别人喜欢我们、害怕我们或者觉得我们很聪明？哪些行为可以使我们看起来讨人喜欢、值得尊敬或者聪慧过人？在本章中，我们提出这些问题，探索为什么人们想要操纵他们的公众形象，哪些形象是他们最想呈现的，他们用了哪些策略来有效地达到目的，又在什么时候会采取这些策略。

自我呈现的电影极端。在电影院里，《猫鼠游戏》中莱昂纳多·迪卡普里奥饰演的小弗朗姬·阿巴内尔的冒险经历和《伪装大师》中托尼·柯蒂斯（Tony Curtis）饰演的弗雷德·德马拉的绝妙伪装，令成千上万的观众叹为观止。阿巴内尔和德马拉的行为当然是极富戏剧性而非同寻常的，我们大部分人都难望其项背。然而，他们的故事生动地体现了日常社会生活的某些方面，比如我们希望呈现给他人的形象以及我们常用的、有效的呈现策略。

4.1　什么是自我呈现

自我呈现（self-presentation），有时也称为印象管理，是指人们试图控制他人对自己的印象过程（Jones, 1990; Leary, 1995; Schlenker & Pontari, 2000）。尽管很少有人的自我呈现可以做到像德马拉那样大胆而成功，但日常生活中的自我呈现还是无处不在的。就拿你自己为例，为什么你会这样着装？你是不是想要表现自己的某种形象或风格？你晒过日光浴吗？你出去工作过吗？做这些都是为了什么目的？你在 Facebook 或 MySpace 网站上有没有自己的档案简介？你会向他人展现自己的哪些部分，或者会收藏起哪些部分？当某个令你有好感的人经过你身边时，你会不会改变自己的姿势或表情？这又是为什么呢？当然，并非所有的公开行为都带有自我呈现的目的，比如穿衣服绝不仅仅是为了让别人觉得自己很漂亮。但不得不说，**大部分人都非常注意自己的公开行为，并关注他人对自己的看法以及由此带来的结果**。以穿衣服为例，我们很多人会花过多的时间去决定到底要买什么衣服。

这些人想传达什么形象？通过管理自己的公众行为——自我呈现，人们常常试图操纵自己在他人心目中的形象。

4.1.1　人们为什么要自我呈现

自我呈现是人类本性不可或缺的一部分，但为什么人们一定要这么在意其他人对自己的看法呢？

第一，通过自我呈现，人们可以从他人那里获得自己所需的资源。因为别人常常会有我们想要或者需要的东西，我们必须“说服”他们共享资源。举例来说，如果一个男性想得到某个工作机会，或者与某个女性约会，就必须传达一种印象，让他的面试官或约会对象感觉到他确实值得他们青睐。于是，自我呈现就是人们策略性地控制自己的生活、提升回报并且使成本最小化的一种方式（Jones & Pittman, 1982; Schlenker, 1980）。

第二，自我呈现是一种“建构”自我形象的方式。在本书第 2 章中我们已经看到，我们对自身形象的认知，也就是我们的自我概念，其中一部分来自于我们是怎么去理解他人对我们的看法。举个例子，我们认为自己有幽默感，而如果在各种恰当的时机下其他人的确被我们的表现逗笑了，那就更容易帮助我们确信自己是有幽默感的。这种观点有一个有趣的意义，即体现在我们对同伴的选择中。**如果他人对我们的看法与我们对自己的看法相同，我们往往就更愿意亲近这些人**，比如当人们对自己抱有积极的看法时，就更愿意与喜欢他们的人互动；相反，消极看待自己的人则愿意与那些不太看得上自己的人互动（Swann, Stein-Seroussi, & Giesler, 1992）。通过经营自己在他人眼中的形象，我们就能更好地管理我们在自己心目中的印象。

关于自我形象对个体的影响，有些研究者提出了另一个可能更为直接的方式。根据本书第 2 章中提到的自我知觉过程，人们有时会做自己的观众，即不仅向别人呈现自己，还会自己向自己呈现（e.g., Baumeister, 1982; Hogan, Jones, & Cheek, 1985）。简单地说，你想把自己看成是什么样的人，你就需要表现出来。比如，每当你说了一句诙谐的话，你都会强化自己幽默的自我形象，而这样你才能真正有动力到其他人面前去抖出更多的笑料（e.g., Rhodewalt & Agustsdottir, 1986; Schlenker, Dlugolecki, & Doherty, 1994; Tice, 1992）。

由此，自我呈现帮助我们获得想要的资源，也帮助我们建立所渴望的自我形象。此外，自我呈现还有社会性功能，即帮助他人了解我们的期望，从而使社会交往更为顺畅。欧文·戈夫曼（Erving Goffman）（1959）提出了**拟剧论（dramaturgical perspective）**，将自我呈现比喻为戏剧，有演员、演出、布景、剧本、道具、角色、后台等。一出戏剧要能顺利完成，即每个人都能与他人舒心地交往，那么演出必须遵循普遍的社会脚本，演员们则必须尊重并配合他人的表现。戈夫曼举了个例子，如果地位较高的人希望获得他人的尊重，他们要做的就不仅仅是拥有这样的地位，而应做到名副其实，比如穿着得体、交友慎重、与地位较低的人保持适当的距离等。

顺畅的社会交往对我们每个人来说都至关重要。正因如此，我们通常不愿意去挑战他人的自我呈现，相反，我们会允许他人"保留面子"，就算他人所呈现的公众形象不完全真实，我们也要宽容以待。比如，当着别人的面，如果朋友小小地吹嘘一下自己，我们也会睁一只眼闭一只眼，因为我们知道，如果硬要指出其中的不实之处，不仅会令这位朋友感到尴尬，也会使其他在场的人都觉得不舒服。事实上，在大多数文化中，人们都很看重善解人意、遵从社会习俗这类为他人留面子的美德（e.g., Brown & Levinson, 1987; Cocroft & Ting-Toomey, 1994; Holtgraves & Yang, 1990）。

日常生活的剧院。欧文·戈夫曼将社会生活比喻为剧院，如果人们在呈现自我的时候，能将自己的角色和本分向他人清晰地展示出来，遵守约定俗成的社会剧本，接受并尊重其他人的演出，那么就能保证顺畅的社会交往。

总而言之，自我呈现帮助我们获得我们需要或看重的东西，帮助我们建立和维持所渴望的自我身份，也使我们的社会交往更为顺畅。了解这几点后，反观弗雷德·德马拉的青年时代，我们可以开始解释为什么他会把伪装作为自己的人生事业。对德马拉来说，公众声誉是他最为看重的。他父亲是一个富有而受人爱戴的商人，聪明伶俐的他在耳濡目染之下，了解到良好的公众形象是非常重要的，并由衷地喜欢保持良好的公众形象。而家道中落后他就受到了严重的打击，正面的公众形象不复存在，曾经喜爱的自我形象也摇摇欲坠。因为无法承受贫穷所带来的公众和自我羞耻感，德马拉在 16 岁离家出走，受训做过修士和教士，但都碌碌无为。灰心丧气之下，他从他工作过的天主教男孩之家（Catholic Boys Home）"借"了一辆轿车离开，生平第一次喝醉之后，突发奇想参了军。没多久他发现军队也不适合他，于是又迅速地开了小差。

一直到 20 岁，弗雷德·德马拉始终都在"逃亡"，他的公众形象碎了又碎。在他家乡的邻里眼中，他是失利商人的儿子；在他挚爱的天主教教堂眼中，他是个失败者和小偷；在美国军队眼中，他是个逃兵。对一个极为看重外在形象的人来说，公众生活已经基本上完结了。或者说……真的完结了吗？德马拉心中的逻辑再直接不过了：（1）他要成功；（2）好名声是一个人成功的关键；（3）那个叫德马拉的人名声已经彻底毁了；所以（4）他不能再做德马拉了！于是他褪下了自己那已经锈迹斑斑的身份，假借其他口碑甚好的身份，踏上了他"伪装大师"的新征程。

4.1.2 人们何时会自我呈现

当人们知觉自己正处于"公众的目光"中时，就更可能会向他人呈现自我。当你摆姿势拍照、在镜子前吃饭或者第一次见恋人的家长，你会意识到自己是一个"公众人物"，因而更可能去自我呈现。你也许会整理自己的头发，表现出最好的用餐礼仪或者变得特别彬彬有礼。

事实上，即使我们实际上并非处于公众的目光之中，我们自己也常常会这么认为，这种现象就是所谓的聚光灯效应（spotlight effect）。在一个实验中，研究者让大学生们穿着一件 T 恤，衣服上印着过时又老土的巴瑞·曼尼洛（Barry Manilow），随后他们进入一个房间，房间里有一些人正在工作。事后，研究者问起这些大学生在房间里有多少人注意到了他们身上的 T 恤款式，他们大大地高估了人数的比例。报告大概有 50% 的人注意到了，而事实上真正注意到的人只有 25%（Gilovich, Medvec, & Savitsky, 2000）。人们往往并不像我们所认为的那样关注我们。

有些人对自己在别人面前的表现会比其他人更敏感。比如有这样一种情况，办公室里只有一个女性，其余都是男性，作为一个"标志"，这个女性确实就会比其他人更突出，于是比起她和其他女性一起工作的情况，她往往就会更关注自己的公众形象（Cohen & Swim, 1995; Saenz, 1994）。还有一些原因也会使人们引人注目，比如身体残疾、出众的魅力、肥胖等，这些人也会尤其在意别人对自己的看法（Frable, Blackstone, & Scherbaum, 1990）。更一般地来讲，**公众性自我意识（public self-consciousness）**，即人们在特质上有多大程度认为他人会注意自己（Carver & Scheier, 1985; Fenigstein, 1979）是存在个体差异的。公众性自我意识高的人对他人如何看待自己更为敏感，对拒绝会有更多的负向反应，也对自己的声誉和外表赋予更多的关注（e.g., Baldwin & Main, 2001; Culos-Reed et al., 2002; Doherty & Schlenker, 1991）。

然而，仅仅因为我们将自己当成了注意的焦点也并不意味着我们总是会自我呈现。举例来说，如果你不在意某个观察者对你的看法，就不太会在自我呈现上花太多工夫。在下列条件成立时，我们才会更为注重策略性的自我呈现：（1）观察者对我们能否达成目标拥有生杀大权；（2）这些目标对我们来说非常重要；（3）我们认为观察者对我们的印象与我们想表现给他们的印象不一样。

第一，当观察者控制了某些我们想要的东西，我们就更会去向他们自我呈现。比如，相比一个陌生人，我们会更愿意去向我们的老板呈现自己好的一面，因为老板往往对我们能否达成目标握有更多的权力（e.g., Bohra & Pandey, 1984; Hendricks & Brickman, 1974）。

第二，我们的目标越重要，越可能努力去自我呈现。在一个研究中，告知求职候选者中一部分人他们要与许多人竞争很少的职位，而告知另一部分人他们将有充分的工作岗位。结果发现，那些面临更大竞争的求职者会更多地调整自己的意见和态度去附和面试官。可以推断这是因为当机会减少时，得到工作变得更为重要（Pandey & Rastagi, 1979）。

第三，如果我们认为自己所重视的观察者对我们的印象不好，就会更积极地去改变他们的看法（Barreto et al., 2003）。比如，要是你感觉到面试官认为你不适合某个你很想要的工作，而不是已经认可你了，你就会更积极地好好表现自己（Leary & Kowalski, 1990）。

尽管诸如此类的社会环境会驱使我们大部分人去管理自己的公众形象，但个体自身方面的动机也是存在差异的（e.g., Nezlek & Leary, 2002）。比如，高**自我监控（self-monitoring）**的人总是积极地去管理他人对自己的看法（见图 4-1），他们善于评估他人的需求并随之调整自己的行为（Gangestad & Snyder, 2000; Turnley & Bolino, 2001）。举例来说，高自我监控者特别擅长解读他人的情绪表达，发现他人何时处于支配地位（Geizer, Rarick, & Soldow, 1977; Jones & Baumeister, 1976）；他们会更多地模仿他人的行为，比如别人笑他们也笑、别人打哈欠他们也打哈欠（e.g., Estow, Jamieson, & Yates, 2007）；另外，相比其他人，由于高自我监控者更适应于做一些违背他们态度和信念的行为，他们就能更好地针对情境来设计相应的自我呈现（Cheng & Chartrand, 2003; Klein, Snyder, & Livingston, 2004）。可能是有了这些技能的帮助，高自我监控者在某种程度上更可能升到领导者的位置（e.g., Day et al., 2002）。

当然，我们在本书第 2 章已经讨论过，某些行为可以在无意识的情况下发生，自我呈现也不例外（Paulhus, 1993; Schlenker & Pontari, 2000）。人们每天早上洗澡穿衣、梳头化妆，可能并没意识到这些例行装扮是为了自我呈现。同样，一个城市人平日里已习惯于表现得自信自律，当她穿越风景优美的红杉林时，也会不由自主地表现出相同的仪态。最后我们需要指出，并非所有的公众行为都是带有自我呈现意味的，当你从一个教室走到另一个教室并专注地思考着某个即将来临的考试，或者想着午饭吃什么的时候，你的行为不太可能是为了要传达某种形象。

1. 我想我会做出一些样子来给人留下深刻印象或让人高兴。
2. 在不同场合、面对不同的人，我常常有不同的行为表现，就像变了一个人一样。
3. 我并不总是我所表现出来的那种人。
4. 对于实际上不喜欢的人，我可能装得很友好。
5. 在宴会和其他社交聚会中，我并不试图按照别人的喜好说话做事。
6. 我不会为了取悦他人而改变自己的观点（或行为方式）。

图 4-1 自我呈现对你有多重要

有些人会特别喜欢管理他们的公众形象。上面这些条目来自马克·施奈德（Mark Snyder）（1974）的自我监控量表（Self-Monitoring Scale）。这些条目测量他人导向的自我呈现，即人们多大程度会通过改变行为来影响他人对自己的看法（Briggs, Cheek, & Buss, 1980; Gangestad & Snyder, 1985）。如果你倾向于同意第 1 条至第 4 条的说法而不同意第 5 条和第 6 条，你可能就是一个高自我监控者。

资料来源：From Self-Monitoring Scale by Mark Snyder, 1974. Reprinted by permission of Mark Snyder.

小调查

花几分钟时间，想一想今天到目前为止你的行为。这些行为中有多少含有自我呈现的考虑？你在对哪些人呈现自己？你想传达什么形象？为什么？

4.1.3 自我呈现的本质

如果我们要去约会，特别是第一次约会，我们会费尽心机“踏出最完美的一步”。我们会梳妆打扮，选最出彩的衣服，并尽力保证准时；我们会把话题引到自己的强项上（比如丰富的音乐知识），并试图避开弱项（比如过去失败的感情经历）。正如这些例子所示，自我呈现通常需要对信息进行策略性“编辑”。人们拥有多重自我，比如丈夫、父亲、教授、音乐家、球迷，而自我呈现常常会用最适合当前目标的形式来呈现这些自我，并且如果可能的话，还会稍作夸张。撇开弗雷德·德马拉的经历，自我呈现中很少会对信息进行明目张胆的伪装，毕竟不太会有哪个普通人会想着要去伪装成摇滚明星或是国际间谍。

尽管我们付出了最大的努力，但自我呈现有时仍会失败。就算是德马拉也不能使每个人都喜欢他，我们有时可能会无法打造出我们想要的形象。制造某个印象需要我们付出关注和努力，因此如果我们已经关注了其他一些东西，或者刚做了一个很难的任务，可能就没有足够的心理资源再来操纵他人对我们的印象了（e.g., Vohs, Baumeister, & Ciarocco, 2005; von Hippel & Gonsalkorale, 2005）。还有些时候，我们会突然有了一个不想要的形象，比如一个年轻的求婚者原本想在约会中表现自己的修养，但在高级餐厅里不小心碰翻了酒杯，结果自己变成了一个笨手笨脚的人。如果某个特定的印象非常重要，那么自我呈现的失败可能会带来重大的损失。有些损失是有形的，比如失去工作或约会的机会；有些损失则是心理上的，比如威胁到自我概念和自尊，或者让人非常尴尬（e.g., Miller, 1995）。

对自我呈现失败的恐惧称为**社交焦虑（social anxiety）**。社交焦虑非常普遍，我们在初次约会或者在一大群人面前讲话时都可能会体验到（Leary & Kowalski, 1995）。一定程度的社交焦虑可能是有好处的，但过度的社交焦虑可能会令人们完全回避社交情境，即尽可能逃离这类场合，如果实在逃不开就抑制自己的行为（e.g., DePaulo, Epstein, & LeMay, 1990）。大约30%~40%的美国人会将自己描述为害羞的，他们所体验到的社交焦虑在正常的水平上；还有大约2%的美国人的社交焦虑则非常严重，甚至可以归类为社交恐怖（Cheek & Briggs, 1990; Pollard & Henderson, 1988; Zimbardo, 1977）。

当人们担心仅仅依靠表现得最好也还不足以达到目标的时候，他们可能会冒险尝试虚假呈现（Feldman, Forrest, & Happ, 2002）。实际上我们大部分人偶尔都有过所谓“虚假广告”的自我呈现——也许你曾经“忘记”告诉家长你考试考砸了，或者假装对老板的度假照片兴味盎然。这类欺骗甚至可能是好意的，比如收到一个不怎么像样的生日礼物，为了不伤送礼人的心，我们就装得惊喜万分。人们或多或少都会互相撒撒谎，而许多谎言都是为了撒谎者自己的利益（DePaulo et al., 1996）。

不真诚也存在破坏形象的风险，并且造成的破坏可能是最具毁灭性的。当人们发现某个人的表现是“做作”而非“自然”，就会为其贴上一串标签：不诚实、不真诚、虚伪、不道德。如果是以这样的方式被抹黑了名声，其损失是巨大的——那些被认定为不值得信任的人会受到他人的回避和孤立。正因为深知这一点，德马拉极度害怕自己有一天会被看作是个骗子。于是，尽管德马拉的未婚妻在发现他真正身份后仍然想要嫁给他，尽管德马拉也深爱着他的未婚妻，他还是感到无地自容而离开了她。德马拉认为自己在未婚妻心目中的形象已经被永远地玷污了，虽然她并不同意他的想法。

德马拉的极端反应鲜明地体现了人们对名誉、诚实的重视，因此人们会竭尽全力来表现自己的诚实并掩饰自己不诚实的行为就显得不足为奇了。于是我们有时也会同样竭尽全力去观察别人是不是在诚实地表现自己，而遗憾的是，我们对探测谎言并不在行。

联结：理论与应用

探测谎言

奥尔德里奇·埃姆斯（Aldrich Ames）曾经有很长一段时间受雇于美国中央情报局（Central Intelligence Agency，CIA），并有机会接触极其敏感的高度机密。尽管如此，他在同事眼中是一个没什么能力和野心的酒鬼，永远不会做出什么有意义的事情。其实，他们都错了。在九年时间里，他一直将情报卖给苏联，这直接导致了至少 10 名中情局特工的死亡（Adams, 1995; Weiner, Johnston, & Lewis, 1995）。对他的国家来说，他是一个叛徒，并且从很多标准来看，他是一个杀人如麻的凶手。奥尔德里奇·埃姆斯在敌人的眼皮底下工作了那么久，而他那些敌人的本职工作正是要对付像他这样的间谍，于是这引发了许多有趣而重要的问题——关于人们探测谎言的能力。

别对我撒谎。人们撒谎，常常是为了避免给别人留下一个不好的印象。然而，为了社交生活能够顺利进行，我们需要彼此之间能够相互信任，因此我们不喜欢那些我们认为是在说谎的人。在一些研究欺骗的科学家——其中有保罗·埃克曼（Paul Ekman）博士（图右）的研究成果启发下，一部关于撒谎题材的作品诞生了。电视剧《别对我撒谎》（*Lie to Me*）讲述了虚构人物卡尔·莱特曼（Cal Lightman）博士和他的同事们的故事，他们试图揭穿一些罪犯和其他一些威胁社会的人的谎言。可惜，现实生活中我们很少有人，包括那些我们认为是专家的人，能够像电视剧里描述的那样成功揭发说谎者。

我们大部分人都不是很好的谎言探测者，尤其是在遇到陌生人的时候。一些实验室对照研究显示，探测谎言的成功率比碰运气的概率高不了多少（Bond & DePaulo, 2006）。为什么我们这么容易被欺骗？其中一部分原因在于我们本身有这样一种倾向，倾向于信任他人，倾向于一开始就先相信他人所说的和所呈现的（Gilbert, Tafarodi, & Malone, 1993; O'Sullivan, Ekman, & Friesen, 1988）。这通常是明智之举：大部分人在大部分时间里确实是在说实话。然而，就因为我们信任别人说的话，我们就常常会忽略那些最有利于区分谎言和事实的线索，比如说谎的人对事件的细节描述会更少、讲故事时投入的不多、下巴会抬得更高、瞳孔会放大，整个人看起来更加神经质或者紧张（DePaulo et al., 2003）。然而，即便是这些行为也只是一些非常弱的暗示，我们使用起来常常会出现很多差错。

相比探测陌生人，我们是不是更容易探测朋友和恋人的谎言呢？事实上，我们在探测恋人的谎言方面看起来的确做得更好一些，但前提是事先对他们产生了怀疑（McCornack & Levine, 1990）。当然，这也意味着在他们说实话的时候我们也更容易认为他们在撒谎。而对于亲密的朋友，虽然我们探测谎言的能力在不断改善，但我们的表现仍然在机遇水平徘徊（Anderson, DePaulo, & Ansfield, 2002）。

所以普通人对探测谎言并不在行。那么，那些被认为是谎言探测“专家”的人又怎么样呢？美国联邦法律执法员、警察审讯员，还有其他从事类似工作的人呢？一些研究发现，这类专业人员在他们的专业环境下工作时，可能确实能比我们大部分人更好地探测谎言（O'Sullivan, 2008）。另外一些研究对各种领域的实验和研究进行了综合分析，认为这些能力更多地只是流于表面而非真实存在。这些专业人员的成功有很小一部分是因为他们作为专业人员有特殊的技能，而更多是来自于偶然（比如，即使是一些平庸的棒球击球手，有时也会在世界大赛第七战决胜局中打出全垒打，为本队赢得冠军）。他们的分析认为，探测出一个谎言更多地是依赖于说谎者发出的线索，而绝非依赖于某些只有小部分人才有的特殊能力（Bond & DePaulo, 2008）。有一点是清楚的：探测陌生人的谎言是非常困难的，并且只有很少人擅于此道。看了这些研究结果，也就不奇怪埃姆斯的同事们为什么没有对他那些不可告人的行动起疑心了。同样也不奇怪，那些致力于抓捕说谎者和罪犯的组织机构常常会求助于一些评估谎言的技术手段，比如测谎仪。

测谎仪用皮肤电活动、血压、心率和呼吸等指标来记录人们的生理唤起。测谎仪审查员要考察一个嫌疑人在不同情况下的生理唤起水平，比较嫌疑人被问到一些可疑行为（有罪的嫌疑人会撒谎）和作为对照的无关问题（即使有罪的嫌疑人也很可能要说实话）两种情况，看前者的唤起水平是否更高。测谎仪审查背后的假设是人们在撒谎时会有更多的生理唤起。

谎言探测器？测谎仪审查常用于执法和安全组织缉拿罪犯，比如伪造不在场证明的凶手、出卖公司机密的雇员、为敌对方工作的间谍。不幸的是，这些“谎言探测器”的测验常常错误地抓出了无辜的嫌疑人，而放过了有罪的作恶者。

遗憾的是，没有一个特定的心率、皮肤传导模式或类似的东西能直接对应不诚实。愤怒和恐惧也会增加生理唤起，而当一个无辜的嫌疑人被问起是否参与了违法行为的时候，可能会真的感到愤怒和焦虑。因此，测谎仪审查就有很高的风险会错误地将无辜的人认定为有罪。总体来说，关于测谎仪审讯的研究显示其准确率的分布可以低至25%，也可以高达90%（Ford, 1996; Saxe, 1994）。

如果嫌疑人自己也认为测谎仪测试没用，那么测试的有效性就会进一步降低，因为这种怀疑降低了焦虑。有罪的嫌疑人还可以扰乱测试——许多情报人员都受过这样的训练，他们会在回答对照问题时故意提升焦虑水平，比如绷紧肛门括约肌、咬舌头、朝地面用力挤压脚趾（Gudjonsson, 1988; Honts, Raskin, & Kircher, 1994）。另外，探测谎言的一些最有效的线索来自于人们说了什么和怎么说的，比如他们提供的事件细节、谈话中的语言逻辑结构等，而测谎仪则无法对这些线索进行评估（DePaulo et al., 2003）。最后，使用这种只能测量生理唤起的技术，比如测谎仪，很难探测到那些没什么内疚感和焦虑感的人（e.g., Verschuere et al., 2005）。奥尔德里奇·埃姆斯就利用测谎仪的这些弱点占了很多便宜。在他秘密为苏联做间谍期间，通过了两个测谎仪审查，并最终得以继续那些催命行动。

于是我们看到，测谎仪测验其实是个很没用的谎言探测仪器，特别是在那些没有经过充分训练的审讯员手里（e.g., Fiedler, Schmid, & Stahl, 2002; National Research Council, 2003）。因此，致力于寻找高科技手段探测谎言的研究者们探索了一些新的方法。其中一种方法是测量人们在识别一些以前遇到过的物品时的脑电波，由此推断在提及一个与案件有关的物品时，只有有罪的嫌疑人才能出现类似的脑电波反应（e.g., Rosenfeld, 2002）。还有研究者使用热成像技术，希望能通过记录脸部的热量放射来探测谎言（Pavlidis, Eberhardt, & Levine, 2002），或者采用功能性磁共振成像（fMRI）技术，希望能追踪到与撒谎相关的脑部活动模式（Langleben et al., 2002; Lee et al., 2002）。但是到目前为止，还没有哪种新技术被证明是切实有效的（e.g., Sip et al., 2008; Spence, 2008）。

总的来说，在日常琐事中或侦查犯罪行为时，我们探测谎言的能力——凭借直觉或依靠仪器是很普通的。不过幸好，要维持一个谎言是很困难的（e.g., Bond, Thomas, & Paulson, 2004），对不同的人要说不同的故事，每个谎言都要更多的谎言来支撑，一个人很容易就会聪明反被聪明误。奥尔德里奇·埃姆斯已经伏法，我们也可以松一口气了，要不然，如果我们的谎言探测能力仅此而已，那可以不夸张地说，他真的能够继续逍遥法外了。

看了我们的讨论，希望你不要得出结论说自我呈现总是带有欺骗性的。我们之前就已经提到，自我呈现往往更多的是策略性地展示自己的某些方面，而非捏造自己的某些方面（Leary, 1995）。这并不奇怪。毕竟，因为我们最终必须符合自我呈现的形象，过分的夸大从长远来看是没有好处的。如果你对某个人的喜爱最终发现是假的，你就会得到一个骗子的名声，以后就很难再获得友谊了；如果你装作非常强势而实际并非如此，最终到了亮底牌的时候，你可能会被迫耻辱地败下阵来，或者硬着头皮加入一场很可能会输掉的战斗。因此，创造一个与个人实际相去甚远的公众形象常常是不太明智的做法（Schlenker & Weigold, 1992; Toma, Hancock, & Ellison, 2008）。

接下来，我们会讨论一些人们常常想要呈现给别人的形象。大部分人都希望被人看作是诚实和值得信赖的，这个我们已经看到了。大部分人也都希望被人看作是稳定且表里如一的，而非反复无常或者捉摸不定的。即便一些负向的自我呈现在某些情况下也是有帮助的（Kowalski & Leary, 1990）。比如，一些酒吧和夜总会里的女性不希望成为男性的"猎物"，于是，她们可能会故意表现得不讨人喜欢，她们会不苟言笑、回避目光接触或匆匆结束谈话等（Snow, Robinson, & McCall, 1991）。人们也许会假装没有能力以逃避一些乏味的杂务或繁重的责任，以欺骗对手（e.g., Gibson & Sachau, 2000; Shepperd & Socherman, 1997）。或者人们会看起来对某些问题很困惑，以便从他人那里获得更多的信息（Rozin & Cohen, 2003）。当然，大部分时间我们还是希望在别人眼中能有一个好形象。这里提到的三种公众形象是特别有用的：人们希望讨人喜欢、能力出色、位高权重。下面我们会介绍人们为达到这些目标所使用的策略以及哪些个人和情境因素会使这些目标突显出来。

4.2　表现得讨人喜欢

大部分的社会文化都会严厉地惩罚伪装者，这是合情合理的。欺骗性地呈现自己、宣称自己拥有某些实际没有的证书和能力，是在挑战已经建立的社会秩序，并给遵守秩序的人带来危险。所以由此看来，德马拉的欺骗虽然多次被人揭穿，但他却只在监狱里待了很短的时间，这一点可以说是对他的一种巨大的赞美。神奇的是，受到德马拉欺骗的人——那些本应该感到最为恼怒的人，曾多次帮助德马拉摆脱困境、保释出狱。

弗雷德·德马拉能够在多次伪装暴露后仍安然无恙是因为，他非常了解被人喜爱的重要性。**被人喜爱意味着归属，意味着与某个社会网络联系在一起，并享有因此带来的丰厚利益。**如果我们被别人所喜爱，别人会为我们带来额外的收益，并且会原谅我们的错误。这会让我们的生活更加如鱼得水。因此，我们希望得到别人的喜欢，而我们会为此做出相当大的努力。

4.2.1　逢迎的策略

逢迎（ingratiation）是一种为了让别人喜欢我们而做出的努力，我们会用很多方法去逢迎别人。比如要讨好一个新邻居，你也许会帮她一个忙，和她的一个好朋友套套近乎或者说一些有趣的笑话。有 4 种逢迎策略似乎是特别有效的（见图 4-2），在这里我们会一一介绍。

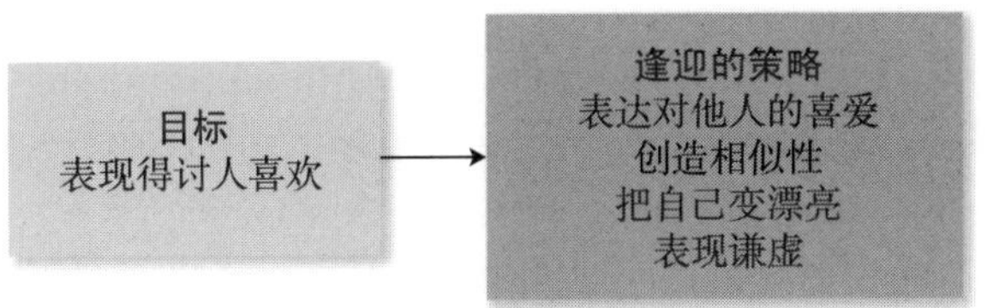

图 4-2　逢迎的策略

人们会用各种各样的策略来使别人喜欢自己。

表达对他人的喜爱　有一句格言说过，"奉承是行不通的"，但这句话却并不正确。只要处理得体，赞美他人是一种让他人喜欢我们的有效策略。比如在一个研究中，女服务生在接受客人点餐后加上一句简单的赞美（"您菜点得真在行啊"），就可以比对照组（不加赞美）获得更多的小费（Seiter, 2007）。想办法让你的同事巧妙地向老板转达你对他的敬重，也可以是一种非常成功的奉承方式，因为这个赞美是来自第三方的，你的老板就不太容易会认为是你的刻意表现（Liden & Mitchell, 1988; Wortman & Linsenmeier, 1977）。向他人寻求建议也往往会有类似的效果，因为这暗示了你非常认同对方的专长和知识。

作为一种逢迎策略，奉承在学前期就开始出现（Fu & Lee, 2007），而且往往是行之有效的。虽然我们听到有人赞美别人的时候会很容易觉得那是不真诚的，但如果有人恭维我们，那我们就会无比受用（e.g., Gordon, 1996; Vonk, 2002）。为什么不呢？要知道这个恭维如果是落在了我们头上，那显然不是言过其实！

人们也会通过非言语的方式来表达对他人的喜爱（DePaulo, 1992; Edinger & Patterson, 1983）。要是想要别人喜欢我们，我们可以无意识地模仿他们的行为，比如，别人跷二郎腿我们也跷，别人揉下巴我们也揉，诸如此类（Lakin

& Chartrand, 2003）。这可是有用的：当我们不经意地模仿别人的非言语行为时，会获得他们更多的喜爱（Chartrand & Bargh, 1999; Likowski et al., 2008）。甚至在谈判时，对方还会因此多给我们一些优惠条款（Maddux, Mullen, & Galinsky, 2008）。更有甚者，在一个虚拟环境中，实验被试和仿真的、计算机生成的虚拟人物进行"互动"，要是程序设置这些人物悄悄地模仿被试的头部运动，被试也会对他们有更好的印象（Bailenson & Yee, 2005）。还有一个例子，如果你们在上一门社会心理学课程，而其中有些人是真的很喜欢给你们上课的教授，那么这些人在听课的时候就很可能会经常微笑、点头，而且会全神贯注且有更多的目光交流（e.g., Lefebvre, 1975; Purvis, Dabbs, & Hopper, 1984; Rosenfeld, 1966）。作为教授的我们必须承认，学生的这些行为会让我们感觉很好，我们会反过来喜欢这些学生。**微笑是一种能让别人喜欢我们的特别有力的武器**，这很可能是因为在自然微笑的同时，别人会感受到笑的那个人是友善的、是乐于助人的（Mehu, Grammer, & Dunbar, 2007）。在《人性的弱点》（*How to Win Friends and Influence People*）这本全球销量超过 1 500 万册的畅销书中，戴尔·卡耐基（Dale Carnegie）（1936/1981）写道："微笑会说话，它在说'我喜欢你，是你令我感到愉快，见到你很开心'。"（p.66）卡耐基深信，一个恰到好处的微笑，其影响力不容小觑，为此他还提供了一些小技巧，教我们如何在不太想笑的时候微笑。这样的建议到底好不好呢？我们似乎可以假设，所有人都能控制他们的面部表情，而不能完全分辨出真诚和虚假。那么，人们是不是真的能够驾轻就熟地操纵自己的微笑呢？我们又要怎么去判断呢？

联结：方法与证据

解读面部表情的科学

面孔是自我呈现的出色媒介，既有复杂性又有灵活性。面部表情由 40 多块肌肉组合产生，可以帮助我们传达许多我们对于自己、他人和环境的感受（e.g., Fridlund, 1994）。通过面孔，我们不仅能表达愤怒、悲伤、羞耻，也能表达惊讶、厌恶、安慰、怀疑和狂喜；我们的面孔可以传达尊敬和敬畏，也可以传达蔑视和无惧。即便是一个看起来很简单的微笑，似乎可以直接和喜悦、喜爱联系起来，但实际上也有着多达 18 种不同的意义，其中有些传达的是恐惧、尴尬和轻佻的意图（Ekman, 1985）。

保罗·埃克曼和华莱士·法尔森（Wallace Friesen）（1978）开发了面部行为编码系统（FACS），用于研究面部表情的复杂性。FACS 是一种测量面部肌肉运动的系统，受过 FACS 训练的人通过一个面部活动录像，可以对这些面部肌肉的运动、强度和其他特征进行评分。评分过程非常冗长乏味：编码人员暂停录像，进行评分，接着放一段录像（也许只有几分之一秒），再次进行编码，如此继续直到结束。编码者需要接受 100 小时的训练之后才能可靠地使用这个系统，而一个合格的编码者编码 1 分钟的面部活动需要 60 分钟。不过，相对使用 FACS 的难度来说，其回报还是值得的。尤其值得一提的是，这个方法帮助研究者了解了许多与表情相关的奥秘，比如，人们是如何互相交流的，面部表情和情绪又是如何关联的。

(a)

(b)

图 4-3　由衷和虚假的微笑

并非所有的微笑都是一样的。如果是感受到喜悦的微笑，颧大肌会使嘴角上扬，眼轮匝肌会使眼睛周围的肌肉"产生皱纹"（见图 a）。虽然大部分人可以有意识地控制颧大肌，但约有 80% 的人无法有意识地收缩眼轮匝肌。因此，眼部周围的肌肉常常能令虚假的微笑现形（见图 b）。

资料来源：D. Keltner.

现在我们再回过来看微笑这种逢迎策略。研究者使用 FACS 发现，虚假的微笑与真实喜悦的微笑确实是存在差别的。真实喜悦的微笑包含两块主要的面部肌肉的运动：颧大肌将嘴角提升至颧骨；眼轮匝肌提升脸颊，缩窄眼睛，在眼角产生“鱼尾纹”，如图 4-3（a）所示。这看起来很容易仿造，其实不然。虽然我们可以很有效地操纵颧大肌来扬起嘴角，但大部分人都没有办法有意地收缩眼轮匝肌，这块肌肉并不那么听从我们的指挥。因此，只要仔细观察眼周，就常常能发现虚假的微笑，如图 4-3（b）所示。

虚假的微笑在其他方面也会与真实的微笑存在差异。虚假的微笑更不对称，这说明面部两侧的肌肉运动不完全同步；虚假微笑时的肌肉运动更僵硬、不流畅；虚假微笑往往比自然微笑持续时间更长（Frank & Ekman, 1993）。这些脸部动态，也就是面部肌肉的运动中存在的差异在 FACS 方法下会现形，能让科学家们轻而易举地分辨出虚假的和由衷的微笑（Krumhuber & Kappas, 2005）。

可是我们余下的人怎么办？在自然的社会交往中，我们能不能分清他人由衷的和虚假的微笑呢？研究结果告诉我们，虽然我们不那么在行，但大多数情况下还是能做到的（Frank & Ekman, 1993）。所以，**用虚假的微笑去讨好别人是一种带有风险的策略**。有时你会成功，这种情况一般是在你不太了解的人面前，并且只是对你原本的喜悦笑容稍作夸张。但是，除非你是一个天生的撒谎精，否则失败是常有之事，而一旦你失败了，损失是巨大的，你会背上一个虚伪的名声，这也许是最为糟糕的形象。

创造相似性　想象你在一个聚会中，正和一个你想进一步发展的人深入交谈。到目前为止，谈话都是愉快而安全的，比如，你们谈论着双方共同的朋友、最近的坏天气，还有你们都瞧不上眼的写作老师等，你觉得这个人对你有好感。随后你们的话题会变得严肃起来，比如：“你对传统的性别规范有什么看法？是不是就应该‘男主外、女主内’？”你的心跳了一下，“我该怎么答？”你想，“我是不是应该猜测一下对方的看法，给出一个附和的答案？如果我们意见不同，对方是不是会因此而变得讨厌我？”

这也是在一个研究中，普林斯顿大学的一群女生所面临的困境。这个研究考察人们如何形成对彼此的印象（Zanna & Pack, 1975）。在研究的第一阶段，这些女生会获得一个即将碰面的男生的信息，信息里会显示这个男生是女生们心仪的（21 岁，高个子，普林斯顿大学高年级学生，有车，运动型，单身，有心认识女生）或者是女生不心仪的（18 岁，矮个子，其他大学的新生，没车，不擅运动，已有女友），从这个信息中女生还会得知这个男生对女性的看法是传统的（认为理想女性应该是感性、注重外表、被动的等）还是非传统的（认为理想女性应该是独立、进取的等）。

随后女生填写了问卷，研究者告诉她们这些问卷是要给那个男生看的，问卷里面包含了她们自己对性别角色的态度。如图 4-4 所示，当面对心仪的男生时，女生会调整她们的看法以附和对方。另一个研究证明男性在对心仪的女性陈述自己观点时也会有同样的表现（Morier & Seroy, 1994）。归根到底是为什么呢？**当我们希望得到别人的喜爱时，常常会调整自己公开发表的观点**。但原因何在呢？

在其他条件相同的时候，人们会喜欢那些和他们相似

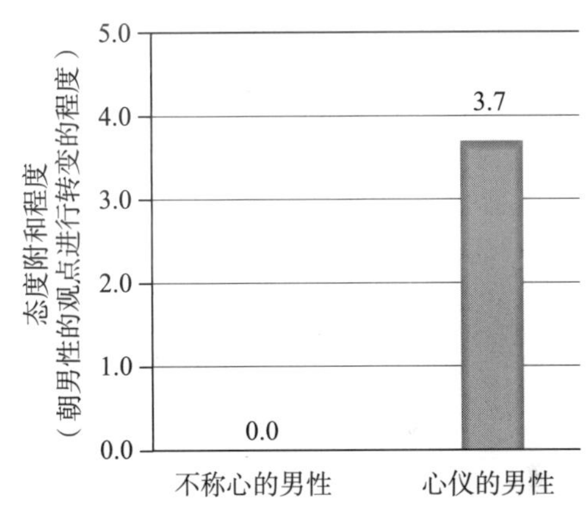

图 4-4　观点附和：一种逢迎策略

在一个实验中，当女性将要和一个心仪的男性交往时，会调整自己的观点从而和对方一致；而女生遇到不心仪的对象时，就不会出现这样的观点附和。

资料来源：Adapted from Zanna and Pack (1975), Table 1.

的人，而不喜欢与他们不同的人，并且我们是知道这一点的！人们喜欢与他们穿着相似的人，喜欢和他们有相同品味的人，喜欢和他们观点相似的人，甚至喜欢与他们姓氏中的几个字母相同的人（Berscheid & Walster, 1978; Byrne, 1971; Jones et al., 2004; 见第 7 章）。因此，很自然，我们常常会改变我们的穿着、行为或公开的观点，创造一些相似性来讨好别人。这也不难解释为什么我们要尽量避免与我们想讨好的人表现出不一样，因为表现出不一样，比如风格各异、行事不同、意见相左，会降低他们喜欢我们的可能性（e.g., Dodd et al., 2001; Swim & Hyers, 1999）。**当我们把自己变得更像别人时，他们会更喜欢我们。**

把自己变漂亮　“我没有合适的衣服，没有好看的脸

蛋，我只好坐下来，看那些得天独厚的女孩们惬意地享受着生活。这就是生活的奖赏。如果你长得漂亮，生活就会奖励你（“Becoming Barbie”, 1995）。这是辛迪·杰克逊（Cindy Jackson）的想法，在得到一笔遗产后，她就决定改头换面，要从一个没有人“会看第二眼”的女人变成她心目中外表完美的女人——芭比娃娃。33岁时，她开始通过外科整形打造自己。两次鼻部手术，一次丰唇，一次缩下巴，隆胸（后来移除），多次抽脂、丰颊、化学换肤、植发，三次面部拉皮、永久纹绣等，总共47项程序，其中包括九次手术。最近，辛迪又接受了一组手术和程序，再次重塑她的身体外形，这次她参照的是20世纪六七十年代法国标志性演员碧姬·芭铎（Brigitte Bardot）。

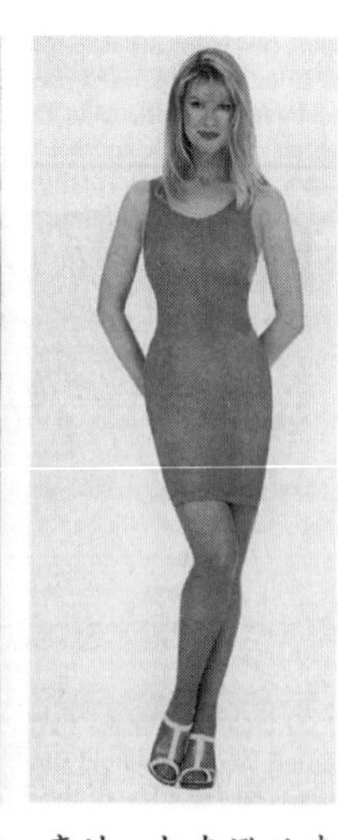
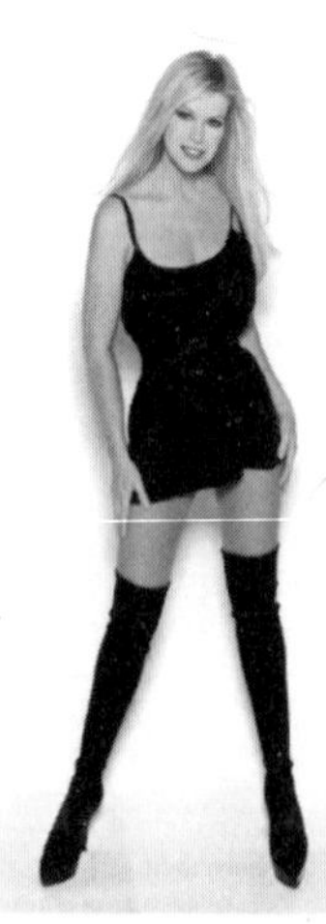

从芭比到芭铎。辛迪·杰克逊从来都不喜欢她的样子，所以通过整形手术和程序（总共大约60次），她开始把自己改变成她心目中外表完美的女人——芭比娃娃，后来则是把自己改变成20世纪六七十年代的文化标记——碧姬·芭铎。辛迪如此追求漂亮是不是太极端了？就我们日常的标准而言，是这样的。从实用的角度来说，这是不是完全被误导了呢？也许不是。研究证明，不管我们喜不喜欢，漂亮总是占便宜的。

我们不知道辛迪·杰克逊做这些所获得的利益是不是超过了她所付出的代价，包括身体上和经济上（她花了十万多美元）。不过我们知道的是，外表有吸引力的人确实比不漂亮的人更讨人喜欢（Eagly et al., 1991; Feingold, 1992; Langlois et al., 2000）。漂亮的人看起来更诚实（Zebrowitz, Voinesco, & Collins, 1996）；漂亮的人有更大的机会受聘获得管理职位或者被选入公职，即便面试官和投票者都否认他们受到了外表的影响（e.g., Budesheim & DePaola, 1994; Mack & Rainey, 1990）；漂亮的人在轻罪案中要交的罚款和保释金相对更少，在重罪案中的量刑也较轻（Downs & Lyons, 1991; Stewart, 1980, 1985）；漂亮的人工资更高，以中等相貌的人为基准，不漂亮的人收入会比中等相貌的人少7%，而非常漂亮的人的收入则比中等相貌的人多5%（Hamermesh & Biddle, 1994），在其他条件相同的情况下，这12%的收入差异相当于教育程度相差一年半所带来的差异！外表有吸引力的人在亲密关系中会更受欢迎，甚至可爱的新生儿也可以得到母亲更多的喜爱（Langlois et al., 1995）。毋庸置疑，漂亮是有好处的。

了解了这一点，大部分人都会努力要把自己变得更有吸引力。我们看看下面的数据：

- 2007年，美国人进行了大约1 170万项外科整形手术和非手术程序，比2006年增长了8%（American Society for Aesthetic Plastic Surgery, 2009）。
- 时下最流行的美容方法是肉毒杆菌注射，这种方法在2007年实施了270万次，其主要功能是在容易长皱纹的面部肌肉注射一种麻痹毒素以减少眼部、嘴巴和额头附近的皱纹。
- 全世界范围内，化妆品是一项年销量200亿美元的产业，香水和古龙水制造商每年则要售出价值100亿美元的香味。
- 目前有500万美国人（其中有100万是成人）带牙套和其他牙齿矫正器械，他们大部分都是为了改善自己笑起来的样子。
- 美国人每年在减肥食品、营养品、书籍和减肥计划上的花销达600多万美元。

再想一下我们花在美发、珠宝、纹身和衣服上的时间和金钱，更不要忘记那些更危险，甚至威胁到生命的爱美行动，比如让自己接受太阳的炙烤、实行严酷的节食计划、使用增强肌肉的激素等（Leary, Tchividjian, & Kraxberger, 1994; Martin & Leary, 2001）。

我们希望别人喜欢我们，并且知道变漂亮能有所帮助，因此我们自然很愿意去付出许多代价来购买辛迪·杰克逊所说的“好看的脸蛋”。

表现谦虚　如果你在一次考试中发挥出色，取得了全班最高分，你会不会马上到处宣扬？除非你想惹人讨厌，否则不要！淡化自己的成功的人比那些炫耀的人更受欢迎（e.g., Rosen, Cochran, & Musser, 1990; Wosinska et al., 1996）。于是，我们常常在公众面前把自己的成功归功于别人的帮助，并且小心地指出自己在其他一些不太重要的领域中的弱点（e.g., Baumeister & Ilko, 1995; Miller & Schlenker, 1985）。

然而，表现谦虚也有风险。如果人们不知道你的那些

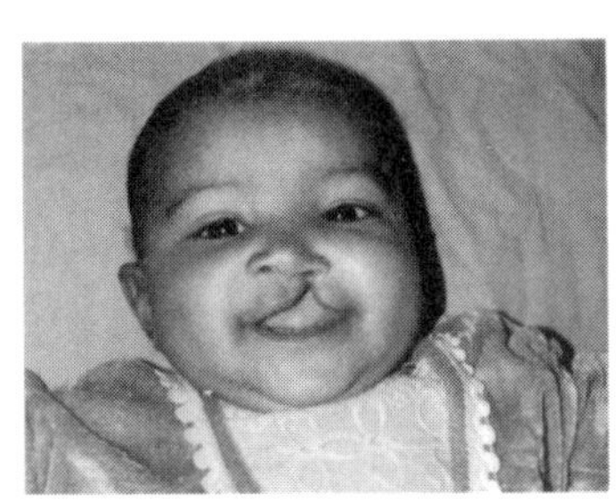
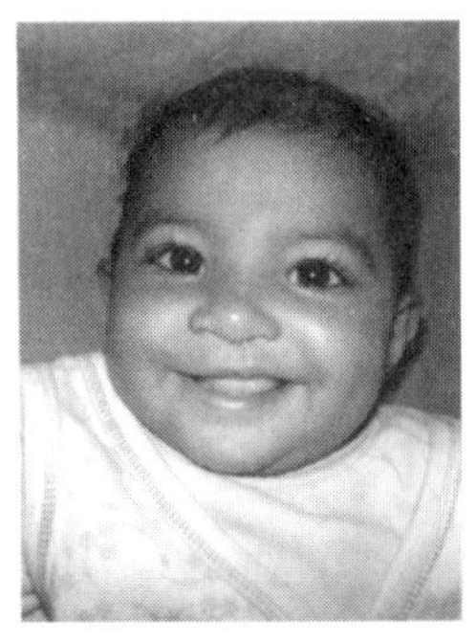

从成为芭比，到获得接纳。辛迪·杰克逊接受整形手术是因为她知道变漂亮的好处，而关心这个孩子的人帮她安排整形手术，则是因为他们知道身体异常，尤其是在脸部的异常，会带给她巨大的损失。患有唇腭裂的孩子常常会被同伴或他人无情地戏弄，他们无法获得受教育的机会，最终也找不到一份合适的工作。毫无疑问，这个缺陷所带来的心理、社交和其他一些有形的后果都极为严重。美国微笑列车（Smile Train）基金会是一个非营利性组织，他们为这个小女孩提供资助、安排手术，并呼吁“给所有绝望中的孩子一个全新的微笑和一个全新的人生”。

我们相信，大部分人得知这个女孩和几千个有相同遭遇的孩子现在有了全新的微笑和全新的人生，都会非常高兴；我们也猜到，大部分人得知辛迪·杰克逊投入了那么多的金钱和精力来提升自己的外表，会有一些惊愕和反感。外表在现代社会中所扮演的角色应该是一个价值负载问题，而这个问题由于一个简单且无可回避的事实而变得更为复杂。这个事实就是：同等条件下，我们更喜欢漂亮的人并且对他们更好。

成功，当你宣称自己没什么天资的时候，他们也许会真的相信你；如果你太过谦虚，人们可能会觉得你的自尊感太低，或者对自己的洞察力不够（Robinson, Johnson, & Shields, 1995）；而如果你在低调处理的时候表现得不够真诚（“哦，这个奖励算不了什么”），人们也许会认为你过于自负和傲慢（Pin & Turndorf, 1990）。抛开这些风险，谦虚的人还是比较容易讨人喜欢的。

虽然全世界的人都很看重谦虚这种品质，但其中还是存在一些有趣的文化差异。回想一下穆罕默德·阿里（Muhammad Ali）的例子，他是那个时代甚至有史以来最出色的重量级拳手，然而，他的自负宣言——“我是最棒的”却不一定能获得拳迷们的青睐，尤其是许多美国白人都不太喜欢阿里。虽然讨厌阿里的这些人中有些人实际上是种族主义者，但是其他一些 20 世纪七八十年代的美国黑人拳手，比如乔·弗雷泽（Joe Frazier）就很受欢迎。所以，白人对阿里不太好的印象在一定程度上可能是来自于他的自我呈现风格，比如爱夸口、不够谦虚。

这个例子指出，黑人和白人对于自夸的社会接受程度存在文化差异，一个研究考察了这种差异。这个研究让非裔和欧裔的美国大学生阅读三个男生的简短自我介绍，然后再看一个对话誊录稿，是这三个男生之间关于旅行经历、学业成就、体育技能等话题的讨论。其中一个学生被设定为非自夸者，将自己的长处说得轻描淡写；第二个描述为不诚实的自夸者，其自夸的事情是不真实的；第三个则表现为一个诚实的自夸者，对自己真实做到的事情进行炫耀。结果发现，黑人和白人学生都同样喜欢非自夸者，同样讨厌不诚实的自夸者，而他们对诚实的自夸者则持不同的印象：黑人学生比白人学生更喜欢这个诚实的自夸者（Holtgraves & Dulin, 1994）。显然，非裔美国人比欧裔美国人更接受诚实前提下的不自谦。

“我是最棒的！”也许他的确是，但是穆罕默德·阿里大胆的自我宣言并不能让他获得很多美国白人的青睐，即使他的自负来源于事实，有些人还是不喜欢。

这并不是说欧裔美国人就特别谦虚。事实上，与亚洲血统的美国人相比，欧裔美国人就变得特别自负了（e.g., Fry & Ghosh, 1980）。亚洲人在自我呈现中是尤为谦虚的，并奉行着孔子的一句格言：“君子耻其言”（e.g., Fu et al., 2001; Furnham, Hosoe, & Tang, 2002）。

不过，我们要小心不要将这些数据过度推广。种族本身不太可能完全解释亚裔、非裔和欧裔美国人在言语自谦上的差异。比如，在一个对尼日利亚人的研究中，博斯基（Boski）（1983）发现不同部落中的谦虚规范亦各不相同，比如豪萨族（Hausa）强调谦虚，而伊博族（Igbo）则容许更多的自我推销。另外，鉴于大部分对谦虚的研究关注的都是言语自我呈现，所以我们对所谓的物质自谦（比如展示昂贵的汽车珠宝等）中的文化差异了解并不多。

总的来说，谦虚规范和其他的许多规范一样，不同文化之间存在有趣的相似性和差异性。虽然所有的文化似乎都不太赞同欺骗性的自我抬高，但其中的一些文化相对会更鼓励自谦。

到这里，我们描述了四种人们用来逢迎他人的策略：通过奉承和某些非言语的表达，人们试图说服别人喜欢自己；人们指出自己与他人的相似之处；人们将自己的外表变得更有吸引力；人们谦虚行事。现在我们来考察一些个人和情境因素，这些因素会促使人们去讨好他人。

4.2.2 性别与逢迎

某天下午我们去图书馆，看到那里有一些书籍，都是为青年男女所写的“建议”。这些书都写于 18 世纪和 19 世纪，书里的内容概言之，给男性的建议不外乎勤奋、成就和追求地位等，给女性的建议则大不相同，往往都强调讨人喜爱和言行得体的重要性。比如在《女性教育讲座》（*Lectures on Female Education*）一书中，约翰·巴顿（John Barton）（1794）告诉女校的学生们要懂得“取悦和吸引”（p. 72）。他对愉悦、温和、谦虚、美丽所带来的好处赞美了一番，并且告诉女孩子们，“一个人的行为如果能体现这些宜人的品质，不仅赏心悦目，还能发挥实际的作用”（p. 162）。当时的一些女性作家也给出了类似的建议，她们特别强调合宜的穿着举止能够为女性加分（e.g., Farrar, 1838）。这些文章的含义很明确：女性应该将自己表现得惹人喜爱。

魅力。长久以来，礼仪书籍一直教导年轻的女性：将自己表现得讨人喜欢会具有很大的价值和作用。尽管时移世易，礼仪手册和美姿学校（教授少女仪态及服装的学校）不再流行，但现代女性依然比男性更为关注如何获得他人的喜爱。

当然，这些指导都是很久之前的，那时的社会与现在已经大不相同了。然而出乎某些人的意料，即便到了今天，在讨人喜欢这方面，女性似乎还是普遍要比男性更为看重（DePaulo, 1992; Forsyth et al., 1985）。因此，女性在某种程度上比男性更可能会去使用我们前面提到过的那些逢迎策略：在社交情境中，女性相比男性会笑得更多（e.g., Hall & Friedman, 1999; LaFrance, Hecht, & Paluck, 2003），也更愿意调整自己的观点去附和他人（Becker, 1988; Eagly & Carli, 1981）；女性比男性更关注外表的吸引力（e.g., Dion et al., 1990; Hart et al., 1989），91% 的外科整形手术和程序是为女性实施的（American Society for Aesthetic Plastic Surgery, 2009）；女性也将自己表现得更为谦虚，尤其是在公共场合中（e.g., Berg et al., 1981; Daubman et al., 1992）。

这并不意味着男性就在逢迎他人方面毫不在意，事实远非如此。获得他人的喜爱几乎对所有人都非常重要，男性甚至可以和女性一样去讨好他人（Vrugt & VanEechoud, 2002）。只不过，似乎有其他的一些自我呈现目标吸引了男性更多的注意力，比如想表现得有力量和有支配权，这个差异我们会在本章的后面进行讨论。

为什么逢迎对女性来说相对更重要一些呢？一种解释认为女性赏心悦目的自我呈现能够获得更多的回报（e.g., Deaux & Major, 1987）。与此一致的是，女孩子在青春期的成长过程中会变得越来越举止合宜，这可能是因为她们在慢慢地学习社会对她们的期望（Blanck et al., 1981）。生物学因素可能也很重要：与男性相比，女性的睾酮水平通常低很多。睾酮这种激素会在性发育的许多重要方面都起到关键作用。睾酮水平高的人如果想从别人那里得到东西，他们会采用更为对抗和强硬的方式，他们更不友善、更不懂得顾虑他人，也笑得更少（e.g., Cashdan, 1995; Dabbs, 1997; Dabbs et al., 1996）；相反，睾酮水平较低的人则更友好、更愿意用礼貌和社交礼仪来达到自己的目的。因此社会化和生物学因素都可能导致女性对逢迎他人有更多的关注。

4.2.3 潜在的朋友和掌权者

不单单是个人特征会使人们想要去逢迎他人，当人们希望与他人建立或维持朋友关系，或者当他们与比自己地位高的人交往时，也会特别愿意去逢迎他人。

朋友情境　当我们希望与别人发展或维持积极的关系时，我们会特别注意去讨好他们，这几乎是不言而喻的。在一个研究中，被试接受一个好朋友或者陌生人的访谈，评价和探讨自己如何展望一个成功的职业生涯、满意的人际关系等，结果发现被试在面对好朋友时比面对陌生人的时候表现得更谦虚（Tice et al., 1995）。当我们想要维持朋友关系时，一方面会很小心不把自己的牛皮吹得太响，另一方面我们也会更多地微笑、说对方更多的好话或者把自己变得更有吸引力等（e.g., Bohra & Pandey, 1984; Daly et al., 1983）。

与位高权重者交往　那些权力地位很高的人往往更不关心自己是否被他人所喜欢，毕竟这些人可以通过施展他们的权力来获取想要的东西，比如"史密瑟斯，你要是不好好工作，饭碗就保不住了"。当然，那些没什么实权的人就不太会考虑用这种威吓的方法了，他们会关注如何让别人喜欢自己。举例来说，社会地位较低的人特别容易调整他们的公开观点，对访问者的问题会给出一些更被社会认可的答案（Ross & Mirowsky, 1983）；而有些雇员如果想与上司搞好关系，也会特别去奉承他们（Kacmar, Carlson, & Bratton, 2004）。在另一个研究中，女性会猜测面试官的喜好，然后以此来改变外表。如果预期面试官是一个传统的男性，而不是一个非传统的男性，女性就会更努力化妆，并且佩戴更多的珠宝（von Baeyer, Sherk, & Zanna, 1981）。

事实上，讨好掌权者是非常有效的，尤其是在商业界（Vilela et al., 2007; Wayne & Liden, 1995）。在一个对大学毕业生的研究中发现，对上司的逢迎努力（比如赞扬他们或是装作同意他们的观点）是职业成功的第四大影响因素，前三大因素则是每周工作小时数、工作年数和婚姻状况（已婚的人更成功）（Judge & Bretz, 1994）。与之类似，受到上司喜爱的员工薪水更多。在一个研究中，研究者发现受到喜爱可以在工作表现的影响基础上增加 4%~5% 的工资（Deluga & Perry, 1994）。

尽管位高权重者有更多的方式来施展影响力，而更少地依赖于逢迎，他们也同样希望得到喜爱。有趣的是，与没什么权力的人相比，他们倾向于使用不同的逢迎技巧。因为他们不太可能会被看作是"拍下属的马屁"，所以对他们来说，通过施恩和赞美来获得别人的喜爱就相对保险一些（Jones & Wortman, 1973）。相反，掌权者也不太会通过附和下属的意见来获得喜爱，因为这么做很可能会威胁到他们的地位。

4.2.4　多个观众

如果我们要同时逢迎两个价值观相对的观众，获得他人的喜爱就变得特别棘手。比如考虑下面这些困境，一个学生想向教授"拍马屁"但却有其他同学在场，或者一个政治家在一个全国性的电视演讲上想同时得到反堕胎和支持堕胎的两方投票者的支持。在众目睽睽之下奉承教授会惹来看不惯此类行为的同伴的反感，对反堕胎者的声援则会使这个政治家失去支持堕胎者的喜爱。人们是如何应对这种**多观众困境（multiple audience dilemma）**的呢？

只要有一点点可能的话，我们会尽量把不同的观众分开。于是，想拍马屁的学生可以等去了教授办公室后再私下里使用他的小伎俩，而那个政治家也可以在会见反堕胎者时用一套说辞，会见支持堕胎者时用另外一套。或者，我们也可以决定哪部分观众对我们来说是更重要的，比如那个学生觉得还是同学的友谊比较重要，所以选择暂时不去讨好教授。

然而，有些时候我们别无选择。我们不能每次遇到这种情况都把观众分开，有时也的确同时需要两方观众的正面印象。即便如此，人们在面对多个观众时还是能够游刃有余（Fleming & Darley, 1991）。为了巧妙地处理多个观众的对立要求，他们可以"调和"自己的呈现，将自己的观点落到两方观众的对立观点之间（Braver et al., 1977; Snyder & Swann, 1976）。当然，使用这种策略的人也有可能同时被两方观众讨厌，比如一个总统竞选者如果在堕胎问题上模棱两可而又言之无物，就可能会有这样的后果。人们也许还会尝试通过不同的沟通"渠道"来呈现不同的信息：一个学生可以一边打电话给教授要求将论文延期，说一些课程的好话，一边在同学面前扮鬼脸以博得喜爱（Fleming & Rudman, 1993）。

最后，不同的观众对我们的了解可能是不一样的，我们也可以利用这种信息差异来应对多观众困境。在一个研究中，学生们首先要分别和两个人进行交谈，在其中一个人面前表现成"书呆子"，在另一个人面前则把自己呈现为"聚会狂"，随后，他们要在一个交谈中同时面对这两个人，并且还要维持这两种不同的形象。结果显示，他们能成功地完成任务，部分原因在于他们会说一些对两个观众含义不同的话。比如，他们说"这和我之前说的一样，用星期六的时间去做一件事是再好不过的了，并且只能做一件事"，由此同时强化了他们在前者心中的书呆子形象和后者面前的聚会狂形象（Van Boven et al., 2000）。

于是，不同观众所持的价值观会交互作用，影响我们采用何种方式来让别人喜欢我们。如果每一个观众的价值观都是相同的，我们可以毫不费力地塑造自己的形象来配合他们。而如果不同的观众所持的价值观不同甚至互不相容，那么要使逢迎策略有效地发挥作用就不那么容易了，自我呈现者必须更有创造力，才能圆满完成目标。

小调查

为什么获得他人的喜爱对人们这么重要？我们在第7章中将会了解到友谊所带来的好处以及被他人孤立所带来的损失。你认为其中的好处和损失有哪些？

4.3 表现能力出色

如果德马拉假扮的是一个邮递员、清洁工或服务生，或许会容易很多。他聪明绝顶、精于世故，对这些工作能迅速上手并游刃有余。但是，他却决定让自己去伪装大学教授、会计、外科医生等专业要求非常高的职业，要在这些更为技术性的行业中蒙混过关，德马拉就必须向别人证明自己是可以胜任的，即他和其他经过训练并获得正式证书的人一样，要拥有充分的知识和能力。

即使不是为了伪装，一个人也需要向别人证明自己的能力。想要吸引和留住病人，医生必须表现自己的能力；想要晋升到管理级别，销售员必须表现自己的能力；想要在课间加入同学的球队，孩子们必须表现自己的能力。事实上，人们有时会太过关注于表现能力，反而可能无法集中精神做好手头的任务（e.g., Baumeister, Hutton, & Tice, 1989; Lord, Saenz, & Godfrey, 1987; Osborne & Gilbert, 1992; Steele & Aronson, 1995）。这部分我们会考察一些人们用来表现自己能力的策略，以及哪些个人和情境特点会促使人们去表现能力。

4.3.1 自我推销的策略

德马拉选择的职业需要多年的专业训练，于是我们禁不住奇怪，他的同事为什么从来没在工作中揭穿他，从来没意识到他是一个骗子？德马拉非常受欢迎，这帮了他的忙，因为这样人们就不太会怀疑他的能力（e.g., Wayne & Ferris, 1990）；另外德马拉受欢迎是因为他是一个工作勤奋而学习能力很强的人。不过他还是要了点花招，使用了一些**自我推销（self-promotion）**策略，也就是人们为了塑造能力出色的形象所做的一些行为。虽然德马拉所用的策略有时显得过于夸张大胆，不过也更鲜明地向我们展示出了人们日常所用的策略背后的一些原则（见图4-5）。

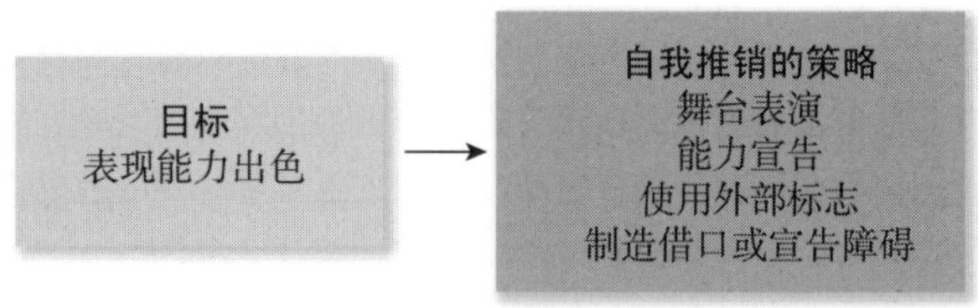

图4-5 自我推销的策略

人们会用各种各样的策略来使别人认为他们是有能力的。

舞台表演 一个人的能力要获得大家的公认，必须表现出真正的能力。遗憾的是，我们的成就常常不为他人所知：也许当你在社区游泳池里完成一个漂亮的入水时，爸爸的头刚好转开没有看到；又或者当你最终弹会了那段极难的钢琴曲时，妈妈却正好在院子里做家务。**正因为成功有时会遭到忽略，所以我们会寻找和创造机会把自己的表演搬上舞台，在公众面前证明我们的能力**——在我们准备从高高的跳台上跃下的时候，巧妙地叫一声“看着，爸爸”（Goffman, 1959; Jones, 1990）。再举个例子，如果你是一个技艺高超的舞者，想向一个新的恋爱对象表现自己的才艺，博得对方的好感，你也许就会很想把一次约会安排在一个有音乐和舞池的地方。

当然，这种舞台策略也有另一面，如果你对某些事情不那么在行（比如舞姿笨拙），你就会倾向于回避这样的公共舞台。德马拉对这两方面都很在行：一方面，他常常选择教师和医生这样的职业，因为他的观众——学生和病人相对缺乏相关的专业知识，很容易就会肯定他的能力；另一方面，其他专业人士在场的时候，他会尽一切可能回避展示自己没有把握的技能，必要时还会悄悄溜走。

舞台表演可以非常简单，只需将自己置身于聚光灯或公众的注意之下。在一个研究中，被试如果预期自己在一个模拟游戏表演中会表现出色，就会选择一个靠前或者中间的座位；而同样不出意外，预期自己表现会很差的学生则选择了靠边的座位（Akimoto, Sanbonmatso, & Ho, 2000）。

有时也会有事与愿违的情况出现：我们无法公开表现自己的能力，或者不得不在公众面前展示自己的无能。老板并不会时刻守在我们身边等着我们灵光一现，有时我们会在不得已的情况下被拖进舞池。所以我们也需要依靠其他的技巧来展示自己的能力。

能力宣告 有时如果我们想让别人知道我们的能力，

就直接把自己的成就告诉别人。事实上，在获得“邀请”的情况下，口头的能力宣告收效甚著。比如，如果你在面试一份工作，用言语自我推销来传达自己的能力不仅合宜而且有效（Holtgraves & Srull, 1989; Kacmar et al., 1992）。如果这种言语的能力宣告是出自他人之口，对我们更是大有裨益（Giacalone, 1985）。这也是德马拉最喜欢用的花招之一：他会伪造一些德高望重者的推荐信，信中的推荐者会盛赞他的能力。

然而，口头宣告能力也可能存在风险，很容易会被认为是不谦虚。我们刚刚学过，不谦虚的人往往不讨人喜欢（Godfrey, Jones, & Lord, 1986）。另外，**人们常常还会认为真正有能力的人是不需要说的，因为他们的表现会“自己说话”**。于是，当人们真的大胆地强调自己的能力和成就时，可能恰恰在无意中传达了相反的信息，即他们实际上并没有那么大的能力（Jones & Pittman, 1982）。因为自我推销的言语会给人以不谦虚的印象，并且可靠程度不高，于是如果人们没能很巧妙地传达信息，也许反而会对自己的职业成功产生不利的影响（Judge & Bretz, 1994; Wayne & Ferris, 1990）。

使用外部标志　当人们寻找自我推销的策略时，常常会获得这样的建议：用一些可以体现能力的道具和习惯来装点自己（e.g., Bly et al., 1986; Korda, 1975）。比如，人们可以表现得忙碌，在日程表上写很多东西或者等一段时间再回电话，因为成功人士往往少有闲暇时间。德马拉善于通过着装和看似专业的文具来传达自己很有能力的形象，他的逻辑非常正确。如果一个人看起来像一个医生，大家就更容易相信他是一个医生。使用一些道具来自我呈现也是很常见的，我们会在下面谈到人们在表现权力地位时所用的手段。

制造借口，宣告障碍　“阳光太刺眼了！”在一个低级的判断失误后，垒球外野手这么解释。“狗吃了我的作业！”一个六年级学生又一次迟交作业时为自己这样辩护。这些经典的语言说明，人们在表现不尽人意后制造借口是再容易不过的事了。事实上，人们甚至会在表现之前就制造一些借口，告诉观众在自己的成功道路上可能会出现什么阻碍。虽然这些借口有时是确实存在的，但有些时候，这些借口也根本不能作为表现差的原因，只不过是令借口制造者们对自己的表现感觉好过一些，并帮他们挽回一些形象（e.g., Schlenker, Pontari, & Christopher, 2001）。

制造借口和宣告障碍有自我推销的价值，这种价值来自于我们在第 3 章中讨论过的折扣和扩大原则。如果别人相信你确实被太阳刺了眼睛，那么他们就不太会把你笨拙的表现和你的垒球技术联系起来；而如果你在阳光刺眼的情况下仍然成功地接到了球，那么你的球技名声就会增值。**所以制造借口和宣告障碍可以在我们失败时保护我们的形象不受到能力不足的影响，在我们成功时则帮助我们塑造能力出色的形象**（e.g., Erber & Prager, 2000; Giacalone & Riordan, 1990; Snyder & Higgins, 1988）。

当然，找借口也伴随着极高的自我呈现风险（Schlenker et al., 2001）。比如，为了保护自己能力出色的形象，我们所做的借口可能会令自己看起来不可靠或者不守信（比如“我不能按时完成这个任务，因为我姐姐请我去拉斯维加斯陪她过周末”）。如果你在借口里责怪其他人，可能会被看作是自我中心。而如果最终人们发现你的借口是假的，那别人对你的信任度就更是大打折扣了。所以，制造借口是很有风险的（Tyler & Feldman, 2007）。

借口，借口。为了维持能力出色的名声，我们有时会为自己的失败制造借口。道格拉斯·伯恩斯坦（Douglas Bernstein）（1993）汇编了一串有趣、奇怪、不寻常，但确实被用过的借口，这些借口都是学生们用来逃避考试或迟交学期论文的。“我迟交论文是因为我的鹦鹉往我的电脑里拉屎了。”（“我的狗吃掉了我的作业”的与时俱进版。）“我不能完成论文是因为我刚发现我的女朋友是一个色情狂。”还有一个有趣的借口发生在一贯阳光明媚的亚利桑那州：“我昨天无法参加考试是因为昨天乌云密布而我又开了辆敞篷车。”

为了成功而去宣告一个障碍是一回事，为自己制造一个障碍则是另外一回事了（Arkin & Baumgardner, 1985; Hirt, Deppe, & Gordon, 1991; Leary & Shepperd, 1986）。然而，人们有时就是会做这样的事情。通过**自我妨碍（self-handicapping）**，即为自己制造一些情况，对能力表现产生阻碍，使我们无法证明自己真正的能力。这样我们可以降低别人将我们的失败归因于能力不足的可能性，增加别人将我们的成功归因于能力出众的可能性。

联结：适应与障碍

自我妨碍的悖论

一位著名的新闻主播，获得了自己梦寐以求的成功，却选择滥用药物而舍弃了她的大好事业。一个高中生被评为“最具成功潜质的学生”，但进入一所名牌大学后，却在学业上变得极其不上心，最终退学离开。

你认不认识这样的人，早期有了一些成就之后，就开始做出一些行为而离成功越行越远？如果人们怀疑自己早先的成就并不能准确反映他们的个人能力和努力，自我妨碍就特别可能出现（Berglas & Jones, 1978）。比如，这个电视主播也许会认为她飞速的成就来源于她的美貌和运气，而那个学生则可能会把自己的学业成绩归因于他富裕的家庭背景所带来的优势。

而这种信念的结果就是，人们会担心类似的高水准表现很难维持下去，于是由过去的成功所建立起来的自我和公众自尊会瓦解。因此为了维持能力出色的公众形象，维持他们脆弱的能力信念，自我妨碍者就会停止努力或者为未来的表现制造障碍。要是他们在有所阻碍的情况下依旧成功了，人们就会（根据扩大原则）很合理地得出结论，他们是能力卓绝的；如果他们失败了，人们也会（根据折扣原则）很合理地得出结论，这些障碍导致了失败。不论哪种情况，在停止努力或者逼迫自己越过令人生畏的阻碍之后，自我妨碍者都可以维持一个能力出色的公众和自我形象（McCrea & Hirt, 2001）。

某些人会比其他人更容易自我妨碍，效能感脆弱的个体和那些强烈希望证明自己能力的个体都更容易自我妨碍（Coudevylle et al., 2008; Harris & Snyder, 1986; Rhodewalt, 1994）。有趣的是，虽然男性和女性在失败后都很善于为自己寻找障碍，但男性会在他们自己的成就道路上铺设更多的障碍（e.g., Ferrari, 1991; McCrea, Hirt, & Milner, 2008; Rhodewalt & Hill, 1995）。而尽管高自尊和低自尊的人都会在某种程度上自我妨碍，但他们的理由似乎是不太一样的。高自尊的个体是为了强化他们已有的正面形象，而低自尊的个体则是为了保护自己不怎么样的形象免遭失败的进一步打击（Tice, 1991）。

小调查

你有没有认识什么人会自我妨碍？结果是什么呢？当你知道了人们为什么要自我妨碍，比如为了维持能力出色的公众和自我形象等，你会做些什么来帮助人们减少这种破坏性行为？

看看身边的一些大学生朋友，大学生在面临困难的任务时是如何自我妨碍的呢？我们来一一细数他们所用的方法：

- 在任务之前或任务过程中使用损害认知的药物（e.g., Kolditz & Arkin, 1982）。
- 有机会也不做练习（e.g., Alter & Forgas, 2007）。
- 在任务之前酗酒（Higgins & Harris, 1988）。
- 在任务过程中听吵闹、分心的音乐（e.g., Shepperd & Arkin, 1989）。
- 选择无法达到的目标（Greenberg, 1985）。
- 给对手一个任务优势（Shepperd & Arkin, 1991）。

事实上，我们对自我妨碍的选择是多种多样的，我们猜想你至少亲眼见过其中的几种。

这些自我妨碍策略带有严重的长远损失。人们在道路中设置险要的障碍，从实际上降低了他们未来成功的可能性（e.g., Elliot & Church, 2003; Zuckerman, Kieffer, & Knee, 1998）。而且，随着时间的推移，习惯于自我妨碍的人会表现出很多的健康问题，比如报告更多的酒精、大麻和其他非法药物的使用（Zuckerman & Tsai, 2005）。人们会做那么多事情来破坏他们未来的成就和更好的形象，正是因为他们非常在意自己能否表现出一个能力出色的形象。于是这里就存在着自我妨碍的大悖论：我们希望表现出自己的能力出色，但这种强烈的渴望却使我们在某些情况下做出了一些反而阻碍我们出色表现的行为。

总的来说，人们可以通过舞台表演、口头宣告、外部标志、为失败提供借口、为成功宣告或制造障碍来塑造一个能力出色的形象。下面我们来讨论对哪类人来说能力出色的形象尤为重要，而在什么情况下，我们大多数人会渴望表现自己能力出色的一面。

4.3.2　胜任动机和羞怯

德马拉讨厌失败，一旦他将自己的超凡能力用于某一件任务，就下定决心必须成功。他要做的不单单是“通过”，而是要做到最好，他也希望被看作是最好的。德马拉有很高的**胜任动机（competence motivation）**，即有所作为的渴望（e.g., Deci & Ryan, 1985）。人们的胜任动机高也许是缘于一些内在原因，就是说觉得能够精通一种能力是很有趣而有挑战性的，这种典型的动机叫作成就动机（e.g., McClelland et al., 1953）。或者人们也可能是因为成功可以为他们的公众和自我形象增光，所以才有很强的胜任动机，在这种情况下，成就是由外在的需求驱动的，即希望被人看作（或者自己看待自己）是能力出色的（Koestner & McClelland, 1990）。尽管关于胜任动机影响自我呈现的研究很少，但研究证据支持这两者是相互联系的。比如，那些在外在胜任动机上得分高的人会迅速将成功归于个人自身（Kukla, 1972），这些人在工作中也更愿意通过专业化的着装等外部标志来呈现自己（Ericksen & Sirgy, 1989）。对那些关注于公众成就的人来说，表现一个能力出色的形象尤为重要。

即使大部分人至少在某些情况下会希望被看作是能力出色的，还有一些人就不太愿意采用我们说过的这些能力策略来达到这样的目的。有些人会体验到频繁或长期的**羞怯（shyness）**，他们在不熟悉的社会交往中，或者甚至只是想象和预期有这样的社会交往时，就会容易感到紧张、焦虑或尴尬（Cheek et al., 1986; Leary, 1986b）。羞怯的人会焦虑地沉浸于自我的世界中：在社交情境中，他们会用大量时间来考虑他们的感受、行为以及如何与他人互动（“为什么我会这么紧张？她怎么看待我真的很重要么？我完全不知道接下来该说什么了”）（Cheek & Melchior, 1990）。

与不害羞的个体相比，羞怯的人更不会直白地推销自己的能力。相反，他们的自我呈现是倾向于保护性的：**羞怯的人关注如何避免不良的公众形象，而不是努力去获得一个更好的公众形象；羞怯的人试图回避不熟悉的社交情境，约会频率更低，喜欢单独工作而不是与他人一起，并且在大学教室里倾向于选择靠后和靠边的座位，以策安全**（Curran, 1977; Dykman & Reis, 1979; McGovern, 1976）。他们将自己保持在注意的聚光灯之外，由此可以减少被人发现自己能力不足无法胜任的风险。当他们不得不与其他人待在一起的时候，害羞的人会尽可能减少需要表现能力的社会压力，他们甚至可能会故意失败，以降低其他人对他们的期望（Baumgardner & Brownlee, 1987）。他们也相对不太会对自己的表现进行自我妨碍（Shepperd & Arkin, 1990）。

这并不是说害羞的人就不希望给人以能力出色的印象，只是如果他们知道以后可能需要证明自己的能力，在自我推销的时候就会比较谨慎，以减少名不副实的可能性。因此，虽然害羞的个体不太容易自我妨碍，但当他们面对一个很可能会表现失败的情况，如果情境中已经存在了一个明显的借口，他们也会大胆地利用这样的机会来宣告障碍，以此自我推销（Arkin & Baumgardner, 1988; Leary, 1986a）。

害羞的人不愿意主动推销自己，这也许会带来很大的损失。比如有些研究认为害羞的个体失业和事业失败的可能性更高（e.g., Caspi, Elder, & Bem, 1988; Gilmartin, 1987）。娴熟的自我推销所带来的好处是害羞的人们很难获得的。

在自我推销的世界里害羞。害羞的人即使只是想象自己处于不熟悉的社交情境中，也会变得焦虑。因此，在可以使用舞台表演、能力宣告、制造借口和其他大胆的自我推销策略的时候，他们也可能会错过这样的机会而无法实现个人或者职业的发展。羞怯会以很多方式对人们造成损害。

4.3.3　当能力至关重要的时候

在某些情况下，我们会更关注自己是不是表现了能力。比如，在舞厅和在心理学课堂上相比，你会更希望别人称赞自己是一个优秀的舞者。类似，某些人会比另一些人更容易激发人们对能力的关注。比如你在恋人面前，相比于在你的化学教授面前，也会更希望自己看起来舞艺超群。当然，也会在某时某地，我们对任何的自我推销都没什么兴趣，比如当一个父亲沉浸于亲子游戏中时，可能会出现一些看起来很幼稚的手势和表情，如果在公司会议室中做这样的手势和表情，那么这是非常尴尬的（更不用说对一个人的声誉会造成什么损害了）。

失败，或者对正在逼近的失败所产生的恐惧，会放大人们对能力表现的关注。如果你希望别人认为你很聪明，那么在考试中考砸对你来说就会是一个很具威胁性的经历，这个经历可能会令你把手伸向自我推销的锦囊。在一个实验中，如果学生得知自己在一个社交敏感性的测试中表现很差，之后就会特别表现自己适应良好；对比之下，在测试中表现良好的学生就会更为谦虚地自我呈现，因为他们的社交能力已经在测试中得到肯定了，他们会更关注获得喜爱（Schneider, 1969）。在另一个研究中，一部分被试得知他们在一个学业成就测试中的表现不如实验中的同伴，并且他们的同伴之后会看到他们的分数并对他们进行评价。为了抵消他们不太好的学习成绩的负面影响，这些被试在向同伴提到自己过去的学业表现时会说更多的谎，比如夸大他们在高中的平均成绩总数（GPA），吹嘘自己的写作能力等（Tyler & Feldman, 2005）。表现能力的渴望在一些模糊的情境中可能会尤为强烈，因为个体对他们的地位不甚确定（Yun et al., 2007），而在充满压力、竞争很强的情境中也会出现类似的情况。讽刺的是，这样的情境也会增加表现者"掉链子"或大失水准的概率（Baumeister & Showers, 1986; Beilcock & Carr, 2001）。

4.3.4 能力检验

与害羞的个体不同，社交自信的人往往会利用各种机会来展示他们的能力，尤其是在当众失败之后。这些个体在自我推销时会不会完全不顾一切而毫不考虑他们当前的处境呢？应该不会。詹姆斯·谢泼德（James Shepperd）、罗伯特·阿金（Robert Arkin）和琴·斯劳特（Jean Slaughter）（1995）的研究证明，即便是社交自信的个体也会根据自我推销的风险进行调整。在他们的研究中，被试会得知他们在一个智力测验中表现很差或表现很好，另外，实验者还会告诉一部分被试会再次进行测试，随后被试要填写一个简短的问卷，其中需要他们估计自己未来在相同或类似测试中的表现。不管是在哪种条件下，羞怯的被试都会比较谦虚地估计自己，不会出现夸大未来成功的趋势。相反，社交自信的个体在失败后会迅速利用这次机会来宣告他们未来的成功，但前提是他们不会马上再次接受测试。如果他们知道自己再一次的表现还是会得到评价，在预测的时候就会更谦虚。于是这个结果说明了个人 – 情境的交互作用，即某些人（社交自信）在面对一个特定情境（在一个重要的测试中表现失败并且不会立刻接受重测）时会尤为倾向于以某种方式表现自己，从而重塑他们因失败表现而受损的名声（宣称他们将来的表现会成功）。

4.3.5 自我推销的人际循环

我们已经学过，人可以改变他们的处境。罗伊·鲍迈斯特、德布拉·赫顿（Debra Hutton）和黛安·泰斯（Dianne Tice）（1989）进行了一项实验，考察一个人的自我推销会如何创造出一种社会情境，并使其他人也感到被迫要进行自我推销。研究招募两两配对的被试参加实验，告诉他们这是一个关于群体面试的实验，在面试之前，每对被试中的一个学生会被标记为"主角"，实验者会背着另一个学生告诉主角要尽可能努力地推销自己或谦虚地呈现自己。随后面试官随着面试进展问了这些学生一些问题，包括他们的职业前景、与异性的关系等，而每次都由主角开始回答。与预期相符，按照实验者的要求，自我推销组的主角比谦虚组的主角提供了更多有利的信息。然而有趣的是，自我推销者的同伴也会比谦虚者的同伴更有利地呈现自己。这说明人们能够随情境调整自己，而自我推销者创造了一种环境，使情境中的同伴感觉到被迫也要自我推销。

小调查

回忆一次你与某个人进行自我推销"竞争"的场景。"我做了这件事。""嗯，我做了……""嗯，我做了……"这个竞争是如何开始的呢？你能否回忆一次与某个人进行自我贬低竞争的场景。"我做了这件事，我实在太蠢了。""如果你觉得这就算蠢，听听我做的那件蠢事……"这又是为什么会发生的呢？这两类"竞争"之间会以怎样的方式相联系呢？

4.4 传达地位和权力

童年的一段经历一直在德马拉的心中挥之不去。德马拉的父亲曾是一位富有的商人，拥有好几家电影院。他们家底殷实，住在小镇昂贵地段的一间大房子里。德马拉四岁生日的时候，父亲把所有的仆人都集中在家里巨大的螺旋楼梯前闪耀的玻璃烛台下。“今天我的儿子四岁了，从今天开始，他就是一个小绅士了。”他宣布道，“从今天起我希望你们所有人能把他当成小主人那样尊重他，今晚开始请叫他德马拉先生。我希望你们这样叫他，也希望他真的能成为我所期望的那样一个绅士。”随后，仿佛已恭候多时，每个仆人都上前鞠躬说“生日快乐，德马拉先生”（Crichton, 1959）。

七年后，因为生意失败，德马拉一家被迫搬出了他们富丽堂皇的豪宅，当搬家工人把家里的东西搬到小镇远郊的一间简陋的房子时，德马拉注意到了他们的无礼。年轻的德马拉很穷，这也意味着他失去了地位，这些都令他痛苦不堪。于是，成为一个伪装者之后，他几乎总是选择那些体面高尚的男士作为伪装的目标，医生约瑟夫·塞尔、名教授罗伯特·林顿·弗润兹以及其他类似的人等。对此我们是否还会感到惊讶呢？

德马拉的伪装是非凡离奇的，然而他渴望得到尊敬这一点则是再寻常不过的。既然位高权重的名声可以带来许多好处，为什么一个人不应该追求这样的名声呢？权力地位高的个体可以获得更好的教育机会和物质资源；他们更容易被一些有影响力的社交圈所接纳，这些社交圈可以为他们提供赚钱、找到心仪伴侣和施展政治权力的机会；他们也更不容易受到他人的冒犯和叨扰。有一个位高权重的名声不仅有所谓的“胡萝卜”可以利诱别人按照你的吩咐行事，还有所谓的“大棒”来威胁别人听命于你。

4.4.1　传达地位和权力的策略

人们如何塑造自己位高权重的形象？一个能力出色的名声会有所帮助，因为某些地位非常依赖于一个人的成就。在这部分，我们考察另一组策略，这些策略是人们常常用来传达地位和权力形象的（见图 4-6）。

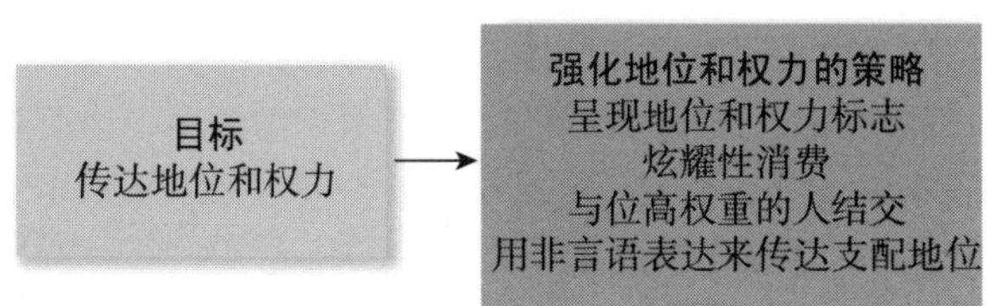

图 4-6　传达地位和权力的策略

人们会用许多策略来使别人相信他们拥有很高的地位和权力。

呈现地位和权力标志　当我们进入一个内科医生的办公室时，马上就能知道自己在哪里，因为有呼叫等待室、柜台接待员，还有墙上的毕业证书、资质证和机构的批准文书盖章。这些都是医学专业的标志，看到这些东西，我们就会“知道”是在一个医生的诊所中。类似，一个公司首席执行官很可能会在一间位于大楼顶层的转角办公室里工作，办公室整洁静谧，有巨大的玻璃窗、气派的办公桌、精致的电话机。这些东西传达了什么信息呢？重大的决策会在这里做出。人们常常会展现一些和高地位、高权力联系在一起的标志，从而能够获得他们认为自己所应得的尊重和名誉。

遗憾的是，有些名不副实的人有时也会借用这些标志来获取他人的尊敬。事实上，有些交易的目的纯粹就是为了制造这种人工的标志。笔者的一个同事最近受到邀请，要在一本名为《一千名伟大的学者》的精装大厚书中发表他的自传、照片和文章。另外，为了纪念他被收录进这样一本备受推崇的国际性书卷中（当然他显然是名副其实的），他还会获得一块金牌和带框证书。而要获得这个荣誉，他所需要做的仅仅是支付 1 125 美元！这真是受宠若惊啊。

笔者认为这种“邀请”说穿了也不过就是用一种（也不太）便宜的方法来帮助人们塑造一个体面的外表。但是对德马拉那样的人来说，他往往会把握每一个好机会来为自己寻求地位标志。比如，为了让人们对他的丰富阅历和社会地位留下印象，德马拉游走时总是随身带着一个从二手店买来的箱子，上面贴着全球各地昂贵旅店和度假胜地的标签，就像当时那些世界旅行者的行李一样。看到的人会这么推测：如果德马拉有这样一个箱子，那他一定是一个富有的世界旅行家。

炫耀性消费　地位的印象也可以通过人们有能力花费的金钱和资源的数量来传递。事实上，很多物质消费都带有传达地位印象的目的（Fussell, 1983; Veblen, 1899）。富有的人要传达地位高的印象，也许会借助于他们在高档居民区的房子以及在汽车和珠宝上的奢侈花费能力；而不那么富有的人也会做同样的事情，不过排场相对小一些，比如买一些名牌服装和国家名牌产品而不买本地品牌或者“杂牌产品”等（e.g., Bushman, 1993）。

赠送东西和浪费金钱也是炫耀性消费的形式。我们在本书第 9 章中也会讨论到，某些社会中的高地位成员会举行散财宴，就是一种正式宴会，在会上部落首领通过赠送和毁坏贵重的物品来提升地位等级。宴会主人赠送和毁坏的东西越多，他的地位就提高得越多（Murdock, 1923/1970）。

德马拉当然明白物质财产的呈现价值。他想办法糊弄服装店里的销售员从而让自己穿着体面；他花雇主的钱来精心装修自己的新办公室，也因此被解雇；他还有一个昂贵的习惯，在酒吧里请陌生人喝酒。炫耀性消费与借用地位象征和标志一样，是提升一个人社会地位的有效途径。

人际联系 管理一个人的人际联系则是另一种自我呈现工具。1973年秋天，研究者在拥有主力橄榄球校队的大学进行研究，发现球迷在自己的球队胜利时比失败时更倾向于穿印有球队标志的衣服（Cialdini et al., 1976）。后续的研究发现学生在描述胜利的时候也更倾向于用代词我们（比如“我们赢了”）。学生们会与学校成功的球队**沾亲带故（basking in the reflected glory）**，将自己与著名的胜利者联系在一起，通过这种方式，他们可以用这些胜利来加强自己的公众形象。另一方面，人们也会**明哲保身（cut off reflected failure）**（Snyder, Lassegard, & Ford, 1986），即让自己远离出了名的“失败者”，生怕不好的公众联系会令他们的声誉受污。菲利普·伯恩（Filip Boen）和他的同事（2002）研究了比利时法兰德斯市一些热心政治的市民，这些市民会在自己的前窗上张贴海报表明自己的政治立场。研究者在这些人中看到了这样的模式，选举之后，胜利政党的拥护者中，60%的人保留了他们贴在窗上的海报，而失利政党的拥护者只有19%保留了海报。人们会将自己和胜利者联系在一起，拉远自己与失败者的关系（End et al., 2002）。

炫耀性消费的不和谐音。花费超过25 000美元，这个镶钻iPod shuffle是激素推动下的炫耀性消费。“但是这肯定至少要比普通iPod的播放效果好很多。”你大概会这么猜想。实际上并非如此，这仅仅是一个常规产品，一个用珠宝和贵金属装饰过的iPod。

尽管很少人能如此奢侈地购买珠宝装饰的电子产品，但我们大多数人可以（并且确实会）花费比我们实际需要的更多金钱来购买“更好的”（事实上并不会精确多少的）手表、穿名牌（事实上没有实用多少的）服装，以及从更广泛的意义上来说，为我们自己买一点点额外的地位。

德马拉非常清楚人际联系的力量。比如，他去面试工作的时候常常“准备”充分，带着一大叠各色社会名流对他的能力资质和个性特点加以褒奖的推荐信，当然这些信件都是伪造的。这些推荐信有两个作用：一是我们在前面提到过的，会为德马拉建立起能力出色的形象；二是会提升他的地位，那是当然，难道那些社会名流会给一个无名之辈写这些溢美之词吗？运用这样的人际联系，把自己和一些位高权重的人联系在一起，德马拉就可以为自己获得公众的高度尊敬。

非言语表达的地位和权力 就像我们会用笑容来表现自己的亲和力，我们也会用一些其他形式的**身体语言（body language）**（Fast, 1970）。身体语言常用来指一些非言语信号，比如面部表情、姿势、身体倾向和手势等，来传达自己的地位和权力（e.g., Hall, Coats, & LeBeau, 2005; Patterson, 1983; Tiedens & Fragale, 2003）。举例来说，人们如果对自己所处的高地位感到安全，就会用更多放松的、“开放”的姿势，这些姿势往往需要更多的空间，会向他人宣示更多的主权。地位很高的个体希望获得他人更多的关注，但似乎又相对不太在意他人以及他人的表现。这点在视觉支配行为中就明显地体现出来：地位高的个体在讲话的时候会始终注视着他们的观众，但听别人说话的时候就不太会很认真地看别人；相反，不论是身体位置还是眼神注视，地位低的人都会始终关注那些地位更高的人（e.g., Exline, 1972）。另外，地位高的人也会更多地打断别人，把自己放在突出的位置，比如公司会议室的主席位（e.g., Goldberg, 1990; Heckel, 1973; Reiss & Rosenfeld, 1980; Russo, 1966）。有些研究还发现，地位高的人会更多地触碰他人从而扩张自己的个人空间，也就是在我们自己和他人之间设置的一道无形的缓冲或“气泡”（e.g., Henley, 1973）。

尽管地位高的人在他们地位稳固的时候看起来会很放松，但当他们的地位受到威胁时，他们的姿态会发生戏剧性的变化。比如**为了传达力量，我们也许会表现得很生气，因为生气的人往往是危险的**（Olson, Hafer, & Taylor, 2001）。事实上，地位的威胁常常引发支配表现，这与其他动物的表现是非常类似的。如图4-7中的大猩猩一样，我们也会把自己完全伸展、背部绷紧、皱紧眉毛、下巴前伸、身体朝冒犯者倾斜，这些表现都是为了向别人展示和宣告自己的力量（e.g., Keating et al., 1977; Schwartz et al., 1982）。

对一些人来说，位高权重的形象非常重要，他们极为恐惧自己会被别人看作微不足道，于是他们会诉诸实际的攻击来传达力量（e.g., Baumeister, Smart, & Boden, 1996; Felson & Tedeschi, 1993）。比如，一个孩子想获得勇敢的名声，就可能会殴打比自己弱小的孩子，尤其是在有旁观者的情况下（Besag, 1989; Toch, 1969），而不幸的是，欺负行为常常是有回报的，攻击性很高的男孩子往往会是小学班级里最受欢迎或者人缘最好的那些人（Rodkin et al., 2000）。当一个人的权力和地位荣誉在公众场合遭到侮辱的时候，带有自我呈现目的的攻击性行为会更多地发生（Bushman & Baumeister, 1998; Felson, 1982）。在本书第 10 章中，我们会探讨自我呈现目标会如何影响攻击性行为。

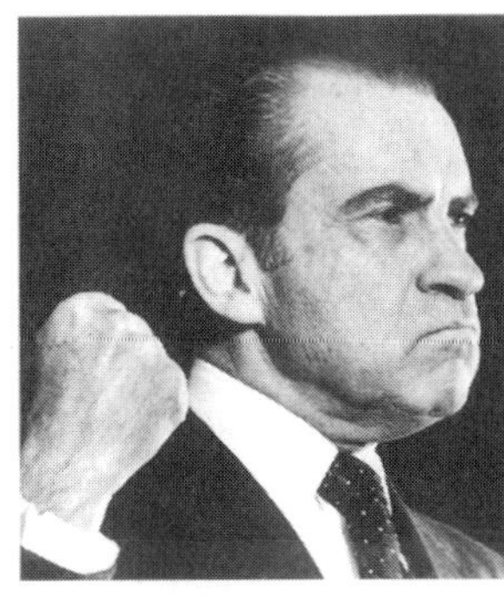

图 4-7　表现支配地位

在受到威胁的时候，许多动物会将自己完全伸展，把自己的脸扭曲成生气的怪相，将身体朝冒犯者倾斜，这一切都是为了传达他们的力量。就像我们从两张照片上看到的，人类和其他的灵长类动物在非言语表现上有很多有趣的相似之处。

4.4.2　性别、地位和权力

有些人是不是会比其他人更多地使用策略来传达地位和力量呢？我们在前面学到，**女性会比男性更多地将自己表现得讨人喜欢**，比如她们在社交场合会笑得更多，更注重自己的外表吸引力，行事也更谦逊。这并非因为男性不在意别人是否喜欢自己，事实上他们非常在意，而且常常会展现类似的行为，女性只不过在意得更多一些。当我们关注权力地位的呈现时，我们会看到一个类似但相反的模式：男性会比女性更多地表现自己拥有地位和权力。

性别差异　男性会占据更大的个人空间区域，也更容易去侵犯地位较低的他人空间（Henley, 1973; Leibman, 1970）。男性更善于在谈话和辩论中获取控制权，通常是通过打断和盖过他人的话语（Frieze & Ramsey, 1976）。男性也会有更多的高地位视觉支配行为，也就是说，他们倾向于在说话的时候与观众保持眼神接触，但听别人说话的时候则不那么集中注意力。女性则表现出了相反的模式，在说话时尽可能减少眼神接触而在听话时全神贯注（e.g., Dovidio et al., 1988）。男性在介绍自己的时候相比女性会更多地表现自己的职业地位和财务状况（Cicerello & Sheehan, 1995; Deaux & Hanna, 1984; Koestner & Wheeler, 1988）。**男性相比女性更容易在能够被他人看到的奢侈物品上进行炫耀性消费，从而来展现自己的地位，尤其当他们正沉浸在恋爱之中的时候**（Griskevicius et al., 2007）。男性在面对侮辱的时候也比女性更倾向于用身体攻击来回应（Felson, 1982）。

这些性别差异是由什么因素导致的呢？社会化练习肯定起了一定的作用：男性习惯将自己表现得具有支配权和有优越感，这种倾向看起来像是被“训练”出来的。男孩子一方面在很小的时候就会认识到骄纵的孩子会慢慢成为拥有赏罚大权的人，另一方面他们也会发现，女孩子（等到年长一点的话就是女人）更偏爱选择有社会支配权和经济安全感的男性作为约会和结婚对象（Buss & Kenrick, 1998）。女性更偏爱具有社会支配权的男性，在不同文化下都是如此，我们在本书第 8 章中会讨论女性的这种偏好。

还有一个补充答案则是基于男性和女性的生物学基础。在很多动物种群中，雌性会选择那些最有能力提供领土、食物和保护的雄性作为交配对象（Alcock, 1989），于是这些物种中的雄性就会互相竞争，表现自己的强壮、坚韧和力量。男性不仅相比女性会投入更大的努力锻炼上身肌肉，而且也能更准确地评估他人的身体力量和搏斗能力（Jonason, 2007; Sell et al., 2008）。和雄性牛蛙、海象、狒狒一样，一个野心勃勃的男性绝对不能忍受被他人视作弱不禁风，要不然，一旦被贴上了这样的标签，他很可能会失去自己的资产，也鲜有机会获得梦中情人的芳心（Sadalla, Kenrick, & Vershure, 1987）。

与生物学观点相一致的事实依据是睾酮水平较高的男性会表现出更多的攻击性行为，从而也像其他灵长类物种的雄性一样，往往比睾酮水平低的个体有更多的统治地位（Dabbs, 1996）。有趣的是，睾酮水平相对较高的女性也会表现出某些相同的寻求支配权和攻击的行为，这进一步说明了生物学的作用（Baker, Pearcey, & Dabbs, 2002; Dabbs et al., 2001）。

于是我们看到，生物学和社会性因素各自都在某种程度上令男性更倾向于表现自己的权力地位。当然，这并不意味着这些自我呈现目标对女性而言就完全无足轻重。比如，在使用地位标志和人际联系方面，两性之间并没有明显的差异，由此可见，女性和男性一样，都会利用这些小技巧。事实上，有一个研究发现，当异性间谈论有关缝纫工艺的话题时，女性比男性表现出更多的非言语支配行为，因为女性在缝纫领域往往更有专长（Dovidio et al., 1988）。不过总体说来，权力地位的呈现对于男性更为重要。

有志女性的自我呈现困境　有些女性在寻求权力地位的时候会面临特殊的自我呈现障碍。以希拉里·克林顿为例，她是美国前第一夫人、国会参议员、总统竞选人和现任国务卿。希拉里·克林顿曾是大学里的学生会主席，后来她进入常春藤联盟一所学校的法学院，成为一间著名律师事务所的合伙人，还曾被誉为美国最有影响的100名律师之一。她将自己的天才智慧奉献于慈善事业，是一个虔诚的宗教信徒，也是一个充满爱心和安全感的母亲，这些都为人所熟知。那么，为什么那么久以来还是有许多人不喜欢她呢？

"她的钻石会为你说些什么？" 在杂志广告中用这样的问题，能聪明地让富有的男人们想起，自己有能力为妻子和恋人购买成千上万的珠宝，从而也为自己买来额外的地位。这个广告暗示，钻石不但能买到爱情，还能体现购买者高高在上的社会地位。

希拉里·克林顿的问题一部分正是来自于她的成功。在传统的男性领域，比如法律领域中，女性工作出色反而常常会遭到贬低，甚至可能就是因为她们工作出色而遭到贬低（Coulomb-Cabagno, Rascle, & Souchen, 2005; Heilman et al., 2004）。而且，希拉里的沟通风格非常直接，常常看起来直率生硬又一针见血，而不太把时间浪费在优美的遣词造句上。虽然对成功男士来说，人们普遍会比较接受（有时甚至是需要）这样的沟通风格，但是类似的风格放到成功女性身上，就不那么容易被大众接受了。比如，男性面对一个直接独断、任务导向的男性时，会放任自己受其影响，但是面对同样风格的女性就不太愿意被夺去支配权（Carli, 2001）。类似地，男性用独断的身体语言可以很有效地传达地位印象，女性这样表现就不那么有效了（Henley & Harmon, 1985）；而在职场中，男性表达愤怒能够提升地位，女性则反而会损害自己的地位（Brescoll & Uhlmann, 2008）。

这看起来不太公平，一些男性用起来很有效的权力地位小技巧，有抱负的女性用了就不起作用。事实上，如果考虑女性在使用这些技巧时人们会对其形成的次级印象，这个问题就变得更为复杂了：女性如果表现出任务导向或盛气凌人，就不讨人喜欢，这其中一部分原因在于人们会觉得她们在养育责任方面没有尽职，也不够善解人意。对男性来说，使用这些表现强悍的策略所带来的社交方面的代价相对较小（Bowles et al., 2007; Carli, LaFleur, & Loeber, 1995; Heilman & Okimoto, 2007; Rudman & Glick, 2001）。另外，女性如果表现出高地位的身体语言，还有可能被看作性欲很强（Henley & Harmon, 1985）。

有志女性想知道。 希拉里·克林顿是成功而强大的，她的成就给她带来了哪些自我呈现方面的困难呢？为什么对她来说，要维持一个良好的公众形象如此困难呢？

于是，这些研究结果说明，希拉里·克林顿雷厉风行的作风和她的巨大成功放在一起，使人们对她的形象形成了一种刻板印象，也就是"铁娘子"——一个冷酷的、阴险的、粗糙的女性成功者（Deaux & Lewis, 1984; Heilman, Block, & Martell, 1995）。

许多男性不喜欢野心勃勃的女性，对这一点你可能不会感到惊讶。你可能也会预期，女性的反应应该会与男性有所不同，她们应该能够比较安然地接受其他一些女性所表现出来的独断和自信。不过，事实往往不是这样的（Parks-Stamm et al., 2008）。**实际上，女性有时候会比男性更加贬低那些成功有抱负的女性**。为什么呢？一些研究认为，女性会更多地支持那些为他人的事业推波助澜的女性，而不太会支持那些自己追求事业的女性（e.g., Janoff-Bulman & Wade, 1996; Rudman, 1998）。

这里有两点比较重要。第一，我们又一次看到了获得喜爱的重要性，讨人喜欢的人更容易获得权力和地位；第二，有抱负的女性相对于同等野心的男性对手，会面临更多的自我呈现阻碍。直到今天，女性都仍然需要隐藏她们的野心和成功，这证明了性别角色刻板印象持久的影响力。

4.4.3　受到威胁的形象和新的资源

当人们感觉自己有权力、地位高的形象受到一些切实的威胁时，就会特别多地去表现自己的权力、地位。比如，当自己的强硬一面受辱时，男性尤其会倾向于用言语和身体攻击来回应（Felson, 1982）。类似，当人们的勇敢和大胆遭到质疑时，就会拿自己的健康去冒更多的风险（Martin & Leary, 1999）。比如轮滑者常常不肯佩戴护具，怕被别人看成是“谨小慎微”或“懦弱无能”（Williams-Avery & Mackinnon, 1996）。类似的担心也会使人们选择开快车、不系安全带以及酒后驾车。

小调查

回忆你上一次看到的一场真实的打架场面，是带有身体攻击的那种。打架的是什么人，怎么打起来的，他们打架的（真正）原因是什么？这些问题的答案和你目前为止学到的关于权力、地位的自我呈现有什么关系？

当出现一些新的有价值的资源时，人们也更会去表现自己的地位和权力。牛蛙在沼泽里发现了一块还没有被人占领的、富饶的地方时，会大声吼叫来宣示自己的主权；孩子从奶奶那里收到最热门的新游戏机时，其他的兄弟姐妹会报以威胁性的神色；年轻男性遇到心仪的单身女子时，会乐意彰显出自己的高社会地位（e.g., Renninger, Wade, & Grammer, 2004; Roney, 2003）。确实，这些往往都是很有效的策略。最吵闹的牛蛙和孩子通常能获得更多额外的沼泽领地和新玩具，而巧妙地将自己的身份地位展现出来的男性常常能吸引到心仪的女性。

4.4.4　对不同观众使用不同策略

权力地位的呈现有时会很复杂，人们如何来创造这些形象，甚至人们要不要去创造这样一个形象，一定程度上取决于呈现者性别和观众性别的交互影响。举例来说，男性面对女性和其他男性时会有不同的表现。**有他人在场的情况下，男性遭到侮辱时会特别容易用攻击性的方式来回应，不过当观众也是男性的时候，这种自我呈现的攻击性会表现得最强**（Borden, 1975）。事实上，女性观众往往能抑制男性的自我呈现暴力，不过这倒不是因为女性不喜欢男性展示权力地位。女性实际是非常看重男性伴侣的权力地位表现的，也正因如此，男性会在自我推销的时候吹嘘自己的职业地位和职业高度（e.g., Cicerello & Sheehan, 1995; Deaux & Hanna, 1984; Gonzales & Meyers, 1993）；**而和女性在一起时，男性也会比一个人的时候做更多的慈善活动**（Rind & Benjamin, 1994）等。而女性一般只是在身体攻击上不像男性那样表现得这么明显。因此，男性虽然在男性和女性观众面前都会表现自己的权力地位，他们也会根据观众的不同喜好来组织自己的呈现策略。

回顾

弗雷德·德马拉的传奇人生

不管以什么标准来衡量，弗雷德·德马拉的成就都是令人震惊的。在 20 多年中，他演出了一部又一部的“戏剧作品”，并把所有的主角都留给自己。妙手回春的医生、受人敬仰的大学教授、勇敢智慧的监狱长等。他无数次成功地令别人相信他是某个根本不是他的人。但是为什么呢？是什么促使他成为一个伪装者？又是什么能让他这么成功呢？

本章中呈现的研究结果可以帮助我们更好地了解德马拉的生活。德马拉小时候在他生活的工厂小镇里是人们关注的焦点。他长得很高大，是那个小镇领头人物的儿子，并且他聪明过人。德马拉很快就知道自己是特别的，也相信自己是值得尊敬的。他父亲是一个衣冠楚楚而彬彬有礼的人，德马拉从父亲那里还学到了一件事情：外表很重要。我们无从得知这些想法多早就在德马拉的心中扎根，不过在他父亲的生意失败后，这些想法也变得坚定起来。形象对德马拉来说太重要了，然而在短短几天之内，他们一家从豪华大宅搬入镇郊小屋，他的形象崩塌了。

然而，德马拉从小就认识到自己的命运是特别的，他是自己未来的主人。不管家中的实际环境如何，他想向每个人，甚至是他自己证明，他是有“级别”的。每天早上在上学的路上，他会偷偷脱下妈妈买给他的实用而便宜的鞋子，换上自己用省下来的钱偷偷买的黑亮的皮鞋。情人节的时候，他会想办法给全班同学买精致的盒装巧克力。对一个 11 岁的男孩来说，他的公众名誉受到了威胁，自我概念变得不确定，在自我呈现上做得有些过头也不是那么不可理解。毕竟，我们之中有哪个人在一次失恋之后不希望证明自己的魅力，在一次工作失意之后不希望证明自己的能力，在遭到嘲笑之后不希望证明自己的强硬一面呢？

不过，这些小小的自我呈现并不能帮德马拉挽回多少声誉。所以当他的父亲最终承认他们家再也不可能变回富有，也再也无法搬回大房子时，德马拉意识到他在小镇中的名誉是永远回不来了，人们再也不会像他所渴望的那样尊敬他。于是他离开了家，寻找着，也许，是一个新的观众。当然，单单这样的行为并不能说就是偏离了正常的社交行为，一般说来，为了有机会制造一个新的、没有破坏过的形象，许多学生都会选择去离家很远的地方上大学，而一些职业生涯出现问题的人也会选择去郊区，希望能逃避原来的污点。

但是德马拉却把这些机会越弄越糟，他厌倦了教士培训，从那里偷了辆车逃跑，又讨厌军队的严格管制而开了小差。德马拉成了一个通缉犯，有犯罪记录在身意味着他没有办法再光明正大地在世人面前表演“弗雷德·德马拉‘秀’”。于是为了自我呈现，他大胆地跳了一大步，这是我们大部分人想都不会想，也永远无法成功的。德马拉选择伪装自己，彻底抛弃了自己的过往。

在这个大胆的选择中，我们再一次看到了个人－情境交互作用的影响。一个人如果有德马拉对公众认可的渴望，但是没有父亲生意失败的威胁和自己犯罪所导致的困境，也许会和周围邻居一样正常地生活，只不过可能会因为自己的能力和略微膨胀的自我意识而为人所知；一个人经历了德马拉家那样的生意失败和犯罪的窘境，而没有德马拉期望得到尊敬的强烈需求，可能会把自己掩藏起来，在逃亡的旅途中小心翼翼地生活着。然而这些因素在德马拉身上综合起来，发展出一个独特的人——伪装大师。

在德马拉的这个人生分岔口上，我们很容易把他的行为简单地看作是不正常的，看起来好像是某个自我呈现狂人的失常行为。不过我们也在想，当我们再走近一点看看德马拉，有没有可能从中看到一些我们自己的影子呢？大概有很多很多。我们每个人和德马拉都有一些相似之处，不仅有相似的呈现目标——表现得讨人喜欢、表现能力出色、传达权力地位，也会用相似的方式来塑造想要的形象。事实上，德马拉成功的伪装表演正是来自于他对常用呈现策略的娴熟运用。当他希望获得他人的喜爱时，他会赞美别人、调整自己的观点、把自己变得有吸引力，再表现一点不卑不亢的谦逊；如果他希望别人敬佩他的才能，他会努力工作、伪装起来表演，还会想办法让别人帮他吹嘘一番；当他希望别人尊敬他的地位时，他会衣着得体、随身带着一些游历世界的纪念品，并把自己与一些有地位的人联系在一起，还随时保持优雅高贵的风度。这些恰恰也是我们管理自己在别人心中的形象时所用到的自我呈现策略。

德马拉精通日常的自我呈现策略，所以我们从他的经历中可以学到很多，比如我们如何成功地管理自己的名声，但是我们也能看到其中的代价。作为一个伪装者，德马拉整天都会担心犯错，担心说错了什么会摧毁他用欺骗建立起的大厦；同时他也痛苦地明白自己只是个骗子；而可能更糟的是，他也已经开始迷失自己。“每次我开始伪装一个新的身份，真实的我就有某一部分死去了，不论真实的我到底是什么。”（Crichton, 1959, p. 10）

于是，从德马拉的经历中，同样也从科学研究中，我们看到了很多关于人们为什么会以及如何呈现自己的知识。像德马拉一样，我们大部分人都极其在意他人如何看待我们；像德马拉一样，我们常常会发现自己处于名誉遭受威胁的困境中；像德马拉一样，当别人不像我们所希望的那样看待我们时，我们就会去自我呈现的百宝袋中寻找一些常用的呈现小技巧；像德马拉一样，我们害怕不好的名声会给自己带来损失。似乎可以这么说，我们每个人心里都有一点德马拉。

在我们分析德马拉的旅程中，我们也看到了一些社会心理学与其他学科的联系。比如，人们在工作中如何与人相处会影响到他们成功和成就的水准，于是很自然，想要了解管理过程和组织行为，就可以借鉴社会心理学中关于自我呈现的一些内容。与此类似，营销和传播方面的研究者和实践者用了很多我们这里所讲到的研究结果来推销他们的产品和想法。我们也能看到社会心理学和生物学、动物行为学的联系（比如，人类表现出的支配和顺从与许多其他的动物有惊人的相似），和医学实践的联系（比如，整形手术之所以受人青睐，很大一部分是来源于病人的自我呈现需求），和健康、疾病的联系（比如，许多为了提高自身吸引力而做的行为，像是日光浴和使用激素等，会为健康带来破坏性的后果）。作为社会动物，我们想给别人留下印象，所以社会心理学中的自我呈现会与许多不同的学科相联系就一点也不奇怪了。

弗雷德·沃尔多·德马拉 60 岁时因为心脏衰竭去世。在全国各地发布的许多讣告中都提到，他后半生用自己的名字生活了近 23 年，看起来是为了要弥补过去的错误。他回归了自己的宗教根源，一直在青年营工作，这个组织的使命是拯救贫苦的人们；他还是一个虔诚善良的浸礼会牧师和医院牧师。我们可以猜想，在所有人之中，德马拉如果得知自己最终获得的评价是讨人喜欢的，那么他一定是最感到安慰的。

关键词

沾亲带故（basking in reflected glory）
身体语言（body language）
胜任动机（competence motivation）
明哲保身（cutting off reflected failure）
拟剧论（dramaturgical perspective）
逢迎（ingratiation）
多观众困境（multiple audience dilemma）
公众性自我意识（public self-consciousness）
自我妨碍（self-handincapping）
自我监控（self-monitoring）
自我呈现（self-presentation）
自我推销（self-promotion）
羞怯（shyness）
社交焦虑（social anxiety）

第5章

态度和说服

彼得·赖利的蜕变

1973年，彼得·赖利（Peter Reilly）是一个敏锐聪慧的青年，他的人生在18岁那一年永远地改变了。那天他从教堂聚会回家后，发现自己的妈妈躺在地上，她被人谋杀了。虽然他当时感到头晕目眩，但最终还是清醒地马上打电话求援。

彼得·赖利身高170厘米，体重111斤，身上、衣服上和鞋上没有一滴血迹，怎么看也不像是一个凶手。但是从一开始，警察发现他站在躺着妈妈尸体的房间、眼神空洞地愣着时，就怀疑他是杀害他母亲的凶手。怀疑的理由不是来自于对赖利本人的了解，而是更多地来自于他们对受害者的了解。她喜欢激怒别人，尤其是男性，她喜欢贬低他们、对抗他们、挑战他们。无论以什么标准来衡量，她都是一个很难相处的女人。因此在警察们看来，赖利在母亲的持续敌对中会勃然大怒并因一时冲动杀害母亲。这样解释也就合情合理了。

当时在现场，甚至后来被带去问话，赖利都放弃了寻找律师的权利，因为他以为只要他实话实说，警察很快就会相信他并释放他。这是一个大大的错误。在一段超过16小时的时间里，他遭到了四个警官的轮番审问，其中还包括一个测谎仪操作员。操作员自信地告诉赖利，根据测谎仪的结果，他杀害了他的母亲。主审讯官还欺骗赖利说，他们已经获得了额外的证据证明他有罪。他还告诉这个男孩为什么他会完全不记得自己做过这些事情：赖利一直对母亲怀有怒意，最终突然爆发杀害了自己的母亲，事后则将这些恐怖的记忆压抑了起来。审讯官所做的一切，就是在这个男孩子的潜意识中“挖、挖、挖”，直到把这部分记忆挖出来。

他们挖、挖、挖，用尽各种方式要让这个男孩的记忆浮现出来，一直到赖利真的开始回忆。虽然开始很模糊，但慢慢地越来越形象，比如对着妈妈的脖子猛砍，重重地踩她的身体。他对这些情景分析、再分析、再回顾，终于他确信了这些情景的确展示了自己的罪行。赖利和他的审讯官一起（后者残忍地逼着他打破自己的“心理阻隔”），将他记忆中的一些场景重组成了一串对他行动的描述，并成了谋杀的细节。最终，在这起可怕的谋杀案发生24小时之后，虽然很多细节都还不甚清楚，但彼得·赖利正式签署了书面认罪声明。这份认罪书的内容与审讯官们给出的解释非常接近，赖利也已经接受这样的解释是准确的，即使在审讯一开始他根本没有这么认为，即使后来的事件证明这些全都不是真的。

第二天，赖利在牢房中醒来，极度的疲劳和审讯室里的说服性审讯轰炸都过去了，他不再相信自己所承认的事情。就像那些强行推销技巧的受害者在推销员离开后发现自己根本不需要所买的东西一样，赖利发现，当审讯官离开之后，他根本不再需要他们“卖”给他的认罪书。但是，他没有办法令人信服地撤消认罪。对刑事司法体系中所有的长官来说，认罪书始终是他罪行的决定性证据。一位法官判定这份认罪书是自愿签署的，所以当律师提出对赖利的审判中应将这份认罪书作废时，法官驳回了这个请求；警方认为凭这份认罪书已经有足够证据控告赖利，所以就不再考虑其他嫌疑人；检察官把它作为案件的核心证据；陪审团成员在审议时将这份认罪书作为很重要的考虑因素，最终裁定赖利杀害了他的母亲。

这些人都不相信一个正常人在没有遭到威胁、暴力或拷问的情况下会承认一项自己没有犯下的罪行，很多类似的情况也的确是这样子的（Kassin, 2008）。但是他们错了，两年后，在主检察官的文件中发现了被隐藏的证据。该证据证明赖利在案发当晚并不在现场，由此证明他是无罪的。最终法院撤消了对他的控罪，而所有的责任人员都被开除。

在那个审讯室中，到底发生了什么力量强大的事情，能够制造出一份谋杀案认罪书，而警方、检察官、法官和陪审团却都没有发现它的影响？警方是通过什么神秘的方法和奇特的环境，能够让一个无辜的人相信自己犯了罪呢？他们用的方法并没有那么神秘，环境也没有那么奇特。他们的审讯过程体现了日常劝说中的一些特点，而这些劝说就是你平时在每一天都会遇到的（Davis & Leo, 2006）。有些劝说努力会出现在和朋友、熟人的聊天中，有一些会出现在广告牌或广播、杂志、电视广告中，有一些会潜伏在互联网中（Mandel & Johnson, 2002）。本章接下来会讨论这些劝说会如何改变人们的态度和信念，如何测量这些变化，并且这些变化是为什么目的服务的。

如果你认罪了，我们绝不会判你无罪。彼得·赖利定罪后被警方带走。

目前大部分的说服研究都是关注态度的，因此在我们考察态度如何变化之前，我们先来看看态度的本质。

5.1 态度的本质

我们在本书第 2 章中已经提到，**态度（attitude）**是对特定事物积极或消极的评价。态度最开始是如何形成的呢？什么因素会使态度变强或变弱呢？态度在多大程度上可以预测行为呢？社会心理学家为每个问题都给出了答案，我们就从态度形成这个话题开始。

5.1.1 态度形成

态度是从哪里来的？态度主要有以下几种来源。

经典条件作用 通过经典条件作用过程，我们会变得喜欢或者讨厌某些新的事物或事件，仅仅是因为它们与某些我们已经喜欢或讨厌的事物或事件联结在了一起。比如，当我们把一些人和某些正向的事情（如他们带来的好消息）联结在一起，我们就会更喜欢这些人，尽管这些人本身并不是这些好消息的制造者（Manis, Cornell, & Moore, 1974）；相反，当我们把一些人和某些负向的事件（如和他们一块儿在一个潮湿闷热的房间里）联结在一起，我们就会不那么喜欢他们（Griffitt, 1970）。即使是一些我们意识不到的联结，也能够影响我们的态度（Gibson, 2008; Olson & Fazio, 2002）。在一个研究中，学生观看了一组幻灯片，展示了一个女人的日常生活，然后看他们对这个女人的印象如何。不过在每张幻灯片放映前，都会在学生们意识不到的情况下播放一些正向或负向事物的照片（比如一对新婚夫妇、一条血淋淋的鲨鱼）。正如预期的那样，如果加入的是一些正向照片，学生们会对幻灯片中的女性形成更正向的印象（Krosnick, Betz, Jussim, & Lynn, 1992）。

操作性条件作用　在操作性条件作用下，人们会通过奖励和惩罚来进行学习。人们也会用这种方式来习得某种态度。在一个实验中，研究者通过电话访问了一些夏威夷大学（University of Hawaii）的学生，询问他们对设立春季度假周的态度。其中有一半的学生每次对这个想法表达赞成态度的时候都会得到奖励，即每次他们支持这个建议的时候访谈者都会说“好”；而另一半的学生每次表达反对态度的时候都会受到“好”的奖励。一周后，所有学生都回答了一份关于本地事务的问卷，其中就有一个关于春季度假周的问题，和预期的一样，之前赞成计划而获得奖励的学生比那些反对计划而获得奖励的学生对这个计划表达了更积极的态度（Insko, 1965）。最近的脑成像研究显示，与态度的经典条件作用一样，态度的操作性条件作用也会在无意识的情况下发生（Pessiglione et al., 2008）。

观察学习　有时候我们并不需要经历奖励或惩罚的第一手学习课程，而常常是通过观察他人来学习（Bandura, 1986）。当我们看到别人受到惩罚，我们就会回避他们做过的行为，也会回避他们表现出来的态度；当我们看到别人受到奖励，我们就会参与这些行为，也会采纳他们所表现出来的态度。比如，怕狗的孩子在看到其他孩子与小狗愉快玩耍的录像后就会变得更喜欢小狗了（Bandura & Menlove, 1968）。

遗传　在大部分态度研究的历史中，理论学者们都认为态度只能在学习过程中形成。虽然经验在态度形成中的作用不可否认，但更近一些的研究证据表明，在许多态度中，比如一些涉及政治和宗教问题的态度，都存在一个非学习的基因成分（Bouchard, 2004; Olson, Vernon, Harris, & Jang, 2001）。比如，相比对青少年司机或拉丁语学习的态度，对死刑或审查制度的态度就更容易受到遗传的影响（Alford et al., 2005）。亚伯拉罕·特塞尔（Abraham Tesser）（1993）的研究表明，这些受基因影响的态度在社会生活中会特别强大且有影响力。在这些问题上，人们不仅会更快地告诉你他们的想法，你也更不容易改变他们的态度，如果你在这些问题上与他们意见相左，他们也会更不喜欢你。

5.1.2　态度强度

并非所有的态度强度都是一样的。为什么我们会在意态度是强是弱呢？其中一个原因是强烈的态度能够准确地预测行为，比如一个人在总统选举中会如何投票（Farc & Sagarin, 2009）。第二个原因是强烈的态度不容易改变（Bassili, 1996; Visser & Mirabile, 2004）。这一点有两层含义：第一，比较强烈的态度会更稳定，更不容易随时间变化；第二，比较强烈的态度更不容易受到影响，能够更好地经受住说服性的攻击和直接针对他们的请求。我们假设你现在对枪支控制持有强烈的支持态度，那么你的态度下个月很可能仍然是这样的，并且如果那时有什么人试图改变你对这个问题的想法，你也不太可能受到影响。

在一个强烈的态度中，哪些成分使态度不那么容易改变呢？伊娃·波梅兰茨（Eva Pomeranz）、雪莱·查金（Shelly Chaiken）和罗莎琳德·托德希拉斯（Rosalind Tordesillas）（1995）的研究认为，强烈的态度能够抵制改变有两个主要原因：承诺性和嵌入性。

人们对一个强烈的态度会有更高的承诺，也就是说，他们会更确定这是对的（Tormala & Petty, 2002; Petrocelli et al., 2007）。另一方面，一个强烈的态度会更深入地嵌入一个人的附加特征中，如这个人的自我概念、价值观和社会身份（Boninger, Krosnick, & Berent, 1995）。比如，美国国家步枪协会（National Rifle Assosiation）的官员反对枪支控制，他们对这样的立场有较高的承诺，并且他们往往也会把这种立场作为他们社会身份的一个核心部分，因此他们在这个问题上就不容易改变态度。

看起来承诺性和嵌入性都能够使一个强烈的态度不那么容易改变（Visser & Krosnick, 1998），但是这两者是通过不同的途径发挥作用的（见图 5-1）。对一个特定态度的承诺意味着人们在看待相关信息的时候会存在偏差，并且会

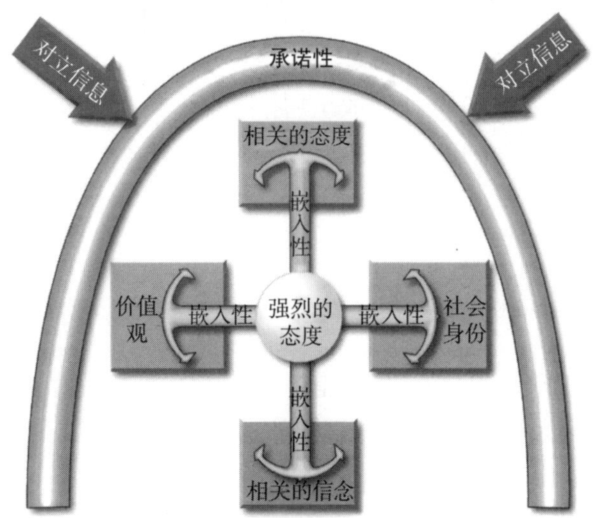

图 5-1　为什么强烈的态度不容易改变

承诺性——强烈态度的一个特性，会帮助抵御对立信息；而嵌入性——强烈态度的第二个特性，会把这些态度与自我的其他一些不易改变的特征锚定在一起。

进一步坚定自己的观点，这种加工方式会使他们丢弃一些与他们原本的态度相悖的证据。比如，在一个实验中，被试原本就对死刑持有某种强烈的态度，实验者给他们看了一篇文章和一个研究，里面关于这个问题与他们的立场都是相反的，他们就会拒绝承认这些信息的准确性，认为文章的观点是站不住脚的，而研究使用的方法也是存在缺陷的（Pomeranz, Chaiken, & Tordesillas, 1995）。

不过，态度的嵌入性不会使人们拒绝对立信息，而会从另一个方面拒绝态度的改变——简单地把态度和个人的许多其他特征（信念、价值观、附加态度）联系在一起，使态度无从动摇。也就是说，要改变一个嵌入于其他个人特征的态度，就意味着要挑战个人自我的所有其他方面，人们是不愿意踏出这一步的（O'Brien & Jacks, 2000）。

表面上看，前面提到的证据都说明人们很难改变他们强烈的态度和信念，那么要劝服一个无辜的人承认自己有罪，像彼得·赖利那样，似乎更是天方夜谭了。可以肯定的是，一个问心无愧的人对自己的无辜有着强烈的态度和信念，也正是因为这样，经验丰富的审讯官一般不会直接攻击这样的信念，而是先想办法削弱这些信念。

要削弱嫌疑人对自己无辜的信念，警方很喜欢用的一种方法就是让嫌疑人相信他们不记得所犯的罪行是因为他们在犯罪的时候严重地受到了酒精或药物的影响。在彼得·赖利的案子中，赖利就是受到了暴怒情绪的影响（Leo, 2008）。赖利可能压抑了自己杀害母亲的记忆，他在审讯中报告自己被这种可能性强烈地震惊了，并在审讯开始前就将这种想法深深地植入了他的脑海中，因为这个想法第一次撼动了他的信念，令他开始自我怀疑。

审讯官使用这种策略是非常有效的，因为这种策略能够从根本上切断强烈的态度和信念赖以存活的两个方面。第一，它会降低嫌疑人对自己无辜的承诺性，因为这种策略会动摇他们对无辜信念的确定性——如果他们很可能是不记得了，那么他们也就无法确定自己有没有犯罪。第二，这种策略会降低信念的嵌入性，因为它可以把犯罪从个人的自我概念上分离出来。虽然一个人平常是不会随便做出犯罪这种事情，但是如果受到了酒精、药物或是暴怒情绪的影响就很难说了。

5.1.3 态度-行为一致性

你对枪支控制的态度会在多大程度上影响你为枪支控制立法做出努力的行为？这听起来是一个很简单的问题，但其实比你想象的要复杂很多。有几个因素会影响一个人的态度和行为之间一致的可能性。

知识 我们对某个事物了解越多，我们相关的态度和行为互相之间就会更一致（Kallgren & Wood, 1986; Wyer, 2008）。因此，如果你对枪支管理法了解越多，你对这些法律的评价就越可能预测你支持或反对法律的行为。另外，如果你与这些法律涉及的内容有过直接接触，比如也许你曾经被某人用枪伤害（或拯救），那么你的态度就能更好地预测你对这些法律的行为，**因为相对于获得的第二手信息，亲身经历能够带来更多的态度－行为一致性**（Glasman & Albarracin, 2006; Millar & Millar, 1996）。因此，知识的两个方面可以加强态度和相关行为的联系，即关于这个话题所获得的知识数量和知识来源的直接（或相对间接）性（Davidson, Yantis, Norwood, & Montano, 1985）。

个人相关性 几年前，在美国密歇根州立大学（Michigan State University），政府官员提议将合法饮酒年龄从18岁提高到21岁，几乎所有的学生都反对这个计划。但是，当要求他们参与反对这个提议的运动，从而在行为上与他们的负向态度保持一致的时候，20岁以下的人（最终其个人会受到新法律的影响）更愿意去做志愿者（Sivacek & Crano, 1982）。这个结果与许多其他的研究一致，说明如果某个问题与一个人自身相关，那么他对这个问题的态度会更好地预测他的行为（Lehman & Crano, 2002）。因此，如果某些和你关系亲密的人在考虑要买一支枪，你对枪支管理立法的态度就更有可能支配你的行为。

态度易得性 态度的易得性是指态度进入意识的迅速程度，易得性高的态度往往能引发一致的行为（Glasman & Albarracin, 2006）。为了在一次政治运动中证明这个观点，拉塞尔·弗奇奥（Russell Fazio）和卡罗尔·威廉姆斯（Carol Williams）（1986）让潜在的投票者表达他们对总统竞选者罗纳德·里根和沃尔特·蒙代尔（Walter Mondale）的态度，在一个掌上记录仪上按键，将被试按键反应的速度作为态度易得性的测量。这个测量是在1984年总统竞选的夏天，而一致性行为则是在选举日（1984年11月4日）之后马上进行测量的。实验者通过电话访问这些被试是如何投票的。实验发现了很显著的结果：被试在6月或7月对他们的偏好做出反应越快，就越有可能在4到5个月之后按照偏好做出一致的行为。用类似的方法，如果你向每个朋友询问他们对枪支控制法律的态度，根据他们反应的速度，你就可以知道他们中哪些人的行动会和他们的反应一致。

行为意图 如果一个人的态度和他的行为意图也是一致的，那么态度和行为一致的可能性就更高。事实上，艾西克·阿耶兹（Icek Ajzen）和马丁·菲什拜因（Martin Fishbein）认为态度会首先影响一个人的行为意图（以某种方式行动的特定目标或打算），随后再影响其行为，并且这些意图相比态度能更好地预测行为。当然，态度并不是影响行为的唯一因素，在他们的理性行为理论（Fishbein & Ajzen, 1975）和之后的改良版**计划行为理论（theory of planned behavior）**（Ajzen, 1991）中，这些研究者还确定了两个额外因素（除态度之外），这两个因素也会通过行为意图来影响行为。第一个因素是，研究者将其定义为主观规范，是指个体的一种知觉，个体看重的是他人会不会赞同这个行为。比如，关于一个改变枪支管理法律的运动，你周围一些对你来说很重要的人是怎么看的，他们是否会支持你，你的这些知觉会影响到你参与这个运动的打算。第二个因素是，人们知觉到的行为控制感，就是一个人对自己执行该行为的困难程度的知觉。即使你自己非常想参加这样一个运动（态度），即使一些你生命中很重要的人也会支持你（主观规范），但要是时间不够或者其他一些环境因素的影响让这件事变得不太现实，你可能也就不打算参加了。很多研究支持了这个理论（见图 5-2），这个理论尤其适用于一些需要深思熟虑和计划周详的行为（Albarracin, Johnson, Fishbein, & Muellerleile, 2001; Armitage & Connor, 2001）。

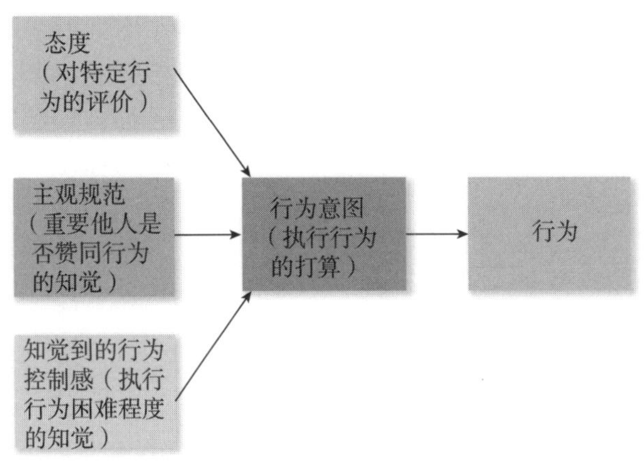

图 5-2 计划行为理论

根据这个理论，态度并不是行为的最佳预测变量，行为意图才是。而行为意图受到态度的影响，并且还受到主观规范和行为控制感知觉的影响。

5.2 什么是说服

如果我们要把彼得·赖利的错误认罪归咎于审讯中的说服过程，那么最好要把这个概念的意义首先建立起来。虽然社会科学家们从很多不同的角度定义了**说服（persuasion）**，但我们把说服看作是个人的态度或信念因为接收了某个信息而发生改变。我们在本书第 2 章中已经讨论过，态度是对特定事物积极或消极的评价，而信念则是对这些事物的想法（认知）。在本章中，我们会讨论这两者是怎样通过说服过程而发生改变的。

许多研究考察了哪些因素有助于我们传达一个有效的说服信息，我们这部分的讨论很大程度上会用到这些研究。事实上，社会心理学家对说服过程的研究开始于第二次世界大战中发布的政府信息和宣传计划（Hovland, Lumsdaine, & Sheffield, 1949; Lewin, 1947; Stouffer, Suchman, DeVinney, Star, & Williams, 1949），到现在已经持续了半个多世纪。于是，社会心理学家常常在广告宣传和市场营销公司中占有一席之地。

无所不在的说服。说服性的劝说努力存在于我们日常生活的每个地方。

5.2.1 测量态度的改变

聪明的说服者总结出了很多方法来改变态度和信念，哪怕这些态度和信念起初很强烈、很坚定。在试图了解这些各不相同的技术是否有效以及何时有效的过程中，研究者们首先要面临一个棘手的问题：如何准确地测量说服效果。毕竟，如果我们连一个说服技巧带来了多少改变都无从得知，那就自然不能说这个技巧是否有效了。而准确地测量变化并不容易。如果有人记录了你的行为，那么毫无疑问你可以发现自己行为的变化。毫无疑问，研究说服的科学家们也希望能够准确地记录，至少是用一种不同的形式。因此，他们常常需要借助一些已被证明有效的方法来减少测量本身对数据带来的影响。

我们在第 2 章中简单地讨论了其中一种方法。我们介绍了研究者有时候怎样用隐蔽的方法来测量态度，而不直接让被试将自己的态度自我报告出来。在这些情况中，研究者通过观察一个与态度相关的行为来判断一个人的态度（Bushman & Bonacci, 2004）。比如，西奥迪尼和鲍曼（Baumann）（1981）在一次总统选举中观察了人们丢弃宣传广告的情况，用来预测选举结果。当选民看到发在汽车挡风玻璃上的传单时，如果传单上的信息支持他们喜欢的候选人，他们扔掉传单的可能性就比较小。最终，在官方的总投票情况公布之前，这个测量就准确地预测了他们测量的九个投票点的胜利者。

总体来说，研究者都发现，只有在人们有很强的理由要隐藏自己的真实感受时，比如人们想表现自己比实际情况更加大公无私，这些隐蔽的技术才会比自我报告测量更为准确（Fazio, Jackson, Dunton, & Williams, 1995; Nowicki & Manheim, 1991）。在这些人们需要掩饰的情况下，隐蔽的技术更为受到研究者的青睐，因为这些技术相对来说是一种**非反应性测量（nonreactive measurement）**，而非自我报告。也就是说，使用这种方法来记录反应不太容易对反应造成扭曲。不过，如果人们并没有什么理由要掩饰自己的感受，自我报告的测量通常更好一些，因为这可以更直接地询问态度（Dunton & Fazio, 1997）。

除了通过秘密观察来测量态度，科学家们也找到了其他的方法来让他们的研究达到非反应性测量的目的，比如用一种特殊的研究设计——事后设计。用这种方式测量说服效果，只需在说服努力实施后才对态度进行一次性测量。

联结：方法与证据

事后设计

假设你们小组想减少由于交通事故造成的死亡伤害，希望可以提出方案降低在高速公路上的限速，于是交给你一个任务，要对这个问题写一封具有说服力的倡议书，发给你所在城市的所有居民。假设你看完本章后，设计出了一封极具说服力的倡议书，并用到了各种各样的说服技巧。但是在你们小组出经费发放所有倡议书之前，财务主管对你的说服技能还有所怀疑，要求你先用一个小样本的人群做一个测试，看看你的倡议书是不是真的有用。你可以怎么做，才能最好地测量到这封倡议书在改变市民态度方面发挥作用的大小？

你对这个问题的第一反应可能是错误的。许多学生觉得最好的（或者唯一的）测试方法就是用一个事前－事后设计来测量态度改变，在这个方法中，被试的态度会在说服信息给出之前和之后分别测量一次。我们假设你做这样一个研究：首先，你对一组随机挑选出来的市民做上门访问，询问他们对高速公路限速的态度，这就是一个前测；其次，一周之后，你把倡议书寄给这些被试；最后，再过一周，你再次上门访问他们的态度，也就是后测；同时因为你是一个很谨慎的研究者，你还随机挑选了一个控制组。这组被试不会收到倡议书，但是也会接受两次态度测量，这是为了确定前测态度和后测态度之间的差异的确是由你发出的倡议书所带来的。如表 5-1 的上半部分表示的是你的这个研究。如果你发现收到倡议书的人比没有收到的人态度前后改变更多，那么在你们小组的财务主管那里，你是不是就有足够的证据说你的信息是有说服力的呢？

如果你的财务主管（我们可以叫他小唐）对研究设计比较了解的话，也许你的提议就不能通过。他也许会挑剔地说，你的结果可能不是完全来自于你的倡议书，而是前测加上倡议书的效应总和。也就是说，小唐可以说在这个研究中，人们在第一次接受高速公路限速调查时就对这个问题变得敏感了，这样他们收到你的倡议书时就更容易被说服。比如，他们在接受前测之后，也许就会开始注意高速路上有多少汽车的车速很不安全，或者也许他们会更留心高速导致的交通事故报导。于是，当你把倡议书寄过去后，他们也许就特别容易被说服。如果是这样的情况，那么你就没有更好的证据来说明如果只是寄一封倡议书，就像你们小组原来计划的那样，是不是还能达到相同的效果。小唐可能会坚持，一定要你给他看到那样的证据，否则他还是觉得无法拨给你充分的资金让你去大规模地寄送倡议书，而且他的理由也是很正当的。

那么要避免这样的批评，你要怎样来改良你的研究设计呢？因为这个研究设计中的致命弱点在前测上，那很简单，你可以直接把前测去掉，只测一次态度，就放在倡议书收到一周后。实际上，在考察说服力的过程中，前测是没有必要的，只要用到一个基本但强有力的研究步骤——随机分配，那么被试就完全是随机地被分配到某个实验条件中。这种方法可以使各个条件组的被试情况相同，这样在实验开始之前，每个条件组在各个方面互相之间（平均而言）都是等价的，包括他们的初始态度。每个组都在同一起跑线上，这样我们就能够比较确定地说，态度后测中的任何组间差异都是由信息带来的。

这样你就可以做你的实验了。如果你随机把被试分配到两组，一组会收到你的倡议书，而另一组是控制组，不会收到倡议书。随机分配能够确保在收到倡议书之前，两组被试对高速公路限速的平均态度是相同的。（如果每组中的被试很多，随机化的效果会更好。）现在，在你寄出倡议书后一个星期，你调查了两组被试的态度，如果这两组被试对高速公路限速的态度出现差异，你就可以自信地（对小唐或其他任何人）说，这种差异有很大可能是由你的倡议书所造成的影响，因为在态度测量之前，两组之间的唯一区别就只有那封倡议书了。

表 5-1 的下半部分说明了改进后的研究设计，大部分研究说服的科学家也都用到过这个方法的逻辑。因此你会看到，本章大部分的研究都采用了这种研究设计，即事后设计，可以在不直接测量态度变化的情况下得到一些关于态度改变的结论。

表 5-1　　研究态度改变的事前 – 事后设计和事后设计

随机分组	前测	信息	后测	结论
事前 – 事后设计				
实验组	测量态度	发送信息	测量态度	如果实验组前测与后测之间的差异显著地大于控制组，那么说服信息很可能是有效的
控制组	测量态度	不发信息	测量态度	
事后设计				
实验组		发送信息	测量态度	如果实验组的态度后测分数显著地优于控制组，那么说服信息很可能是有效的
控制组		不发信息	测量态度	

5.2.2　认知反应：自我对话能起到说服效果

我们已经探讨了如何有效地测量态度变化，现在我们进展到下一个问题：变化是如何发生的？早期有关态度改变的研究强调信息本身的重要性，比如信息的清晰程度、逻辑性、易于记忆等，因为研究者认为说服目标对信息的理解和学习是说服的关键（Hovland, Janis, & Kelley, 1953; McGuire, 1966）。虽然这往往是正确的，但安东尼·格林沃尔德（Anthony Greenwald）(1968) 对人们态度改变的动力给出了一个很有价值的见解，他提出了说服的**认知反应模型（cognitive response model）**，这代表了研究者在考虑态度改变时的一个微妙而关键的转变。格林沃尔德认为信息沟通效果的最佳指标并不在于信息传递者对说服目标说了些什么，而在于说服目标接收信息后对自己说了些什么。也就是说，说服的直接原因是人们接收信息后的自我对话——内部的认知反应或思维。大量研究支持了这个模型，发现说服的效果很大程度上受到以下这些变量的影响：关于信息的自我对话数量（Eagly & Chaiken, 1993）、自我对话对信息的支持程度（Killeya & Johnson, 1998）以及信息接收者对自我对话正确性的信心（Petty, Brinol, & Tormala, 2002）。

正向的自我对话　这个观点能为你更好地进行说服提出一些什么启示呢？我们就以前面的故事为例，假设你要写一封信给你们城市里的市民，希望能够降低高速公路限速标准。一个最大的提示就是你不能仅仅关注你的说服文章应该如何架构，而要同时关注你的听众看到这封信后会对自己说些什么。你需要找到一些方法，能够启发他们对你的信件做出正向的认知反应。

这就意味着你不仅要考虑说服信息本身的特征（比如观点的力度和逻辑性），还要考虑其他一些完全不同的因素，这些因素能够强化人们对信息的正向认知反应。比如，你也许想先等本地报纸上报道了一起高速公路上因为车速太快而造成的死亡事故之后，再寄出倡议书，这样人们收到之后，就会觉得这个信息是可靠的，因为他们刚刚看到过其他一致的信息，那些信息在他们脑中还非常新鲜（Anderson, 1991; van der Plight & Eiser, 1984）。或者，你也许会用很专业的用语，用质量很好的纸张来打印，这样可以增加人们对倡议书的良性认知反应，因为人们会觉得信息传递者如果会花很多心思和成本在一个说服活动上，那么信息传递者自己也会更相信这些信息（Kirmani, 1990; Kirmani & Wright, 1989）。

反驳论据 除了让你的听众看了你给的信息之后能够做出正向的认知反应，你也应该考虑如何避免他们出现负向的认知反应，特别是**反驳论据（counterargument）**。这些论据与说服的信息观点相悖，会减弱信息的说服效果（Brock, 1967; Bernard, Maio, & Olson, 2003）。事实上，茱莉亚·杰克斯（Julia Jacks）和金伯莉·卡梅隆（Kimberly Cameron）（2003）在试图改变人们对死刑的态度时，发现反驳是被试最常用且最有效的抵抗说服的方法。因此，你可以考虑在你的信中加上一段交通安全专家的话，比如“专家认为过高的限速会增加机动车死亡率”。因为一般情况下，如果人们知道是专家持有这样的观点，就不太容易做出反驳（Cook, 1969; Sternthal, Dholakia, & Leavitt, 1978）。还有一些策略也可以有效地减少反驳，比如不让说服目标有足够的时间来组织反驳论据，或者给他们安排一些分心或超负荷的任务使他们没有能力再去反驳，这些技巧都可以减弱人们对说服信息的招架能力（Burkley, 2008; Hass & Grady, 1975; Romero, Agnew, & Insko, 1996）。在一个研究中，被试在无法进行反驳的时候（因为他们的认知能力已经被一个繁杂的任务完全占据了）就会被信息说服，甚至有时他们心知肚明这些信息是错误的（Gilbert, Tafarodi, & Malone, 1993）。

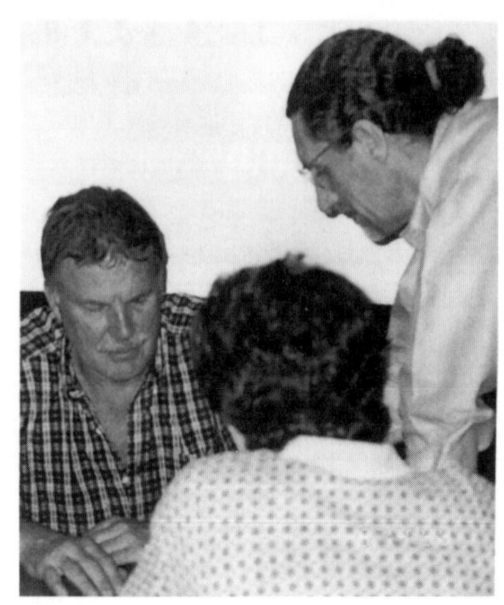

过度询问。有些审讯官会用到一些臭名昭著的审讯方法，比如逼迫嫌疑人在身心俱疲的情况下为自己辩护。英国有一个案件，警方安排一只狗整个晚上都对着嫌疑人大叫不让其睡觉，然后再开始问话。

彼得·赖利的审讯官用到了这里的每一个技巧，并把一个完全无辜的年轻人逼成了一个杀人犯。首先，审讯官告诉赖利这个测谎仪操作员是他所在领域的专家，测谎仪的指证也是绝不会错的。

赖利：这真的能读出我的思想吗？

测谎仪操作员：没错，没错。

赖利：那真的是我吗？会不会是另一个人？

测谎仪操作员：从这些反应来看，绝对不会。

事实上，我们在本书第 4 章已经讨论过，**即便是在经过训练的操作员手上，测谎仪测试的可靠性也是极低的。**由于这种不可靠性，美国许多州和其他许多国家的法律都禁止把测谎仪测试作为法庭的呈堂证供。

其次，在八小时不间断的审讯中，面对源源不绝指向自己的罪名和指控，赖利也从来没有时间去为自己反驳，四个审讯官组成的审讯小组轮流用快速接连的问题、指控和谴责对赖利进行疲劳轰炸。最后，即使他有时间组织反驳，审讯之前发生的事可能已经耗尽了他反驳的力气。在正式问讯之前，他已然心力交瘁，而且已经 24 小时没有吃东西和睡觉了。而在审讯过程中，虽然赖利一直重复表示自己非常疲劳、没有力气思考，但这一切完全都被忽略了。

总的来说，那些在科学研究中可以抑制反驳并增强说服力的因素，比如信息传递者的权威、没有足够时间和能力组织反驳，彼得·赖利的审讯官都用到了。最终赖利相信了他们的信息，即便那时他知道这是错误的。赖利的案子绝对不是个例，类似的误判时有发生，而且也是在相同的审讯方法之下被误判的（Bennett, 2005; Leo, 2008）。

小调查

如果被指控一项你并没有做过的罪名，你会怎样做来避免重蹈彼得·赖利的覆辙？

通过接种和反驳来对抗说服 一些有利于反驳的因素会降低说服的效果（Bernard, Maio, & Olsen, 2003; Killeya & Johnson, 1998），你可以利用这一点来对抗反对者所提供的信息。要促使你的观众对反对者的信息建立反驳论据，一种聪明的方法是主动给出一个与你观点相反但又不太可靠的信息，这样就可以让信息接收者自己去考虑很多与这个观点相反的各种论据。这样，当你的对手再给出一个比较有力的信息时，观众也已经准备好了许多反驳论据来对抗这个信息。威廉·麦奎尔（William McGuire）（1964）把这个技巧命名为**接种程序（inoculation procedure）**，因为这和疾病接种程序很相似，将已削弱的病毒注入到健康的个体体内，从而使个体能够自然发展出对疾病的抵抗能力。

在你为降低高速公路限速标准而做出努力的时候，这样的技术也许能为你提供帮助。你可以在你的倡议书中加入一些站不住脚的对立论据（比如“在一些国家，他们甚至没有车速限制”），然后让接收者考虑一下这些论据的可靠性，从而让这些接收者自己发展出一些反驳你的对立观点的论据，并且可以用这些论据来抵挡你对手更有力的攻击。

尽管接种程序是一个精妙而有效的方法（Eagly & Chaiken, 1993），但到目前为止，要减少一个对立信息的说服力，最常用的方法还是直接驳倒最有力的对立信息。在广告竞技场上，这个技巧是极为有效的，下面我们就会看到。

联结：理论与应用

烟草公司的烟雾弹

1969 年 7 月 22 日在美国关于烟草控制的国会听证会上，发生了一件不同寻常的事情：烟草行业的代表非常踊跃地参与争论，建议要在广播和电视上禁止所有他们自家产品的广告。烟草公司出人意料的支持态度使美国立法从 1971 年开始在电视广播中禁止烟草广告。

到底是什么原因让大烟草公司（Big Tobacco）做出这样史无前例的举动呢？这是因为公司经营者开始关注全国公民的健康吗？不太可能。禁令之后他们并没有减少大力的广告宣传，只是把广告经费从广播电视转移到了其他地方，比如杂志、运动赞助、促销赠品和电影植入广告。比如，一份烟草公司的机密文件中有一封来自电影演员、导演西尔维斯特·史泰龙的信，他同意在几部电影中使用这家公司的香烟，报酬为 50 万美元（Massing, 1996）。

所以烟草行业只是想在电视广播中禁止他们产品的广告，这反而令他们的动机变得更为扑朔迷离。在他们提议禁止的那一年，烟草公司经营者们在电视广告上的花费已经达到了 80%，因为广告商认为电视是“目前接近民众（特别是青年人群）的最有效方式”（L. C. White, 1988, p. 145）。那么是什么让他们决定放弃这条吸引新顾客的最优的说服捷径呢？

答案就在两年前发生的一件同样不同寻常的事情上：一个名叫约翰·班茨哈夫（John Banzhaf）的年轻律师排除万难，成功地说服美国联邦通信委员会（Federal Communication Commission, FCC），要在烟草广告问题上实践“公平原则”。公平原则强调在一个自由社会中反驳观点的力量和重要性，要求当电视广播中播放一些与民众息息相关的争议问题时，必须允许双方观点都可以有自由表达的机会。联邦通信委员会的规定使情况发生很大变化，让反烟草力量，比如美国癌症协会（American Cancer Society）播放一些广告，来揭穿或者恶搞烟草广告所塑造的健康、魅力和坚强独立的形象，他们常常挖苦烟草公司自己的广告，并说明事实上使用烟草会损害健康、破坏魅力和独立性。在一个反烟草广告中，万宝路香烟广告中以硬汉形象出现的男主角因为咳嗽、气喘而变得弱不禁风、柔弱无能。

咳出真相。像这样的反驳可以有效地对付烟草公司充满说服力的诱惑。

烟草行业的反应不出所料，增加了电视广告的预算，但是无济于事。因为根据公平原则，他们投入的广告越多，对立信息可以获得的播放时间也越多。

当这种形势最终打击到烟草公司时，烟草公司相继提出了一个锦囊妙计。他们支持在广播电视中禁止播放他们产品的广告，只是在电波中禁止，公平原则的涵盖范围也仅止于此。随着烟草广告的禁止，反烟草力量也不能再免费在电视广播中播出反烟草广告。这个禁令在下达后第一年就发挥了作用，美国烟草消费增加了 3% 以上，即便烟草公司把广告费用减少了约 30%（Fritschler, 1975; McAlister et al., 1989）。

烟草反对者发现他们可以用反驳论据来削弱烟草广告的效果，但是烟草经营者也吃一堑长一智（并且还从中获利）。他们知道要减少人们对某种信息的抵抗力，最好的方法之一就是减少反驳论据的易得性。当然，人们可以处理的反驳信息不仅有来自于他人的，人们有时自己也会主动思考一个信息，并且产生自己的反驳（Albarracin & Mitchell, 2004）。人们什么时候会愿意这么做，并且有能力这么做？这就是我们下面要讨论的问题。

5.2.3 说服的双加工模型：改变的两条路径

在研究说服的认知反应时，研究者已经认识到，人们在接收到一个信息后并不总是会很仔细地加工信息，有时他们根本不怎么思考就接收或者拒绝了这个信息（Chaiken & Trope, 1999; Evans, 2008）。这个认识后来发展出一些**说服的双加工模型（dual process model of persuasion）**（Chaiken, 1987; Petty & Cacioppo, 1986）。这些模型引入了两类基本的态度变化过程：一类关注信息论据本身；另一类关注其他因素，比如信息传达者的吸引力（Smith & DeCoster, 2000）。第一个被提出的，也是现在仍然最广为接受的双加工模型是**精细加工可能性模型（elaboration likelihood model）**，来自于理查德·派蒂（Richard Petty）和约翰·卡乔波（John Cacioppo）（1986）。这个模型认为通过两种途径可以说服人们：**说服的中心路径（central route to persuasion）**和**说服的外周路径（peripheral route to persuasion）**。

信息接收者选择中心路径（仔细考察信息论据的质量）的条件是他们既有动机且有能力这么做；如果两者缺其一，他们则会选择外周路径，即关注质量以外的一些因素，比如论据的个数这样一个小小的因素或者信息传达者的地位或吸引力（见图 5-3）。

动机 人们对信息进行中心加工的动机受到两个因素的影响。第一是问题与个人的相关性：问题对人们的影响越直接，他们就越愿意对问题进行仔细思考；第二是对任何问题都仔细思考的倾向性，即认知需求。我们分别进行分析。

假设你在明天的校报上看到一篇文章，上面提到学校管理者计划要求每个学生在毕业之前都要通过一项综合性考试，这个考试将涵盖所有学过的课程。再假设管理者打算马上把这个计划付诸实践，也就是说如果提议通过的话，你就要参加这样的考试！因为这直接和你个人相关，于是你就有意愿仔细考虑管理者所提出的论据，然后再决定是支持还是反对这个计划，毫无疑问你会对这些论据深思熟虑，对信息的质量仔细分析。现在，还是想象同样是这件事，不过有一个地方稍作变化：这个计划要在十年后执行，而不是今年开始，也就是说不会影响到你。在这种情况下，双加工模型预期你对这篇文章的反应会有所不同，你会没什么动力仔细阅读信息，考虑正反两方面的观点；相反，你只是会简单地加工一下管理者所发布的信息，至于是支持还是反对这个计划，你可能只是基于一些表面的东西，比如管理者列出了多少条论据来做出判断。

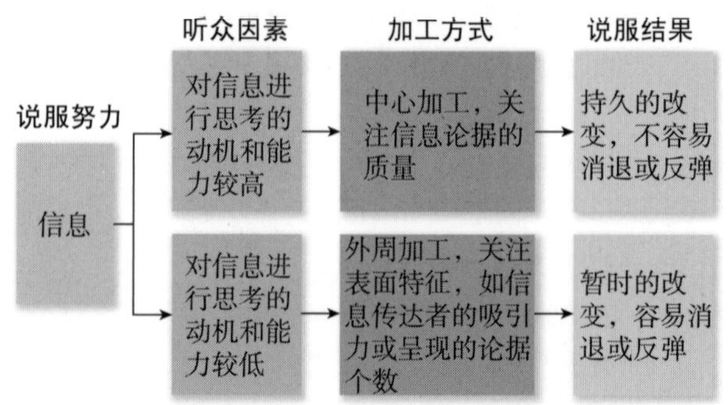

图 5-3 精细加工可能性模型：成功说服的双路径

根据人们仔细思考信息的动机和能力，人们的信息加工方式分为中心加工和外周加工两种。虽然两种加工方式都可以带来说服效果，但中心路径加工会带来更为持久的改变。

理查德·派蒂和约翰·卡乔波（1984）所做的一个研究支持了这种预期。在这个研究中，大学生会读到 3~9 条支持综合性考试的论据，这些论据或者是高质量的（“纳入这项考试的学校毕业生平均起薪更高”）或者是低质量的（“这项考试可以让本校学生与其他学校学生的成绩进行比较”）。图 5-4 给出了这个研究的结果。如果学生认为这个政策会影响到他们自己，就会对信息进行中心加工，并更为青睐论证更有力的论据；相反，如果学生认为这个政策并不会对他们造成影响，因为至少十年内不会付诸实施，那么他们就会根据论据的数量而非质量来决定自己的意见。

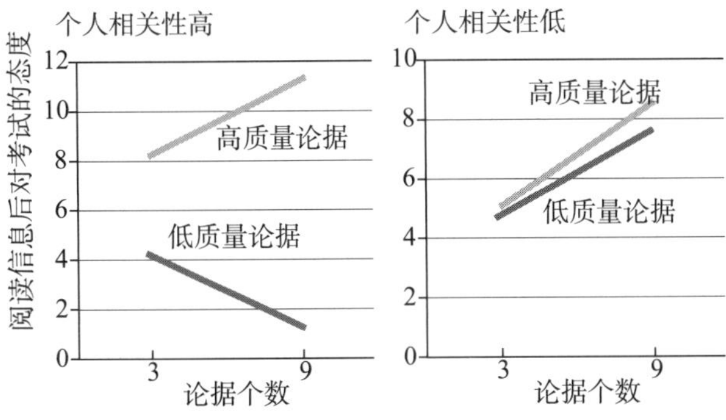

图 5-4　个人相关性的效应

如果信息涉及的问题与个人相关，那么学生对信息的反应就会考虑论据的质量；而当信息与个人无关时，学生就会对信息进行外周加工，不再关注论据的质量，而只是关注论据的个数。由此可见，中心和外周的信息加工方式都能达到说服的效果，不过是通过不同的路径。

资料来源：Adapted from Petty & Cacioppo (1984).

另一个影响因素更多地与个体本身有关，即认知需求。我们在本书第 3 章中已经讨论过，有些人就是会比其他人更喜欢全面而深入地思考问题，这些人有很高的**认知需求**（**need for cognition**），即偏好深思熟虑，对信息进行中心路径加工。要测量这种需求，可以询问一个人总体来说喜欢深入思考的程度（Cacioppo, Petty, Feinstein, & Jarvis, 1996）。高认知需求的个体即使对一些与自身无关的问题也会深入思考。比如，在一个研究中，艾奥瓦大学（University of Iowa）的本科生阅读了一个信息，是关于可能要在十年后实行的学费增长政策，因此这个问题对这些学生来说是与其个人无关的，而信息中所给的论据则分为有力的和薄弱的。研究结果发现，高认知需求的学生相比低认知需求的学生，会花更多的精力来考虑信息中的观点，信息的质量也会起到更大的作用（Cacioppo, Petty, Kao, & Rodriguez, 1986）。

总的来说，人们是否愿意对某个问题进行深入思考会受到两个因素的影响，一是这个问题与个人的相关性，二是他们深入思考问题的自然偏好（认知需求）。如果深入思考的动机较高，人们就会对支持或反对这个问题的论据质量进行仔细分析，从而得出他们的观点；相反，如果动机水平较低，人们就不太会关注论据是有力还是薄弱，而常常基于一些外周的考量来得出结论，比如只是数一下论据的数量。虽然在最初的态度改变上外周因素与有力论据的作用差不多，但是建立在外周因素上的态度改变会消退得更快，也更容易受到其他一些劝说努力的影响而再次变回原先的态度（Haugtvedt & Petty, 1992）。

因此，如果你想劝人们支持更低的速限标准，在你的倡议书中，最好不仅仅是提供一些有力的论据来支持你的观点，还要驱使信息接收者能够更充分地思考你的这些论据，比如可以一开始就指出这个问题是与他们的切身安全息息相关的。（“研究显示，降低高速公路速限标准在第二年能够避免几百个道路使用者的死亡，而你可能也是受惠者之一。”）这样，你的倡议书所带来的改变就更可能持续下去。

能力　有一个很强的意愿来对信息进行中心加工也许还不够充分，一个人还必须有能力来做到中心路径加工。如果你很有动力去对某个信息进行深入思考，假设是一个你想要购买的相机的广告，那么什么因素可能会让你无法仔细地对广告中涉及的要点进行权衡思考呢？研究者已经发现，有好几种方法能限制你进行深入思考的能力，比如分散你的注意力使你无法集中精神于这个广告（Albarracin & Wyer, 2001）、只提供有限的信息使你抓不准广告的要点（Wood, Kallgren, & Presider, 1985）、只提供有限的时间使你无法全面地考虑这些要点（Ratneswar & Chaiken, 1991）。

约瑟夫·阿尔巴（Joseph Alba）和霍华德·马莫施泰因（Howard Marmorstein）（1987）所做的一个研究中说明了最后那个因素，有限的时间是如何影响消费者对相机广告的反应的。研究者给被试提供了两个价格相当的相机品牌 A 和 B 的信息，信息中包含了相机常有的 12 种不同特征，其中品牌 A 只在其中三个特征上优于品牌 B，但是这三个特征是考虑购买一台相机最重要的特征（关系到相机和照片的质量），而品牌 B 则在八个特征上都优于品牌 A，但都是一些对相机来说无关紧要的方面（如相机背带）。研究的一个条件中，每种特征被试都只能看两秒钟，第二个条件中被试能看五秒钟，第三个条件中的被试则有足够的时间来研究这 12 个特征。随后，被试评价了自己对这两种相机的喜爱程度。

研究结果非常显著：如果每个特征只给两秒钟，只有少数被试喜欢高质量的相机（17%），大部分人选择了那个在很多无关紧要的维度上有优势的相机；而如果每个特征给五秒钟，结果模式有所改变，但看重质量的被试还是少于半数（38%）；只有在被试的考虑时间不受限制的情况下，结果模式才翻转过来，大多数被试（67%）偏爱那个虽然优势特征不多，但都很重要的相机。

分析信息要点时只有有限的时间，这种情况是不是会让你联想到平时那些接二连三的广告？你是如何对这些信息做出反应的呢？想一下这个问题（当然，最好给自己充足的时间）：这是不是广播和电视广告的运行方式呢？与印刷广告不同，这些广告中的信息要点往往都是一闪而过，我们无法慢进或者回放，也就没有机会对里面的任何信息进行中心加工。于是，你关注的就不是广告产品的质量，而只是一些外周信息，比如广告中的人物是不是有亲和力、是不是漂亮（Chaiken & Eagly, 1983）。其他一些你通过广播媒体所接收的信息（比如政治观点、公众人物访谈等）也是如此。

飞掠而过。因为电视广告中的信息要点都是飞速地从我们眼前流过，所以我们很难通过中心加工过程来评估广告中产品的质量。

总结一下，说服的双加工模型认为人们在加工说服信息时会采用两种方式。中心加工会关注信息中的论据质量，人们对这些论据会深入思考，并根据论据是有力还是薄弱做出态度改变。外周加工则关注信息中论据质量之外的一些因素，如论据的数量和对信息传递者的喜爱程度，于是人们态度和信念的改变也是基于这些次级因素。在人们有意愿又有能力的时候，会对信息进行中心加工，而动机和能力如果两者缺其一，人们就更愿意对信息进行外周加工。

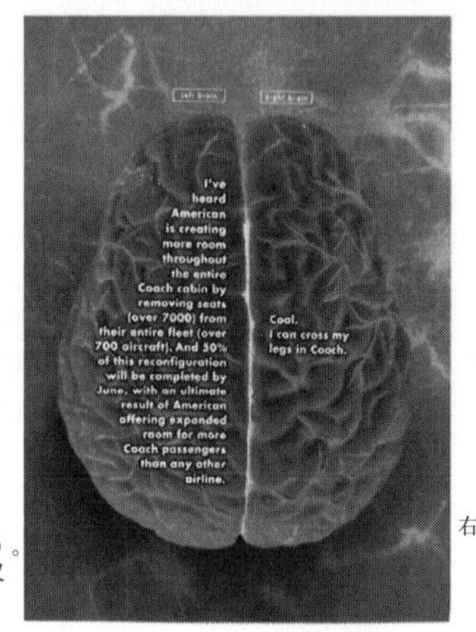

左：我听说美国航空正在扩大飞机经济舱的空间，他们从航队中（超过700架飞机）移走了一些座位（超过7000个）。到6月这项建议将完成50%。

右：太棒了！我可以在经济舱里跷二郎腿了。

一个双侧脑人。这个广告的设计者绝妙的设计，能够同时刺激消费市场中的中心和外围信息加工者。

不管使用哪种加工方式，人们改变态度和信念都是为了实现个人目标。下面我们来看看这些目标到底是什么。

5.2.4 说服的目标：人们为什么要改变他们的态度和信念

关于一个人为什么要说服别人，你可能不用怎么动脑筋就能想到好几个答案，因为各种各样的目标都可以通过改变别人的态度和信念来实现。但是为什么一个人会选择被说服？这样的改变能够实现什么样的目标呢？这看起来是一个更有趣而且更有启发性的问题（Snyder & DeBono, 1989）。

要了解态度改变的功能，我们首先要考虑态度的功能是什么。心理学家给出了一些答案：通过态度，人们可以获得奖励而避免惩罚、可以有效地组织信息、可以向他人表达自己、可以维持自尊以及融入他们所在的集体（Herek, 1986; Maio & Olson, 1995; Shavitt, 1990; Smith, Bruner, & White, 1956）。

把这些功能结合起来，应用到态度改变的问题上，我们可以看到三种主要的说服目标。个体可能会臣服于一项说服性信息，从而能够：

1. 对世界有一个更准确的认识；
2. 使自己保持内部一致；
3. 获得社会认同和接纳。

有时，同一次态度改变可以满足一个以上的目标。比如，一个人在朋友做出一次出色的论述后更支持朋友的立场，这样的靠近既能帮助其准确地了解世界，也能促进其获得社会认同。虽然这三个目标在发挥作用的时候不一定是有意识的，但他们是可以促使人们改变的。在接下来的内容中，我们会讨论这些目标是如何促使人们改变的。

5.3 对世界有一个准确的认识

舌灿莲花的政治家、口若悬河的销售员以及煽情动人的广告商常常会误导观众。于是就不奇怪，为了避免因为某些错误而带来的巨大损失，人们希望自己能够对世界有一个真实的了解，而持有准确的态度和信念就是一个方面。在这个部分，我们会讨论一些人们用于获得准确认知的捷径，然后我们会考察哪些个人或情境特征会影响这个准确性目标。

5.3.1　获得准确性的好捷径

我们已经看到，当人们想对某个问题有更准确的认识时，比如这个问题对其个人非常重要，他们就会花许多时间和精力来分析相关的证据（Lundgren & Prislin, 1998; Petty & Cacioppo, 1979）。但是我们要注意的是，不要以为只有那些深入思考的人才想要对问题有准确的认识（Chaiken, Liberman, & Eagly, 1989），**很多情况下，人们都希望能有准确的认识，但却没有时间和精力来仔细分析这些证据。**那么怎么办呢？他们常常依赖于其他一些不同的证据来帮助他们做出正确的选择，即表明准确性的快捷证据。这些快捷证据能从三个来源收集：可靠的信息传递者、他人的反应和准备好的想法。

小调查

准确性通常是一个好东西，但是否在所有情况下我们都想获得准确性呢？想想是不是有些时候你会让自己去相信一件并不正确的事情，那时候你真正的目标是什么呢？

内行且值得信任的可靠信息传递者　当环境不允许人们对一个说服信息进行彻底的考察时，他们想要获得准确性，可以基于信息传递者的可靠程度来做出判断（Chaiken & Maheswaran, 1994; Petty, Cacioppo, & Goldman, 1981）。一个可靠的信息传递者具有哪些特点呢？经过多年的研究，有两个因素脱颖而出，即一个可靠的信息传递者是内行而值得信任的（Perloff, 1993）。

如果媒体呈现了一个专家对某个问题的看法，那么对公众的观点会产生戏剧化的影响。《纽约时报》上的一则新闻故事中如果有一个专家的观点，能引发全美公众观点 2% 的转变，当这个专家的话通过全美电视转播后，影响力几乎能翻一番（Jorden, 1993; Page, Shapiro, & Dempsey, 1987）。

看了这些，再想想那个降低高速公路速限的问题，你想要提高那封倡议书的效果，能够从中获得一些什么启示呢？倘若有交通安全专家发表了一些公开的言论支持你的立场，那么如果你不去把这些言论找来放进你的倡议书中，就太失策了（Aronson, Turner, & Carlsmith, 1963）。还有，如果你只是告诉你的观众这些信息来自于专家，也还不能完全保证你的倡议书具有说服力，研究发现你还必须证明你自己是一个值得信任的信息传递者（Van Overwalle & Heylighen, 2006）。

如果说内行专家代表了一个信息传递者的知识和经验，值得信任则代表这个信息传递者是诚实而不带偏见的。信息传递者在传达说服性信息的时候如何表现诚实和不带偏见？他们可以传达一种印象，他们的信息要改变观众的态度并不是为了满足自己的利益，而是要让观众获得有关某些问题的准确信息，是为了满足观众的利益（M. C. Campbell, 1995; Davis & O'Donohue, 2004）。有一些广告承诺会就某个问题或产品与观众进行“直接对话”，这种方法就可以用来建立值得信任的形象。另一种方法就更取巧一些，相较于只为自己的立场辩论，信息传递者有时还会做出一个示范，给观众正反两方的论据——优点和缺点，从而给人一种诚实不偏颇的印象。研究者很早就已经知道，信息传递者如果给出正反两方的论据，或者看起来是在为一个有悖于自身利益的观点进行争论，那么他们就会获得观众的信任，从而变得更有影响力（Eagly, Wood, & Chaiken, 1978），尤其是在观众一开始不赞同信息传递者的情况下（Hovland, Lumsdaine, & Sheffield, 1949）。事实上，即便是 2 年级的小孩子，当信息传递者所传达出来的信息是与自身利益背道而驰的时候，小孩子会更相信这部分信息。比如，人们更相信一个孩子说自己在赛跑中得了第二而不是第一（Mills & Keil, 2005）。

广告商就想到了一种特别有效的方法来推销产品，就是表现得好像是与自身利益打对台。他们在广告中会提到他们产品中的一个小的劣势或缺点，这样，他们就建立了一个诚实的形象，从而产品的优点就变得更有说服力（见图 5-5）。不只是广告商会用这样的伎俩，训练有素的律师也会在对方律师之前先提出己方的一个弱点，也就是所谓的“授人以柄，以退为进”，从而在陪审团心目中建立起一个诚实的印象。一些实验也证明了这种技巧的确是有效的，当陪审团成员听到一个律师首先抛出了己方的一个弱点，他们就会觉得这个律师更诚实，也会因为这样的知觉而在最终整个案子的裁决中更偏向于这一方（Williams, Bourgeois, & Croyle, 1993）。

他人的反应　当人们想对一个说服信息做出正确反应却没有深入思考的动机或能力时，还可以走另一条捷径，他们可以观察别人对这个信息的反应（Saporito, 2005）。比如，假设你听了一场政治演说，但是你却没有动机或能力对演说的信息进行深入思考，这时你发现身边的每个观众都热情地做出反应，你也许也会得出结论，认为这是一场很棒的演说，并且被演说中的观点说服（Axsom, Yates, & Chaiken, 1987）。而且，你看到周围观众的表现越一致，你就越容易被他们带走，即使你一开始并不赞同他们（Betz,

Skowronski, & Ostrom, 1996; Surowiecki, 2004)。正是因为这个原因，审讯官们会对嫌疑人说“我们认为你有罪”，而不说“我认为你有罪”（Inbau, Reid, Buckley, & Jayne, 2001）。

丑陋只是表面

它看起来也许乏善可陈，但是在不起眼的外表下跳动着制冷引擎。它不会燃烧过头损坏您的活塞环，也不会制冷过头损害您的健康。它位于汽车尾部，后轮的重量使其牵引力在雪地和沙地中都非常好，而且每加仑汽油它能帮你跑大约47公里。

用一段时间你就会非常喜欢大众甲壳虫，你甚至会喜欢它的样子。

你会发现任何人的腿都有足够的空间，任何人的头也都有足够的空间，还可以戴个帽子。凸背座椅舒适贴合您的身体。车门关得很紧，您都不怎么需要用力。（车门非常密封，最好先把窗开一道缝。）

这些朴实无华的轮胎每一个都是独立悬吊的，因此如果其中一个轮胎受到颠簸而弹起，并不会令其他轮胎跟着颠簸。这就像你花1 663美元买了一辆大众甲壳虫，丑陋的外表并不会带来任何更多的花费。这就是它美丽的地方。

图5-5　当一些坏东西变成了好东西

45年前，恒美广告公司（Doyle Dane Berbach, DDB）接到一项业务，要将一个小型德国车引入美国市场，当时美国市场里没有小型车在销售，之前也没有任何进口汽车热销。广告公司用一组广告说明了这种车和汽车公司的一些小责任，显示出整体的可靠性，并最终获得了传奇性的成功。你也许需要花一些工夫才能发现，在这个广告中，每组正向评价之前都有一个负向评价。

虽然观众反应的一致性会增加这种反应的影响力，但单独一个人对某条信息的反应有时也能极大地影响观察者的反应。审讯官们了解这一点，并且常常会告诉嫌疑人他们有一个目击证人来支持他们的判断。这项技巧有一个令人担心的问题，就是审讯官们常常在没有目击证人的时候就会这么说。社会学家理查德·里奥（Richard Leo）（1996）观看了182次审讯后得出这样的结论：不仅虚假证据在警方审讯中是合法的，而且更值得注意的是，在大部分案子中，在虚假证据呈现后，嫌疑人都认罪了。那么有没有可能其中一些认罪的嫌疑人实际上是无辜的，只是被虚假证据误导而错误地认定了自己的罪行呢？那么，如果是这样的话，又是什么样的环境会令这种强大的说服发挥成效呢？

人群控制。当有别人，尤其是有很多人对某个想法有积极的反应时，我们就更容易觉得这个想法很合理，并且也会做出类似的反应。

索尔·卡辛（Saul Kassin）和卡特琳娜·基耶舍尔（Katherine Kiechel）设计了一个研究来准确回答这些问题。他们建立了一个情境，大学生在实验中完成一个计算机任务，实验者事先警告他们不能按某个特殊的键，然后在任务结束后，实验者告诉这些学生，他们在实验中按了那个不允许按的键，删掉了所有的数据，实际上他们当然并没有犯错。实验者表现得非常沮丧，要求学生签一份承认自己犯错的说明。虽然谁也没有犯错，但是有多少学生还是签了呢？这在很大程度上取决于实验的两个特征：第一，如果这些学生在完成计算机任务的时候已经超认知负荷了（必须用疯狂的速度来加工信息），他们相比那些没有超认知负荷的学生就更容易承认自己的错误（83%对62%）。我们在前面提到的赖利的故事中已经看到，当人们被折腾得稀里糊涂、惊疑不定时，就更容易受到影响。

第二，一半的学生会听到边上有个学生（实际上是实验助手）说她看到自己按了那个禁止的键，受到伪造证人影响的学生就更容易承认错误。这明显地多于没有听到的被试（94% 对 50%）。这两个因素联合在一起，影响力就更为强大了，在情境中认知超负荷同时被证人错误地指证的学生百分之百都承认了错误。

这些学生的心理还有一个惊人之处：显然大部分人都真的相信自己犯了错误。之后当他们一个人在实验室外等待的时候，又有一个学生接近他们（实际上是另一个实验助手），问他们发生了什么，65% 的学生回答这个陌生人的时候都承认自己犯了错，并说了一些类似于“我按错了一个键弄坏了整个程序”这样的话。显然，他人的看法，即使只是一个人的看法，都会大大地影响到我们对说服的易感性，特别是当我们开始自乱阵脚的时候。令人不安的是，这些因素在彼得·赖利的认罪中都发挥得淋漓尽致，在对他的审讯中，他的认知超负荷运作，让他变得混乱困惑，随后别人（审讯官和测谎仪操作员）又向他灌输他有罪的想法。

准备好的想法 我们在本书第 3 章中讨论过易得性启发式，这是一种认知捷径，人们判断某个想法的合理性和可能性的时候，会依赖于他们在脑中描绘这个想法或这个想法的发生情况时的容易程度（Bacon, 1979; Tversky & Kahneman, 1973）。信息传递者如果想让观众接受某个想法，就要把这个想法变得更有认知准备性，也就是更容易描绘或者想到这个想法。

要使某个想法更有认知准备性，信息传递者可以采用两种方法。第一种是多次呈现这种想法。许多研究显示，重复的观点看起来就更为合理（Hertwig, Girerenzer, & Hoffrage, 1997）。而且，**人们多次看到某种想法后，就会对之更熟悉，也更容易描绘**，就会使这个想法看起来更实在（Arkes et al., 1989; Boehm, 1994）。

第二种增加某个想法或事件的准备性和可信性的方法，是让一个观众进行想象（Garry & Polaschek, 2000）。当你真正想象过某件事物后，下一次你再考虑的时候就更容易描绘，因此也就变得更有可能性。

在一个研究中，新墨西哥州立大学（New Mexico State University）的学生想象自己处于一场车祸中，之后他们就明显更愿意支持交通安全倡议（Gregory, Burroughs, & Ainslie, 1985）。相信你一定看到了这些结果和你的降低速限倡议书之间的关系。你也许可以让你的读者先花一分钟时间，只是想象一下在高速驾驶的交通环境中他们发生车祸的可能性。

因此，多次呈现想法以及安排观众想象或描绘这些想法，能够增加这些想法的认知准备性，从而让这些想法变得更为合理有效。回顾彼得·赖利的案件，显然这两种方法审讯官们都用到了，他们重复地用赖利杀害了他的母亲这个想法来冲击他，还不断地强迫他想象他是怎么做的。到审讯结束的时候，无论对审讯官还是赖利，这些想象都变成了真实的事件。

审讯官：但是你记得你用一把刮胡刀割断了她的喉咙。

赖利：这个很难说。我认为我是记得我做过。我的意思是，我是想象出来我做过，这想法是从我的脑袋后面冒出来的……

审讯官：那么她的脚呢？我们在那里看到的是什么样的情形？……你记不记得你踩她的脚？

赖利：是你说的，然后我想象出来我做了。

审讯官：你没有想象任何事情。我觉得真相开始破土而出了，是你自己想把真相找出来。

赖利：我知道……

5.3.2 什么会影响追求准确性的愿望

追求对一个问题的准确看法并非总是恒久不变的。在某些时候或者对某些人来说，这样的愿望会变得特别强烈；而在另一些时候或者对另一些人来说，这样的愿望又可能变得很脆弱。我们就来探索哪些因素会令准确性目标发挥作用，并对说服产生影响，什么时候会发挥作用以及怎样发挥作用。

问题卷入程度 你也许会对成千上万的问题有自己的看法。如果你对所有问题都能有一个准确的看法当然很好，但是你应该会更关心那些直接涉及你的问题，也更有动力去获得一个正确的看法。一个遥远国度里的政治差异也许会在那里引发重大事件，比如战争、革命和社会变革，但是相比这些问题，你也许更愿意对一个本地营业税增加的计划更在意。一般情况下，你会更关注那些对你个人非常重要的问题，希望能够获得更为准确的态度和信念，因此你会对与这些问题相关的信息作更深入的思考。于是，只有在论据非常有力的情况下你才会被说服（Petty et al., 2005）。

一个研究显示了广告商多么容易就能让你对某个话题有更深的了解，从而更仔细地关注他们的信息。研究者为一次性剃须刀写了一个广告，两种条件的唯一差别就是使用或不使用自我参照代词“你”（比如“你也许会认为剃须技术永远不会提高”），看了自我参照广告的个体会进行更为深入的思考，并只在广告包含有力论据的时候才会受到广告的影响（Burnkrant & Unnava, 1989）。你明白了吗？在你的高速公路限速倡议书中，你可以用到这种技术，当然前提是你手握有力的论据来支持你的倡议，否则就弄巧成拙了。教科书的编写者们是从来不会用这些小儿科的技巧的。

心境 一个快乐或忧伤的心境不仅仅会为你带来一种积极或消极的感觉，而且还会为你当前所处的情境属性提供信息（Schwarz & Clore, 1996）。如果你这段时间觉得快乐，那么你所处的环境也很可能会让你觉得亲近，从而你会有很多收获。相反，如果你感到悲伤，那么很可能你周围的环境会让你觉得很倒霉，而且看起来更危险，好像会让你更容易受到伤害（Salovey & Birnbaum, 1989）。毫无疑问，当你处于这样一个不安全的环境中时，你会希望确认自己能够对一个说服信息做出正确的反应。因此，当你在一个悲伤的心境中，相比一个快乐的心境，你会更有动力去获得准确的态度和信念，从而能够适应当下的情境。因为你的心境会告诉你，在当下环境中，犯错是有一定危险的（Forgas & East, 2008; Isbell, 2004; Schwarz, Bless, & Bohner, 1991）。

已经完成的事务 圣经中说，做事要当其时，“凡事都有定期，天下万物都有定时”。准确性目标也不例外。举例来说，彼得·戈尔维策（Peter Gollwitzer）和他的同事们在研究中发现，存在某个特定的时间，人们是最有动力获得准确性的，这个时间就是在他们决定要感受什么、相信什么或者做什么的时候。然而，做出决定之后，看清事物本质的愿望就变得不那么重要了，取而代之的是要将现在已经做出的决定继续下去的愿望（Armor & Taylor, 2003; Gollwitzer, Heckhausen, & Steller, 1990）。就像拿破仑对他的将军所说的：“事前考虑清楚，可是一旦到了该行动的时候，就要毫不犹豫，放手一搏。”

讨厌的信息 在不确定的情境下，人们会选择只相信他们想要相信的东西，往往是那些符合他们的自身利益和个人偏好的东西（Johnson & Eagly, 1989; Kunda, 1990）。这种倾向会对说服产生影响。比如，人们遇到那些与自己的信念相反的信息时，会觉得这些信息不如支持自己信念的信息可靠，因此这些证据也就没那么有说服力（Lord, Ross, & Lepper, 1979; Pyszczynski, Greenberg, & Holt, 1985）。还有一些研究则揭示出这样的现象是如何出现的：人们接收到的说服信息如果是和他们的个人利益、偏好和立场相一致的，就会感到满意，也不会花很多认知努力去找出其中的缺陷。相反，如果他们遇到的是与自己不一致的信息，那么他们就会感到沮丧，从而试图找到其中的弱点来进行反驳（Giner-Sorolla & Chaiken, 1997; Munro & Ditto, 1997）。面对一些与个人偏好的特质和信念相悖的信息，人们会进行挑刺和抵触，虽然这不见得有害，但一旦失败则可能带来自我毁灭性的打击，就像我们下面要看到的这个故事一样。

联结：适应与障碍

击败防御和否认

人们在试图挑战和破坏负向（而非正向）信息，甚至是一些涉及自身健康的重要信息时，是不是会使用一种带有偏差的方法呢？他们确实会（Lench & Ditto, 2008; Kunda, 1987）。比如，曾经因车祸住院的司机仍然会坚持认为自己开车要比大部分司机开得好且安全（Guerin, 1994; Svenson, 1981）。

假设你在参加一个实验，是采用一种新的唾液测试来检查某种酶缺陷，这种酶缺陷以后会带来胰腺方面的疾病。你认为这个测试的准确性有多高？彼得·迪托（Peter Ditto）和戴维·洛佩斯（David Lopez）（1992）的研究以肯特州立大学（Kent State University）的学生为被试，结果发现这取决于这个测试是否判定你有这种令人烦恼的缺陷。就像这个研究中的大部分被试一样，如果这个测试告诉你，你将来可能会有胰腺疾病，你很可能就会质疑这个测试的准确性。他们的第二个研究则揭示了你可能会做出什么反应。迪托和洛佩斯询问被试在过去 48 小时内他们的饮食、睡眠或活动方式是不是有什么不规律，从而可能会影响到这个测试的准确性。那些获得“威胁健康”结果的被试列出的“不规律处”是获得“确认健康”结果的被试的三倍。也就是说，这项证据与他们所偏爱的健康形象相悖，于是他们寻找了一些方法来削弱这项证据。

从表面上看，这种倾向似乎是有害的，而且可能真的有害，因为人们遇到那些对身体健康发出警告的信息时，会对这些信息挑刺。然而，约翰·杰莫特（John Jemmott）和他的同事们（1986）认为大部分人都不会愚蠢到完全忽略这些警告。在他们的实验中，研究者告诉被试，一个酶缺陷测试发现他们存在这种缺陷，将来有可能会罹患胰腺疾病，或者告诉他们测试显示他们是健康的。得到缺陷报告的被试对这个测试的可靠性判断明显低于得到健康报告的被试，不过在得知自己存在缺陷的被试中，有 83% 都要求获得进一步的信息，即询问酶缺陷人群可以获得哪些服务。因此，虽然他们试图防御由这个测试结果所带来的威胁，但大多数人对这个问题还是不会等闲视之，而会为自己安排获得更多的信息，如果有需要的话，还会寻求帮助。

由此可见，对大部分人来说，拒绝讨厌的信息在这类情况下基本上是没有坏处的，因为它会受到准确性动机的调节，尤其是在所面临的问题攸关自身的时候。

而当人们固执地要按照自己的信念和偏好来看待世界，达到无所顾忌的程度时，才会出现一个严重的问题（Armor & Taylor, 1998）。这种反应已经不是单纯地对不一致信息持有健康的怀疑，而可能会被定义为否认，可能是自我毁灭性的（Gladis, Michela, Walter, & Vaughn, 1992; Lazarus, 1983）。

什么样的人会在遇到烦恼的信息时选择否认呢？他们不是单纯的乐观主义者，即坚信好事情更容易发生在自己头上（Scheier & Carver, 1992）。更准确地说，应该称他们为习惯性的脱离现实乐观主义者，即通常拒绝相信他们会受到坏事件的伤害，从而也无法对坏事件产生警惕（Davidson & Prkachin, 1997; Thompson & Schlehofer, 2008）。很显然，这类人当知道自己有可能会受到伤害的时候会非常沮丧，因而会抑制相关的信息，并且否认自己会受到伤害的影响（Taylor, Collins, Skolan, & Aspinwall, 1989）。颇具讽刺意味的是，当他们抑制和否认了这些让人烦恼的信息后，反而是把同样的这些危险变得更为真实了（Radcliffe & Klein, 2002; Robins & Beer, 2001）。

通过忽略或否认问题来应对威胁的倾向在很多正常个体身上也会出现，但仅仅是在某些条件下。在大部分情况下，诱发恐惧的信息往往会使信息接收者采取行动来减少威胁（Boster & Mongeau, 1984; Robberson & Rogers, 1988）。举例来说，为法国青少年做一个关于酒精危险性的演说，以此来改变他们的饮酒态度和行为，那么在演说中加入一些诱发恐惧的图片会明显地比中性图片更有效（Levy-Leboyer, 1988）。然而，这个普遍规律也有一个例外：如果诱发恐惧的信息中所描述的危险非常严重，但是观众却没有获得任何有效的手段来降低风险，比如自我约束、药物治疗、运动、节食等，那么他们应对恐惧的方式就会是把这些信息“划出去”或者否定这些危险会落到自己头上。这样的话，他们也许就不会采取任何预防措施（Rogers & Mewborn, 1976）。

这也帮助我们解释了为什么在传达一些高恐惧信息的时候也很有必要加上一些具体的可以减少风险的行为建议：人们能够用来摆脱恐惧行为的方法越清晰，他们就越没有必要去寻求诸如否认之类的心理性手段（Leventhal & Cameron, 1994）（见图 5-6）。这里我们学到的是：如果我们不能给出具体的应对恐惧的方法，就不要试图用恐惧来说服人们（Das, deWitt, & Stroebe, 2003）。应用到你的倡议书中，你可以生动地描述一下过高的速限标准可能会带来的高速公路事故伤害，但是一定要同时具体说明市民要降低这些危险可以采用哪些方法，比如参与相关的政治运动团体的活动或者寻找相关的立法家（你应该主动提供这些人的电话），这样才能使你的倡议书真正产生作用。

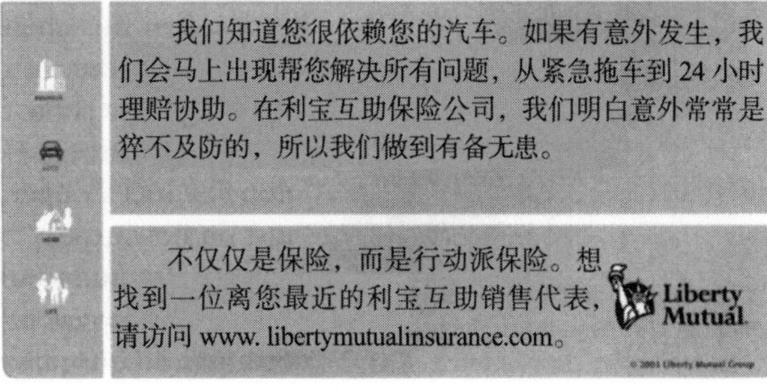

当您有麻烦时，请找我们。像这样的广告会很有效，就是先把一个危险摆到观众面前，然后再提供明确的步骤来降低危险。

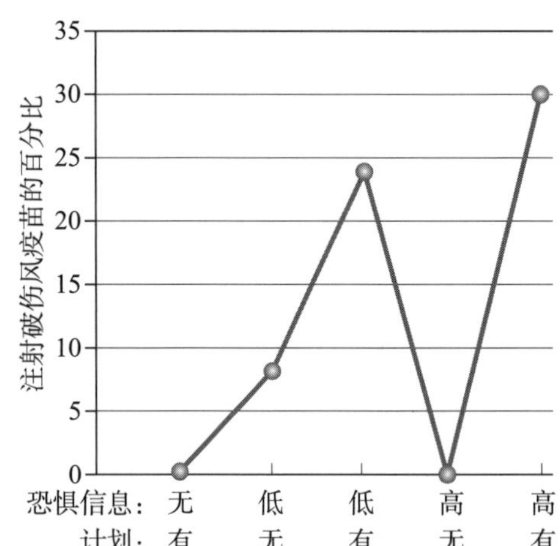

图 5-6 恐惧是不够的，你还必须有一个计划

学生阅读了一个关于破伤风感染的公众健康小手册。一半学生的手册中有感染破伤风后的恐怖图片，而一半则没有。另外，一半学生会获得一个具体计划，帮助他们如何安排进行一次破伤风疫苗注射。最后，还有一个对照组学生没有阅读小手册但是获得了这个计划。用恐怖图片来进行说服的时候，只有同时提供一个计划，告诉被试如何获得一次安全的疫苗注射，从而降低他们对破伤风的恐惧，恐怖图片才会真正发挥作用——刺激被试去选择参加疫苗注射。

资料来源：Adapted from Leventhal & Cameron (1994).

专业水平和复杂性 假设你是陪审团成员之一，现在面临一个案子的裁决，一个男人声称因为在工作中接触了某种化学物品而感染了癌症，你们要决定判给这个男人多少金额的赔偿。他的雇主是一家制造公司，该公司承认他在工作中接触过这种化学物品，但是辩称并非因此而导致癌症。你获得的其中一项证据是一个专家的证词。这位专家叫托马斯·法隆博士，他声称科学数据显示这种化学物品的确会令许多物种感染癌症，其中就包括人类。你在多大程度上会受到这个专家证词的影响呢？根据乔尔·库珀（Joel Cooper）、伊丽莎白·班奈特（Elizabeth Bennett）和荷莉·苏克尔（Holly Sukel）（1996）的研究，这不仅仅取决于你觉得他的专业水平有多高，还取决于他的证词的复杂程度。

在那个研究中，模拟陪审员的被试会得知法隆博士在这个问题上专业水平很高或者只是一般。另外，一部分陪审员得到的法隆博士的证词是用一般的语言来陈述的，该陈述只是简单地说明这种化学物品会引发肝癌、其他一些肝脏疾病和免疫系统疾病；而另一部分陪审员获得的则是复杂的证词，大部分证词都是用难以理解的语言说明这种化学物质会导致“肿瘤诱导、肝肿大、肝脏巨红细胞症以及脾脏和胸腺淋巴萎缩”。这个研究中最有趣的结果是，只有在用复杂、难以理解的术语来说明的时候，专家的水平差异才会发挥影响，高水平的专家能更有效地影响陪审员。这是为什么呢？这个研究的作者们认为，如果法隆博士使用简单的语言，陪审员在对案件进行裁决的时候可以根据这个证据本身做出判断，而不需要使用专业水平这个线索作为一种获得准确性的捷径；相反，当证词晦涩难懂的时候，他们在听取专家意见时就不得不依赖这个专家的声誉来做出判断。这些结果体现了一个有趣但又让人沮丧的讽刺事实：学识渊博的专家也许只有在人们无法理解他们所说的东西时才是最有说服力的！

5.4 维持态度和行为的一致性

迈克尔·法拉第是19世纪英国伟大的科学家，而另一位科学家与他素有嫌隙，是他在学术上的竞争对手。有一次，别人问起法拉第对那位科学家有什么看法：“那么，那位教授总是错误的啰？”他瞪着提问者回答道：“他可没那么稳定。”

从法拉第对其对手的轻蔑打击中，我们可以获得与一致性目标相关的两个启示。第一个是很直截了当的：和大多数人一样，法拉第把一致性看作是人们行为中的一个值得赞赏的特质，如果没有这个特质，那么就有理由对其表示轻视（Allgeier et al., 1979）；第二个启示是要花点工夫挖掘：归根到底，为什么法拉第会觉得有必要打击对手的成就呢？一个社会心理学家的回答也许会认为法拉第自己也受到了**一致性原则（consistency principle）**的影响，这个原则是说人们会受到认知一致性的驱动，从而会通过改变态度、信念、知觉和行为来达到一致性目标。法拉第看不惯对手，为了维持这种看法的一致性，他必须找到一种方式来否定这个人的成功，所以他回答“对手的成就只不过是一种不稳定表现”。

虽然我们无法确定法拉第的反应是不是为了让自身保持一致（从 1867 年开始我们就无法当面问他了），但我们可以看看现代人做出类似的反应是为了什么，并从中寻找一些端倪。在这个过程中，我们首先会讨论说服研究中两个主要的一致性理论——平衡理论和认知失调理论，随后我们会考虑哪些个人和环境特点会影响一致性目标。

5.4.1　平衡理论

弗里茨·海德（Fritz Heider）（1946, 1958）提出**平衡理论（balance theory）**，认为我们希望自己对世界的认识能够保持和谐一致。**我们希望与我们喜欢的人观点一致，而与我们不喜欢的人意见相左**；我们希望对于同一件事物，我们在某种情况下的看法与在其他情况下是类似的。海德认为这种和谐在我们身上形成了一种认知平衡状态。当我们处于平衡状态时，比如我们对某个政治问题的看法与我们真心喜欢的一些人相同，我们就会感到满意，这时我们就不需要做出改变。但是如果我们认知系统的平衡被打破了，比如我们发现在某个问题上我们与喜欢的人意见相左，我们就会体验到不适的紧张感。为了消除这种紧张感，我们就不得不改变这个系统中的某些东西。现在我们再更深入地走近平衡理论，看看这种改变的压力如何对说服产生影响。

说一个你最喜欢的名人。现在，假设你听说这个人在鼓吹一个你所反对的政治立场。平衡理论认为这时你的认知系统的平衡就会被打破，因为你要反对一个你所喜欢的人。那么怎么做可以让你从这种紧张感中解脱出来，让你的认知系统恢复平衡呢？其中一种策略是改变你对这个名人的感觉，这样你就会反对一个你讨厌的人；第二种方法就是改变你对这个问题的态度，这样你就能赞同一个你喜欢的人。两种情况下都可以使你再次达到认知和谐。

你会采用哪种方法取决于你态度的强度。举例来说，如果你对于这个政治问题有很深入的感受（比如枪支控制）你很可能就会改变你对这个与你立场不同的名人的看法，从而达到认知平衡。然而，如果你对这个问题并没有很强的态度，你就更可能改变你对这个问题的态度，从而与你喜欢的人保持一致，来达到认知平衡。许多研究支持了平衡理论关于态度改变的假设（Gawronski, Walther, & Blank, 2005; Greenwald et al., 2002; Priester & Petty, 2001）。总的来说，人们确实会改变他们的看法，从而保持他们自身、信息传递者和信息话题这相互关联的三者之间的和谐。

广告商在考虑产品的代言人时，常常会利用人们的这种倾向。厂商们愿意在这些名人身上花大价钱（虽然这些名人的能力与厂商的产品毫无关系），可见商界已然认定，认知平衡的牵引力会使这样的投资物有所值。将产品与某些形象正面的人物或事物联系起来，这样的投资是会有回报潜力的，我们可以在下面这个例子中看到证据。一项民意调查显示，当一个公司的品牌或产品与某些令人喜爱的事物（比如奥运会）联系在一起时，76% 的消费者会转而青睐这个品牌或产品（Kadlec, 1997）。信用卡公司维萨（Visa）是一家奥运会赞助商，根据他们的调查，如果一家商店张贴一个带有奥运五环标志的 Visa 指示牌，那么 Visa 的消费量就会增加 15%~25%（Emert, 2000），而中国最大的啤酒销售商之一青岛啤酒则报告在赞助北京奥运会期间和之后一段时间，利润增长了 32%（China, 2008）。

平衡中取得的成功。当美国最受好评的名人之一奥普拉·温弗瑞加入巴拉克·奥巴马的总统竞选阵营后，奥巴马的民意支持率出现了飞跃。

小调查

在篮球明星科比·布莱恩特因性骚扰被起诉之前，他是一家意大利公司——能多益（Nutella）的代言人。这家公司大肆宣扬科比小时候曾有好几年住在意大利。在他被起诉后，这家公司第一个终止了与他的合约。这件事如何用平衡理论来解释呢？

5.4.2 认知失调理论

到目前为止，为一致性动机提供最多证据的理论研究是由利昂·费斯廷格（1957）提出的**认知失调（cognitive dissonance）**。与平衡理论一样，这个理论的基本假设是当人们认识到自己的态度、信念或行为中存在不一致的情况时，他们会感觉到一种不舒服的心理唤起状态，从而驱使他们去减少不一致的情况，最终减少不舒服的状态。另外，费斯廷格还提出，人们只有在自己很看重的方面出现不一致的时候才会有动力去减少这种情况。如果你发现自己对于骑摩托车的好处产生了不一致的信念——一方面看起来比较省钱但另一方面又有危险性，那么只有当这件事对你来说是一个现实而又重要的问题时，比如你正在考虑要不要买一辆摩托车的时候，你才会有强烈的失调感。这就能解释为什么只有在涉及与自我有关的问题时，强烈的失调效应才会比较容易出现（Aronson, 1969; Stone, 2003）。当不一致的情况涉及自我的某些方面时，这种不一致对我们来说就变得更为重要了，而需要解决的迫切性也随之增加。

在认知失调理论风生水起之前，说服理论主要都是首先关注态度和信念的改变，并假定这方面的转变随后会带来行为上的改变。虽然改变过程常常会以这样的顺序出现，但失调理论一个非常有价值的贡献在于它告诉我们，倒过来的顺序也会发生，即行为首先发生改变也可以激发个体改变相关的态度和信念，从而与行为保持一致（Cooper, Mirabile, & Scher, 2005）。

多年来，研究者做了许多关于认知失调的实验，但是利昂·费斯廷格和梅里尔·卡尔史密斯（J. Merrill Carlsmith）在 1959 年所发表的实验则当仁不让成为最著名的一个。在他们的研究中，被试首先完成了一个非常无趣的任务（在一块板上转钉子），随后实验者会给他们 1 美元或 20 美元，要求他们告诉下一个被试这个任务非常有趣，他们完成得很开心。实验尾声实验者询问被试对这个无聊任务的态度，结果：获得 1 美元的被试会比获得 20 美元的被试觉得这个任务更有趣，后者的态度则没有任何改变。

我们怎么解释这个奇怪的结果呢？失调理论给出了一个答案：只获得 1 美元报酬的被试面临自身的两个不一致的认知：我基本上是一个诚实的人（几乎每个人都是这么认为的）和我没什么正当理由就说了一个谎。要减少不一致的情况，最简单的方式就是改变他们对于任务趣味的态度，这样他们就不会觉得自己说这个任务有趣是在撒谎；相反，获得 20 美元的被试就不存在不一致的认知，因为他们有很好的理由（充分理由）来说明自己为什么要这么做——20 美元。毕竟，即便是一个基本上很诚实的人也可以为了 20 美元而说一个无伤大雅的谎言。因此，就因为这 20 美元，他们所做的行为就不会与他们认为自己基本上诚实这样的看法相矛盾，因此就不觉得需要改变他们对这个任务的态度。

反态度行为 费斯廷格和卡尔史密斯的研究强调了失调理论中的一个基本观点：**反态度行为（counterattitudinal action）**，即与现有态度不一致的行为，该行为会带来态度的改变，但前提是该行为没有充分的理由（也就是并没有很强的额外动机去做这个行为）。也正是这个原因，往往当行动者感到自己的行为是一种自由选择的时候，与态度相反的行为会令态度发生改变（Eisenstadt, Leippe, Stambush, Rauch, & Rivers, 2005）。举例来说，如果你在上司的坚持下签署了一份请愿书，支持一个你不喜欢的政治人物，你不太会感到有一种压力要对这个人有更积极的看法，因为你会认为在这件事情上你是迫于老板的压力，自己并没有更多的选择权。**当强势的外部力量（威胁、行贿和要求）使人们在反态度行为中无法感受到较多的选择自主权，失调就不会发生**（Eagly & Chaiken, 1993）（见图 5-7）。

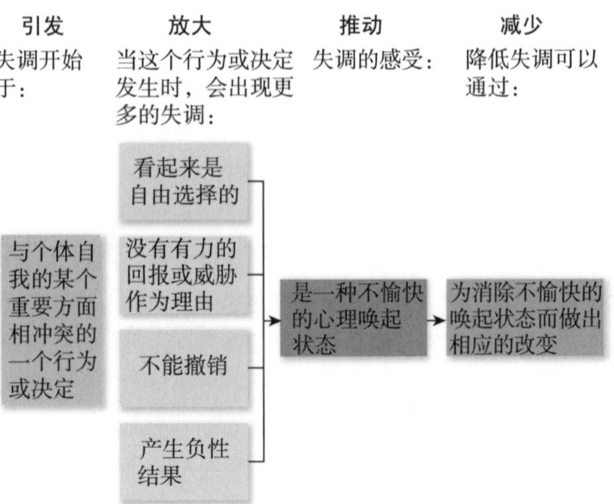

图 5-7 从诱发失调到减少失调

许多因素会引发、放大、推动和减少认知失调。

决策后失调 反态度行为并非是失调产生的唯一路径，失调还有另外一个来源。与之相关的一个研究（Knox & Inkster, 1968）在加拿大的一个赛马场中开展。研究者到两美元窗口处询问那些赌徒觉得自己看好的赛马赢得比赛的可能性，其中一半在他们投注前询问，另一半则在投注后询问。结果发现投注后询问的赌徒对于赛马的信心明显高于投注前询问的赌徒。这多奇怪！从投注前到投注后的这几秒钟内，无论比赛、场地、跑道或天气都根本没有发生任何变化。也许是没有，但根据失调理论，赌徒的身上发生了一些变化：他们体验到了**决策后失调（postdecisional dissonance）**。决策后失调是指个体感受到的一种冲突，来源于自己已经做了决策，但这个决策却有可能是错误的。为了减少这种不愉快的冲突，赌徒们就会说服自己相信他们所押的马真的会赢。

一般而言，**在刚刚做出决策后，人们就会变得更喜欢自己的选择，而倾向于认为其他的选项不那么好**。而当他们对这个决策感觉到较高的承诺（与个人的联系更紧密）时，这种倾向尤为强烈（Brehm & Cohen, 1962; Eagly & Chaiken, 1993）。在赛马赌徒这个例子中，当他们下了注并且无法再改变选择的时候，他们就会对这个选择有较高的承诺。在那个时候，他们就无可挽回地与他们的选择联系在了一起，从而不得不向自己确认他们做出了正确的选择，由此减少他们的决策后失调。相同的过程也可以应用到政治竞选中，在刚刚投出选票后，选民会更强烈地相信他们支持的参选者会胜利（Regan & Kilduff, 1988）。回忆一下我们在前面提到过的在一个无法撤消的决策之后，想要准确认识世界的愿望就不再那么重要了（Taylor & Gollwitzer, 1995）。失调理论告诉我们，对世界的认识保持一致性的需求替代了上面的准确认识需求（Harmon-Jones & Harmon-Jones, 2002）。另外，我们在本章下一部分会看到，当无法撤消的决策有可能带来负向结果的时候，失调的感受会尤为强烈（Harmon-Jones et al., 1996）。

呆伯特（Dogbert）创造了失调。虽然失调很少会像这里描述的那样产生那么戏剧化的影响，但漫画家史考特·亚当斯（Scott Adams）准确地抓住了几个条件（低工资、不够充分的证据、自由选择等），这都是失调理论认为会促使人们自欺的因素。

DILBERT: © Scott Adams/Dist. by United Feature Syndicate, Inc.

5.4.3　什么会影响认知一致性需求

在社会心理学领域中，关于获得（或者只是保持）认知一致性的目标有很多的研究（Albarracin & Wyer, 2000）。这些研究揭示了许多个人和情境特征，这些特征会影响一致性目标对说服的影响。大部分关于这些特征的影响作用研究来自于对失调理论的探索。

唤起　费斯廷格（1957）认为认知不一致会产生不愉快的唤起，于是人们会不断地改变他们的态度来避免这种不舒服的感觉。总的来说，费斯廷格观点中的两个成分都获得了研究支持。

第一，认知不一致会增加人们的唤起水平，这得到了很好的证据支持（Elkin & Leippe, 1986; Harmon-Jones, Brehm, Greenberg, Simon, & Nelson, 1996）。在一个研究中，研究者设置了一个典型的失调程序：以普林斯顿大学的学生为被试，对于一项在校园中完全禁止酒精的规定，被试可以自主选择写一篇与他们态度相反的文章。实验者告诉他们，他们需要一篇支持这项禁令的文章，并要求他们写这样一篇文章。实验者说："我们会非常感谢你的帮助，但是我们想让你知道，写不写都完全取决于你。"如果这些被试同意写这样的反态度文章，那么他们的唤起（通过生理仪器进行测量）相比那些没有获得自主权的被试就会有更多的提升。由此，和失调理论预期的相同，个体如果自主选择去做一个和其现有态度相反的行为，那么就会由于个人不一致而令紧张感升高（Croyle & Cooper, 1983）。

第二，人们会通过调整不一致的态度来减少伴随着的不愉快唤起。这使费斯廷格的另一部分观点获得了很好的证据支持（Fazio, Zanna, & Cooper, 1977; Zanna & Cooper, 1974）。另一些研究发现，改变过程中起到重要作用的并不是单纯的一般唤起，而是由费斯廷格首先提出的不愉快的唤起（Elliot & Devine, 1994; Losch & Cacioppo, 1990）。唤起状态中令人烦恼的那部分会促动态度的改变，这种烦恼的唤起会令不一致的个体始终感到不舒服，直到他们想办法做一些事情来重新获得认知一致性。总的来说，这些研究提示我们，在由于认知不一致而带来的态度和信念转变的过程中，不舒服的唤起是关键因素（Jonas, Graupmann, & Frey, 2006）。

一致性偏好　在引入一致性目标的时候，我们引用了迈克尔·法拉第的话来说明他对一致性目标的看重。大多数人都是如此，但也并不是每一个人。拉尔夫·沃尔多·爱默生（Ralph

Waldo Emerson）说过“愚蠢的一致性是无知的妖怪”；奥斯卡·王尔德（Oscar Wilde）说过“一致性是匮乏的想象力最后的避难所”；还有我们最爱的奥尔德斯·赫胥黎（Aldous Huxley）曾说过“唯一真正一致的人已经死了”。显然，并非所有人都很看重一致性概念（Staw & Ross, 1980）。

这个事实启发笔者中的一个人和同事一起开发了一个一致性偏好量表，询问被试赞同还是反对诸如这样的问题，比如“我的行为和我的信念保持一致对我来说是非常重要的”和“在他人面前我会努力表现一致”等（Cialdini, Trost, & Newsom, 1995）。他们发现个体如果在一致性偏好上得分较低，就不会表现出像认知失调那样典型的一致性效应。就像我们也许会这么预期，要表现得自我一致的动机并没有在那些不看重一致性的个体上产生影响（Bator & Cialdini, 2006; Nail et al., 2001; Newby-Clark, McGregor, & Zanna, 2002）。

结果 讽刺的是，一个行为的负向结果反而会令个体对这个行为的态度更多地朝着积极的方向改变。因为我们尤其不愿意做一些与我们的态度或信念有冲突而又可能带来一些后果的行为，所以我们的行为产生的影响越大，我们就越有动力去改变自己的态度和信念来与行为相符，特别是当我们觉得自己需要对结果负责任的时候（Harmon-Jones et al., 1996）。举例来说，我们看看在汉堡王的一次公司培训中发生的事情。一个包括 100 名经理的培训小组被要求赤脚在（温度高达华氏 1 200 度的）热炭上行走，并作为群体“团结体验”的一部分。虽然许多经理因此受到了一两度的烧伤，但一位汉堡王副总裁却没有对这件事表现出任何的悔意。相反，她高度赞扬了这件事情，即便她自己也烧伤了。也许失调理论可以为我们解释她那令人困惑的积极反应。我们了解到这次体验的结果显然是负向的——其中一位经理严重烧伤需要住院治疗，其他人需要医生的治疗，还有一些受伤的人需要坐一段时间的轮椅。而那位受伤的经理就是负责组织这次活动的人（“Burger King fire-walkers”, 2001）。

不一致的突显性 如果像我们所提出的那样，人们会改变他们的态度和信念，从而避免不一致的情况，那么如果情境中的某些方面会令不一致的情况变得更为突显（或重要），就会带来更大的改变（Blanton et al., 1997; Stone & Cooper, 2001）。一种突显不一致的方法是采用苏格拉底式的问答法，即通过提出一些问题，揭示出一个人在某个问题上的立场与其在相关问题上的立场实际存在着隐藏的矛盾，从而转变其对这个问题的立场。这种方法的创始人苏格拉底认为一旦矛盾被明显地揭露出来，人们会试图消除矛盾。说服研究支持了苏格拉底的假设：大部分人在面对那些揭示他们的不一致性的信息时，会主动朝着与自己一致的方向靠拢（McGuire, 1960; McGuire & McGuire, 1996）。

事实上，要让人们去做一些有益于社会的行为，一种有效的方法就是将他们所看重的东西和他们所做的行为之间的差异鲜明地突显出来（Harmon-Jones, Peterson, & Vaughn, 2003）。假设一个调查员上门来向你询问你对废品回收的态度，而你表达了非常赞同的观点，接下来她请你回忆一下过去的一个月中你没有做到废品回收（如一张报纸或一个饮料罐）的情况，很可能当你发现你的信念和行为之间并没有匹配后，将来你会更坚定地支持废品回收。这种方法先让人们表达他们对一个良好行为的承诺，随后指出他们有时候并没有坚持他们的承诺。澳大利亚利用这样的方法成功地减少了澳大利亚家庭的能源消费（Kantola, Syme, & Campbell, 1984）。在美国，研究者采用这种策略来促进人们节约用水、废品回收和使用安全套等（Stone & Fernandez, 2008）。

小调查

你怎么评定你自己的一致性偏好，是高还是低呢？为什么你觉得你对个人一致性会有这样的感受？

想一想是怎样鲜明的不一致性能够让彼得·赖利承认一项与他无关的谋杀罪。开始，他对犯罪过程毫无记忆，但是在数小时精疲力竭的审讯后，他开始接受“专家”在测谎仪测试中对他的不利证据；开始听从于权威人士对其有罪的断定；开始把那些想象出来的犯罪场景看作是真实发生的。他无法回忆起任何与犯罪有关的具体信息，这样单一的、突出的不一致性是无法持续的，这还有什么奇怪的呢？很快在这之后，他就开始不仅仅是承认自己杀害了母亲，还开始添加一些犯罪的细节。当这些细节与审讯官们所知的有所出入时，他们就会声称他是在逃避推托，然后他就会提供其他不同的细节。在一次建构性的交流中，赖利因为回忆的细节不正确而被责骂之后，他可怜地请求审讯官给“一些提示”让他可以做出符合要求的回答。

赖利身上所发生的与之前讨论过的卡辛和基耶舍尔（1996）的研究极为相似。那个研究中无辜的人被指责说按错了一个键而导致计算机数据丢失。人们（在错误证据的引导下）开始相信自己的确犯了错，其中有许多人回忆出这个（没有发生的）事件是如何发生的、何时发生的，包括其中的一些细节。他们会说到诸如“在你报到 A 的时候我手的边缘蹭到了那个键”这样的话。类似的证据很好地印证了一个结论，这个结论来自于研究其他反应（比如法庭上证人的证词和心理辅导中“复苏”的记忆）的心理学家。这个结论就是，一致性需求是如此无孔不入，甚至可以渗透到一个人的记忆中，可以改变一个人回忆出来的事件特征，以便与他们新近获得的信念保持一致（Davis & Follette, 2001; Loftus & Ketcham, 1994）。

5.4.4　一致性和文化

虽然大部分人都竭尽全力与自己最主流的自我概念保持一致，但每个人对自我的看法却是不同的。因此，对一致性的需求往往会在不同的文化中带来不同类型的行为，因为人们想要保持一致的东西在这些文化中是不尽相同的。

美国军队的推广者招募军人的方式是激励他们成为“单一力量”，而欧莱雅化妆品的广告则试图说服女性忽略产品的高价格，因为“你值得拥有”。他们的诉求点都是一种个人的自我强化，而这对非西方文化的许多人来说就会有些奇怪（Morling & Lamoreaux, 2008）。这是因为，就像我们在第 2 章中已经提到的，对北美和西欧的人们来说，主流的自我概念与世界上其他地方的人都是不同的。其中主要的一点是，他们的自我涉及的是个体、是单一的人，因此随着态度和信念的改变，会受到强化或保护的正是这种个体化的自我。

然而在许多其他的文化中，主流的自我概念是很宽泛的，是一种集体自我，扩展开来包括了个体所在的群体（Cohen & Gunz, 2002; Markus & Kitayama, 1991）。对这些文化下的人们来说，做出一个与个人信念不符的行为并不一定会威胁到他们最重要的（集体）自我概念。因此，这类个人层面的不一致性也许不会有那么大的推动作用。这也许可以解释为什么在东方集体主义文化中的人们会比西方人更少地表现出传统的失调效应：传统的失调程序通常只涉及个体化的自我（Heine & Lehman, 1997）。

这并不是说集体主义社会中的人就不会通过态度和信念的改变来强化或保护自我的某些重要方面，只不过关注点在于集体化的自我（Hoshino-Browne et al., 2005; Sedikides, Gaertner, & Vevea, 2005）。举例来说，在一个集体主义社会中，一条能够带来集体强化而非个人强化的信息就会更有效，而在个人主义社会中情况则相反（Morling & Lamoreaux, 2008）。为了验证这个推理，韩相弼（Sang-Pil Han）和莎朗·沙维特（Sharon Shavitt）（1994）考察了两个自我概念特征不同的国家——美国（个人主义自我）和韩国（集体主义自我）的广告。首先，他们对两年时间内美国和韩国流行杂志中的广告进行评分，发现韩国的广告更多地体现了集体和家庭的利益与和谐，而美国的广告则更多地体现了个人的利益、成功和偏好。

只是因为两种文化下的广告人采用了不同的广告诉求，是否就意味着这些广告确实能达到预期的效果呢？为了回答这个问题，韩相弼和沙维特进行了第二个研究。他们设计了一些产品广告（比如口香糖），广告里强调个人或集体利益（“享受清新呼吸”对比“分享清新呼吸”），随后他们把这些广告呈现给韩国和美国的潜在消费群，并询问他们的反应。在韩国，当广告关注集体获益的时候，人们对这个广告和产品有更正向的态度，也更愿意购买；而在美国则相反（见图 5-8）。由此可见，如果强调集体或个人利益的广告与文化中所强调的主流自我相互一致并相互促进，广告就会更成功。

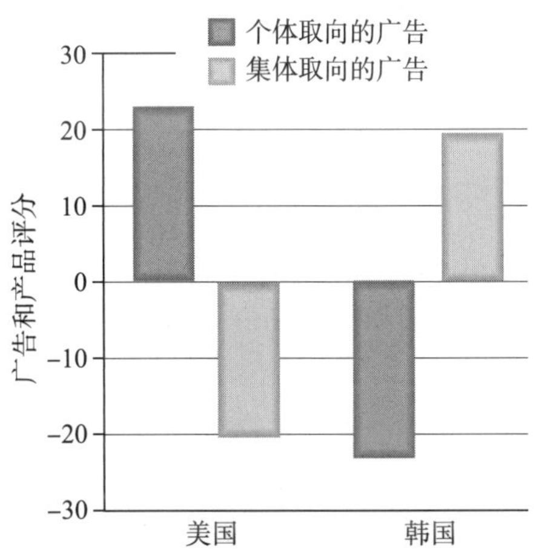

图 5-8　在两种文化下推销自我

在美国，个体化的自我占主流地位，人们更青睐体现个体利益的广告；而在韩国，集体化的自我占主流地位，集体取向的广告就更受欢迎。

5.5　获得社会认同

如果你得知你的一个非常要好的朋友不赞同你对枪支管理的看法，你会不会考虑转变一下你的立场？人们有时候会转变自己的立场以求获得周围人的认同。持有一个正确的立场就表现了某种公众形象，从而带来所需的社会交换，而一个错误的立场也许会带来社会拒绝。获得认同的动机称为**印象动机（impression motivation）**，因为这种动机的目标是给别人留下一个好印象（Chaiken, Giner-Sorolla, & Chen, 1996）。这种倾向有时会与我们前面谈到的另外两种与说服相关的目标——准确性和一致性目标有所冲突（Chen, Shechter, & Chaiken, 1996）。我们来看看哪些个人和情境特征会使第三个目标——社会认同，凌驾于另外两者之上。

5.5.1 自我监控

如果社会性的获益会引发态度改变，那么我们可以预期，在面对这类获益的时候，那些对社会关系和人际情境最为敏感的人会更多地改变他们的态度。

在从一个情境转换到另一个情境的时候，某些个体会特别容易调整他们的观点。就如同变色龙一样，在每个新的环境中，他们都能够调整自己的“颜色”来迎合当前的环境。我们在第 4 章中已经讨论过，这些个体被称为高自我监控者，因为他们会不断地监控并调整他们的公众自我（也就是别人如何看待他们）从而让自己符合当前的社会情境（Snyder, 1987）。相反，低自我监控者在一个新的情境中决定如何反应的时候就相对更多地依赖于他们的自身标准。因此，高自我监控者与低自我监控者相比，前者会更多地受到社会认同目标的驱动，后者则会更多地受到一致性目标的驱动（DeBono, 1987）。

如果高自我监控者对他人对自己的看法尤其敏感，那么对于一些承诺可以在他人眼中塑造良好形象的广告，他们是不是会特别容易接受呢？在一个研究中确实发现了这一点。研究中的广告在推销某个特定品牌的咖啡、威士忌和香烟的时候，如果强调这些品牌是与社会认同的形象（威望和老练）联系在一起的，相较于纯粹兜售这些品牌的质量，高自我监控者会更容易被前面的那类广告说服（Snyder & DeBono, 1985）。总的来说，高自我监控者会特别关注他们所处情境的社会回报，因此如果一些说服性论据能够向他们展现出如何最大化他们的社会回报，就可以获得他们更多的关注。

5.5.2 性别：女性、男性和说服

和高自我监控者一样，女性也对人际关系、人际交往问题更为敏感，这种敏感性会影响她们对于说服性信息的反应方式。温迪·伍德（Wendy Wood）和布莱恩·斯塔格纳（Brian Stagner）（1994）进行了一项研究，考察男性和女性在可说服性上的差异。报告得出了一个令人惊讶的结论：**女性似乎比男性更容易说服**。女性的这种倾向会是什么原因导致的呢？有证据显示在群体压力情境下，也就是一个人的立场与小组中其他人的不一致的时候，这种倾向最为强烈。在这些情况下，女性最容易被说服或被影响，这个结果可以给我们一些提示，（Eagly & Carli, 1981）。还有研究发现，如果情境中的其他人无法得知个体是否发生了态度改变，女性就不会比男性做出更多的态度改变，这给了我们更大的启示（Eagly & Chrvala, 1986; Eagly, Wood, & Fishbaugh, 1981）。这些启示告诉我们，你不能预期女性在看到你的高速公路速限倡议书后会做出更多的改变，因为没有证据证明在私下里女性会比男性更容易说服。

我是一个人。我们是整个世界。 左边这样的广告是与个体化的自我联系在一起的，在美国就会比较成功；右边这样的广告则是与集体化的自我联系在一起的，在韩国就会比较成功。

为什么情境中他人的存在和监督会影响女性赞同的意愿呢？伍德和斯塔格纳认为原因在于女性在大多数社会中被公认的性别角色。在社会情境中，培养积极关系、搭建人际桥梁、确保社会和谐这样的责任往往是落在女性头上的，而转换自己的观点去赞同他人能够帮助实现所有的这些责任（Tannmen, 1990）。如果做得不够多，那么就有可能无法符合社会的预期，从而得不到社会认同。如果人们都预期，培养和谐一致的人际交往的任务应该是由女性来完成的，那么女性在社会情境下会想方设法去赞同他人而非反对他人，这样她们就能够获得回报（Carli, 1989; Stiles et al., 1997）。

在女性面前，百炼钢变成了绕指柔。社会所认同的性别角色使女性在社会互动中常常试图化干戈为玉帛。

5.5.3　对讨论的预期和自我监控

在前面，我们回顾了一些研究，发现当一个问题与个人非常相关的时候，人们会更深入地考虑这个问题，只有在信息包含有力的论据时才会被说服（Petty & Cacioppo, 1984, 1986）。这些倾向反映了人们对于自己观点的准确性需求：如果一个问题会影响到你个人，那么只有在有充分理由的时候你才会想要改变你的观点。说服的研究者迈克尔·利佩（Michael Leippe）和罗杰·埃尔金（Roger Elkin）（1987）提出疑问，如果人们追求准确性的目标与获得社会认同的目标发生了冲突，结果会怎么样？

为了解答这个疑问，他们给阿德菲大学（Adelphi University）的大学生听一个录音信息。这个录音是关于第二年要在学校里实行综合性考试的提案。一半学生听的信息是有力的论据，一半则是听薄弱的论据。和之前的研究结果一样，与这件事情密切相关的这些学生都会深入地思考所听到的信息论据，因此有力的证据相比薄弱的证据就更能说服他们。这个研究中的另外一些被试也接受了类似的实验操纵，只在一个地方有所差别：实验者告诉他们，听完信息后，他们需要和另一个学生讨论一下他们对这件事的看法，不过不太清楚那个学生的观点是什么样的。有了这个差别，研究者使被试多了一个需要考虑的东西，他们不仅要关心自己的观点是否准确，还不得不关心当他们与别人讨论的时候，他们的观点会给对方留下什么印象。在这些被试中，信息论据的有力程度在决定他们的态度中起的作用小了很多，他们不再像前面的那些被试那样在听到了有力的证据时会大大地改变态度，而是不论论据如何，都只是选择持一个比较中庸的看法。

那么在什么情况下，我们对一个说服信息表示接受能够反映我们实际态度的改变呢？看起来，虽然有时人们一开始是为了给别人留下好印象而转变自己的观点，但是如果这个观点转换过程能够使人们用一个不同于以往的方式来看待问题，那么这种转变就可以变得持久。比如，人们想给对方留下好印象而尝试从对方的角度来看待问题。反之，如果这种转变过程不能使人们改变方式或者更为深入地来考虑这个问题，那么这种纯粹为了印象管理而发生的转变就不会持续很久，人们一旦认为不再需要给别人留下什么好印象，就会“跳回”他们原本的立场（Cialdini, Levy, Herman, Kozlowski, & Petty, 1976; McFarland, Ross, & Conway, 1984; Wood & Quinn, 2003）。

我们已经看到，当人们预期自己需要与别人讨论自己的观点时，获得社会认同的目标就变得更重要了。然而，这种预期对不同的人、不同的情境所产生的影响大小也是不一样的。举例来说，这种目标对高自我监控者的影响会特别大。前面我们已经区分了高自我监控者和低自我监控者：前者在决定自己受不受说服信息影响的时候会关注获得社会认同；后者则更关注自我一致性目标。一组研究者（Chen, Schechter, & Chaiken, 1996）由此推断，对于关注社会认同的高自我监控者来说，他们的态度最容易受到讨论预期的影响。为此，研究者进行了一项实验来验证这个推断。被试会得到一个说服信息，信息中提到媒体应该减少对恐怖劫机的报道。其中一半被试被告知他们看完这个信息后需要与另一个观点不明的被试进行讨论，而另一半被试同样阅读了这个信息，但是并没有告诉他们还有什么后续的讨论。与研究者预期的相同，只有高自我监控者才会受到讨论预期的影响，当他们认为自己可能会与别人讨论或辩论自己的立场时，会选择更为折中的温和立场。由此可见，在一个说服情境中把社会认同目标变得比较重要，只会对那些特别关注达到社会认同目标的个体产生影响，并令他们改变态度。

小调查

你能不能回忆出这样一次经历，你在某个问题上赞同他人的观点只是为了获得他们的认同？你觉得这对你真实的态度有什么影响？

我们考虑了认同需求对态度改变的影响，这就为我们提供了另一个角度来理解彼得·赖利毫无根据地认罪的原因。在他这么做的时候，他对警察怀有强烈的尊敬（他自己也梦想有天能成为警官）。刚刚失去了他仅有的家庭，还被欺骗说他的朋友们毫不关心他的幸福，所有这些都可能令他渴望获得审讯房里其他人的认同。而对赖利来说非常悲惨的是，那些人是来说服他的，而要获得他们认同，一个最保险的方法就是赞同他们的观点。

回顾

彼得·赖利的故事

在谋杀案发生的20年后，彼得·赖利接受采访被问起他的生活。38岁的他灰心丧气，他已离婚并且经常失业，在美国其他州辗转做了一些收入很低的工作后，最近回到了康涅狄格州（O'Brien, 1993）。在采访的最后，赖利袒露了在整个事件中最令他困惑和痛苦的事。

有趣的是，令他困惑的并不是他如何就被警方说服，并错误地承认自己犯下一桩凶杀案。两年后他在一个会议上的发言证明他完全明白这件事怎么可能会发生，并且怎样真的发生了。

> 好几个小时不睡觉，你还在为唯一的亲人离去而感到困扰、疲倦和震惊；在一个陌生而充满压力的地方，被一群警察包围着，反复地告诉你，肯定是你犯下这件滔天大罪；没有一个人关心你、问起你的情况……权威专家斩钉截铁地告诉你，你不记得这些事情，你在他们的诱导之下对自己的记忆产生怀疑，他们告诉你很多事情只是为了要你自己把这些事情说出来……在这样的状况之下，你会说出并签署一切他们想要的东西。（Relly, 1995, p. 93）

如果赖利准确地意识到了他是如何被诱导认罪的，那么是什么神秘的东西令他在这件事情发生20年后依旧困惑呢？让他耿耿于怀的是为什么警方从来没有改变过对他的看法。即使有着强有力的证据证明他是无辜的，那些从他身上把认罪的话逼出来、以此宣告他有罪并将他下狱的人依然相信他是有罪的，即坚持“据我们所了解，后续的调查一点也没有改变（赖利有罪的）事实”（Connery, 1995, p. 92）。

为什么在这个案子中，警方和检察官对那些显而易见且明确表明赖利无辜的证据视而不见呢？要回答这样的问题，我们可以把一个现实生活中的事件和一个心理学理论联系起来——认知失调理论，用这个理论来帮助我们理解这次事件，使我们从中获得指导（Festinger, 1957; Harmon-Jones & Harmon-Jones, 2002）。我们可以考虑一下，如果警方和检察官允许自己相信他们抓捕、定罪并下狱的是一个无辜的男孩，并且因为他们的疏忽而让这个男孩直到现在也从来没能完全从痛苦的折磨中恢复过来，而真正的凶手却逍遥法外，那么他们将会体验到多么强烈的认知失调。因为如果他们相信了这个事实，就会与他们的自我概念（公平和正义的化身）非常不一致，因此他们会否定这个想法，认为所有支持这个想法的证据都是不可靠的，这也就顺理成章了。如果不这么做的话，这会给他们带来沉重的心理代价。

心理自我保护是不是真的能够解释这些个体的顽固不化呢？也许有人会猜想，无论哪个警官或检查官看了这些证据之后都会裁定赖利是有罪的。然而，当我们找到了这个案件最后一个疑团的答案后，这种可能性就被推翻了。最后一个问题是：赖利的案子盖棺定论之后，在主检察官的文件中隐藏了那么多年的信息是如何又被翻出来，并最终帮助赖利脱罪的呢？是死亡带来了赖利的重生。当时的主检察官因心脏病突发而去世，他的继任者（这个检察官并没有参与对赖利的定罪）无意间从这个案子的相关文件中发现了一些令人震惊的证据——两个目击证人的证词，其中一个是那天不当班的州警察，指出在罪案发生时赖利在另外一个地方。这个检察官很快就意识到有必要主持正义，他公开了这个证据并释放了赖利。

事实上，不仅是这个检察官，其他一些不属于当时那个检察小组的法庭官员看到了这个证据之后也都做出了类似的决定。据说那些对赖利的遭遇负有责任的官员们仍然坚定不移地相信这些证据证明赖利有罪，但是那些看了相同的证据，且对赖利的伤害不负个人责任的官员们，在这个问题上的看法则大相径庭。

对于第一个检察官，我们可以想到他有哪些动机？据大家所说，直到他去世，他都很肯定地相信赖利是有罪的，肯定自己的做法是公平公正的（Connery, 1977）。毫无疑问，他驳回了那个关键的证据，认为那是不可靠的，认为那阻碍了真正的正义。还有其他参与本案的官员，他们认定了赖利有罪，而面对对立信息的时候又再一次坚持了他们的初始立场。我们对于这些人的特点该说些什么呢？不道德或者坏心肠这样的词语似乎不太确切，给他们加上什么标签最贴切呢？我们给出的参考建议是：人性使然。

关键词

态度（attitude）
平衡理论（balance theory）
说服的中心路径（central route to persuasion）
认知失调（cognitive dissonance）
认知反应模型（cognitive response model）
一致性原则（consistency principle）
反驳论据（counterargument）
反态度行为（counterattitudinal action）
说服的双加工模型（dual process model of persuasion）
精细加工可能性模型（elaboration likelihood model）
印象动机（impression motivation）
接种程序（inoculation procedure）
认知需求（need for cognition）
非反应性测量（nonreactive measurement）
说服的外周路径（peripheral route to persuasion）
说服（persuasion）
决策后失调（postdecisional dissonance）
计划行为理论（theory of planned behavior）

第 6 章

社会影响：从众、顺从和服从

史蒂夫·哈桑的两次惊人转变

史蒂夫·哈桑（Steve Hassan）说自己飞速撞上了一辆大卡车，随后住院治疗，这次车祸让他差点丧命……但撞车事件却拯救了他。

事发前，哈桑是统一教会的成员，该组织更为人所熟知的名称是文鲜明派，其领导人是文鲜明牧师（Reverend Sun Myung Moon）。尽管批评者认为，文鲜明这个韩国千万商业富翁创立宗教的目的在于使自己和家人更有钱、有权，但其追随者都把他看成一个新的救世主，他的任务是在地球上建立一个上帝的王国。当哈桑开车撞上那辆大卡车时，他是文鲜明最热忱的追随者之一。

但是，情况并不一直如此。仅仅两年前，哈桑还是一个正常的 19 岁大学生，他成长于一个中产阶级家庭，家庭生活充满爱和关心。尽管没有强烈的宗教信仰，但他会和家人一起定期参加犹太教活动。哈桑在学校的表现很好，毕业后打算做一名教师或作家。尽管渴望使世界变得更美好，但他并不沉迷于这一想法，也从未因无法改变世界而感到沮丧。总之，从他过去的行为来看，很难想象他会有惊人的转变。

和女友分手让哈桑倍感孤独，此后，情况便急转直下。在校园里，哈桑遇到了三名魅力十足的年轻女士，她们邀请他参加一个讨论小组的晚宴，参与者都是和他一样的年轻人。哈桑应允了下来。然而，在随后的若干天中，他被灌输了文鲜明思想，并有人不断动员他加入组织。最终哈桑被正式吸纳成为统一教会的一员。

小调查

人们似乎在经历某些生活转变（比如分手、高中毕业或迁居到一座新城市）不久后更容易加入邪教组织。你觉得事情为什么会这样呢?

在之后的两年中，哈桑完全进入角色，全身心地投入到统一教会中，他甚至搬迁和信徒们居住在一起、将自己的银行账户转入教会、声明自己将断绝一切婚前性关系，而结婚对象也只允许是文鲜明为他选择的一位女士。哈桑与家人断绝了联系并退学，这一切都是为了能全职上街卖蜡烛、薄荷和花，从而为组织募集资金。他服从分配而到了边远的城市，在那里，他要长时间工作却得不到任何报酬，每天只能睡三四个小时。他从不将自己的行踪告诉父母或原来的朋友，因为他不得不将他们（像所有其他局外人一样）看作是撒旦消息的传播者。他的工作本身单调乏味、艰巨费力、危险重重。有两次，他在漆黑的大街上与携带武器的强盗打斗，坚决不交出钱款，所幸最终得以逃脱。正如他所解释的那样，如此做的原因是“我绝不允许任何人偷上帝的钱”（Hassan, 1990, p. 24）。

具有讽刺意味的是，哈桑对统一教会的投入导致了他与教会的分手。一次连续48小时不间断的工作后，他筋疲力尽。在开着教会的货车去下一地点执行任务的路上，哈桑不知不觉睡着了。在撞上一辆18个轮子的卡车后，他被“钉”在了卡车残骸上动弹不得。将近一个小时之后，救护队才艰难地从卡车上把他解救下来。经历持久的痛苦后，哈桑想到的仍只有自己未完成任务的羞耻。反复吟唱着“神父，宽恕我吧”，他深深地责怪自己，并担心撞车会对组织经济造成影响。然而，一个迟到的却具有革命性的变化即将发生。

在接受了大量手术及住院治疗之后，哈桑出院拜访了他姐姐。在姐姐家里，他遇到了父亲和几个陌生人，那些人说想和哈桑讨论一下关于他和统一教会的事。最初，哈桑就知道这些人是家里找来的说客，他们试图说服自己离开救世主。于是，哈桑奋力抵抗。痛心的是，当他坐在车里准备去某公寓接受劝说时，哈桑考虑要接近父亲并折断他的脖子，他觉得相比背叛激励过自己的人来说，还是杀了抚养自己的父亲比较好。他之所以没有这样做，也只是因为他确定自己永远不可能离开神父。

但是，哈桑完全错了。在接下来的几天之内，他就抛弃了统一教会的教义，并且为自己曾经深深信奉它而感到羞愧不已。他也对自己曾放弃一切——信仰、家庭和未来，去追随一个自称救世主的商人而感到困惑不解。哈桑的转变是如此彻底。现在，他是一名积极的统一教会运动反对者，靠为其他家庭提供咨询而生活。他给那些家庭提供建议，帮助他们使所爱的人逃脱统一教会或类似组织的控制。哈桑是如何快速地受他人影响，加入并投身于这个奇怪的宗教组织的呢？数年来，他对组织的承诺不断升级，却又是如何再次迅速地受他人影响，放弃了个人承诺呢？

这两个问题的答案隐藏在同一组心理学原理中。他们就是本章要讨论的社会影响原理。社会影响的定义是由真实或假想的他人压力导致的外显行为的转变。将社会影响定义为行为的转变是为了将其与本书第5章所讨论的说服区分开来。说服是指接受信息后个体态度或信念的改变，它并不一定会导致行为变化。

大规模婚礼。如果史蒂夫·哈桑仍是统一教会成员的话，他可能也参加过一个类似这样的大规模婚礼，第一次满怀忠贞地遇见自己的新娘。

有效的社会影响的目的在于成功改变某人的态度、信念和行为，就像史蒂夫·哈桑的统一教会经历一样。但是转变某人的态度和信念并不是社会影响发生的必要条件，它所需要的是行为的变化。比如，你的两位朋友成功“影响”了你，使你同意和他们一起去看某部电影，但他们可能并不曾说服你肯定会喜欢这部电影；他们也许只告诉你，你上周曾说过想看这部电影，从而让你觉得有顺从的义务。尽管义务感是社会影响的有力工具（Garner, 2005），但它并不是唯一的工具。在本章中，我们将首先分析社会影响的分类（从众、顺从和服从），接着分析社会影响的主要目的（正确选择、赢得社会认可和管理自我形象）。在分析过程中，我们会遇到很多与义务感一样有力的社会影响工具。

6.1　社会影响的分类：从众、顺从和服从

社会心理学家将**社会影响**（social influence）分为三类：从众、顺从和服从。从从众到顺从再到服从，其背后的公开社会压力逐渐增大。**从众**（conformity）是指为和他人的反应、行为保持一致或为了与周围的人相匹配而改变某人的行为。在音乐会或舞会上，你可能会问“人们会穿什么衣服”。想象一下，当其他所有人都身着正装出席时，你却穿着T恤短裤亮相；或者当其他所有人都一身休闲装出现时，你却身着正装。在这样的情况下，我们大多数人都会感到不舒服，这种不舒服使你具有想要与他人保持一致的强烈渴望。从众可能发生于没有公开社会压力的情况下，正如没有人曾过来告诉你“你的着装不合时宜”，但你仍可能会自愿离开，去换一套和情境更匹配的衣服。

顺从（compliance）是指因直接的请求而导致的行为改变。请求的来源多种多样，可能来自朋友（“来吧，喝些啤酒，忘掉学习”）、销售员（“你现在就应该签字，因为我们不能保证明天这里还会有这种型号”）、慈善机构（“感恩节，圣玛丽粮食银行需要你帮助穷人，让他们有饭吃。请你捐款”）或街边的乞丐（“喂，老兄，能给点零钱吗”）。另外，比如在洗手间，会有标志提醒你离开前请洗手，在这种情况下，提要求者无须在场即可施加压力而让人顺从。

服从（obedience）是顺从的一种特殊形式，它是指为响应某一权威人物的指令而改变行为。老板可能要求员工加班，军队长官可能命令士兵打击敌人，警察可能要求司机绕道走。为了让他人服从，权威人物通常会以最公开的方式来试图实施影响。

在考虑导致我们屈服于社会影响压力的因素前，先让我们通过一些经典的实验来进一步考察从众、顺从和服从。这些研究非常值得关注，因为他们所揭示出的社会影响的作用要比所有人预期的都要大，另外，这些研究激发了当今的后续调查（Cialdini, 2009; Packer, 2008; Pratkanis, 2007）。

6.1.1　从众：阿希的群体影响研究

当史蒂夫·哈桑加入统一教会后，他被迫将自己与家人或朋友的反对意见隔离开来，而他周围的所有人都是和他一样的信徒，这是许多邪教组织的常见做法。

在很多邪教组织中，人们一起吃饭、工作、参加组织会议，有时还睡在同一房间里。个人主义是不被鼓励的。人们可能被分配一名固定的“同伴”，或者被安排在一个六人小团体中（Hassan, 1990, p. 60）。

群体的一致赞同可能影响一些诸如个人宗教信仰之类的主观事物。这一点很容易理解，毕竟，文鲜明究竟是不是救世主不能用硬指标来检测。更值得注意的是，即使相反的证据就摆在人们眼前，群体压力依然能导致从众。所罗门·阿希（Solomon Asch）（1956）的一系列实验探讨了这一现象。阿希感兴趣的不仅有个体对群体势力的屈服，还有人们不受从众压力而独立行动的能力。

阿希程序的作者。所罗门·阿希是最早开发出系统研究从众压力影响程序的研究者之一。

为了研究从众过程和行为独立性，阿希要求八人一组的大学生匹配不同线段的长度。一个典型的线段匹配问题如图 6-1 所示。这个实验的任务并不复杂。在控制组，没有错误选择的群体压力，95% 的被试正确匹配了 12 条线段。然而，在实验组，情况有所变化。被试面临和自己所见相矛盾的社会一致性意见。在他们自己做出判断之前，被试听到其他五名学生（其实是实验者助手）不约而同地一致选择了一个明显错误的答案。那么，被试会坚持自己的观点给出正确答案还是和他人保持一致呢？如图 6-2 所示，75% 的被试给出了与自己的感觉相异的答案，并在一定程度上表现出了从众。尽管没有被试在每次选择中都与他人保持一致，但有一名被试在 12 次选择中有 11 次表现出了从众。

当被试听到整个群体做出明显错误的判断后，他们究竟会作何感想呢？那个 12 次中有 11 次表现出从众的被试（从众次数比其他任何被试都要多）事后声称他被其他群

体成员表面的信心动摇，从而改变了自己的判断。他说自己的确开始相信那些人是正确的，而自己成了某种“错觉”的受害者。阿希的研究表明，**当人们面对强烈的群体一致意见时，也许会和他人保持一致，尽管人们认为他人也可能是错的**。另外，当群体成员有足够信心时，人们也会相信他人是对的而怀疑自己的感觉。

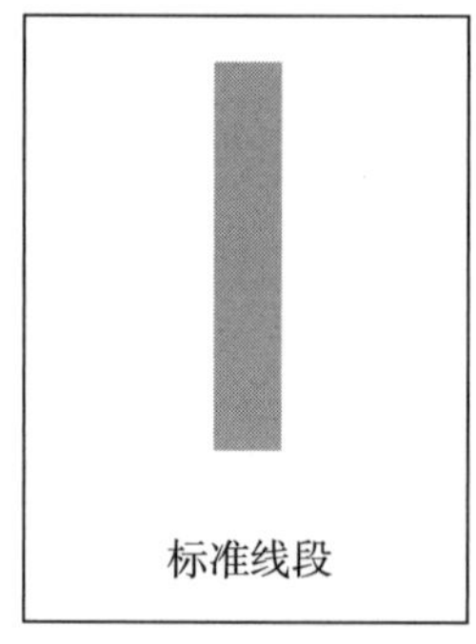

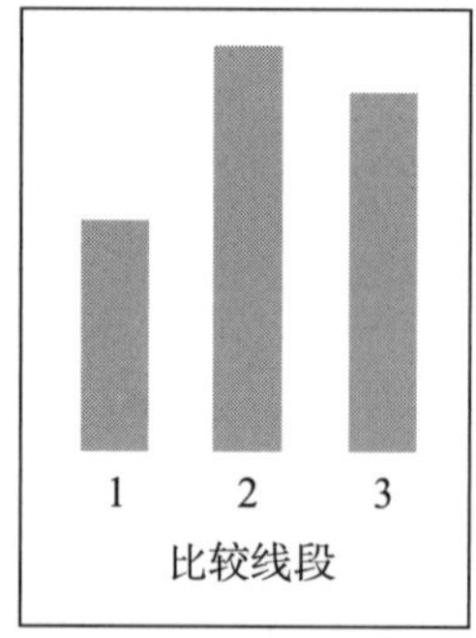

图 6-1　阿希的线段判断

在阿希的从众研究中，被试会看到一条标准线段（如左图）和三条比较线段（如右图）。他们的任务是选择一条和标准线段一样长的比较线段。这是一个简单的任务，但当群体中的其他成员做出错误选择后，任务变得不再简单。

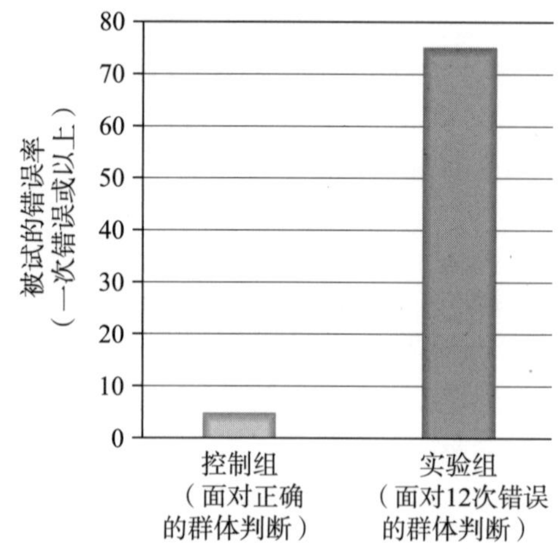

图 6-2　群体错误判断对从众的影响

控制组的被试在群体成员正确判断线段长度后做出自己的估计，实验组的被试每次都在群体成员错误判断后给出自己的估计。只有 5% 的控制组被试出错，但 75% 的实验组被试至少犯了一次错。

资料来源：Adapted from Asch (1956).

最近，研究者采用了阿希研究的变式进行研究。被试连接着脑扫描仪，并接受与自己所见相矛盾的外部信息（Berns et al., 2005）。另外，研究者还加入了一个有意思的变化：外部信息既有来自其他四名被试的，也有来自四台计算机的。在一系列 32 个相互独立的选择中，尽管被试认为同伴判断和计算机判断的准确性一样，但相比来自计算机的外部信息，当外部信息来源于同伴时，被试更多地表现出从众。既然被试认为两种信息来源具有相等的可靠性，那么，是什么导致了他们对同伴先前做出的判断表现出更多的从众呢？通过分析脑区变化可以得出答案。当被试的意见与其他被试的一致意见不同时，与负性情绪相连的脑区（杏仁核）被激活，这反映出实验者所说的“独立的痛苦”。与同伴不一致会产生痛苦的情绪状态，它致使被试避免随后的不一致行为。但与计算机不一致则不会产生类似的情绪或行为结果，这可能是因为这种不一致并不会带来相同的社会后果（Hodges & Geyer, 2006）。

与阿希一样，上述研究的被试都是彼此陌生的个体，他们仅在短暂的实验时间中相聚。想象一下，当他人是自己社交圈中的一员，而我们又会重视他们的意见时，这种社会后果会变得多么强大。再想象一下，在邪教组织中，成员通常被要求抑制个性，每天还会被强调无条件信仰群体信念的重要性，可以想象此时，成员的压力有多么大。在 1997 年天门教成员集体自杀前的两个月，他们花了数千美元购买了一个高倍率的望远镜，因为他们听到谣传说一

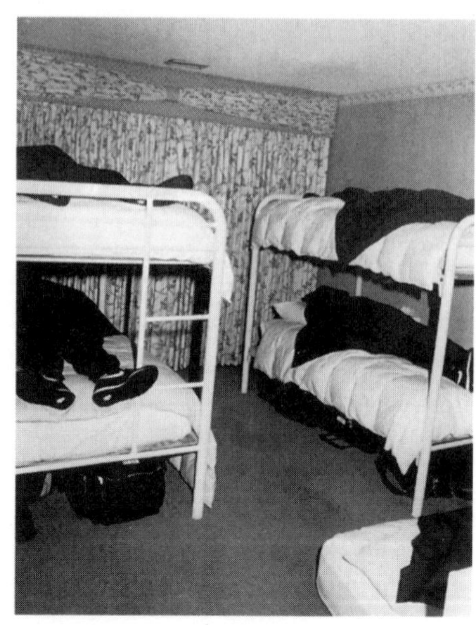

永远在一起。和有相同思想的人们在一起，会明显地影响人们对现实的解释。天门教成员被要求和所有家人、朋友分开，在做任何决策前只能询问群体中的其他成员。群体一致意见致使其成员接受了群体领导的信念，即宇宙飞船将飞来“带他们去下一高度”。天门教成员在这一问题上太团结了，因此也很自信，以致在 1997 年 3 月，39 名成员为了使自己的灵魂能登上飞船而集体自杀。

个小物体（被怀疑是宇宙飞船）似乎正跟在海尔 - 波普彗星后面。当他们向营业员抱怨说这个望远镜看不到那个神秘物体时，营业员向他们解释说从没有什么跟踪物，这只是一个讹传，而这个讹传仅仅来自很久以前的一张质量很低的彗星照片上的一个由静电产生的光斑。显然，这一证据与天门教群体一致坚信的宇宙飞船带着外星人来访的看法相反，在听到这一证据后他们会如何反应呢？这些人决定继续坚信宇宙飞船的存在，并忽视这个证据：他们返还了望远镜并要求退款（Ferris, 1997）。

6.1.2　顺从：登门槛技术

如果统一教会的招募者在校园中走向史蒂夫·哈桑，问道："你愿意退学、切断与家庭的联系并全身心为一个由韩国千万富翁领导的宗教组织筹款吗？"估计他们很难成功。他们是通过一种更为微妙的方法来招募哈桑的。首先，史蒂夫·哈桑被邀请去和一群年轻人相会，他们都对"与社会问题斗争"这一话题感兴趣。接着，哈桑又被邀请去参加一个周末工作坊，三天之后他才知道这个工作坊到底是干什么的。哈桑在工作坊里接受了更为密集的劝说后，他被催促参加另一个工作坊。紧接着，他又被鼓励成为全职成员，他住在教会里，并将个人银行存款转入教会。这种先提出一个较小的要求，进而再提出更大要求的方法是一种常见的获得顺从的技术，这就叫**登门槛技术（foot-in-the-door）**。

"登门槛"一词是指推销员挨家挨户上门推销时，为了能进入屋子而先把一只脚伸到门里边。乔纳森·弗里德曼（Jonathan Freedman）和斯科特·弗雷泽（Scott Fraser）（1966）用一系列巧妙的实验研究了这一技术的心理学基础。为了解答"人们怎么会被诱导做自己不情愿做的事"这一问题，弗里德曼和弗雷泽离开实验室进行了现场实验。

在一个实验中，156 名来自加利福尼亚州帕罗奥图市的家庭主妇接到电话，请求她们允许来自一个消费群体的六人团队进入她们家中。这个团队将花两小时去数清她们家有多少家用产品并将所有家用产品进行分类。家庭主妇们还被告知，这六个人在屋子里走动、检查橱柜等储存空间时需要完全的自由。研究者们猜测大多数人不会同意这一要求。果然，结果发现很少有人（22%）顺从这一请求。然而，另一群家庭主妇接到了两次电话，第一个电话提出一个类似"先把一只脚伸到门里边"的小要求：回答关于家用肥皂的八个问题（比如，在厨房水斗里你用什么品牌的肥皂）。回答这些问题对家庭主妇们来说只是对他人的一个微不足道的帮助，所以几乎所有人都同意了。13 天后，同一消费群体再次联系了这些家庭主妇，这一次他们提出了一个更大的请求：上门检查。在这种情况下，52% 的人同意让这个六人团队花两小时到家中检查橱柜、衣柜（Freedman & Fraser, 1966）。

在日常生活中，人们也能像这样被影响吗？社会心理学家又如何进行考察呢？社会心理学家所掌握的绝大多数关于人类行为的知识都来自严格控制的实验室研究，它们是一条理解行为原因的良好途径（见本书第 1 章），但是这些实验也有缺点。比如，实验室创设的情境是人为的，在人为情境下的反应并不一定会发生在日常生活中。因此，社会科学家有时采用其他办法，以更好地捕捉自然发生的行为。现场实验就是一种这样的方法，研究者们在自然情境下进行有所控制的实验，就像弗里德曼和弗雷泽研究登门槛策略那样。而另一种方法压根无须实验控制，只是当人们在自然情境下发生行为和互动时对他们进行仔细的观察就可以。

联结：方法与证据

参与性观察

许多年前，罗伯特·西奥迪尼——本书的作者之一，面临一个困境。他对人们为何会顺从各种要求感兴趣。另外，他认为研究各类成功的"获取顺从者"所使用的技术是十分有意义的，因为这些个体一定知道是什么能让人们对要求说"是"，否则他们就不可能成功。但是他认识到，很少有"影响实施专家"会让他紧随其后、观察并记录他们的秘诀。为了解决这一困境，西奥迪尼采取了一种截然不同的系统自然观察法：**参与性观察（participant observation）**。参与观察者并非在一旁简单地观察，而是变身为类似于内部"间谍"的人。研究者通常以伪装的身份和目的"潜入"感兴趣的情境中，并从内部对其进行考察。

为了从内部研究力图获取顺从的行业，西奥迪尼（2001）报名参加了各种行业（销售、广告、筹款等）的培训项目，并学习了各种由成功的"影响实施专家"教授的课程。他试图寻求不同行业所遵循的影响原则之间的共同点。从这个培训项目中，他发现了六条广为使用的影响原则[①]，我们会在本章中反复提及这些原则。

互惠：人们更乐意顺从那些先提供东西给自己的人所提出的要求（帮助、信息、让步），因为人们感到有回报的义务。西奥迪尼发现超市里的免费试用品、病媒防治公司提供的免费上门检查、商人或筹款者提供的免费邮寄礼物都能有效地提高后续要求得到顺从的概率。例如，据美国残废退伍军人组织统计，邮出一份简单的捐赠呼吁能带来 18% 的成功率，但在呼吁中附赠一份小礼物（个性化的地址标签）后，成功率会上升至 35%（Smolowe, 1990）。

承诺 / 一致性：当人们发现某一行为和一个已经存在的承诺一致时，他们更乐意实施这一行为。例如，一些推销公司被顾客事后取消交易的行为所困，因为当销售员离开后，所施加的巨大购买压力就不复存在了。在西奥迪尼参加的一场培训中，好几个上门推销的公司都称自己已经用一个小策略明显地减少了这一问题。所谓的小策略就是他们不让销售代表填写合同细节，而是要求顾客自己填写，目的是以此来提高消费者对购买的个人承诺。

权威人物：人们更乐意接受他们所认为的权威人物的推荐。西奥迪尼指出，跟随权威人物是一种自动化倾向，所以，很多时候，广告商仅仅通过雇用一个装扮得像专家（科学家、医师、警察等）一样的演员便能取得成功（Sagarin et al., 2002）。

社会认同：当人们看到其他人（尤其是和自己相似的人）都在使用某一产品时，他们更愿意接受这一产品的推荐。制造商们就利用了这一原则：他们宣称自己的产品在市场上是最畅销或销量增长最快的。西奥迪尼发现在他所遇到的六个原则中，提供他人已经顺从的证据是最广为使用的策略。

稀缺：在一定程度上，人们认为缺乏的、稀少的、不断减少的东西或机会更具吸引力。因此，报纸广告充斥着诸如“限时供应”“优惠活动仅限一周”的警告，以告诉潜在消费者不立即行动是愚蠢的。一位十分有心的电影院经营者将稀缺原则的三方面融入到一个三个词的广告中：专用、预约名额有限、即将结束。

喜好 / 友谊：人们倾向于对自己熟知的或喜欢的人说“是”。如果你怀疑这一点的话，请想一下特百惠公司取得的令人瞩目的成功。特百惠并不会在柜台前招揽陌生顾客，而是让潜在顾客的邻居、朋友或亲戚向他们推荐特百惠的产品，而这些人已经加入了特百惠并能得到分红。根据西奥迪尼的访谈结果，许多人之所以加入特百惠并购买其产品的原因并不是真的需要塑料盒，相反，他们是出于对特百惠成员的喜爱及友谊。

在确认参与性观察研究结论的可信度之前，我们通常还需在其他地方寻找支持这些结论的依据，例如从其他研究者的实验研究或另外的自然观察中寻找依据。幸运的是，就像我们在这章中所见的那样，其他实验研究和自然观察确认了顺从决策中的每一个原则。例如，在一项研究中，当每种原则被运用到商场销售代表的工作中后，服装零售的销量就有了显著的提高（Cody, Seiter, & Montagne-Miller, 1995）。

稀缺价值。商人们发现让商品看上去稀缺能增加其感知价值。

① 西奥迪尼将这六大原则写成了《影响力》一书，这本书的被引用率高居当今社会心理学之冠。30年后，西奥迪尼又在《先发影响力》中提出了影响力的第七大原则。以上两本书的中文简体字版均由湛庐文化策划、北京联合出版公司出版。——编者注

6.1.3　服从：米尔格拉姆的电击程序

1983 年 7 月，麦迪逊花园广场，2 075 对统一着装的男女在文鲜明的安排下举行了婚礼。大多数新郎和新娘都是陌生人。那么，为什么要和一个陌生人结婚呢？因为在这个事件中，文鲜明选中了他们并指令他们结婚。当我们意识到文鲜明的追随者将他视为世上最伟大的精神领袖时，就不难理解他们为什么会服从如此特殊的命令了。然而，对我们绝大多数人来说，有效的命令不可能来自这么一个人，而是来自于一些不那么专断的权威人物，比如政治领袖、军事长官、警察、高中校长、商店经理或父母，这些权威人物的命令在日常生活中会产生服从。社会心理学家斯坦利·米尔格拉姆想知道由权威导致的服从对人的影响力究竟有多大。如果一位你此前从未谋面的研究者要求你对一个无辜个体施加痛苦且可能采用电击致死对方，你是否会服从他的命令呢？如果答案是“是”的话，那么，当被电击者说什么时你才会停止服从命令呢？

在几十年前一个著名的系列实验中（见第 1 章），米尔格拉姆（1974）在当地报纸上发布了一则广告。这则广告是为耶鲁大学的一项“记忆实验”招募被试的。假设这个实验在今天进行，而且你已经答应参加此实验。下面是你遇到的情况：一到实验室，你就认识了另一名被试（其实是实验者助手）。你被告知研究是为了考察惩罚对记忆的影响，你在实验中扮演教师，另一名被试扮演学生。你的职责之一是对“学生”施加一系列的电击。此时，“学生”表示自己有心脏病并担心接受电击会造成危险。实验者告诉他，虽然会感到痛苦，但电击不会对人体组织造成长久危害。

接着，实验者把你们带到隔壁的房间里，神色紧张的“学生”被捆绑在一个恐怖的电击椅上。之后，你又被带到另一个实验室中，你看到电击器上标有不同的电击电压，从 15 伏到 450 伏。每四个电压为一组，上面标有渐进的恐怖标签，从“轻度电击”到“中度电击”、“强电击”、“较强电击”、“强烈电击”、“极强电击”直到“危险：严重电击”。最后一组电压（435 伏、450 伏）的强度极大，大到甚至无法用语言描述的程度，所以它们只能用标签“XXX”来表示。

在实验正式开始之前，为了让你对“学生”将经历什么有个概念，你先要接受一次让人感觉不适的 45 伏样例电击。之后，“学生”在记忆任务中每出一次错，你都被要求对他实施一次电击，而且每犯一次错电击的电压要升一级。实验者助手在每次出错并接受到惩罚性的电击后，都会发出痛苦的叫喊，叫喊声一次比一次声嘶力竭。一开始，他仅仅是“啊”地叫一声；当达到 120 伏时，他大喊“痛死啦”；当达到 150 伏时，他哀求放了他。

到此为止吧！让我出去。我告诉过你我心脏不好。我的心脏开始受不了啦。求求你放了我吧，我的心脏真的要受不了啦。我不要继续啦。让我出去！

主要仪器。米尔格拉姆的被试通过按压这个令人毛骨悚然的仪器上的按钮来施加电击。

此时，你会继续还是停止？如果你试图停止的话，实验者会鼓动你“请继续”。如果你不服从的话，实验者会坚持说“这个实验要求你继续”。如果你还是坚持不服从的话，他会说“你必须继续”。最后，他会命令你：“你别无选择，必须继续。”

如果你服从命令并继续给予电击，“学生”则会更拼命地发出痛苦的恳求。最后，他不断地重复恳求并惨叫：

让我出去，让我出去。我的心脏受不了啦。让我出去，我告诉你，让我出去，让我出去。你无权把我绑在这里。让我出去！让我出去！让我离开这里！让我出去！让我出去！

如果这还不足以让你说服自己反抗实验者命令的话，情况则将风云突变。当你实施下一次电击时，“学生”所在的房间没有传来任何声音。如果此时你要求实验者去看看“学生”是否还好，他不但拒绝了你，还说：“他答错了，不用理他，继续施加更强的电击。”当实施最后八个电击时（“危险”类和“XXX”类），曾经惨叫连连的“学生”却死一般地沉寂。

你和其他像你一样的被试究竟有多大可能服从命令并一直施加电击直到 450 伏呢？在发表这一研究前，米尔格拉姆把实验程序告诉一个顶级医学院的 40 名精神科医生，并让他们预测结果。他们猜测一旦“学生”停止回答，不到 4% 的被试会选择继续，而只有 0.01% 的被试会一直坚持到最后。可悲的是，这些精神科医生大大低估了服从权威的巨大影响力。当“学生”停止回答后，有 75% 的被试选择了继续。更引人瞩目的是，65% 的被试坚持到了最后，他们无视一个无辜受害者不断重复的喊叫并忍受了随后不祥的寂静，仅仅是因为实验中“老板”的命令（见图 6-3）。另外，近些年，当研究者重复米尔格拉姆的程序时，得到了稳定的高服从结果（Blass, 1999; Burger, 2009）。

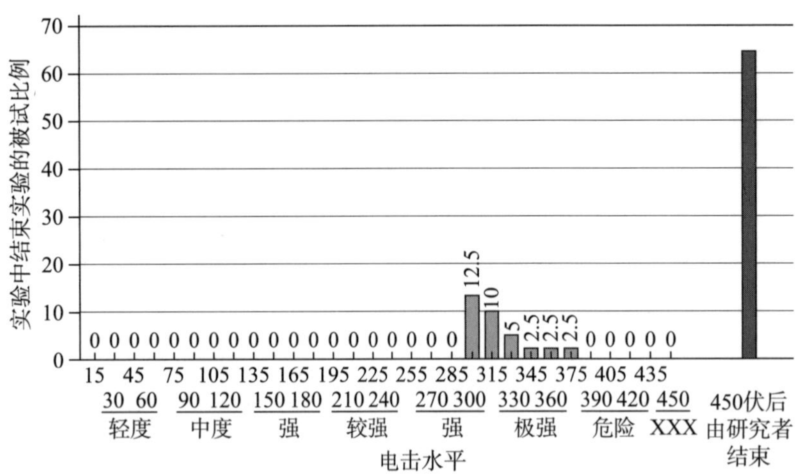

图 6-3 米尔格拉姆实验中的服从

和耶鲁大学医学院精神科医生们的预测恰恰相反，大多数被试（65%）服从了研究者的命令，对一个无辜的被试同伴实施了每种强度的电击直到 450 伏。

资料来源：Based on data from Milgram (1963).

之后，米尔格拉姆进行了更为细致的后续系列实验。在一个实验中，他考察了之前的实验结果在多大程度上是因为实验地点——耶鲁大学在科学上的可信度所导致的。他在康涅狄格州布里奇波特市的一个萧条地区租了一间办公室，并在那里重复了之前的实验程序。令人惊奇的是，在这一值得怀疑的情境下，仍有很大比例的被试（48%）服从了实验者的命令，这说明他的研究结果并不仅仅发生在大学权威人物实施命令时。但是，我们怎么知道是权威人物的影响力而不是其他因素（比如释放被压抑的攻击渴望）导致了米尔格拉姆的被试做出如此残酷的行为呢？

小调查

在米尔格拉姆实验之后，有人以道德原因批评他，说他不该让被试承受认为自己正在伤害“学生”的压力。还有人为米尔格拉姆辩护说，研究结果的价值远远大于这种痛苦。对于这一争论，你持何种观点？

支持服从权威人物这一解释的证据是强有力的。首先，很明显的一点是，如果没有研究者要求继续的命令，被试会很快结束实验。他们憎恶自己的行为，也因被试的痛苦而感到焦虑万分。他们恳求研究者让他们停止。当研究者拒绝后，他们又开始，但在继续的过程中，他们哆嗦、出汗、颤抖、结结巴巴地抗议，并再次请求放了被害者。除了这些观察外，米尔格拉姆为这一服从权威人物的解释提供了更有说服力的证据。例如，在之后的一项实验中，他让实验者和被害者交换台词，也就是实验者让“教师”停止对受害者的电击，但受害者勇敢地坚持让“教师”继续。结果再清晰不过了，当另一名“被试”施加命令时，所有的被试都拒绝了继续施加电击。如果是因为被试释放攻击能量的动机而不是服从权威的话，这些结果就解释不通。

像米尔格拉姆实验所揭示的那样，大多数人会在研究人员的要求下，对一名心脏病患者施加痛苦的电击，但这些研究者并无实际权威。那么在与个人关系更为密切的权威人物的命令下，士兵屠杀无辜百姓、邪教成员自杀就变得不令人惊讶了。近年来的研究考察了组织中令人烦恼且不道德的服从（Darley, 2001）。例如，经权威人物要求后，人事经理会歧视某一种族的群体（Brief, Buttram, & Dukerich, 2001）。但是，人们为什么要服从呢？服从和其他形式的社会影响的目的又是什么呢？

6.1.4 社会影响的目的

可以发现，从众、顺从、服从都不是主动影响他人而是指被他人影响。要理解人类动机，屈服问题（被他人影响）要比支配问题（影响他人）显得更有趣且更有意义。文鲜明派领导想得到史蒂夫·哈桑的从众、顺从、服从，甚至想让他把所有的钱财、时间和精力都交付给他们，他们自利性的理由是显而易见的。总的来说，不难想象为何人们希望影响他人并让他们按自己的吩咐去做。更有意思的是为什么人们甘愿被影响？这也就是我们提出的问题。就像在第 5 章中所强调的个体改变他们态度和信念的目的一样，本章中我们也要强调个体选择从众、顺从和服从的原因。我们即将看到，人们屈服于社会影响是为了达到三个基本目的中的一个或几个：正确选择、赢得社会认可和管理自我形象。

6.2　正确选择：向准确屈服

罗伯特·怀特（Robert W White）（1959）认为，我们都有胜任的动机、有掌控环境的动机，所以我们不停地获取渴望的回报和资源。当然，为了做得更好，我们必须要正确选择：从众多备选项目中选出最可能带来回报和资源的选项。正因如此，影响实施专家永远试图说服我们，让我们觉得选择他们的产品或服务就意味着做了一笔“成功的交易”。在这种情况下，最为关键的是要知道到什么时候这笔交易真的是成功的。

我们如何事先知道选择某个牌子的牙膏或某一候选人是明智且有效的呢？通常来说，两条有效的原则会让我们向正确的方向前进，它们是：权威人物和社会确认。

6.2.1　权威人物

有关权威人物的影响力，最引人瞩目的研究证据来自于米尔格拉姆的服从实验。但是服从权威人物的倾向不仅仅表现在米尔格拉姆所创设的实验室情境中（Blass, 1991; Miller, Collins, & Brief, 1995）。另外，服从行为可能是普通的，也可能是夸张的。所谓的普通行为，可能是在说话的语调等常见方面遵从权威人物。沟通研究者考察了对话中会发生什么，他们发现人们会改变自己的声音和说话风格，使其与权威人物或权力个体更相近（Pittam, 1994）。有一个研究通过系统分析电视节目“拉里·金现场秀”中的对话来探究这一现象。当拉里采访社会认知度高的嘉宾（比如美国前总统）时，他的说话风格会变得与嘉宾的风格更相像。但是，当拉里采访社会知名度低的嘉宾（比如独立电影导演）时，他的风格不会变，而嘉宾们会让自己的说话风格变得与拉里的更接近（Gregory & Webster, 1996）。

正如米尔格拉姆研究结果所揭示的那样，**在一些比改变语调更夸张的情境中，人们也会跟随权威人物的领导。**例如，想一下在飞行行业中“机长症候群”的灾难性后果（Frushee, 1984）。美国联邦航空管理局的事故调查人员已意识到机组成员通常不会纠正机长的错误，即使这些错误是显而易见的，而这往往会导致事故。似乎是因为机长的权威地位，所以机组成员或忽视了机长所犯的错误或未能挑战错误。他们似乎认为，既然机长说了，那就一定是对的。

可见，权威人物对人类行为有强大的影响力。根据这一解释，我们能更好地理解统一教会成员史蒂夫·哈桑的行为。对全身心投入的统一教会成员来说，文鲜明是世上最明智的人，中层领导被看作是实现文鲜明愿望的中间人。不服从任何一个中层领导的命令就是不服从终极权威。其实，当人类学家格里安·贾兰提（Geri-Ann Galanti）（1993）秘密“潜入”文鲜明教的周末招募会时，她就发现群体权力结构从招募初始阶段就开始逐步渗透。

我们不断地被当成孩子而不是成人。因为演讲者拥有知识，所以呈现出一副具有权威地位的架势。在我们学习完所有内容前，我们必须保持孩子或学生的状态，不能提出任何异议（p. 91）。

机长症候群的灾难性后果。在客机坠入美国华盛顿国家机场附近的波托马克河的几分钟前，驾驶员和副驾驶员交流了异常警报，决定在机翼带冰的情况下起飞。他们的对话被飞机“黑箱”记录了下来。

副驾驶员：趁还没有起飞检查一下机翼上的冰吧。
机长：来不及了。一分钟内就要起飞。
副驾驶员：（做起飞前的器械操作。）这不对吧，是不是？哦，这可不对。
机长：对的，没有错。
副驾驶员：嗯，也许没错。（传来飞机升空失败的声响。）
副驾驶员：赖瑞，我们在下降！
机长：我知道。（飞机坠毁，机长、副驾驶员和其他 76 名乘客死亡。）

很显然，**权威人物对他人的选择和行动具有潜在影响。**为什么权威人物的影响力如此之大呢？周末招募会上，领导们的教师角色为回答这一问题提供了线索。

回想一下，在你上学的整个过程中，当英语老师修改了你的写作风格后，你在写下一篇文章时可能就会考虑他的意见。这是毫无疑问的现象，其背后有许多理由：首先，和许多权威人物一样，老师对你有控制权。他们能影响你在班中的成绩、在学校里的排名以及你毕业后获得好职位的机会等。仅仅是这些理由就足以让你觉得有必要遵从老师们的指导。然而，还有另一个原因。和很多权威人物一样，老师是这一学科的专家，如果他认为你写的某句话不优美，你可能就会相信他，为了使文章生色，你很可能会修改这句话。总之，像我们在第5章中学到的那样，采纳权威人物的意见能帮助我们快速正确地做出选择。尽管某些权威人物会迫使我们服从，但如果权威人物没有奖励或惩罚的权力，仅仅拥有**专家权力（expert power）**（来自身边某事上被承认的胜任力）（French & Raven, 1959; Kozlowski & Schwartzwald, 2001）的话，他们还会产生效果吗？这一问题显得更为有趣。

权威人物是专家 权威人物的专家权力会对顺从产生强大的影响，这是因为它能增强我们追求正确选择的强烈动机。米尔格拉姆（1965, p. 74）认为，被试的服从不仅仅出于公开压力，还"因为（他们）不加批评地接受了实验者对情境的定义"。当权威人物被假定知道得最多时，听从他们领导就变成一件有意义的事。这也能解释为什么教育程度低的个体对权威人物更加服从（Hamilton, Sanders, & Mckearney, 1995; Milgram, 1974），原因是他们更可能认为权威人物比他们知道得多。

由于大多数情况下听从专家指导都是明智的，而权威人物又通常是专家，所以我们把听从权威人物当作是决策的启发者。假设听从一位无所不知的权威人物是决策的高效途径（因为我们无须自己去努力思考问题），那么若要做出正确的选择，我们只需接受权威人物的建议。但是，对权威不假思索地依赖也可能是危险的。这一便捷方法可能致使我们响应的是权威的符号而非权威的实质（Bushman, 1984）。

一项由一队医生和护士完成的研究显示，在医学领域，仅仅是"医生"这个符号就会产生巨大的影响。医院护士们接到一个从未谋面的男士打来的电话，此人自称是她们所在楼层某一病人的医生。接着，他要求护士们把最大可接受计量两倍的药物送给那位病人。结果有95%的护士选择了服从，在拿着不安全剂量的药物去病房的路上时，她们被制止了（Hofling, Brotzman, Dalrymple, Graves, & Pierce, 1966）。一个后续研究要求护士回想自己的经历，是否曾经服从过医生错误的命令或对病人有潜在危害的要求。那些承认发生过这种事情的护士（46%）将原因归咎为自己相信在这件事上医生是专家、是权威人物。权威人物的这两个特点也导致了米尔格拉姆研究中的服从（Blass, 1999; Krackow & Blass, 1995）。这类服从权威符号的事件屡见不鲜。弗吉尼亚州某医院中，一名17岁的护士接到一个自称是医生的人（其实不是）的电话后，信以为真，对六名患者执行了12项治疗（Teenager, 2000）。

也要文身？在社会确认过程中，如果人们喜欢你并认为文身是对的，那它一定就是对的。

权威人物是影响的代理人 影响实施专家们试图通过标榜自己的经验、专长或科学承认度来利用权威的力量，这一点并不令人惊讶。当这些声明是真的时，它们无可厚非，因为我们总想知道在某一领域中谁是权威谁不是，这能帮助我们做出正确的选择。但当这类声明是虚假的时，问题就随之而来（Rampton & Stauber, 2001）。当面对权威符号时，我们通常不会仔细思考，所以会因虚假权威（根本不是权威，仅仅表现出权威的光环）而误入歧途（Sagarin er al., 2002）。例如，如果接到身着保安制服或消防制服的人的指令，人们更愿意做很多不同寻常的行为（在街上捡起纸袋、站在车站站牌的另一侧、把钱投到别人的停车计时收费器里），另外，他们也更可能不加质疑地行动（Bickman, 1974; Bushman, 1984）。

总而言之，权威人物是社会影响的可怕来源。其中一个原因是他们通常是专家。因此，遵从他们的指示为我们正确选择提供了一条捷径。然而，**如果我们太过遵从权威人物的指示或建议的话，我们也冒着做出愚蠢行为或不道德行为的风险**。现在，让我们转入人们用来帮助其达到正确选择目的的第二个主要原则：社会确认。

6.2.2 社会确认

就像采纳权威人物的建议一样，跟随大多数同伴通常也是一条做出好决策的捷径（Sorowiecki, 2004）。如果所有朋友都对某家饭店大加赞赏的话，那么你也很可能会喜欢它。因此，我们经常通过考察别人，特别是和自己相似的人在某情境下会做什么而决定自己应该做什么（Baron er al., 1996）。我们用他人的行为来进行**社会确认（social validation）**，即通过人际互动来寻找并确认正确的选择（Festinger, 1954）。

因为正确选择的渴望会产生强烈作用，所以从众的倾向十分强大而且普遍存在。研究表明，基于同伴们如何行为，旁观者决定是否要帮助突发事件受害者（Latané& Darley, 1970）、少年犯决定是否要认罪（Kahan, 1997）、配偶决定是否要隐瞒性行为（Buunk & Baker, 1955）、房主决定是否要回收废品(Schultz, 1999)。在房主决定是否要回收废品的研究中，洛杉矶郊区的居民收到一份资料，上面描述了许多邻居的日常废品回收行为。这一资料立刻导致了居民废品回收量的增加。另外，一个月后，他们比以往的回收量更大。然而，对于那些仅仅收到回收请求而不是其他居民日常回收行为信息的居民，他们的废品回收量却没有提高。

每当影响实施专家找到一条人们用于达到其目的的心理学原则时，他们一定会亲自使用它来达到他们自己的目的。我们已经发现权威人物原则就是这样，当然，社会确认原则也一定是这样。销售和市场专业人员特别重视告诉我们某一产品在市场上“销量最大”或“增长最快”。电视广告描绘出群众涌入商场把货架上的商品一抢而空的画面。想一下 350 年前西班牙人巴勒达·扎伽西亚（Balthazar Garcian）（1649/1945）给商品或服务销售商的建议：“内部价值并不足以使商品销售出去，因为并不是所有人都会深入仔细地研究商品。大多数人会去人头攒动的地方买东西，因为其他人也去那儿买。”这种别人去哪儿自己就去哪儿的倾向影响的不仅是商品的销售。事实上，它也导致了人类历史上有记录的一些怪诞的行为。在“联结：适应与障碍”中，我们考察了一种行为：传染性幻想。

联结：适应与障碍

传染性幻想及其解决方法

贯穿历史，人们遭遇了意想不到的集体幻想：不合逻辑的寻欢作乐、各种躁狂和恐惧。在查尔斯·麦凯（Charles MacKay）的《群体性癫狂》的经典课文中，他罗列了上百件在该书 1841 年出版之前发生的事件。值得注意的是，许多事件都有一个富有教义的特征：传染性。通常来说，它们起源于单一个体或群体，之后迅速席卷整个人类。行动蔓延到观察者身上，他们继而行动，由此向其他观察者确认了行为的正确性，其他观察者也转而行动。

例如，1761 年，在相隔一个月间，伦敦经历了两次中等程度的地震。一名叫贝尔的士兵相信一个月后将会发生第三次强度更大的地震，于是他开始散播他的预测：城市将于 4 月 5 日毁灭。一开始，几乎没人理睬他，但是有人采取预防措施，比如把家人和财产转移到周边地区。这些小规模的搬迁激发了一周后其他人的随从，而这又导致了周围人的恐慌和大规模的撤离行动。大量的伦敦人涌入周边的村庄，无论住宿条件优劣，他们都愿支付大量金钱。在这群人中也包括了那些一周前还嘲笑这个预言的人。当看到其他人都这么做时，他们也开始将物品打包并匆忙撤离（MacKay, 1981/1932, p. 260）。

而当那天到来时，根本没发生地震，就连轻微的地震也没有，时间平稳地过去了。那些逃亡者回到城市，对贝尔引导他们误入歧途暴怒不已。然而，正如麦凯指出的那样，他们的愤怒指错了方向。愤怒不该指向具有说服力的怪人贝尔，而应指向他们自己——每个伦敦人。总之，大多数人觉得当很多人都在做某一行为时，这个行为就会变得合理。在群体幻想事例中，社会确认影响了失控的非理性行为，这些行为之所以看上去是正确的，并不是因为有支持它们的依据，而仅仅是因为其他人都如此做了。

尽管随从同伴可能会导致错误的行为，但大多数情况下却不会。绝大多数时候这种倾向让我们朝着正确的方向前进，让我们做出健康的选择。例如，很久以前我们就知道吸烟是一种传染性行为，它会在朋友、家庭成员、同事等群集中滋长。幸运的是，近年来的研究证据表明，相同的传染性同样适用于戒烟过程。研究者们发现，在音乐会上所有人都不会吸烟。当群体中的一个成员停止吸烟后，其兄弟姐妹的吸烟率会降低 25%，其同事的吸烟率会降低 34%，其朋友的吸烟率会降低 36%（Christakis & Fowler, 2008）。

那么，是什么因素导致人们在试图正确选择的过程中采纳他人的行为呢？社会心理学家发现了一些原因。接下来，我们将讨论这一情境下的两个因素：一致性和相似性。

6.2.3 一致性和相似性

当史蒂夫·哈桑是统一教会成员时，他和其他信徒在周末信徒招募会上使用了一个策略，这个策略至少增加了一些初访者再来接受培训的概率。潜在教会成员申请者和其他相似的申请者被分在同一组，他们被称作“绵羊”。那些问了太多问题或者显示出顽固个人主义的其他人被称作“山羊”。很快，“山羊”和“绵羊”被分离开，对招募心怀质疑的“山羊”因而不得与“绵羊”交流。世界上很多异教组织在招募成员时都会做相同的事情，这一特别的策略非常有效，因为它包含了两个人们想要正确选择时所依赖的因素：一致性和相似性。

一致性 还记得阿希（1956）的从众研究吗？它表明人们在线段判断时所犯下的明显错误仅仅是因为群体中的其他人已经选择了错误的选项。想象一下，在其他每个人都选了你觉得错误的答案的情境下，你的压力将有多大。当其他成员高度一致时，你可能更多地相信他们而不相信自己。为了追求正确选择，你很可能从众，因为你相信群体是正确的。另外，达成一致的成员数越多，你从众的倾向就越强（Bond & Smith, 1996; Insko, Smith, Alicke, Wade, & Taylor, 1985）（见图 6-4）。

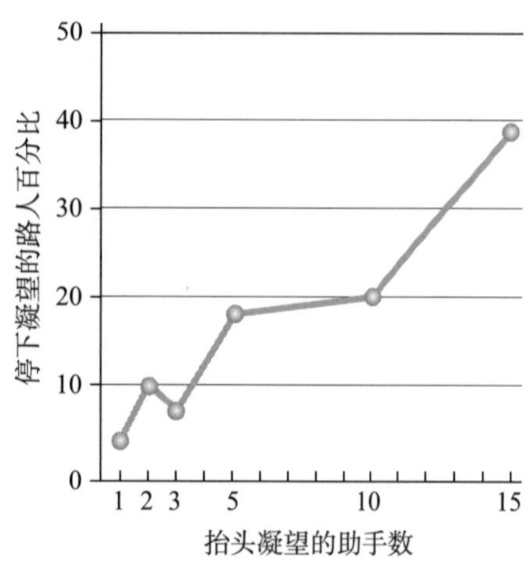

图 6-4 抬头凝望

什么会促使纽约街头的行人在一个寒冷的日子里停下脚步、矗立、凝望天空？事实上，天上并没有什么有意思或重要的东西。研究者们让助手抬头凝望 60 秒。尽管天上并无什么特别的东西，但抬头凝望的人越多，加入凝望的过路人就越多。

资料来源：Based on data from Milgram, Bickman, & Berkowitz (1969).

相反，想象一个稍有不同的情境：在你给出自己的答案之前，有人打破了群体一致性，他选了一条你认为正确的线段。现在，轮到你说出自己的答案了，你会怎样呢？和大多数人保持一致还是加入“反叛者”的队伍？最可能发生的是，你将变得不怎么同意多数人的答案。哪怕你只看见一名群体异议者，他也会增加你反抗从众的勇气（Morris & Miller, 1975）。为什么会这样呢？一个原因是异议者降低了人们认为群体拥有正确答案的信心（Levine & Allen, 1969; Gordijin, DeVries, & DeDreu, 2002），因此，人们会无视群体的选择而选择自己认为正确的答案。

因为不同意见有打破从众的力量，所以几乎所有的邪教组织都试图抑制组织成员与外部的信息交流，包括家人和朋友（Brandis, 2004）。据史蒂夫·哈桑（1990）所说，离开组织的成员（离开者）与仍待在组织里的成员之间的区别是，只有离开者能成功地与外界保持联系。但是，大部分的邪教成员都被一致的群体教育所包围，这使错误的信念看上去如同正确的一般。玛格丽特·辛格（Margaret Singer）花了一生的时间研究邪教，她经常问前邪教成员为什么会在时常充满虐待的群体中待这么久。最为典型的回答是：“我曾环顾过四周，我也曾考虑过，‘乔还在做，玛丽也还在做。一定是我的错，一定是我的错。是我还不明白。’”（Singer & Lalich, 1995, p.273）

相似性 如果人们为了让自己做出好的选择而跟随他人的话，那么按照常理，**人们会跟随和自己相似的个体而行动**（Platow er al., 2005）。假设你正考虑下学期该上哪门课，难道你不想寻找和你有相同背景、兴趣和目标的人并接受他们的建议吗？如果他们觉得某门课比另一门更好的话，那你也极有可能有相似的想法（Sul, Martin, & Wheeler, 2000）。

在很多情境下，人们都会对和自己相似的人的反应有高度敏感性。

以模仿性自杀现象为例。在媒体大量宣传自杀事件后，宣传覆盖地区的自杀率会迅速上升（Phillips, 1989）。显然，被困扰的个体效仿了其他被困扰个体的自杀行为。那有什么证据能证明自杀的增加是出于人们参照了相似他人的行为呢？在与之前宣传的自杀事件中的受害者有相同年龄和性别的人群中，模仿性自杀更为盛行（Schmidtke & Hafner, 1988）。

虽然和自己相似的人能导致我们走向黑暗的死亡道路，但他们同样能带领我们向积极的方向前行。例如，诺亚·哥德斯坦（Noah Goldstein）和其同事想知道改变宾馆房间里指示牌上的常见措辞（要求顾客保护环境）能否增加顾客重复利用毛巾的意愿。当一致性信息（“大多数曾住在这家宾馆的客人都再利用了他们的毛巾”）被添加到指示牌上，毛巾再用率提高了 19%。但是，当相似性信息（“大多数曾住在这个房间的客人都再利用了他们的毛巾”）被添加到指示牌上，毛巾再用率一跃提升了 32%（Goldstein, Cialdini, & Griskevicius, 2008）。

总之，当他人相互一致并与我们相似时，我们更可能使自己的行为与其相一致。一致性和相似性这两个因素能激发从众，因为它们给了我们信心，相信他人的选择也能代表自己的正确选择。

小调查

假设两名慈善志愿者来到你家门口，在请求你为他们的事捐款前，他们给你看了一张长长的清单，上面罗列着已经捐过款的邻居姓名。他们是如何用一致性和相似性来影响你的决策的呢？

6.2.4　不确定性

当人们不相信自己的判断时，他们会寻找他人的判断来确认怎样的选择是正确的（Wooten & Reed, 1998）。这种自我怀疑发生在模糊情境中，正如土耳其的社会心理学家穆扎弗·谢里夫（Muzafer Sherif）（1936）做的一系列经典实验中所体现的那样。谢里夫把一个光点投射到一间黑暗房间的墙上，并要求被试估计他们看到光点移动了多少距离。事实上，光点根本就没有移动，但是由于一种叫作游动效应的光学错觉，光点看上去一直在移动，尽管对不同的被试来说移动的距离有所不同。当被试在群体中宣布他们所判断的移动距离时，他们的估计在很大程度上受其他群体成员估计结果的影响，几乎每个人都改变了自己的估计，使其更接近群体估计的平均值。谢里夫总结，**当没有客观的正确答案时，人们可能会怀疑自己，因此他们极有可能假定“群体一定是对的”**（p. 111）。很多研究支持了他的结论（Bond & Smith, 1996; Zitek & Hebl, 2007）。

如果对某一情境缺乏熟悉度的话，不确定性也会产生。在这种情境下，人们极有可能跟随情境中的其他人。曾经有个普通人，他充分领悟了这一原则，从而成为一名千万富翁。他的名字叫席尔文·戈德曼（Sylvan Goldman）。1934 年，在拥有几个小杂货店后，他发现顾客们一旦觉得手提购物篮过重就会放弃购物。这激发他发明了购物手推车，其最早的形式是一个装配有轮子和厚实金属篮的折叠式椅子。这一奇异的装置对人们来说是如此陌生，以至于一开始没有顾客愿意使用它。尽管后来席尔文将远超于需求的大量购物手推车放在店里的显眼位置，但仍没人使用它。当席尔文大受挫折并准备放弃时，他试图再使用一个策略来降低顾客们的不确定性：他雇用了一些人。假扮顾客，让他们手推购物车在商店里“招摇过市”。这一策略建立在社会确认理论之上。结果，那些真正的顾客纷纷效仿，他的发明也很快席卷了全美国。当他去世时，他已十分富有，拥有超过 4 亿美元的遗产（Dauten, 2004）。

当任务难以解决时，人们也会对自己感到不确信。因此，当韦恩州立大学的研究者给学生们从众机会时（使自己的数学题答案和大多数人的答案保持一致），他们发现，获取最高从众率的是那些最难的题目（Lucas, Alexander, Firestone, & Baltes, 2006）。在很多邪教组织中，想知道在特定时刻中应该相信什么也是一个难以解决的问题，因为答案要基于领导们不断变化的模糊观点。另外，邪教组织常常通过例如耗竭或睡眠剥夺等能导致精神错乱的策略来增加其成员的迷茫感（Baron, 2000）。就像史蒂夫·哈桑所写的那样，“在这样一个环境下，大多数人都有怀疑自己、服从群体的倾向”（p. 68）。

当人们不确定自己是否能掌握事实时，他们更可能会服从权威人物。在炮兵部队作战的现场研究中，研究者发现，那些得到充分休整的队伍通常会拒绝向医院或其他民用目标开火，而经历 36 小时无睡眠后，他们会不加质疑地服从向任何目标开火的命令（Schulte, 1998）。

既然人们从众是为了正确选择，这一点已经很明了，难道你还不认同人们越追求正确就越可能和他人保持一致这一观点吗？如果你的确认同的话，那你就对了。但是某些情况下，你也可能是错的，那是因为不确定性会与个人对正确的渴望起交互作用，而且不确定性能改变任何事物。

为了考察不确定和对正确的渴望是如何相互影响的，罗伯特·拜伦（Robert S. Baron）、约瑟夫·凡德罗（Joseph Vandello）和贝塔尼·布隆斯曼（Bethany Brunsman）（1996）创造了一个阿希线段判断程序的变式。艾奥瓦大学的本科生不是被要求选择正确的线段长度，而是要在一群候选人中选出正确的犯罪嫌疑人。首先，他们看一个犯罪嫌疑人的照片。然后，他们又会看到四个候选人的照片，其中一个是他们之前看到过的嫌疑人。这一程序重复 13 次，每次所用的照片都不同。为了使一组学生觉得正确性非常重要，研究者承诺谁答对的次数最多，他就将得到 20 美元的奖励。但是，对有些学生，程序变得更难：照片在屏幕上快速闪现（每张照片仅呈现半秒）以至于他们无法对自己的判断有十足的把握。另一些学生则不会遇到不确定性，因为每张照片呈现给他们的时间只有五秒。

在七个独立的情况下，当学生们听到其他人不约而同地从候选人中选了错误的嫌疑人时，他们会如何选择呢？他们会从众还是坚持自己的判断呢？这取决于他们对自己的判断的确信度以及任务准确性对他们的重要性。当准确性很重要时，那些对自己判断不确信的学生更可能从众，而那些对自己的判断很有信心的学生则不太会从众（见图6-5）。尽管确定和不确定的学生会有不同的表现，但其行为的动机都源自一个相同的目标：正确选择。这两种人之间关键的差异是：他们认为正确选择的最佳途径是依靠自己还是依靠别人。只有当我们对自己的判断不确定时，想要正确的动机才会推动我们去从众。

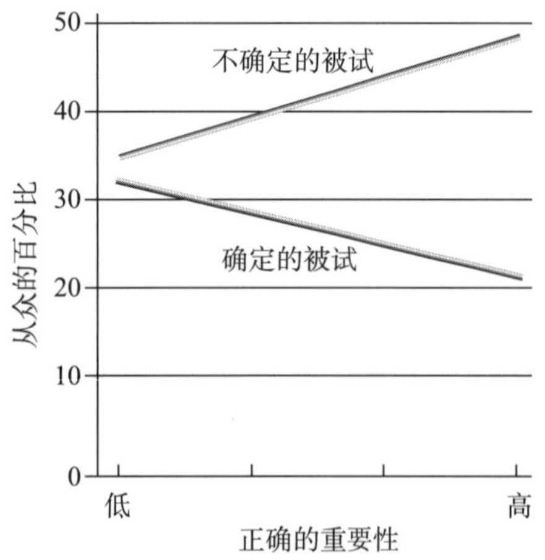

图 6-5　从众与不确定性

在面孔识别任务中，对自己的判断不确定的被试会在正确性对自己非常重要时更多地顺应大多数人一致的判断。然而，那些确信自己的判断正确的被试在正确性对自己非常重要时会更少地从众。因此，只有对自己不确定的个体才会将从众作为判断正确的最佳途径。

资料来源：Adapted from Baron, Vandello, & Brunsman (1996).

6.3　赢得社会认可：向被喜欢屈服

几乎每个人都渴望正确，但这并不容易，因为正确有两个不同的甚至是有时相反的含义。我们已经在本章强调了正确的一个含义：精确。我们也了解了人们为了精确会甘愿被影响。但是，正确的第二个含义：社会恰当或社会赞许，也能导致人们易受影响（Insko, Drenan, Solomon, Smith, & Wade, 1983）。例如，在网络游戏中被忽视或被排斥后，被试（来自 14 个不同国家）在后续任务中会更多地顺从群体观点（Williams, Cheung, & Choi, 2000）。因此，通常来说，人们改变自己的目的在于更大程度地被所在群体或文化接受，换句话说，就是追求归属（Baumeister & Leary, 1995; Williams, 2007）。

欧文·珍妮丝（Irving Janis）（1997）描述了一群“烟民”去诊所治疗时发生的事情。我们以此为例。在这个群体的第二次会议上，几乎每个人都认为因为烟草能使人上瘾，所以没有人能彻底戒烟。但是有一个人对群体意见提出质疑，他声称自从上周加入群体后自己已经彻底戒除了烟瘾，相信其他人也能彻底戒除。结果，其他群体成员联合起来反对他，并满怀愤怒地对他的观点进行了一系列的攻击。在随后的会议上，那个质疑者宣布：“经过仔细的思考，我做出了一个重要决定，我已经回到每天抽两包烟的状态了，自从上次会议后，我也不想再为戒烟做任何努力了（p. 334）。”其他群体成员立即欢迎他返回群体，并为他的决定大为鼓掌。

这一案例的描述印证了一句古话：“顺从者更合群。”在一套经典实验中，斯坦利·斯坎特（Stanley Schachter）（1951）观察了群体如何给那些偏离群体一致性的成员施加巨大的压力。在刚成立的讨论小组中，斯坎特“植入”一名男性助手，他坚持一个和其他成员都不同的意见。这个群体的反应沿着典型的三步顺序发展。首先，其他成员对这一不同的观点给出了很多评价，并进行了热烈的争论；其次，当助手依旧不和群体思想保持一致时，其他成员开始忽视并蔑视他；最后，群体从激烈攻击转向冷落他，当他依旧坚持自己的观点时，他被剥夺了投票权并被逐出群体。

然而斯坎特发现，如果不同意见者承认其错误并接受群体意见的话，群体会对他喜爱有加。在一些讨论小组中，助手被安排成扮演“墙头草”的角色。他要一开始不同意群体意见，但慢慢地屈服于群体压力。群体会怎样对待“墙头草”呢？他一开始也受到了很多评论，旨在转变其观点使之与群体意见相一致。但是，由于他屈服了，他从未经历其他不屈之人所遭受的蔑视和拒绝。事实上，“墙头草”像其他成员一样被群体彻底地欣然接纳了。可见，群体不同意见者不可原谅的罪过并不在于有不同意见，而在于坚持不同意见。因此，许多不同意见者为了被接受、避免拒绝而转变自己的观点使其和群体保持一致。

促进社会接纳和避免社会拒绝这两种相似的目的能帮助我们解释为什么邪教组织在招募和挽留成员方面会如此有效。一开始邪教组织会让潜在成员感觉自己沉浸在欢喜中，这种“爱的轰炸”是邪教组织招募宣讲中的典型做法，也导致了这些群体能成功地吸引新成员，尤其是那些感到孤独或无社会联系的个体。之后，成员担心这种爱会消失，这使他们愿意留在群体中，因为当切断与外界的联系后（这是邪教组织一直催促成员做的事），成员就不能寻求被社会接纳的其他地方了。

6.3.1　社会规范：行为的法规

人们怎么知道哪些行为会导致社会接纳呢？群体或文化的社会规范会传递这种信息。西奥迪尼、格林（Kallgren）和雷诺（Reno）（1991）区分了两种社会规范：**示范性规范**（**descriptive norm**），它用于定义在某种情形下的通常做法；**禁止性规范**（**injuctive norm**），它用于定义通常被认可或不被认可的做法（见第 2 章）。尽管很多情况下“通常的做法”和“通常被认可的做法”是一样的，但并不一定所有情况下都是这样。例如，节日中绝大部分的消费者可能会路过捐款箱但不捐款，但这部分人仍可能赞成捐款这一行为本身。

示范性规范告诉人们对他们来说怎样的做法可能是有效的。因此，这些规范与我们在本章中讨论到的第一个目的“正确（精确）选择”有关。做大多数人在这一情境中所做的事情通常是正确的。反之，禁止性规范告诉人们对他人来说什么更可能被接受。这些规范与社会影响的第二个目的“社会认可”有关（Crandall, Eshleman, & O'Brien, 2002）。如果你想提高在群体中被赞许和需求的程度，那么建议你最好能格外注意禁止性规范。

互惠规范是一种特殊的禁止性规范，因其对社会关系的有利影响而著名。它能生成社会影响的潜在形式。据社会学家阿尔文·古德纳（Alvin Gouldner）（1966）所说，人类社会都会遵守**互惠规范**（**norm of riciprocity**），它要求我们以别人给我们的行为方式回报他人。

互惠规范创造了社会生活中最大的好处之一。如果今天你帮了我，那么你就有权期待明天我将帮你（Pilluta, Malhotra, & Murnighan, 2003）。**这种交易性的帮助让我们得以完成一些个人无法完成的任务**（比如搬运很重的碗橱），同时使我们渡过难关（当我没钱时帮我买午餐，当我有钱了我也会帮你买午餐）。通过义务性地回报礼物、帮助或服务，人们能在不断发展的关系中与他人保持联系。将来会得到的义务能很好地体现在一个用作感谢的日语词中——sumimasen，其字面意思是“不会结束”。一个只索取无回报、违反此规范的人会遭到社会的不认可，并冒着被他人抛弃的危险（Cotterell, Eisenberger, & Speicher, 1992; Melseshko & Alden, 1993）。只索取无回报会让大多数人都觉得不舒服，因为他们不愿被他人贴上“索取者”或“敲诈者”的标签。

互惠帮助　互惠规范通常被影响实施专家利用，他们常常在要求我们顺从其要求前先给我们一些东西。商人就经常采用此手段：听一次销售宣传，他们会赠送“免费礼物”；在健身中心，他们会提供“免费健身服务”；在各种景点，他们会推出“周末免费游”；在家中，他们会提出“免费检查”……这些技术在获取人们购买其产品或服务方面通常是十分有效的，如果没有礼物带来的强大社会压力，人们可能就不会购买这些东西（Gruner, 1996; Regan, 1971）。仅仅通过赠送用餐者一块糖果，服务员得到的小费就会明显变多（Lynn & McCall, 1998; Strohmetz et al., 2002）。

车轮交易。拼车是互惠规范的一个例子。每个人都能免费乘一次车，这样下一次他们就会觉得有义务回报这次所享受的恩惠。

咖啡贿赂。商家常常通过分发少量的食物或饮料来刺激购买。

互惠让步　礼物、帮助和服务并不是互惠原则仅有的举措，这一原则还包括在协商中人们彼此做出的让步。当对方做出让步后，大多数人觉得作为回报自己也有让步的义务。有一种顺从策略就利用了这种“让步的义务”，它叫作互惠让步或**留面子技术**（**door-in-the-face technique**）

（Cialdini et al., 1975）。采用留面子技术的人并非像使用登门槛技术那样先提出一个较小的要求来征得同意，随后更进一步提出想得到的要求；相反，他们先提出一个很大的要求以得到说服目标的拒绝，遭拒绝后，再让步提出一个想得到的要求。通过从一个大要求让步为一个小要求，要求者似乎向说服对象进行了妥协，而说服对象出于互惠规范觉得自己也有让步的义务，从而答应变小的要求。若干年前，一个在马戏团卖票的聪明小孩对本书的一位作者使用了这一技术。

他问我是否想买五美元一张的票……我拒绝了。“那么，”他说，“如果你不想买票的话，买点大条巧克力如何？每条仅售一美元。”我买了两条，随即便意识到发生了一些值得注意的事情。我认为这事该引起关注是因为：（1）我不喜欢巧克力；（2）我爱钱；（3）我站在那里，手里拿着两条他的巧克力；（4）他走了，带走了我的两美元。（Cialdini, 2009, p. 36）

与留面子技术有关联但又有所不同的是**折扣技术**（**that's-not-all technigue**）。这两种技术之间一个重要的差异在于：在折扣技术中，说服目标在第二个要求被提出前并未拒绝第一个要求，在第一个要求提出后且在说服目标反应之前，要求者通过提供额外的物品或降低价格来“粉饰”要求。

杰里·伯格（1986）发现这种方法在校园面包促销活动中很有用。给每个纸杯蛋糕标上一美元的价格后，促销员在顾客反应前免费加送两块曲奇饼。相比一开始就给一个纸杯蛋糕和两块曲奇饼标上一美元的价格这一举动能导致更多的购买行为（40% 和 76%）。这种技术能起作用的一个原因是说服目标觉得需要对接受更好的交易进行回报。

跨文化的义务规范 尽管在所有的社会群体中，回报所受之恩的义务普遍存在（Gouldner, 1960），但其强度会有所不同。在互惠原则最严格的形式中（“你给我什么帮助，我就有义务回报你一模一样的帮助”），它包含了两个个体之间的经济交换（Clark & Mills, 1993）。因此，这种严格的形式应该在美国这样的社会中最有效，因为美国人最可能将自己定义为一个独立个体而不是群体的一部分。但是在其他文化中，人们更多地觉得自己是家庭、友谊和组织网络中的一部分，所以占主导的可能是其他义务规范。

为验证这一想法，迈克尔·莫里斯（Michael Morris）、乔尔·波多尔尼（Joel Podolny）和希拉·阿里尔（Sheira Ariel）（2001）进入一家在 195 个国家有分部的多国银行（花旗银行）。研究者们选取了四个国家进行考察：美国、中国、西班牙和德国。他们在每个国家都调查了许多家花旗支行，并测量了员工在多大程度上愿意答应同事提出的帮助请求。在四个国家中，员工答应帮忙的主要原因不尽相同，这反映出不同的义务规范方法。

“你愿意付多少钱得到宇宙中所有的秘密？等等，先别回答。你还将得到一个七升的带盖蒸锅。现在，你愿意花多少钱呢？”

资料来源：Drawing by Maslin © 1981. The New Yorker Magazine, Inc.

在美国，美国员工采用基于市场的方法来考虑顺从的义务。他们基于两个个体间的互惠交换规范而给予帮助。在决定是否要同意请求时，他们会问：“最近这个人为我做过什么？”当觉得欠要求者一个恩惠时，他们最可能觉得自己有义务答应其请求。

在中国，中国员工采用基于家庭的方法。他们基于内外群体规范而给予帮助，这一规范鼓励人们只忠诚于小群体中的成员。另外，他们尤其忠诚于自己所在的小群体中的高地位者。在决定是否要同意请求时，他们会问：“要求提出者和我所在群体的成员尤其是高地位者有关联吗？”如果答案是肯定的，那么他们会觉得有答应请求的义务。

在西班牙，西班牙员工采用基于友谊的方法。他们基于友谊规范而给予帮助，这一规范鼓励人们不管朋友的地位或身份如何，都要忠诚于自己的朋友。在决定是否要同意请求时，他们会问：“要求提出者和我的朋友有关联吗？”如果答案是“是”，他们则会觉得有义务答应要求。

在德国，德国员工采用基于系统的方法。他们基于现存的组织规范和规则而给予帮助。他们并不是觉得对特定个体或群体有义务，而是觉得有义务支持这些个体或群体所管理的系统。在决定是否要同意要求时，他们会问：“根据官方规则和分类，我应该帮助他吗？”如果答案是肯定的话，他们给予帮助的义务感便会很高。

显然，在不同国家中占主导的顺从要求的义务规范有所不同。但这并不意味着这些文化完全不同。毫无疑问，在莫里斯、波多尔尼和阿里尔研究的四种文化中，对之前援助者、内群体成员、朋友和法定系统的义务都存在。但是，正如他们研究所发现的那样，这些不同义务规范的相对强度在各种文化间有所差异。

小调查

在莫里斯、波多尔尼和阿里尔（2001）的研究基础上，你在每种文化下将如何向某个个体构建请求？

6.3.2 哪些个人因素会影响社会认可的影响力

想象一下，和朋友去吃饭前，有两种意见：吃墨西哥菜或意大利菜。而在餐厅里，就一个热点政治问题，大家又存在意见上的分歧。晚餐后，仍有不同观点出现，这一次是关于要去拥挤的酒吧喝酒还是去安静的咖啡厅进行理智的聊天。你是否拥有这么一位朋友，在每种情况下他都特别愿意顺应群体以使事情顺利进展。你还能想出另外一位朋友吗，他更倾向于反抗群体的意见，导致大家以不愉快而收场。这两个人的心理有何区别？换句话说，人们的哪些内部因素会影响“为了合群而顺从”的倾向，也就是为了被社会认可而甘愿被影响。让我们来探讨三个会影响个体是否愿意顺应群体的个人因素：认可、集体主义 / 个人主义和反抗。我们将从认可开始讨论。

认可欲望 某些人非常在意社会认可并有很强的动机想获得周围人的尊重。在一个早期有关人格和从众的研究中，研究者们在观测人们如何对错误选择（如我们之前描述的阿希线段判断实验）的社会压力进行反应前，测量了他们对社会认可的需要。如果如预期的那样，是社会认可的需要激发了人们对他人的服从，那么，那些在人格测验中社会认可需求得分高的个体更可能顺应群体（Strickland & Crowne, 1962）。另一些研究者在人们进行讨论时测定了其语调模式，结果发现了相似的效应：高社会认可需求的说话者更可能采用同伴的音强（声间的强度，常用的单位是分贝）和停顿长度（Giles & Coupland, 1991）。

把认可欲望当作一种需要，这赋予了它一些负面意义，即暗示顺应他人是由一些人格弱点造成的。然而，还有另一种解读的方法。认可欲望是宜人性这一优秀人格因素的核心体现。宜人性由许多积极特点组成，包括热情、信任和乐意帮忙。另外，宜人性也被描述为适应和顺从。人们为了避免冲突才会有顺应他人的倾向（Sul, Martin, & David）。研究人格和社会行为的心理学家指出，宜人性对我们祖先在群体中的生存有极其重要的意义（Graziano & Eisenberg, 1997; Hogan, 1993）。根据这一视角，为了宜人而屈从应该被认为是积极的、是一种宝贵的性格特点。毕竟，如果没有大量的成员从众，群体就无法高效运作（Tyler & Degoey, 1995）。

集体自我意识 之前，我们说过群体或文化的禁止性规范告诉人们哪些行为是符合社会认可的。然而，这些群体和文化下的某些个体比其他人更可能执行这些规范。那么，是什么导致人们遵守社会规范而不遵从个人偏好呢？其中的一个原因是人们对自我的定义。有些人认为自己具有个人特色或个性，他们更关注那些能将自己与他人区分开来的特点，比如“我是一个追求精神本质的人，渴望野外生活”。还有些人认为自己具有集体主义特性，他们将自己定义为从属于某一群体的人，比如“我是塞拉俱乐部的一员，积极参与校园宗教理事会活动”。戴维·特拉菲蒙（David Trafimow）和克里丝蒂娜·芬利（Krystina Finlay）（1996）发现个人主义者基于自己的个人态度而不是群体规范来做决策。相反，用群体来定义自我的人决策时则更多地思考别人怎样想而非自己如何感受。集体主义和个人主义文化差异也能导致这一效应。在阿希线段判断任务中，相比偏个人主义的西方个体，偏集体主义东方个体的从众程度更强（Bond & Smith, 1996）。

反抗 也许你已经发现，本章所涉及的几乎所有策略或程序（比如权威人物、社会确认、登门槛技术）都会导致人们屈从于社会影响。埃里克·诺斯（Eric Knowles）和其同事（Davis & Knowles, 1999; Knowles & Linn, 2003）辩论道，和这些加强影响的因素（他们称其为 α 影响）一样重要的还有导致人们反抗社会影响的因素（他们称其为 ω 影响）。因此，还有一个能获取他人同意的方法：减少 ω 影响的影响力。相对而言，这一方法并未得到充分认识。**中断 – 再构造技术（disrupt-then-reframe technique）**就是一个这样的策略。举例来说，想象一下查尔斯面临的这个问题。他是一名推销员，其工作是以非常优惠的价钱上门推销贺卡，但他被这样一个问题所困：当一个不速之客上门推销时，大多数顾客都会拒绝，因为他们认为这可能是诈骗。如果查尔斯能打破人们将其视作骗子的想法，并重构要求使其显得更有利的话，他便能降低顾客们的反抗从而增加购买行为。为了考察事情是否如此，研究者们假扮成推销员，以非常诱人的价格（三美元）上门推销一包八张的高质量贺卡。如果仅仅这么推销的话，可能只有区区35%的购买率；如果为交易增加一个有利标签（“促销中，现在仅售三美元”）的话，也无法起作用，购买率可能还是只有35%。然而，如果推销语能干扰并打破顾客最初对这件事的表面看法，并继而用更有利的措辞重构该要求（“这些贺卡卖300美分……就是三美元，是促销商品”）的话，成功率将提升至65%（Davis & Knowles, 1999）。显然，说一些意料之外的话（“这些贺卡卖300美分”）能暂时打破顾客对上门推销员的典型性反抗思维。也许，在这之中最富有教义的是，在人们对社会压力说“是”的倾向之外，还存在一种说“不”的倾向。为了能全面理解社会影响过程，我们必须考虑影响每种类型的过程。

在几乎所有人身上，各种反抗社会影响的倾向都或多或少地存在。例如，根据**抗拒理论（reactance theory）**（Brehm, 1966; Brehm & Brehm, 1981），我们都重视自由，因为它能决定如何行动，当一些事情（比如社会压力）对自由构成威胁时，我们就会做一些与我们被迫要做的相反的事情，以此来反抗威胁。例如，一个研究发现当驾驶员要去开车时，如果有另一名驾驶员在等他的车位，他开走的速度会变慢；如果那个驾驶员按喇叭要求他快点走的话，他的速度会更慢（Ruback & Jwieng, 1997）。

当然，一些人会比另一些人采取更激烈的行动来反抗他人对自由的威胁（Nail & VanLeeuvan, 1993; Nail, McDonald, & Levy, 2000）。这些反抗的个体能用一个人格量表鉴定出来，这份量表包含诸如“如果我被要求做什么的话，我经常会做相反的事情”之类的条目（Bushman & Stack, 1996; Dowd, Milne, & Wise, 1991）。研究发现，高反抗性个体更可能违背医学家或医生的建议（Dowd et al., 1988; Graybar et al., 1989）。

假设你想降低反抗的负面效应，让某人顺从你的请求，那么一个简单的方法就是在提出要求后再说一句：“当然，这由你自己决定。”在一项实验中，这样的一句申明会使乞丐乞讨成功率增加400%（Guegen & Pascual, 2000）。

6.3.3 哪些情境因素会影响社会认可的影响力

哪些社会情境特点可能会改变个人“为了合群而顺从”的动机？群体或个人的号召力是产生顺从压力的一个因素。例如，如果你在一群你不在乎的人中，你不太可能会和他们穿得相像、顺从他们的要求或者服从他们的指令。相反，如果你在一群自己喜欢或者重视的人中，你可能会更乐意接受他们的影响（Platow et al., 2005）。第二个因素是行为的可观察性。当行为能被他人所见时，人们更可能按照被社会认可的方式行动。让我们逐一讨论每个因素。

倒踩踏板。根据抗拒理论，人们想要反抗那些减少他们自由的影响企图。

他人号召力 你会仅仅因某人外表好看而选其做政治决策者吗？尽管你认为你不会这样做，**但是候选人的相貌对选举有巨大的欺骗性影响**（Budesheim & DePaola, 1994; Zebrowitz, 1994）。例如，加拿大联邦选举的投票人投给外表有魅力的候选人的票数是外表不具魅力的候选人得票的好几倍，但是他们坚持认为自己的选择不受外表这类肤浅信息的影响（Efan & Patterson, 1974, 1976）。相貌在其他领域也具有影响力。在美国心脏病协会里，美貌的筹款人筹得的捐款是其他筹款人的近两倍之多（42%和23%）（Reingen & Kernan, 1993）。史蒂夫·哈桑是在校园中所遇到的三个有魅力的年轻女性的鼓动下接受了去统一教会周末的邀请，现在看来这种接近方式也不怎么令人惊奇了。

另外，我们更容易被那些与我们有共同关联及同属一个群体的人吸引和影响，尤其是当这些相似性十分显著时（Burn, 1991; Turner, 1991）。因此，销售人员经常寻找（或编造）自己和顾客间的关联，比如“呀，你来自明尼阿波利斯市？我妻子是明尼苏达州的，我可没开玩笑啊”。这样做的筹款人也会筹到足够的善款。在一项研究中（Aune & Basil, 1994），当筹款人通过说“我也是一名学生”来表明自己与目标对象有共同的群体身份时，他筹得的善款额度会翻一番。

公众可观察性　和我们预想的一样，如果社会影响有时是基于对接纳和认可的渴望的话，那么当没他人在场时，从众就不那么常见了。如果人们能对自己的决定进行保密的话，他们就不用担心独立意见可能导致失去联系与尊重了。

切斯特·英斯科（Chester Insko）和同事（1985）通过实验证明了这一点。他们给北卡罗来纳大学的一群学生呈现一个模棱两可的问题：判断一种蓝绿色是更接近蓝色还是更接近绿色。当学生必须当众大声说出他们的判断（而不是私下把答案写在纸上）时，他们更多地顺应其他群体成员所说的答案。在评价咖啡的味道这样微不足道的事情上以及如何处理校园中种族主义者鼓吹的严肃决定中，其他研究也都发现了相似的效应（Blanchard, Lilly, & Vaughm, 1991; Cohen & Golden, 1972）。**知道别人如何思考后，人们可能会从众，尤其是当自己的反应能被群体观测时**（Campbell & Fairey, 1989）。邪教组织似乎知道当行为可被观察时从众倾向会更明显：许多这样的群体将其成员暴露于其他成员不断的监视之下。例如，1997 年集体自杀的天门教成员，他们就被要求所有的日常活动都得和一名群体中的“搭档”一同进行。

总之，人们更可能顺从有吸引力的个体的想法是因为人们更想得到这些人的认可。个人吸引力的两个重要情境来源是生理吸引力和共同的群体成员身份。由于合群的渴望越高从众倾向越强，所以，当是否从众能被他人所见时，社会影响的效应就更明显。

6.3.4　谁能足够强大以抵抗强大的群体规范

规范并不一定会让人朝着正确的方向前进。在群体中，人们的所作所为和赞许的对象也可能是不健康的。例如，在一些年轻人的小群体中，同伴规范可能支持服用酒精和吸烟等危险的行为。当这些存在潜在危害的规范足够强大时，是否存在能帮助人们抵抗规范的心理因素呢？阿伦·斯泰西（Alan Stacy）和同事（1992）研究了若干因素，这些因素可能会降低吸烟这一同伴规范对高中生造成的伤害。然而，只有一个被证明是有效的：学生坚信自己拥有抵抗同伴影响的能力。即使面对很强的群体规范，拥有这种信念的学生也更有可能经受住考验，例如，大多数学生小群体中的朋友都在吸烟且认可吸烟行为。其他研究在学生种族群体中都发现了相似的结果，这些种族包括：白人、黑人、西班牙人和亚洲人（Sussman et al., 1986）。因此，再强的群体规则也不会影响所有人。

帽子戏法。所有的影响实施专家都意识到在拥有共同群体身份的人中更可能产生顺从。

资料来源：Drawing by Levin © 1978. The New Yorker Magazine, Inc.

这些发现提供了一条降低校园中负向社会影响的途径。如果相信自己有抵抗同伴压力的能力，并确实能保护个人免受这些压力的影响，那么，对学龄儿童灌输这种信仰就能保护他们免受危险的同伴规范的影响了，真是这样吗？是。但是研究认为如何灌输这种思想对这一策略的成功与否有决定性作用。

联结：理论与应用

事与愿违

许多学校都有为学生提供抵抗训练，其目的是让学生具备相应技能，以拒绝同伴们不良习惯的影响。抵抗技能教育通常的形式是“说不”训练，学生反复操练如何阻止同班同学的负面影响。但是，这些教授抵抗技能的项目导致了一个完全意想不到的结果：接受训练的学生并未拥有更强的抵制同伴影响的能力，他们反而更可能被卷入到不良习惯中去！

事情怎么会这样呢？一个在洛杉矶和圣迭戈公立学校进行的研究为此提供了答案。它考察了一个限制青少年喝酒的初中项目。在参加了旨在加强抵抗同伴喝酒压力的多种“说不”模仿和练习后，学生们开始相信喝酒在其同学中比原先想象的要更常见（Donaldson, Graham, Piccinin, & Hansen, 1995）。在重复说“不”以及训练学生抵抗技能的过程中，这一项目也在不经意间传递了一条意外的信息：你的很多同伴都在这么做而且他们希望你这么做。因此，尽管这些学生对同伴影响的抵抗力更强，但他们这么做的动机却降低了，因为他们感知到喝酒对他们这一年龄的人来说是一种规范。

减少饮酒项目并不是唯一一个有如此事与愿违效果的项目。大学女生在参加了斯坦福大学的进食障碍项目后，比之前表现出了更多的进食障碍症状。为什么会这样呢？这一项目的主要特点是要找到同学身上不健康的饮食习惯，对参与者来说，这样做会使不健康的饮食习惯成为一种流行（Mann et al., 1997）。相似地，在新泽西一项预防青少年自杀的项目中，研究者告诉参加者青少年自杀数惊人地高。结果，参与者越发将自杀视作解决其烦恼的途径（Shaffer et al., 1991）。

总之，健康教育似乎存在一种可理解却又是错误的倾向，它将问题描述成时常发生的，结果却遗憾地引起人们对它们的注意。人们容易忽视“看看和你一样的人，他们都在做这一不健康的事情”一话中可能包含了“看看和你一样的人，他们都在做这件事”这一个简略信息，但这种信息的影响力却是强大的（见图 6-6）。

项目设计者该如何避免这种“害人害己效应”呢？健康教育者在设计项目时一定要让参与者感知到这些不希望发生的行为绝非规则，而是例外。这样，规范才不至于起反作用，其力量才能在项目中得以发挥。其实，当项目中包含抵抗技能训练，且训练向参与者表明健康行为是规范时，抵抗技能训练就不会再削弱项目的有效性，相反，还会增加其有效性（Donaldson et al., 1995）。在这些情境下，年轻人既能获得抵抗同伴不良影响的能力，又会具有如此做的欲望，因为他们认识到大多数同伴都偏好更健康的行为。结果，项目成功的可能性就会更大。

跨国产品

今年美国人将产生比
以往更多的垃圾和污染。

如果你不为此行动，
谁又会行动呢？

请呼吁。
停止污染。

美国农业部林业局

图 6-6 信息污染

为了夸大垃圾问题，这一公共服务通告的起草人在陈述其观点时，可能也陈述了一条反面信息：乱扔垃圾是美国人的所作所为。

另一个能和规范起交互作用而影响他们对群体成员行为作用的因素是成员确认其群体身份的程度（Reed et al., 2007）。如果你正在读这本书，那么你可能是一名大学生。但是并不是每一名正在修大学课程的人都用大学生来确认自己的身份。如果被问道：“你是谁？”许多大学生可能首先将自己描述为是某一宗教、家庭或种族的成员。对这些个体来说，大学生规范并不一定具有影响力，因为他们用大学生来确认自己身份的概率并不大，尽管他们也是大学生群体中的一员。

黛博拉·特里（Deborah Terry）和迈克尔·霍格（Michael Hogg）（1996）用一个以澳大利亚大学生为被试的研究为这一观点提供了有力支持。研究者让被试估计其所在大学的同伴在多大程度上认可定期运动，以此来测量他们如何看待在学校中参加定期运动的学生的规范强度。当被问道自己在即将到来的周末中定时参加运动的意愿时，只有那些完全以大学生来定义自己身份的人打算跟从群体规范。而对于那些不怎么用大学生来定义自己身份的人来说，他们的锻炼计划丝毫不受其他大学生的影响。总之，再强的社会规范也不会指导那些在心理上不认为自己具有该群体身份的人的行为。

6.4 管理自我形象：向一致性屈服

餐厅老板经常会遇到的一个问题是：顾客打电话来预订，但到就餐时间却未出现。餐桌原本可以供那些已到餐厅的顾客使用，但却白白空着，这导致了巨大的经济损失。然而，芝加哥戈登餐厅业主戈登·辛克莱（Gordon Sinclair）想出了一个非常奏效的策略。他不再要求接待员对订餐者说："如果您想改变计划的话，请打电话告诉我们一声。"相反，接待员会问："如果您改变计划的话会打电话告诉我们吗？"然后，等待对方的回应。结果，顾客未现身率从 30% 降到了 10%（Grimes, 1997）。

这一微妙的变化为什么会导致如此显著的差异呢？那是因为接待员要求并等待顾客的证实。**通过引导顾客对某一行为做出个人承诺，从而增加了他们实施这一行为的可能。**

个人承诺（personal commitment）将个人身份与地位或行动相连，使人们更可能采取行动。这是因为大多数个体对一致性有所偏好，他们强烈希望自己是实行应允和承诺的人（Kerr, Garst, Lewandowski, & Harris, 1997）。结果，就算是看上去微不足道的承诺也能导致很大的行为改变。例如，让人们回答一份有五道题的器官捐献问卷，这能提高他们成为器官捐献者的意愿（Carducci, Deuser, Bauer, Large, & Ramaekers, 1989）。

6.4.1 引发承诺的策略

因为渴望与现有行为、承诺和自我形象保持一致，所以人们常常经不住一个简单的请求策略的"诱惑"。影响实施专家经常使用的大量顺从技术的核心就是这些基本策略，它们先引发一个承诺然后提出一个与其相一致的要求。接下来，让我们来讨论几个基本策略，它们在如何获得初始承诺方面有根本性的区别。

回顾登门槛技术　我们描述过登门槛技术，它通过先取得一个相关小要求的顺从从而增加获得某一特殊请求顺从的可能。我们能从以色列研究者们的研究中一窥这一技术的效力。研究者们到当地一个公寓区，敲开一半公寓住户的房门，要求住户们在支持为智障人士建娱乐中心的申请书上签名。由于这一动机很好且要求也很小，所以几乎每个人都同意签字。另一半公寓中的住户收没有受到上门访问，当然也没对智障人士有所承诺。两周后，在全国为智障人士募捐的日子里，小区中所有的住户都收到捐款请求。在那些之前没被要求签申请书的住户中，大约只有一半的人（53%）捐了款，而两周前签了名的人几乎（92%）都捐了款（Schwartzwald, Bizman, & Raz, 1983）。

为什么同意一个小的慈善请求能导致人们也同意一个相关的大请求呢？发明登门槛技术的乔纳森·弗里德曼和斯科特·弗雷泽（1966）认为，对最初要求的顺从改变了人们的自我形象，他们开始认为自己是乐于助人、富有公益心的人。之后，为了和这种改进了的自我形象保持一致，他们就更乐意顺从其他的慈善请求。杰里·伯格和罗莎娜·瓜达诺（Rosanna Guadagno）（2003）提供证据支持了登门槛技术因改变自我概念而起作用的这一观点。他们发现这一技术只在那些自我概念清晰性得分高的被试身上起作用，自我概念清晰性反映了人们在新信息的基础上改变其自我概念的程度。因此，在同意一个小的慈善请求后，越容易改变自我概念的人越可能答应更大的慈善请求。

低球技术　使用**低球技术（low-ball technique）**的人先提供一个划算的交易来获得他人的承诺，在获得承诺后再提升执行这一交易的成本（Cialdini, Cacioppo, Bassett, & Miller, 1978; Gueguen, Pascual, & Dagot, 2002）。这一策略的有效性惊人。例如，法国的吸烟者被要求参加一项研究，并填一份简短的问卷。在确定时间并做出承诺后，他们被告知在实验开始前的 18 个小时内不能吸烟。尽管在被要求禁止吸烟后，他们仍有机会退出协议，但令人惊讶的是，85% 的被试同意即使不能吸烟也要参加研究。要知道如果在被试承诺之前就告诉他们不能吸烟的话，只有 12% 的人会同意参加实验（Joule, 1987）。

汽车销售员经常会"抛出低球"：他们以很低的价格诱惑顾客选定某辆车，他们有时还会让顾客把车开回家过一夜或让顾客去银行安排好资金问题，以此增加顾客对该车的承诺。当顾客做出选择后，销售员会在签正式协议前反悔诱人的低价格。他们可能会说"发现"价格算错了，或者说销售经理不答应这笔交易因为"以这个价格卖的话我们会亏本"。这时，许多顾客已经对那辆车有了很强的内部承诺，所以，结果他们往往会继续这笔交易。

当汽车购买者看重这辆车的因素已不复存在，为什么他们仍"奋勇前进"继续购买它呢？**当主动选择某件东西后，人们看待它的态度会变得更积极且不愿再放弃它**（Cioffi & Garner, 1996; Kahneman, Knetsch, & Thaler, 1991）。当人们觉得自己已经快拥有它时，情况更是如此，因为一旦他们心理上拥有了某件重要物品，它就变成了自我概念的一部分（Ball & Tasaki, 1992; Beggan & Allison, 1997）。因此，对于那些掉入低球陷阱的汽车购买者来说，即使他们的行为不具有良好的经济学意义，但却具有很好的心理学意义。尽管付出的金钱会增加，但那些已决定无论如何都要买下这辆车的人会说："多花几百美元买一辆我喜欢的车是值得的，因为它符合我的特点。"他们几乎意识不到并不是这些积极感觉使自己对这辆车做出承诺，相反，是他们对车的承诺（由低球技术所引发）导致了这些积极感觉。

诱饵－掉包技术 汽车销售员有时会采用一个和低球技术相似的技术叫**诱饵－掉包技术（bait-and-switch technique）**。一开始，销售商以非常低的价格为某辆车打出广告，让消费者觉得他们买得起一辆新车。于是消费者前往经销店确认交易并做出买车承诺。然而，当他们到经销店时，广告中的车型已卖完或者此款车的质量并不好，总之不具有人们向往的特点。但是，由于他们已主动承诺要从经销商那儿买一辆新车，他们就很有可能答应再多逛一会儿，在那儿买一辆更贵的车。汽车并不是唯一通过诱饵－掉包技术来销售的商品，电器和家具店也因依靠这一技术来销售而臭名昭著。

法国研究者罗伯特·焦耳（Robert Joule）、法别妮·古伊洛克丝（Fabienne Gouilloux）和弗洛伦特·韦伯（Florent Weber）（1989）把诱饵－掉包技术称作"引诱"程序，他们在其所在大学中研究了这一技术如何起作用。学生被招募来参加一个有趣的实验，实验包括观看一些电影片段，同时被试将得到30法郎（相当于6美元）的被试费。然而，当学生们前来参加时，他们却被告知实验取消了。被试还被告知，既然都已经来了，可以自愿参加另一项不同的实验，它没有被试费而且也不及先前的实验有意思，它要求记忆若干列数字。实验者知道第二项实验不够有趣，其本身不会吸引人们自愿参加，因为在向另一群学生描述此实验时，仅有15%的人同意参加这一没有报酬的实验。但是，诱饵－掉包技术使自愿参加数达到之前的三倍之多：在对前一个取消了的有趣实验做出参与时间、精力承诺的学生中，大约有47%的人愿意参加这个不怎么有趣的实验。

和低球技术相似，诱饵－掉包技术也通过先得到人们对某一向往的协议的承诺而起作用。**承诺一旦产生，人们就乐意接受一个吸引力较低的协议**，如果他们没被人欺骗做出承诺的话，他们很可能不会接受这一协议。

标记技术 另一个诱导人们对某一行为做出承诺的方法是给人们一个与行动相一致的标签，这一程序叫**标记技术（labeling technique）**。举例来说，家长会对小学生说："我觉得你是那种知道正确书写很重要的孩子。"在未来的3~9天中，这些孩子更可能会在私下里进行书写训练（Cialdini, Eisenberg, Green, Rhoads, & Bator, 1998）。爱丽丝·蒂伯特（Alice Tybout）和理查德·亚琴（Richard Yalch）（1980）研究了标记技术如何用于激励人们参与投票。他们对162名投票者进行了访谈，并随机对一半人公布，根据访谈反馈，他们"比一般公民更乐意参加投票和政治活动"，另一半人则被告知他们在这些活动中的表现和平均水平一样。结果，那些被贴上"好于平均"标签的人认为，与被贴上"平均"标签的人相比，自己是好公民，而且在一周后的当地选举中，他们会更多地参与投票。

顾客友好。为了吸引那些不为影响策略所动的顾客，一些汽车销售商推出"一口价"销售方法。为什么说这一方法本身也是一种基于一致性的影响策略呢？

小调查

假设你将和某人进行协商，并且，你希望他待你公平。那么，你会如何使用标记技术来增加对手如此做的可能呢？

总之，大多数人都有履行承诺的渴望，所以我们就可以通过使用任何一个引发承诺的技术（见表6-1）来增加目标对象行动的可能。尽管这些技术在如何引发承诺方面有所不同，但相同的是，它们都是建立一个先行的承诺，以此将目标对象的身份与想要的行为捆绑在一起。在实施行动的过程中，目标对象达到了管理（增强、确认、保护）自我形象的目的。让我们再仔细探讨一下影响人们何时、如何履行承诺以管理其自我形象的个人和情境因素。

表 6-1　引发承诺的顺从技术

技术	第一步		第二步	
	如何引发承诺：	举例：	如何利用承诺：	举例：
登门槛	获得目标对象对某一小要求的顺从	让目标对象在慈善申请书上签字	要求目标对象顺从一个相关的大要求	要求捐款支持慈善
低球	获得目标对象对某一具体协议的认同	和目标对象协商新车生意	改变协议的措辞	说之前的交易存在一个计算错误
诱饵 – 掉包	激励目标对象采取某一行动	通过非常低的价格让目标对象决定要买一辆新车	把已做行为描述成不切实际的或不明智的，并建议采取另一相关行动	提出广告中的车型已售完或质量不好并提供一个更贵的车型
标记	分配给目标对象一个特质标记	将目标对象描述成具有比平均水平高的公民义务感	希望目标对象顺从与标记相一致的要求	要求目标对象参加下次选举的投票

6.4.2　利用现有承诺

到目前为止，我们已经关注了由外部压力引发的承诺，这些压力包括对小要求的请求、被诱导而做出的选择或决定以及外部标记。但是，这些承诺是以现有价值的形式存在于个体身上的。有时，由于人们意识到某一行为和某种他们已经拥有或希望拥有的价值观（比如公平）相一致，因而受影响去实施这一行为。因此，那些重视公平的人会顺从某些行为的原因并不是他们想得到什么而是因为他们期望公平。

人们通常会校准自己的行为使其与诸如健康、世界和平、宗教信仰之类的价值观一致。这些根深蒂固的承诺使人们不断为生命中重要的个人规划而奋斗，同时在岁月、痛苦和磨难中保护着自己（Lydon & Zanna, 1990; Sheldon & Elliot, 1999）。因此，能成功地在顾客的个人价值观和商品或服务间建立联系的商人更可能培养出自己的长期顾客。这一形式的影响可以是合乎道德的、有益的，但它也可能被用作将人们与一些对其不利的活动和组织联系起来。例如，邪教组织通过将组织（宣称的）目的和人们普遍拥有的价值观（比如精神拯救、个人启迪和社会公平）联系在一起，从而来招募并留住成员（Zimbardo, 1997）。史蒂夫·哈桑说，在他加入统一教会前，他觉得自己应该负起责任以减少社会问题，但往往又不知如何着手。在他第一次参加文鲜明教徒聚会时，他得到保证：这一群体致力于与“和我所想的那些问题”斗争（Hassan, 1990, p. 13）。

6.4.3　主动承诺和公开承诺

当说到激发未来的一致性行为时，需要指出的是，并不是所有的承诺都具有相同的效果。那些在想要的行为和个体自我概念之间联系最紧密的承诺是最持久的。就这一点而言，承诺的两个情境因素能起到最大的作用：持久的承诺是主动的、公开的。

主动承诺　也许你已经发现，流行摇滚音乐会的广告上缺了一条重要的信息——票价。音乐会承办方为什么要对音乐迷们隐瞒票价呢？就算价格很高，人们只需打个电话或去趟票务销售处就会立刻知道，是这样吗？是的，但承办方意识到相比打电话或去销售处，潜在的音乐会听众在做了这些行为之后更有可能购票。即使是打电话询问票价也能导致个人对音乐会的主动承诺，进而使打电话的人更愿前去参加。

在考察主动和被动承诺效应的研究中（Aliison & Messick, 1988），行动对未来行动的影响力可窥一斑。例如，在迪莉娅·乔菲（Delia Gioffi）和兰迪·加纳（Randy Garner）（1996）的研究中，大学生要去参加在当地学校举办的一个艾滋病教育项目。研究者让一半人填一张表格申明自己愿意参加，所以，他们是主动参与者；而另一半未能填写申明自己不愿参加的表格，因此，他们是被动参与者。三四天后，项目开始了，大多数（74%）按计划出席的人都是主动参与者。

为什么主动承诺能使这些个体自始至终参与呢？**人们感知和定义自己的一个方法是检验自己的行动**（Bem, 1967;

Vallacher & Wegner, 1985)。我们认为自己所做的行为比没做的行为更能体现自己是怎样的人(Fazio, 1987; Nisbett & Ross, 1980),这一证据是强有力的。事实上,与乔菲和加纳(1996)研究中的被动艾滋病教育项目参与者相比,主动参与者更可能通过他们的个人价值观、偏好或特征来解释其决定。因此,主动承诺给我们提供了用于塑造自我形象的信息,这种信息进而塑造了我们将来的行为(Burger & Caldwell, 2003; Dolinski,2000)。

公开承诺 除了主动承诺,对某一行为的公开承诺也能增加人们在未来保持这一行为的可能。莫顿·德驰(Morton Deutsch)和哈罗德·杰拉德(Harold Gerard)(1955)进行了一项经典的研究,考察了主动承诺和公开承诺如何发挥作用。研究者用阿希线段判断程序让被试估计线段的长度。第一组被试把判断的结果记在心里,他们对自己的答案既没有主动承诺也没有公开承诺;第二组被试把自己估计的答案私下里写在纸上,一秒钟后擦掉,这样他们就有了主动承诺;第三组被试写下他们的判断并将其交予主试,他们对自己的判断既有主动承诺也有公开承诺。这时,所有的被试都得到信息说他们的答案是错的,研究中的其他被试(其实是助手)与自己的估计不同。德驰和杰拉德想知道哪组被试在得到判断错误的反馈后更倾向于坚持自己最初的判断。结果很清楚:那些一直把判断藏在心里的被试既未写下自己的答案也未使其公开,他们对自己判断的忠诚度最低;那些对自己最初选择做出主动承诺的被试在面临不一致的证据时不怎么愿意改变自己的主意;但是,那些公开地将自己与最初估计相联系的被试最为坚定地拒绝了修改判断(见图 6-7)。

为什么公开承诺对改变具有最强的抵御力呢?我们可以考虑两个原因:第一,写下答案的被试可能不想被实验者认为自己易受影响或不一致。这是很有可能的,因为大多数人希望自己被看作是坚定和稳定的人(Baumeister, 1982)。但是,还存在第二个原因。一旦人们公开宣告了某事,他们就会更加相信它(Schlenker, Dlugolecki, & Doherty, 1994; Schlenker & Trudeau, 1990)。例如,在黛安·泰丝(Diane Tice)(1992)的研究中,被试同意在公开场合或私底下扮演一个外向的角色。和在私底下扮演外向角色的被试相比,那些在公开场合扮演外向的角色的人中有更多人将外向纳入到自己真实的自我概念中,之后,他们将真实的自己描述为外向的、好交际的。当被试完成研究,和实验助手一同去休息室时,这一新的外向身份在其行为中得到了表现:那些之前公开将自己描述为外向的被试与实验助手坐得更近且进行了更多的交谈。泰丝还发现,在被试能够自由选择在何种情境下扮演角色时,这种公开自我展示效应最为强烈。总之,和主动承诺相似,公开承诺尤其是自由选择的公开承诺能改变自我形象(Kelly, 1998; Kelly & McKillop, 1996; Schlenker, 1980)。这些改变之后的自我形象继而导致未来相应的行为。

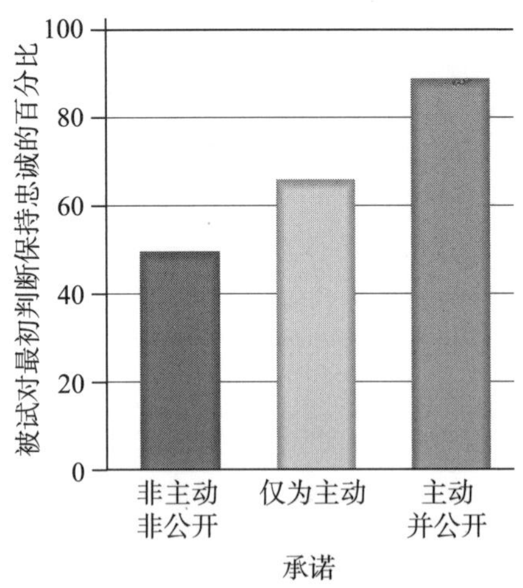

图 6-7 不同承诺的影响力的持久性

当后来遭到攻击时,对最初判断做出积极和公开承诺的个体最可能对其判断保持忠诚。那些既未做主动承诺也未做公开承诺的个体最不忠诚。

6.4.4 性别和公开承诺

由于公开承诺不仅能改变社会形象而且还能改变自我形象,所以人们在公开承认自己被影响时往往变得谨慎,由此来保护自我形象。但是,在选择保护哪方面的自我概念时,男性和女性有所不同。

德驰和杰拉德(1955)的实验证明了当面临从众压力时,人们对公开的决定要比对私下的决定更为忠诚。然而,一项研究显示男性在公开条件下更可能拒绝从众(Eagly, Wood, & Fishbaugh, 1981)。在这个研究中,当被试在私下里做决定时,男性和女性被试顺从群体意见的程度大致相同,但当他们必须公开决定时,男性比女性表现出的从众更少。

为什么男性能比女性更多地抵御公开从众呢?研究者们认为男性对"不从众"的"从众"的认识水平很高:独立的形象已被社会化到绝大多数男性的身份中去了(Eagly, 1987)。男性偏好将自己视为独立、独特以及自力更生的个体。过去 40 年的选举调查发现,相比女性,男性更愿宣布自己是无党派人士(Norrander, 1997)。那些宣称自己不从众的男性在看自己照片时会认为自己是自立的、是领导者而非跟随者。那么，这些男性想把关于这张照片的信息传递给谁呢？他们似乎既在和自己交流又在与他人交流。一系列的研究发现，**男性将自尊建立在让她们变得独特和独立的因素上，而女性则将自尊建立在将她们和某一群体成员联系在一起的因素上**（Josephs, Markus, & Tarafodi, 1992）。因此，由于公开声明对个人形象有强烈影响，所以男性努力抵御公开的从众，其目的是保持自己拥有独立性这一观点的正确性。

罗伊·鲍迈斯特和克里斯汀·索玛（Kristin Sommer）（1997）对这一现象提出一种不同的解释：**可能是归属的渴望而不是独立于群体的渴望激发了男性公开的不从众**。他们主张，男性和女性一样希望被群体接纳，然而，女性通过亲密的合作关系来寻求被接纳，而男性则通过表现出独特的能力或领导潜能来寻求被接纳。毕竟，领导和所有群体成员都有重要的相互联系。总之，男性和女性在其基本的社会影响目标上似乎并没有很大的差异，其目标都是被接纳和确认自我形象，但是他们用来达到目标的途径有所不同。

回顾

史蒂夫·哈桑的转变

在本章开篇处，我们曾保证，当读到这章结尾时读者一定能理解为什么史蒂夫·哈桑会从一名正常学生迅速转变成了文鲜明派的忠实追随者。另外，我们还保证，在读这一章的过程中，你也能理解他之后又迅速离开统一教会的原因。这两个原因是一样的，它们就是**社会影响的原则**，这些原则驱使我们从众、顺从和服从。它们也许能让我们投票给某一候选人、购买某种产品或者为某一原因而捐款。在哈桑事件中，这些原则让他对自己的人生进行了两次明显的改变。

说到我们之前提到的社会影响的三个目标，让我们来考察一下它们分别是如何起作用的。和其他人一样，在做重要改变时，哈桑也想达到正确选择的目标。统一教会通过为他提供人们通常用作正确决策的信息来源——权威人物和同伴来招募他。权威人物是文鲜明本人，一个新的救世主、一名在群体中扮演教师角色的长官。而同伴则是那些和哈桑一样的年轻人，他们决定投身于组织目标，因为他们和组织对世界有共同的担忧。这些同伴认为他们的行为是完全正确的。另外，哈桑被迫和群体以外的声音切断联系，因为它们可能会削弱认同感。在这种情况下，群体意见和规范为哈桑铸就了一种令人信服的现实感。

当哈桑被劝说脱离统一教会时，那些劝说者也利用了相同的社会影响原则。他们同样把自己描述成这一事件的专家和教师，显示自己拥有复杂的关于群体教义、发展以及欺骗的知识。他们还显示自己和哈桑一样，也曾服从过那些招募和说服技巧，并展示了一个不可动摇的共识：离开组织是他们所做的正确决定。另外，通过让哈桑在一个秘密的公寓中隐藏五天，使他不能与统一教会有联系，他们同样切断了哈桑对组织惯有的依赖。

在招募哈桑并将其留在组织里的过程中，统一教会发现通过服从组织愿望，哈桑能完成获得社会认可的目标。起初，一些有吸引力的年轻人接近了哈桑，哈桑需要被这些人接受。不久后，在招募工作坊中，他是焦点，并受到积极关注和喜爱。接着，当他经过正式训练成为组织成员后，哈桑受到的唯一认可来自具有相同成员身份的人。当然，只有当哈桑的所作所为超越了群体目标后，他才会得到认可。哈桑被劝说离开的发展过程也相同。那些说客很快就给哈桑留下了具有吸引力的印象，因为他们将自己描述为热心的、谨慎的、深邃的人。哈桑同样对他们给予自己的同情和尊重而心怀感激。同样，在秘密公寓的五天中，只有当他做出了符合说客目的的行为时，他才会被认可。

当统一教会成员试图影响哈桑使其服从群体时，他们肯定地说，如果哈桑服从，他就能达到管理自我形象的目标；他们还向哈桑保证，加入组织后，他对解决社会问题的内部承诺能得以实现。哈桑的说客也做了同样的事情，唯一不同的是他们让哈桑看到离开组织才能达到这一目标。他们对哈桑施加压力，让他触碰到自己对城市、家庭和自由的根深蒂固的价值观，所有这些都和他在统一教会中的经历相矛盾。

但是，最值得一提的是，当哈桑自己认识到统一教会欺骗了他并使自己陷进一个不健康的环境中时，他知道了如何将自己的一生投入到社会服务中去。他能帮助其他人从那些地狱般的组织中挣脱出来；他能成为一名现身说法的邪教顾问，并减少世界上由邪教组织造成的社会问题。总之，他的脱离经历是成功的，因为这次脱离为他提供了替代的参照群体、价值观和目标感，这正如若干年前统一教会招募他时他所经历的。

史蒂夫·哈桑从此投入其中，成为美国邪教咨询的领军人物。他通过社会影响的科学研究来解释他的有效技术（Hassan, 2000）。现在你对社会影响也有了深入了解。但是，说实话，仅仅有深入的了解还不够，因为理论和实践之间往往有一条鸿沟，只有制订详细计划，将新学到的知识用到生活中去，我们才能在鸿沟间架起一座桥梁。如果我们不详细思考如何成功地利用新知识，那么这些技术只会让他人成功地影响我们。

如地球那般旋转。和加入文鲜明教时一样，史蒂夫·哈桑仍在为使世界变得更美好而奋斗。只是，今天他是作为一名邪教斗士而非邪教成员来为此奋斗。

关键词

诱饵－掉包技术（bait-and-switch technique）
顺从（compliance）
从众（conformity）
示范性规范（descriptive norm）
中断－再构造技术（disrupt-then-reframe technique）
留面子技术（door-in-the-face technique）
专家权力（expert power）
登门槛技术（foot-in-the-door technique）
禁止性规范（injunctive norm）
标记技术（labeling technique）
低球技术（low-ball technique）
互惠规范（norm of reciprocity）
服从（obedience）
参与性观察（participant observation）
个人承诺（personal commitment）
抗拒理论（reactance theory）
社会影响（social influence）
社会确认（social validation）
折扣技术（that's-not-all technique）

第7章

归属与友谊

两位囚犯的友谊

1947年，银行家安迪因为妻子有婚外情，醉酒后本想枪杀妻子和她的情人，但是他没有下手，巧合的是那晚刚好有人枪杀了他的妻子和情人。最终，他被指控谋杀罪，判处无期徒刑，这意味着他将在肖申克监狱中度过余生。

瑞德1927年因谋杀罪被判无期徒刑，数次假释都未获成功。他已经成为肖申克监狱中的“权威人物”，只要付得起钱，他几乎有办法能搞到任何服刑者想要的东西。每当有新囚犯来的时候，大家就赌谁会在第一个夜晚哭泣。瑞德认为弱不禁风、书生气十足的安迪一定会哭，结果安迪的沉默使他输掉了两包烟。这也使瑞德对安迪另眼相看。

好长时间以来，安迪几乎不和任何人接触，在大家相互抱怨的同时，他在院子里很悠闲地散步，就像在公园里一样。一个月后，安迪请瑞德帮他搞的第一件东西是一把石锤，他想雕刻一些手工品以消磨时光。为了想办法逃过狱方的例行检查，安迪又搞了一幅巨幅海报贴在了牢房的墙上。

一次，安迪和几个犯人外出劳动，他无意间听到监狱长在聊有关税收的事。安迪说他有办法可以使监狱长合法地免去一大笔税金，而作为交换，他为和自己共同工作的狱友赢得了两箱啤酒。他的做法既赢得了狱友和狱警的友谊和尊重，又为自己的长远计划做好了铺垫。

故事的最后，安迪通过努力成功“越狱”，瑞德也发现了石堆下安迪留给他的糖果盒……两个朋友最终相逢。我们大部分人的友谊似乎并不值得拍一部电影。本章后面的内容在阐明二人之所以会成为朋友的同时，也揭示了我们大多数人在日常生活中与他人形成友谊的动机。在本章中，我们将会探索这个普遍的问题：究竟是什么因素使我们与一些人成为朋友，而非另一些人？

7.1 什么是朋友

《韦氏词典》(*Webster's dictionary*)将“**朋友**”(**friend**)定义为个体对非亲非恋的他人的感情及关怀。当人们被问起自己对朋友的定义时，他们一致认为友谊具有如下的特征(Bukowski et al., 1994; Davis & Todd, 1985)：

- 朋友是相互平等的；
- 朋友喜欢相互陪伴；
- 朋友是相互信任的，会做最有利于对方的事情；
- 在需要的时候，朋友会相互帮助；
- 在朋友面前可以展示真实的自我，不需要“戴着面具”；
- 朋友具有相似的兴趣和价值观。

当然，这些都是理想特征。任何特定的友谊可能只包含其中几个特征(Davis & Todd, 1985)。

与亲戚间的关系不同，友谊更具自主性(Adams & Bleiszner, 1994)。我们可以自由选择自己的朋友，还可以进行更换，但对我们的亲戚却不能如此。虽然《韦氏词典》将亲戚的定义从朋友的分类中排除了，但人们实际遵循的规则要比字典中的定义模糊得多。在很多社会中，你最亲密的朋友通常是与你血缘关系最密切的人(Daly, Salmon, & Wilson, 1997)。现代工业化的社会与历史上任何地方的任何时期都不同，因此，与以前相比，我们现代人陪伴自己亲戚的时间更少了。

《韦氏词典》同样将恋人的定义从友谊的分类中排除了。恋爱关系包括浪漫的感觉和性爱的情趣，婚姻关系包括合法的规则和独一无二的“权利”，但友谊则与此不同(Ackerman, Kenrick, & Schaller, 2007; Rawlins, 1992)。同样，这些差异也会变得模糊，大多数的已婚人士选择他们的伴侣作为他们“最好的朋友”(Myers, 2000)。在本章中，我们主要关注归属和友谊的“纯精神”层面，爱与浪漫关系会在第8章中讲述。

7.1.1 研究现实生活中的关系

仔细回想上个月，你与自己的亲密伙伴有多少次满意的交流？虽然看起来这是一个非常简单的问题，但是你的答案或许并不能提供可靠的科学数据，这是因为(Reis & Wheeler, 1991a)：第一，不同的人会用不同的标准来定义“什么是亲密伙伴”；第二，你的记忆可能会受到各种常规认知偏差的影响，这些偏差我们在第3章中已经讨论过了。比如，如果你和你的室友在今天早上有过不愉快的小争执，那么负性情绪就会影响你的记忆，使你很难想起过去两周你们之间愉快的沟通(Forgas, 2002; Schwarz & Clore, 2003)。

所以，想要研究人们真实的交往活动，研究者应该做什么呢？一种可能是研究者采用自然观察法——研究者会观察被试的日常生活中的一些行为。不幸的是，这种方法会改变研究者希望研究的人际交流。在交流的场景中，研究者会被视为偷听者，所以被试的谈话内容大多会集中在具有社会赞许性的主题上，而避免涉及较为亲密或愤怒的主题(Reis & Wheeler, 1991)。在下面的拓展部分，我们提出了一种新的研究方法，这种方法既具有自然观察的许多优点，又不必让研究者拿着录音机和笔记本出现在被试的日常生活中。

友谊。当人们被问起友谊具有哪些特点时，他们认为，友谊具有相互愉悦、相互支持、相互坦诚、相互信任、相互平等的特点。虽然《韦氏词典》将亲属和恋人的定义从朋友中区分了出来，但实际的友谊并不具有如此精确的差异。

联结：方法与证据

个体亲密关系研究中的非现场观察法

研究现实生活中亲密关系的科学家终于可以不必通过潜伏来进行研究了，他们想到了一个简单而文雅的方法：不使用现场观察，让被试在日常生活中随着事件的发生自己记录自己的行为(e.g., Bogart, Benotsch, &

Pavlovic, 2004; Lydon, Jamieson, & Holmes, 1977）。这种方法被研究者称为**“经验取样法”**（**experience sampling method**）。研究者向被试提供便携式的机器。当机器响起，被试需要完成一个简短的问卷，包括他们和谁在一起以及发生了什么事情（e.g., Czikszentmihalyi, Larson, & Prescott, 1977）。

另外一种技术是让被试在每一次有意义的社会交流之后填写一份简短的问卷（e.g., Berry & Landry, 1977; Pietromonaco & Feldman Barrett, 1997）。这一方法被罗切斯特大学（University of Rochester）的研究者们广泛地发展，他们称之为罗切斯特交流记录法（Rochester Interaction Record）（Nezlek et al., 2002; Reis & Gable, 2000）（见表 7-1）。

如果你参与了交流记录的研究，那么在两周时间内，你需要在每次重要的社会交流以后完成一份简短的问卷，以此获得 20 美元或者获得学分。“社会交流”可以是一次谈话或者在一起工作。仅仅有其他人出现，就像只看电视并不交谈，就不能算是一种交流。

研究者采用让被试在每次交流之后自行记录的方法进行研究。这一方法的好处在于：在没有观察者妨碍真实交流的情况下，研究者获得了真实且不断发生的行为数据。例如，当穿白大褂的研究者坐在旁边进行记录时，被试与烦恼不安的朋友进行亲密交谈的情境一定会有差异。等交流过程完成后再进行记录并不会改变交流过程的正常进行。同时，让被试在交流过程发生后即刻进行记录和一个月之后再填写问卷相比，可以减少记忆偏差。

这些经验取样的方法可以帮助研究者更好地了解日常的社会交流情况。比如，一般大学生报告每天会进行七次超过十分钟的社会交流。在一个月的 210 次交流中，被试无法准确地记得每一次交流并不奇怪。有一组研究者让被试记录他们在交流中说的谎话（DePaulo et al., 1996）。虽然绝大多数的被试可能愿意忘记他们“小小的善意谎言”，但是每次交流结束即刻进行记录后，他们却报告了非常惊人的数字。虽然大多数是自利性的（“教授，我远在塔尔萨的奶奶在考试之前的那个晚上去世了”），但许多日常的谎言都是为了使他人感觉更好（“不，我真的喜欢新发型”）。在这个研究中，一般的大学生平均每天说谎两次。在另外一个研究中，研究者发现陌生人说谎更可能是自利的目的，而朋友间说谎更多是为了让另一方感觉更好（DePaulo & Kashy, 1998）。

在一些研究中，学生们可以拿着自己的手提电脑，这个电脑就像被派遣出去的看不见的机器采访者。无论学生在哪里，电脑信号每天都会嘟嘟地响几次。当学生应答时，一份问卷就在屏幕上弹出（e.g., Parkinson et al., 1995; Stone et al., 1997）。在嘟嘟声后，“你现在感觉如何？”使用这种方法的研究发现，当被试记录完工作中的负向交流后，他们会陷入沉思，抵触与工作相关的任务（Miner, Glomb, & Hulin, 2005）。**负向交流的不利影响是正向交流影响的五倍。**

表 7-1　　一份典型的罗切斯特交流记录

指导语：记录上一次你与其他人的重要交流。重要交流的定义是两个或多个人相互回应的任何场景。谈话是重要交流的最明显的例证，但是也存在其他形式的交流，比如，共同完成一项任务或者只是待在一起。仅仅有其他人出现是不够的。比如，如果你只看电视并不和这个人交谈，就不能算是交流。你们之间必须有相互回应才能算真正的交流，例如谈论你们正在看的电视节目。

日期：______　时间：______（上午 / 下午）______　时长：______小时　______分

列出三个主要参与者的姓名首字母和性别：

如果参与者多于三个人，其中男性______个，女性______个。

现在请在如下维度上评价此次交流：

此次交流有多亲密	肤浅	1 2 3 4 5 6 7	有意义
你有自我表露吗	很少	1 2 3 4 5 6 7	很多
你觉得自己是群体的一部分吗	不觉得	1 2 3 4 5 6 7	觉得
交流的质量如何	不开心	1 2 3 4 5 6 7	很开心
你有多满意	没有达到预期	1 2 3 4 5 6 7	超过预期
谁主动发起交流	我	1 2 3 4 5 6 7	其他人
谁更有影响力	我	1 2 3 4 5 6 7	其他人
圈出交流的类型	工作　任务　娱乐　交谈　约会		

资料来源：Reis & Wheeler (1991).

7.1.2 归属与友谊的目的

是什么使我们想与其他人产生归属感？社会心理学家已经发展了几个普遍的理论来回答这个问题。

喜欢那些使我们感觉好的人 **强化情感模型（reinforcement-affect model）**假定人们会受一个非常简单的目标的驱使，即想要感觉好（Byrne & Clore, 1970）。核心的前提是：对于那些与我们的正性情绪相联系的人，我们会喜欢，也愿意与之产生归属感。相反，我们不会喜欢，也会避开与我们的负性情绪相联系的人。

强化情感模型已经被用来解释很多领域的结果：为什么人们会喜欢那些同意他们观点的个体，而排斥那些不同意他们观点的个体；为什么人们会被拥有良好特质的个体所吸引，比如外表出众，甚至为什么当我们收到好消息时我们会喜欢刚好出现在我们身边的人（Byrne, London, & Reeves, 1968; Veitch & Griffitt, 1976）。根据经典的条件反射原理，好的或者不好的感觉会自动地泛化到刚好出现的任何人身上。就像巴甫洛夫的狗在进食时，听到铃声后会自动分泌唾液一样，当好事情发生时，个体对周围人的好感也会自动产生。

强化感情模型是一个**领域一般性模型（domain-general model）**。该模型试图以简单的原理来解释所有的行为，此时，"如果感觉好就做"。领域一般性模型的优点是它试图以最少的假设来解释广泛的现象，而局限是它并没有告诉我们为什么有些事情让人感觉好而有些让人感觉不好。比如，有时，我们会更喜欢在不愉快的场景中遇到的个体，前提是假设他们与我们处境相同且并没有导致我们不愉快的感觉（Kenrick & Johnson, 1979）。有时，非常相似的经历，比如看到非常漂亮或者英俊的个体，可能会使一个人感觉非常好但使另一个人感觉非常糟（Kenrick, Montello, Gutierres, & Trost, 1993）。

喜欢那些对我们非常有帮助的人 **社会交换（social exchange）**理论也假定归属和友谊是受一个简单且广泛存在的目标的驱使——利润率最大化（Thibaut & Kelly, 1959）。与强化情感模型相同的是，该理论也假设个体在寻求奖赏。但社会交换理论认为，与巴甫洛夫的经典条件反射理论不同，人们在建立关系时更精明、更理智。该模型起源于经济学上的假设，并且是其最简单的形式。该模型提出，个体建立关系就像股票经纪人选择一项财务交易一样——买那些看起来会赚钱的股票，抛出那些看起来会赔钱的股票。

社会交换模型以交换为基础且影响广泛。该模型认为，我们会被**公平（equity）**的关系吸引。在这样的关系中，你的获益和成本与你搭档的获益和成本是成比例的（e.g., Hatfield et al., 1985）。为了理解公平的作用，选一位你的朋友并列出每一项你从你们的关系中获得的收益和奖赏。你的朋友可能是优秀的学习伙伴，可能是夸奖你的人，也可能是娱乐聚会的组织者。除了聚会以外，你的朋友也会从你那获得同样的帮助，比如当他的车在修理厂时，他可能要借你的车。

下面列出你们对这段关系付出的成本。你的朋友或许会在学习期间偶尔讲一些无关的玩笑使你分心；在打网球时，他会毫不留情地将你击败；或者批评你对恋人的选择。而你的朋友付出的成本则是，在同一次的考试中你的得分更高会使他觉得自己很愚蠢；或许在打网球时，你输了以后会变得爱抱怨。如果你将自己的获益和成本分别相加并与你朋友的获益和成本进行比较，假如你们两个人获得的数值相似，那么这段关系就是公平的。但是，如果他从这段关系中的获益比你多一点，你会觉得自己赔了。相反，如果你从这段关系中的获益较多，你会觉得自己赚了。一般而言，个体都是理智的经济学家，都在为自己寻求利益，如果赔了会让个体觉得更不开心（Buunk et al., 1993; Hatfield et al., 1982）。

社会交换理论同样采用了领域一般性的观点。其简单而有力的假设是，在所有的关系中，比如与朋友、亲戚、恋人、同事的关系，我们都试图寻求一种最优化的利润率。与强化情感模型一样，社会交换理论并没有明确地指明为什么在不同的关系中同样的结果却有可能被知觉为是获益更多，也有可能被知觉为是成本更大。如果你最好的朋友想让你借他几十万元，想让你每天送他上学送十年，想让你为他做饭、帮他洗衣服，你很可能会找一个新的伙伴。然而很多父母会告诉你能有自己的孩子是他们一生中最大的幸福。就像我们看到的，社会心理学家开始思考我们对得失的计算是如何随着关系类型的变化而发生系统性变化的（e.g., Ackerman & Kenrick, 2008; Clark & Monin, 2006; Haslam & Fiske, 1999）。

具有领域特异性的社会动机 我们在与恋人、工作伙伴、亲戚、朋友和陌生人的关系中会实现不同的目标（Bugental, 2000; Cann, 2004; Reis, Collins, & Berscheid, 2000）。我们觉得什么是好事和什么才是对我们有帮助的事主要取决于谁在参与以及我们想从他们那里获得什么。有时，他人的拥抱让我们感觉很安慰（比如在我们感到孤独时我们与亲密朋友间的拥抱）；有时，我们更愿意获得他们的建议而非情感支持（比如我们是向自动化的机械师请教传输问题）；还有些时候，我们更希望独处，完全没有人打扰（比如陌生人打电话向你推销产品时）。**领域特异性模型（domain-specific model）**认为我们的想法和感受会随着进化中出现的关系类型的差异而出现变化。与我们关注社会行为的不同目标相一致，我们会在本章及下一章来讨论这些不同关系的动机。

我们认为归属和友谊有四种具体的目标，且这些目标有时会相互冲突。这些目标是：获得社会支持、获得信息、获得地位以及获得物质利益交换。

小调查

列出你从工作伙伴关系、朋友关系、恋人关系中获得的收益。是否存在差异？哪种收益如果来自其他人就不再是收益了？

7.2　获得社会支持

安迪最初刚进监狱时，并不被人待见。大家都在看他的热闹，看他这样文质彬彬的人最后会被监狱折磨成什么样子，还把他作为消遣的赌注，但外表文弱的安迪的表现与大家的想象截然不同，他沉默、无求，对一切都逆来顺受。渐渐地，大家也失去了看他笑话的兴趣。

而安迪与瑞德的友谊却在锤子、石头、海报以及漫不经心的话语中慢慢萌生，他们成了各自的一种依靠，在安迪准备逃狱的时候，他还给瑞德留下了希望的火种。瑞德假释之后，在不能适应社会的时候，是安迪给了他希望。在无情的制度下、在没有自由的日子里，他们友谊的存在是源于所有人都在追求的东西——情感支持。

情感支持是社会支持的一个方面。**社会支持（social support）**是指他人提供的情感、物质或信息上的帮助。我们关注的重点是情感支持，即人们相互提供的情感、关怀和帮助（Gottlieb, 1994）。因为有一些特别的因素会影响人们如何交换信息和物质资源，我们会在本章后面的部分来讨论社会支持的其他形式。

社会支持与压力。在“9·11”恐怖袭击发生后，很多人向自己的朋友和家人寻求情感支持。研究发现，在压力下，这些支持有助于增强个体的生理和心理健康。

当感受到痛苦的情绪时，我们会求助于其他个体，这是人的基本天性之一，即人数众多可以改善境遇（Cacioppo, et al., 2005; Taylor, 2006）。群体中的个体在困难的时候可以相互帮助，多一个人抵御困难甚至有利于身体健康。

联结：理论与应用

健康心理学与情感支持

朋友有益于你的健康吗？这是健康心理学要问的问题。**健康心理学（health psychology）**是研究影响疾病的行为、心理因素的学科（Salovey, Rothman, & Rodin, 1998; Taylor, 2002）。健康心理学家认为我们的身体状况与我们的所行所思有非常微妙的关系。其中，健康心理学家得出的最有趣的发现之一就是和他人建立良好的关系与幸福长寿存在相关（Loucks, Berkman, Gruenewald, & Seeman, 2005; Ryff & Singer, 2000）。

现在来思索一下社会隔离的害处。孤独与毒品、酒精滥用、有睡眠困扰、头痛、免疫力低下、有自杀的想法，甚至与疗养院的死亡率相关（Bearman & Moody, 2004; Jones & Carver, 1991; Kiecolt-Glaser et al., 1985）。随着时代的发展，由孤独导致的易感性的增加已经造成了严重的损害。有的研究者找到一些认为自己是“孤独者”的医学院的学生。几十年后，那些孤独者患癌症的概率要显著高于那些爱与人交往的同学（Shaffer et al., 1987）。另外一个研究发现，在一次心脏病发之后，独自生活的病人中有 16% 再次心脏病发，而和其他人共同居住的病人中有 9% 再次心脏病发（Case et al., 1992）。相反，**与他人有较强心理联结的个体较少受到生活中压力事件的影响**，对疾病的抵抗力也更强，在被诊断出威胁生命的疾病后存活的时间也更长（e.g., Buunk & Verhoeven, 1991; Sarason et al., 1997）。确实，哪怕只有一个人可以听你谈论压力事件就能增强你的情绪和心理的幸福感（Lepore, Ragan, & Jones, 2000; Pennebaker et al., 1987, 1989; Reis et al., 2000）。最近一项神经心理学的研究发现社会支持与个体应对压力任务时较低的皮质醇水平相关，与调整身体的反应以适应压力环境的脑活动相关（Taylor et al., 2008）。

研究发现，压力的承受力与社会支持之间存在相关关系。他们强调了友谊与健康在统计学上的相关，但是没有证明存在因果关系。或许拥有某种人格的个体可能身体更健康，更容易交到朋友。比如，外向的人更可能去健身，不可能闲坐着，也不会将发生的不愉快的事情放在心上。而高焦虑的个体则刚好相反。尼路·博尔格特（Niall Bolger）和约翰·艾肯罗德（John Eckenrode）（1991）为了消除这些因素的影响，在学生们进行医学入学考试之前对他们进行了测试。研究者们测量了学生的外向水平、情绪稳定性、日常的压力状况以及与他人的交往情况。在考虑了学生们已有的人格特质的作用后，与他人的交往情况仍然起到了减弱焦虑情绪的作用：学生拥有的社会支持越多，考试带给他们的焦虑就越少。

有一些研究发现，**情感支持的最佳来源可能并非是朋友，而是人类最好的朋友——宠物狗**。凯伦·阿伦（Karen Allen）、吉姆·布拉什科维奇（Jim Blascovich）、乔·托马克（Joe Tomaka）和罗伯特·凯尔西（Robert Kelsey）（1991）研究了女性被试在如下的三种情况下承受压力任务的情况——独自承受、和一个朋友一起以及和她们的宠物狗一起。研究者测量了被试的心率、血压和皮肤电。为了诱发压力，研究者让被试快速倒着报数 13 秒和 17 秒。生理测量的结果表明，当有朋友在场时只会增加焦虑情绪。（在这个实验中由朋友引发的焦虑情绪可能与任务类型有关，这个任务有可能使被试觉得尴尬。正如我们后来的发现，尴尬是一种压力源，其他人在场会让被试感觉更差而非更好。）但是，宠物狗在他们身边就会明显降低他们的生理痛苦。宠物狗的作用并不仅限于短期的实验。在长达几年的时间里，养狗的老人更少去看医生，在心脏病发后更容易存活下来（Friedmann et al., 1980; Siegel, 1990）。

处于压力时人类最好的朋友。 正如本节中的研究发现，在某些情境下，宠物狗的陪伴比朋友的陪伴更能减轻压力。

我们可以看到，总体而言，友情有益于身心健康。但是，并非对所有人在所有的时候都能起到这样的作用。社会支持的结果会随着个体和情境的差异发生变化。什么样的人会向他人寻求社会支持，什么样的情境会激发个体对社会支持的需求呢？

7.2.1 女人更习惯照料和交友，而男人却更习惯战斗或逃跑吗

在艾文·德沃尔（Irven DeVore）的经典著作《猩猩的群居生活》（*The Baboon Troop*）中，当豹接近一群猩猩时，激动人心的时刻出现了。为了应对这一威胁，一群焦虑不安的成年猩猩面对猎豹围成了紧密的一圈，每个猩猩都露出刀子般锋利的牙齿，像是在警告这个猫科的食肉动物。这些猩猩是“战斗或逃跑”这一经典反应中“战斗”的典型代表（Canon, 1932）。这一行为涉及肾上腺神经的活动和激素的大量分泌，例如，肾上腺素和去甲肾上腺素的分泌。有趣的是，围成一圈赶跑猎豹的都是雄猩猩。社会心理学家谢利·泰勒（Shelley Taylor）及其同事（2000b; Taylor & Gonzaga, 2006）为这一现象提出了很好的解释。雌猩猩更可能与其他雌性亲戚安静地聚在一起保护他们的幼仔。泰勒将这一现象称为“照料和交友”而非“战斗或逃跑”的应对方式。

泰勒和她的同事回顾了相当数量的文献来支持他们的结论，那就是雌性较少使用战斗或逃跑的行为来应对压力。相反，它们使用“照料”（使子女脱离危险）和“交

友”（靠近其他雄性）的方式。研究者还注意到，绝大多数对战斗或逃跑这一行为的经典研究，无论是人还是其他动物，都是以雄性个体为被试。雌性个体较少被研究，因为它们周期性的激素水平的变化会影响压力反应的测量结果。但是，当雌性的压力反应开始被关注时，它们与雄性的表现大不相同。在压力条件下，雄性可能会分泌雄性激素（与攻击行为有关），而雌性则可能分泌后叶催产素（与母性行为和依恋行为有关）。最近的一项研究发现，一剂量的后叶催产素会使男性对他人的信任感大幅上升，从而导致合作行为的增加（Kosfeld et al., 2005）。泰勒和她的同事从进化论的角度解释了这些结果，他们认为性别不同的哺乳动物的祖先对待压力的方式也不同。比如，对雌性而言，战斗或逃跑可能会危及她们的幼仔，而那些幼仔完全靠母亲照料。另一方面，当威胁来临，将自己的幼仔安静地聚在一起，寻求群体内其他成员的帮助可能更有利于幼仔的存活。

压力应对中的性别差异。正如本节所讨论的，女性更可能以“照料和交友”的方式应对压力，而男性则更可能表现出经典的“战斗或逃跑”的行为反应。社会心理学家谢利·泰勒和她的同事回顾了这一现象的证据。

其他研究发现，总体而言，**与男人相比，女人会更多地相互支持，会更关注与亲密朋友的关系**（Oswald, Clark, & Kelly, 2004）。在青少年中，女生间的友谊比男生间的友谊更亲密，并且十几岁女生的自尊与拥有亲密的朋友存在密切关系（Townsend, McCracken, & Wilton, 1988）。社会接纳是如此重要，因此，将某个女生排斥在社会群体之外通常是十几岁的女生间相互伤害的基本手段（Owens, Shute, & Slee, 2000）。到了大学，社会支持的性别差异仍然在继续。与男生相比，大学女生有更多的同性朋友，并且与这些朋友很亲密（Nezlek, 1993; Wheeler, Reis, & Nezlek, 1983）。

女性天生拥有一种独特的特征，那就是与他人建立相互支持的关系。与男性相比，女性在社会群体中更具宜人性、更有同情心、更擅长非言语沟通，人际交往也更顺利（Bank & Hansford, 2000; Klein & Hodges, 2001）。女性更关注她们的朋友，而且相互间的感激之情也表达得更直接（Carli, 1989; Helgeson, Shaver, & Dyer, 1987）。与男人相比，当女孩和女人都处于压力中，她们都更可能寻求支持（Benenson & Koulnazarian, 2008; Tamres, Janicki, & Helgeson, 2002）。**女性通过微笑获得的非言语支持和亲密感比男性要多得多**（Hall & Halberstadt, 1986; LaFrance, Hecht, & Paluck, 2003）。

我们不能想当然地认为男性并不关心从他人那里获得的社会支持，这一点很重要。确实，男人需要依靠群体中的其他成员，因此照料和交友同样在男性应对压力时发挥了作用（Geary & Flinn, 2002; Li et al., 2008）。比如，安迪和他的同伴在很多方面都相互依靠，他们克服种种阻碍挣扎着生存下来，最终实现对自我的救赎。回想那些雄猩猩们，它们并非单独的个体站在那里抵御猎豹，而是一个团结的群体。因此，社会支持的性别差异是相对的，而非绝对的。实际上，对儿童和青少年的研究表明女孩比男孩更容易结束一段友谊（Benensen & Alavi, 2004）。我们在后面会更详细地讨论，男性也许只是在用不同的方式与他们的朋友联系。

7.2.2 威胁：为什么有时总是祸不单行

情感支持这个词毫无疑问只是与某种情境相关：当人们感觉受到威胁或孤立的时候，他们会向他人寻求支持。当1938年12月30日，“火星人侵略新泽西”的广播报道引发了群体性恐慌时，社会心理学家哈德利·坎特里尔（Hadley Cantril）（1940）记录了很多人不远万里与朋友和亲人相聚的感人故事。当恐怖分子在2001年9月11日袭击美国时，很多学生告诉我们，他们做的第一件事就是给在其他城市的亲人打电话。**生命遇到危险和社会隔离都会增加我们想从他人那里获得安慰的动机。**

客观的威胁和死亡的恐惧 在一项研究中，让学生们去思考一个非常令人不快的问题："当你身体死亡时，描述你认为会发生什么事情。"在思考该问题几分钟后，学生们集中在一个房间里进行群体讨论。他们到这个房间后，需要进行位置选择。他们可以选择独自坐在桌子的一边或者和群体的其他成员坐在另一边。那些思考过自己死亡的被试压倒性地选择了社会性，即 80% 选择和其他成员坐在一起。在控制条件下，被试需要花几分钟来思索他们看电视的感受，其中大多数人更倾向于自己独自坐一边。研究者在其他三个不同的实验中重复了上述效应，并且认为在威胁中寻求归属感是先前我们讨论过的人类的一种基本动机。人们在群体中会觉得更安全，对死亡的思考会促使我们在群体中寻找安全感（Wisman & Koole, 2003）。

不仅是死亡威胁会激发我们对归属感的渴求，其他不太严重的威胁也有同样的效果。比如，女性大学生两两一组参加一个"缺血"实验，也就是阻止正常血液流动的实验。一些被试被告知整个实验过程并不十分痛苦，只是胳膊上阻止血液流动的橡皮管会稍微有所膨胀；而另一些被试被告知她们需要把胳膊挤进一个令人痛苦的机器里。这个机器的高度在胸部以下，通过钳住被试的胳膊，让被试产生与心绞痛病人一样的强烈疼痛感。研究者通过记录被试看实验室中另一位女生的时长来测量被试对归属感的需求。相比不必承受太多痛苦的实验条件，当同组的两名女生都预期要承受痛苦的折磨时，她们相互注视的时间要多两倍（Gump & Kulik, 1997）。

社会隔离　在威廉·詹姆斯（1890）的经典著作《心理学原理》（*Principles of Psychology*）中，他认为社会隔离对人类是最残忍的折磨。他观察："对长时间被困在孤岛上的人来说，人类的脚印或者远处的人影必定会引发狂喜。"沃伦·琼斯（Warren Jones）和他的同事（1985）总结了很多增加社会隔离感的因素，包括刚刚搬家、刚上大学、失业、独自居住以及缺乏交通工具等。仅仅是让学生们想想他们独自终老的可能性就会导致他们胡思乱想或出现不理智、自我挫败的行为（Baumeister, DeWall, Ciarocco, & Twenge, 2005; Twenge, Catanese, & Baumeister, 2002）。

他人的出现并不足以缓解社会隔离的感觉。有时，当群体的其他成员忽略你的存在，那么处于这个群体中可能是你最孤独的体验（e.g., van Beest & Williams, 2006）。在一项研究中，研究者让学生们认为自己正在参与实验中的聊天室。在每个人完成自我介绍之后，其他群体成员将被试晾在一边。他们热情地讨论着行进乐队或者一个并不存在的摇滚乐队，从而忽视了被试的存在。被拒绝的体验似乎可以激发被试对归属感的需求，使他们特别关注关于陌生人的社会信息（Gardner, Pickett, & Brewer, 2000）。在另外一个实验中，学生们三人一组进行抛球游戏。试想，如果其他两个人忽视你的存在，球只是在他们两个人之间传来传去，你会如何反应。正如我们在本书第 1 章里提到的，在社会交往中被排斥的学生的脑电活动与遭受生理疼痛的个体的脑电活动非常类似（Eisenberger, Lieberman, & Williams, 2003）。通常来说，人们会通过增强社会联系、对结识的新朋友表现出更多兴趣、自愿与他人一起工作以及说他人喜欢听的事来应对社会排斥（Maner et al., 2007）。

7.2.3　拒绝支持

如果社会支持对你的健康如此有益，那么你或许会认为每个人都愿意获得尽可能多的社会支持，但有时人们会主动拒绝他人的社会支持（Buunk et al., 1993）。其中一个原因是我们并非总是将社会支持视作一件好事，尤其当我们无法报答他人时（e.g., Greenberg & Westcott, 1983）。正如我们在第 9 章详细讨论的那样，其他人给你提供帮助但你无法回报，这就成为尴尬的来源，使你觉得自己"被施舍"了。

潜在的尴尬阻止了人们向他人寻求支持的动机。比如，当我们完成一项我们并不擅长的任务时，他人在场只会增加压力（Blascovich et al., 1999）。想象这样的场景，正如欧文·萨尔诺夫（Irving Sarnoff）和菲利普·津巴多（1961）的经典实验中的被试一样，你将被告知你可能在弗洛伊德"口唇"期的很多任务上表现很差，包括从奶瓶上吸奶嘴和奶头。你是愿意和其他人一起等还是愿意独自等？如果你与该实验中的被试一样存在这些潜在的尴尬，你可能会选择独自等待。当朋友的出现可能使你觉得会被评价时，朋友支持的作用就会消失。某项实验中的女性学生被试需要完成有压力的数学测验，如果有亲密的朋友在身边，那么她们的血压值就会很低。如果她们的朋友处于评价者的角色，在这种情况下独自或者与陌生人在一起都会让被试感觉更好（Kors, Linden, & Gerin, 1997）。正如我们前面提到的，有时宠物狗的陪伴可能比朋友的陪伴更好，因为它们不会对你的智商做出嘲讽的评价。

有些人会不经意地拒绝支持。确实，特别需要情感支持的人可能会不经意地拒绝他们渴望的社会支持，正如我们下面要讨论的。

联结：适应与障碍

孤独和沮丧的自我助长循环

研究者发现，沮丧和孤独会同时赶走社会支持。开始的时候，沮丧的人无法应对他们生活中的压力（Marx, Williams, & Claridge, 1992）。他们更多地抱怨与他人的交往状况不佳，他们不能使用幽默作为应对方式（Nezlek & Derks, 2001; Nezlek, Hampton, & Shean, 2000）。结果，他们的行为只是增大了压力，使事情变得更糟。当他们向朋友或者室友寻求帮助时，他们对自己生活负面的关注会疏远那些可以提供支持的人。即使是最富有同情心的人最终也会对反复听到“生活是不幸的，所有的一切都不如意，所有的一切都让人绝望”的论调感到厌倦。因此，沮丧的人较少获得他人的支持（Gracia & Herrero, 2004）。

糟糕的是，沮丧的人可能会在看他们不舒服的人中寻求友谊（Swann, Wenzlaff, Krull, & Pelham, 1992）。**当沮丧者的朋友试图帮忙时，他们自己也变得沮丧了**（Joiner, 1994）。长期来看，其他人会觉得与沮丧者交流非常令人不快，以致他们开始回避沮丧者（Joiner, Alfano, & Metalsky, 1992; Strack & Coyne, 1983）。

孤独具有同样一些自我助长的特征，有时会直接与沮丧相联系（见图 7-1）。与更合群的同伴相比，孤独的学生更紧张、更沮丧、更可能批评自己（Russell et al., 1980）。他们更倾向用自我挫败的方式看待自己，即将交流中的问题归因于稳定的内部因素（“我没有做一件正确的事情”），即使他们的问题存在明显的外部原因（Peplau, Russell, & Heim, 1979）。比如，当刚进入大学的学生没有车去拜访他的朋友时，他会忽略自己身处的情境，认为自己会孤独就是因为别人觉得他没有吸引力、很无聊。

孤独的学生并非通过邀请其他人一起完成或者一起外出参与公共事务来缓解孤独，而是通过不健康的方式来应对社会隔离，比如暴饮暴食、吸食毒品或者看电视等。当孤独的学生和其他人在一起时，他们的行为表现会让他们看起来没有吸引力；与不孤独的学生相比，他们会更多地谈论自己、更频繁地转换话题、更少问谈话对方问题，而且自我表露更不恰当（Jones, Hobbs, & Hockenbury, 1982; Solano, Batten, & Parish, 1982）。

更糟的是，孤独的人对自己和他人存有不切实际的幻想（Rawlins, 1992）。在与其他人交谈之后，孤独的学生评价自己和他人会更加负向，对再见到对方的兴趣也不大（Gable & Reis, 1999; Jones, Freemon, & Goswick, 1981; Jones, Sansone, & Helm, 1983）。即使谈话对方对他们的知觉是正向的，孤独的学生也会觉得自己的表现很差，之后会离开交流情境（Christensen & Kashy, 1998）。

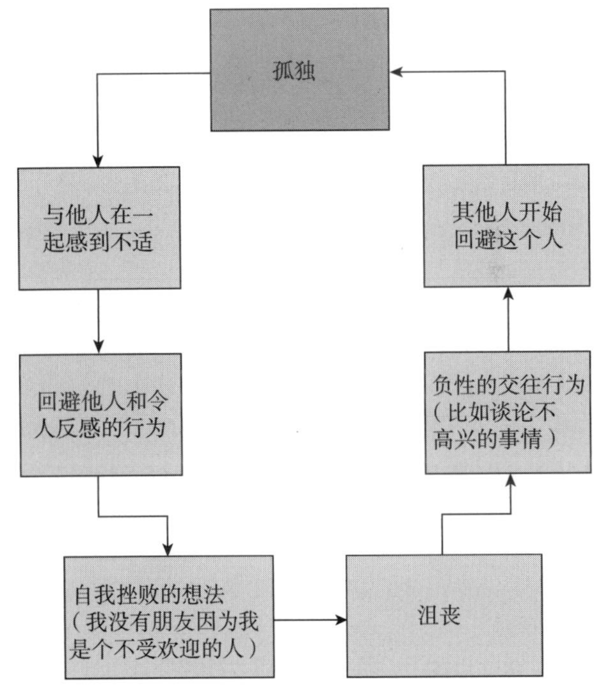

图 7-1　孤独的自我助长循环

孤独的人与其他人在一起会感到不适，并且其行为表现会减少社会支持的来源。这不仅增加了孤独感，而且会促使自我挫败想法的出现，进而导致沮丧。沮丧本身会使其他人感到厌烦，这样又会增加孤独感。

那么如果身陷这种自我助长的循环中，你能做什么呢？告诉自己一切都会好起来是更加有益的，因为保持乐观心态的个体能够更好地应对压力（Abend & Williamson, 2002; Brissette, Scheier, & Carver, 2002）。但遗憾的是，当感到沮丧时，我们很少能看到事情好的一面（Forgas, 1995）。我们刚刚讨论过的研究列举了你不应该做的事情：你不应该回避他人；如果他人试着给你支持，你不应该喋喋不休地抱怨自己的生活如何不幸来挫败他人。相反，你可以和与你有共同兴趣的其他人积极主动地交往（Lyubomirsky, Sheldon, & Schkade, 2005）。参与群体性的健身活动，比如参加瑜伽班或者有氧运动班等，这远比喝酒和看电视对你有益得多。对十几岁的儿童而言，有氧运动可视为一种强心剂，对年长的人也是如此（Kircaldy et al., 2002; Pennix et al., 2002; Salmon, 2001）。而且，在本章后面的部分中，我们会看到，当你与朋友或同事拥有相似的兴趣，且对他们的长处给予反馈，并提供给他们有用的资源或信息时，他们会更加积极地与你交往。虽然结交新朋友很好，但是保持老朋友之间的联系对减轻压力非常有帮助。大学期间，努力保持与高中同学的联系有益于缓解孤独情绪（Oswald & Clark, 2003）。

小调查

以我们刚刚回顾的研究为基础，你会给身陷孤独和沮丧循环中的朋友哪三条建议呢？

7.2.4 依恋与社会化发展

沮丧会导致负向循环，而对他人的强烈依恋则可能在我们与他人交往的过程中形成正向循环。英国心理学家约翰·鲍尔比（John Bowlby）（1969）在他的著作《依恋》（*Attachment*）中提出，与父母建立安全型依恋关系的个体会在以后的生活中更好地应对压力。这可能是因为与母亲建立安全型依恋关系的个体为获得支持做了更好的准备。在一项研究中，研究者对参与青少年夏令营的孩子们进行了从婴儿期开始的追踪调查（Shulman, Elecker, & Sroufe, 1994）。相比那些与母亲建立了非安全型依恋关系的孩子们，那些与母亲的依恋关系属于安全型的孩子们与同伴的交往更加熟练。与父母的关系属于安全型的孩子们后来也较少出现行为问题（Rohner, Khaleque, & Cournoyer, 2005）。作为成年人，拥有安全型依恋模式的个体与他人的关系更亲密、更令人满意，他们会认为身边人对自己的需求回应更加积极（Kafetsios & Nezlek, 2002）。在沮丧的循环中，具有讽刺意义的结论是**需求最少的个体最有能力获得支持！**

儿童成长到十几岁时，他们可能会粗暴地拒绝父母的情感支持。青少年逐渐从向父母寻求支持转变为向同伴寻求支持（Aseltine, Gore, & Colten, 1994），这一趋势一直延续到大学（Fraley & Davis, 1997）。实际上，与父母沟通似乎并不能减轻大学生的孤独感，只有与朋友沟通才会有帮助（Cutrona, 1982; Davis, Morris, & Kraus, 1998）。

但即使对大学生，父母的支持并非毫不相关。与父母关系融洽的学生负性情绪更少出现，学业成绩更优秀，然而，在这些方面朋友并不起特别的作用（Cutrona et al., 1994; Davis et al., 1998）。所以，如果某天你发现自己正在一个十几岁的孩子面前扮演父母的角色，他拒绝接受你善意的帮助，此时，继续敞开怀抱是对他最大的帮助。如果你是另一方，对你的心理健康和幸福感来说（并没有提到你的平均绩点），接受父母的帮助、靠在他们的肩上是最佳的选择。

近几年，还有很多研究关注依恋在成年人的恋爱关系中的作用（e.g., Campbell et al., 2001; McGowan, 2002）。在本书第 8 章，我们还会详细地探讨依恋的作用。

7.3 获得信息

安迪是如何从不受待见的监狱新丁，成为大家的朋友，甚至精神寄托的呢？最合理的解释是：他有囚犯们需要的东西——关于自我和精神有价值的信息和希望。安迪受过优良的教育，他可以帮助狱友写家书、识字、建图书馆，甚至可以通过帮助监狱长作假账，为狱友赢得啤酒。而这些正是囚犯们在失去自由、在严酷的监管下渴望获得的精神自由，也正因为如此，才使安迪与监狱中最有“权威”的瑞德成了无话不说的朋友。

虽然并不是所有的朋友或熟人都是带着其他国家的知识从遥远的地方来，但是他们可能是潜在有用的事实、想法或者其他选择的重要来源。如果你想快速地知道如何修理漏水的水龙头、如何给裤子缝褶边或者如何准备意大利面的调味酱，那么朋友或者邻居比公共图书馆的书本会更有帮助。**当我们与他人一起出谋划策时，我们团体的智商会上升**（Thompson & Fine, 1999; Wegner, 1987）。与朋友一起工作的个体在很多任务中的表现都较好，从记忆单词到解决复杂的问题（Andersson & Roennberg, 1997; Zajac & Hartup, 1997）。与朋友一起工作表现良好的原因之一是他们拥有类似的知识库，能够轻易地“读懂”相互间的感受和意图（Colvin, Vogt, & Ickes, 1997）。

他人除了是关于现实生活的信息来源之外，在我们想获得有关社会事实的答案时（比如“我有多可爱”），其他人的想法或多或少会发挥作用。当我们想寻求关于个人决策的反馈时，我们期待看到以各种方式支持我们想做的事情的信息，他人的建议能让我们更加平衡（Jonas, Schulz-Hardt, & Frey, 2005）。

7.3.1　社会比较与相似相吸

在第 3 章，我们提到了利昂·费斯廷格（1954）经典的社会比较理论。根据费斯廷格的理论，人们有评价自己想法和能力的动机，并且将自己与他人进行比较通常是最好的方式。有一些问题（比如我们在五分钟内是否能跑 1.6 公里）通过对照实际情况而非进行社会比较就可以知道。但是，回答关于我们的智商或能力方面的问题，我们就必须和其他人进行比较了。在处理与男朋友或女朋友的关系时，你是否不理智？其他人觉得你是友好还是不友好？你对死刑和堕胎的看法是否合理，还是这些想法让你看起来古怪？

费斯廷格的理论包含一个额外的假设，那就是**我们更喜欢与相似的人比较想法和能力，而非不相似的人**。比如，如果你想知道自己是不是出色的校内篮球运动员，你不会和 NBA 全明星相比，你会和其他的校内运动员相比。类似地，如果你是支持民主的人，并且想知道自己关于死刑和堕胎的看法是否合理，你不会与美国纳粹党（American Nazi Party）的成员进行比较，而会与其他民主人士进行比较。费斯廷格理论中的这一假设——被相似的他人吸引，对社会心理学中最为关注的课题之一产生了历史性的深远影响（Byrne, 1971; Hilmert, Kulik, & Christenfeld, 2006; Rushton & Bons, 2005）。

我们渴望获得他人的信息，部分是由于想获得准确的信息。但是大多数人想获得准确的信息是为了起到“一匙糖”的效果，所以我们会被那些让我们感觉好或者证实了我们世界观的信息吸引（Bogart & Helgeson, 2002; Buckingham & Alicke, 2002; Suls, Lemos, & Stewart, 2002）。我们会被相似的个体吸引，部分是由于他们经常同意我们的观点，这会使我们感觉良好（Clore & Byrne, 1974; Orive, 1988）。相反，我们倾向于对不同意我们观点的其他人产生负向回应（Chen & Kenrick, 2002; Norton, Frost, & Ariely, 2007; Rosenbaum, 1986）。相似个体会吸引我们，是因为我们存在一个简单的预期，相似个体会比不相似个体更喜欢我们（Condon & Crano, 1988）。但另一方面是他们会肯定我们对自己和世界的看法（Pittman, 1998）。当我们与他人做比较时，我们希望发现我们与成功人士之间的相似点以及我们与失败者是多么不同（Locke, 2005）。与比我们更差的个体相比会使我们对自己感觉良好，通过这些下行的社会比较，自我陶醉者会感受到很强烈的自我提升（Bogart, Benotsch, & Pavlovic, 2004）。

相似性与友谊。研究认为我们喜欢那些长相、年龄、想法、爱好、个人习惯与我们相似的人。相似个体最具吸引力的地方就是他们的信念和态度与我们是相同的。

7.3.2　自我表露者与非自我表露者

用一分钟想一个你最熟悉的人。你认识对一切都守口如瓶的人吗？他们很少表露关于自己或者自己感受的信息，很少为个人的生活而寻求他人的意见。相反，你能否想起某个你认识的人，他总是毫无隐瞒地愿意表露自己的个人感受或者经历，很高兴接受倾听者的反馈？

研究者发现在与他人交换个人和社会信息方面存在稳定的个体差异。在输入方面，有些人为了对适当的行为做出决策而需要其他人的反馈，有些人则喜欢自己做主。在输出方面，一些人可以公开地表露有关自己的信息，但另一些人则会有所隐瞒。确实，成为朋友最重要的体现之一就是**自我表露（self-disclosure）**，分享关于自我的私人信息（Derlega et al., 1993; Harvey & Omarzu, 1997）。相互间的表露如此重要，以至于在进行了半小时的私人信息相互表露之后，完全陌生的两个人会成为朋友（Aron et al., 1997）。你只要开诚布公地与他们畅谈，他们就会喜欢你（Collins &Miller, 1994; Ensari & Miller, 2002）。表露我们的内在想法和秘密会使我们有新的领悟，也会让我们感觉更好（Kelly et al., 2001）。

但个体在自我表露倾向上存在很大差异。男人会聊体育和政治等与个人无关的话题，女人更可能表露有关她们自己以及她们个人关系的信息（Martin, 1997; Salas & Ketzenberger, 2004; Sheets & Lugar, 2005）。虽然女人们的分享方式可能有助于解释为什么女人比男人拥有更令人满意的友谊，但是自我表露也有不利之处。与另一个人分享自己的秘密很可能为背叛、流言和隐私权的侵入打开了一扇门（Petronio, 2002）。在事后反省中，莫妮卡·莱温斯基选择琳达·特里普作为知己是个错误的决策。不忠的特里普曾鼓励莱温斯基说出她与美国前总统比尔·克林顿绯闻的所有细节，并对谈话进行录音，希望从爆料新闻中获利。克林顿的对手以这一披露出的秘密为由对克林顿进行弹劾审判以及后续针对总统私生活的窥视调查，这一后果不仅使莱温斯基和克林顿的颜面尽失，而且使美国国会陷入停滞。

除了自我表露倾向外，个体的其他因素也会影响我们如何传播和接收他人信息（DePaulo & Kashy, 1998; Kenny & DePaulo, 1993; Morry, 2005）。比如，特别需要社会认可的个体很可能只选择正向信息传递给他人（Cowne & Marlowe, 1964）。如果你特别需要他人认可，你可能会告诉史蒂夫其他人觉得他是一个发人深省且有口才的人，而不会告诉他其他同学都觉得他是无情的、爱争辩的人。

从接收的角度看，具有社交焦虑的个体倾向于对他人的反馈做出负向的解释（Pozo et al., 1991），比如“她说我的发型很‘特别’，是的！她可能是说我很古怪”。因此，焦虑的个体会将中性的消息知觉为坏消息，至少当这些消息是关于他们的时候。

7.3.3 重要事件的不确定性

是否某些情境会让我们向他人寻求社会信息呢？根据社会比较理论，当我们对一些重要的事件感到不确定时，我们与他人比较想法、能力或者反应的动机会增强（Marsh & Webb, 1996; Roney & Sorrentino, 1995）。我们不需要关注我们已经知道答案的问题（今年的圣诞节是12月25日吗）或者我们根本不关心的问题（伊朗和土耳其1992年的蚕豆产量哪个更高）。有些情境比其他情境更可能引发不确定性。比如，当某事件很重要时，当实际的真相很难获得时（Allport & Postman, 1947），流言（就像1692年流传的有关萨勒姆女巫的故事）的传播速度会更加迅速。在一项研究不确定性和归属感的实验中，学生们会受到生理电击的威胁。一些学生通过生理记录仪得知其他学生对相同的威胁是如何反应的。而另一些学生只知道自己生理反应的信息，还有一些学生没有获得任何信息（Gerard & Rabbie, 1961）。当学生认为他们知道其他人是如何反应的时，与那些没有获得任何信息或者只知道自己生理反应信息的学生相比，他们对归属感的需求较低。这一结果验证了在恐惧条件下个体对归属感的需求部分是由于想与其他人的反应进行比较。后来在面临各种有损健康威胁的人群中所做的研究发现了相同的效应（Buunk, Gibbons, & Visser, 2002）。

7.3.4 与我们的相似性

社会比较理论的另一个假设是处于不确定中的个体尤其愿意进行某种特殊的比较。该理论认为，我们会与相似的人进行比较，或者是因为“同是一条船上的人”，或者是因为具有相同的兴趣和人格（Kulik & Mahler, 2000; Marsh & Webb, 1996）。但个体与相似的人进行比较有一定的局限性。无论他人与我们相似与否，对于与我们的幸福密切相关的事，我们都希望那些能够提供准确信息的个体可以接纳我们。比如，需要接受冠状动脉分流术的病人们更希望曾经做过此种手术的人而不是也在等着做手术的人来陪伴他们（Kulik & Mahler, 1990）。同样，让学生们想象他们正在等待一次强电击，如果可以交谈的话，他们更愿意和经受过电击的个体待在一起（Kirkpatrick & Shaver, 1988）。

在威胁真实存在的情境中，归属感的主要目的通常是为了认知清晰。当个体的身体健康受到极大威胁时，他们不会仅仅在意他们的反应是否“在社交中恰当”，他们最想知道的是他们会怎么样（Kulik, Mahler, & Earnest, 1994）。

但是，当情境没有那么危险时，我们与相似的他人交往是为了使交流更加顺畅。在一项有趣的研究中，相似性只是在非言语甚至无意识的水平起作用。塔尼娅·沙特朗（Tanya Chartrand）和约翰·巴奇（John Bargh）（1999）录下了纽约大学的学生与实验助手谈话的情境。在这次实验中，实验助手要表现出一些肢体动作，比如晃脚或擦擦脸。结果如图7-2所示，学生们表现出了明显的非言语变色龙趋势，即模仿实验助手的动作。后来的访谈说明，人们甚至是无意识地做出这些动作的。研究者假设，这种显然是自动化的非言语模仿可能是为了增加他人的好感，使交流过程更加顺畅。为了验证这一想法，他们做了另外一个实验。在实验中，他们采用了相反的程序，让实验助手来模仿被试的非言语动作。与没有模仿被试非言语动作的实验助手相比，被试更喜欢模仿者，并且觉得交流过程更加顺畅。在我们的非言语交流中，一切进行顺利会让人感觉很好，被模仿的学生实际上会变得更愿意提供帮助，心怀也更大度（McIntosh, 2006; van Baaren et al., 2004）。

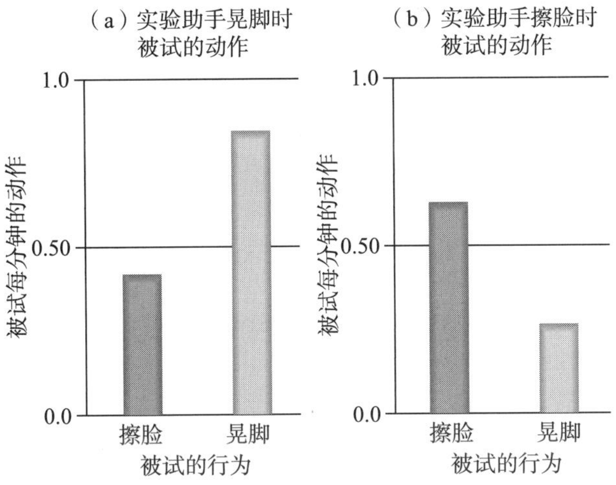

图 7-2　猴子看，猴子做，猴子喜欢

纽约大学的学生倾向于模仿实验助手细微的非言语动作。当助手晃他的脚时，学生们也更多地晃脚（见图 a）；当助手擦脸时，学生们也同样擦脸（见图 b）。

7.3.5　当不相似能挽回自尊时

是否向相似个体寻求信息取决于我们的自我概念。阿贝·特塞尔（Abe Tesser）（2000）提出，社会交往的一个重要目的就是对自我保持正向的评价。从他的自我评价保持理论来说，与相似个体进行比较可能是一把双刃剑。如果与你相似的个体非常成功，你可能会“享受他们的成功所带来的荣耀”（Cialdini et al., 1976; Hirt et al., 1992）。当说“我朋友的作品刚刚获奖了”时，实际是在隐约地表达你与这一荣誉的联系。但是，如果相似个体的优秀表现是在你认为你擅长的领域，那么可能你会对自己的表现感觉很不好（Beach et al., 1998）。比如，如果想象一下你自己也是一名作家，那么你朋友获奖可能会提示你还未获得任何有关写作的奖项。坎贝尔和特塞尔（1985）提出，最终的结果是，个体更喜欢那些与自己的表现不相上下的相似个体，而非表现比自己好的个体。

但是，如果我们发现在一些与我们如何定义自我无关的领域中，他人比我们优秀；或者当我们把他人当成自己的“家人”时，我们并不会因此觉得烦恼（Gardner, Gabriel, & Hochschild, 2002）。在处理长期的关系时，人们也很善于进行区分，以避免会引发嫉妒的比较。在坎贝尔和特塞尔的研究中，丈夫和妻子都是政治学教授，当研究者问到，他们在同一领域的表现是否引发了社会比较的问题时，他们都觉得很意外。他们指出，他们几乎不是同一个领域，因为一个研究国际关系，另一个研究比较政治学。

一个研究结果表明，有选择性的社会比较所产生的信息忽视可能确实与幸福感相关。索尼娅·柳博米尔斯基（Sonja Lyubomirsky）[①]和李·罗斯（Lee Ross）（1997）发现，长期不快乐的学生对社会比较信息的反应很敏感。如图 7-3 所示，当比搭档的表现好时，不快乐的学生对自己技能的评价就会上升；当比搭档的表现差时，他们就会降低评价。当比搭档的表现好时，快乐的学生也会提高评价；但是，当其他人比他们表现好时，他们不会在意这个反馈，并且无论怎样，都会提高自我评价！

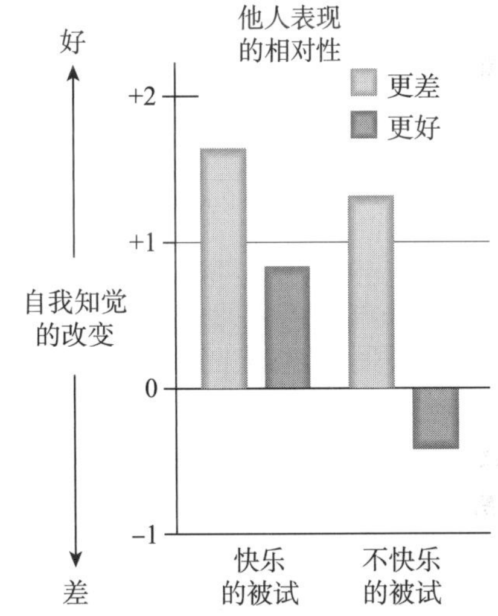

图 7-3　幸福地忽视社会比较信息

在一项研究中，学生需要在得知他人的表现比自己好或者差这一信息的前后评价自己猜字谜的水平。不快乐的被试在击败对手之后会提升自我评价，在被击败之后会降低自我评价。快乐的被试在击败其他学生之后同样会提升自我评价，但其他学生的表现更好时，他们同样会提升自我评价。

小调查

回想一次当你知道认识的某人获得了巨大的成功，而你也感到特别高兴的时候；回想另外一次当你听到他人成功的消息，而你感到非常心烦的时候。有什么不同呢？这两次体验如何与本节中提到的研究相对应呢？

① 索尼娅·柳博米尔斯基是积极心理学领域最值得关注的心理学家，她的著作《幸福的神话》中文简体字版已由湛庐文化策划、浙江人民出版社出版。——编者注

7.4 获得地位

在思考为什么安迪和瑞德会成为朋友这一问题时，最有趣的谜团是为什么瑞德想要与一位违反制度的人做朋友。没有几个人会拒绝与监狱的权威者瑞德成为朋友。而事实上，在瑞德接受安迪的友谊之后，在其他人眼中，安迪的地位也在不断上升。

人类并非是唯一一个通过建立关系来提高地位的物种，相似的政治力量联盟在其他灵长目的物种中也存在（de Waal, 1989）。比如，像人类一样，黑猩猩群体中的社会地位与“你认识谁”相联系，权力层中的最高职位通常被友谊联盟占据，它们相互协作，甚至可以战胜那只最庞大和最盛气凌人的黑猩猩。

联合起来获得地位。在电视连续剧《幸存者》（*Survivor*）中的个体能否在游戏中领先，通常取决于他们与其他有才能和有社会力量的人建立关系的能力，但是人类并非唯一一种靠结成联盟获得力量的灵长目动物。在左图中的两只雄狒狒组成一个联盟与右边体型更庞大、更有优势的雄狒狒争夺雌狒狒。通过结成联盟，两个优势有所欠缺的雄性个体都可能有交配的机会，但如果两只狒狒各自为战的话，这一情况则不可能出现。

7.4.1 男人的友谊更加等级分明

通过分别访谈大学三年级和毕业班的学生，研究者发现男生和女生在选择朋友时存在一个有趣的差异。**男生更可能依靠他们在职业发展中的个人身份进行选择，而女生则更可能将职业与亲密关系相融合**（Maines & Hardesty, 1987）。成年男性的友谊可能会回避讨论亲密的话题，而更关注活动，比如竞争性的运动（Martin, 1997; Shulman et al., 1997）。在与父母的交流中，成年男性可能讨论职业生涯和每所大学的情况，而女性更可能讨论朋友和家庭问题。在以后的生活中，女性会更多地与工作外的人建立联系，而男性会更多地与同事建立联系（Rawlins, 1992）。

在社会关系中，男性比女性更强调社会等级（McWilliams & Howard, 1993）。睾酮——一种男性比女性分泌得多得多的激素，研究者在人类和其他很多动物身上都发现这种激素与竞争行为相关（Frigerio et al., 2005; Schultheiss et al., 2005）。与这些结果类似，如果比她们的朋友表现好，女人（但不是男人）会感觉不好（Benensen & Schinazi, 2004）。安尼塔·巴比（Anita Barbee）和她的同事（1993）提出了友谊类型中的由性别差异导致的一种结果：因为男性角色不强调关怀和情感表达，因此男性往往觉得得到和给予情感支持非常困难。但是，因为男性角色更强调成就和独立，因此男性可能更擅长提供工具性支持（比如帮朋友修车）。

总之，男性建立关系更多以等级和工具性为特点——寻求地位的表现形式。正如我们前面所讨论的，女性建立关系更看重情感支持和亲密感。因此，男性可能在他们的关系中获得更多的是尊敬，而女性可能获得更多的是感情。

7.4.2 依靠关系获得地位

何种情境会激发人们为了获得地位而与他人建立联系呢？如果在某种情境中，地位非常重要，比如在工作情境的关系中，人们应该努力与上司建立关系。另一方面，如果对方有不太受欢迎的特征，会使建立的关系有污点，人们可能会有意疏远他们。

讨好高地位的人　当社会等级非常重要时，地位就成了关系中的主要推动力。确实，工作中的关系可能会沿着地位的方向发展（Kanter, 1977）。参加专业讨论会的研究生发现，他们的谈话对象会中断与他们的目光交流转而去看过路人的姓名标签，这让他们很气愤，也很苦恼。地位较低的研究生如果正在和一个阅读姓名标签者谈话，当对方认出了一位名人正从自己身边走过，那么这位研究生通常会被丢在一旁。“打扰了，我需要……啊，吉尔斯坦博士，我注意到了你的姓名标签。我读了很多您的文章，觉得非常受启发。”在调查组织中的个体办公室政治时，他们通常会提到，**与权力大的个体结盟是获得成功的一种途径**（Allen et al., 1979）。组织中的个体通常会同意上司的观点，希望借此博得老板的欢心（Greenberg & Baron, 1993; Liden & Mitchell, 1988）。确实，当一个人在谈话中表现出非言语的领导行为，那么另一方就会自动表现出顺从行为（Cheng & Chartrand, 2003; Markey, Funder, & Ozer, 2003）。

愿意与社会地位高的人建立友谊在高地位取向的文化中表现得尤其突出，比如在日本。在一项研究中，研究者让美国办公室的工作人员和日本办公室的工作人员对办公室的其他成员进行排序，以表明自己有多喜欢他们。美国人最喜欢与他们自己同级的员工，但日本人最喜欢那些地位高的人（Nakao, 1987）。

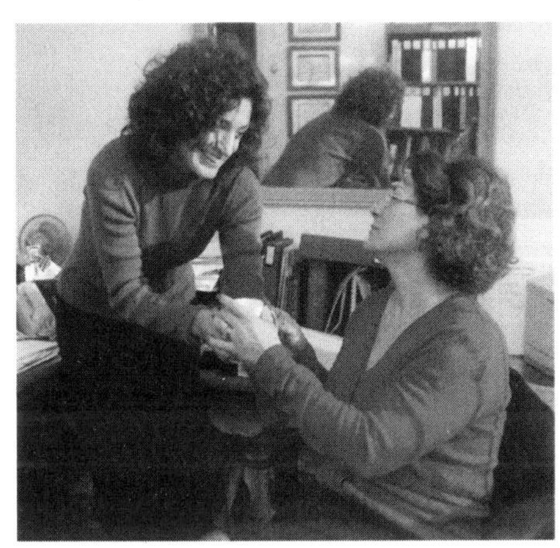

讨好上司。与自己上司建立良好的关系是向上爬的一种古老方式。

拒绝有污点的关系　另一方面，有证据显示，人们有时会中断那些让他们觉得丢脸或者感觉很差的社会联系。比如，在一项研究中，研究者让学生们填写“约翰逊愤怒和敌意量表”，然后告诉他们测评分数代表一个人“对敌意和压抑愤怒的倾向，但通常这种倾向是不会被意识到的”。研究者让另一些人填写“约翰逊不诚实量表”，并且让他们确信自己具有较高水平的“压抑不诚实”的倾向。随后，他们看到另外一些学生的人格问卷和一张小纸条。在小纸条上，另外的学生要么承认自己对小侄子很暴力，要么承认自己从健身房储物柜里偷过一些现金。那些为自己的“压抑敌意”做辩护的学生会远离那些愤怒的个体，并且评价自己的人格与之非常不相似。相反，那些为自己的“压抑不诚实”做辩护的学生则更多地与贼疏离（Schimel et al., 2000）。

从某种程度上说，这种疏离的现象恰好与“享受他人的成功所带来的荣耀”（到处宣扬与成功他人的关系）相反，我们在本书第 4 章已经讨论过了。斯奈德（C. R. Snyder）、玛丽安·莱斯加德（MaryAnne Lassegard）和卡罗尔·福特（Carol Ford）（1986）的研究通过将一小群学生分配到“蓝队”一起完成智力问答来研究疏离现象。他们被告知他们小组要么不及格（比同龄人的得分低 70%），要么高分通过（比同龄人的得分高 90%）。随后，学生们被告知“门旁边放着一个盒子，里面有队徽，如果愿意，可以戴上它”。与没有获得信息的学生相比，被告知自己小组不及格的学生更不愿意戴上队徽（见图 7-4）。研究者用海德（1958）的平衡理论来解释上述结果，正如我们在第 5 章讨论过的，这个理论假设人们会管理自己的社会联系来维持自己一贯（更加讨人喜欢）的形象。

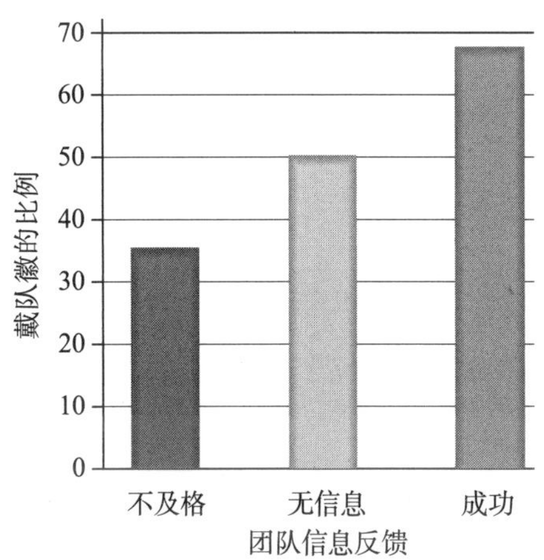

图 7-4　远离失败

在一项研究中，学生们被告知他们的团队表现很棒或者表现很差。与没有获得反馈信息的小组相比，那些认为自己的团队不及格的学生很少戴队徽。

7.4.3　男人的地位寻求会削弱社会支持

过于热衷在权力等级中向上爬的人可能会无法博得他人的好感。正如奥斯卡·王尔德所说：“**任何人都会同情一个朋友遭受的苦难，但能同情朋友的成功则需要非常良好的品质。**”确实，通过友谊获得情感支持和获得地位，两者之间存在内在的矛盾（Schneider et al., 2005）。实际上，有证据显示，长期来看，将工作和娱乐混在一起可能会损害一个人的社会支持系统。比如，高动机水平的学生通常会和朋友谈论他们的学业表现，但他们的朋友只是对高动机水平的学生做什么能获得成功特别感兴趣，所以这可能是失去这些朋友的一种表现形式；而低动机水平的学生通过与他们的朋友谈论很多有意思的事情来更好地维系他们的社会支持系统（Harlow & Cantor, 1994）。

在人的一生中，男性的地位倾向可能使他们并不适合作为朋友。异性间的友谊就是有趣的例证。结果证明，**男性很重视女性同伴，但女性并非总是同样的感觉，她们更愿意和其他女性出去**（McWilliams & Howard, 1993）。女性觉得同性间的友谊比异性间的友谊更有意义、更愉快（Reis, Senchak, & Solomon, 1985）。就像我们之前提到的，女性会用不同的方式表达对朋友的感谢，男性则不会那么直接地表达（Helgeson, Shaver, & Dyer, 1987）。女性会发感谢的短信，说"非常有趣，我很珍惜我的生活中有你！我们下周五再相约吃午饭吧"，而男性会说"我非常愿意帮你提高高尔夫的挥杆技术，我们下周五一起去，让你看看专业人士是怎么打球的"。令人有点意外的是，**两性在应对压力时都会寻找女性**。这是人在改变情境时出现的一种情况。男性的性别特点强调地位和竞争，这通常使他们处于一种与女性所处环境稍有不同的（缺少支持）社会环境中。

小调查

回想一位同性朋友和一位异性朋友。这两位朋友的行为方式与本章之前提到的研究有哪些相同，哪些不同？

再次说明，不肆意夸大社会行为中的性别差异是非常重要的。虽然男性确实在同性友谊中表现出更多的支配性和更少的宜人性，但在恋爱关系中，这一情况刚好相反，女性更可能开始吵架或者说起不愉快的事情（Suh, Moskowitz, Fournier, & Zuroff, 2004）。而且，人们通常并不会通过表现出刚愎自用和过强的进取心来实现社会支配地位。以成年男性和女性为被试的研究发现，男女两性都会将宜人性策略和强制性策略一起使用来达到社会控制的目的。

7.5 物质利益的交换

安迪通过为监狱长工作，为朋友赢得了两箱啤酒的福利。这时大家才真正开始对他另眼相待，瑞德也是在这个时候接过酒瓶并给以回应，默认他对安迪的接纳。瑞德的回应体现了人类具有很强的相互回报的动机。

相互回报不仅仅是一个礼貌的习惯，它或许是我们的祖先能够在困难时期生存下来的关键。设想你与一小群人生活在 1 000 年以前的南美洲茂密的丛林中。再设想一步，有的时候食物很充足，但有的时候却非常紧缺。你在当地专门钓鱼的池子里非常幸运地钓到了一只大鱼。你会把它储藏起来留给自己和家人吃，还是会分享给其他人？对历史上绝大多数的人种来说，我们的祖先们会在这个小群体中度过一生（Caporael, 1997; Sedikides & Skowronski, 1997）。对打猎－采集的研究表明，如果他们之间不相互分享食物和服务，他们可能会灭亡，而且这种灭亡是经常性的（Hill & Hurtado, 1993）。

例如，在巴拉圭丛林中的阿赫河部落中，猎人打到的猎物时多时少。某些天，他们带回家好多食物，几乎都吃不完；而另一些天，他们两手空空地回家。如果一个人打到一头野猪，把它留起来给自己和家人，那么大部分就会被浪费掉（在巴拉圭的丛林里没有冷冻的冰箱）。在不走运的时候，猎人和他们的家人就会挨饿。然而，猎人们并不会固守着"不屈不挠的个人主义"的生存哲学，幸运的猎人会把他的猎物分给其他的家庭。他们不是仅仅分享一小部分，而是分享大部分。为了回报这种慷慨，在他们不走运时，他们的邻居也会和他们分享（Hill & Hurtado, 1993）。通过交换资源，尤其是这种不可预测并且不确定的资源（打猎获得的肉类，与蔬菜庄稼不同），群体提供了一个相互的保险单来抵御饥饿（Kameda, Takezawa, & Hastie, 2003; Kameda et al., 2002）。

由于分享资源的重要性，所有的社会关于谁和谁分享什么东西都有强有力的规则（Haslam, 1997）。我们会在下个部分来讨论那些规则。

7.5.1 社会交换的基本模式

虽然我们最近或许没有和朋友、邻居分享"猎物"，但绝大多数人都会经常进行物质利益的交换，比如搭车去逛商店、感恩节一起吃晚餐、提供工作机会等。商品、服务的交换对社会生活来说非常重要，因此，一些社会心理学家认为它是我们与他人建立关系的核心（e.g., Brewer & Caporael, 2006; McCullough, Kimeldorf, & Cohen, 2008）。

在本章的开头，我们讨论了社会交换理论，该理论认为人们倾向于在与他人的关系中最大化自己的利益。我们也讨论了公平，在公平的交换模式中个体并非力求获得过多的自我利益，而是注重与他人交往的公平性。到底是哪个，我们是为了公平，还是为了尽力让自己的利益最大化？依情况而定。阿伦·菲斯克（Alan Fiske）是一名社会心理学家，也是一名田野人类学家。以他对不同的人类社会进行的研究为基础，菲斯克提出，世界上所有的人都会将关系分为四种基本类型，每种关系中都适用一套不同的社会交换的规则（见表 7-2）（Fiske, 1992; Haslam & Fiske, 1999）。

在**群体共享（communal sharing）**的关系中，群体的所有成员共享资源，在自己需要的时候索取，在他人需要的时候给予。家人通常按照群体规则来进行分享。在**权力等级（authority ranking）**的关系中，物品依据个体在群体中的地位进行分配。比如，在商业组织中，老板有高额的薪水、私人秘书、停车位等，还可以根据他的意愿进进出出。**平等分配（equality matching）**是指在交易中没有人比其他人得到得更多。一群朋友在中国餐馆通常按照如下的规则相互分享：每个人都要了一个春卷和一碗酸甜汤。除非每个人都先夹了一点宫保虾仁，否则没有人开始夹第二次。最后，在**市场定价（market pricing）**的交换形式中，每个人的付出与回报成比例。在欧美国家，如果一个服务员提供了良好的服务，那么他会期待较高的小费。如果你为一顿饭花了大价钱，那么你会期待菜肴的质量高于一般水平。市场定价大致与公平交换相当。

上述社会交换的复杂规则表明，人们在不同的关系中并非使用同一种交换规则。交换形式取决于谁参与了交往过程以及交往过程是何种类型。我们现在来看看会影响交换决策的人和情境的因素。

表 7-2　社会交换的不同模型

社会关系的类型	交换规则	使用此规则的社会关系的例子
群体共享	群体中所有成员在需要的时候共享资源并相互依靠和照顾	紧密联系的家庭
权力等级	高等级个体有权享受忠诚、尊敬和尊重；低等级个体则获得保护、建议和领导	军队中的小组
平等分配	没有人比其他人获益多，大家轮流、平等分享、相互回报	夏令营中，玩游戏的孩子们
市场定价	根据合理的利己原则进行交易。个体的付出与获得的商品或服务成比例，并且寻求可能的最佳“交易”	顾客与店主

7.5.2 共享倾向的个体差异

当你回想你认识的人，是否有些人总是在“计算”，比如一直关注自己对他人的付出与他人的回报？某个人是否会因损失或获益感到烦恼，似乎部分与他对社会交换的人格倾向有关（Clark et al., 1987）。具有共享倾向的个体认为处于关系中的每个人应该提供必要的帮助来满足另一方的需求（Clark & Jordan, 2002）。但是，共享倾向较低的个体会采用更为市场化的观点，那就是你给予他人的应该与你从他人那里获得的相等。如图 7-5 所示，布拉姆·邦克（Bram Buunk）和他的同事（1993）发现，共享倾向较低（市场取向）的被试只有在获得公平待遇时感觉最好，获得太多或者太少都会让他们不高兴。相反，在一段关系中，当付出与获得存在差异时，共享倾向较高的被试并未因此感到烦恼。

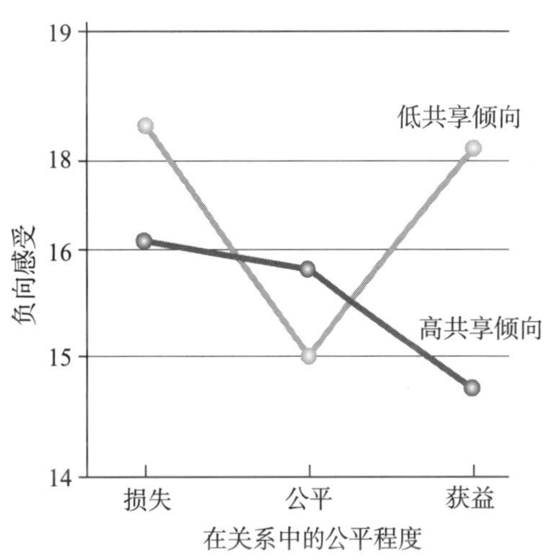

图 7-5　当比我们应得的获益多或少

布拉姆·邦克和他的同事发现高共享倾向的个体并不会因损失或获益而烦恼。但是，低共享倾向的个体，无论损失还是获益都会使他们体验到负向感受。

资料来源：From Bram P. Buunk et al. (1993). Perceived reciprocity, social support, and stress at work: The role of exchange and communal orientation. *Journal of Personality and Social Psychology,* 65, 801-811. Reprinted by permission of Bram P. Buunk.

因此，具有共享倾向的个体较少关注在社会关系中他们与他人的付出与收益，而具有另一种交换倾向的个体则推崇这样的格言：“当我向他人提供帮助时，我通常会期待某种回报”“最好能确保处于一段关系中的双方能保持‘均等’”。在塞雷娜·陈（Serena Chen）和她的同事启动被试去想权力的研究中，他们发现具有交易倾向（“计算者”）的被试会变得更加利己，但是，在启动了具有共享倾向的个体对权力的想法后，他们变得更具有社会责任感，会问自己他们能为他人做什么而非别人能为自己做什么（Chen, LeeChai, & Bargh, 2001）。正如我们在下一部分要讨论的，共享倾向不仅是个人特征，也是关系类型和社会情境的特征。

7.5.3 共享和交换关系

与我们先前讨论的个体对他人可能会采用不同的交换方式这一观点相一致，玛格丽特·克拉克（Margaret Clark）

和贾德森·米尔斯（Judson Mills）及其同事区分了人群中不同类型关系的特点（e.g., Clark & Chrisman, 1994; Mills & Clark, 2001）。交换关系是以过去交易的获益和回报或者个体对未来交易的获益和回报为基础的。另一方面，共享关系则是以为了对方的幸福相互关心为基础，母亲与孩子之间的关系就是共享关系的最好例证。母亲根据孩子的需要提供帮助，她并不会在脑子里盘算自己曾经的得失，觉得如果这个“交换”对她来说成本太高，就忽视这个孩子的感受。

很多研究都支持在交换关系和共享关系中存在效用差异。比如，年幼的孩子在与熟人分享获益时，他们使用公平原则，根据每个人应得的分配奖赏。但与自己的朋友分享获益时，他们更倾向使用平均原则，较少计较谁应得多少（Pataki, Shapiro, & Clark, 1994）。处于长期关系中的个体，或者想要建立长期关系的人们会不再计较他们对对方的付出。相反，他们会更关注对方的需求（Clark, Mills, & Corcoran, 1989; Mills & Clark, 2001）。

7.5.4 临近性与社会资本

减少分享成本的因素之一是物理距离的临近性。比如，如果你需要一杯糖或者一个鸡蛋，向你隔壁邻居借比走过一个街区向你熟悉的好友借花费的成本要少得多。如果你想找人下一盘棋或者分享一个比萨，道理是一样的。

过去几十年的研究证明了强有力的**接近－吸引原则（proximity-attraction priciple）**，即我们从居住或者工作地点的附近选择朋友。比如，在学生住宿项目中进行的一项有关友谊的经典研究发现，让居住者说出在各种复杂的情境中他们最喜欢谁，隔壁的邻居会榜上有名（Festinger, Schachter, & Back, 1950）。这并非是因为人们选择住在了朋友的旁边——居住者的寝室是随机分配的。

邻居具有吸引力不仅是因为与他们交往成本较低，而且因为他们彼此更熟悉。鉴于人们有点害怕陌生刺激的出现，包括其他人的面孔，因此，经常碰面就会产生好感（Bornstein, 1989; Zajonc, 1968）。对我们经常看到的人、地方、物体表现出好感被称为**曝光效应（mere exposure effect）**（e.g., Harmon-Jones & Allen, 2001; Lee, 2001）。仅仅阅读属于某群体的成员姓名可能会使我们更喜欢他们，也会内隐地喜欢上群体的一部分（Greenwald, Pickrell, & Farnham, 2002）。熟悉与喜好之间的关联如此之强，有时还会通过相反的路径起作用：如果我们喜欢一个陌生人，我们会觉得这个人很熟悉（Monin, 2003）。一组印象深刻的研究发现，人们不仅喜欢与自己名字首字母相同的人（名字为 Doug Kenrick 的人喜欢名字为 Dave Kenny 的人），而且喜欢那些名字发音与自己名字相似的城市（名字为 Louis 更可能喜欢住在 St. Louis），甚至是发音相似的职业（名字为 Dennis 或者 Denise 的人更可能成为牙医［dentist］）（Pelham, Carvallo, & Jones, 2002）。

除了熟悉以外，邻居还有一个更加明显的优势。物理距离的临近性使人们日常的社会交换非常容易。林恩·玛格道（Lynn Magdol）和黛安娜·贝塞尔（Diane Bessell）（2003）发现，与亲戚朋友住得更近的人拥有更多的**社会资本（social capital）**，即个体从人际网络中获得的资源。当这些研究对刚刚搬家的人们进行调查时发现，地理距离越远意味着从他人那里获得的陪伴和照顾就越少。当他们搬到离朋友和亲戚很远的地方时，女性会比男性的适应力更差（Magdol, 2002）。这与我们之前讨论的研究相适应，说明女性与他们的社会网络具有更亲密的联系。

曝光与吸引。在竞选总统之前，通过多次媒体曝光以及为自己的自传宣传，在 2004 年民主会议上发表引人注目的政策演说时，奥巴马就已经建立了自己生动鲜活的公众形象。科学研究的结果支持了这种政治敏感，曝光使一个人更具吸引力。

小调查

临近性如何影响你已经建立的、已经结束的以及你生活中的友谊？

7.5.5 远距离的朋友：电视、facebook 和网络

最近几年，很多人与自己的朋友和伙伴越来越疏离。相比 20 世纪 70 年代，在 2 000 名美国人中，有 58% 的人不参与俱乐部的活动，有 33% 的人不与其他家庭成员一起面对面吃饭，有 45% 的人不邀请朋友一起吃晚餐。罗伯特·帕

特南（Robert Putnam）（2000）回顾了大量的数据，试图确定造成日益严重的社会疏离的因素。一个原因是现在的美国人花越来越多的时间静静地坐在电视机前，看电视剧中男演员和女演员与他们的朋友交往，而非实际与人交往。另一个原因是流动性，人们住的地方距离上班的地方很远，所以只得占用很多与人交往的时间独自坐在高速公路的车里。

虽然一些技术的进步增加了我们之间的距离，但是其他的东西可以帮助我们保持与社交网络中其他成员的联系（Bargh & McKenna, 2004）。社交网络的网站（比如facebook）、手机短信、本地咖啡馆的互联网都使人们可以更加容易地与远方的朋友联系（Buffardi & Campbell, 2008; Ellison, Steinfield, & Lampe, 2007; Igarashi, Takai, & Yoshida, 2005）。社会心理学家原本期待发现这些技术革新可以带来与面对面交流一样的益处，但结果却发现利弊并存（Kraut & Kiesler, 2003; McKenna, Green, & Gleason, 2002）。一项研究发现，网络使用增多会损害与家人和朋友的关系，导致沮丧和孤独的增加（Kraut et al., 1998）。梅勒妮·格林（Melanie Green）和她的同事发现，人们被互联网上的交流吸引，因为它很简单，比与真实的陌生人交谈风险更低，可以获得即时的满足。但是，从长期来看，这些研究者发现，提高"替代性社会交往"与实际交谈所占时间之比会降低生活整体的满意度（Green et al., 2005）。但是，一项对在线软件facebook进行的研究表明，使用这种服务的个体确实增强了社会资本，并从中获益。对低自尊的个体尤其如此，他们不大可能会主动发起面对面的交谈（Steinfeld, Ellison, & Lampe, 2008）。然而，这种与朋友的虚拟联系无法替代在同一间屋子里与朋友面对面的交谈（Kraut & Kiesler, 2003）。

facebook。在芝加哥工作的凯莉·黄（Kelly Huang），通过facebook与她的老朋友、在纽约工作的蒂娜·李·纳罗（Tina Lee Naro）重新取得了联系。从得克萨斯的高中毕业后，他们十年没见面了。正如文中描述的，网上的沟通有利也有弊。

7.5.6　交换关系在西方和非西方文化中有差别吗

艾里斯今年八岁，和父母及五个兄弟姐妹住在巴布亚新几内亚岛小村落的一座茅草屋里。她的祖父母住在3米以外的房子里，她的叔叔们和他们的家人住在另外邻近的房子里。她称自己的同辈堂亲为哥哥（弟弟）和姐姐（妹妹），她每天和他们一起玩。每天，家人都会与亲戚交换食物，这增强了他们之间的联系。作为游戏的一部分，艾里斯学着照看她的亲戚们。艾里斯知道当她长大之后，她会和住在附近村落里的一个远房亲戚结婚。

埃丽卡和自己的父母、年幼的弟弟一起住在瑞典的一座人口超过百万的城市郊区的公寓里。她们家住在这里仅仅两年的时间，虽然她也交了几个朋友，但是小伙伴们经常搬走，因此渐渐地失去了联系。埃丽卡每年会拜访她的外祖父母六次，其他亲戚两次。她现在是学校90名二年级学生中的一员。放学后，她会进城上音乐课，她在那里遇到的女孩都住得离她非常远。长大后，她打算进入大学学习医学，也可能会定居在其他国家（Tietjen, 1994）。

跨文化心理学家范斯理·蒙哈达（Fathali Moghaddam）、唐纳德·泰勒（Donald Taylor）和斯蒂芬·赖特（Stephen Wright）（1993）发现，艾里斯和埃丽卡社会生活之间的差异说明了三个重要的特征：

1. 西方社会中的人际关系更倾向于自由选择；在更为传统的文化中，人际关系是非自愿的。正如谚语所说："你可以选择朋友，但不能选择家人。"在从事农业的团体中或丛林里的村落中，确实没有太多的选择。你能认识的人仅限于你的家人、部落和宗教的群体。扩大的家庭可能会限制相互的自由，但同样也会减缓成员的压力（Diener, 2000）。

2. 在更为传统的文化中，相对西方文化而言，人际关系更加持久和连续。在现代的城市环境中，你见过一次的人可能不会再见到，你的很多朋友会离开，他们被新朋友取代，甚至你的婚姻都可能是暂时的。在小农业团体或丛林的村落中，你与其他团队成员的关系会持续一生。

3. 在西方的都市社会中，人际关系更具个人主义色彩；而在更为传统的文化中，人际关系更具集体主义色彩。和见过一次面的熟人（比如在排队付款时与你交谈的人）、和好朋友以及和恋人都是一对一的关系。这些关系的建立取决于人格、态度、信念和两个人的意愿。在小团体中，一个人与邻居和亲戚的关系由他们所属的群体决定。

传统社会的很多特点不利于发展自由的、暂时的、具有个人主义的人际关系。有些仅仅是因为技术的关系。一个住在西藏山区里的人可能“仅仅”与隔壁村庄的潜在朋友相隔30公里；但为了跨越这30公里，他必须沿着小路徒步穿过大山，并且仅单程就要花掉一整天的时间。在西藏村民沿着山间小路徒步走30公里的相同时间内，无须费劲，一个在美国纽约的人就可以拜访在洛杉矶、西雅图甚至伦敦的朋友。电话、传真机、电子邮件使现代城市的居民可以轻松地与全世界的人们取得联系。

扩大的家庭。 人际关系的研究者会笼统地强调自愿的、短期的关系，比如在大城市中的人际关系。但是跨文化研究者提出，在世界上绝大多数的乡村文化中，人们的人际关系是以非自愿的扩大的家庭关系为特征的。

这些人际关系差异的另一个来源是集体主义和个人主义不同的社会规范。就像我们在本书第2章讨论的，集体主义倾向的社会认为社会群体比个人需要更重要，认为依赖与独立是相互对立的（Hsu, 1983; Kitayama, Mesquita, & Karasawa, 2006）。但是，像美国、加拿大这样的个人主义社会则更加强调个体的权利、自由、公平和人际独立（Hofstede, 1980; Iyengar & Lepper, 1999; Triandis, 1994）。

像美国、加拿大这样的现代化大都市社会，带有较多的个人主义色彩和较少集体主义色彩，可能与处于流动、高民主社会中的个体所建立起来的人际关系类型有关。与个体的人际关系网由亲密的家庭成员组成相比，个体的人际关系网大多由短期的、可替换的熟人组成，这使以市场为基础进行的资源分配更有意义。

对人际关系跨文化差异的另一种观点认为，这是文化与广泛且普适的进化心理学的交互作用（Norenzayan & Heine, 2005）。现代城市的欧洲人和新几内亚的乡村居民并不存在那么多的差异，并且他们也并没有那么多凭空随意创造的文化。相反，每个地方的人在处理陌生人、熟人、朋友和亲戚的关系时都有不同的方式（Haslam, 1997）。现代文化与传统文化之所以有如此大的差异可能是因为现代都市生活的结构已经大大改变了不同类型的基本社会交往的频率。在下一章中，我们将关注长期的爱情和家庭关系。我们会看到，这些关系几乎不遵循商业关系中的类似原则。

回顾

两位囚犯的友谊

在回顾了有关归属和友谊的研究之后，安迪和瑞德之间的友谊似乎少了一丝神秘。就像我们提到的，很容易理解为什么安迪和瑞德成为朋友。朋友之间的关系可以直接转化为地位和物质财富。全世界友谊的建立通常会受到物质交换或者获得或维持地位的需要的驱动。

虽然安迪无助于提高瑞德的地位，但与安迪建立友谊是出于瑞德其他的社会动机。安迪能够带给瑞德其他囚犯无法给他的东西——大量有关希望的信息。

在本章中，我们再次看到了社会心理学与其他领域知识的联系。比如，有关社会拒绝和生理疼痛的脑活动的研究说明了社会心理学与认知神经科学的联系；有关孤独和沮丧的研究说明了社会心理学与临床心理学的联系；有关不同类型的社会交换和社会资本的研究说明了社会心理学与经济领域之间日益增强的联系；有关现代交流模式的研究，比如社交网络的网站，说明了社会心理学与工程学之间有趣的联系，证明了我们发明的东西会如何重新创造我们的社会生活。

友谊的研究说明了自私的理性人的经济原则在解释亲密关系时还需要继续完善。举例来说，如果你想让其他人喜欢你，那么付出比得到看起来更好。如果你正在与完全不认识的陌生人进行商业谈判时，就以自私的交换准则来处理与对方的关系，并计算你提供给他的和他提供给你的价值是完全恰当的。但是，米利斯（Mills）和克拉德（Clard）（2001）的研究表明，这种市场导向会使人们保持距离，熟人想要成为朋友需要一种共享倾向。

人们从日常人际关系中获得的东西在很多方面超出了物质交换。朋友的情感支持在应对压力时是无价的，所以，**把你的肩膀借给需要的朋友确实会使你成为更有价值的朋友**。愿意分享你的知识同样可以使你成为一个更好的朋友，尤其是你并非以无所不知的方式进行分享。无所不知的方式会让你的朋友觉得自己被轻视了。对男人来说，模仿女性友谊的模式是非常有用的，对朋友多一点赞美和关爱，少一点竞争（除非你的朋友是你的队友，可以分享你的荣耀）。最后，我们得出似乎仅仅与他人离得近就可以提高我们的吸引力，所以尤其对内向的人而言，努力混入群体，并与他人熟悉就能够提高自己的社会资本。因此，有关归属和友谊的社会心理学研究提供了理解友谊的线索，以及建立和保持友谊的方法。

关键词

权力等级（authority ranking）
群体共享（communal sharing）
领域一般性模型（domain-general model）
领域特异性模型（domain-specific model）
平等分配（equality matching）
公平（equity）
经验取样法（experience sampling method）
朋友（friend）
健康心理学（health psychology）
市场定价（market pricing）
曝光效应（mere exposure effect）
接近 – 吸引原则（proximity-attraction principle）
强化情感模型（reinforcement-affect model）
自我表露（self-disclosure）
社会资本（social capital）
社会交换（social exchange）
社会支持（social support）

第8章

爱情与浪漫关系

"大象与鸽子"的风流韵事

当弗丽达·卡罗（Frida Kahlo）与蒂亚戈·里维拉（Diego Rivera）结婚时，她22岁，他42岁。除了年龄的差距之外，他们的身材也存在着很大的差异。因此，她的父亲戏称他们为"大象与鸽子"（Kettenman, 2008）。弗丽达比蒂亚戈漂亮得多，但这种年龄和相貌上的差异并没有阻止他多次出轨。弗丽达虽然接受了蒂亚戈与多名女性发生关系的丑恶行为，但是他与弗丽达妹妹的婚外情最终使他们离婚。当时，她通过一幅描绘一位流血的女性被自己的丈夫谋杀的作品来表达她的痛苦之深。弗丽达曾遭遇严重的电车事故，这次事故使她的整个余生沉浸在痛苦之中。而她又一次将与蒂亚戈的关系和几乎致命的电车事故进行了比较。"在我的生命里，有两次重大的意外遭遇：一次是电车事故，另一次是嫁给蒂亚戈，而蒂亚戈是最坏的遭遇。"因此，他们的离婚一点也不意外。但是，令人惊奇的是，在他们分开一年之后，弗丽达再次嫁给了蒂亚戈。

然而，他们的生活一点也不幸福。后来，当蒂亚戈与一名漂亮的墨西哥电影明星公开闹出绯闻时，弗丽达在自画像中将蒂亚戈画在她的前额，眼泪正从她的脸上滑落。

从弗丽达·卡罗和蒂亚戈·里维拉之间的关系中，可以提出几个关于两性关系的问题。爱情的特征是什么？是什么驱使人们与比自己年老或者年轻的人发生婚外恋？男性与女性在处理恋爱、家庭生活、性忠诚方面有哪些不同？什么因素会导致情侣分手，什么因素会使他们在一起？在本章中，我们会回顾一些研究，使这些问题明朗化。

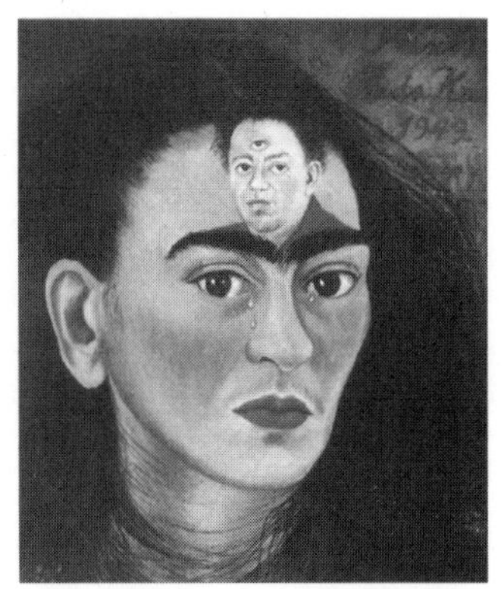

8.1 爱情与浪漫吸引的定义

爱情是什么？答案并非像回想第一次脸红那么简单。首先，爱情具有多方面性，并不能以单一的特征来定义它（Fletcher, Simpson, & Thomas, 2000; Hendrick & Hendrick, 2006; Kenrick, 2006）；其次，爱情并非只有一种形式（Campbell, Foster, & Finkel, 2002; Shaver et al., 1987）。

8.1.1 爱情特点的定义

当定义爱情特点的时候你会想起什么？对英国哥伦比亚大学的学生来说，"关怀" 居首位，被试的提名比例为 44%（Fehr, 1988）。后续的研究发现，关怀、信任、亲密是大多数人对爱情定义的核心特征（Fehr, 2006）。但是，学生们也提出了爱情的很多其他特征，包括一些不太符合研究者初衷的特征，比如"心跳加速"、"极度愉悦" 和 "性激情"。

那么爱情的众多不同特征能否浓缩成一系列的感觉呢？罗伯特·斯滕伯格（Robert Sternberg）（1986; 2006）提出，爱情可以缩减为三个必要的因素（见图 8-1）。

- **激情（passion）**：生理唤起和渴望在一起（比如 "性激情" 和 "心跳加速"）。
- **亲密（intimacy）**：感情增进的心理感觉，包括相互分享和情感支持。
- **决定 / 承诺（decision/commitment）**：在短期内，决定说出你爱某个人；在长期内，承诺保持这份爱情（see also Arriaga & Agnew, 2001）。

我们怎么知道斯滕伯格的三因素理论是有效的呢，或者是否还应该存在爱情的六因素或者七因素模型呢？一个答案来自于因素分析，这是一种统计技术，可以将测验条目或者行为表现归类到概念相似的组中。

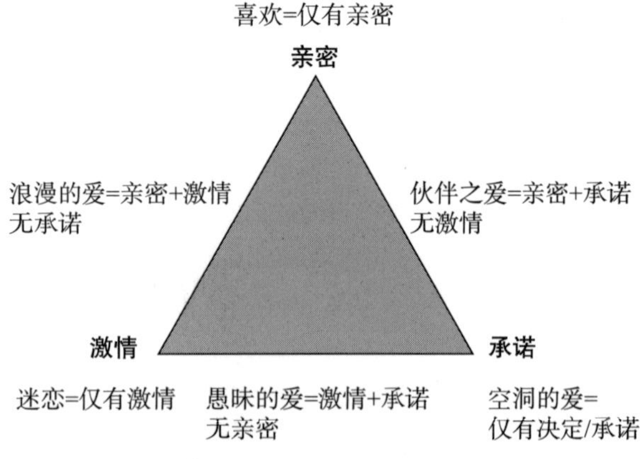

图 8-1 斯滕伯格爱的三角形

根据此模型，爱情包含三个独立的成分：激情、亲密和承诺。

联结：方法与证据

揭示爱情的不同因素

科学事业的目标之一就是简化复杂性。心理学家经常发现，一些令人炫目的特征掩盖了一个更为简单的潜在结构。比如，人们使用上千个单词相互描述（从 "利他" 和 "挑剔细节" 到 "滑稽可笑" 和 "热心"）。**因素分析（factor analysis）**是一种统计技术，它可以将测验条目或者行为表现归类到概念相似的组中（Fletcher, Simpson, Thomas, & Giles, 1999; Sternberg, 2006）。如果你想描述你的老板具有宜人性，那么你可能会描述她很热心、很友好。因此，热心、友好和宜人性这些单词在描述他人时相互间存在相关。那么因素分析会将它们归类到一个共同的分类中（或者因素中）。同样，如果你想描述你的同辈表亲非常勤奋，你可能也会描述他非常有条理和不辞辛苦。所以，因素分析会将这些词语划分到另一个概念组中（Donahue, 1994; McCrae, Terraciano, et al., 2005）。

爱情的诸多特征中是否也存在潜在的共同因素呢？当亚瑟·阿伦（Arthur Aron）和洛丽·韦斯特比（Lori Westbay）（1996）对 68 个爱情特征进行因素分析时，这些特征被分为三大类：第一组包含例如信任、关怀、诚实、宽恕这样的条目；第二组包含忠诚、奉献和牺牲；第三组包含心猿意马、性激情和兴奋。

因此，阿伦和韦斯特比的因素分析支持了斯滕伯格的理论：爱有三个核心组成部分，分别为亲密、决定 / 承诺和激情。一些研究者发现，描述亲密因素的个体的心理感受与描述其他两个因素的个体的心理感受有一点点重叠（Acker & Davis, 1992; Fletcher, Simpson, & Thomas, 2000）。也就是说，对其他人的深沉的亲密感通常与对其他人的激情和承诺紧密相关。

像所有统计技术一样，因素分析是一种工具而非一种获得真相的神奇方法。它可以轻易地发现研究者关注的任何条目之间的相关关系。比如，研究者如果忽视了代表激情因素的条目，那么可能会只发现两个因素。同样，因素分析可以总结大样本中的相关关系，但并不能告诉我们爱情中的个体差异。

尽管存在这些局限，但因素分析对发现复杂现象中的潜在模式还是非常有帮助的。而有关对爱情因素的研究也获得了一些一致性的结论（Aron & Westbay, 1996）。比如，对大多数人来说，爱情至少包含一个因素。并且对大多数人来说，亲密是一个核心因素。

8.1.2　是否存在不同类型的爱

对爱情因素的研究（比如激情、亲密、承诺）提出了这样的问题：在一个人的一段恋爱关系中，不同的心理感受是怎样的？比如，相比姐姐布伦达和鲍勃的婚姻，艾丽西娅与阿尔弗雷多的婚姻承诺更多，激情更少？关于爱情类型的研究提出了一个不同的问题：在不同的两性关系中，不同的因素是如何组合在一起的？（Hendrick & Hendrick, 1986; 2006; Sprecher & Regan, 1998）艾丽西娅对丈夫阿尔弗雷多的爱与她对姐姐布伦达的爱有何不同？

为了区分这一差异，思考一下你可能用爱这个词描述的不同关系。这些关系并不是都包含同等的激情、亲密和承诺。如果你正迷恋你们班上一个非常有吸引力的陌生人，你可能会感受到激情而没有亲密或者承诺。相反，你可能会向自己的姐姐做出承诺，但是不会在她面前心跳加速。

在一项检验不同类型的爱的研究中，学生们会考虑如下问题：

如果要求列出椅子的类型，你可能会写摇晃的椅子、躺椅、草椅、餐椅、凳子、变形椅等。我们现在感兴趣的是爱的类型。请写出你能想到的尽可能多的爱的类型。

学生们提到了很多不同类型的爱，包括对宠物的爱、对生活的爱，但是绝大多数的爱都是对他人的爱。前十位包括友谊、性爱、父母的爱、兄弟般的爱、兄弟姐妹的爱、母亲的爱、激情之爱、浪漫的爱、家庭的爱和初恋（Fehr & Russell, 1991）。

这些类型的爱可以更进一步划分为两大类：一类是父母的爱、家庭的爱、兄弟般的爱；另一类是激情的爱、浪漫的爱、初恋。确实，研究者通常会区分伙伴的爱和激情的爱（Fehr, 2006; Sprecher & Regan, 1998）。哈特菲尔德（Hatfield）和拉普森（Rapson）（1996）将**激情之爱（passionate love）**定义为“一种非常渴望与他人结合的状态”，将**伙伴之爱（companionate love）**定义为“对那些与我们的生活紧密相关的个体的喜爱和温柔之情”。有证据表明，激情之爱和伙伴之爱可能受不同生物系统的控制（Diamond, 2004）。在本章中，我们在讨论获得性满足的目标时会详细地讨论激情之爱。我们在讨论建立家庭联系的目标时会详细地讨论伙伴之爱。

虽然激情之爱和伙伴之爱之间的差异是核心差异，但是这种差异很可能会造成额外差异（e.g., Fisher, 2006; Hendrick & Hendrick, 2006）。比如，在迷恋或性欲中，只有性吸引的感觉，没有亲密感或任何承诺（Berscheid, 2006; Weis, 2006）。

不同类型的爱与不同类型的亲密关系相联系（Berscheid, 2006; Lieberman & Hatfield, 2006）。不同类型的感觉可能会满足不同类型关系中的不同需求，我们会在下一节进行讨论。

建立家庭联系的目标。父母与子女之间强烈的依恋关系确实使我们的祖祖辈辈成功地生存下来。

小调查

回想三个不同的人，要求你对这三个人要有不同类型的爱。思考他们在斯滕伯格三因素模型中的位置。

8.1.3 浪漫关系的目标

恋爱和维持浪漫关系的目的是什么？这些关系与友谊有何不同？

浪漫关系与友谊的一个重要差异就是对性满足的渴望。激情因素是由生理吸引、浪漫和对性结合的渴望三者相互联系构成的。实际上，研究证明，激情之爱和性吸引存在很大程度的重合（Hatfield & Rapson, 1996; Lieberman & Hatfield, 2006）。因此，在本章中，我们考虑的第一个动机就是对性满足的渴望。

我们的祖先不仅仅需要性动机来确保他们后代的存活。人类幼儿的存活总是取决于相互联系、相互分享资源的父母（Geary, 2008; Hazan & Diamond, 2000; Salmon & Shackelford, 2008）。在怀胎九月之后，女性会花很多年来照顾自己的孩子。与绝大多数哺乳动物类的雄性不同，男性通常会待在女性身边帮助她照顾小孩（Geary, 2008; Miller & Fishkin, 1997; Zeifman & Hazan, 1997）。人类的幼子还从祖父母的大量投资中获益（Euler & Michalski, 2008; Laham, Gonsalkorale, & von Hippel, 2005; Salmon & Shackelford, 2008）。因此，浪漫关系的第二个重要的目标就是建立家庭联系。

从某种程度上说，浪漫关系可以获得与亲密朋友的情感所带来的所有好处。恋人，就像朋友一样，可以提供信息和社会支持。当被问到他们最亲密的人是谁时，提到爱侣的人比提到任何其他个体的人更多（Berscheid, Snyder, & Omoto, 1989）。我们更希望我们的爱侣善良、具有宜人性，并在价值观和个人特质上与我们相似——甚至仅仅是与我们名字的首字母相似。我们对爱侣的希望就像对朋友的期待一样（e.g., Jones, Pelham, Carvallo, & Mirenberg, 2004; Peretti & Abplanalp, 2004）。因此，我们在第 7 章讨论的有关朋友间社会交换的很多研究同样适用于浪漫关系中。在本章中，我们会讨论在浪漫关系中获得资源和社会地位的几种特殊方式。正如我们将看到的，在恋爱关系中，资源和社会地位的作用存在着有趣的性别差异。

8.2 获得性满足

弗丽达·卡罗与蒂亚戈·里维拉都因他们的性欲望而声名狼藉。弗丽达与很多女性或男性传出绯闻，并且她告诉过一个朋友她对生活的态度就是“做爱，洗澡，再做爱”（Herrera, 1983）。弗丽达和蒂亚戈都沉浸在与各自性伴侣的激情之爱中。这并非巧合，因为在激情之爱中，性欲望通常被列为是最重要的部分（Jacobs, 1992; Sprecher & Regan, 1998）。

在日常生活中，性欲望经常被唤起。一般的大学男生或者女生每天都会有几次性幻想（Baumeister, Catanese, & Vohs, 2001; Ellis & Symons, 1990）。但并非所有人都受到同等的性动机的驱使。当阿尔弗雷德·金赛和他的同事们进行性活动的调查时，他们遇到一个在 30 年里只射精一次的男性和一个声称在 30 年里每周射精超过 30 次的男性（Kinsey, Pomeroy, & Martin, 1948）。

我们从思考什么样的特征会使人们具有性吸引力开始。之后，我们会关注性别、性激素、人格差异、性取向对性动机的影响。接下来，我们会讨论性行为如何随着情境发生变化——从过山车般短暂的强烈兴奋感到广泛共享的文化规范。

8.2.1 谁具有性吸引力

任何经历过青春期的个体都会不由自主地发现体态在决定谁性感和谁不性感中的强大作用。面容姣好的个体会受到异性更热心的照顾，因此约会更频繁，性经历也更多（Feingold, 1992; Reis et al., 1982; Speed & Gangestad, 1997）。当学生们认为自己可能会与一个外表很漂亮或英俊的人约会时，他们会非常愿意说一些关于自己的谎话，从而提高他们被选中的机会（Rowatt, Cunningham, & Druen, 1999）。虽然我们愿意经常听到我们的伴侣附和我们关于自己的想法，但在吸引力这个问题上则例外。与我们看待自己相比，我们期待他们认为我们更加具有吸引力（Swann, Bosson, & Pelham, 2000）。“不，亲爱的，你一点也不像伍迪·艾伦，更像布拉德·皮特！”

我们认为具有吸引力的是什么呢？从某种程度上说，答案会随着时间和地域发生变化。比如，女性以瘦为美的趋势在 21 世纪美国主流文化和其他文化中都发生了变化（Anderson et al., 1992）。与其他的种族相比，非洲裔的美国男性更喜欢臀部较大体重较重的女性（Freedman et al., 2004）。早期的个人经验也很重要，人们会被那些眼睛和头发的颜色与自己父母相类似的异性个体所吸引（Little et al., 2003）。

同时，有些特征被普遍认为是具有吸引力的（Cunningham, Barbee, & Philhower, 2002; Zebrowitz & Montepare, 2006）。尽管在 20 世纪关于胖瘦的喜好发生了变化，但一般来说，男性通常更喜欢具有较低腰臀比的女性（大臀细腰）（Singh, 1993）。具有较低腰臀比的女性（大约为 0.7）会更健康，生育能力更强，生的宝宝也更健康

（Lassek & Gaulin, 2008; Singh, 2002; Weeden & Sabini, 2005）。任何洗发水的广告都会告诉你，对女性而言，有光泽且发亮的头发是具有吸引力的，头发的长度和质量与活力和健康相关（Hinz, Matz, & Patience, 2001）。对女性来说，大眼睛小鼻子同样是具有吸引力的，而对男性来说，中等尺寸的鼻子和较宽大的下巴更具吸引力（Cunningham, Druen, & Barbee, 1997）。与吸引力相关的另一种性别类型的特征是音调。男性认为具有较高音调的女性更具吸引力，而相比高音来说，女性则更喜欢具有中音音调的男性（Feinberg et al., 2005; Puts, 2005）。在选择性伴侣时，女性还喜欢肌肉发达和运动型的男性（Frederick & Haselton, 2007; Honekopp et al., 2007; Li & Kenrick, 2006）。

在其他几项研究中，研究者使用电脑图形处理软件将几张面孔合成一张“平均”的面孔。**相比构成合成面孔的原来的单独面孔，人们通常认为合成的面孔更好看**（Jones, DeBruine, & Little, 2007; Langlois & Roggman, 1990; Rhodes, 2006）。为什么呢？这主要是因为合成的面孔更加对称（Jones et al., 2007）。身体的对称性，或者说个体身体的左边与右边的相似程度对两性都是有吸引力的（e.g., Langlois & Roggman, 1990; Mealey, Bridgstock & Townsend, 1999; Rhodes, 2006）。心理学家史蒂文·甘杰斯特（Steven Gangestad）和生物学家兰迪·桑希尔（Randy Thornhill）（1997）测量了学生们右侧的脚、脚踝、手、手腕、肘和耳朵，并且与左侧身体的测量结果进行了对比。身体的对称性对男性和女性的性行为有不同的影响。对称的男性会比不对称的男性更早出现性行为，有更多的性伴侣，而这一效应在女性中并不存在。甘杰斯特和桑希尔认为，女性可能会选择对称的男性作为性伴侣，因为这些男性可以提供“良好基因”，这些基因可以使后代更加健康。与该假设相一致，对称的面孔被认为更加健康（Jones et al., 2001; Rhodes et al., 2001）。

美丽具有普遍性吗？虽然在不同的文化中，人们装饰自己的方式不同，但是有很多特征，比如对称性和健康，都被普遍认为是具有吸引力的。

正向的表情和行为同样可以提升吸引力，并且我们会被那些我们熟悉的人吸引。所以，如果我们经常闲逛，特别是如果我们常常微笑以及表现友善的话，我们就会看起来更好。在回顾了有关吸引力的文献之后，莱斯利·泽布罗维茨（Leslie Zebrowitz）和吉利思·罗兹（Gillian Rhodes）（2002）提出，对个体具有吸引力而言，对称性或具有典型的性别特征既非充分条件也非必要条件，“百花齐放才是春”。

8.2.2　性行为中的性别差异

你能接受配偶的智商最低水平是多少？关于单身约会呢？如果仅仅是一夜情而你又不会再见到这个人，那么你又会怎样呢？

当亚利桑那州立大学（Arizona State University）的学生被问到上述问题时，男性和女性通常会提出类似的标准（Kenrick, Sadalla, Groth, & Trost, 1990）。比如，对单身约会而言，男性和女性都要求对方至少要具有一般人的智商。对结婚的伴侣而言，两性都要求对方具有高出常人的超高智商。但在性伴侣的选择标准上，男女两性出现了极大的不同，如图 8-2 所示。男性愿意与没有达到他们约会最低标准的女性发生性关系。

当学生们被明确问到一夜情时，男性和女性的差异更加明显（Kenrick, Groth, Trost, & Sadalla, 1993; Li & Kenrick, 2006）。在几个不同国家进行的很多研究都重复了这样的趋势，男性对偶然发生的性爱更感兴趣（e.g., Greitmeyer, 2005; Regan, 1998; Shackelford et al., 2004; Wiederman & Hurd, 1999）。实际上，当被问到生活中遗憾的事情时，男性更希望他们能与更多的女人上床，而女性则更希望她们能尽力避免与失败者扯上关系（Roese et al., 2006）。对来自世界各地 16 288 名被试进行的调查显示，两性在渴望多样的性爱上存在差异是一个普遍现象（Schmitt et al.. 2003）。

当然，态度并非总能完美地预测实际的行为。有证据表明，在问卷调查中，女性比男性更可能低调处理她们的性行为（Alexander & Fisher, 2003）。如果提供一个真实的一夜情的机会，两性的表现是否真的存在差异呢？在一项田野研究中，一名大学女生在校园里朝一名男子走去，然后说道：“我总在校园里遇到你，我觉得你非常有魅力。”随后，这名女大学生问这名男子如下三个问题中的一个：“你愿意今天晚上和我约会吗”“你愿意去我的公寓吗”或者“你愿意和我上床吗”（Clark & Hatfield, 1989）。

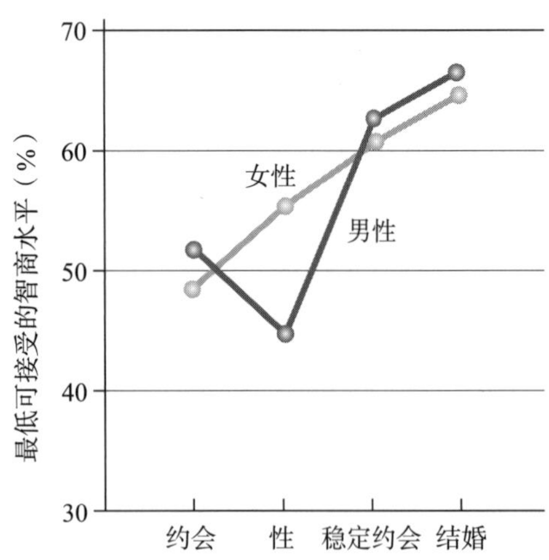

图 8-2 对另一方的最低要求

当被问到对约会或者结婚对象可接受的最低智商水平时，男性和女性具有类似的标准。但是，男性则报告他们愿意与没有达到他们约会智商要求的女性发生性关系，而女性则对性伴侣非常挑剔。在这一点上存在明显的性别差异。

资料来源：Kenrick, Sadalla, Groth, & Trost (1990).

实验的另一部分是男性向女性走去并问同样的问题。你认为她们会说什么？如图 8-3 所示，有一半的男性和女性同意约会，但是对其他的请求则出现了明显的性别差异。实际上，没有一名女性同意上床。但是，相比约会，男性甚至更愿意发生性关系。

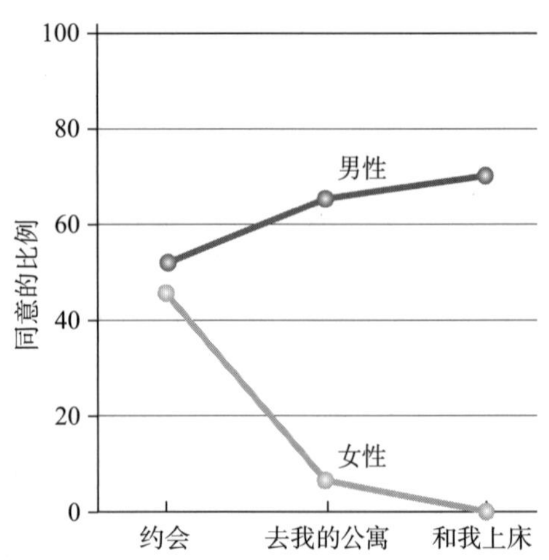

图 8-3 男性和女性对陌生人示好的反应

在佛罗里达州立大学的校园里，学生们经常会被异性邀请约会、去自己的公寓或者发生性关系。男性和女性接受约会的比例相当，但是对带有性暗示的反应存在很大差异。

资料来源：Based on Clark & Hatifield (1987).

仅仅是因为害怕怀孕才使女性更不喜欢那么主动的性生活吗？对同性恋者的研究发现答案是否定的。虽然在同性性爱的行为中女性没有怀孕的风险，也不会遇到潜在的具有侵略性的男性，但相比异性恋的女性，女同性恋者实际上更喜欢的是主动性较少的性生活（Bailey et al., 1994; Schmitt et al., 2003）。

在承诺关系之外的性行为上，男女两性存在明显的差异。但当处于一段长期的关系中时，两性则会更加相似（Kenrick et al., 2001; Li & Kenrick, 2006）。回想一下，虽然女性并没有兴趣与陌生人做爱，但她们和男性一样都对约会感兴趣（见图 8-3）。实际上，男女两性对长期伴侣的智力选择性也是完全一致的（见图 8-2）。虽然这些性别的相似性不太容易被发现，但是它们是同样重要的。我们在讨论建立家庭联系的动机时会再次说到它们。

性满足本身对男性和女性的意义略有不同。男性和女性在什么年纪会达到他们的“性高峰”呢？当问及此问题时，所有年龄段的男性都会说女性比男性要晚得多（Barr, Bryan, & Kenrick, 2002）。但是，同样的研究还发现，人们定义男性的性高峰通常用性高潮的欲望和频率，但女性的性高峰通常用对性的满意度来定义。当被要求回忆他们最满意的性经历是在什么时候时，男性和女性一致认为是在他们经历了性欲望的高潮之后。

小调查

我们讨论了男性和女性性行为处理方式的相似之处和差异之处。你还能否想出上面这部分未曾提到的一些相似性或者差异性？

8.2.3 激素与性欲

研究者发现越来越多的证据表明：激素类，比如睾酮和雌激素，在性欲望、寻找有吸引力个体的行为，甚至在他们会觉得谁具有吸引力方面都发挥了重要的作用（e.g., Durante, Li, & Haselton, 2008; Gangestad, Garver-Apgar, Simpson, & Cousins, 2007; Miller, Tybur, & Jordan, 2007）。

很多研究发现，在男女两性中，性欲望与激素的分泌水平存在相关（Leitenberg & Henning, 1995; Regan, 1999; Sherwin, Gelfand, & Brender, 1985）。正在走向成熟的十几岁的少男少女会出现性幻想同样与睾酮水平升高有关（Udry et al., 1985）。与我们讨论的性行为中的性别差异相一致，男性比女性的睾酮水平高很多倍（Dabbs, 2000）。像其他动物一样，睾酮对性行为和初始的交配行为有错综复杂的影响

（McIntyre et al., 2006）。短期两性关系中的男性睾酮水平较高，而已婚男性的水平较低（Gray et al., 2004a, 2004b）。一般来说，随着男性进入一段关系，睾酮的水平会下降，但如果他还对和其他女性建立性爱关系感兴趣，那么睾酮水平就不会下降（McIntyre et al., 2006）。

后叶催产素是另外一种与性接受力、提高女性生殖器的润滑程度以及两性的高潮相关的激素（Salonia et al., 2005）。神经心理学的证据表明，相比男性而言，女性较高的后叶催产素水平与女性将爱和性联系在一起存在相关性（Diamond, 2004）。对人类来说，大部分的性行为是以亲密的爱恋关系为背景的（Sprecher & Regan, 2000）。因此，后叶催产素通过提升恋人间的感情依恋促使强有力的家庭关系产生，这是人类交配关系中的一大特点。

最近的研究表明，女性的性行为与月经周期中生育能力的变化相关，并且受到激素的调节，比如孕激素和雌激素。当女性处于产卵期（很可能怀孕），她们会穿着更性感、更时尚的衣服，打扮得更闪亮，还会关注一些可以结识男性的社交聚会（Durante, Haselton, & Li, 2008; Haselton & Gangestad, 2006; Haselton, Mortezaie, Pillsworth, Bleske, & Frederick, 2007）。在这些时候，她们觉得自己更性感，异性也觉得她们更有欲望（Haselton et al., 2007; Pillsworth, Haselton, & Buss, 2004; Schwarz & Hassebrauck, 2008）。使用功能性磁共振成像的神经心理学研究发现，排卵期前后，女性大脑中奖赏中枢的活动更频繁，这说明女性在这个时期渴望更多的即时满足（Dreher et al., 2007）。

在一项颇具创造性的现场研究中，杰弗里·米勒（Geoffrey Miller）、乔希·泰伯（Josh Tybur）和布伦特·乔丹（Brent Jordan）（2007）恳请 18 名“在绅士俱乐部工作的专业脱衣舞女”协助实验。他们让舞女记录下她们的小费水平以及有关月经周期的信息。研究发现：与其他阶段相比，她们处于排卵期时获得的小费会显著变多。为什么呢？其中的一个原因可能是她们处于排卵期时，行为更具挑逗性，就像我们先前提到的。还有证据表明，在月经周期中的这个阶段，女性的面容、声音以及身上的味道会更加吸引人（Pipitone & Gallup, 2008; Roberts et al., 2004; Singh & Bronstad, 2001）。

在生育期，女性除了会发出不同的信号外，还会在月经周期的不同阶段接受不同类型的男性。处于生育阶段时，女性更容易被肌肉强壮的对称男性吸引（Feinberg, DeBruine, Jones, & Little, 2008; Gangestad et al., 2007; Little, Jones, & DeBruine, 2008）。当生育力比较弱时，女性更愿意回应热心和忠实的男性（Gangestad, Garver-Apgar, et al., 2007）。但这些效应在使用口服避孕药的女性中并没有出现，这说明变化的喜好是激素水平变化的结果。确实，雌激素水平的提高（在排卵期最高）与女性被“良好基因”的特征吸引存在相关关系，但孕激素在经期最高，它与女性被带有类似女性特点以及愿意为后代投资的男性吸引存在相关（DeBruine et al., 2005; Garver-Apgar, Gangestad, & Thornhill, 2008; Jones, Little, et al., 2005; Jones, Perrett et al., 2005）。

总之，最近使用多种方法的研究，包括激素类、脑活动、月经周期对女性行为影响的研究，表明我们的性行为受自身体内和他人体内生物事件的影响，并且很多事件都是在我们无意识的状态下发生的。

8.2.4 社会性性行为取向

在欧洲和北美，传统婚礼上的誓言都有这两句话：只爱对方，一世相守。但是，虽然弗丽达·卡罗与蒂亚戈·里维拉热恋着对方，但一夫一妻的承诺却没有成为他们关系中的一部分。在遇到蒂亚戈之前，弗丽达与高中男朋友的关系一度因她与美术老师及后来与另一位女性的性约会而变得非常紧张。在他们婚后，蒂亚戈鼓励她与其他女性的性爱关系（有一些也是他的情人），虽然他会嫉妒她与其他男人发生关系，但是他没有资格要求对方保持性忠贞。

弗丽达和蒂亚戈在很多方面都非常前卫，他们的爱情生活肯定已经偏离了北美社会的“完美标准”。但是研究者发现，虽然一夫一妻存在于人类社会中，但是人类也不仅仅只有一种交配策略。除了性行为的文化差异之外，还有证据表明，在任一社会中，不同人会采用不同的交配方式（Jackson & Kirkpatrick, 2007; Webster & Bryan, 2007）。

杰弗里·辛普森（Jeffry Simpson）和史蒂夫·甘杰斯特（1991, 1992）发展了一个量表来测量**社会性性行为取向（sociosexual orientation）**——偏爱无约束的性（无须以爱情作为前提）和有约束的性（将性行为局限于长期的、相互爱慕的感情关系中）。该量表包含类似的问题：“你多久幻想一次与其他人做爱而非你目前约会的对象？”另外还有测量同意与否的题目：“在我觉得轻松且完全享受与他的性爱之前，我愿意与此人建立亲密的依恋关系（包括情感和心理上的）。”

与约束倾向的个体相比，无约束倾向的个体在更小的年纪就对性产生了好奇。他们会发生更多的一夜情，也更可能将异性朋友视为性伴侣（Bleske-Rechek & Buss, 2001; Oostovich & Sabini, 2005）。在任何既定的关系中，他们发生性关系的时间都会更早；在同一时间他们更可能有多段关系，并对他们约会对象的承诺和爱恋更少（Simpson & Gangestad, 1991）。另外，有约束倾向和无约束倾向的个体会寻求不同类型的对象。无约束倾向的个体会选择善于交际和有吸引力的对象，并会将他们的注意力集中于那些有吸引力的异性身上（Duncan et al., 2007; Maner, Galliot, Rouby, & Miller, 2007）。无约束倾向的女性同样会被肌肉强壮的男性吸引（Provost, Troje, & Quinsey, 2008）。有约束倾向的个体更喜欢与那些具备成为好父母的相关特质的对象在一起，比如责任感、热情或忠诚（Gangestad & Simpson, 2000）。

8.2.5 同性恋和双性恋吸引

在金塞及其同事（1948）的经典研究中，他们发现在他们的样本中，有超过 1/3 的男性和 13% 的女性都经历过至少一次同性性爱的高潮。虽然对金塞的取样方法有很多质疑和批评，但后来的研究者也发现，有很大比例的被试报告他们会被同性吸引。比如，最近以澳大利亚近 5 000 对双胞胎为被试的一项研究发现，虽然，仅有 2.2% 的男性和 0.6% 的女性为单纯的同性恋，但是有相当大比例的被试——13% 的男性和 11% 的女性至少与同性有过性经历或被同性吸引过（Zietsch et al., 2008）。

同性性行为提出了一个有趣的问题：自然选择的目的是为了促进成功繁殖，那么为什么如此大比例的被试是同性恋呢？一种可能是同性恋者在传统上可以帮助他们的亲属抚养后代。对传统社会（萨摩亚群岛）中的同性恋男子的研究支持了这种假设（Vasey & VanderLaan, 2008）。这一解释与同性恋者更可能是大家庭中后出生的孩子的研究相一致（Camperio-Ciani et al., 2004; King et al., 2005）。但是，在现代大都市背景中的研究并没有支持这种亲戚 – 支持的假设，或许因为在现代社会中，同性恋倾向于离开家庭成员（Bobrow & Bailey, 2001; Rahman & Hull, 2005）。

另一种可能是任何预测同性性行为的基因都为其他异性亲戚带来了益处（Zietsch et al., 2008）。有证据表明，与异性恋的亲属相比，同性恋的亲属有更多的性伴侣以及有更多的后代（Camperio-Ciani et al., 2004; Zietsch et al., 2008）。这一现象还未解决，并且有证据表明，不同的解释可以适用于男女同性恋以及像弗丽达·卡罗那样的双性恋（Diamond, 2007; 2008）。

本章提到的很多研究主要集中于异性恋，这些人构成了人群中的绝大部分。但是，我们在本章随后的部分中会再次讨论同性恋者和异性恋者之间的相同和不同。我们还会讨论在其他社会中非常普遍的非一夫一妻制的交配关系。一条重要的启示是：人类性行为的类型比西方社会规范所能精确描述的要更多样。

同性恋与双性恋。本节提到的一项最近的研究发现，虽然 1% 的女性为同性恋，但是相当大比例的女性曾经与同性有过性经历或被同性吸引。

8.2.6 唤起情境

如果你想让新的约会对象产生浪漫激情，带这个人去看恐怖电影是否能达到目的呢？或许可以。有几个研究表明，任何唤起情境都能产生浪漫激情（Foster et al., 1998; Lewandowski & Aron, 2004）。比如，对电击产生的恐惧、坐过山车或者站在岩石峡谷中摇摆的吊桥上都被发现可以提升容貌出众的陌生人的浪漫吸引力（Dutton & Aron, 1974; Meston & Frohlich, 2003）。仅仅剧烈运动几分钟就能够增强男性对一名漂亮女性的好感（White, Fishbein, & Rutstein, 1981; White & Kight, 1984）。在一项研究中，情侣们的手和脚被尼龙绳绑在一起，头上顶着圆柱形的枕头，同时需要利用手和膝盖爬过健身的垫子，跨越大概四米高的障碍。与其他玩比较平淡游戏的情侣来说，被试们觉得这个游戏非常令人兴奋，并且这个令人兴奋的游戏增进了他们之间的感情（Aron, et al., 2000）。

威胁或开合跳如何能增强对他人的浪漫激情呢？根据**爱情双因素理论（two-factor theory of love）**，爱情，像其他情绪一样，包括一般的生理唤起（快速心跳、心猿意马）和一个标签（爱、害怕或者兴奋，依据你经历的唤起情境）（Berscheid & Walster, 1974）。双因素理论假设，当情境中的唤起被误以为是潜在的恋人所引发的时，**任何唤起情境都能在某种程度上提升激情反应**。双因素理论与兴奋转移理论密切相关，我们会在第 10 章讨论攻击行为时提到。研究发现，同样的唤起可能会让人感觉到浪漫的吸引力，但在其他情境中就有可能被知觉为愤怒（Meston & Frohlich, 2003; Zillmann, 1994）。

罗密欧与朱丽叶效应。恋爱中的阻碍会激发唤起状态，有时这种状态会煽动爱的火焰。莎士比亚依靠直觉对这一现象做出了解释，并且被几个世纪后的社会心理学研究加以证实。

根据双因素理论，在任何情境中如果你处于唤起状态，那么就有可能被归因为你发现了吸引你的人，但是只有当你认为这就是唤起的原因时才会如此。其他一些研究发现，学生们对他们认为具有吸引力的个体的好感会提升，即使他们已经非常清楚他们的唤起状态与此人无关（Allen et al., 1989）。在这项研究中，因剧烈运动而处于唤起状态的男性会认为漂亮的女性更漂亮，甚至在他们对女性做出评价前，他们被肥大的血压袖带钩住胳膊，研究者还几次提醒他们曾做过运动，但最终他们还是会认为漂亮的女性更漂亮。看起来，要让唤起增加我们的激情，并不需要我们犯认知上的错误。正如一杯咖啡中的咖啡因可能会使一名运动员跑得更快或者使一名演讲者语速更快，突然的唤起会使你对原来就吸引你的人更加有好感。

8.2.7　性行为的文化规范

弗丽达·卡罗与蒂亚戈·里维拉非传统的性生活方式是否反映了文化的影响？他们的关系始于“咆哮的 20 年代”，欧洲和北美文化称其为一段性实验期（Martin, 1973）。20 世纪初期，墨西哥发生了翻天覆地的变化。弗丽达与蒂亚戈是激进派和自由思想者国际组织的成员，他们的目标是颠覆社会传统（Herrera, 1983; Wolfe, 1991）。

并非所有人都在咆哮的 20 年代经历了性实验时期，但是半个世纪后的六七十年代，欧洲和北美社会中的大部分人都在另一次“性解放”的浪潮中觉醒。这些影响仍在持续，关于婚前性行为的社会规范相比 20 世纪 50 年代更加开明（Regan, 2003）。

除了历史因素以外，有关开始性行为的年龄以及对婚前和婚外性行为的接受程度都存在社会性的差异（Hatfield & Rapson, 1996; Lieberman & Hatfield, 2006）。比如，在埃及的西华人们对婚前性行为有强烈的禁忌，年轻人不能违反（Ammar, 1954）。相反，在太平洋的曼加伊亚岛屿，年轻的孩子可以公开练习性交，每个人在婚前都有多个性伴侣（Marshall & Suggs, 1971）。北美人的性观念处于两者之间。美国人开始接吻的平均年龄在 13 岁左右，绝大多数人在 16 岁前就具有某些性经验（Regan & Joshi, 2003; Reynolds et al., 2003）。相反，日本人开始接吻的年龄则在 20 岁左右（Hatano, 1991）。

一项在多国进行的调查发现，巨大的文化差异会随着男女两性的普遍差异而变化。比如，对于“你希望在今后 30 年里拥有多少个性伴侣”这个问题，澳大利亚女性平均为四个，而亚洲国家的女性平均少于两个（澳大利亚的男性同样与亚洲的男性存在差异，然而这两个地区男性性伴侣的数目都是女性的两倍）（Schmitt et al., 2003）。

爱情、性、婚姻的组合规范在不同的社会中同样存在差异。激情之爱具有跨文化性，但对婚姻而言，并非总是必要的（Lieberman & Hatfield, 2006; Schmitt, 2006）。当被问到是否会与其他方面都很出色，但自己对对方并无爱意的人结婚时，大约 50% 的巴基斯坦人和印度人说可以，但不到 5% 的美国人或日本人同意（Sprecher et al., 1994）。意大利人和美国人认为浪漫的爱情是正向的东西，但中国人认为它是负向的东西（Shaver, Wu, & Schwartz, 1991）。

在一个国家内部，有关恰当性行为的规范同样存在文化差异。定期参加宗教服务的美国人对婚外性行为、色情作品、同性性行为和堕胎的态度更加消极（Hood et al., 1996; Weeden, Cohen, & Kenrick, 2008）。宗教团体通常会施加很强的社会压力，旨在推进一种高质量的、一夫一妻的生活方式。对于结婚很早并开始养育子女的人来说，无约束的性行为是一种威胁，因为它可能会扰乱婚姻的稳定性（Weeden et al., 2008）。

8.2.8　男人与女人对性情境的不同认识

在一项经典的研究中，研究者让男性和女性被试观看一段五分钟的男女间的对话。随后，研究者让对话者和观看者评价此次对话。相比女性而言，男性认为女性谈话者的表现更具挑逗性（Abbey, 1982）。这种知觉差异可能会导致两性出现不愉快的误会（Abbey et al., 1996; Sheets & Braver, 1999）。

后来的研究发现，相比女性而言，**男性更容易将女**

性的赞美、礼物或者触摸视为性欲望的信号。相比男性而言，**女性更难将男性的赞美、礼物或者触摸视为承诺的证明**。作者用适应性来解释这种相互解释的偏差。因为女性可能怀孕，所以她不可能对分辨男性的意图毫不在意。然而，因为女性对上床有所顾虑，所以，不错过任何可能的性欲望的信号是男性在意的（Haselton & Buss, 2000; Haselton & Funder, 2006）。

文化与性行为。亚洲情侣推进爱意的速度远远低于北美情侣。

在另一项研究中，被试需要识别出照片中的面孔是否表现出“压抑”潜在情感的任何微妙信号。实际上，研究者对照片进行了仔细筛选，确保所有的面孔都表现为中性情绪。在观看了一段使被试的思想进入浪漫情境中的电影剪辑之后，男性会表现出对照片的性感受，但只针对那些漂亮的女性。但是，女性的浪漫感觉却并没有影响她们的判断（Maner et al., 2005）。

所有这些都不应该解释为女性对性爱没兴趣。相反，当涉及生育兴趣时，女性和男性的表现会略有不同。正如我们之前提到的，当女性处于月经周期的排卵期时，游戏规则就会略有变化了（e.g., Gangestad, Thornhill, & Garver, 2002）。在那段时间里，女性对具有男子气概的男人更感兴趣，比如深沉的声音或者高大的身材（e.g., Pawlowski & Jasienska, 2005; Puts, 2005）。同样，无约束倾向的女性，即更倾向建立短期性爱关系的个体，也更喜欢有男子气概的男性（Wayneforth, Delwadia, & Camm, 2005）。喜欢“坏小子”（英俊、自信及轻浮的男子）的女性与喜欢照片中女性眼睛里透露着性暗示的男性类似（Tombs & Silverman, 2004）。最后，当选择短期性爱关系的伴侣时，女性也像男性一样，会更多地考虑生理上的吸引力而非她们通常在寻求长期伴侣时在意的其他品质（Fletcher et al., 2004; Li & Kenrick, 2006）。因此，有些女性在有些时候会进行另外一种交配策略——寻找一个带有好基因标志的男性，即使那意味着必须忍耐这个男人在外面拈花惹草以及对子女的投入不够（Gangestad & Simpson, 2000; Penton-Voak et al., 2003）。

8.2.9 文化规范与进化机制的交互作用

当谈到性吸引时，人和情境的交互作用会在更广泛的水平上发挥作用。有证据表明，人类的本性和文化的交互作用会在很多方面破坏有可能会相互爱慕的个体间的性吸引（Lieberman, Tooby, & Cosmides, 2003; Tal & Lieberman, 2008; Walter, 1997）。在一项自然情境的研究中，以色列基布兹的孩子们都是在来自不同家庭的孩子组成的群体中成长起来的。当他们长大之后，以前的群体成员会成为非常亲密的朋友但不会结婚（Shepher, 1971）。这与通常的邻里间联姻这一经典结论相矛盾（e.g., Bossard, 1932）。同时，因为没有社会规范阻止群体成员之间的性吸引，这使得这一现象更有趣。

到底发生了什么呢？沙斐（shepher）（1971）提出，其原因是文化环境中（与孩子们生活在一起无关）不寻常的因素和为了减少兄弟姐妹之间的性感受的内部机制之间的交互作用。在进化历史的演变过程中，会出现这样的问题：如果兄弟姐妹之间结合，那么有害的倒退基因就会频繁出现。一种避免亲属间性吸引的方法就是在同一屋檐下长大的人会自然地回避发生性爱关系。过去，这些人通常是兄弟姐妹（van den Berghe, 1983）。这有助于解释为什么对男性而言，其他女性行为中的性暗示在自己的姐妹中就不存在了，他们仅仅将此知觉为单纯（Haselton & Buss, 2000）。因此，基布兹的环境似乎孕育了一种在其他社会中潜藏的固有机制。

在中国台湾，未来新娘在童年时期会与未来新郎的家人住在一起。在这种情况下，当看到年幼的孩子正在吃妈妈的奶，年长的孩子会自动回避年幼的孩子。基于与年长的孩子在同一屋檐下生活的时间，年幼的孩子（显然不可能看到自己年长的哥哥或姐姐吃奶）也会发展出回避行为（Lieberman, 2009）。这些结果提醒我们，如果要问性行为是基因进化机制的产物，还是社会规范的产物或后天习得的经验，那么这就是个错误的问题（Kenrick, Nieuweboer, & Buunk, in press）。相反，更有意义的问题是生物因素与文化的交互作用如何影响后天习得的经验，同时，这些过程又是如何影响我们的想法和动机的。

8.3　建立家庭联系

来自卡拉哈里沙漠狩猎采集社会的一位女性观察到："当两个人走到一起，他们热情如火、激情澎湃。过一会儿，火熄灭了。关系就是如此。"（Jankowiak & Fischer, 1992）在其他社会中进行的研究也发现，激情的性吸引通常在开始的时候非常炽热，但随着时间的流逝就会消失（Acker & Davis, 1992; Sprecher & Regan, 1998）。与激情的感觉相同，性交的频率也会随着时间而下降（Hatfield & Rapson, 1996）。在仅仅一年之后，丈夫和妻子之间的性交频率会降至最初频率的一半。

如果激情退去，人们靠什么维持长期的关系呢？已婚夫妻认为他们待在一起是为了孩子。但是，绝大多数人的答案更为积极：我们的长期伴侣已经渗透到我们的日常生活中，当激情退去后，亲密和承诺感会增加（Cimbalo, Faling, & Mousaw, 1976）。虽然性感觉会带来爱情中的激情成分，在建立关系之初非常重要，但人们通常会将承诺和亲密感视作爱情定义中更为核心的部分（Fehr, 2006）。在最近的一项研究中，研究者让人们回想他们对恋爱对方的爱恋之情或性吸引。那些回想爱恋之情的被试在一项要求他们压抑对其他具有吸引力异性的想法的任务中表现良好。而那些回想性吸引的被试则无法驾驭他们对其他具有吸引力的异性的想法（Gonzaga, Haselton, Smurda, Davies, & Poore, 2008）。

即使与长期爱侣的短暂分离也可能导致痛苦的情绪（Diamond, Hicks, & Otter-Henderson, 2008）。**与配偶离婚或配偶死亡比其他任何生活事件对人心理和生理的伤害都要大**（Diener, 2000）。在一方配偶死亡后，活着的一方的死亡概率会大大增加（Kaprio et al., 1987）。相反，**身边有伴侣陪伴可以帮助一个人抵御严重的疾病，包括癌症**（Kiecolt-Glaser & Newton, 2001）。

相比其他关系，为何恋爱关系对一个人的生活有如此重大的影响，且一旦结束，痛苦又会如此之深呢？在回顾了一系列有关关系类型的研究后，罗伊·鲍迈斯特和马克·利瑞（Mark Leary）（1995）发现，所有人普遍都有**归属感的需求（need to belong）**。他们认为，对强健稳定的人际关系的需求可以起到几方面的作用。他们提到，这种维持浪漫情侣关系并抚育子女的心理感受同样维持了他们与孩子之间的依恋关系。确实，有证据显示，相互承诺的恋人间的心理联系可能是以母亲与孩子间相同的心理联系机制为基础的（Zeifman & Hazan, 1997）。

长期的依恋关系对身体有益。研究者发现拥有配偶能抵抗疾病并能长寿。

8.3.1　依恋的重要性

母亲与子女间强烈的心理联系是所有哺乳动物的特征。这种联系可以提高新生儿的存活概率（Bowlby, 1969）。这种心理联系使年幼的孩子们与母亲离得很近，而当与母亲分开时孩子会哇哇大哭。**母亲的出现会降低孩子的压力并提供安全基地（secure base），使孩子可以安全地探索外部环境。**成人间的爱恋关系同样可以提供一个探索外部环境并进行有效工作的安全基地（Elliot & Reis, 2003; Green & Campbell, 2000）。婴幼儿与成年恋人的另一个相似点是：虽然是享受不同人的陪伴，但都是对唯一一个主要的人有着强大的情感上的依恋（Hazan & Shaver, 1994b）。

对绝大多数的哺乳动物来说，成年雄性处于依恋循环之外，他们对子女的贡献仅限于提供精子（Geary, 2000）。但人类的成年男性却不同，他们通常会非常在意自己的子女。丈夫甚至会出现与未来的妻子类似的荷尔蒙变化（Storey et al., 2000）。仅仅在生育之前，父亲的催乳激素会增加（其他动物中与抚养有关的激素）。在生育之后，他们的睾酮会下降（一种与支配和性行为相关的激素）。对无助弱小的后代而言，家庭的联系促使双亲将他们的兴趣融入到需要照顾的子女的兴趣中（Bowlby, 1969; Brown & Brown, 2006）。

8.3.2 依恋类型

像我们渴了想喝水或者冷了想穿暖一样，对深深的依恋关系的需求或许是人类社会的根本（MacDonald & Leary, 2005）。但并非所有人都认为建立深深的依恋关系就像拿到一杯水或穿上一件温暖的夹克一样容易。一些人逃离爱情，而另一些人因为恋人太多或太频繁的情感需求而与之分开，还有一些人以匆忙进入随意的性爱关系作为避免长期承诺的手段（Brennan & Shaver, 1995）。

请考虑如下描述：

1. 我觉得与他人亲近很容易，我可以很放松地依靠他们，他们也可以依靠我。我通常不担心被抛弃或者其他接近我的人。
2. 与他人亲近让我有一点不舒服。我觉得完全信任他们、让自己依靠他们很困难。当有人离得很近时，我会感到紧张。通常，恋人会要求我更亲密，而我会因此感到不舒服。
3. 我发现其他人并不愿意与我更亲密，我通常会担心对方并不是真的爱我或者不愿意与我在一起。我想与另一个人完全融合，有时候这种欲望会把人吓跑。

辛迪·哈赞（Cindy Hazan）和菲利普·谢弗（Phillip Shaver）（1987）在研究浪漫爱情和依恋类型时使用了上述的自我陈述。他们以先前有关母亲–幼儿关系的研究为基础，列出了三种分类（Ainsworth et al., 1978; Bowlby, 1969）。发展心理学的研究者发现，有些孩子是**安全型依恋（secure attachment style）**，即容易向他们的母亲表达情感，并不担心被抛弃；有些孩子是**焦虑/矛盾型依恋（anxious/ambivalent attachment style）**，即与母亲分离时会出现明显不适，担心可能被抛弃；还有些孩子是**回避型依恋（avoidant attachment style）**，即孩子会对母亲的分离有所戒备，如果她们的母亲在短暂离开后再次出现，他们会表现出拒绝的情绪。

有些证据表明，早期的母亲–幼儿的经历可能会转化为不同类型的成人爱恋关系（Fraley, 2002; Simpson, Collins, Tran, & Haydon, 2007）。比如，选择类型一的成年人被划为安全型；选择类型二的成年人被划为回避型；选择类型三的成年人被划为焦虑/矛盾型。相比回避型和焦虑/矛盾型的人，安全型的人的爱恋关系更长久（Hazan, & Shaver, 1994a）。安全型依恋的个体具有很多令人愉快的人格特质，比如他们睿智、不自我拔高、善于处理关系中的冲突等（Creasey & Ladd, 2005; Gjerde, Onishi, & Carlson, 2004）。

回避型的恋人会采用不同的方式处理关系，当身陷其中时，他们会觉得亲密感并不令人愉快，且很容易产生嫉妒的心理。回避型的个体对可能有益于长期关系的分享水平会感到不舒服（Bartz & Lydon, 2006）。在压力情境下，回避型个体会向对方提供较少的社会支持（Campbell, Simpson, Kashy, & Rholes, 2001; Collins & Feeney, 2000）。安全型依恋的个体会关注他们与亲密朋友间的相似点，而回避型个体则关注他们与亲密朋友间的不同（Gabriel et al., 2005）。性交通常有助于增进感情，但回避型个体对此有更多的负向体验（Birnbaum, Reis, Mikulincer, Gillath, & Orpaz, 2006）。

焦虑/矛盾型的恋人则会采用另外一种处理亲密感的方式。焦虑型的恋人的感受如同坐着情绪的过山车，他们有着更多的高潮和更多的低谷。他们的性动机水平相对比较高（Davis, Shaver, & Vernon, 2004）。但安全型依恋的个体将他们的自我价值建立在家人的支持上，而焦虑型的个体则建立在他们的生理吸引力上（Park, Crocker, & Mickelson, 2004）。在选择配偶时，焦虑/矛盾型的恋人很不愿意折中（Tolmacz, 2004）。他们将他们的伴侣知觉为支持少、爱争辩。焦虑/矛盾型的女性如果认为丈夫没有给予足够的支持，那么很容易罹患产后抑郁症（Campbell, Simpson, Boldry, & Kashy, 2005; Collins & Feeney, 2004; Simpson et al., 2003）。

焦虑型的个体通常会对另一方表明的爱恋和承诺提出过分的要求，从而吓跑他们非常想与之保持关系的那个人（Shaver, Schachner, & Mikulincer, 2005）。这可能也是不安全型依恋的个体拥有很多短期情爱关系的部分原因（Schmitt, 2005）。

小调查

花一点时间来思考自己的依恋关系。在三种不同的依恋类型中，哪种类型能最恰当地描述你？

弗丽达·卡罗与男性的关系符合焦虑/矛盾型。她写给她高中男朋友的信中充满了请求，希望他能经常写信给她，确保他对她的爱。几年之后，她写了类似的信给蒂亚戈·里维拉。“我所体验的怒火只是最终让我明白我爱你超过爱我自己的皮肤，而你可能并没有以相同的方式爱我，但你还是有一点爱我的。是这样吗？”

8.3.3 交换/共享倾向

在第7章中，我们讨论了陌生人关系中（在此关系中付出和获益会计算得很清楚）的交换倾向和亲密关系中（在此关系中根据对方的需要提供支持）的共享倾向（Lemay & Clark, 2008; Mills, Clark, Ford, & Johnson, 2004）。

具有高交换倾向的个体信奉类似的格言：“如果我觉得一位朋友或者恋人在我们的关系中并没有履行自己的义务，我就会心怀不满。”考虑到人们普遍存在的自利归因——从可能的最好的方面看待自己，因此，毫不意外，高交换倾向的个体普遍会对他们的关系更不满（Buunk & Van Yperen, 1991）。相反，具有共享倾向的个体对他们的关系会更满意（Mills et al., 2004; Peck, Shaffer, & Williamson, 2004）。共享倾向的个体假设对方也和他们一样体贴并乐于助人，这种趋势会产生自我实现预言（Lemay & Clark, 2008）。因此，当处于恋爱关系中时，给予比算计自己的所得更重要。

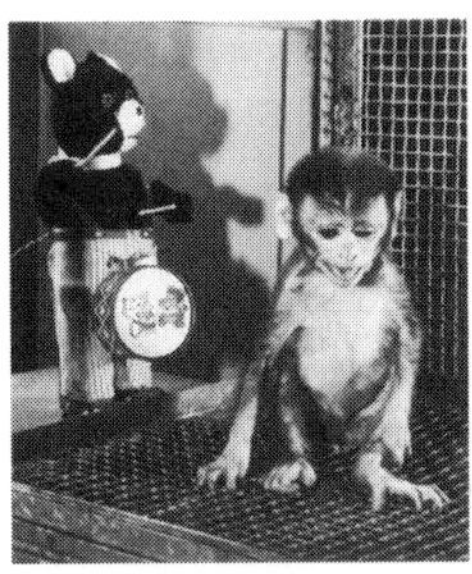
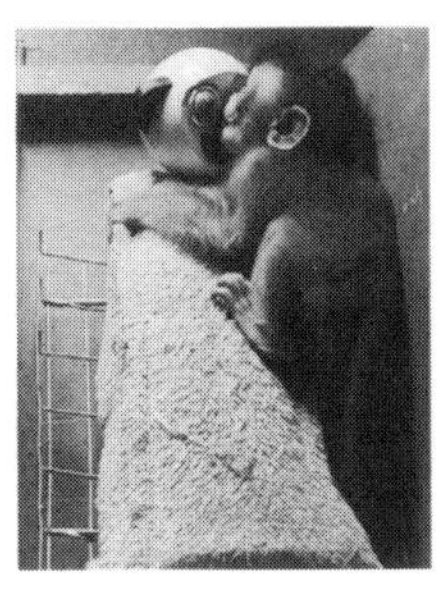

依恋与威胁。一只恒河猴的幼子受到一只敲鼓的玩具熊的惊吓，跑去用柔软的毛巾布做成的“替代母亲”那里寻求支持。通过与“替代母亲”沟通获得安慰之后，幼子更加勇敢，并开始威胁这只曾经令它感到恐怖的玩具熊。

人际关系的稳定性并非单纯是我们人格特质的结果。依恋的感觉会随着时光凝固而衰退，就像弗丽达·卡罗与蒂亚戈·里维拉一样。在情境中，是否存在某些因素与个体维持这些深层次的人际关系和心理联结的动机有关呢？

8.3.4　威胁对依恋的放大效应

那些使我们感到恐惧、焦虑或者不安全的情境总是会让我们更想靠近我们与之存在依恋关系的个体（Mikulincer, Gillath, & Shaver, 2002）。想象自己的死亡不仅会增强与你爱的人靠近的欲望，而且还会提高自己生孩子的动机（Mikulincer, Florian, & Hirschberger, 2003; Wisman & Goldenberg, 2005）。同时，伴侣情感需求的信号会使我们悉心地照顾他们（Hazan & Shaver, 1994a）。在功能更加完善的关系中，伴侣们更擅长提供安全基地以及压力期快速有效的相互回应（Collins & Feeney, 2000）。最近，一项神经心理学的研究发现，如果男性经常拥抱自己的女性伴侣，那么女性后叶催产素的水平会升高，血压也会降低（Light, Grewen, & Amico, 2005）。

个体想要依恋他人的最重要的威胁可能就是依恋关系的破裂。确实，长期的关系中存在着看不见的潜在激情，直到伴侣们知觉到分离的危险。理查德·所罗门（Richard Solomon）（1980）将长期的爱恋关系比喻为毒品上瘾。随着时间的流逝，这两种经历都会使人们失去获得瞬间高潮的能力，但是，一旦养成习惯，如果停止供应，个体就会表现出戒除毒瘾的症状。这些症状会让个体体验到足够的痛苦从而使个体不惜做出任何努力来尽力补救。确实，分离的悲伤感受就像戒除毒瘾一样，个体的体内会受到类似鸦片这种化学物质的影响（Panksepp, Siviy, & Normansell, 1985）。

这种促使个体与分手的伴侣重修旧好的激情可能具有普遍的适应性，可以帮助我们维持健康的人际关系。但在某些情境下也可能适得其反，就像下面我们要看到的故事那样。

联结：适应与障碍

偏执的关系和无回应的爱情

在曼哈顿，一位医学作家因不停地追求一名享有声誉的外科手术医生被拘捕八次后终于被监禁。在追求的过程中，这位作家将这段关系描述得很有激情且非常浪漫，而那位医生则认为这是一场噩梦。她会突然坐在他飞机航班的座位旁边，会突然半裸地出现在他的公寓，会给他的朋友写信。她甚至威胁要杀了他。她说：“只要你活在这个世界上我就不能活下去。”（Anderson, 1993）

当这种痴迷变得极端时，他的这种行为被称为**钟情妄想症（erotomania）**。这是一种精神障碍，以个体拥有偏执的妄想为特征，坚持认为自己被另一人所爱。钟情妄想的目标是典型的理想浪漫或精神联系而非性欲望

（Anderson, 1993）。在1900年至2000年报告的246例临床钟情妄想症患者中，有176例（接近70%）是女性（Brune, 2001）。在患此精神障碍的女性案例中，多数是35岁左右的单身女性钟情于年纪较大、地位较高的男性；而在患此精神障碍的男性案例中，一般为接近30岁的男性钟情于一位年轻漂亮的女性。大约50%的男性，以及4%的女性，会骚扰他们的既定目标，也就是涉嫌违法（Brune, 2001）。

比临床的钟情妄想症更为普遍的是，前配偶或恋人会使用非暴力的手段使他们的前伴侣生活痛苦，从而持续不断地付出努力与之修好关系。确实，绝大多数的跟踪案例都是与关系的终止或者婚姻有关（Anderson, 1993）。

绝大多数人绝不会成为跟踪者，但是即使是人格非常健全的个体都会因无回应的爱情而体验到极大的痛苦。在一项研究中，93%的被试都至少能回想起一段被某人强烈吸引却无法吸引他们的爱恋经历（Baumeister, Wotman, & Stillwell, 1993）。一般而言，这样的经历对双方都是负向的。作为无法回应他人感情的个体，学生们会报告内疚、困惑、烦恼。作为求爱者，他们觉得自尊受到了伤害，并通常认为这是拒绝者在引导他们或者认为拒绝者对他们的感情要比说出来的深厚，只是拒绝者将这种感情隐藏了起来。

为什么人们会陷入这种无回应的爱恋关系中呢？部分原因是这些经历并不完全是负向的。被拒绝和拒绝的人事后都保持着良好的感觉。也会有一些不愉快的事情发生，主要是因为一方对另一方的爱慕之情与日俱增，但另一方则逐渐消失。因为拒绝者并不总是将拒绝的信息说得很清楚，求爱者可能还抱有错误的幻想。最后，被拒绝的人通常会轻微地扭曲现实来保护自己的自尊（Baumeister et al., 1993; Sinclair & Frieze, 2005）。即使对我们自己而言，承认其他人认为我们不适合作为恋爱对象也是很困难的。

偏执的关系，像其他社会功能失调一样，或许是其他适应性心理机制的副产品。对以前恋人的偏执可能是某种心理机制的错误启动造成的，该机制通常用于维持人们与各自伴侣间的依恋关系（Baumeister et al., 1993）。电影和文献经常描写面对拒绝仍然坚持的人最终赢得了自己心爱的恋人。因为一段关系通常总是会让人的心情跌宕起伏，无论在顺境还是逆境都坚守在一起的心理趋势可以维持父母间的关系。单恋的频率说明，很多人需要好好学习，从而更加明确在何时应该关闭他们的依恋机制。

8.3.5 嫉妒与同性竞争者

尽管弗丽达·卡罗与蒂亚戈·里维拉对一夫一妻制的态度非常前卫，但是他们对对方与其他人的性行为仍然非常嫉妒。虽然蒂亚戈容忍弗丽达与其他女性的关系（其中一些同样与他有染），但是他曾经威胁要杀死一名弗丽达的男性恋人（Herrera, 1983）。

试想，你曾经与之认真交往的人开始对其他人感兴趣。什么会让你觉得更加痛苦或烦恼呢？

1. 想象你的伴侣陷入爱恋，并与其他人建立了亲密的情感依恋。
2. 想象你的恋人与其他人有性关系。

在回答这个问题的男性中，大多数认为性出轨让他们更痛苦。但是，大约有80%的女性认为情感依恋让她们更烦恼（Buss, Larsen, Westen, & Semelroth, 1992）。在韩国、日本、德国、荷兰和瑞典都发现了类似的性别差异（Buss, Shackelford, Kirkpatrick, et al., 1999; Buunk et al., 1996; Wiederman & Kendall, 1999）。

为什么会存在性别差异呢？戴维·巴斯（David Buss）和他的同事认为，男性更关注性忠诚源于一个基本的生物事实：男性不可能百分之百地确信他妻子的孩子是不是他自己的。基因测验也同样发现，一定比例的新生儿不可能是记录在册的父亲的孩子。如果自己的伴侣与其他男人有性关系，一个男人可能会在无知的状态下将大量的资源投入到其他男人的孩子身上（Mathes, 2005）。虽然男性更可能不忠，但女性的性出轨更容易导致离婚（Drigotas & Barta, 2001; Shackelford, 1998）。**在世界范围内，因嫉妒而被谋杀的男性比女性多四倍**（Harris, 2003）。但是，如果丈夫与其他女性坠入爱河，那么妻子就会失去丈夫对子女的资源贡献，所以女性更加关注情感依恋关系。

嫉妒会提高个体对具有吸引力的同性成员的关注程度（Maner, Galliot, Rouby, & Miller, 2007）。人们对自己的伴侣为什么具有吸引力非常敏感：心怀嫉妒的女性会更加关注潜在竞争者的手腕、臀部、头发，而心怀嫉妒的男性则更加关注竞争者的肩膀（Buunk & Dijkstra, 2005）。人们对这些潜在竞争者的吸引力有过高评价的倾向（Hill, 2007），比较没有男子气概的男性会嫉妒具有男子气概特征的男性，比较没有女性特质的女性更嫉妒那些具有较高女性特质的女性（Park, Wieling, Buunk, & Massar, 2008）。

嫉妒中的性别差异是很有争议的。一些社会心理学家认为，这些差异可能是测量嫉妒的方法人为造成的（e.g., DeSteno et al., 2002）。但另一些研究者发现即使使用不同的方法，性别差异依然存在（Pietrzak et al., 2002; Sagarin et al., 2003; Schutzwohl, 2008; Shackelford et al., 2000）。克里斯蒂娜·哈里斯（Christine Harris）（2003）认为与嫉妒相关的杀人行为中的两性差异只不过是男性更加暴力的又一例证而已。通过报告跨文化的数据，她证明了虽然女性更不可能去杀人，但是 16% 的女性谋杀是由嫉妒引发的，而男性的这一比例为 12%。但是，最近的一项神经心理学研究发现，在想到行为不忠时，男女两性的脑活动出现在不同的区域，男性的脑活动集中在杏仁核，与攻击行为密切相关（Takahashi et al., 2006）。此外，无理性嫉妒和病态嫉妒的临床诊断发现了同样的性别差异，且差异更大。被诊断出具有临床嫉妒的男性对对方的肉体不忠更焦虑，对假想竞争者的地位和资源更关注；而女性则更关注对方的精神不忠，更关注她们竞争者的年轻貌美（Easton, Schipper, & Shackelford, 2007）。

处于争议中的绝大多数社会心理学家都一致认为，嫉妒是一种强有力的情绪，它可能具有某些适应性的作用，但是嫉妒的出现是否存在特殊的性别差异并没有取得一致的意见。一种观点认为，两性都会因肉体不忠或精神不忠变得极其苦恼，因为古时候人类的幼子能够存活下来需要父母双亲的亲密联系（DeSteno et al., 2003; Harris, 2003）。在回顾此类文献时，社会心理学家布拉德·萨格瑞（Brad Sagarin）（2005）认为，有很强的证据支持男女两性在何时以及如何变得嫉妒上存在差异，与文化和进化因素的交互作用会决定社会行为这一观点相一致。萨格瑞（2005）提出，进化机制和社会规范在几方面的交互作用导致了性嫉妒上的两性差异。

小调查

回想你熟悉的人，你认为两性会因不同的原因产生嫉妒，还是会因同样的原因以相同的方式体验到嫉妒情绪？

8.3.6　关系改变我们的人格

我们的长期关系会最终改变我们的人格（Cook, 2000; Scollon & Diener, 2006）。李·柯克帕特里克（Lee Kirkpatrick）和辛迪·豪赞（Cindy Hazan）（1994）发现，在四年的时间里，有些人会从焦虑/矛盾型转变为回避型依恋。而向冷漠转变可能是为了控制那些不愉快的纠缠，这些纠缠大多是关于某人是否喜欢自己。

新婚夫妇对各自伴侣的人格特质的评价比伴侣本身对自己的评价更正向。两年之后，人们认为自己变得更具有宜人性和更加认真。不幸的是，对方的评价再次出现了明确的趋势，刚好与之前相反，两年之后变得更加负向（Watson & Humrichouse, 2006）。

从某种程度上说，我们与自己伴侣相处时过高估计了伴侣与我们的相似性（Murray et al., 2002）。然而，在长期的关系中，伴侣同样会改变他们的态度、他们的人格，以适应对方（Gonzaga, Campos, & Bradbury, 2007）。态度达成一致的过程在相互适应得很好的夫妻中以及伴侣真正关心的事情上会得到最强的体现（Davis & Rusbult, 2001）。**如果与不相似的伴侣结婚，那么人们更可能改变自己的人格**（Caspi & Herbener, 1990）。然而，**与具有相似人格特质的伴侣结婚，婚后生活会更幸福**。因此，对配偶的选择是我们选择生活环境与我们自身人格相适应的非常重要的手段之一。长期来看，这些选择还会使我们更加喜欢自己。

8.4　获得资源和社会地位

当美国中部的夏天即将到来时，雄性靛彩鹀开始换毛，从深蓝色变为湛蓝色。在飞越 3 000 公里到达北美后，它马上与其他的雄性开始竞争最肥沃的繁殖区域。雌性靛彩鹀几周之后才会到达，在雄性中进行选择。贫乏区域的雄性不会吸引到伴侣；而肥沃区域的雄性会吸引到很多伴侣。为什么当还有其他的雄性个体没有伴侣时，一些雌性个体宁愿共享同一个雄性个体呢？因为资源丰富的区域可以保证幼子的成活（e.g., Pleszczynska & Hansell, 1980）。在另外一些种族，当资源非常稀缺甚至具有决定性意义的时候，如果雄性无法提供足够的资源来哺育幼子，游戏规则就会变化，一个雌性可能会有很多个雄性伴侣（Gould & Gould, 1989）。一些相同的有关地位和资源经济的残酷规则以及在鸟类中发现的交配原则同样适用于人类。

8.4.1　性别和性取向

一些证据表明，男性和女性的差异类似于雄性和雌性靛彩鹀的差异。就像靛彩鹀一样，具有较多资源的男性更容易吸引女性。

女性对地位的偏好 蒂亚戈·里维拉虽然样貌并不出众，但却能吸引到漂亮和聪明的女性。为什么？根据弗丽达·卡罗的传记作家的描述："她被蒂亚戈的名望所吸引……他是墨西哥最著名的，也是最臭名昭著的艺术家……"蒂亚戈是欧洲艺术家的朋友，包括毕加索；是美国富豪的朋友，包括洛克菲勒一家；是世界政治领袖的朋友，包括里昂·托洛斯基（Leon Trotsky）。除了名望之外，蒂亚戈还非常富有。弗丽达的传记作家还描述蒂亚戈为"……当一个男人以富有和慷慨闻名，那么依赖他的就不仅是弗丽达一个人了，而是她的家庭"。

很多研究表明，与男性相比，女性更倾向于寻求具有高社会控制力和地位的男性（e.g., Badahdah & Tiemann, 2005; Li & Kenrick, 2006）。例如，在一项研究中，让学生们评价潜在伴侣的吸引力，这些潜在的伴侣要么穿代表高地位的服装（一身高级套装，包括一件蓝色的上衣和一块金色的劳力士手表），要么穿代表低地位的服装（一顶蓝色的棒球帽和一件上面印有汉堡王标志的网球短袖衫）。有时这些人长相一般，有时样貌出众。男性喜欢那些漂亮的女性，而不考虑她们的社会阶层，但女性喜欢长相一般、穿着很好的男性及样貌英俊的汉堡快递员（Townsend & Levy, 1990）。在另一项研究中，**相比靠运气赚钱的男性，女性更容易被在事业中赚钱的男性吸引**。这说明，女性更加看重获得未来资源的能力（Hanko, Master, & Sabini, 2004）。

谁是更值得约会的对象？向女性展示同一男性的两张图片，一张图片中男性着西装打领带，另一张图片中男性穿着快餐店职员的服装。女性认为前者更合心意。即使身着西装的男性长相并不出众，女性依然认为他更合心意。男性较少关注体现女性地位的服装，相比身着别致服装的不漂亮的女性，他们更喜欢长得漂亮的身着快餐店服装的女性。

在征婚广告中，男性更可能写明地位或者财富，女性会寻求具有地位和拥有财富的男性（Rajecki, Bledsoe, & Rasmussen, 1991; Wiederman, 1993）。女性会更多地回复写明了收入和教育水平的男性，而男性在读女性的征婚广告时则并不关注女性的地位（Baize & Schroeder, 1995）。研究者在全世界37种不同文化中均发现了相同的趋势（Buss, 1989）。像美国的女性一样，日本、赞比亚、南斯拉夫的女性，相比本国的男性而言，认为伴侣拥有良好的经济前景非常重要（Buss & Schmitt, 1993）。

除了声望和财富之外，蒂亚戈·里维拉的创造力更是为他的吸引力锦上添花。杰弗里·米勒（2000）在回顾了一系列的证据后发现，在人类和其他动物中，创造性的特征也是"良好基因"的标志。考虑到女性比男性选择性更强，夸耀性的特征（比如孔雀的羽毛）是雄性个体向其他雄性个体展示他们优越性的一种方式。与此观点一致，当被启动考虑交配时，男性更可能展现自己的资源和创造力（Griskevicius, Cialdini, & Kenrick, 2006; Griskevicius et al., 2007）。蒂亚戈·里维拉深谙此道，他认为所有男性的创造都是为了取悦女性（Wolfe, 1991）。

男性对生殖资源的偏好 当弗丽达和蒂亚戈结婚时，他42岁，已经非常富有，驰名国际；而她是一个名不见经传的22岁女孩。但是她接近他非常直接，她冲他大喊，当时他正在壁画上工作。"喂，蒂亚戈，下来到这儿！"是什么给了这位22岁的女孩如此的自信去接近一个著名的有影响力的中年男人，就好像她和他平等似的？部分的答案是因为她的年轻貌美确实使她和他等同起来，至少在评价潜在伴侣时是这样的。

全世界的女性都倾向于寻找并与比自己年纪稍大的男性结婚，这样的男性拥有较多的资源和社会地位（Buss, 1989; Kenrick & Keefe, 1992）。然而，男性则显出一种更为复杂的趋势：年纪较大的男性会被年轻的女性吸引，二十几岁的男性喜欢与自己年纪相当的女性，十几岁的男孩会被年纪稍微老点的女性吸引（Buunk et al., 2001; Kenrick et al., 1996; Otta et al., 1999）。既然拥有一个有资源的伴侣的益处如此明显，为什么男性对年纪较大的女性提供的潜在资源并不关注，反而关注那些二十几岁的女性呢？一部分原因来源于男性和女性为后代提供的资源具有不平等性。

纵览人类的发展历史，女性总是向后代提供直接的生理资源——在身体里孕育他们、照顾他们，并在随后的几年里向他们提供基本的保障。因此，古代的男性寻求健康且有生育能力的配偶是非常有益的（Cunningham et al., 1997）。年龄和容貌是一位女性健康和生育能力的标志（Furnham, Mistry, & McClelland, 2004; Pawlowski & Dunbar, 1999）。男性评价潜在的约会对象更强调外表的美丽（Li et al., 2002; Shaw & Steers, 1996）。漂亮的女性了解自己的市场价值，对她们可接受的男性选择性更高（Buss & Shackelford, 2008）。

因为男性并不需要用身体孕育后代，生物理论学家指出，古代的女性会寻求能够提供资源、能给予保护或者拥有“良好基因”的高地位的男性。良好基因的标志是相比其他男性的生理上的优势，包括高大的身材和具有支配力的行为（Gangestad & Thornhill, 1997）。确实，说一个男性具有生理吸引力相当于说他显示了社会支配力的标志，比如强壮的下巴等一些成熟的特征；而一个具有生理吸引力的女性则不会显示这种支配力，而会显示出有活力的个性和优秀的生育能力（Cunningham et al., 1997; Li & Kenrick, 2006; Singh, 1993; Wade, 2000）。男性和女性的年龄与他们能提供给后代的资源之间存在不同的联系。

年老的男人，年轻的女人。为何年龄相差几十岁的两个人会结成浪漫关系？全世界的女性都会被有地位的、年老的男性吸引，而年轻的男性会被稍微有点老的女性吸引。这一事实与两性对后代贡献的差异相一致。

同性恋与配偶偏好　因为同性恋者会被与自己同性别的成员吸引，所以他们为研究配偶选择理论提供了理想的控制人群（Bailey et al., 1994; VanderLaan & Vasey, 2008）。同性恋的偏好并非与异性恋刚好相反，在很多方面，他们与同性别的异性恋个体的偏好相同（Chivers et al., 2004; Groom & Pennebaker, 2005）。比如，类似于异性恋的女性，同性恋的女性比男性的偏好更加灵活（Baumeister, 2004; Chivers et al., 2004）。类似于异性恋的男性，同性恋的男性相对较少关注伴侣的财富和社会地位，而更关注生理吸引力（Bailey et al., 1994）。同性恋男性也存在年龄偏好，就像异性恋的男性一样，不会去寻求年纪较大的男性（Kenrick, Keefe, Bryan, Barr, & Brown, 1995）。年纪较大的同性恋会被二十几岁的男性吸引，尽管较年轻的男性对他们并不感兴趣。像年纪较大的男性一样，年轻的同性恋男性会对年轻男性感兴趣。将近 20 岁和 20 岁出头的同性恋男性，像年轻的异性恋男性一样，会对稍微有点（但不是很）老的伴侣感兴趣。

关于同性恋性行为的数据，虽然开始的时候很令人困惑，但实际上这些数据可能提供了充分的信息。结果表明，人类的交配行为，就像人类的视觉一样，并非是一个简单的单向开关系统（cf. Tooby & Cosmides, 1992）。虽然异性恋和同性恋的男性身上性取向的启动机制有差异，但不论何种原因，同性恋男性所有的偏好模式说明，他们绝大多数其他的启动机制与异性恋男性的相同。然而，同性恋女性的偏好模式则是异性恋男性（比如对年轻伴侣的偏好）和异性恋女性（比如较少关注生理外貌，更多地关注性忠诚）的复杂组合。同性恋吸引不单纯是异性恋的反转形式，而是一种复杂的模式，其中交配行为的某些方面发生了改变，而其他方面则没有。正如我们先前提到的，男性和女性同性恋行为的潜在机制并不相同（Diamond, 2007; VanderLaan & Vasey, 2008）。

女性获得了地位和资源会发生什么　在历史发展的绝大多数时候，女性获得的地位和资源比男性要少。虽然性别差异依然存在，但在现代女性中，医生、律师、大学教授，都比绝大多数男性更富有、地位也更高。当女性获得较高的社会地位时，她们会变得更有主见（Twenge, 2001）。她们会转变为传统男性对配偶的偏好，比如更加看重年轻貌美吗？

经过对各种社会的分析，一些在配偶偏好中的性别差异与女性在社会中的地位存在相关（Eagly, Wood, & Johannesen-Schmidt, 2004）。比如，相比女性占有的财富或资源比较多的社会，在女性没有财富或者资源的社会中，她们更喜欢拥有较多财富的男性。这意味着性别差异会在未来消失吗？多数人会认为至少在拥有高地位和高控制力的女性群体中是这样，但事实可能并非如此。首先，本章通篇描述的巨大的性别差异都是在世界上绝大多数主张平等的社会中发现的，比如荷兰、美国和加拿大。在第三世界国家，性别差异只会更大。在美国的社会中，与无控制力的女性相比，富有和具有高社会地位的女性同样对年纪较大、地位较高的男性表现出兴趣（Kenrick & Keefe, 1992; Townsend & Roberts, 1993; Wiederman & Allgeier, 1992）。

对配偶偏好的性别差异程度还会因其他因素发生变化。诺姆·李（Norm Li）和他的同事们（2002）请等候在机场的一群成年人在两种实验条件中的一种条件下对配偶进行设想。一些被试拥有很高的“配偶预算”，可以保证配偶很多方面的特征都称心如意（比如漂亮、富有、善良等）。而另一些被试的预算有限，所以只能在众多特征中选择一项

漂亮、富有、有才能的人喜欢什么样的伴侣呢？拥有全部优势的个体会要求自己的伴侣同样拥有这些优势（而且有可能还是会不满意）。绝大多数的其他人则需要取舍。本节中提到的研究说明，男性和女性在选择可接受的伴侣时会在不同方面进行取舍。

（比如富有），同时牺牲其他项（比如长相一般）。当男性和女性在设想配偶不存在限制时，性别差异非常小：男女两性都喜欢异常英俊的、令人惊艳的以及富有的配偶。安吉丽娜·朱莉和布拉德·皮特在择偶时可以不必如此现实，毕竟他们拥有一切。但是，像我们这样的凡人通常会做一些取舍。在被迫需要做取舍时，男性和女性会做不同的选择。女性会首选社会地位，而放弃容貌要求；男性会首选外表容貌，而放弃财富要求。但在选择性行为的对象时，女性也会更像男性，转而首选外表容貌（Fletcher et al., 2004; Li & Kenrick, 2006; Regan, Medina, & Joshi, 2001）。

8.4.2 文化、资源和多配偶制

在西藏和克什米尔交界处的喜马拉雅山的高处，由于严寒缺雨，生存条件异常艰苦，一名女性可能会与几名男性结婚。这些男性会像一家人一样，向生活在同一个屋檐下的孩子提供资源并抚养他们。在他们南面几百公里之外的地方，情况则刚好相反。在印度北部的伯蒂亚拉州（Patiala），土邦主巴提亚拉（Bhupinder Singh）娶了350名女性。

面对这些差异，20世纪早期的社会科学家认为，人类的婚姻制度会随着主观和随机因素发生变化。但是，最近的跨文化研究表明，这一结论的提出为时过早。婚姻制度与一个社会中的地位和资源分配相联系，因此也与该社会所处的更大的自然环境相关。当我们不再固执地关注于“他们”与“我们”存在何种奇特的差异，跨文化研究可以帮助我们看到将全人类视为同一种族的共同纽带。

在跨文化中，我们最先注意到的就是婚姻的配偶不是随机的。**一夫一妻制（monogamy）**是一个女性和一个男性结婚；**多配偶制（polygamy）**包含**一妻多夫制（polyandry）**（一名女性与多名男性结婚）和**一夫多妻制（polygyny）**（一名男性与多名女性结婚）。绝大多数的社会都允许男性娶多名女子，但是只有大约0.5%的社会允许一名女性与多名男性结婚。无论一个社会是否允许多配偶制，在所有社会中，绝大多数个体都是一夫一妻。如果我们的种族普遍倾向于一夫一妻制，那么为什么有些社会和有些婚姻不是一夫一妻呢？

一个一妻多夫的家庭。一名女性与多名男性结婚很不寻常。当资源稀缺时，这种现象较为普遍。

让我们再来看看多配偶制的西藏人。一名传统的西藏女性不会选择任意随机的一群男性结婚。相反，像照片中所呈现的男人们一样，这些男性群体都是由兄弟组成。为什么会这样呢？与环境资源相关。在喜马拉雅高山上恶劣的生存环境使一名女性和一名男性生存下来变得非常困难。即使在现代社会中，相比由兄弟一起贡献他们资源的家庭，在一夫一妻组成的西藏家庭中生存下来的孩子更少（Crook & Crook, 1988）。通过娶同一名女子当妻子，兄弟间共同保存了家庭财产，因为如果这些财产再分配给每个人，那么分得的财产甚至不够支持一个家庭。如果所有的孩子都是女孩，那么一妻多夫制就会转变为一夫多妻制。几个姐妹嫁同一个男人，将家庭财产传给婚姻中的儿子。因此，西藏人的一妻多夫制看来是一种以经济为基础的策略，通过该策略可以保证有限的资源沿着血缘关系流动。

经济资源同样在社会地位和一夫多妻制中起作用。在如下条件中，男性很有可能有多个妻子：1）崇高的社会地位；2）非常富有，所以一个家庭可以积累巨大的财富；3）突然发生的饥荒，穷人们可能会饿死（Crook & Crook, 1988）。在这样的条件下，一名女性加入到富有的大家庭中可以获益，即使她必须与其他女人共同拥有一个丈夫。虽然一个穷人可能给予她很多关注，但是一个富有的家庭可以帮她很好地抵御饥荒，并且可能在大多数时候给予她的孩子巨大的财富。有趣的是，同样的现象在鸟类中也存在，就像靛彩鹀。控制了资源特别丰富的繁殖区域的雄性可以吸引到不仅仅一只雌性靛彩鹀（Orians, 1969）。

因此，跨文化研究证明，婚姻、财富、地位之间的关系是由生存需要决定的。在任何一个特定社会中，这些关系有多强取决于社会和经济环境。

一个一夫多妻的家庭。一名男性可能与多名女性结婚，只有当他能够积累较高水平的财富和地位时。

小调查

在跨文化中，一夫一妻制和多配偶制的差异如何证明了古话“先天与后天”这种二分法的局限性？

8.4.3 承诺关系中的社会交换

地位、资源、社会市场价值可能在选择配偶的初期发挥了重要的作用。人们最初会寻求与自己条件类似的配偶（Buss & Shackelford, 2008; Kenrick et al., 1993）。但是随着亲密关系的建立，计算的过程可能会发生变化。一项让配偶们计算自己在浪漫关系中的得失的研究并没有发现这样的计算是预测幸福非常重要的因素（Clark & Monin, 2006; Clark & Reis, 1988）。**一旦我们坠入爱河，我们可能会关注配偶的获益，就像关注我们自己的一样**（Aron, Aron, & Smollan, 1992; VanLange & Rusbult, 1995）。

玛格丽特·克拉克（Margaret Clark）和凯瑟琳·克里斯曼（Kathleen Chrisman）（1994）提出，一旦进入共享关系中，只有当粗暴的行为破坏公平交换的规则时才会引发配偶们计算自己的得与失。与这一推理相一致，米考（Mikual）和施温格（Schwinger）（1978）发现，计算规则取决于配偶间良好感觉的程度。当人们相互间的感觉为中性时，交换会遵循**公平规则（equity rule）**，即你的获益以你的付出为基础。设想一对夫妻在冰箱里有各自的物品，并且只有当他们能够获得金钱回报时，才会为对方按摩背部。而当人们相互间的感觉比较正向时，交换的规则稍微有点不同，即每个人都平等共享。最后，当人们相互间的感觉非常正向时，就像在美满的婚姻中发现的那样，交换遵循**以需求为基础的规则（need-based rule）**，即你会毫不计较地为对方提供所需。在这些夫妻中，如果妻子下班回家，感觉背疼，那么丈夫就会为她按摩背部，而不问他的回报是什么。因此，爱情的加深会减少谁为谁付出了多少的算计。

确实，过分计较会有损亲密感。一个实验研究发现，仅仅让配偶们去想一下他们从对方那里得到了什么额外的好处都会导致亲密感的降低（Seligman, Fazio, & Zanna, 1980）。因此，一旦你投入到某段关系中，不要太在意你从你的配偶那里获得了什么额外的好处，这样做看起来是比较明智的。

8.4.4 当支配力起作用时

像其他对社会行为产生影响的因素一样，社会支配力的重要作用体现为人与所在情境之间的交互作用。这里，我们提出两种有趣的交互作用的类型：首先，配偶的支配力是否具有吸引力，取决于该个体其他的人格特质；其次，我们对自己在某段关系中的地位感知取决于我们的性别和其他竞争者的特征之间的交互作用。

支配力本身并不足够 我们已经讨论过几个研究，发现女性会寻求具有社会支配力和具有竞争性的男性。这些特征是传统男性角色的一部分，强调了获得比别人更高的社会地位。这与传统女性角色所强调的不同，女性角色更强调与他人的共享联系（Sidanius, Cling, & Pratto, 1991）。但是，传统的竞争型男性和传统的共享型女性之间是如何建立关系的呢？

在观察了传统和非传统的男性和女性间的社会交往情况后，威廉·伊克斯（William Ickes）（1993）提出传统伴侣间存在一个进退两难的问题。虽然女性最初会被具有社会支配力和竞争性的男性吸引，但是这样的传统男性并不适合生活在一起。在长期关系当中，女性对具有女性化或**双性化（androgynous）**（具有传统的男性化和女性化的特征）特征的男性更满意（Antill, 1983）。正如伊克斯（1993）所提到的，虽然具有支配力的男性可能对女性更具有吸引力，但他们可能不可爱、不善良或者不体贴。

还有研究表明，女性并不会被具有纯男性化特征的男性吸引，而是会被同时具有男子气概和女性的体贴特质的配偶吸引（Green & Kenrick, 1994）。确实，女性会相对更多地被传统的男性化特征吸引，但是如果因此就意味着和一个缺乏体贴或者不常表露情感的伴侣生活在一起的话，那么男女两性都会忽略对方的竞争性特征。

另外一系列的研究解释了男性化的支配力与体贴特质之间的交互联系（Jensen-Campbell, Graziano, & West, 1995）。被试阅读了一篇描述异性个体的文章，该个体具有四种支配力与宜人性组合中的一种组合特质。例如，一些被试会阅读到某个人同时具有支配力（自信的、勇敢的、健谈的）和宜人性（体贴的、合作的、具有同情心的）。另外一些被试会阅读到某个人具有支配力，但不具有宜人性（粗鲁的、自私的、不合作的）等。随后，研究者让学生们评价该个体作为约会对象的适宜程度。

支配力和吸引力。女性会被具有支配力的男性吸引，但前提是他们还具有善良的品质并通情达理。

当男性评价女性时，该女性个体是否具有支配力并不影响其评价。但是，相比不具有宜人性的女性而言，男性更喜欢具有宜人性的女性。女性喜欢具有支配力并同时具有宜人性的男性（见图 8-4）。如果一个男性不具有宜人性，无论他的支配力如何，他都不是一个适宜的约会对象。这个研究也进一步解释了，为什么女性觉得蒂亚戈·里维拉是约会的适宜对象。弗丽达·卡罗的传记作家提到，除了富有、有控制力、有声望之外，他还温柔、敏感、有魅力、懂得欣赏女性。“他很享受与女性的谈话，他看重她们的思想，而对绝大多数墨西哥或其他地方的女性而言，这样的态度就像一盏明灯。”（Herrera, 1983）

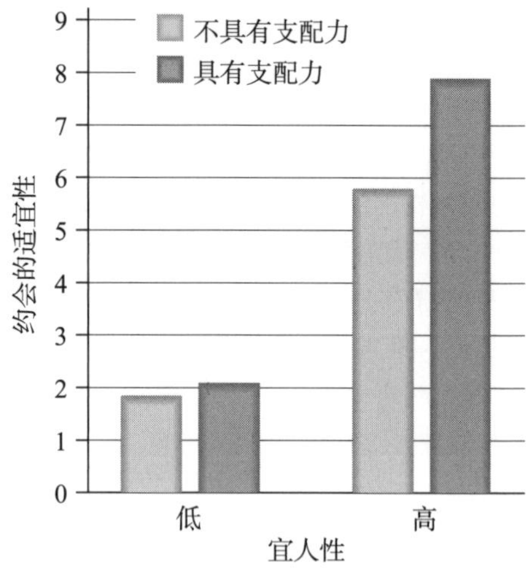

图 8-4　老好人终究是不适宜的

当男性不具有宜人性时，无论该男性是否具有支配力，女性学生对其的关注度都很低；当该男性具有宜人性时，只有支配力在起作用。

资料来源：Based on Jensen-Campbell, Graziano & West (1995).

谁最受青睐　我们能否吸引我们心仪的对象取决于竞争。在一系列的研究中，研究者让男性和女性在头脑中形成配偶的类型——让他们设想与梦中情人进行一场完美的约会。通过设想配偶类型会使男性，而非女性，在几个方面变得突出。首先，在头脑中设想伴侣类型的男性会在很多创造力测验中给出非常有创造性和趣味性的答案（Griskevicius, Cialdini, & Kenrick, 2006）。在另外一系列研究中，设想配偶类型的男性更可能提出与其他组内成员相反的想法（比如，他们会喜欢一幅不同的油画，而非其他人都喜欢的油画）。然而，设想配偶类型的女性则比控制组的女性更有可能表现出一致性（Griskevicius, Goldstein, Mortensen, Cialdini, & Kenrick, 2006）。

另一组社会心理学家将被试带入实验室，并让他们竞争伴侣。相比有约束性倾向和对称性较差的男性，具有无约束性倾向的对称男性更可能采用直接的竞争策略。这些性感的男性会用类似的表述来控制对手，比如“你和我在一起会比和其他男人在一起更有趣”。有约束性倾向的男性会采用更温柔的方式，更关注他们自己的正向特征并将自己展现为好人（Simpson, Gangestad, Christensen, & Leck, 1999）。

女性会更少尽力控制对手（Simpson et al., 1999）。但是女性并非对配偶争夺中的地位竞争毫无感觉，只是表现在不同的方面。在一项研究中，被试会阅读到八名同性成员的资料，并且认为这八名成员参与了校园约会服务。在一些情况下，其他的学生都具有高社会支配力。比如，其中一个曾是大学新闻报的编辑，并且在《田径世界》上发表过文章；另一个是年轻的商业精英。在另外一些情况下，同性成员的资料显示他们的社会支配力较低（比如，其中一个人的最大成就仅是校园新闻报的编辑）。每名成员的资料中都附有照片。一半被试看到的是非常漂亮的同性学生（实际是当地某些机构的模特），而另一半被试看到的是长相一般的同性学生。当随后让被试评价自己作为婚姻伴侣的适宜性时，当其他同性成员具有高社会支配力时，男性被试会降低对自我的评价。然而，女性被试则会受其他女性外形及容貌的影响。在看过漂亮的同性成员后，女性被试会降低她们对自己适宜性的评价（Gutierres, Kenrick, & Partch, 1999）。

通过使用眼动仪（准确记录个体注视屏幕中的位置的仪器），乔恩·麦纳（Jon Maner）和他的同事（2003）发现，女性被试对漂亮的女性非常关注，而男性被试则对英俊的男性并不在意。女性还擅长记忆她们看到过的漂亮女性，并更有可能过高估计周围漂亮女性的出现频率（Becker et al., 2005; Maner et al., 2003）。

8.5 分手还是在一起

目前为止，我们谈论最多的是何种因素会使人们相互吸引从而建立关系。但是，在一起并不总是意味着以后可以幸福地生活在一起。有一些关系在一次约会之后就会终止，另一些则在几个月之后终止。一些伴侣完成了恋爱结婚的所有过程，但是却在婚后离异。那么，是什么导致人们的关系破裂呢？心理学家是否发现了一些可以帮助人们维持关系的规律，从而避免由离异带来的巨大伤害呢？

8.5.1 一些人更擅长与人相处

婚姻的稳定与终止部分取决于个体与其配偶的交流能力和动机。一项对 3 147 名已婚夫妇进行的人格特质研究发现，维持长期关系时遇到的问题可能源自脾气秉性的基本差异（Jockin, McGue, & Lykken, 1996）。首先，处于不稳定的婚姻关系中的两个人可能不拘泥于传统且性格外向。不拘泥于传统且性格外向的人更可能具有无约束的性行为倾向，具有这种性格的两个人的关系稳定性较差。蒂亚戈·里维拉的不拘泥于传统且性格外向是众所周知的，同样，他的承诺反复无常也是众所周知的。其次，在不稳定的婚姻关系中，两个人更容易产生负向的心境。虽然郁郁寡欢的个体可能会寻求一段长期的关系，但是他们的坏脾气会使伴侣体验到更多的不满意（Caughlin, Huston, & Houts, 2000; Shackelford & Buss, 2000）。

有很多研究支持这样的观点，人格特质与维持两性关系的技巧之间有着错综复杂的关系（e.g., Assad, Donellen, & Conger, 2007）。一项纵向研究对 20 世纪 30 年代订婚的 300 对夫妻进行了追踪。其中，22 对解除了婚约，50 对在 1935 年至 1980 年期间离异。对 20 世纪 30 年代的男女两性而言，情绪的稳定性可以预测后半个世纪的婚姻稳定性，而抑制冲动的能力较差则能够预测离异（Kelly & Conley, 1987）。其他研究发现，高自控的个体能够更好地适应伴侣（Finkel & Campbell, 2001）。

8.5.2 一些情境使夫妻分开

广泛的社会规范所导致的即时性的压力源同样也可能导致两性关系的终结（Fincham, 2003）。比如，经济问题通常会使夫妻关系破裂（e.g., Notarius & Markman, 1993）。潜在配偶的易得性是摧毁两性关系的又一个环境因素（Greiling & Buss, 2000; Lydon, MenziesToman, Burton, & Bell, 2008; Mishra, Clark, & Daly, 2007; Rusbult, Zembrodt, & Gunn, 1982）。但是，这一效应的不同作用取决于是男性过多还是女性过多。马西娅·古腾塔格（Marcia Gutentag）和保罗·赛考德（Paul Secord）（1983）发现，如果适婚的女性过多，男性就更少进行承诺，社会规范对性行为和推迟的婚姻也更加宽容。相反，当适婚的男性比适婚的女性多时，社会

关系破裂。2009 年，歌星麦当娜与她的第二任丈夫，电影制片人盖·里奇（Guy Ritchie）离异。正如本节中所描述的，具有较强的非传统性和外向性的个体，例如麦当娜（她曾经出版了自己和不同的男性和女性以不同姿势进行性行为的照片集）更可能离异。

规范更倾向于重视家庭、提倡早婚、限制性行为。古腾塔格和赛考德从经济学的角度对上述现象进行了分析：适婚男性增多使女性可以要求配偶更重视承诺和家庭。然而，适婚女性的增加则会激发女性为了获得男性的喜爱而相互竞争。

8.5.3 交流：使两个人渐入佳境

使两性关系更加持久或者终结的很多因素包含人与人之间的交流和环境之间的交流（Finkel, Burnette, & Scissors, 2007; McNulty, O'Mara, & Karney, 2008; Overall, Fletcher, & Simpson, 2006）。比如，如果一方处于低自尊或者安全感较差的状态，那么可能会影响两性关系的长期发展（Graham & Clark, 2006; Hellmuth & McNulty, 2008; Vasquez et al., 2002）。低自尊个体会轻易得出这样的结论：他们的伴侣正在失去兴趣。随后，他们会变得冷酷和不热情，这会使他们的伴侣为这段关系付出更多。从长期来看，他们的不安全感会破坏这段使他们自我感觉良好的支持性的关系。（Murray et al., 2002b）。

另一个影响两性关系稳定性的人与情境的交互作用是我们对具有吸引力的潜在配偶的知觉变化（Johnson & Rusbult, 1989; Lydon, Fitzsimmons, & Naidoo, 2003）。在一项针对此类现象的研究中，研究者让学生们阅读《全球主义者》（*Cosmopolitan*）、《绅士季刊》（*Gentleman's Quarterly*）、《时代周刊》等杂志上的征婚广告。这些杂志还刊登了一些非常具有吸引力的异性照片。那些已有固定约会对象的被试对模特容貌吸引力和性吸引力的评价都显著低于那些尚未有固定约会对象的被试（Simpson, Gangestad, & Lerma, 1990）。在另一项研究中，被试会看到一篇关于一名非常具有吸引力且尚未进入恋爱关系的异性的简介（Lydon et al., 1999）。一半的被试被告知此人对他们很感兴趣。承诺性较差的被试更容易被吸引，但是当容貌出众的个体对承诺性较强的个体表示出兴趣时，他们则不容易被吸引。因此，恋爱关系会使认知产生防御式的变化，即认为具有潜在威胁的个体适宜性更差。正如你可能预期到的，那些并不关注潜在配偶的个体更在意他们现在的伴侣（Miller, 1997）。

为伴侣做出牺牲可能会产生好的或坏的后果，这取决于你为什么这么做。如果你或者你的伴侣做出牺牲是为了达到正向的目标——为了双方更加幸福或者为了增进双方的感情，那么这会使你们的感觉更好，从而你们的关系也会得到改善。然而，如果你做出牺牲是为了避免冲突或者仅仅是出于义务，那么这会使你们都觉得很痛苦，对长期关系而言这也是非常不利的（Impett, Gable, & Peplau, 2005）。

也许对夫妻中的一方而言，最重要的“环境因素”是另一方的行为。伴侣的玩笑、讽刺、言语、咆哮都会成为另一方的情境，最终也会成为他们自己的情境。

神经心理学的研究发现，两性关系中的冲突会导致短期激素的压力应对反应，扰乱免疫系统（Kiecolt-Glaser et al., 1993; Malarkey et al., 1994; Powers, Pietromonaco, Gunlicks, & Sayer, 2006）。在长期的关系中，婚姻冲突可能会引发暴力行为以及对身心健康的巨大伤害（Fincham, 2003）。

其他的研究发现，不仅是出了问题时你如何应对会对你产生影响，当一切顺利时你如何反应也会对你产生影响。相比反应冷淡或者不感兴趣，当人们热情地与伴侣分享好消息时，两个人都会感到更加幸福（Gable, Gonzaga, & Strachman, 2006）。通过精确研究伴侣们激化矛盾或者缓解冲突的差异，一群心理学家发展出了一系列应对生活中不可避免的坎坷，并使夫妻能够不离不弃的原则。

联结：理论与应用

健康交流对挽救婚姻作用的研究

想象你已经结婚，你的配偶心情沮丧地下班回家。为了使配偶心情振奋起来，你建议去你最喜爱的餐厅吃晚餐，但是却得到愤怒的反馈。“我真的不想在这个月吃第五次西餐了，谢谢！”你会生气地结束谈话，砰地关上门，独自去吃饭；还是会利用此次机会提出在你心中酝酿已久的关于你们两个人关系存在的问题，并指出你的配偶的行为与他最近离异的父母之间的相似性呢？虽然上述这些反馈并不好，但是在应对伴侣不愉快的心情时不用这种方式进行反击却很困难。然而，随着时间的推移，这种针锋相对的、负向的沟通方式必然会破坏这段关系的本质结构。一组研究社会心理学和临床心理学交叉部分的心理学家仔细分析了幸福和不幸福夫妻的沟通方式，并利用他们的研究结果帮助陷入困境中的夫妻（Markman et al., 1988; Notarius & Pellegrini, 1984）。

研究团队首先录下了夫妻讨论他们关系中存在的问题的情形。为了学习生活和谐的夫妻如何解决他们的差异，研究者也录下了生活幸福的夫妻讨论问题的情形。他们还在夫妻结婚十年时进行了追踪研究，希望找到生活在一起的夫妻与离异的夫妻之间的差异。在对上百对夫妻进行了研究之后，研究者发现了健康的与不健康的婚姻沟通方式之间的一些重要差异。随后，他们利用这些发现来干预陷入困境中的夫妻（Notarius & Markman, 1993）。

在这个干预项目中的夫妻首先要列出他们关系中潜在问题的领域，比如酒精、职业、金钱、亲戚和性。接下来，他们开始讨论各自关系中的具体问题。不幸福的夫妻在处理冲突时更可能“击中对方的要害”，比如数落自己的伴侣，这通常会激起对方的抵抗行为。对亲密关系而言，具有讽刺意味的是，通常对陌生人和熟人非常有礼貌的个体往往对自己的亲密爱人非常粗鲁。因此，研究者发展出了一套夫妻间的礼貌准则，包括如下几条：

1. 当伴侣邀请你做某件事情时，说你能够做什么或者想做什么，而不是你不能做什么或者不想做什么。如果你的伴侣想去看电影，而你觉得非常累，你可以说“我想明天去看电影”，而非“我觉得太累了”。
2. 当伴侣做家务时，不要只是关注某一方面没有达到你的标准，要学会说“谢谢你擦桌子”而非“你没有把桌子擦干净”。如果你一贯不喜欢你的伴侣做某件事情的方式，可以在某个时间专门讨论这个问题。
3. 见面时总是热情地打招呼，离开时总是温柔地告别。
4. 避免做“精神害虫”，从有益的角度分析伴侣的行为。不要说类似于“你知道吗？你对厨房的卫生简直是吹毛求疵”这样的话。
5. 从自己的角度而非伴侣的角度说话。说“我真的很想参加野餐聚会”而非“我知道你一定会在野餐时玩得很愉快”。
6. 如果你有什么想法，说出来而非尝试让伴侣猜出来。比如“我今天晚上特别想吃墨西哥餐”而非“你今天晚上想出去吃什么”。
7. 如果你没有什么好事要说，请尝试保持沉默（Notarius & Markman, 1993, 77-78）。

研究者后来发现，这些沟通小技巧的效果非常好。在一项纵向研究中，与对照组中没有参与婚前有效沟通培训项目的夫妻相比，参与了该项目的夫妻离异的比例下降了50%（Notarius & Markman, 1993）。

对大多数人来说，为了保持健康幸福的两性关系，个体仍然需要为提高沟通技巧做出努力。考虑到稳定的两性关系对身心健康的重要影响，个体付出的努力也是值得的。

小调查

回想你认识的一对生活幸福的夫妻和一对生活不幸福的夫妻（或者已经离异的夫妻）。社会心理学家曾提出了与两性关系稳定性密切相关的人、情境及交互作用的因素。他们在这些因素上存在哪些差异呢？

回顾

“大象与鸽子”的风流韵事

我们通过开篇弗丽达·卡罗与蒂亚戈·里维拉之间著名的爱情故事提出了几个问题。为什么一名漂亮且天资聪颖的年轻女性会爱上一名年老且不英俊的男性？本章有关配偶选择的研究给出了一个简单的答案——蒂亚戈富有、有声望、有影响力的特点提升了他对女性的吸引力。因为全世界的男性都会随着年龄的增长变得更具有社会支配力、更富有，所以年老男性和年轻女性的爱恋关系在所有人类社会中都非常普遍。除了富有和具有社会地位之外，蒂亚戈敏感、体贴的特点与具有社会支配力相结合，使他尤其吸引女性。

为什么蒂亚戈有那么多婚外情呢？部分原因与他的人格特征有关，他非常外向且不拘泥于传统。这两个特点与他的两性关系不稳定相关。另一个原因与他所处的社会情境有关——弗丽达是众多年轻漂亮的自动送上门的女性之一。就像我们看到的，拥有众多漂亮的追求者就不利于保持忠贞（虽然有一些人能够经得起诱惑）。他们关系中的非传统性也使弗丽达和蒂亚戈容易与他人产生婚外情。无论对男性还是对女性而言，弗丽达都非常具有吸引力，而她本身也经常有外遇。

我们看到，即使在人类求偶过程中存在众多的共同之处，但是同样也存在很多重要的文化差异。文化因素同样毫无疑问地影响了弗丽达和蒂亚戈之间独特的爱恋关系。弗丽达和蒂亚戈都是自由思想者这一组织的成员。在该组织中，无约束的性行为是可以被接受的。在讨论世界婚姻形式的多样化时，我们提到文化和进化因素通常会产生交互作用。两次革命使墨西哥的人口结构产生了巨大的变化，适婚年龄的女性比男性要多。正如我们提到的，**当女性比男性多时，性行为规范会变得更倾向于无约束。**

尽管弗丽达和蒂亚戈间的婚姻关系中存在问题，但为什么他们又走在一起，并依旧亲密，直到弗丽达去世呢？正如我们看到的，两性的爱恋关系通常包含了困难和冲突。我们同样还看到，人们会学着克服他们的差异。虽然他们的关系并不符合西方社会的传统模式，但是却在某种程度上体现了人类的灵活性、多样性以及人类依恋关系的力量。尽管蒂亚戈和弗丽达对他人会产生性吸引，但他们都对彼此有着深深的正向的依恋。作为艺术家，他们相互鼓励，相互支持，重视对方对自己作品的意见，相互提供社会支持，一起分享生活的幸福，克服生活的险阻。确实，在这种不拘泥于传统的环境下，他们这种维持终生爱恋关系的能力体现了人类的正向趋向。

在本章中，我们再次看到了社会心理学和其他学科之间的联系。神经心理学的研究越来越多地发现生理因素在人类爱恋行为中的作用，包括我们何时被吸引以及被谁吸引都会受到荷尔蒙的影响。历史文化对两性关系的影响将爱情心理学与历史、政治和人类学领域联系起来。在两性关系中，男女两性会从不同的角度做出有关伴侣和后代的决定，这一现象提出了很多有趣的经济心理学的问题。

关键词

双性化（androgynous）
焦虑 / 矛盾型依恋（anxious/ambivalent attachment style）
回避型依恋（avoidant attachment style）
伙伴之爱（companionate love）
决定 / 承诺（decision/commitment）
公平规则（equity rule）
钟情妄想症（erotomania）
因素分析（factor analysis）
亲密（intimacy）
一夫一妻制（monogamy）
以需求为基础的规则（need-based rule）
归属感的需求（need to belong）
激情（passion）
激情之爱（passionate love）
一妻多夫制（polyandry）
多配偶制（polygamy）
一夫多妻制（polygyny）
安全型依恋（secure attachment style）
安全基地（secure base）
社会性性行为取向（sociosexual orientation）
爱情双因素理论（two-factor theory of love）

第 9 章

亲社会行为

杉原千亩的救人之举

纳粹统治欧洲的年代，人性的恶劣被充分地展现出来。超过 1 100 万民众被赶出家园、惨遭侮辱与虐待，最后在惨绝人寰的大屠杀中失去生命。这些人主要包括犹太人，也包括吉普赛人、同性恋者及持不同政见者。讽刺的是，在这段岁月里我们也能看到人性的光辉。一些不认识受害者的人，表现出了善良、英勇和自我牺牲等非凡的品质。在随后的那些年里，什么是大屠杀年代唯一最有效的助人行为一直没有一个适当的结论。

事情始于 1940 年夏天的一个黎明，200 名波兰的犹太人聚集在立陶宛的日本领事馆外，祈求日本领事馆帮助他们逃过纳粹在东欧进行的大清除。他们为什么选择去寻求日本当局的帮助至今还是一个谜。因为在当时，纳粹德国政府与日本帝国有很紧密的联系和共同的利益。事实上，两国的纽带关系和相互利益是很强烈的，以至于很快就结成了战时的联盟来对付大多数其他国家。为什么在当时，被第三共和国憎恶的犹太人却将自己的性命寄望于希特勒的国际同盟者呢？

要回答这个问题，我们需要回溯到 20 世纪 30 年代中期。在日本与希特勒的德国政府缔结战略性的联盟之前，日本已经开始允许逃亡的犹太人在中国的上海自由定居，以便获得国际犹太团体提供的一些经济资源和政治的友好氛围。一个矛盾的事实是，在战前世界上大多数国家（包括美国）都拒绝了那些希特勒最终处决方案下的绝望的牺牲者，而作为希特勒的盟友的日本却为他们提供了避难所（Krazler, 1976）。

在 1940 年 7 月的那个时刻，当 200 名这样的“牺牲者”聚集在立陶宛的日本领事馆门外时，他们知道里面的那个人会提供最好的，可能也是最后让他们获得安全的机会。那个人的名字叫杉原千亩（Sempo Sugihara），从外表上看，这个人不像是一个救世主。他是一位处于职业生涯中期的外交官，他在外交使团中的迁升是由适当的信任状推动的。他出生在一个政府官员和日本武士的家庭，日本的武士阶层一向以在战争中忠诚、有才能和凶猛闻名。他曾经给自己定下了很高的目标，梦想有一天能成为日本驻俄罗斯大使。杉原也是一个热衷于娱乐、宴会和音乐的人。因此从表面上看，没有迹象表明这个寻求享乐的终身外交官会牺牲自己的事业、名誉和未来去拯救一群在早上 5 点 15 分将他从睡梦中吵醒的犹太人。然而，尽管他完全清楚那样做对他本人及他的家庭可能会造成的后果，但他还是做了。

在与门外聚集的人群中的其中几个人交谈之后，杉原意识到了他们所处的窘困境遇，于是他立即发电报给东京以期得到为他们签发旅行签证的许可。尽管日本的一些宽容的签证和定居政策依然适用于犹太人，但是他坚持请求帮助的第二封和第三封加急申请状，全部被日本当局回绝了。在那个时刻，这名一向养尊处优、雄心勃勃的职业官员做了一件任何人都想不到的事情。他决定公然违抗已被清楚地陈述并两度重申的命令，擅自签发犹太人所需要的旅行文件。

杉原的生活。一队人站在杉原千亩的办公室外面等待生存的机会，而另一队人却只能在纳粹集中营里面等待死亡。如果没有杉原千亩的帮助，前一队人也很快就会成为后一队人。

这个决定毁掉了他的事业。在一个月内，他首先被调去柏林的一个较低职位。最终，他因为违抗命令而被外交部开除。战争之后由于名誉受损，他不得不以贩卖白炽灯为生。但是在立陶宛关闭领事馆之前的那几周，他坚持自己的行动方向，夜以继日地面试申请者，签署帮助他们逃离的文书。即使在领事馆关闭后，他住在一家旅馆中，仍然坚持颁发签证。甚至当这项任务的压力让他日渐消瘦和倦怠，使他的妻子不能够照料他们幼小的孩子时，他仍然没有停止。在去往柏林的火车站台上以及上了火车之后，他仍然坚持在写文书，以便将那些能保住生命的文书交到那些想拼命抓住生命的人手中。最终他挽救了成千上万的无辜者。最后，火车带着他离开了立陶宛，他深深地鞠了一躬，向那些他没能帮上的人们道歉，祈求人们原谅他的离去（Watanabe, 1994）。

要理解杉原千亩帮助犹太人逃到上海的决定，以及随后日本最高指挥部在整个战争期间继续保护那些犹太人的决策，首先要认识亲社会行为的基本原理：它不是来源于单一的因素。多种动力的相互作用带来助人行为。在我们尝试找出这些动力，以理解杉原千亩此番行为之前，我们首先要清楚什么是亲社会行为。除此之外，我们应该认识到助人行为可以为助人者的目标服务：为别人提供帮助是可以带来好处的，可以是实实在在能感知到的好处也可以是无形中难以知觉的好处。因此，在本章中，我们首先对亲社会行为进行定义和阐述，继而我们将识别亲社会行为的主要目的，以及它们如何被用来解释各种各样的帮助行为，比如杉原千亩的助人行为。

9.1 亲社会行为的目标

社会行为在广泛的范围以不同的形式发生着，所有的亲社会行为都包含了一定程度的协助。一般来说，**亲社会行为（prosocial behavior）**是指能使他人获益的行为。这种定义意味着助人者也可以成为获益的个体。所以，即使在去看电影的途中，你为了给一个朋友留下好的印象而将20美元投入到救世军[①]的水壶里，这也是一种亲社会行为。当然，尽管你的行为会被认为是亲社会的，但是可能少有人会认为你的动机值得赞赏。现在，再想象如果你不是因为要获得外部奖励或认同而给救世军的水壶投20美元，而是出于良心匿名寄给某个组织。这两种帮助行为的关键区别在于你是期望从外部获得奖励还是从内心获得奖励。心理学家在较长的时间内深入研究了区分奖励的外部或内部来源的重要性，并将更多的道德价值赋予由内在奖励动机支配的亲社会行为。事实上，一些理论家将内在动机驱动的

① 救世军（Salvation Army）是美国著名的一个以军官为核心的慈善机构，是由军官、工作人员、志愿者组成的近340万人的超大型组织，长期活跃在大量需要被帮助的社区内，赢得了无数危机救助的胜利。（摘自王婷：《美国救世军的高效之由》，21世纪商业评论，2008）。——译者注

帮助定义为利他（Bar-Tal & Raviv, 1982; Eisenberg & Fabes, 1998）。

而其他理论家（Batson & Shaw, 1991）希望保留利他的概念作为一种更为局限的亲社会行为类型，我们可以定义为**纯粹（真正的）利他主义（pure [true] altruism）**。纯粹（真正的）利他主义指的是不出于其他原因而仅仅是出于想要提高他人福利的动机，而使他人获益的行为。在这种助人行为的概念中，帮助的发生与助人者的外部或内部回报都无关。这些帮助行为可能会有回报，但是对于纯粹的利他行为，这些回报并不是助人者决定帮助别人的原因。因此，尽管你将 20 美元寄给了救世军并且你对自己感觉更好，但你仍然表现出了纯粹的利他行为，这是因为你并没有出于要使自己感觉更好或其他自我导向的原因而捐赠。目前，帮助行为的研究者面临的最大争议问题在于是否真的存在完全与自我利益无关的纯粹利他行为。在本章的最后，我们将回顾对这个问题进行探索和回答的相关研究结果。

亲社会行为出现在各种人类社会中（Dovidio, Piliavin, Schroeder, & Penner, 2006），而助人为乐也是可以通过基因进行传递的遗传特征（Rushton, Fulker, Neale, Nias, & Eysenck, 1986）。看上去助人可以为社会及个人提供一些有价值的功能。而事实上，很多社会心理学的研究发现亲社会行为可以为很多目标服务。我们可以通过帮助来（1）提高我们自己的福利;（2）增加社会地位和认同;（3）进行自我形象的管理;（4）管理我们的心境和情绪。下面，我们首先来考虑帮助他人的最根本原因，即帮助我们自己。

小调查

想象你最近一次面临需要提供帮助的情境。如果你确实提供了帮助，你能确认一下哪个因素或者哪些因素起到了决定作用吗？如果你没有提供帮助，情境中的哪些方面发生了变化从而使你改变了自己的决定呢？

9.2　提高我们基本的福利：获得基因与物质的收益

在演化心理学理论的观点中，为什么人们会帮助他人是一个比较棘手的问题。从表面上看，舍弃自己的资源去帮助他人的观点，向达尔文派提出的我们通常会增强自身生存的观点提出了质疑。看似与这个观点矛盾的地方在于，我们知道人们会以多种多样的方式经常提供帮助，从为别人开门到从发生火灾的建筑物里救出小孩（McGuire, 1994; Pearce & Amato, 1980）。除了令人印象深刻的助人行为外，在现代社会还存在很多不引人注意的助人行为。仅在美国，80% 的成人会向慈善机构捐钱或进行志愿服务（Bello, 2008）。下面我们将补充用来解释该行为的传统演化理论的两种理解，从而发掘这种利他倾向的演化意义。

9.2.1　洞察帮助的演化

第一种帮助的演化观点由生物学家汉密尔顿（W. D. Hamilton）于 1964 提出。他认为从演化的观点来看，个体的行为与其说是用来确保个体生存，不如说是用来确保组成个体的基因生存（Tooby & Cosmides, 2005）。

保护我们的亲属　汉密尔顿在**族内适宜性（inclusive fitness）**的观点中阐述了个体生存与基因生存的区别。族内适宜性是指个体组成基因在个体的后代或其他亲属后代中被保留的可能性。这种区别的意义在于它可以帮助人们理解和预测助人的行为何时发生，因为它暗示了当人们处于可以提高其族内适宜性，即可以增加自身基因生存机会的过程中时，人们是可以接受个体的风险和损失的。因此，只要能够增加我们基因的复本在我们帮助的亲属中生存的可能性，我们甚至甘愿承担威胁生存的风险。

一些研究发现个体更愿意帮助与自身存在基因联系的人，这为此观点提供了有利的证据。很多动物种群对亲属的帮助，比如喂养、防御和提供住宿，会与亲属以及自身的基因联系的程度相关。动物最愿意帮助那些更可能分享祖先留下来的相同基因的个体（Sherman, 1981）。在很多文化下，我们人类在很大程度上也表现出相同的行为，如图 9-1 所示（Cunnungham, Jegerski, Gruder, & Barbee, 1995; Neyer & Lang, 2003; Webster, 2003）。这种帮助基因相近亲属的倾向性确实发生在各种形式的助人行为中（Borgida, Conner, & Manteufal, 1992; Chagnon & Bugos, 1979）。

互惠帮助　汉密尔顿的族内适宜性给我们提供了一种理解亲属间自我牺牲的方式。但是，我们如何使用演化的逻辑来解释在动物和人类社会都经常上演的帮助非亲属的行为呢？现代演化理论的第二个重要视角就是**互惠帮助（reciprocal aid）**的概念。罗伯特·特里弗斯（Robert Trivers）1971 年提出帮助通常是相互的以及合作的，以使助人者可以获得别人帮助的回报。回想一下第 6 章你所学到的，所有人类社会都具有互惠规范，即人们有义务为所获得的收益而付出回报。特里弗斯发现互相帮助也经常发生在动物之间。那些鼓励这种相互行为的基因也因此具有生存优势。

你为我抓虱子，我也为你抓。互惠型帮助，在动物之间经常以互相清洁的形式出现。这种合作会让参与其中的所有动物获益。

在没有亲缘关系的个体之间的互惠帮助中，合作者比非合作者所具有的更大的物质优势也带来了生存优势。事实上，从长远来看合作者确实经常得益于这种优势，因为他们的互相帮助使他们更有机会得到奖励和维持持续获益的关系（Flynn, 2003）。我们可以举欧洲科学家关于合作在长期的雇主－雇员关系中的影响的研究为例。他们发现当公司互惠地提供回报给那些对公司有贡献的雇员时，雇员会增加努力并降低在工作中偷懒的次数。所有这些行为都极大地提高了公司的利润，确保了公司的生存和员工的工作（Fehr, Gachter, & Kirchsteiger, 1997）。总结起来，互惠帮助的益处在于为那些有技巧地参与其中的人提供了资源优势，使这些个体更可能健康地生长，并将自己的基因传递下去。

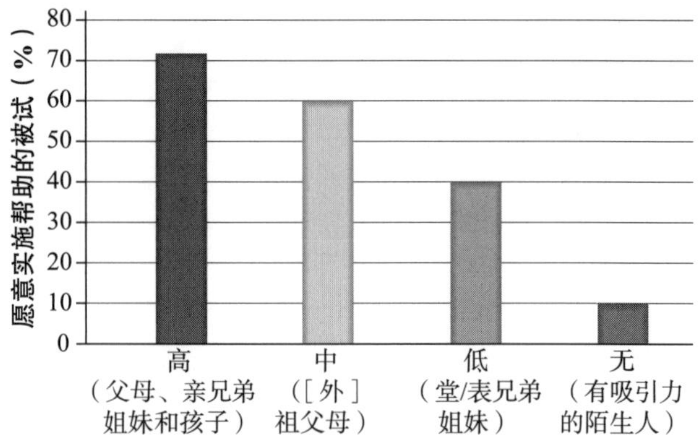

图 9-1　帮助亲属及非亲属

被试报告在一系列情境中他们是否愿意帮助特定的他人。他们帮助的意愿能够密切反映出他们自身与他人的基因联系。

资料来源：Adapted from the results of Cunningham et al. (1995).

联结：方法与证据

使用行为遗传学研究助人行为

关于人类行为在多大程度上可以由遗传或环境解释的争论在科学史上持续了很长的时间（Bouchard, 2004; Galton, 1875）。最近，科学家宣称行为遗传学家采用特殊的研究方法将行为的这两种基本原因分解开来，从而为解决这个问题打开了一条全新的道路（Dick & Rose, 2002）。这些方法包括对双生子的研究（Knafo & Plomin, 2006; Segal, 2000）。

比如，行为遗传学家比较两种类型的双生子：同卵双生子（共享所有的基因）及异卵双生子（只共享一半的基因）。在绝大多数特质上，同卵双生子比异卵双生子表现出更为相似的人格特征（Tellegen et al., 1988）。同卵与异卵双生子的研究是否为我们解释助人行为的动机提供了证据呢？答案是肯定的，支持来源于两个方面。首先，不管对成人还是 14 个月大的婴儿，同卵双生子在助人模式上都比异卵双生子更相似（Rushton et al., 1986; Zahn-Waxler, Robinson, & Emde, 1992）。将这些差异进行一个更广泛的分析，研究者估计这种助人倾向一半取决于遗传因素一半取决于非遗传因素。

双重责任。长相相同的双胞胎之间的特殊联系——基因和其他，使他们感觉更愿意互相帮助。

其次，其他的研究试图探讨为什么同卵双生子更可能互相表现出亲社会行为。南希·西格尔（Nancy Segal）在一个让被试赢取分数的任务中发现，同卵双生子比异卵双生子更努力为对方赢分。而进一步在解决难题的任务中，94%的同卵双生子帮助了对方，而只有 46% 的异卵双生子这么做。最后，在讨价还价的任务中，同卵双生子比异卵双生子表现出更多合作而使双方获益（Segal, 2000）。当然，这些结果验证了族内适宜性的概念以及个体会采取增加基因福利的行为，即使基因在他人的体内。

总的来说，关于双生子的研究发现了遗传因素对助人倾向性的较强影响。同时，学习和环境也具有较强的影响，那些希望能够向他人（尤其是儿童）灌输亲社会取向的人往往得到了较为正向的结果。

9.2.2　学习助人

个体的哪些特点可能会驱使个体去助人从而获得基因和资源的益处呢？在这里我们列举两种：灌输的信念及扩展的“我们”的概念。

灌输的信念　如果帮助他人，即使是无关的他人，可以为助人者带来基因和物质的获益，那么那些强烈相信这种观点的人就应该最有可能提供帮助。对美国公司的一个调查恰恰发现了这一点：那些管理者视获得自身利益为做慈善的理由的公司更可能进行大额的捐助（Galaskiewicz, 1985）。

这种将帮助行为作为提高自身利益方法的观点源自何处呢？一个来源就是学习过程。即使在个体发展的相对后期，人们也能够通过教育而相信亲社会行为是不是对个人有益。以经典的经济理论的训练为例，一个基本假设是人们会忽视或者剥削他人以最大化自己的利益。研究发现经济专业的学生比其他学科，比如心理学专业的学生更遵循经典经济学理论的预期。他们在谈判或者资金分配中更可能要求一个偏向己方的回报（Kahneman, Knetsch, & Thaler, 1986; Marwell & Ames, 1981）。同时，在助人方面，随着接受的经济学训练的增加，这些人捐款给慈善机构的意愿降低了（Frank, Gilovich, & Regan, 1993）。

扩展的“我们”的概念　个体习得的对世界的倾向性会通过另一种方式影响个体为了直接获益而表现出的亲社会行为。这种习得的倾向性，即一种对“我们”的延伸理解，在家庭中养成，远远早于个体进入大学校园，同时，它更多地意味着基因而非物质的获益。正如一般的理解一样，人们更愿意帮助那些在基因上与自己相关的人，以增加自身基因的存活率。当然，对人们来说，在助人之前首先仔细分析他人并决定自己与被助者共享的基因的多少不太可能，因而人们是通过依赖一些基因相关线索，比如通常依据与亲缘关系相关的特征来进行判断的（Krebs, 1989; Kurland & Gaulin, 2005）。这种线索之一是特定他人或特定类型的他人在家庭中的早期角色。人们和动物都会把在自己成长过程中出现的他人当成是自己的亲属（Aldhous, 1989; Wells, 1987）。尽管这种基因的相关线索有时会误导我们，但通常它还是正确的，因为居住在同一个家庭里的人通常是真正的家庭成员，在家庭中每个人都被纳入“我们”的概念中。

按照这个逻辑能够推出一个有趣的结果，**那些出生在父母能够接纳各类人群（不同背景、习俗和外表的人们）的家庭中的人，更可能去帮助陌生人。**这是由于他们的“我们”的概念得到拓展，可以包含远远多于直系或扩展家庭的家庭成员。对他们来说，“我们”的助人意义应该更全面地扩展到整个人类家庭（Burnstein, 2005; Piliavin, Dovidio, Gaertner, & Clark, 1981）。

对这种观点的一个支持来自不同文化下邀请他人（特别是仅仅相识的人）进入家庭的不同规范。在很多亚洲社会，这种邀请很少见，那些获得这种邀请的人会感觉到极大的荣幸。然而在西方社会，和很多相识的人家庭聚会、享用便餐、看电视转播的体育赛事等，是很平常的事情。和这种不同家庭环境导致对陌生人的不同帮助行为一致的是，美国人会比日本人或中国人更愿意帮助外群体成员。但是日本人和中国人比美国人更愿意帮助内群体成员（Leung, 1988）。

这些证据加深了我们对杉原千亩在第二次世界大战爆发之前帮助犹太难民的疑惑。为什么在难以接纳外人的日本社会中的一员，可以为了外来群体的福利而做出这样的牺牲？我们的第一个解释来自杉原千亩的早年经历。杉原的父亲，曾经有一段时间被派去韩国任税务官员，他携全家去韩国并开办了一家旅馆。即使有些人无法支付费用，杉原的父母仍然愿意接待所有的的客人，并尽可能满足他们的需要，帮他们清洁头发和衣服上的虱子。父母的行为给杉原留下了很深的印象（Watanabe, 1994）。这可能是杉原后来帮助犹太人的一个原因，一种对“我们”的延伸理解来自于在家庭中面对不同的人们。在这件事情过去 45 年后杉原接受采访时提到，这些受害者的国籍和宗教对他来说不重要，最重要的是“他们是人类，并且他们需要帮助”（Craig, 1985）。

当然，我们由一个事例推出一个广泛的结论并不能让人信服。但是，在这个例子中我们知道杉原不是那个时代唯一的早期家庭生活中接触过不同人的救助者。塞缪尔（Samuel）和珀尔·奥利纳（Pearl Oliner）1988年的研究确实发现，那些曾经收留逃脱纳粹分子杀害的犹太人的欧洲非犹太人与未收留犹太人的欧洲非犹太人在这一点上有很大差异：救助者报告在童年有更多与社会各阶层和各宗教的人接触的经历。并且，慢慢长大后，他们感觉自己与更广泛与多样化的群体中的人们更为相似。这种延伸的“我们”的概念与他们在战争中决定救助与自己不同的人相关，当半个世纪过去后再次访谈救助者，他们仍然在帮助各种各样的人们（Midlarsky & Nemeroff, 1995; Oliner & Oliner, 1988）。这些也给那些希望自己子女养成仁爱品质的父母提供了一个建议：可以让孩子在家庭中积极广泛地接触具有不同背景的人。

外来者。这张照片是杉原千亩在立陶宛被免职几个月后，他的妻子、儿子和姨妹在纳粹统治区的合影。注意公园大门上的牌子，上面写着“犹太人不得入内”。这张照片中的标志是有意还是无心拍下已经无从考证。然而，我们知道的是这是杉原自己拍下的照片，也是他安排家人站在公园的门边。你看了这张照片会怎么想？你认为这个标志是无意拍下的还是包含讽刺意味的有意为之呢？这里给你一个小小的提示，看你是否能够找到杉原姨妹的右手位置。

小调查

幼年经常互相串门的玩伴通常会建立起持续一生的联系。这种现象的产生可能是因为儿童只会邀请他们觉得特别亲近的玩伴到自己的家里，或者可能是由于这种特别的亲密感是在家庭内的联系中建立的。你认为哪一种影响更为强烈呢？

9.2.3 相似性与熟悉性

正如先前学习的历史可以影响个体“我们”的概念，即刻情境的特定特征也会产生影响。比如，根据帮助动机的演化理论解释，这些情境因素与“我们”一个特别重要的领域——亲属相联系，从而增加帮助行为。在以往研究中被证明与演化的观点一致的两个因素包括：相似性与熟悉性（Berger et al., 2001）。

相似性　两个人估计彼此在基因上的联系程度的一种方式是评估相互间的相似性程度（Rushton, Russell, & Wells, 1984）。这种相似不仅是指身体特征也包含特定的人格特质和态度的相似（Park & Schaller, 2005; Uslaner, 2008）。如果亲社会行为是由个体提升自己基因的存活率的毫无疑问是非意识的意愿驱动的，那么人们应该更会去帮助与自己在外表、人格与态度上相似的人。比如，人们报告他们会优先对那些与自己有共同政治态度的人实施挽救生命的药物治疗（Furnham, 1996）。人们也更可能帮助那些与自己姿态相似的人（van Baaren et al., 2004）。

如果相似性确实能够导致帮助行为，那么我们就可以通过让他人确信我们是相似的来促使他人提供帮助。确实有证据表明这种方法可以挽救更多的生命。在本章开始的地方，我们在叙述了杉原千亩对成千上万的欧洲犹太人令人费解的善行后，也间接提到一个相关的让人疑惑的例子——日本军部也做出了一个令人难以理解的决定，他们不顾纳粹联盟的反对，在整个战争期间仍然在自己的属地为犹太人提供避难所，以维持他们的生存。正如很多学者所认为的那样（Kranzler, 1976; Ross, 1994; Tokayer & Swartz, 1979），围绕这个决定的例子，为这种相似性与助人行为的关系提供了一个有力的证据，同时也暗示受害者能够如何通过将自己纳入帮助者的“我们”的概念中以获取最大的个人利益。

家庭中的所有成员。让相似他人获益的倾向性甚至也发生在家庭内部，较大的帮助行为更可能发生在家庭中相似的成员之间（Leek & Smith, 1989, 1991）。根据这个结果，当决定要向一些其他方面类似的人寻求帮助时，你最好选择在人格特征或外表与你最相似的个体。

联结：理论与应用

调整助人者的“我们”的概念来获得帮助

尽管证据表明是杉原千亩签发的签证挽救了成千上万的犹太人（Levine, 1997），但当他们到达日本所属的领区时，他们仅仅成为日本侵华在占领地——上海的更大一群偶然形成的犹太难民中的一部分。在珍珠港袭击事件之后，所有出入上海的难民通过权立刻被停止，犹太人的境遇瞬时变得扑朔迷离。最终日本完全成为阿道夫·希特勒的战时同盟国，并且不得不避免那些可能威胁到与极端反犹太分子所形成联盟的稳固性的行为。然而，尽管日本这样做可能会潜在地破坏与希特勒的关系，但日本政府最终还是抵挡住了纳粹分子于 1942 年要求消灭在上海的犹太人的压力，并且在纳粹的抗议中始终表现出了强硬的态度，一直持续到战争结束。他们何以如此呢？

根据东京的前首席犹太学者马文·杜基雅（Mavin Tokayer）的解释，这个问题的答案可能与发生在几个月前一些鲜为人知的事情有关。纳粹曾经派遣盖世太保约瑟夫·梅辛格（Josef Meisinger）上校到东京，试图鼓动日方对日本统治地的犹太人实施野蛮暴行。为了听取多方意见，日本军部的高级成员要求犹太难民组织派出两名领导参加这个将决定他们命运的会议。犹太人选出的代表都是在不同的领域受到广泛尊重且德高望重的宗教领袖。其中一位是拉比摩西·沙提克（Moses Shatzkes），以勤奋好学闻名的学者，是战争之前欧洲最杰出的宗教专家之一；另一位是拉比希蒙·卡利什（Shimon Kalisch），稍年长一些，他以研究人类的发展方式的非凡能力而著名于世，这类似于社会心理学家的工作。

当这两位拉比踏进会议室之后，他们和翻译发现他们所面对的是日本大本营最有权势的几位成员，而这几位官员毫不迟疑地抛出了几个致命的问题：为什么我们的盟国纳粹会如此憎恨你们，为什么我们应该抵制他们对你们的制裁？学者沙提克拉比一语难发，但是深知人类本性的卡利什拉比仅仅用了一句话就完美地回答了两个问题，他平静地说：“因为我们是亚洲人，正如你们一样。”

影响日本对犹太人政策的斗士。纳粹政府未能成功说服日本最高指挥部按照他们期望的方式来对待日本领土内的犹太人。一个原因可能是在与犹太人领袖的极其重要的会谈中所认同和强调的日本与犹太人共同的亚洲祖先。犹太人领袖卡利什和沙提克拉比（此照片是他们与翻译在会议当天的合影）试图将犹太民族纳入到日本官员扩展的“我们”的概念中，并将纳粹排除在外。

尽管如此简短，但这句回答却极富感染力，因为它通过重新塑造日本官员对“我们”的感知而使两条支持帮助犹太人的论点变得突出。首先，在日本有一个长久争论的理论试图解释古代犹太人与日本神道教特点上突出的相似性。该理论认为十个以色列“消失部落”中的一些部落跨越亚洲到了日本，并与日本人通婚，实现信念与血统的融合。卡利什拉比的陈述希望强调的第二点是，纳粹宣称，德国大民族从基因上与低等的亚洲民族不同。依靠这种简单的极具洞察力的观察，他试图重塑官员的“我们”的概念，即可以将犹太人纳入其中而将纳粹排除在外（如同纳粹自我声称的那样）。

当时会议记录显示，这位年老拉比的话语对日本官员产生了有力的影响。在长时间的沉默之后，最高军事长官站起来，给出了拉比期望为犹太社团带回去的保证：“回到你们的人民之中，告诉他们，我们将为他们提供安全与和平。只要你们在日本的领土上就无须害怕。”此后日本也确实履行了这个承诺。

助人行为的演化观点同样意味着帮助行为的复杂性。在不同条件下帮助近亲的倾向性并不是相同的。例如，如果帮助关系亲近的他人是为了确保更多自身基因的生存，那么当生存出现威胁时帮助近亲的偏好会更强烈。为了验证这个假设，尤金·伯恩斯坦（Eugene Burnstein）、克里斯·克兰德（Chris Crandall）与北山忍（Shinobu Kitayama）1994年的研究询问了美国和日本大学生的助人意愿，涉及的助人场景包括从着火的建筑物中救人或在商店帮人捎带东西。总的来说，亲属关系越近，帮助的意愿越高。在不同文化下，当需求威胁到生命时这种帮助近亲的倾向都更为突出。

熟悉性　因为个体通常会与亲属居住在一起或频繁接触，熟悉程度也可以作为判定遗传相似性的线索。例如，英语单词“familiar”（熟悉的）几乎与“familial”（家庭的）相同。当然，早期频繁地互相接触并不能保证基因的重合。然而，做出帮助谁的自私决定也并非一定需要基因的重合。按照演化心理学的逻辑，如果与他人熟悉仅仅与共享的基因相关，那么有利于助人者的基因保存的帮助行为则更容易发生（Rushton, 1989; Dovidio, Piliavin, Schroeder, & Penner, 2006）。有两个方面的证据支持这个观点。

首先，无论在人类还是动物社会，个体间的亲缘关系越近，彼此的接触越多（Hames, 1979; Rushton, 1989）;其次，人们更愿意帮助他们所熟悉的他人或者甚至是所熟悉的那个人的类型（Burger et al., 2001）。同样，我们可以从塞缪尔与珀尔·奥利纳（1988）在第二次世界大战中对犹太人施助者的丰富数据中寻找支持的证据。与那些没有施助的人相比，施助者在战争前的邻里间、工作中与交友中曾与更多的犹太人接触。那些慈善筹款员也报告了一个相似的现象：人们更倾向于在那些有熟人牵涉其中的问题上提供帮助。正如托马斯·谢林（Thomas Schelling, 1968, p.130）曾经说过的那样，“我们关心我们认识的人”。与社会心理学家的发现一致，这可能是因为我们越了解彼此，我们越认为彼此更相似（Cunningham, 1986; Kenny & Kashy, 1994）。

熟悉程度与帮助的关系可以为杉原千亩的助人行为提供另一个解释。在他决定牺牲自己的事业来帮助犹太难民的几个月之前，杉原认识了一个11岁的犹太男孩苏尼·基诺（Solly Ganor），这个男孩的姨母在日本领事馆附近拥有一家店铺。在那几个月，杉原如对待朋友一样对待苏尼，每次相遇都会给他一个硬币或者为男孩的集邮事业做出贡献。在某次相遇的时候，杉原没有接受苏尼的感谢，告诉男孩把自己“想成是一个叔叔”。苏尼回答说：“如果你是我的叔叔，你应该周六来参加我们的光明节聚会，我们全家都会在那里。”在这个聚会上，杉原不仅看到了苏尼的直系亲属，同样也遇见了从波兰来的远亲，他们描述了纳粹侵略惨绝人寰的暴行并请求杉原帮助他们逃离欧洲。杉原告诉苏尼的家人，自己的职位不能提供所需的帮助，但是也许在将来可以提供帮助。这个可以拯救他的新朋友的机会在八个月后降临了：杉原签发的第一份护照就给了苏尼的家人（Ganor, 1995, p. 35）。

小调查

思考下面这个令人头疼的两难问题：两个人在你眼前溺水，而你只能救出其中一个人。第一个人是你一向喜欢并友好相处的亲密朋友，第二个人是你的一个较近的亲戚，比如兄弟姐妹，但你们的关系总是陷于困境和充满争执。你会选择救哪一个人？请试着说出你的理由。

9.3　获得社会地位与认同

除了基因上与物质上的获益外，施助者也可以获得一种更为间接的利益。因为在人类文化下助人为乐被认为是一种积极的行为（Dovidio, Piliavin, Schroeder, & Penny）（2006），那些帮助他人的人可以提升在他人眼中的形象。唐纳德·坎贝尔（Donald Campbell）（1975）指出为了鼓励在无法提供物质或基因奖励的情境中的助人行为，人类社会可以给那些助人的人提供社会性奖励。这些社会性奖励通常以增加喜爱和赞同的方式出现。除此以外，亲社会行为还可以增强助人者知觉到的在团体中的权力及地位（Hardy & Van Vugt, 2006）。例如，那些为慈善事业做出较多贡献的企业被认为比其他企业更加成功（Galaskiewicz, 1985）。

通过付出来增加社会地位的策略并不具有文化独特性。法国人类学家马赛尔·莫斯（Marcel Mauss）（1967）在其名著《礼物》（*The Gift*）中详细地说明了人类社会组织中赠予礼物的重要性与普遍性。然而，尽管这种行为比较常见，但是却以极其多样的形式出现。其中最为壮观的仪式之一发生在印第安人的冬季赠礼节上[①]——一种部落的庆祝典礼，主人会向客人分发数量极其庞大的礼物，这样的行为

① 冬季赠礼节是西北太平洋沿岸的某些美洲印第安人的庆祝宴会，比如婚庆或就职庆典。在宴会上，主人会根据每个客人的不同身份或地位分发礼物。在两个敌对的部落之间，主人会在这种宴会上炫耀性地大肆捣毁或分发贵重礼物来显示自己的财富。——译者注

经常导致主人破产或负债。

我们如何来解释这种赠送礼物的极端形式呢？当前大多数人类学家给出的答案是这是一种确定和确认社会地位的习俗。也就是说，任何可以积累和消费巨大财富的人都相当于合法地对外宣称了自己高贵的社会地位（Cole & Chaikin, 1990; McAndrew, 2002）。事实上真正有价值的不是财富，而是通过分发财富来昭示合法化的社会地位。从这个角度来看，古老的部落首领与当今的商业领袖并没有什么差别，当今的商业领袖也是通过慷慨的捐赠来确保他们和他们的公司被认为比其竞争对手更有势力和更加成功的（Galaskiewicz, 1985）。

波特拉奇权力（Potlatch）。在西北太平洋海岸的部落中，一些出身高贵的成员会通过分发巨大数量的礼物得到他们更需要的东西——确保他们的阶层和地位的合法性。此图表现的是在一个冬节，堆积着大量毯子以供分发。

9.3.1　社会责任：帮助的规范

社会规范通常会有力地影响人们的行为。正如我们在第 6 章所讨论的那样，社会普遍存在两种规范。示范性规范规定了典型的应该做的行为，禁止性规范规定了典型的赞同和不赞同的行为。这两种规范都会影响助人行为：人们在确信他人也会帮助或者他人赞同帮助的事情上更愿意施以援手（Warburton & Terry, 2000）。然而，对亲社会行为的赞同看起来与获得地位和社会认同的目标极为相关。波兰社会心理学家雅努什·雷科斯基（Janusz Reykowski）（1980）通过研究发现了预期的社会赞同的作用，他们以保加利亚大学的学生为被试。首先，研究者告诉被试在学校里利他主义者不受推崇的虚假信息。随后，当向这些被试请求帮助时，他们比那些没有被告知虚假信息的被试更不愿意给予帮助。

最为普遍的助人规范是**社会责任规范（social responsibility norm）**（Berkowitz, 1972）。这个规范较为宽泛地强调我们应该帮助那些需要我们帮助的人。正如我们了解的那样，一些因素会影响社会责任规范指导个体帮助他人的决定过程。其中被广泛研究的因素之一是在面临助人机会时是否有他人（旁观者）在场，特别是在面临需要紧急施助的机会时。这些旁观者会影响社会责任规范的行为，最终影响人们是否施以援手的决定，且这种影响主要通过三种路径实现：他人作为帮助的来源、他人作为判断是否需要帮助的信息来源以及他人作为赞同或反对帮助行为的来源（见图 9-2）。

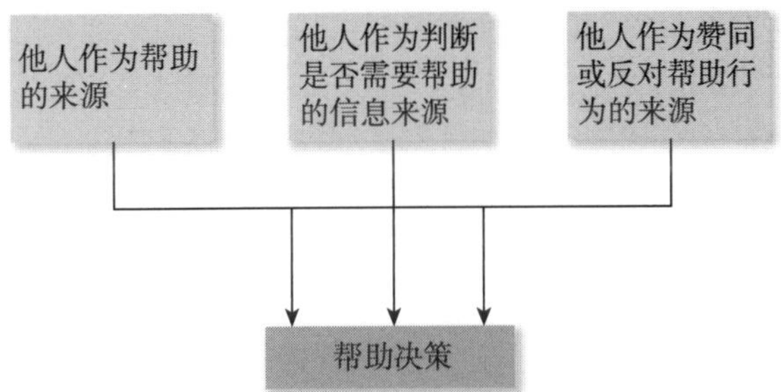

图 9-2　旁观者对帮助决策的影响
他人可以以三种方式影响个体是否提供帮助的决策。

旁观者作为帮助的来源　在实验社会心理学发展的早期，研究者对反社会行为（偏见、冲突、攻击）的关注超过对亲社会行为的关注。可能是由于第二次世界大战带来的恐惧还依然历历在目的原因，社会心理学家更加试图去了解和减少人类的恶行，而不是了解和增加人类的善行。然而在 20 世纪 60 年代中期，一个事件的发生导致这种趋势发生了决定性的变化。1964 年 3 月 13 日凌晨 3 点，一位纽约名叫凯瑟琳·珍诺维丝（Catherine Genovese）的年轻女性在其公寓外的街道上被陌生男子用刀刺死。对这次谋杀事件的新闻报道引发了一场全国性的争论（Rosenthal, 1964）。

为什么这个事件会产生这样的影响呢？因为此次犯罪的过程持续了很长时间并且受到了广泛关注，珍诺维丝的 38 位邻居都被一阵骚动声吵醒，并通过安全的公寓窗户目睹了整个犯罪过程。38 个人目睹了这场紧急事件，但是竟然没有一个人出去帮助珍诺维丝，甚至没有一个人报警。

在《纽约时报》的头版故事引发的舆论漩涡中，社会科学家也受到了来自教室的学生、采访的新闻媒体人员，甚至是鸡尾酒会上的朋友对这个问题的追问：为什么 38 个人目击此事件，竟没有一个人施以援手？在一次聚会之后，两位纽约本土的社会心理学家比布·拉坦内（Bibb Latané）和约翰·达利（John Darley）（1970）着手解释这个奇怪的现象。在这个过程中，他们偶然提出一个其他人忽略的解释：先前的解释强调了38个旁观者目睹了事件现场，但并未采取任何行动，拉坦内与达利则提出没有人帮助恰恰就是因为现场有38名目击者。他们将此现象定义为**旁观者效应（bystander effect）**。现场有如此多的目击者，很容易想到个体会去揣测他人，比如目击者会认为那种更有条件实施帮助的他人会提供帮助。根据拉坦内与达利的解释，帮助的责任会分散到一群旁观者身上而变得很微弱，这个过程被称作**责任扩散（diffusion of responsibility）**。这会导致没有人感觉到自己有义务去行动，因此未采取行动。

为了检验他们的解释，拉坦内与达利（1968）设计了最初的一些实验来考察紧急事件中旁观者的数量对个体实施帮助行为可能性的影响。通过一个对讲系统，纽约的一些大学生听到另一个学生遭遇了癫痫的突然发作。随着其他可能实施帮助的人的人数增多，离开自己的隔间去提供帮助的被试所占百分比急剧下降。如果被试被告知只有自己一人听到癫痫求救，则85%的人都会施以救助，然而，如果他们知道还有另一名被试听到求救，则帮助的行为就会降低到62%；如果得知有其他四名被试能通过对讲系统听到求救，实施帮助的行为则减少到31%。

那么，责任扩散与社会责任规范有何关系呢？回顾一下社会责任规范要求我们帮助那些依赖我们帮助的人。如果存在他人就分散了我们对求助者进行帮助的责任，这些受害者自然成为不依赖我们帮助的人，因此就削弱了规范所规定的帮助的义务。为该观点提供支持的一些研究发现他人的存在不仅降低了帮助的倾向，同时也降低了潜在帮助者对自身责任的知觉（Garcia, Weaver, Moskowitz,& Darley, 2002）。

旁观者作为帮助信息的来源 除了责任扩散，拉坦内与达利提出旁观者降低紧急帮助的另一个理由是：他们的不作为可能降低了一个真正的紧急事件被理解为紧急事件的机会。在很多场合，对观察者来说一个紧急事件是否发生难以清楚判定，而当人们不确定时，他们更不愿意行动（Bastardi & Shafir, 1998; Tversky & Shafir, 1992a, 1992b）。他们的替代行为则是四处寻找信息来帮助他们确认情境。在一个进行的紧急事件中，他人也成为旁观者信息的来源。每个人都观察他人来寻找如何行动的线索，但是这种观察非常迅速且微妙，常常是不经意的一瞥，以至于看起来不会表现出慌乱和惊吓。因此，每个人都注意到他人很平静且没有行动，从而得出结论认为实际没有发生什么紧急的事情。这个现象被拉坦内与达利（1968）称之为**多数无知（pluralistic ignorance）**，指群体中的成员因为其他人不关心则认定没有什么危险。这种情况是否在表面上导致了现代社会旁观者可耻的“冷漠”呢？看起来是这样。

在一个研究中，研究者让被试在实验室填写问卷，同时通过通风孔向实验室排放烟雾（Latané & Darley, 1968）。结果发现，独自待在实验室的被试在75%的排放试次中报告了烟雾，而同时与其他两人共处的被试中只在38%的排放试次中报告了烟雾。但是，迄今为止，在一名真正被试与两名约定实验者（被告知装作没有任何紧急事情发生）共同待在实验室的情境下，被试报告的威胁最少，只占排放次数的10%。真正被试的行为尤其值得注意：即使团团烟雾填满了屋子，他们仍然很尽责地填写问卷，他们不停咳嗽、揉眼睛、用手将脸前的烟雾挥开，但是仍然不会报告。当被询问他们为什么不报告这个情况时，他们的说法是他们确定烟雾并不预示着火灾，不代表真正的危机。相反，他们将其解释为无关紧要的东西：蒸汽、烟雾、空调水汽，甚至有一个被试认为这是保证问卷真实性的“吐真剂”！

看起来当旁观者较多，特别是他们表现得较被动时，会带来没有问题的错觉，从而减少紧急情况下的帮助行为。对该结论提供支持的研究发现，当旁观者表现出惊讶而不是平静时会增加帮助行为的可能性（Wilson, 1976）。

凯瑟琳·珍诺维丝。在黑暗的纽约街道上，凯瑟琳·珍诺维丝谋杀案发生之前，社会心理学家很少花费时间研究助人行为。但是她遇害的独特情境——38个人目睹了长达35分钟的事件经过而无一人伸出援手，将一个新的研究问题凸显出来：哪些因素会增强和抑制助人行为的倾向？

旁观者作为赞同或反对的来源 他人影响社会责任规范的作用存在第三条路径：通过赞同或反对帮助的决定来影响。那些遵循社会责任规范并帮助需要帮助者的人通常会得到旁观者的赞同。这也是为什么在大多数场合，人们认为他们的帮助行为是社会所鼓励的（Bickman, 1971; Schwartz & Gottlieb, 1976）。这也是为什么当人们在他人认可自己和自己的帮助行为时更愿意施予帮助（Schwartz & Gottlieb, 1980）。但是，正如我们所看到的那样，一些情境的线索，比如看见被动的旁观者，可能会使人们觉得施予帮助的行为不恰当。在这些情境中，帮助行为可能会减少，特别是当潜在的帮助者可以被旁观者识别出来的时候（Schwartz & Gottlieb, 1980）。因此对他人的识别是否可以增加或降低帮助的倾向，取决于个体对情境中的他人是否支持帮助的判断。

受害者？在图中的这种情境中，当对紧急求助的需求不清楚时，即使真正的受害者也很可能得不到围观人群的帮助。想象一下，如果你是该情境中的下一个过路者，你会如何受到第一个过路者的影响，从而相信该受害者不需要帮助。

对社会赞同的恐惧经常会抑制潜在紧急情境中的帮助行为，比如男女之间的身体对抗。兰斯·肖特兰德（Lance Shotland）与玛格丽特·斯特劳（Margret Straw）猜测目击者不会去帮助，可能是因为他们认为干预“情人的争吵”是不受欢迎的。确实，这是凯瑟琳·珍诺维丝事件的一些目击者解释他们不提供帮助的原因（Rosenthal, 1964）。为了验证这个假设，肖特兰德与斯特劳让被试观看一个男人与一个女人之间不同阶段的争斗。当没有线索指向情侣关系时，大多数男性和女性被试（接近 70%）假定他们处于恋爱关系中，而只有 4% 的人认为这两个人是完全陌生的。而在另一些有线索确定打斗者关系的实验中，比如女性叫喊“我不知道为什么我会嫁给你”或“我不认识你”，肖特兰德与斯特劳（1976）发现在部分被试身上存在一个不好的反应。尽管争斗的激烈程度可以识别，但观察者更不愿意帮助已婚妇女，因为他们认为这是私事，而自己的帮助从各方面看来是不被期望的和令人尴尬的。

因此，**一位与陌生男性进行身体对抗的女性，如果仅仅凭借大声呼喊请对方放过是难以得到旁观者帮助的。**观察者可能会将这个事件认定为一次家庭争吵，而根据这个推断，进一步认定提供帮助在社交上可能是不适宜的。幸运的是，肖特兰德与斯特劳的数据也提出了一个克服这个问题的方法：通过大声指出袭击者是一个陌生人，比如喊“我不认识你”，女性可以大大增加获救的机会。

对所有需要紧急救助的人的一个更加普遍的建议是，回忆旁观者干预研究的基本原则：旁观者不提供帮助并不是因为他们不善良而是因为他们不确定。他们经常对帮助行为是否恰当不确定。而当他们判定这种行为恰当时，通常也不确定他们是否对提供帮助负有责任。当确定他们负有责任时，他们通常又不确定如何去帮助。如果你发现自己遭遇危机事件而周围有很多旁观者，你最好的策略是消除他们的那些最基本的不确定。清晰地陈述你需要帮助，将主要的帮助责任分配给某个人，同时描述你所需要的特定的帮助类型，比如“我需要帮助！请穿蓝色夹克的那位先生帮忙叫一下救护车”。

想要获得帮助，你需要说恰当的话。一对正在打斗的男女身旁的观察者通常会假定这两个人处于浪漫关系中，因而进行干预可能是不被期望或者不恰当的。为了纠正这种认识并获得帮助，女性需要喊出“我不认识你”。

9.3.2　渴望赞同

如果坎贝尔（1975）是对的，为了增加亲社会行为，人类社会如果给予利他主义者称赞和荣誉，那些希望获得这种赞同的个体可能就更加愿意提供帮助。在一个研究中，大学生被试首先填写了一份测量他们认同需求的人格问卷，然后获得一个向公益事业捐款的机会（Satow, 1975）。总的来说，那些渴望获得他人赞同的学生会捐出更多的钱。然而，也有一个例外：当这种捐赠是私下的行为时，那些渴望赞同的学生不再表现得更为慷慨。看起来对赞同有高需求的人们并非特别善良，而仅仅是更渴望获得与良好形象相伴的自尊。

9.3.3 我们身边的他人效应

尽管规范被认为总是存在于文化中，但它们却并不总是能被人记得。个体更加愿意遵守一个刚刚被突出或强调的规则（Kallgren, Reno, & Cialdini, 2000）。一些研究表明这是帮助的一种情况：记住社会责任规范的人越多，愿意提供帮助的人就越多（Harvey & Enzle, 1981; Nelson & Horton, 2005）。

助人的榜样 看到他人按照社会责任规范行事，比如向救世军水壶里扔钱，可以以两种途径激发观察者的帮助行为。首先，对他人行为的观察是人们（特别是儿童）习得恰当行为的常见方式（Bandura, 1977）。比如，让儿童观看包含亲社会行为内容的电视节目，可以教导他们更加合作和慷慨（Forge & Phemister, 1987; Hearold, 1986）。除了这种教导方法，一个亲社会的榜样同样可以作为一个提醒者，让那些除非遇上特例否则不考虑帮助他人的成人意识到规范。在詹姆斯·布赖恩(James Bryan)和玛丽·安·特斯特(Mary Ann Test）进行的经典研究中，那些洛杉矶的汽车乘客，如果在路上目睹过其他司机停下来帮助出了汽车故障的司机，则更愿意在400米外遇到相同状况时做出同样的助人行为。

人口密度 与农村地区相比，人们认为城市是助人行为发生更少的地区，这是一个在全世界都普遍存在的事实（Amato, 1983; Smith & Bond, 1998）。罗伯特·列文（Robert Levine, 2003）测量了36个美国城市居民的助人倾向，如表9-1所示。他发现是城市的人口密度而不是单纯的城市大小影响了人们的助人行为。人口分布越紧密，给陌生人的帮助就越少。这种现象的一个原因是，为了处理过密的人口带来的刺激超载和压力，城市居民通常会封闭自己而看不到周围人们的需求（Evans & Lepore, 1993; Milgram, 1970）。因此，这种要求他们给需要的人提供帮助的规范并不能激发助人行为。

表9-1 不同的美国城市的帮助行为

罗伯特·列文（2003）测量了36个美国城市居民的助人倾向并对六种助人行为的独立测量进行了排序——愿意帮助一位盲人过马路，调换25美分，捡起一只掉落的笔，邮寄一封丢失的信，捡起残疾人掉落的杂志，为联合会（美国慈善组织）捐助。结果发现，人口密度相比城市大小与助人行为更加相关。人口密度越大，助人行为越少。下面列出了五个最乐于助人和五个最不乐于助人的城市。

等级	最乐于助人的城市	等级	最不乐于助人的城市
1	罗彻斯特，纽约州	32	费城，宾夕法尼亚州
2	休斯顿，得克萨斯州	33	弗雷斯诺，加利福尼亚州
3	纳什维尔，田纳西州	34	洛杉矶，加利福尼亚州
4	孟菲斯，田纳西州	35	纽约，纽约州
5	诺克斯维尔，田纳西州	36	帕特森，新泽西州

9.3.4 性别与帮助

助人行为的发生受到个体与情境因素的交互影响，而这些因素可能与获得地位和赞同的目标相关。关于性别与帮助的研究提供了一个证明。

很多人会认为女性更愿意提供帮助，人们认为女性比男性更善良、更热情和更愿意为他人的福利奉献（Ruble, 1983）。在全世界范围内人们在这一点上都达成了共识。通过对超过90%的文化进行的研究发现：善良、软心肠和乐于助人的特质与女性更相关（Williams & Best, 1990）。而让人难以理解的是，有两方面的证据却得出了相反的结论。

第一类证据来自社会上那些发扬英雄主义的助人者名单。例如，开始于20世纪早期的卡内基英雄委员会定期会颁发奖牌给那些“挽救或者试图挽救同伴性命”的普通市民。尽管从一开始女性就有资格获得奖励，但是超过7 000名卡内基奖牌获得者中的90%以上都是男性。第二类证据来自社会心理学对助人行为的研究。对这些研究进行广泛的综述后，研究者发现男性具有更经常帮助别人的倾向性（Eagly & Crowley, 1986; Piliavin & Unger, 1985）。那我们如何来解释人们所认为的男女在助人方面的差异，与以上两方面证据所反映出的差异的矛盾呢？

为了解决这个难题，我们首先要认识到，除了生理差异会影响助人行为的发生外（Dabbs, 2000），男性和女性在社会上的差异也会影响助人行为（Burn, 1996; Gilligan, 1982）。从童年时期开始，男性和女性就会学习社会对其性别所期望和鼓励的不同行为，比如男性应该是英勇和强壮的而女性应该是体贴和温柔的。这些对男性化和女性化的期望构成了社会的性别角色，从而带来男性与女性在不同背景中的助人行为。例如，我们预期男性会更愿意从事典型的男性的行为，这也是男性更愿意在与汽车有关的问题上帮助他人的一个原因（Penny, Dertke, & Achenbach, 1973），即使这个帮助仅仅是拨打求助电话（Gaertner & Bickman, 1971）。相反，我们预期女性会更愿意从事典型的女性的行为。约翰·多维蒂奥（John Dovidio）（1993）和他的学生提供了一个简单但足以说明这种性别差异的证据。当在一个自助洗衣店寻求运送或者叠衣服的帮助时，女性更愿意帮忙叠衣物而男性更愿意帮忙搬运衣物。

另外，性别角色详细说明了哪些特质是男性化或女性化的，这些特质也会影响助人行为发生的时间和方式。根据艾丽丝·伊格里（Alice Eagly）和莫琳·克罗利（Maureen Crowley）（1986）的研究，男性化的帮助特征与女性化的帮助特征非常不同。与性别角色相适应的是，男性化的帮助应该是勇敢的、有力量的，直接指向应该得到帮助的人，包括陌生人；而另一方面，女性化的帮助应该是养育性的、支持性的，主要关注家庭或朋友等存在人际关系的同伴的需要。从这一点上，我们可以理解为什么更多的男性会被卡内基英雄基金会授予奖牌：英雄主义符合男性化而非女性化的性别角色，英雄是有勇气的和大胆的，也愿意去拯救不知名的受害者。确实，基金会的规章制度特别排除了那些拯救家庭成员的个体——这看起来英雄色彩不够。

让我们按照角色行事。男性更可能进行英雄式的帮助，这是与男性化的性别角色相一致的。

但是这种性别角色是否可以解释社会心理学实验所发现的男性比女性更愿意提供帮助的现象呢？伊格里和克罗利（1986）认为是可以的。他们指出大多数关于助人行为的研究，特别是那些早期的研究，被试面对的紧急情境中的受害者都是与他们先前不存在人际关系的。难怪伊格里和克罗利发现在这些研究中男性会比女性提供更多的帮助。在这些条件下的帮助行为需要为了陌生人而采取大胆和直接的行动，这些主要与男性化的性别角色一致。

对这个分析的绝妙支持来自于对与女性性别角色更适应的帮助类型的研究，比如提供情感支持和对个人问题的非正式的咨询（Aries & Johnson, 1983; Johnson & Aries, 1983; Otten, Penner, & Waugh, 1988）。在这些研究中，女性比男性更愿意提供帮助。即使在紧急救助的研究中，研究者发现的一般趋势是男性会比女性更多地帮助陌生人，而当将帮助对象换成一个朋友（McGuire, 1994）或者当帮助涉及同情的倾向性时（Becker & Eagly, 2004），这种趋势就会反转。然而，女性比男性提供紧急帮助的方式可能会更间接，男性通常倾向于自己提供帮助（Senneker & Hendrick, 1983）。因此，“女性或男性谁可能帮助更多”这个问题的答案依赖于所需的帮助类型是否符合社会对男性或女性的性别角色认同。

小调查

为什么性别角色与助人行为的性别差异有关呢？你认为这些差异是通过什么过程体现的？

9.4 自我形象管理

我们采取的任何有意义的行为都可能影响我们对自己的看法（Schlenker & Trudeau, 1990; Vallacher & Wegner, 1985）。亲社会行为也不例外。例如，尽管事件已经过去50年，但伊丽莎白·米德拉斯基（Elizabeth Midlarsky）和罗宾·梅罗夫（Robin Nemeroff）（1995）对在纳粹大屠杀中曾经帮助犹太人的助人者进行的研究发现，这些助人者的自尊因为他们曾经提供的帮助而获得了提升。确实，特殊的或重复的帮助行为不仅使助人者具有较高的自尊，还让他们从此以后将自己看成是一个更加利他的人（Cialdini, Eisenberg, Shell, & McCreath, 1987）。这一点可以有助于解释美国慈善组织在2005年年底观察到的一个让人疑惑但又受到欢迎的形势变化。在2005年，一系列史无前例的灾难，包括美国墨西哥湾沿岸发生的卡特里娜和丽塔飓风，巴基斯坦发生的让人恐惧的地震，东南亚发生的造成23 000人死亡的海啸以及苏丹发生的令成千上万人无家可归的战争，都激发了美国民众源源不断的助人行为。引人注目的是，这种捐助没有产生慈善机构预期的“捐款疲劳”现象，即在一次成功的筹款之后会出现捐赠者在随后一段时间内不愿意再次捐款的现象（Strom, 2006）。相反，2005年年末的感恩节捐赠仍然获得了巨大的成功（Crary, 2005）。我们怎么来解释这个事件中未出现捐款疲劳的现象呢？颇具讽刺意味的是，它可能是一系列让美国人慷慨解囊的关键所在。在长时间的捐赠之后，考虑进行节日捐款的美国人也许并没有去想“我已经捐过款”，而是想“我是一个捐赠者”。

因为亲社会行为可能影响我们看待自己的方式，我们可以使用它来管理自我形象（自我概念）。这主要通过两种基本方式：我们可以使用它来增强和证明我们的自我定义（Madon et al., 2008; Swann, 1990）。例如，如果你感受到自我膨胀，你可能会决定为他人做些善事，就像那些在大屠杀中施予帮助的人，在这个过程中你可以提升自己的自我形象。或者，如果你的自我感觉已经包括利他的成分，我们也可以说你已经认为你自己是慈善的或慷慨的，那么你可能会帮助一个需要帮助的人来确认这种看法。这种行为的目标不是为了增强你的自我概念，而是为了证明它（Grube & Piliavin, 2000; Penner & Finkelstein, 1998）。贝丝·斯塔克（Beth Stark）和凯·杜克斯（Kay Deaux）（1995）在对囚犯康复项目的志愿工作者的研究中发现了这种自我证明过程的证据。最能够预测工作者是否愿意在项目中继续的因素是他感觉志愿行为在多大程度上是“我是谁的一个重要反映”。在接下来的部分，我们会探讨一些帮助人们定义他们是谁并随之影响亲社会行为的因素。

9.4.1 个人规范与宗教法则

乐于助人的个体经常会列举自己的个人信念与价值观作为激励他们做出助人决策的理由。一个对美国慈善捐款和志愿行为的研究发现，87% 的被调查者都承认他们做出捐助的一个理由是这与他们的个人价值观一致；该因素被提及的频率超过其他任何因素的频率（Hodgkinson & Weitzman, 1990），如图 9-3 所示。马克·施奈德和阿伦·大元（Allen Omoto）（1992）在调查艾滋病中心的志愿工作者决定助人的原因时也发现了相似的结果：大多数志愿者（87%）将他们的志愿工作与其个人价值观相联系。

如果形成个体自我形象的信念与价值观可以促使个体表现出亲社会行为，那么那些自我印象中具有最充分的内在亲社会信念和价值观的个体应该有最大的动力去帮助别人（Reed & Aquino, 2003）。为了寻找这方面的证据，让我们先来检验两种内在信念与价值观对帮助行为的影响：个人规范与宗教法则。

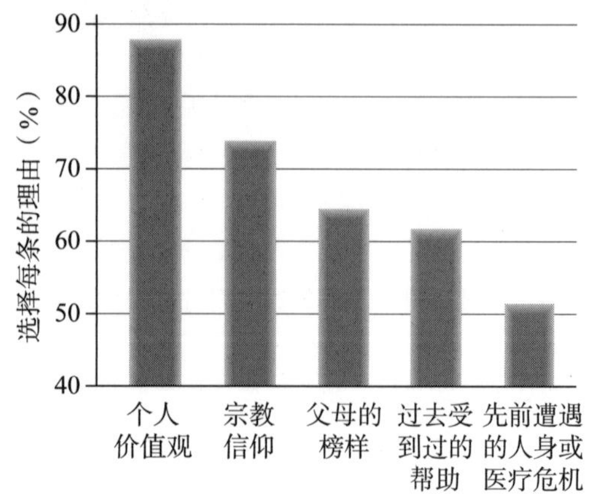

图 9-3 捐款者列举的捐款理由

金森（Hodgkinson）和韦茨曼（Weitzman）（1990）让从事慈善行为的个体填写一份调查助人行为的个体背景原因列表，让他们选出所有与他们的助人行为相关的原因。

个人规范 沙洛姆·施瓦茨（Shalom Schwartz）（1977）的研究认为，内在的信念与价值观共同塑造了个体的**个人规范（personal norm）**，它代表了个体对特定行为的内在标准。个人规范在两个主要方面与社会规范存在差异。首先，就个人规范而言，判断什么是适当行为的标准来自于个人的内心，而非外部的文化道德规则；其次，相关行为的赞同和不赞同也来自个体的内在而非外在标准，也就是说，“拍背鼓励”（对那些符合标准的行为）和“从轻处罚”（对那些违背标准的行为）都是自我管理。因此，如果你助人行为的个人规范影响了你是否会给无家可归的人捐出上亿美元的行为，可能是因为你首先叩问自己的内心而非向外寻求指导，随后，你的回报来自于与你的自我规则相适应的行为，而非社会规则。一般来说，研究支持了施瓦茨的观点。那些具有与诸如献血、拼车或路边回收计划等行为相关的强烈个人规范的人们，更可能实施这些行为（Harland, Staats, & Wilke, 2007; Hopper & Nielsen, 1991; Schwartz & Howard, 1982）。

宗教和种族法则 我们的自我形象有时也会受到我们所属群体特征的影响（Turner, Hogg, Oakes, & Reicher, 1987）。某些群体具有鼓励亲社会行为的行为规范。例如，世界上所有较大的宗教，都将关心和为他人牺牲作为主要的道德原则（Dovidio, Piliavin, Schroeder, & Penner, 2006）。因此我们可能会预期更多的助人行为出现在那些有宗教信仰的人身上。调查中发现：**那些承诺经常参与宗教服务的人比不经常参与的人更加关心慈善**（Penner, 2002; Volunteering in the U.S., 2005）。

雷金纳德·丹尼（Reginald Denny）的故事，为自我定义在助人决策中的作用提供了更为戏剧性的支持证据。1992 年 4 月 29 日，洛杉矶的一个陪审团撤消了对四名白人警察官员的所有指控，这四名白人警察曾经涉嫌对一名黑人男子进行严重殴打，该事件引起了广泛宣传且已被录像记录。陪审团的决定在洛杉矶南部地区的街道上引起轩然大波，并点燃了这个区域绝大多数群体居民长达 72 小时的暴乱，他们觉得公平被扭曲了。巡回团伙进行抢劫、焚烧和恐吓，其特定目标是白人居民或那些不明所以驶入这片暴力的、充斥着种族歧视环境中的汽车驾驶员。卡车司机雷金纳德·丹尼是其中的一名。他被一群年轻的黑人从 18 轮钻机拉出来，遭到残酷地踢打，最后躺在十字路口，失去意识。这一切都被一支在正上方盘旋的新闻直升机队记录下来，并向成千上万的家庭发去了直播的画面。

距离那个十字路口十分钟车程的地方，一名非裔美国妇女雷·尤乐（Lei Yuille）看到了电视新闻并迅速冲过去救助丹尼。在那里，又有两名同样是被新闻画面激发的非裔美国男子加入了救援。其中一名叫泰特斯·墨菲（Titus Murphy），他是一位身材魁梧的工程师，可以足够强壮地保护丹尼免遭随后的殴打。另一名鲍比·格林（Bobby Green），也是一名卡车司机，他帮忙驾驶丹尼的 18 轮钻机以接近每小时 90 公里的车速载着丹尼驶往医院，墨菲紧贴着运行中的车后板扶住丹尼。如果我们可以部分解释墨菲和格林凭借他们的能力救助丹尼的决定（Cramer, McMaster, Bartell, & Dragra, 1988），那么我们怎么来解释这位瘦弱的 38 岁营养学家雷·尤乐的行为呢？当被询问原因时，她描述了一些关于她自己和她家人的事，她认为这些提供了唯一的必然答案。她说："我们是基督徒。"（Deutsch, 1993）

自我定义的促进力量也有助于深入理解杉原千亩对被纳粹迫害的犹太人施予的善行。如同雷·尤乐一样，杉原曾经在一个采访中解释了他的高尚行为，他也是通过确定一个群体成员资格来定义自己。"你必须记住，"他对采访者说，"我来自一个日本武士家庭。"让人疑惑的是，日本的武士传统通常包含尚武的精神，与助人的动机不符合，于是访谈者进一步询问杉原。他承认了这一点，是的，武士阶层一向以战场上破坏性的愤怒攻击闻名，但是那些遭受迫害的犹太人在 1940 年 7 月出现在他门前的情形却不同于战场。他们是手无寸铁的牺牲品，在武士阶层的行为准则"武士道"中有一个原则规定："当一只受伤的鸟儿飞进武士的外套里，他应该为保护它感到光荣，而不允许将其扔给猫。"（M. Tokayer, personal communication, May 19, 1994.）总的来说，我们的行为经常源自我们对自己是什么样的人或自己希望成为什么样的人的定位。当这些存在的或期望的自我概念要求乐于助人时，需要帮助的人就会经常获益（Shariff & Norenzayan, 2007）。

伤害或帮助——不是一个非黑即白的选择。雷金纳德·丹尼在他的卡车外被殴打，与此同时一个直升机飞行员记录下了他的情况。雷·尤乐出现在随后的新闻发布会上，解释她施予帮助的决定来源于她信仰宗教的自我概念。

9.4.2 贴标签与自我聚焦

如果亲社会的自我印象可以激发人们的助人行为，那么任何可能令人们回忆或确信自己的亲社会品质的情境因素应该都能促进他们助人的动机。其中有两个因素便以这种方式发挥着作用：贴标签与自我聚焦。

贴标签效应 社会理论家很久以前就认识到，决定我们内心是什么样的人的一种方式是从外部观察他人的反应。查尔斯·霍顿·库利（Charles Horton Cooley）（1922）提出"镜像自我"的概念，认为我们的自我印象很大程度受到他人如何看待我们的影响。社会学家使用这个观点解释负向社会标签，比如把某人称作是一个不正常的人或一个罪犯，如何导致其后来的反社会行为（Becker, 1963; Schur, 1971）。然而心理学家更有兴趣关注积极的社会标签对亲社会行为的影响。例如，琼·格鲁塞克（Joan Grusec）和他的同事们（1978）发现给儿童贴上善良和乐于助人的标签，会促使这些儿童愿意将更多的实验奖励匿名捐赠给其他儿童；此外，三周以后，被贴上这类标签的儿童仍然更愿意帮助他人（Grusec & Redler, 1980）。亲社会标签对成人一样有用。当听到自己被描述为慷慨的和关心慈善的人之后的一到两个星期，康涅狄格州纽黑文市的居民更愿意向多发性硬化症协会捐款（Kraut, 1973）。

自我聚焦 因为大多数人都看重助人行为（Dovidio, Piliavin, Schroeder, & Penner, 2006），因此那些影响我们对内在个人价值关注程度的情境因素就理所当然地可以增加我们帮助他人的努力。研究者设计了很多创造性的手段来使个体关注他们自己，比如，填写一份自传体的问卷、摆姿势拍照片、在闭路电视中观看自己、照镜子等，这些自我聚焦的个体将提供更多的帮助（Abbate et al., 2006; Gibbons & Wicklund, 1982; Verplanken & Holland, 2002）。例如，克劳迪娅·胡佛（Claudia Hoover）、伊丽莎白·伍德（Elizabeth Wood）和埃里克·诺尔斯（Eric Knowles）（1983）首先发现那些被叫住并请求摆姿势拍照片（作为学生拍照方案的一部分）的行人变得更加自我聚焦（根据随后的访谈中被试使用人称代词"我"的次数测得），且在摆姿势拍照后这些行人比未摆姿势拍照的行人更愿意帮忙捡起过路者留下的信封。

奇怪的是，一些研究却发现自我聚焦程序也可能减少帮助行为（Gibbons & Wicklund, 1982; Rogers et al., 1982; Verplanken & Holland, 2002）。我们如何来解释这看上去矛盾的结果呢？关键是认识到关注自我并不能保证当我们观察内心时对帮助的重视会突显出来。想象你刚刚在一个测试中失败了，并且有什么东西，比如镜子的存在，使你将注意力集中在自己身上。很有可能即使出现一个助人的机会，你对内部的聚焦也并没有集中在你对助人行为的个人价值上；更可能的是，你的注意力集中在了测验失败的挫折中。因此，我们预期当你面临一个个人问题时，自我聚焦可能会将你导向你自己的问题，而远离帮助的价值，从而减少助人行为。但是，当你自我聚焦时并没有主要的个人问题要处理，而你又面临一个明显的、合法的助人机会时，你会指向内心的助人价值，使帮助更可能发生（Froming, Nasby, & McManus, 1998）。事实上，这确实是弗雷德里克·吉布森（Frederick Gibbons）和罗伯特·威克伦德（Robert Wicklund）（1982）在得克萨斯大学进行研究得到的结果。镜子的出现降低了那些认为自己在测验中分数很差的人的助人行为，却增加了那些认为自己在测验中表现不错的人以及并没有将自我关注沉迷于分心事情上的人的助人行为。

总的来说，吉布森与威克伦德（1982）的研究说明，当自我聚焦与显著的、合理的助人需求的出现相联系时，助人行为更加频繁，因为这种需求会将内部的关注指向个体的助人价值观。然而，当这种助人的需要不显著或不合理时，或者当个体沉迷于一些个人问题时，自我聚焦将不会促进助人行为，因为这种聚焦尽管是指向内心的，但不会直接指向个体的助人价值观（见图 9-4）。

9.4.3 决定不帮助朋友或不寻求他们的帮助

通常，为了最好地通过助人来管理我们的自我形象，我们需要考虑我们要帮助的人的特征和我们所处的情境。亚伯拉罕·特塞尔和乔纳森·史密斯（Jonathan Smith）（1980）的研究对此进行了说明，研究假设只要这种成功不会破坏我们对自己的看法，我们就会尽力帮助我们的朋友获得成功。按照他们的解释，我们的自尊是通过将自己与相似的他人（朋友而非陌生人）进行比较而确定的。因此，尽管我们不介意我们的朋友在某些不重要的任务上的表现好于我们，但我们并不希望他们在对自尊很重要的维度上的表现好于自己。

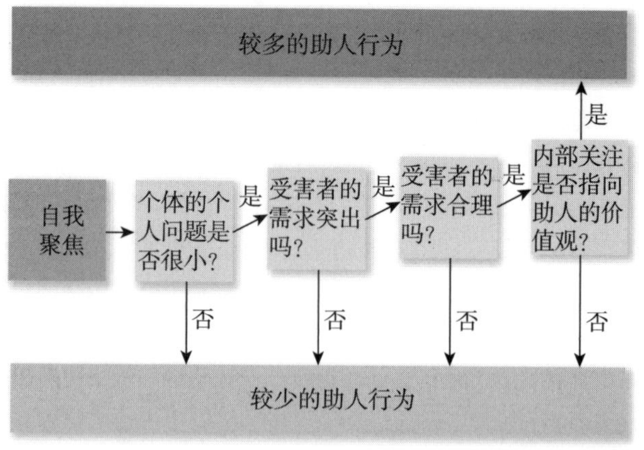

图 9-4 自我聚焦与助人的决定

当自我聚焦直接指向个人内在的助人价值观时，自我聚焦可能会带来更多的助人行为。

为了验证这个假说，特塞尔与史密斯首先刻意安排被试在一个言语技能任务中表现较差，继而告诉被试这个任务的成绩是“人们在学校中的表现”的良好指标或是告知这个游戏“并不能告诉我们关于这个人的任何事情”。接下来被试得到一个线索去帮助一个朋友和一个陌生人完成言语技能的任务。与预期一致的是，当任务被描述为仅仅是一个游戏时，与被试的自我概念没有关系，朋友比陌生人得到的线索更多。而恰恰相反的是，当他们认为任务是测量智力能力且与自尊相关时，朋友会得到较少的线索。因此我们并不总是通过更多的助人行为来支持一个积极的自我形象。依据我们所帮助的人是谁和我们希望怎么看待自己，我们也可能会通过较少帮助来尽力维持自尊（Pemberton & Sedikides, 2001）。

我们接下来会看到的是，当考虑极端情况时，这种在帮助过程中维持自尊的愿望会导致自我伤害的决策。

联结：适应与障碍

未能寻求所需帮助

思考下面这个奇怪的发现：在一个研究中，男性被试被给予在一个难以解决的机械任务中求助的机会，但是只有低于 10% 的人会求助（DePaulo, 1982）。在日本、瑞士和美国，从他人处获得资助的人们当被要求偿还时比不被要求偿还时更喜欢对方（Gergen, Ellsworth, Maslach, & Seipel, 1975）。得到国外援助的国家民众和政府不是表现出感激，而通常会对捐赠者表示出愤怒与敌意（Gergen & Gergen, 1983）。

我们如何来理解这些奇怪的行为倾向性呢？尽管这个问题的答案比较复杂，但大多数答案蕴藏在法国人类学家马赛尔·莫斯（1967）的简单又富有教育性的评论中："施舍伤害了接受者。"三位社会心理学家杰弗里·费舍尔（Jeffrey Fisher）、阿里·纳德勒（Arie Nadler）和贝拉·德保罗（Bella DePaulo）的工作细致分析了"伤害"的实质及定位——它指向自我概念，更具体地说是指向自尊的感觉。这些研究者强调了接受帮助，即使是非常需要的帮助，也不总是完全正向的（DePaulo & Fisher, 1980; Nadler & Fisher, 1986）。在缓解当前问题的过程中，在某些情况下帮助可能会通过暗示接受者没有能力、能力不足或是具有依赖性而威胁到接受者的自尊。而在这些情况下，为了维持一个积极的自我概念，个体可能会拒绝所需的帮助或最小化那些帮助的价值（Bolger & Amarel, 2007）。在什么情况下会这样呢？下面是纳德勒（1991）列举的一些影响因素。

性别。大多数情况下，在很小的年龄段，男性比女性更不愿意请求帮助（Addis & Mahalik, 2003; Barbee et al., 1993; Barnett et al., 1990）。很多观察者采用社会化而非生理的原因来解释这种差异（Dovidio, Piliavin, Schroeder, & Penner, 2006; Nadler, 1991）。就是说，独立和控制与传统的男性化（而非女性化）性别角色更为一致。对自足性的不同训练开始于很早的时候，**比起对女儿哭泣的回应，母亲们明显更不愿意回应儿子的哭泣**（Ruddy & Adams, 1995）。因此，在婴儿阶段，孩子们被传统性别角色的行为社会化，小男孩开始学习成为"小男人"。为了避免违背习得的男性化的概念，男性可能更加避免寻求帮助。研究发现寻求帮助的性别差异在那些服从传统性别角色的男女身上更为强烈，支持了上述的观点（Nadler, Maler, & Friedman, 1984）。

一些证据表明控制欲会使男性更多地知觉到他们不需要获得帮助（Bruder-Mattson & Hovanitz, 1990）。因此，他们寻求帮助的理由更少。这一点可以解释为什么男性会很不情愿在旅行中问路，而女性会对此感到惊愕。女性将之定义为一个需要帮助的问题（"我认为我们迷路了，我们把车停靠在路边找人问路吧"），而男性却不这么想（"迷路？我们没有迷路。我们根本没有迷路"）。

年龄。在我们的一生中，寻求帮助的倾向会在两个特殊时期减弱。第一个特殊时期发生在相对较小的年龄，大概在 7 岁或 8 岁。根据丽塔·希尔（Rita Shell）和南希·艾森伯格（Nancy Eisenberg）（1992）的研究，这种转变的一个原因在于那个时期认知能力的发展使持久的自我开始形成并受到威胁。直到 7 岁或 8 岁时，儿童拥有的心理能力可以使他们开始认识到接受帮助也许意味着降低自我价值（Rholes & Ruble, 1986）。因此，到了七八岁，儿童开始通过抵制一些获得帮助的机会来保护自我价值。

第二个特殊时期发生在相对较晚的时候，大概 60 岁以后。这看起来有点奇怪，人们在进入一个可能更需要帮助的时期却更不愿意请求帮助（Brown, 1978; Veroff, 1981）。然而，我们可以再一次通过识别帮助行为可能对自尊产生的一些威胁来解决这个疑惑。老年人特别关注对个人控制和自足性的维持（Ryff, 1995），而他们拒绝那些获得帮助的机会的意义在于这种帮助可能会危害他们仍然拥有那些品质的信心。如果你希望帮助老人，现有的研究和对这个主题的思考建议你要以一种可以维持他们的独立与选择权利的方式进行。不要试图完全控制，相反，特别是当他们的能力仍然健全时，要赋予老年个体一些责任和是否接受帮助的选择权（Reich & Zautra, 1995）。他们会比那些没有控制感的老人更可能接受帮助，而且更可能因此而健康和快乐（Heckhausen & Schulz, 1995; Langer, 1989a）。

自尊。如果让你猜测，你认为高自尊与低自尊个体谁更不愿意请求帮助呢？你的第一个想法可能是那些低自尊个体为了保护仅有的自尊更不情愿。但是研究表明恰恰相反。对于学术任务、咨询、酒精治疗以及很多其他的需求，高自尊个体更加避免寻求帮助（Nadler, 1991; Wills & DePaulo, 1991）。为什么呢？阿里·纳德勒（1986）用这些个体希望维持他们拥有较高能力的形象来解释这些发现。为了支持这个解释，研究发现只有在获得帮助会威胁到有能力的自我形象的情境下才会降低高自尊个体寻求帮助的行为，例如当需要帮助暗示着低智商的情境（Tessler & Schwartz, 1972）。

9.5 管理我们的情绪与心境

帮助是有回报的，不仅仅是有利于接受帮助的人。我们已经看到，助人者可以使用帮助行为来产生物质或基因的收益、得到社会赞同以及维持他们的自我形象。帮助还可以通过另外一条更为直接的路径有益于帮助者，即驱散因目击受害者的痛苦而唤起的不愉快的情绪。想象一下当你偶遇一户被困的家庭从着火的建筑物窗户呼喊救命时，你内心的不安和惊慌。看见他们惊恐的表情，听到他们痛苦的祈求声，你会不可避免地产生强烈的负性情绪反应。例如，一个脑成像研究发现看到他人疼痛时所激活的脑区与个体自身体验疼痛时所激活的脑区相同（Singer et al., 2004）。助人行为可能对你来说是最直接的减轻精神痛苦的途径，因为它可以消除其源头：受害者的困境。

9.5.1 管理紧急事件中的情绪唤起：唤醒/成本–回报模型

简·皮列温（Jane Piliavin）及其同事（Dovidio, Piliavin, Gaertener, Schroeder, & Clark, 1991; Piliavin et al., 1981）为了解释紧急事件中的助人行为而提出了**唤醒/成本–回报模型**（**arousal/cost-reward model**），其基础是认为助人行为的动机是为了降低当我们观察到他人的痛苦或需要时唤起的痛苦。该模型提出紧急事件中受害者困境的观察者会经历负性情绪的唤起，从而希望通过给予帮助来减轻这种个人困扰。根据这个模型，助人行为更可能发生在以下一些情境中，这些情境都得到了研究的证实（见图 9-5）。

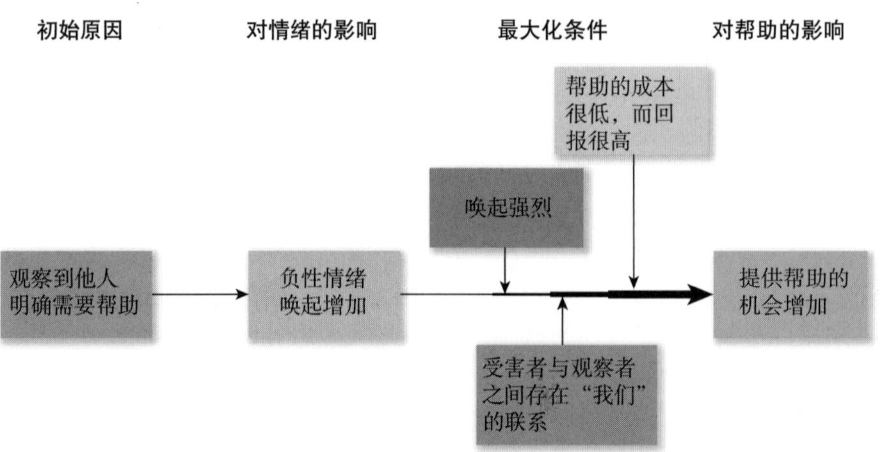

图 9-5 紧急助人的唤醒/成本–回报模型

根据唤醒/成本–回报模型，那些观察到他人明确需要紧急帮助的人将经历负性的情绪唤起，从而希望通过助人行为来减轻个人困扰。

1. 当唤醒强烈。如果负性情绪促进了助人行为，紧急情境引起的观察者的负性情绪唤起更强烈，产生的助人行为也更多。一些对唤起采用生理测量和言语测量的研究证实了这个预期（Cramer et al., 1988; Gaertner & Dovidio, 1977; Krebs, 1975）。事实上，约翰·多维蒂奥（1984）在六个紧急帮助的研究中测量了唤起程度，发现伴随着每个情境中负性唤起的增加，旁观者也越发倾向于立刻帮助受害者。
2. 当受害者与帮助者存在“我们”的联系。**人们更愿意帮助那些与他们享有相同身份或具有相似性的人**（即“我们”），特别是在涉及生死的情境或类似从着火的建筑物中决定救谁的紧急情境中（Burnstein, Crandall, & Kitayama, 1994）。这种现象的一个原因在于与自己有联系的人的困境能引发观察者更多的情绪唤起。
3. 通过低成本高回报的帮助能降低唤起。因为负性情绪唤起是令人不愉快的，那些通过帮助可以降低不愉快唤起的人更愿意去实施帮助。然而，根据这个模型，如果助人行为本身比精神痛苦更不愉快（高成本的），比如当帮助方式需要与受害者进行血液接触（Piliavin & Piliavin, 1972），则不一定能促进助人行为。总的来说，当助人行为是低成本–高收益的行为，则人们将会通过亲社会行为减轻他们的负性情绪唤起。然而，随着帮助的净成本逐步增加，他们更可能采取其他方式来降低他们的精神痛苦，比如离开现场（Dovidio et al., 1991）。

9.5.2　管理非紧急事件中的心境：负向状态减缓模型

唤醒 / 成本 – 回报模型能够成功地解释紧急情况中助人行为发生的方式与原因：强烈的情绪唤起是紧急事件的一个典型部分，因此帮助可以用来管理这种唤醒。在非紧急情境中，这种唤起并没有正常发生，个体仍然会使用帮助来管理低强度的情绪状态——他们的心境。人们有时采用帮助的策略来影响他们的心境，这被称为**心境管理假设（mood management hypothesis）**，这也是帮助的负向状态减缓模型（negative management relief model）的一部分（Cialdini, Kenrick, & Baumann, 1982; Schaller & Cialdini, 1990），这个模型认为人们使用助人行为来管理一种特定的心境——暂时的悲伤。

根据这个负向状态减缓模型，**人们通常会帮助他人来减缓自己的悲伤，因为帮助可以成为强化和增强心境的体验**。亲社会行为之所以具有强化作用，其中一个原因是它在过去经常与奖励相联系。想想看，从幼年的时候开始，当你与周围的人分享时是不是会得到父母或老师的微笑示意、夸奖或赞同呢？而你所帮助的他人是不是也更愿意为你做一些好事作为回报呢？凭借条件作用的过程，这种回报与亲社会行为的重复配对会促使你体验到助人行为本身的愉快及激励性（Grusec, 1991）。一个脑成像研究表明，当成人进行慈善捐赠时，大脑的愉悦中枢（与诸如吃饭、性行为等愉快活动相关的区域）会被激活（Moll et al., 2007）。

负向状态的减缓。在公共广播筹款活动中，最有效的策略是让观众感到悲伤，然后再提供给他们一个可以通过助人行为而感觉更好的方式。

提供帮助可以提升一个人的精神状态的观点来自于实验室研究的结论，研究发现实施助人行为可以提升助人者的心境（Harris, 1977; Williamson & Clark, 1989; Williamson, Clark, Pegalis, & Behan, 1996），而全美调查也表明慈善捐赠者在捐赠后感觉更好（Hodgkinson & Weitzman, 1994），那些在他人身上的花费超过在自己身上花费的人更为此高兴（Dunn, Aknin, & Norton, 2008）。确实，与提供帮助相关的积极情绪可能是助人者常常能够保持健康长寿的一个原因（Brown, Nesse, Vinokur, & Smith, 2003）。在下面的部分，我们将探讨影响人们使用帮助来消除自己悲伤情绪的因素。

悲伤的产生　负向状态减缓模型的一个最基本的原则是，因为亲社会行为可以提升个人的心境，暂时悲伤的个体可以使用助人行为来重新恢复较好的感觉。如果事实如此，那些对他人的困境感到悲伤的人会提供更多帮助，研究发现的确如此。例如，对一个公共广播系统在四次捐款活动中的筹款呼吁有效性的研究发现，4 868 次个体呼吁中最成功的是那些能够激发观众负性情绪继而提供给他们可以通过帮助他人减缓这种情绪途径的个体（Fisher, Vandenbosch, & Anita, 2008）。与这种逻辑一致的是，研究表明那些暴露在能暂时增加悲伤情绪的实验操作中，比如回忆不开心的事情、阅读一系列沉闷的陈述、在任务中经历失败、伤害他人或仅仅目击他人受到伤害的人们，其助人行为会得到显著提升（Cialdini, Kenrick, & Baumann, 1982）。

帮助行为的成本 / 回报　理所当然，如果你希望通过帮助来减缓负向心境，你应该尝试找到最轻松的途径。毕竟，帮助会消耗一个人很多的时间、精力或资源，可能会让你感觉更差而不是更好。因此，那些以悲伤状态开始的人应该对助人机会的成本 / 获益方面更为敏感。

詹姆斯·维扬（James Weyant, 1978）使用了一个非常巧妙的实验程序研究这个观点。首先，他让佛罗里达州立大学的学生被试处于高兴、中性或悲伤的心境中。然后，他给被试提供了一个为非营利性组织志愿服务的机会，该组织对被试或者是产生一个相对较大的个人获益，或者只产生一个相对较小的个人获益。最后，一半的被试被告知如果他们决定提供帮助，他们将必须采用一种很费力的方式，即挨家挨户进行募捐；而另一半被试被告知他们只需要采用一种不费力的方式，即仅仅坐在捐款桌旁就可以募捐。尽管处于高兴心境的人比中性心境的人更愿意当志愿者，但这两类被试都未受到帮助机会的成本和获益的影响。然而，那些处于悲伤心境中的人却强烈地受到影响，当获益超过成本时帮助最多，而成本超过获益时帮助最少（见图 9-6）。看起来处于悲伤心境中的人更挑剔地选择亲社会行为，更愿意实施那些可以减轻负向心境的行为，而避免那些可能加深负向心境的行为。

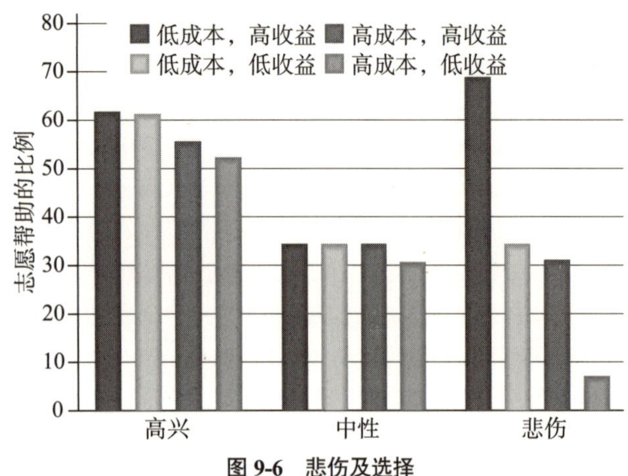

图 9-6　悲伤及选择

处于悲伤中的个体看起来采用一种区别对待的方式处理助人机会，他们从质量从高到低的体验中敏感地选择是否助人。

资料来源：From Weyant (1978).

助人行为影响心境的能力　对任何希望减轻悲伤的人来说，一个亲社会行为的吸引力取决于它能够改变心境的程度。然而，如果你感觉很低落，以至于认为任何事情都不能让你振奋起来，那么助人行为将不会发生，因为在这些情境下你不能够使用它来管理你的心境。这也是为什么那些陷入重度抑郁的人们不会相信令人愉悦的活动会让他们感觉更好，从而不愿意表现出较高水平的助人行为的原因（Morris & Kanfer, 1983）。

为了检验处于悲伤中的人们只是在他们认为他们的心境可以得到改变的情况下提供更多帮助的看法，一个研究让被试处于悲伤、中性或高兴的心境中，然后提供给他们一种安慰剂药品（奎宁水）。一半的被试被告知这个药品将会“冻结”他们现在的心境，因而通常的活动不能在接下来的30分钟里改变它。另外一半被试被告知他们现在的心境是可以变化的。最后，所有人都得到一个志愿用电话联系献血者的机会。尽管安慰剂药物的信息并没有影响那些处于中性或高兴心境中的被试的帮助决定，但对于处于悲伤中的被试来说，仅仅当被试认为他们的心境可以通过志愿活动得到改变时，助人行为才会增加（Manucia, Baumann, & Cialdini, 1984）。

美食家与贪吃者　在英语中使用的一个法语单词同时包含了控制与放任、沉默与狂热、严格与激情、冷漠与热情的意味。这个单词就是“gourmet”（美食家），指的是对一个东西（通常指具体事物）依据其质量做出罕见的不屑反应或罕见的偏爱反应的人。如果它在某方面不吸引人或不够符合标准，比如煮久了的饭，一个美食家即使很饿，但多数时候仍然可能闻一下气味然后离开。但是如果食物被证明是可口的，则美食家会充分地、热情地享用。很多证据表明，处于悲伤中的人面临帮助机会时也采用美食家的方式：因为情绪管理是目标，他们会进行选择和仔细辨别，选出那些可以提供一个特别回报的机会，而避免那些不提供回报的帮助（Cunningham, Shaffer, Barbee, Wolff, & Kelley, 1990; Manucia et al., 1984; Weyant, 1978）。

但是这种通过利用最大个人回报的亲社会行为来管理情绪的倾向性并非在所有人身上都同样强烈。事实上，这与个人所处的心境状态相互作用。尽管暂时高兴的人们通常乐于助人（Salovey, Mayer, & Rosenhan, 1991），但是他们不会采用暂时悲伤的人们采用的美食家方式来利用帮助行为管理情绪，他们会采用贪吃者（gourmand）的方式来处理帮助情境，即胃口极好，不在意口味，尽力享用环境中能提供的任何东西。因此，我们发现高兴的人们不论是否可以获得回报都特别愿意去帮助。这也同样适用于高兴的消费者，他们倾向于选择他们最先遇到的物品而不是最有价值的物品（Qiu & Yeung, 2008）。

小调查

想象一个你帮助他人的情境，并且当时你处于良好的心境中。现在，想象你处于不好心境时的一个帮助情境。你能鉴别出哪些情境会导致你提供不同的帮助吗？

积极的心境为什么可以增加个体在多种情境下的奉献行为呢？答案看起来在于高兴的人们希望看到自己及所在环境处于异常美好的状态中。他们比处于中性情绪中的人们更喜欢和信任他人（Forgas & Bower, 1987; Forgas & East, 2008）。除此以外，他们感觉更有能力（Alloy, Abramson, & Viscusi, 1981）并对未来的财富更加乐观（Forgas & Moylan, 1987; Kiviat, 2003）。在对26个国家的股市进行的一项研究中发现，股票会在阳光灿烂的天气上涨，可能也是因为这个原因（Hershleifer & Shumway, 2003）。最后，**高兴的人们在他们考虑的任何事情上，更倾向于考虑和记住事物的积极而不是消极特征，包括助人情境**（Isen, Shalker, Clark, & Karp, 1978）。即当遇到帮助机会时，高兴的人尤其可能回忆起过去帮助情境中的积极方面及关注当前情境中的积极方面（Clark & Waddell, 1983）。如此乐观地看待帮助的回报与成本，高兴的人成为助人者丝毫也不奇怪。基于以上任何一条理由，我们便可以理解为什么高兴的人们愿意将自己的资源给予有需要的他人。

9.6 纯粹利他主义存在吗

由心理学家创造的英语单词是非常珍贵的，共情（empathy）就是其中一个。美国实验心理学的大人物爱德华·布拉德福德·铁钦纳（Edward Bradford Titchener）（1909）最早基于一个德国艺术术语创造了共情这个词并用来指代观察者将自己投射到所见事物的倾向性——我们可能在心理上将自己置于一幅图画的风景中或置于他人立场的方式。这种自己设身处地考虑他人的过程被称为**观点采择**（**perspective taking**）。这是大多数研究者发现共情与亲社会行为之间强烈联系的一个原因，因为那些对需要帮助的他人的观点进行考虑的人更可能提供帮助（Batson et al., 2007; Levy, Freitas, & Salovey, 2002）。当你将自己置于受害者的立场时，你就更可能对他们施予帮助。

这一点看起来是正确的，即使在那些以提供帮助为生的个体身上。在一个研究中，那些持有强烈的、自然的观点采择倾向的专业心理咨询师也尤其愿意为一位年轻女性提供撰写关于心理咨询文章的帮助（Otten, Penner, & Altabe, 1991）。尽管自从铁钦纳时代，观点采择（一种认知活动）就成为共情的一个特征，但现代理论家却为其增加了第二个成分，一个包含分享他人感受的情绪成分（Eisenberg & Miller, 1987）。因此，共情被看作是包含了设身处地的认知成分和体验他人感受的情绪成分两个方面（David, 1994）。

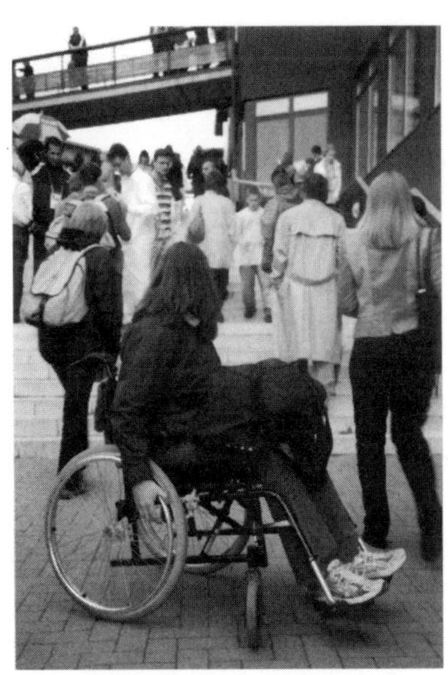

观点采择：将自己置于他人的立场上。如果你遇到这个情境，你施予帮助的概率有多大？如果你开始想象自己处于这个需要帮助的人的境况下，那么你提供帮助的概率会显著增加。

关于共情值得注意的一点是丹尼尔·巴特森（C. Daniel Batson）及其合作者强烈提出的看法：当一个人同情受苦的他人时，一种特殊形式的帮助行为，即纯粹的利他行为将会产生。正如本章开篇所提到的那样，纯粹（真正的）利他主义指的是做出仅仅由关心他人福利的动机所驱动的亲社会行为。尽管巴特森（1991）承认帮助通常是为了个人的获益而设计的——为了获得一个良好的印象、支撑自我概念、减轻痛苦或悲伤等，但他也认为当共情被纳入整个图景时，帮助的基本动机可以由自私变为无私。换句话说，提升他人福利的目标可以成为主导，并降低甚至替代提升个人自身福利的目标。这种可能性被称为**共情 – 利他假设**（**empathy-altruism hypothesis**）。

9.6.1 共情 – 利他序列

什么事件序列可以将我们从自我中心（自私）转变为利他主义（无私）？巴特森与劳拉·肖（Laura Shaw）（1991）认为它是按照如下的顺序进行的：观点采择，即我们尝试设身处地的过程，首先被知觉到的我们与他人的相似性触发，或通过我们对他人（亲人、朋友、先前接触者）的依恋产生，或仅仅由采择他人观点的提示所激发（Batson, Turk, Shaw, & Klein, 1995）。接着，假若他人在某些方面有所需要或正遭受痛苦，观点采择将导致我们体验到**共情式关怀**（**empathic corncern**）——对他人的温暖、体贴和同情的感受。共情式关怀是巴特森模型的关键成分，因为不同于个体的痛苦及悲伤的情绪反应，共情式关怀被认为是将助人者导向远离关注个体自身福利的方向，从而转向关注他人福利。根据巴特森的观点，共情式关怀直接导致利他性动机——单纯地希望提升他人的福利，并因此带来利他行为（见图 9-7）。

为了支持纯粹利他主义的观点，巴特森及其合作者进行了一系列的实验研究试图说明各种自我中心的动机并不能解释当人们感受到对他人的共情式关怀时的助人行为。比如，在一个研究中（Batson, Duncan, Ackerman, Buckley, & Birch, 1981），他们希望说明体验到对受害者“伊莱恩”（遭受电击的一名主试的同盟）的共情式关怀的被试将采取一种特定的帮助方式，且这种方式不能简单地由个体为了降低看到他人受苦而唤起的不愉快情绪的自私行为所解释。

共情式关怀通过告知被试伊莱恩与被试自己在价值观和兴趣方面非常相似而被灌输给特定的被试。由于观察到他人受苦的人可以通过结束受害者的困境或离开现场降低情绪唤起，研究者让被试先观看伊莱恩遭受最初的两次电

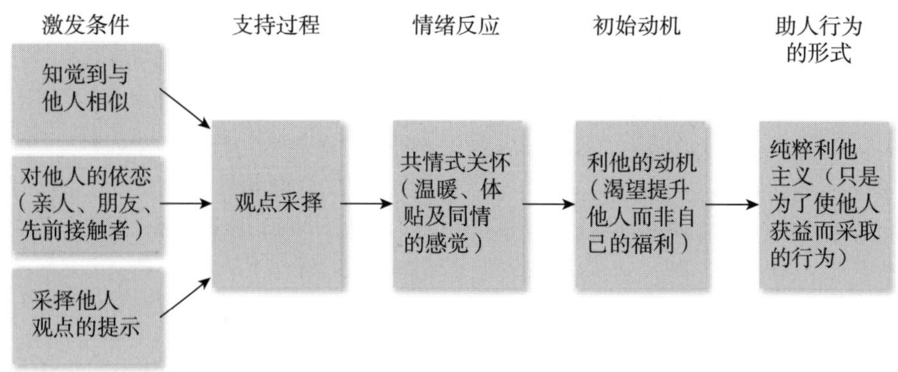

图 9-7 巴特森的共情 – 利他假设

根据巴特森的共情 – 利他模型，纯粹的利他行为需要特定的条件。

击且表现出难受的反应，接着给被试一个志愿实施剩下的八次电击任务的机会。一半的被试（难以逃脱）被告知如果他们决定不帮忙，他们必须要留下来继续观看伊莱恩遭受剩下的电击；而其余被试（容易逃脱）被告知如果他们决定不帮忙，他们可以立即离开。你可以想象那些最初想要无痛苦地降低他们不愉快唤起的被试们，在容易逃脱的条件下会提供更少帮助，他们可以很快离开唤起情绪的现场而不需要再忍受电击。事实正是如此，只有感受到对伊莱恩的共情式关怀的被试除外，在这种条件下，对他们来说是否容易逃离并不重要，他们在两种条件下都会留下并且实施帮助。

巴特森（1991）在解释这些发现时指出，自我中心的动机，比如希望降低不愉快的情绪唤起，可能会决定一个人是否会提供帮助，但是一旦个体感受到对受害者的共情式关怀，这些原因将不再能扮演决定性的角色。这是因为那时帮助行为的最重要动机不再是自私而是真正的利他。使用相似的逻辑，他和他的合作者试图说明共情式关怀的影响会超过其他助人行为的自私动机：去获得社会赞同（Archer, 1984; Fultz, Batson, Fortenbach, McCarthy, & Varney, 1986）、支撑自我概念（Batson et al., 1988）、降低悲伤（Batson et al., 1989; Cialdini et al., 1987b; Schroeder, Dovidio, Sibicky, Matthews, & Allen, 1988）以及使自己感觉快乐（Batson et al., 1991; Smith, Keating, & Stotland, 1989）。通过检验当共情存在时各种自私动机的影响，巴特森的研究争议性地增加了证明纯粹利他主义存在的证据。

9.6.2 一种自私自利的解释

你可能会注意到，亲社会行为的一个重要的自私埋由在巴特森的研究中并没有被检验。这也是我们在本章考虑的第一个动机——确保自身基因的生存。此外，当我们回顾本章的这部分内容时，你可能会注意到巴特森所提到的那些能使一个人感觉到对他人的共情式关怀的理由，与那些可以表明自己与他人（相似的人、亲人、朋友和先前接触的熟人）共享基因的因素是相同的。共情式关怀的感觉激发了助人行为，因为它们可以提示我们这种关怀的接受者可能会拥有多于一般比例的与我们相同的基因（Kenrick, 1991; Tancredy & Fraley, 2006）。这就产生了一种极具讽刺意味的可能性，当我们感受到对他人的共情时，我们更加乐于提供帮助，可能并非出于十分高尚的动机——纯粹利他主义，而是出于最为原始的动机——基因优势（Maner & Gailliot, 2007; Sturmer et al., 2006）。

共情的感觉如何与共享的遗传特征相联系？在人类行为方式最初发展的成千上万年中，人类基于基因上的相似而组成小群体来生活，人们以最基本的方式互相交流，包括来自观点采择的情绪交流（Buck & Ginzberg, 1991; Hoffman, 1984）。因为这种共情式交流的方式最频繁发生在家庭或部落成员之间，所以对他人的共情体验是与基因的相似性相联系的。因此，帮助那些个体容易对之产生共情的人（亲人、朋友、相似的或熟悉的人）的倾向性更容易进化，是因为他们可能是自己的亲属，而这种帮助因此可能增加自身基因的生存。

当然，大多数人在决定帮助他们采择其观点的他人时不可能意识到这个过程。他们可能感觉到的是对他人更多的认同或统一感（Galinsky & Moskowitz, 2000）。这可以解释在一个研究中发现的那些被要求采择同伴观点的大学生可以在同伴身上看到更多自己影子的现象（Davis, Conklin, Smith, & Luce, 1996）。这种将我们自己沉浸在我们所同情的人的身上的倾向性，提出了一个质疑纯粹利他主义存在的重要问题：如果共情使我们在他人身上看到自己，那决定帮助他人是不是真正的无私呢？

小调查

你怎么认为？是否真有纯粹利他主义呢，即那种不出于任何对帮助者有利的方式发生的帮助行为？

尽管在这个问题上还存在争议（Baston et al., 1997b; Cialdini, Brown, Lewis, Luce, & Neuberg, 1997; Maner et al., 2002），但毫无疑问的是当我们去理解他人的观点时，这对帮助的影响是非常显著的。

回顾

杉原千亩的案例

我们在本章开始的时候解释了为什么杉原千亩在知道自己对犹太人的帮助会毁掉对他无比重要的外交官生涯后，还决定帮助立陶宛的犹太难民。从表面上看这个决定让人难以理解，因为没有任何关于杉原的事情可以预测他的行为。但是在表层之下，正如我们所判断的那样，一些杉原本人及其所处情境的特征，比如一些未发现的线索，可以解释这个谜团。让我们回顾及总结这些特征，找出他的行为与他决定帮助犹太难民之间的联系。

首先，在他的童年时期，杉原目睹了他父母的善行。尽管这种善行可能会对他的亲社会品质产生一般性的影响，但仍然有特殊的原因对他帮助犹太人的决定产生了特殊的影响：他父母帮助的人通常是外国人，比如陌生人和旅行者，并给他们提供避难所和关怀。这种早期经历可能使杉原将更为广泛的群体纳入到了"我们"的概念中。研究发现将求助者纳入"我们"的概念中可以增加帮助行为。确实，从他后来的评论看来，他将"我们"的边界从即时或延伸的家庭扩展到人类大家庭。

其次，杉原与一名 11 岁的犹太男孩之间保持了良好的关系，他获得了与男孩家庭进行社会交往的机会。正如研究证据所表明的那样（Batson et al., 1995; Mashek, Aron, & Boncimino, 2003），如果依恋与接触使他更容易对这些个体的困境表现出共情，那么这个男孩的家人得到杉原签发的第一份出国护照也不足为奇了。而一旦承诺做出拯救的努力，他以相同的方法帮助相似的其他人也不足为奇了（见第 6 章对最初承诺导致随后持续的行为的讨论）。

最后，杉原愿意牺牲自己来帮助手无寸铁的受害者也与他的武士背景和自我形象一致。"将一只受伤的鸟儿扔给猫"的做法违背了他的自我定义所包含的行为准则。同时，正如很多研究所表明的：个体会竭尽全力地去确保他们的行为与他们所偏爱或已存在的自我概念一致。

当我们透过表层去观察，杉原千亩谜一样的行为也不再让人难以理解了。相反，它看起来与三种联结因素非常一致，它们分别是扩展的"我们"的概念、早期与受害者的关系以及与帮助相关的自我形象。这些因素可以激发大多数人的亲社会行为。尽管很多人会问："如果这样的话，那么这三种因素中的哪一种因素起了作用？哪一种因素使他开始签发护照？"我们需要意识到的很重要的一点是，如同杉原千亩这样的帮助行为，或者说大多数帮助决定，都不能归因于单一的原因。它们更可能是各种因素的交互作用，可能是我们所描述的所有三个因素以及其他我们还未发现的因素，共同促成了他的行为。

我们还需要考虑最后一个问题。既然我们认为我们知道了杉原先生做出自我牺牲的原因，既然我们可以尝试从对亲社会行为普遍影响的角度来解释，那么我们是否会认为它不再令人惊奇或值得注意了呢？一点也不会。通常，观察者会将人类奥秘的解决看成如同魔术的技巧被发现一样，一旦未知消除，惊奇就会消失，注意力也会偏移，没有留下任何值得回味的东西。但是，这是一种肤浅的观点，因为未知消除以后留下的是已知，一种令人惊奇的已知。可能杉原令人惊奇的决定中最令人信服的部分是它可以追溯到帮助的一系列可以确认且平常的动机，正是这些动机一贯地促使助人者帮助受害者。

关键词：

唤醒 / 成本 – 回报模型（arousal/cost-reward model）
旁观者效应（bystander effect）
责任扩散（diffusion of responsibility）
共情式关怀（empathic concern）
共情 – 利他假设（empathy-altruism hypothesis）
族内适宜性（inclusive fitness）
心境管理假设（mood management hypothesis）
个人规范（personal norm）
观点采择（perspective taking）
多数无知（pluralistic ignorance）
亲社会行为（prosocial behavior）
纯粹（真正的）利他主义（pure［ture］altruism）
互惠帮助（reciprocal aid）
社会责任规范（social responsibility norm）

第10章 攻击行为

一场无意义的暴力行为

帕特里夏·克伦维克尔（Patricia Krenwinkel）是一名营火会女孩，同时，她还是教堂合唱队里的一名成员。帕特里夏在一个舒适的中产阶级社区中长大，在这里，她被人们描述为是一个“非常正常”，并且“非常听话”的孩子。从高中毕业以后，帕特里夏进入了亚拉巴马州的一所天主教大学，之后，她搬到了西部和她的姐姐一起生活。然而，在加利福尼亚州的时候，她的生活发生了一个全新的转变。她搬进了一个公社，在这里，毒品和滥交作为一种闲暇时间的娱乐活动，每时每刻都在发生，而传统社会中的一些规则在这个地方则受到人们的蔑视。在这样的环境中，这个过去的营火会女孩和她的新朋友们一起，参与到了一些骇人听闻的事件中去，而这些事件即使是到了40年之后的今天，仍然会在一些与暴力和罪恶有关的电视系列片中出现。

这些不为世人所知的事件发生在1969年8月一个炎热的夜晚。当时，克伦维克尔正和她的三个朋友（其中一位是男性，另外两位是女性）一起，闯进了位于洛杉矶富人区的一所房子里。在这所房子里住着五个她从未见过的人。然而，根据他们预先策划好的那项残忍的计划，克伦维克尔和她的朋友们残忍地杀害了这五个对于他们来说完全是陌生的人。并且，当他们在做这件事情的时候，就像例行公事一般（Bugliosi & Gentry, 1974）。

克伦维克尔有一个男性帮凶，他的名字叫查尔斯·华生（Charles Watson）。在高中的时候，查尔斯一直以来都是一个全优生，除此之外，他还是一个全能的运动明星。在他被捕之后，那些认识他的人都不愿意相信他是有罪的，他们将他描述为“一个邻家男孩”以及“一个不会生气的好小伙子”。然而，在那个晚上，正是这样一个在别人眼里的好孩子对四个人进行了枪杀、刺伤和殴打。他用一件利器在其中一个男性受害者的头上敲打了13次，另外还将其刺伤了51次。在被他杀害的人之中，还有一个是孕妇。当这位孕妇恳求华生放过她那尚未出生的孩子的时候，华生仍然残忍地将一把刀子插入她的身体里。

同具有明显犯罪意图的克伦维克尔和华生相比，苏珊·阿特金斯（Susan Atkins）似乎生来就是为了给别人制造麻烦的。她曾经从高中辍学，成了一个脱衣舞演员和妓女。在她上一次被捕之后，她的亲生父亲已经请求警方不要再让她重返社会了。在这场凶杀案之后，苏珊用受害者的血在墙上写下了“猪”。此后，她还向别人吹嘘过这场凶杀事件，并且还声称自己对于这个过程感到很享受。

琳达·卡萨比安（Linda Kasabian）是开车来到犯罪现场的第三位女性。像苏珊·阿特金斯一样，她也是一个有过很多前科的人。然而，与阿特金斯不同的是，她并不愿意参与到这场凶杀案中。因此，在案发当天，她选择了待在房子外面。当她听到从房子里传来的惨叫声时，琳达跑进房中请求她的朋友们住手，但是为时已晚。另外，她还遇见了一个蹒跚着从房子里走出来的受害者，这位受害者的身体已经受了伤，当时，她对这个人说道："噢，上帝啊，我真是太抱歉了。"在请求她的同伴们收手未果之后，她跑回了她们来时所驾的那辆车里。

就在案发之后的第二个晚上，还是同样的这些人，再一次一同驾车来到一个富裕的社区之中。在这里，他们再一次将两个完全陌生的人杀害在家中。并且，这一次，他们还得到了他们所在的这个组织的领导者——查尔斯·曼森（Charles Manson）及其"家族"中的其他两名成员的帮助，包括莱斯利·范·霍滕（Leslie van Houten）。查尔斯的这个"家族"直到今日仍然臭名昭著。而琳达·卡萨比安也再一次地拒绝了杀害任何人。不久之后，卡萨比安就逃离了这个组织，并且最终成为这场诉讼案的主要目击者。在这两起凶杀案中，卡萨比安是该组织中唯一一个对自己的行为表现出后悔的成员。

卡萨比安在事后报告中说："当其他'家族'成员兴高采烈地观看关于这场凶杀案的新闻时，在我的脑海里，我不住地对自己说'他们为什么会做出这种事情'。"在事件发生几十年后的今天，人们仍然在问这个问题。那么，这些凶杀案的发生到底是完全随机，并且是漫无目的的呢，还是出于该组织所具有的某种动机呢？这种动机可能将这些凶杀案与"日常的"暴力性行为联系起来，从而导致了每年都有数万人因此而受伤或死亡。

我们中的大多数人永远都不会让自己牵连进任何暴力事件中去，即使这些事件在暴力程度上远远不及"曼森家族"这场浩大的凶杀案严重。然而，在我们平时正常的生活轨迹中，也会遇到家庭暴力、篮球场上的故意推挤、激烈的争论，或者是一些几乎毫无掩饰的侮辱性言辞。这些行为的目的是为了对他人的心理造成伤害。在一项针对青少年的研究中，平均每一位青少年被试报告自己在一天之中会遇到1.5起冲突事件。这些冲突事件小到朋友之间的言语性侮辱，大到与父母之间充满怒气的争吵，以及与自己的兄弟姐妹之间发生的互殴（Jensen-Campbell & Graziano, 2000）。是什么导致了这些攻击行为的爆发呢？为什么人们在对于此类冲突的倾向上会有所不同呢，有些人在自己的一生中都可以很巧妙地控制自己避免陷入任何暴力性事件之中，而有些人则似乎总是想寻求一种途径将自己的这种暴力倾向表现出来呢？

苏珊·阿特金斯、帕特里夏·克伦维克尔和莱斯利·范·霍滕。三个年轻的女性卷入一系列残忍的凶杀案中。

正如你即将在本章中所学到的那样，攻击和其他社会行为一样，都是从一个存在于个体和情境之间的交互模式中产生的，而这种交互模式是可以解释的。另外，你还会看到，当你对攻击性行为背后的社会心理学动机有所了解的时候——小到一场恶作剧性质的嘲弄，大到一场严重的凶杀事件，你就会发现，你在对于这种行为的认识上会得到一个提升。

10.1　什么是攻击

在我们的日常生活中，我们用攻击这个词来指代一系列的行为，这些行为小到尖酸刻薄的评论，大到暴力性的凶杀事件。这个词有时候甚至还被用来描述果敢的行为，就如我们在谈及“一个具有攻击性的销售人员的音高”的时候一样。然而，大多数社会心理学家则将**攻击（aggression）**定义为意图对他人产生伤害的行为（e.g., Anderson & Bushman, 2002; Baron & Richardson, 1994）。这一定义包括了以下三个关键成分：

1. 攻击是一种行为。但是，攻击不同于愤怒，因为后者虽然是经常性的，但却不总是与攻击有关。人们有可能只是感觉到愤怒，但是却没有把这些感觉外显地表达出来。同时，人们也有可能在做出攻击性行为的同时没有体验到愤怒的感觉。当曼森的追随者在后来谈论到他们肆意杀人的过程时，他们当中没有一个人表示自己曾经对于那些被自己所杀害的人感到过愤怒。
2. 这种行为是有意的，或者说是故意的。你可能在无意中对另一个人造成伤害，甚至是将其杀害。但是，这种情况还不足以构成攻击性行为。实际上，人们会以十分不同的方式来应对自己所受到的伤害，这取决于他们相信别人是故意对他们造成伤害的还是在无意中对他们造成伤害的。例如，一个带有嘲笑性质的评论通常会让接受这个评论的人感到受伤，而这个戏弄者原本只是想开一个友好的玩笑而已（Kowalski, 2000; Kruger, Gordon, & Kuban, 2006）。然而，如果这种伤害确实是在无意中造成的，那么就不能够构成攻击。
3. 这种行为是以伤害另一个人为目的的。社会心理学家将攻击性和**果敢（assertiveness）**这两个概念进行了区分。后者指的是那些以表现支配性或自信心为目的的行为。同时，他们还将真正的攻击与玩闹性质的攻击进行了区分，因为只有前者才具有恶意性的企图（Boulton, 1994; Gergen, 1990）。玩闹性质的打斗所涉及的范围从孩童之间的混战一直到情侣之间的打闹。这种形式的打斗可以通过经常性的微笑和笑声来与那些通常伴之以瞪眼、皱眉和露出牙齿的恶意性攻击相区分（Fry, 1990）。

10.1.1　攻击的不同类型

社会心理学家通常将攻击区分为间接攻击和直接攻击两种类型 (e.g., Bjorkvist et al., 1994; Griskevicius et al., 2009; Richardson & Green, 2006)。在**间接攻击（indirect aggression）**中包含了在没有正面冲突的情境下对另一个人造成伤害的企图（比如在背地里恶意地说别人闲话）。而**直接攻击（direct aggression）**指的则是那种当面对他人造成伤害的行为。直接攻击行为既可以是身体性的，比如打、踢或推另一个人；同时也可以是言语性的，比如对另一个人进行侮辱或威胁。

另一种区分方式涉及这种攻击是情绪性的还是工具性的。**情绪性攻击（emotional aggression）**指的是那些由失控了的愤怒情绪而产生的伤害性行为。例如，在一股无名的怒火之下，一个人会将一把椅子朝着自己的一个同事扔过去。而**工具性攻击（instrumental aggression）**则是指那些为了达成某些其他目的而对另一个人造成伤害的行为。例如，一名足球选手会故意地将对方队伍里的明星选手绊倒（Coulomb-Cabagno & Rascle, 2006）。这种区分方式并不总是界限分明的，因为有很多在愤怒的情绪下而产生的攻击性行为都可以起到一种作用，即对别人对于自己的个人地位所形成的打击进行报复。另外，攻击性行为可以同时具有情绪性和工具性（Bushman & Anderson, 2001）。表 10-1 为每一种不同类型的攻击性行为都提供了例子。

表 10-1　　关于不同类型的攻击性行为的例子

	直接的	间接的
情绪性	一个愤怒的司机开始与另一个超他车的司机互殴	在暮色的掩护下，一个被惹恼的房客将房东车胎里的气放掉
工具性	一个抢银行的人对着一个试图阻止他进行这场抢劫的人开枪	一个女人由于想跟一个男人约会，就让自己的姐妹去告诉这个男人一个关于他的现任女友不忠的恶毒谣言

10.1.2 攻击的性别差异可能是基于你的定义

伊利诺·麦克白（Eleanor Maccoby）和卡罗尔·杰克琳（Carol Jacklin）在1974年对那些大力支持男性比女性更具有攻击性这一常见假设的研究进行了综述。20年之后，凯·布约克韦斯特（Kaj Bjorkqvist）提出了另外一种观点，他认为“这种关于人类中的男性比女性更具有攻击性的说法……似乎……是错误的，并且，这种错误是由于过去的研究中对于攻击的狭隘化定义以及操作化而导致的”（Bjorkqvist et al., 1994, p. 28）。另外，其他研究者还发现，实际上，女性在某些情境下比男性更具有攻击性（Jenkins & Aube, 2002; Ramirez, 1993）。那么，到底是谁更具有攻击性呢？是男性，还是女性，或者这两者之间根本无法进行比较？

有些研究者发现，自从20世纪60年代开始，已经有很多关于性别角色的刻板印象发生了改变。据此，他们预测，在攻击性行为中所存在的传统的性别差异已经开始逐渐地消失（Goldstein, 1986; Hyde, 1990）。在20世纪60年代的时候，有15%的杀人案的凶手是女性。那么，这场由“曼森家族”的三名女性和一名男性在1969年所犯下的第一件凶杀案是否部分地标志了暴力性角色走向“平等时代”这一新潮流的开端呢？然而，事实却并不是这样的。根据司法局的统计数据显示（见图10-1），自从20世纪60年代以来，由女性所犯下的杀人案的比例已经有所下降（2006年和2007年的百分比未在图上显示，两者均为10%）。

五年一周期	男性（%）	女性（%）
1961—1965	85	15
1966—1970	86	14
1971—1975	87	13
1976—1980	87	13
1981—1985	86	14
1986—1990	88	12
1991—1995	91	9
1996—2000	90	10
2001—2005	90	10

图 10-1 不同性别的人所犯下的杀人案的比例（1962—2005）

就像在其他社会中一样，美国的大多数杀人案都是由男性犯下的。从20世纪60年代以来的性别角色规范的变化并未使美国的女性出现犯下更大比例的杀人案的趋势。

资料来源：Statistics based on Department of Justice, FBI Uniform Crime Reports.

如果从历史数据上所显示出的变化不足以对关于攻击的性别差异所存在的不同证据做出解释，那么，如何才能对这种现象做出解释呢？对于这个问题的答案似乎是，攻击的性别差异（或者是不存在差异）取决于你是如何对攻击进行定义和测量的。如果我们将关注点放在人身攻击或者凶杀事件上，那么，男性确实具有更大的攻击性（Archer, 2000; Campbell, 2005）。从幼儿园一直到养老院，和女性比起来，男性都更有可能做出踢、打、刺伤以及开枪的行为（e.g., Archer & Coyne, 2005; Crick & Nelson, 2002; Walker, Richardson, & Green, 2000）。然而，**和男性比起来，女性则更有可能使用间接的攻击，即通过说闲话、散播恶意的谣言以及社会拒绝的方式来对他人进行伤害**（Linder & Crick, 2002; Owens, Shute, & Slee, 2000）。

然而，对于男性比女性更有可能使用直接身体攻击这一普遍的结论，存在着一个例外的情况，即对于自己的生活伴侣，女性比男性更有可能对后者进行踢、打的行为，或是以其他方式对其进行身体攻击（Archer, 2000; Jenkins & Aube, 2002）。但是，如果这种情况属实，那么，为什么我们会发现，在那些为受虐伴侣所建的收容所里，被收容的女性的数量与男性相比，具有绝对的压倒性优势呢？同样，只要我们对攻击做出另外一个重要的定义区分的时候，这个看似难以解决的问题就可以迎刃而解了。例如，当一个108斤重的女人对一个170斤重的男人进行殴打的时候，这一行为所造成的身体伤害要远远地比当相反的情况发生时小（Archer, 1994）。

因此，根据你对攻击的不同定义方式，我们既可以认为女性比男性具有更低的攻击性，也可以认为女性比男性具有更高的攻击性。然而，我们说这种差异的产生是取决于对攻击的不同定义，并不意味着这种差异就是随机的或者是没有意义的。相反，这种存在于身体暴力和间接攻击之间的差异是真实存在的，其真实性就如同被一根棒球球棒击中和被别人在背地里叫作垃圾之间所存在的差异一样（Harris, 1992）。接下来，你会看到，男性和女性的攻击性之间所存在的差异通常是与不同的动机联系在一起的。因此，现在我们要问这样的一个问题：人们为什么会产生攻击性呢？

攻击的性别差异。尽管从某种意义上来讲，女性更有可能对伴侣进行殴打，但是，通常来说，当男性对自己的妻子或女朋友进行殴打时，会对她们造成更大的身体伤害。克里斯·布朗（Chris Brown）一而再、再而三地对他的女友进行殴打，导致其女友身上有多处可见的伤口。

10.1.3　攻击性行为的目标

社会心理学的研究表明，攻击性行为可能是为一个存在于广泛范围内的动机所服务的。这些动机包括：对他人施加影响的愿望，支配或统治他人的愿望，在别人的心目中建立一种坚实可靠的印象的愿望，获得金钱或社会认可的愿望，或者仅仅是一种为了使负性情绪得到释放的愿望（Berkowitz, 1993a; Campbell, 2005; Duntley, 2005; Kirkpatrick et al., 2002）。西蒙德·弗洛伊德（Sigmund Freud）指出，攻击性行为其本身也是一种目的。

本能：通往死亡和毁灭的驱力　弗洛伊德关于人类动机的观点最初只包括了“生的本能”，即一种有利于个体生存和繁衍的自私的驱力。然而，在目睹了第一次世界大战的浩劫之后，他又将“死的本能”加入到了这一观点之中。“死的本能”所指的是一种人们想要结束自己生命的内在动力。弗洛伊德意识到，死的本能会与生的本能产生冲突。因此，他提出了这样的一个假设：与其毁灭我们自己，我们会将这种毁灭的本能从自己转向他人。

弗洛伊德关于死的本能的观点与生命科学领域中最具影响力的理论——达尔文的自然选择进化理论也有所契合。进化论流派的理论家发现，人们很难想象“死的本能”是如何可能通过自然选择进化而来的，因为只要是任何一只不具有自我毁灭性行为倾向的动物，都会比那些具有自我毁灭性行为倾向的动物生存得更为成功。然而，有些进化论流派的理论家提出了这样的一个假设，即“攻击性本能”可能是通过自然选择进化而来的，它的出现是由攻击为生存和繁衍带来的有益程度而决定的（e.g., Buss & Duntley, 2006）。比起那些仅仅是掉头逃跑的动物而言，那些愿意为了自己的领地、配偶或资源而进行斗争的动物，可以更好地生存（e.g., Lorenz, 1966; Tinbergen, 1968）。康拉德·洛伦茨（Konrad Lorenz，1996）提出，人类和其他动物一样，也具有一种内在的攻击性驱力。如同饥饿或性欲一样，这种攻击性驱力也会随着时间而逐渐累积，直到它们得到释放的那一刻为止。

洛伦茨提出了这样的一个假设：所有的动物都需要以某种方式来对其所具有的攻击性能量进行释放。而当这种能量是以间接的方式得到释放的时候，这个过程就被称为**置换（displacement）**。例如，当一只鸟在与另一只鸟产生正面冲突的时候，它会用嘴整理自己的羽毛（Bushman et al., 2005; Vasquez et al., 2005）。这种攻击性冲动会在个体体内逐渐累积，因此需要得到释放。这种观点便被称为宣泄－攻击理论，这一理论是社会心理学理论体系中的一个重要组成部分（Feshbach, 1984）。**宣泄（catharsis）**指的是对于那些受到压抑的情绪进行释放，在这个例子中，这种受到压抑的情绪指的是攻击性能量。这种将自己受到压抑的情绪诉诸宣泄的方式受到了人们广泛的喜爱。人们通常受到激励，从而将自己的愤怒情绪通过击打沙袋、大声尖叫或者其他表达方式释放出来。如果不考虑对他人所产生的负面后果，那么，当人们用愤怒而非用恐惧来应对刺激的时候，从生理水平上来看，人们的自我感觉会更加良好（Lerner et al., 2005）。娱乐业从业人员通常会借用宣泄的观点来为他们对于暴力性电视和影片永无止尽的热爱进行支持（Bushman & Anderson, 2001）。例如，伟大的导演阿尔弗雷德·希区柯克（Alfred Hitchcock）就曾经说过，“电视最伟大的贡献之一就是它将凶杀案送回到了它原来所属于的那个地方。在电视上观看凶杀案可能是一种良好的疗法，因为它可以帮助一个人消除自己的敌意”（Myers, 1999）。然而，与这种宣泄假设相反，观看这些攻击性行为实际上非但不能减少，反而会增加人们在观看之后所表现出来的暴力性行为（Anderson,

Carnagy, & Eubanks, 2002; Verona & Sullivan, 2008)。过去几十年来的研究都表明，观看电视或电影中的暴力性行为会增加而非减少观众所表现出来的暴力性行为（Bushman & Anderson, 2001）。我们将在下面对这些研究进行详细的讨论。

在过去，当心理学家想到“攻击性本能”的时候，他们通常会假定，环境是不会对这样一种内在的毁灭性驱力产生影响的。但是，尽管洛伦茨关于攻击性驱力的进化模型和弗洛伊德关于“死的本能”的理论一样，都假定了一种内在的攻击性倾向的存在，但是，我们还是很难假定，这种驱力与环境事件之间是否存在交互作用（Tinbergen, 1968）。除非这种驱力是由某个外部事件（比如威胁、攻击或挫折）所引发的，否则，动物（包括人类）是不会产生攻击性行为的倾向的。

攻击与适应性目标 根据现代进化的观点的分析，人类并不是“生来”就具有盲目的攻击性的（Campbell, 2005; Duntley, 2005）。攻击性行为是一种生存和繁衍的策略，它只在某些情况下有用，而在大多数的其他情况下却毫无用处。研究发现，对于很多不同的物种，攻击都能够帮助它们实现一系列的目标。例如，攻击可以让动物们对它们的领土界线进行控制、对它们有限的资源进行分配，以及对它们的幼子进行保护（Scott, 1992）。但是，由于攻击行为通常包含了受到报复的风险，并且还有导致伤亡的可能性，因此，在缺乏一个直接且有用的目标而只是为了使自己的敌意得到宣泄的情况下，攻击极有可能会对一种动物的生存和繁衍的机会造成影响（Gilbert, 1994）。

这一分析表明，攻击性行为本身永远不会是一个目的。相反，心理学家目前假定，攻击性行为是被用作一些其他用途的。另外，由于攻击性行为可能失败并且为犯罪者带来伤亡，因此，心理学家同时假定，人们通常只有在其他方式都不可行的情况下才会诉诸攻击（Dabbs & Morris, 1990; Wilson & Daly, 1985）。

那么，攻击的作用有哪些呢？在这里，我们来关注以下四点：应对愤怒的情绪、获得物质和社会奖赏、获得或保持社会地位以及保护自己或自己群体中的成员。

10.2 应对愤怒的情绪

在这场人尽皆知的浩大的凶杀事件发生之前，“曼森家族”生活在一个相对贫困的环境中。他们靠“在垃圾堆之间奔走”来养活自己，他们每天所做的就是从超市后面的垃圾堆里找寻食物。对于那些像克伦维克尔和华生这种出身于中产阶级家庭的人来说，对于困难的知觉势必是得到了放大。另外，由于曼森和这个群体中的其他几个成员曾经一度住在布赖恩·威尔逊（Brian Wilson）（一位非常成功的沙滩男孩乐队组合的领队）奢华的家中，在那个时候，他们生活优裕，并且可以整天开着威尔逊的劳斯莱斯到处去兜风。因此，这种前后生活环境的对比使情况变得更加糟糕。

对于曾经在监狱和收容所里度过了自己生命中大部分时间的曼森来说，成为这种富裕生活中的一分子让他重新燃起了希望。渐渐地，他开始相信，威尔逊的朋友泰瑞·梅尔彻斯（Terry Melcher）——一名富裕的唱片制作人，会和他签署一份唱片合约。然而，结果却是，威尔逊将他们赶了出去，梅尔彻斯也轻蔑地拒绝了曼森，于是“曼森家族”便堕落到了靠捡垃圾为生的境地。这一细节成为“曼森家族”之所以犯下大错的一个线索——曼森和他的家族成员们的作案地点并不是随机选择的，事实上，泰瑞·梅尔彻斯曾经是那栋房子的主人，而此人正是曼森和他的家族成员感到自己长久以来被剥夺的声望和财富的代表（Bugliosi & Gentry, 1974）。

10.2.1 挫折攻击假设

约翰·多拉德（John Dollard）和他的同事们在1939年提出了**挫折攻击假设（frustration-aggression hypothesis）**，即攻击是一种针对任何对人们的目标指向性行为产生阻碍作用的事件所进行的自动化反应。他们指出：

1. 每当你看到一个人产生攻击性行为的时候，你就可以假定，这个人在先前曾经受到过挫折（例如，如果某天你的老板在刚刚开工的时候就对着你大声叫嚷，那么，你就可以假定，他在上班的途中曾经遇到过某些不愉快的事情，而这些事情的发生使他产生了挫折感）。
2. 每当一个人遭遇挫折的时候，便会必然地产生某种攻击性行为（例如，如果你在上班途中由于爆胎的缘故而迟到了一个小时，那么，你便需要通过对另一个人做出攻击性行为的方式——这个人也许就是另外一个无辜的司机，从而使这个事件给自己带来的挫折感得以宣泄）。

社会心理学家已经就这个最初的挫折攻击假设提出了很多反对的观点（e.g., Baron & Richardson, 1994; Zillmann, 1994）。其中，有一种反对的观点认为，有些攻击性行为，尤其是那些被我们在早期划归为工具性的攻击性行为，并不一定产生于任何一个特定的挫折事件。例如，在 20 世纪 30 年代和 40 年代之间，一个布鲁克林的黑手党团体曾经经营过一项叫作联合谋杀的事业，其雇员的工作是对一些自己完全陌生的人进行暗杀，并由此获得丰厚的报酬。而被他们所暗杀的那些人丝毫也没有使他们产生过挫折感。另一种反对观点则从问题的另一个方面出发，提出了挫折并不总是会导致攻击的观点。例如，如果一个旅行社的代理人告诉你，所有去夏威夷的航班都已经被预订满了，并且你也相信这个代理人已经尽了他的全力来帮助你，你可能会产生挫折感，但是却不太可能对他感到愤怒。

为了解决最初的挫折攻击假设中所存在的这些问题，伦纳德·伯科威茨（Leonard Berkowitz）（1989, 1993a）提出了修订后的挫折攻击假设。根据这种修订后的假设，挫折只与那些情绪性的（或者是由愤怒驱使的）攻击性行为有关，而与那些工具性的攻击性行为无关（即联合谋杀事业的成员所做出的那类行为）。另外，伯科威茨还提出，只有当挫折导致了负性情绪的产生的时候，才会导致人们产生攻击性行为。因此，只有当你认为那位旅行社代理人是在故意地挫伤你，并且当你对得到一张飞往夏威夷的低价机票怀有强烈的期望的时候，你才会产生很多负性情绪，并且因而更有可能对这位代理人产生突发的攻击性行为。伯科威茨的修正假说还具有另外一层重要的意义，即任何导致不愉快情绪的事件，其中包括疼痛、高温以及心理不适，都有可能导致攻击性行为。这种不愉快的情绪在本质上不一定是由挫折而导致的。最初的挫折攻击假设和修订后的挫折攻击假设如图 10-2 所示。

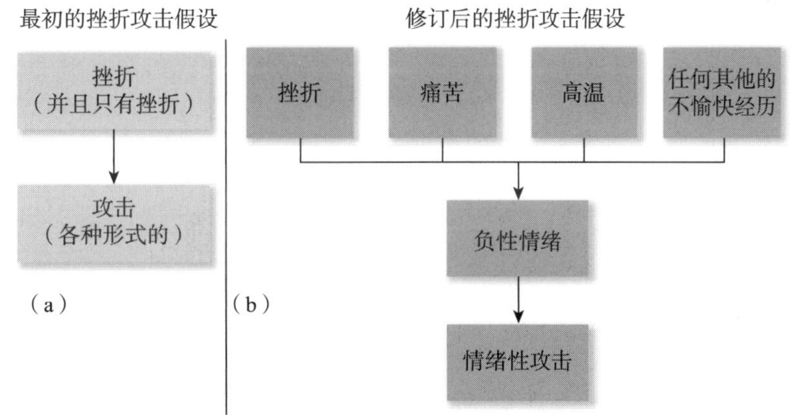

图 10-2　最初的和修订后的挫折攻击假设

根据最初的挫折攻击假设（a），挫折经常会导致攻击行为；反过来讲，在人们产生攻击性行为之前，经常是事先遭受过挫折（Dollard et al., 1939）。根据修订后的挫折攻击假设（b），挫折只是诸多的可能引起负性情绪及紧随其后的情绪性攻击的不愉快情境中的一种。

根据修订后的挫折攻击假设，不愉快的情绪是否会引发公开的攻击性行为取决于很多因素。这些因素既可以是来自于个人的，也可以是来自于情境的（Berkowitz, 1989, 1993a）。现在，让我们来对这些因素进行一下考察。

10.2.2　唤起与愤怒的情绪

当人们受到激怒的时候，是哪些内在的因素导致了人们产生暴力性的行为呢？研究者曾经对两组因素进行了考察，这两组因素分别与暂时性的唤起状态和长期性的愤怒状态有关。

总体唤起　根据伯科威茨（1989）修订后的挫折攻击假设的假定，攻击性行为可以受到任何形式的不愉快唤起的激发，而与这种唤起是不是由于挫折引起的无关。多尔夫·希尔曼（Dolf Zillmann）（1983, 1994）进一步提出，任何内在的唤起状态（可以是通过锻炼身体，甚至可以是通过观看色情影片而产生的）都可以引发攻击性行为。根据希尔曼的**兴奋迁移理论（excitation-transfer theory）**，由于愤怒的情绪反应而产生的症状与一个人在任何一个情绪唤起状态下所感受到的症状是一样的，比如心跳加速、手心出汗、血压升高等。因此，当一个人在情绪上受到了唤起，无论是出于何种原因，并且在受到情绪唤起之后又产生了愤怒，或者是在这两个事件的发生顺序相反的情况下，其残留的唤起都有可能会被误认为是愤怒。

在一项关于兴奋迁移理论的研究中，首先，所有的女性被试都会被另一位女性激怒，接着，其中的一部分被试被要求观看一部非暴力性的色情影片（Cantor, Zillmann, & Einseidel, 1978）。随后，所有被试都会得到一次机会，去对那个之前折磨过她们的人进行报复。结果发现，那些观看过色情影片的女性与那些观看过中性影片的被试相比，表现出了更多的攻击性。因此，研究者认为，**色情影片中的生理唤起通过转移而转变为愤怒的情绪。**

长期的易怒性与A型人格 你是否能在你所认识的人之中找到这样一些人，当他们没有能在自己严格设定的最后期限内完成某件事情，或者是当餐馆门口排起了长队，或者是当他们遇到交通堵塞的时候，这些人会特别容易感到愤怒？**A型行为模式（type A behavior pattern）**是一组人格特征的集合，其中包括时间紧迫性和竞争性，并且这种人格特征会增加人们罹患心脏疾病的风险（McCann, 2001; Rhodewalt & Smith, 1991）。具有A型行为模式的人通常是相对于具有B型行为模式的人而言的，因为后者是以一种更加懒散的态度来对待最后期限和竞争的。

由于他们人格中所具有的竞争性，具有A型行为模式的人通常在自己的工作中更加努力，并且能够在他们的职业生涯中获得更多的升迁机会（Matthews et al., 1980）。然而，在有些时候，他们的敌意可能会对他们的工作造成阻碍。为了比较具有A型行为模式特征的人和具有B型行为模式的人之间的区别，罗伯特·巴朗（1989）曾对一个大型的食品加工公司中的管理人员和技术工人进行了研究。他发现，具有A型行为模式的人与下属之间具有更多的矛盾冲突，并且，当这些人在与自己的同事发生冲突的时候，更有可能采取非友好性的方式来解决问题。另一项研究也发现，当那些具有A型行为模式的公共汽车司机在印度拥挤的街道上行驶的时候，这些人会比其他不具有A型行为模式的司机更有可能产生攻击性的驾驶行为，比如超车、急刹车以及猛按喇叭（Evans, Palsane, & Carrere, 1987）。在一项面向11 965位法国司机的研究中发现，与其他司机相比，具有A型行为模式的司机驾驶速度更快、更有可能在驾车的时候使用手机，并且更有可能遭遇严重的道路交通事故（Nabi et al., 2005）。在一项相关研究中，司机被要求同时记录下自己的愤怒情绪以及愤怒行为（比如对另一位司机做手势、喊叫或者追尾行驶）。结果发现，那些具有高控制欲的人在驾车的时候报告有更多的愤怒情绪、更大的压力以及更多的自我防御行为（Neighbors, Veitor, & Knee, 2002）。

10.2.3 不愉快的情境

在一项研究中，将近1 000名瑞典青少年对于那些曾经让自己感到过愤怒的情境进行了描述（Torestad, 1990）。其结果显示，在这些导致愤怒的情境中，有很大一部分都与挫折和愤怒存在着直接的相关关系（比如“我的父母不允许我在夜间外出”）。而在这些导致青少年产生愤怒情绪的情境之中，有很大一部分是社会性的，即在这些情境中包含了由他人引起的挫折。与修订后的挫折攻击假设相一致的是，研究者发现，很多不愉快的情境因素都会引发敌意，无论这些因素是身体疼痛、令人不愉快的高温，还是长期的经济困境（Berkowitz & Harmon-Jones, 2004; Dewall et al., 2007; Lindsay & Anderson, 2000）。

疼痛 在一系列的实验中，学生被试被指派担任“监督者”的角色，其任务是决定对其他一些在他们的监督之下工作的学生给予电击和奖赏的数量（Berkowitz, 1993b）。在实验过程中，这些监督者被要求将一只手放在一罐水中（其目的是为了考察不愉快的情境对于监督行为的影响）。在一部分条件下，壶中所盛的是让人疼痛难耐的冰水；而在另一部分条件下，壶中所盛的则是接近室温的温水。结果发现，当这些监督者感到疼痛的时候，他们会变得更加具有攻击性，其表现是，这些被试会建议实验人员对那些在他们的监督之下工作的学生进行更多的电击和更少的奖赏（e.g., Berkowitz, Cochran, & Embree, 1981; Berkowitz & Thome, 1987）。这项研究支持了这样一种民间智慧，即当你的老板不走运的时候，你应当避免与他进行接触。

酷热 之前我们所描述的“曼森家族”凶杀案发生在一个八月热浪来袭的日子里。在案发的前夜，气温还保持在32摄氏度以上，而在案发的当天，气温一下子飙升到了超过38摄氏度。这种令人不舒服的天气状况是否可能对“曼森家族”成员的暴力倾向起到了助长作用呢？有足够的证据表明，对于这个问题的答案是肯定的，即在炎热的天气条件下，各种类型的暴力性行为发生的可能性都更大（Bushman, Wang, & Anderson, 2005; Kenrick & MacFarlane, 1986）。例如，阿伦·雷夫曼（Alan Reifman）、理查德·来瑞克（Richard Larrick）和史蒂文·费恩（Steven Fein）(1991）对于投手在主要的棒球联赛中直接击中击球手的次数进行了考察。有些时候，投手是故意将球击中击球手的，其目的可能是为了要恐吓他们。这种行为可能会导致十分危险的情况，因为专业的投手所投出的球可以达到160公里的时速。雷夫曼和他的同事们发现，当天气越热的时候，就会有越多的击球手被击中（见图10-3）。

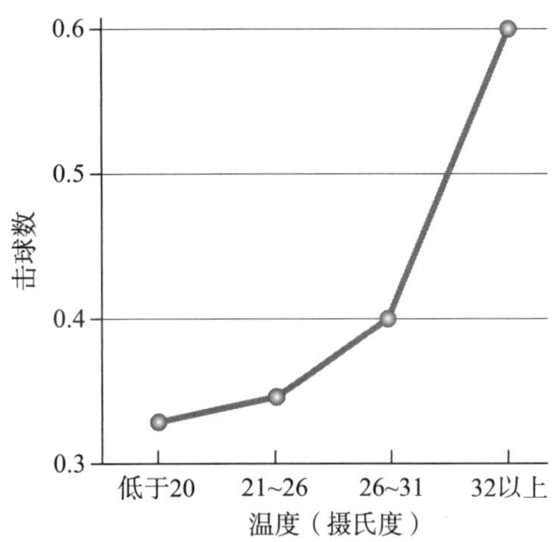

图 10-3　激烈的竞争

当气温超过 32 摄氏度的时候，投手击中击球手的次数是当气温低于 21 摄氏度时候的两倍。分析表明，这种情况并非由高温所引发的失误或者其他混淆因素所导致，而是由于投手故意而为之。

资料来源：Reifman, Larrick, & Fein (1991)

那么，我们是否可以将这种击球手被击中的次数随气温的变化归因于攻击呢？也许其中的原因仅仅是因为当气温升高的时候，投手的命中率变低了。为了排除这种可能的解释，雷夫曼及其同事们通过统计手段将一些与错误率相关的因素（比如暴投、四坏球和失误）进行了控制，其结果发现，这些因素无法对气温和击球手被击中的次数之间的关系做出解释。因此，在酷热的天气条件下，投手并非漫无目的地将自己手中的球投出，而是将其瞄准了击球手，意欲对其进行致命的一击。并且，当天气越热的时候，击球手的处境就越危险。

高温对于攻击性行为的影响不仅仅局限于棒球投手的行为表现上。当气温升高的时候，殴打配偶、强奸、谋杀，甚至是市区里的暴动事件的发生频率都会有所上升（Anderson & DeNeve, 1992; Anderson et al., 1997）。之所以会出现这种情况，其中的一个可能原因是，当天气变热的时候，马路上的人变多了（其中包括了具有暴力倾向的谋杀犯以及他们潜在的受害者）。这就解释了为何当天气转冷的时候，犯罪率总是会降低。尽管人们确实发现寒冷的天气是令人不愉快的，但是绝大多数的人还是会留在家里，在家里那温暖的火炉旁边取暖。因此，至于攻击性行为的发生频率是否会随着气温的升高而持续上升、或是保持恒定、或者甚至可能在一些情况下有所下降，在这个问题上至今仍然存在着争议（Bell, 2005; Cohn & Rotton, 2005）。但是，至少在某些情况下，攻击性犯罪事件发生频率会在高温天气时有所下降，因为攻击者及其潜在的受害者都倾向于留在室内，轻松惬意地享受从空调里面吹出来的凉风（Rotton & Cohn, 2000）。然而，也有证据表明，令人不愉快的酷热天气会引发攻击性情绪，并且这种犯罪率上升的趋势与出门在外的人的数量多少无关。例如，即使是在同一座城市里，当气温升高的时候，攻击性犯罪事件的增长率都要超过非攻击性犯罪事件的增长率（Anderson, 1987）。

贫困　在一项经典的研究中，卡尔·霍兰德（Karl Holland）和罗伯特·希尔斯（Robert Sears）（1940）对 1882 年至 1930 年期间美国南部的棉花价格及其 14 个州对犯罪嫌疑人处以私刑的数量之间的相关关系进行了考察。他们发现，这两者之间存在着负相关：当棉花价格降低（意味着农业经济的衰退期），犯人被处以私刑的数量就越多。40 年之后，约瑟夫·赫浦沃斯（Joseph Hepworth）和史蒂文·韦斯特（Steven West）（1988）用当时更为复杂的统计工具发现，当经济上升期之后紧随着一个经济衰退期的时候，私刑的发生率最高。赫浦沃斯和韦斯特用**相对剥夺（relative deprivation）**的概念对这种现象进行了解释。相对剥夺指的是一种感到自己比其他与自己相似的人拥有得更少的感觉。这种相对剥夺的感觉可能来自于破灭了的希望，即良好的经济状况会鼓舞穷人们产生一种自己很快就将和那些生活富足的人过上同样的生活的期望（Davies, 1962）。然而，具有讽刺意义的是，**人们可能会认为，生活从富足走向贫困要比一直生活在贫困状态下更加糟糕**。

当你的个人财政状况也随着经济的衰退而出现衰退的时候，这种情况是最令人不安的。就如同在 2008 年的那场经济衰退中很多人所经历的那样。一项关于 814 名失业人员及其伴侣的研究显示，由于失业所造成的财政状况的紧张导致了一系列负面影响，这些负面影响相互作用，形成了一张相当复杂的网络。这些负面影响表现为，夫妻双方都会变得更加抑郁，更加容易感到愤怒，更有可能批评和侮辱对方（Vinokur, Price, & Caplan, 1996）。另一组研究人员在一年之中对 14 500 位被试进行了两次访谈，每一位被试都要对一些问题进行回答，其中包括，在访谈进行之前的两个星期内自己是否参与过打斗、使用过武器以及殴打过自己的配偶或者孩子。结果发现，对于那些在这一年中失去工作的人而言，其暴力性行为的发生率要比其他人高出足足 6 倍，即使是在那些没有既往暴力性行为史的人身上也是如此（Catalano et al., 1993）。

10.2.4　愤怒导致对情境知觉的变化

当人们感到愤怒的时候，就会改变自己的思维方式。根据**认知新联结理论（cognitive-neoassociation theory）**，一个不愉快的情境会引发一连串复杂的内部事件（见图10-4）。这个过程中的第一步是让负性情绪通过不愉快的事件得到释放。例如，当你在一个炎热、潮湿的停车场寻找丢失的汽车的时候，突然摔倒在一块煤渣砖上并摔碎了胫骨，这时，你便会感到一阵负性情绪涌来。当你处于负性情绪之下的时候，你的思维会转向其他那些你曾经经历过的负向事件。这种认知新联结理论将我们的记忆想象成存在于一个个相互联系的网络之中，而这些网络是由一系列相互关联的思维、图像和感觉组成的。因此，一种负性情绪或负向思维的出现便会引发出一系列与之相关联的负向记忆、情绪和行为（Berkowitz, 1990）。

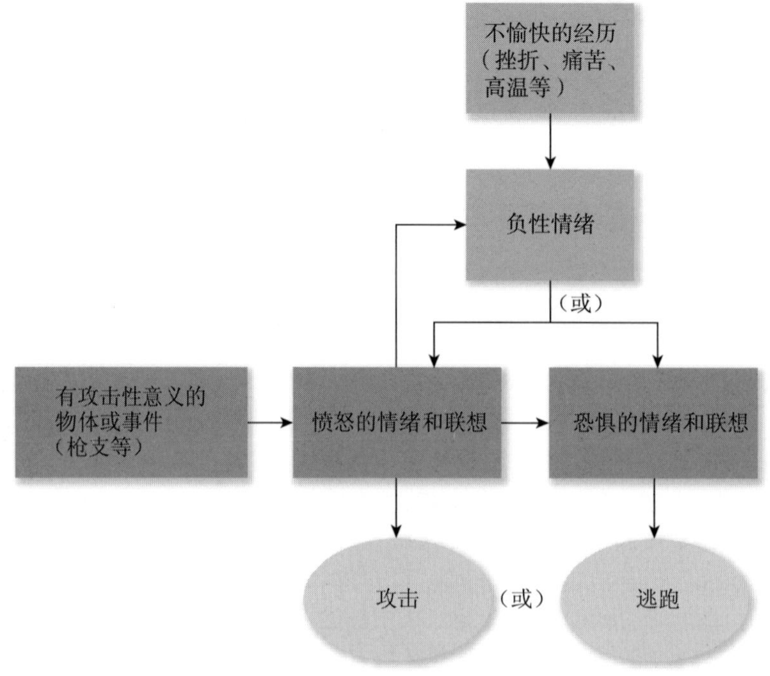

图 10-4　认知新联结理论

负向思维不仅会随着负性情绪而出现，并且它还有可能进而对负性情绪产生助长的作用。情境中的其他线索，比如枪支的存在，可能会将这些负向思维扭曲成攻击性行为。

同样，这一连串的负向关联最终会导致攻击性行为还是逃避性行为仍然取决于个人因素和情境因素之间的交互作用。例如，如果你在一个大城市黑暗的马路上行走的时候感觉到了一阵负性情绪，那么，你就有可能对自己的安全产生担忧。然而，这种同样的情绪也有可能会让你感到愤怒。例如，当你在自家的院子里干活的时候，一个暴躁的邻居走过来向你抱怨你家的狗叫声太大的时候，你便会感觉到愤怒。在一项研究中，一位令人讨厌的实验者假装对参与实验的学生们在一项猜字谜任务上的表现显露出厌恶的神情。之后，这些学生对一位正在应聘助研职位的女性做出评价。结果发现，只要这位应聘者犯了一些令人感到轻微有些愤怒的错误，那些受到过侮辱的被试就会对这位助理做出更为严格的评价。在这种情况下，他们似乎会将自己对于那位令人讨厌的实验者的怨气发泄到这位应聘者的身上，即相对于其他没有受到过侮辱的被试而言，这些被试对于这位应聘者所做出的评价显著地偏向于负向（Pedersen et al., 2000）。另外，还有研究表明，在某些情况下，这种从一个人身上到另一个人身上的敌意的置换特别容易发生，例如，当前者可以在后者的身上找到任何可以让自己的敌意得以释放的借口，或者当后者与前者在某些方面具有相似性的时候（Marcus-Newhall et al., 2000; Pedersen et al., 2008）。

武器效应（weapons effect）指的是诸如枪支之类的武器所具有的使攻击性思维和攻击性情绪得以增强的倾向（e.g., Bartholow et al., 2005; Crabb, 2000, 2005; Klinesmith, Kasser, & McAndrew, 2006）。在一项对这一效应的经典研究中，男性学生被试被告知他们正在参加一项关于应对紧张的生理反应的研究（Berkowitz & LePage, 1967）。假设你是这个实验中的一个被试，实验者会向你解释道，下面你即将与另一个学生轮流对一些题目进行解答。你的题目是为一位负责宣传工作的经纪人列出一些可以用来提升一位流行歌手公众形象的想法，而与你同一组的另一个学生的题目则是想出一些可以使一位二手车销售员增加其销量的事情。

小调查

请你想出一个特别让你感到沮丧的情境。当时你是否对其他人产生过攻击性行为？你的行为或者是你的不作为，是如何与如图 10-4 所示的认知新联结理论的假设相契合的？

当你写下了自己关于宣传大战的想法之后，你的同伴将对你所提供的这些建议提出反馈意见。愤怒就是从这个时候产生的，这种“反馈”是以电击的形式做出的，其次数处于 1~10 次之间。如果运气好，你就会处于一个不受愤怒影响的情境下，你的同伴仅会对你做出一次强度最小的电击（这表示你的解决办法“非常好”）。而如果你的运气不好，你的同伴就不会仅仅只对你做出一次、两次或者三次的电击，而是会对你进行 7 次电击（在伤害你的同时也对你的创造力做出严厉的评判）。就如实验者所预料的那样，在这种情境下，被试更加容易变得愤怒。

然而，在此之后，你会得到一个实行报复的机会。在其中的一个控制条件下，实验者会让你在一张空桌子旁边坐下，桌上放有一个可以对电击进行控制的按钮。在另一个控制条件下，桌上放有两把羽毛球拍。在实验条件下，桌上放有一把 12 口径的散弹猎枪和一把 0.38 口径的转轮手枪。当桌上放有运动器材或武器的时候，实验者会向你解释，这只是另一个实验中的一部分，并且会让你无视这些东西的存在。接下来，实验者会给你一张纸，并告诉你上面所写的是你的同伴关于他对于二手车销售的建议。然而，实际上，所有的被试所见到的都是由实验者事先准备好的相同的建议。最后，实验者会要求你阅读这些建议，然后以 1~10 次电击的形式对你的同伴进行“反馈”。在这种情况下，你会怎样做呢？

如图 10-5 所示，当一个人在刚开始的时候没有受到过愤怒对待，枪支的存在不会使攻击性行为得到增加。事实上，没有受到过愤怒对待的被试即使是在枪支存在的情境下，也只对自己的同伴做出了非常少量的电击，并且这些电击持续的时间都非常短暂。但是，在被试受到愤怒对待的情况下，情况就完全改变了。此时，枪支的存在使电击的次数和持续时间同时得到了增加。伯科威茨（1993a）认为，这种仅仅是由于枪支的存在而使攻击性得到增强的现象与他的认知新联结理论相符，因为枪支的存在起到了“启动”攻击性关联的作用。当一个人已经愤怒的时候，那么，这些关联就会增加其施行报复的可能性。

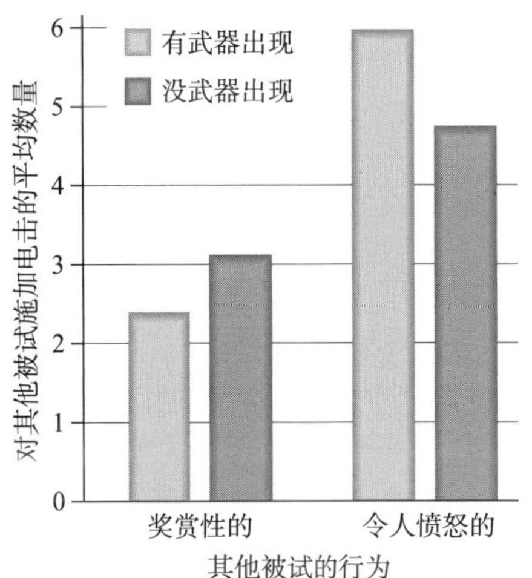

图 10-5　武器效应

在一项研究中，学生被试们会被给予一次对另一个学生进行电击的机会，而另外那位学生或者是在先前以正向的态度对待过他们，或者是曾经将其激怒过。就如图的左边所显示的那样，在被试没有被惹怒的情况下，武器不会使攻击性行为得到增加。而从图的右边我们可以看到，受到过激怒的被试会在出现武器的情况下给予另一个学生更多的电击。

10.2.5　有些人会主动地制造出愤怒性情境

当人们在对那些与自己的个人特征相符的情境做出选择时，另一种类型的交互作用便产生了。在一项研究中，加拿大学生被给予了一个在不同的工作环境之间进行选择的机会（Westra & Kuiper, 1992）。结果发现，具有 A 型人格特征的学生似乎会尽一切可能去选择那些能够使他们的竞争性和时间紧迫性得到发挥的工作环境。你会享受在证券交易所里的工作吗？在这种工作环境下，交易员需要时刻保持警觉，才能得到赢取（或者是避免失去）大量金钱的机会。或者，你会宁愿选择去经营一家卖滑雪板的商店吗？在这里，你会遇见一些具有闲情逸致的顾客，并且不会受到最后期限的约束。如果你是一个具有 A 型人格特征的人，那么，这些研究发现表明，你将会选择一项具有不切实际的最后期限和时间压力的工作。通过寻求竞争性和令人挫败的情境，具有 A 型人格特征的人似乎会有意地制造出一些可能使他们的敌意性倾向得到释放的情境。

同样，那些容易产生暴力性行为的人也有可能制造出一些能够使自己的挫折感得到增加的生活经历（Anderson, Buckley, & Carnagey, 2008）。这些生活经历将进而引发更多的攻击。例如，当一个具有攻击性的孩子走到操场上的时候，便会即刻引发其他孩子做出抵抗攻击的行为（Rausch, 1977）。因此，一个具有敌意的孩子可以在几分钟之内就将一个和平的游戏场景转变成一场公开的战争。从长期来看，脾气暴躁的男孩很容易与他们的老师疏远。由于这些孩子经常要往来于校长办公室和教室之间，他们丧失了学习基本的数学和写作技能的机会。其后果便是，他们在日后的生活中无法像其他人一样胜任自己的工作，并且，这部分人也更加容易失业。青少年时期的暴力史可能导致其他无法逆转的后果，例如，毁容和受到监禁。具有攻击性的孩子会陷入一个挫折的循环之中，而这些挫折进而会引发更多的攻击性行为。之所以会产生这种情况，有一部分取决于这些孩子身上持久的人格特质，还有一部分则取决于他们为自己所制造的不同环境（Caspi, 2000; Moffitt, 1993）。图 10-6 是针对这个循环进行的描绘。

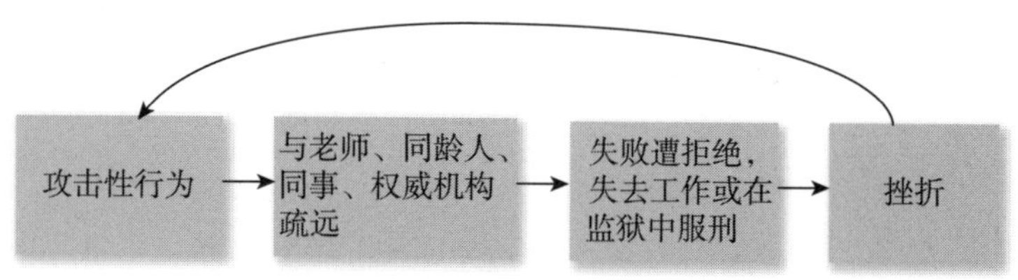

图 10-6　挫折和攻击的循环

具有攻击性的人会引发来自同龄人和权威人物的负向反应。其后果便是，他们会遭受更多的挫折，其中包括被学校开除和受到监禁。这些经历增加了他们的生活中所遭受的挫折，并且导致了更多的攻击。

10.3　获得物质和社会奖赏

海盗在乡村掠夺，帮派成员在都市操控暴利的毒品市场，恃强凌弱者在校园里夺取孩子们吃午饭的钱，这些人的身上有一个共同点，即他们都从攻击性行为中获得了物质和社会奖赏。让我们来看一个美国著名暴徒的例子。

联结：适应与障碍

黑社会的暴力

在历史上，一段并非十分著名的暴力时期，阿尔·卡彭（Al Capone）盛情地邀请了他手下的三个暴徒参加一场宴会。在用美酒和盛宴款待了这几个人之后，卡彭让他的追随者们将这些人捆绑在座位上。接着，他亲自上前用一个棒球球棒将这三个人殴打至死。

阿尔·卡彭。一个使用暴力和反社会性行为获取巨大物质利益的人。在他生长的文化之中，这条通往成功的道路具有一段很长的历史。

尽管卡彭偶尔会表现出做出极端暴力性行为的能力，但是，在很多方面，他都是一个令人愉快的家伙，人们都愿意与之亲近。很多认识卡彭的人都将他看成一个热心并且乐善好施的朋友。那么，是什么原因促使一个在其他方面都十分友好的人做出这种极端的暴力行为呢？一种答案是，这是他的职责所在：卡彭是一个野心勃勃的专业团体中的成员，在他所处的文化中，他所从事的这项职业就是一条最常见的通往物质和社会意义上的成功道路。

阿尔·卡彭出生于 19 世纪末，他在布鲁克林一个贫穷的移民家庭里长大。由于卡彭是一个强悍并且野心勃勃的孩子，他得到了当地一位名叫弗朗姬·耶尔（Frankie Yale）的暴徒的关注。当卡彭只有 16 岁的时候，耶尔就已经让他开始工作了。卡彭的工作就是向当地做生意的人收取“保护”费。在 18 岁的时候，卡彭第一次在一场抢劫中杀了人。

在杀害了一个对立团伙中的成员之后，卡彭不得不搬到芝加哥。在这里，他开始努力地成为当地暴徒群体的首领。在对暴利的酒精配给领地争夺控制权的斗争中，卡彭杀死了几个人。当他成为暴徒群体的首领之后，他便将大多数的凶杀都交由自己的手下去做。但是，他也会偶尔亲手杀掉几个人，以起到杀鸡儆猴的作用。卡彭之所以会用一根棒球球棒打死那三个人，是因为他事先知道了这些人正欲对他意图不轨，以期在自己的职业道路上得到晋升。为了保住自己作为一个强大的黑手党领袖的地位，卡彭只能用死亡来对这些不忠诚的人做出惩罚。

卡彭的攻击性行为获益颇丰。在 29 岁之前，他已经掌控了一家获利高达数亿美元的财团，拥有一套位于佛罗里达的漂亮房产，并且他手上所戴的宝石的价值超过大多数人终其一生所能赚到的钱。

卡彭不是第一个，也不是最后一个扮演黑手党导师角色的人。事实上，当地的暴徒们已经在过去的几个世纪里在意大利南部和西西里获得了惊人的政治和经济力量（Servadio, 1976）。由于这些地区历来都受到来自外国军队从未间断过的占领和剥削，因此，当地的土著居民打心眼里不喜欢政府，并且不信任政府。相反，他们对于当地那些握有强权的人倒是十分忠诚，因为这些人会保护他们，为他们找到工作，当然与此同时，这些人会向他们收取保护费。

因此，尽管在局外人看来，这是一次社会结构的瓦解，然而实际上，这是一套清晰而又井然有序的社会结构和规范，这套社会结构和规范起源于一段特定的军事和政治历史。就如同国际争端一样，黑手党暴力中的很大部分都是为了掌握那些富裕和可获得暴利的领地的控制权。于是，我们再一次看到，社会性障碍的根源通常来自于其他适应过程。

根据某种关于攻击的理论，为了维护自己的利益而产生的攻击性行为在各个层次都会发生。就如同一位黑手党成员会为了维护一项暴利的毒品生意、酒精生意或者赌博生意而产生暴力性行为一样。在当地校园中的恃强凌弱者也会为了获得某些奖赏而产生暴力性行为。现在，让我们来看看这种基于奖赏的攻击观点。

10.3.1　社会学习理论：对暴力性行为进行奖赏

社会学习理论（social learning theory）是关于攻击的最具影响力的心理学理论之一。其创始人是阿尔伯特·班杜拉（1973, 1983）。根据这一模型，攻击性行为是由于对攻击的奖赏而引起的。这些奖赏可以是直接得到的，比如，当一个小男孩的父亲打了一场架之后给小男孩买了一个冰激凌，或者将一把枪作为圣诞礼物送给他。从下面的这张照片中，我们可以看到，年幼的安德鲁·戈尔登（Andrew Golden）手握一把来福枪，摆出一副战斗的姿势。他脸上的笑容和他所摆的姿势都表明了他的父母是鼓励他在这个小小的年纪就开始玩枪支类武器的。几年之后，11 岁的安德鲁和 13 岁的米歇尔·约翰逊（Michelle Johnson）有预谋地用枪将他们的四个同学和一个老师杀死。和戈尔登一样，约翰逊也从童年时代起就已经在父母和祖父母的鼓励下开始玩枪。

鼓励孩子做出攻击性行为的危害。安德鲁·戈尔登，摄于他和米歇尔·约翰逊屠杀他们的一名老师和四名同学的若干年前。

奖赏也可以通过观察而间接得到。班杜拉认为，在一些电视节目或者影片中，包括一些具有吸引力并且符合观众口味的角色对那些阻挠过他们的角色进行拳击、踢打和枪击的情节，孩子们通过观看这些节目或者影片便会学习到，暴力是一种可以被接受的用来处理自己与他人之间存在冲突的方法。就在约翰逊和戈尔登肆意杀人的行为发生的几个月之前，14 岁的迈克尔·卡尼尔也用相似的方法在肯塔基州的帕杜卡枪杀了他的 8 位同学。在这起枪杀案发生之前，卡尼尔刚刚观看了一部影片。在这部影片中，电影明星伦纳德·迪卡普瑞尔扮演了一名犯有故意伤害罪的罪犯，其犯罪行为和卡尼尔的行为很相似。

在一系列经典的研究中，班杜拉和他的同事们对孩子们逐渐开始模仿这类电视或电影中所刻画的暴力性行为的过程进行了考察。在其中的一项研究中，孩子们首先会观察到一个榜样对一个“波波玩偶”（一个大小和真人等同的红鼻子充气小丑，当人们用拳头对其进行猛击的时候，它会发出一种雁叫声）做出一系列异乎寻常的暴力性行为。如果这些孩子们看到这位具有攻击性的人得到了奖赏，那么，当他们在其后与波波玩偶共处一室的时候，则更有可能自发地对这些攻击性行为进行模仿。然而，如果当他们看到这个榜样受到了惩罚，那么，这些孩子就不会进行行为模仿。但是，当实验者在随后用奖赏去激励孩子们对他们之前所见的行为进行模仿的时候，他们发现，即使是在榜样受到惩罚的情况下，这些孩子还是学习到了这种特定的攻击性行为（Bandura, Ross, & Ross, 1963a, 1963b）。

同时，班杜拉还指出，一个人无须在非常愤怒或者沮丧的情况下，才会产生这种由于奖赏而引发的攻击性行为。受到雇用的杀手和经过训练的战士经常会在没有感到丝毫愤怒情绪的时候就做出攻击性行为。因此，社会学习理论对于工具性攻击尤其适用。

10.3.2 哪些人从暴力行为中得到了奖赏

有些人是否比其他人更有可能为了个人利益的原因而产生攻击性行为？即使是在确立了自己身为暴徒群体中的一员的身份之后，也并非每一个在困苦中挣扎的人都会像阿尔·卡彭一样冷血，任意地将那些妨碍他在生意上获得成功的人杀死。相反，对于一个对其他人几乎没有同情心，然而却感到自我价值膨胀的人而言，反而会更有可能为了个人的利益而伤害他人。同样，如果一个人对于惩罚的敏感性不高，那么，那些潜在的代价，即来自于受害人或社会的报复就不能在很大程度上阻止暴力的发生。

精神变态者　**精神变态者（psychopath）**的特征是：对他人缺乏共情、自我价值膨胀以及对于惩罚的敏感性不高（Hare et al., 1990; Lalumiere et al., 2001）。精神变态者也被称为反社会型人格障碍。与精神变态者对于他人疼痛的漠不关心相伴随的是其所表现出来的冲动性行为，以及一种否认自己对于自己所犯下的过错负有责任的倾向。在一项研究中，研究者对精神变态者和非精神变态者的犯罪性暴力性行为进行了比较，其结果发现，与非精神变态者相比，精神变态者的暴力性行为受到个人利益激发的概率是前者的三倍，而其暴力性行为受到情绪激发的概率则只有前者的十分之一（Williamson, Hare, & Wong, 1987）。所以，精神变态者所做出的暴力性行为是冷静的并且是有所预谋的，其目的是为了得到个人奖赏。最新的神经心理学证据表明，精神变态者无法从惩罚中进行学习是与杏仁核和眶额皮层在神经病理学上的缺陷有关的（Blair, 2004）。卡彭的身上表现出了很多精神变态者的典型特征，其中包括他在将别人殴打致死以及在将自己生意上的竞争者进行暗杀时所表现出来的冷漠。并且，和卡彭一样，社会上的很多人都会认为，很多精神变态者都是充满魅力的（除了那些阻碍他们的人之外）。

就像成年的精神变态者所表现出来的暴力性行为一样，校园里的恃强凌弱者的攻击目标通常也是更加关注于个人利益的，而不是受到其他诸如报复或自我防卫的动机的激励（Olweus, 1978）。在一项对瑞典的青少年男孩进行的研究中，研究者发现，大约有 5% 的被试被他们的老师和同学视为恃强凌弱者。这些男孩的典型特征是沉着冷静，并且在他们对弱小者进行欺凌的过程中都是经过深思熟虑的。例如，他们会选择那些他们可以轻易地在一场打斗中就将其打败的人作为自己的目标。在这些恃强凌弱的男孩身上所表现出来的攻击性是一种用来获取利益的工具。

共情　如果你和大多数人一样，当你看到另一个人处于疼痛中的时候也会不由自主地感到沮丧，那么，你很有可能就无法从这种作为一个暴徒忠实的追随者的生活中得到快乐。共情的感觉，即与另一个人共同享有某些情绪，似乎会将攻击性行为变得毫无益处（Baumeister & Campbell, 1999; Zechmeister & Romero, 2002）。共情能力非常高的人会设身处地地为他人着想，并且，他们很容易在对他人造成伤害之后内心会感到歉疚（Leith & Baumeister, 1998）。然而，对于精神变态者而言，由于他们所感受到的情绪性唤起通常比正常人所感受到的更少，并且，由于他们特别缺乏共情（Harpur, 1993; Williamson et al., 1987），因此，他们会更少地因自己对他人造成伤害而感到良心上的谴责。

醉酒　尽管对于他人疼痛的共情能力可以让大多数非精神变态者避免使用暴力，但是，酒精却有可能对那些正常的共情情绪的产生形成暂时性的阻碍作用。在一项研究中，实验者首先让一部分被试喝下一杯含酒精的饮料，而让另一部分被试喝下一杯不含酒精的饮料。接着，实验者要求每一个被试对一件曾经发生在自己与恋人之间的冲突事件进行回忆。结果发现，那些喝醉酒的人更加难以从自己恋人的角度来看待这次冲突，并且，他们对恋人的愤怒情绪也更加强烈（MacDonald, Zanna, & Holmes, 2000）。这一发现间接地对虐待配偶与酒精消费之间所存在的强相关进行了解释（Coker et al., 2000; Thompson & Kingree, 2006）。

看起来，酒精的作用之一就是消除了共情对于攻击性行为所具有的正常约束力，即人们对于那些由于对他人造成伤害而导致的惩罚性负面后果的担忧。在暴力性犯罪中，有 50% 的攻击者在他们犯下罪行的时候都是喝醉酒的状态（Bushman, 1993）。事实上，即使是对于那些非酒精成瘾的人而言，酒精也会引发他们产生攻击性行为，甚至在有些情况下，他们并未在产生攻击性行为之前受到过刺激（Gantner & Taylor, 1992; Gustafson, 1992）。人们意识到了酒精和攻击之间的联系，即仅仅通过让被试观看酒精类的广告，便能够导致他们将一个陌生人评价为更加具有敌意（Bartholow & Heinz, 2006）。

较低的共情能力以及对后果缺乏担忧可以对为何约会强奸通常会涉及酒精进行解释（Abbey, Ross, McDuffie, & McAuslan, 1996）。安东尼娅·阿比（Antonia Abbey）和她的同事们（1996）对一些表明约会强奸可能因“酒精短视”而有所增加的研究进行了综述。“酒精短视”指的是将注意力的焦点集中在任何当下看起来最为重要的东西之上（Giancola & Corman, 2007; Steele & Josephs, 1988）。在酒精的影响下，一个受到性唤起的男人可能将自己的注意力集中在使自己的性欲得到满足上，然而却忽视或曲解了自己的约会对象所做出的抵抗其进攻的努力。

10.3.3　媒体对于暴力性行为的美化

“曼森家族”的一位成员为他们纵情于暴力的行为辩解道：“我们是在你们这些电视节目的影响下成长起来的。”（Bugliosi & Gentry, 1974.）事实上，班杜拉（1983）的社会学习理论中有一个关键的假设便是，媒体可能会教导我们，攻击性行为可以为我们带来奖赏。如果说，当一个孩子在实验室里观看了几分钟的攻击性行为之后，可以激发其攻击性行为的产生，那么，在电视上观看如此大量的受到美化的暴力会对孩子产生怎样的长期影响呢？当你在黄金时段打开电视机，调到一个给孩子们看的卡通节目的时候，或者当你进入一家电影院的时候，无论是你，还是你的小外甥或外甥女，都很有可能在短时间内目睹到故意伤害罪的发生。超过一半的在黄金时段放映的电视节目里都包含了暴力性的元素，并且这种暴力性行为经常是以一种看似富有魅力、微不足道，并且相当纯粹的方式表现出来的（Bushman & Phillips, 2001）。除此之外，孩子们还会接触到其他媒体（比如电子游戏）中的暴力（Anderson, Carnegy, & Eubanks, 2003; Bushman & Anderson, 2002）。研究者采取了多种方法对由多媒体带来的暴力性行为所产生的影响进行了考察。

媒体暴力。电影和电视节目让孩子们接触到了成千上万“合理化”的暴力行为，小到打架，大到谋杀。

相关研究　相关研究想要考察的问题是，每天观看更多的暴力性场面与暴力性行为之间是否存在相关关系。几项相关研究的结果表明，那些观看了很多攻击性电视节目的孩子会对其他孩子产生更多的攻击性行为，并且这种现象在男孩之中尤为明显（Belson, 1978; Friedrich-Cofer & Huston, 1986）。例如，一项长期研究表明，那些观看了很多暴力性电视节目以及那些认同电视上的攻击性角色的孩子更有可能在成年早期产生攻击性行为（Huesmann et al., 2003）。

当然，这些研究结果并不能证明观看更多的暴力性场面与暴力性行为之间存在因果关系。也许，出现这种相关关系仅仅是因为那些具有先天性暴力倾向的孩子会选择观看具有更多攻击性的电视节目。或者，也有可能是某种独立的第三方因素（比如贫穷）同时导致了对于暴力性行为以及那些“将他们杀死”的电视节目的偏爱。如果是这样，那么，即使是在不存在电视暴力影响的情况下，贫穷的人仍然会继续产生暴力性行为。一位研究者对 22 种不同的“第三方因素”进行了考察，这些因素都有可能偶然地引起暴力性行为和观看电视节目之间的相关。然而，即使当所有这些可能的原因都得到了测量，并且在统计学意义上都得到了排除之后，暴力性行为和观看电视节目之间的相关关系仍然存在（Belson, 1978）

实验研究 在实验研究中，一些被试被随机地分配到具有极少量或较大量暴力媒体的实验条件下。研究者将这些被试与那些接触了等量非暴力性媒体的被试的反应进行了比较。例如，在一项研究中，大学生一连四个晚上要观看一些暴力性的影片。随后，他们会参与一项无关的实验，并且会被给予一个对实验助理进行伤害的机会。与那些观看了非暴力性影片的控制组被试相比，那些观看了暴力性影片的被试对实验助理表现出了更高的攻击性，无论之前这位实验助理是否激怒过他们（Zillmann & Weaver, 1999）。而其他实验研究也同样表明，观看的暴力性电视节目越多，就会导致孩子产生越多的攻击性行为（Bushman & Anderson, 2001; Leyens et al., 1975; Parke et al., 1977）。

但是，并非所有对于媒体暴力的研究都得到了同样的结论（Friedrich-Cofer & Huston, 1986; Wiegman et al., 1992）。面对这些看似矛盾的研究结果，研究者们开始采用**元分析**（**meta-analysis**）的方法，即在统计上将来自同一个主题的不同研究结果进行合并。下面，我们来就看看这项技术，并且看看它是怎样帮助研究者们关于媒体对攻击性行为的影响得出一个更为清晰的结论的。

联结：方法与证据

用元分析的方法来考察媒体暴力的影响

当出现相互矛盾的研究结果时，作为一个研究者，会做些什么呢？让我们回想一下在第 1 章中所用到的关于侦探的类比：当一群目击证人（在这些人之中，没有一个人的证词是可以完全受到信赖的）对一项他们所目击到的犯罪事件做出了不同版本的证词的时候，此时，作为一名侦探，他会做些什么呢？一名优秀的侦探不会无视所有的证词，而是更有可能将所有的证词都放到一起，然后在其中寻找不断浮现的线索，或者是在几个目击者的证词中寻找他们共同提及的故事成分。

元分析作为一项统计技术，其目的是为了发现存在于大量不同研究之间的共同点。就如同在一个单独的实验中，实验者为了考察一项测验是否具有统计上的显著性，而将被试间的变异作为随机误差项的来源对待一样，对于同一个问题的各项实验研究之间的变异也可以通过“元分析”的方法对所有研究中的统计显著性进行检验。当一个研究者用到大量的研究，并且每一个研究中都包含了大量的被试的时候，那么，那些多种多样的随机效应就很有可能相互抵消，而那些来自特定实验变量的真实效应就会显现出来。

让我们来看一下如表 10-2 所示的想象中的研究结果。在两种实验情境下，被试在非暴力性的控制条件下平均做出 7 次电击，而在暴力性媒体的条件下平均做出 10 次电击。左侧的实验结果所示的是当没有任何随机因素对结果造成影响的情况，而右侧的实验结果所示的则是充满了各种各样的误差来源的情况，因此右侧的更加像是在真实世界里所发生的。我们注意到，在两种实验情境下，结果的均值相等。如果你只对位于右侧的前两个数据进行比较，那么，你就有可能得出错误的结论，即接触媒体暴力会减少攻击性行为。如果拿第四行的数据作比较，那么，你就会得到这两种情况不存在差异的结论。如果你用其他数据作比较，例如最后一行的数据，那么，媒体效应的大小则会被夸大。然而，当你对大量的研究进行比较的时候，随机误差项的各种来源就容易相互抵消，因此我们便能够对媒体暴力对于被试所做出的电击数量的“真实”效应有一个更好的了解。实质上，这就是元分析的意义：将关于同一个问题的大量研究在统计上进行平均。

由于媒体暴力与攻击之间的关系已经得到了大量的研究，研究者已经能够对这个问题进行多项元分析（e.g., Andison, 1977; Bushman & Anderson, 2001; Hearold, 1986）。例如，一批研究者对 28 项实验研究进行了考察。这些研究是对儿童或青少年在观看了一部攻击性的（或者一部非攻击性的）影片之后进行观察，并对其在随后是否会产生自发的攻击性行为（比如将另一个孩子打倒在地）进行记录（Wood, Wong, & Chachere, 1991）。和预期相一致的是，那些来自单个研究中的数据由于受到各种各样随机因素的干扰而产生了混淆的结果。实际上，在大约三分之一的实验中，控制组被试比实验组被试具有更高的攻击性，然而这些相反的效应通常比较小。而更多的研究则发现，那些与媒体暴力进行过接触的被试产生了更高的攻击性，并且，在这些正向结果中，大部分结果中的攻击效应都比较大。当研究者将所有研究中的数据进行平均之后，发现总体上的统计结果足以让研究者非常肯定地得出这样一个结论，即“**媒体暴力会增加儿童和青少年在与陌生人、同学和朋友进行交往中所表现出来的攻击性**”（p. 380）。

尽管元分析已经使研究者对于接触暴力性媒体会产生伤害性效应的观点持有越来越肯定的态度，但是，由于新闻媒体是为那些从暴力性电视和影片中获利的人所拥有的，因此，新闻媒体已经利用那些混淆的结果来向公众讲述了一个不同的故事（Bushman & Anderson, 2001）。然而，元分析的结果却表明，观看暴力性电视与其后所产生的攻击性行为之间所存在的相关大约在 0.30 左右——其相关性的大小相当于吸烟与患肺癌之间所存在的相关性（Bushman & Philips, 2001）。当然，就像并非每一个吸烟的人都会患肺癌，也不是每一个患肺癌的人都吸烟一样，并非每一个观看暴力性电视节目的人都会在其后产生暴力性行为。但是，就像你的吸烟行为会成为一个使你在未来遭受健康风险的因素一样，你邻居家的孩子若是观看了很多暴力性电视节目，那么，对于社区中的其他孩子而言，这也会成为一个风险性因素。

表 10-2　一个假想中的例子：用 10 项研究对于接触到暴力性媒体的被试相对于接触到非暴力媒体的被试所做出的电击数量进行测量

不存在任何随机因素情况下的结果		更为典型的结果	
暴力性媒体	非暴力性媒体	暴力性媒体	非暴力性媒体
10	7	5	10
10	7	7	9
10	7	10	7
10	7	8	8
10	7	12	13
10	7	9	6
10	7	15	7
10	7	11	1
10	7	10	5
10	7	13	4
（均值）10	7	10	7

正如你看到的那样，从元分析中所得出的关于媒体与攻击性行为的结论支持了班杜拉关于攻击的社会学习理论。如果人们接触到的榜样在做出攻击性行为之后得到了奖赏，那么，人们就会学会对这种攻击性行为进行模仿。然而，媒体暴力的影响不仅仅局限于黄金时段的电视节目。攻击性榜样既出现在孩子们的电子游戏中，也出现在“成人”影片中。

暴力性电子游戏　青少年艾瑞克·哈瑞斯（Eric Harris）和戴伦·克莱伯尔迪（Dylan Klebold）很喜欢玩一种叫作“最终审判日”（*Doom*）（一种著名的 3D 动作游戏）的带有暴力性画面的电子游戏。这一游戏已经得到了美国军方的许可，其目的是为了锻炼士兵怎样有效地杀人。哈瑞斯在他的个人网站上有一个定制的版本——两个装配有额外武器和无限量弹药的射击者将毫无还手之力的对手打倒在地。在一个学校的项目中，他们表演了这个游戏，并将其制作为录像。在游戏中，他们身着战壕里穿的那种特制大衣，假装对学校里的运动员进行射击。在 1999 年 4 月 20 日，哈瑞斯和克莱伯尔迪将他们血腥的想象变为了现实，他们杀死了自己在科隆比纳高级中学的 13 名同学，并致使其他 23 人受伤。那么，是不是他们在电脑屏幕上通过杀死对手而赢得分数的体验使他们认识到杀人可能是一件回报丰厚的事情呢？社会心理学家克雷格·安德森（Craig Anderson）和凯伦·蒂尔（Karen Dill）（2000）收集了一些数据，这些数据表明，这个问题的答案也许是肯定的。在一项相关研究中，安德森和蒂尔发现，模仿现实生活的电子游戏与攻击性和不良行为之间存在相关关系，这些行为包括损坏财物以及与同学打架等。一项神经心理学研究对被试在观看暴力性图像（比如，一个举着枪的男人将手里的枪放进另一个人嘴里的照片）时脑电波的活动模式进行了考察。结果发现，与那些不玩暴力性电子游戏的学生相比，那些经常接触暴力性电子游戏的学生表现出了一种特定的脑电波活动模式，这种模式表明，他们已经对观看暴力性图像变得不敏感（Bartholow, Bushman, & Sestir, 2006）。

然而，就像所有的相关研究一样，这些发现并不意味着因果关系。也许，对于暴力性电子游戏的选择仅仅反映了其产生不良行为的倾向，然而却并非是导致这些倾向产生的原因。但是，与那些被随机分配去玩一个非暴力性电子游戏的控制组大学生相比，那些被分配去玩一个带有暴力性画面的电子游戏“德军总部”（Wolfenstein）的大学生在随后产生了更多的攻击性想法和感觉。研究者总结，暴力性电子游戏可以为年轻人提供一个平台，在这个平台上，他们可以学习和练习应对冲突的方法（Anderson et al., 2004; Carnagey & Anderson, 2005）。在另一个实验中，学生在多种不同的情境下玩一个叫“致命战斗：致命联盟”（Mortal Kombat: Deadly Alliance）的游戏。这些情境的血腥程度从无到最高。结果发现，**游戏越血腥，玩家受到的唤起就越多，并且也会变得更加具有攻击性**（Bartlett, Harris, & Bruey, 2008）。有一项对大量关于电子游戏暴力的研究，其元分析结果表明，电子游戏对于攻击性想法、感觉和行为具有一个可靠的效应，这一效应的强度与使用避孕套对避免感染艾滋病病毒的效应相当（Anderson & Bushman, 2001）。除了会引发更多的攻击性行为之外，在实验情境下接触暴力性电子游戏会降低人们对于真实暴力的正常生理唤起。这一结果表明，那些玩过这类电子游戏的年轻人会对其他人所遭受的痛苦产生麻木（Carnegy, Anderson, & Bushman, 2007）。

暴力性色情读物　色情影片和色情杂志通常会将一种特别令人不安的暴力形式——强奸进行美化。在某些这类影片之中，受害者被描绘成在起初对强奸者进行抵抗，但是到后来却由于自己在此过程中得到了享受而放弃了抵抗。在观看了这类影片之后，即使是那些没有受到过激怒的男性被试也会对女性做出更多的电击（Donnerstein and Berkowitz, 1981）。另一项研究则发现，在一连几个晚上观看了带有血腥暴力的影片之后，被试会对针对女性的暴力产生麻木，并且还会对强奸案的受害者表现出更少的同情（Mullin & Linz, 1995）。最近一项关于电子游戏的研究发现，在实验室情境中让男性被试接触带有性别刻板印象化角色的电子游戏会导致他们对性骚扰变得更加宽容（Dill, Brown, & Collins, 2008）。

在色情读物是否会对攻击产生影响的问题上，仍然存在着很多争议。有些研究者怀疑，目前还不能断定这两者之间是否存在任何确定的关系（e.g., Brannigan, 1997; Fisher & Grenier, 1994）。其他研究者还指出，似乎并不是性欲，而是暴力导致了男性对女性产生了更多的攻击性行为（Malamuth & Donnerstein, 1984）。而事实上，早期的研究使用一些隐晦的非暴力色情文学，例如使用《花花公子》（*Play boy*）的折叠插页对攻击性行为进行研究。其结果发现，在观看了这些色情文学后，人们的攻击性行为得到了减少（Baron, 1974）。尼尔·玛拉姆斯（Neil Malamuth）及其同事塔玛拉·阿狄森（Tamara Addison）和玛丽·科斯（Mary Koss）（2001）提出，这是一个敏感的话题，因为人们（其中也包括研究者自身）通常在这个话题上持有强烈的价值观。保守主义者认为，色情会对家庭价值观造成损害。而自由主义者则认为，色情读物对家庭价值观所产生的影响是可以忽略不计的，甚至在有些时候这种影响还可以是正向的。除此之外，很多女权主义者持有第三种价值观。她们认为，色情读物激励男性对女性持有贬低性和敌意性的态度，并且经常将强奸描绘成对于女性的正向行为。

实践暴力。研究发现，暴力性电子游戏可以使针对真人的暴力变得更有奖赏性，并且会降低玩家对他人疼痛的敏感性。

在元分析和一些新数据的基础上，玛拉姆斯和他的同事们（2001）提出了几种结论。第一，相关数据和实验数据表明，在男性对于女性的敌意与其阅读色情读物之间存在着某种关系。这种关系在当这些色情读物是暴力性的（相对于非暴力性的）情况下表现得尤为明显。并且，在那些与暴力性色情读物有过密切接触，以及那些具有多种针对女性的暴力倾向的人（比如一个思绪非常杂乱的人）的身上，这种关系也会表现得尤为明显。然而，现有的证据并不能将下面的这种可能性完全地排除，即男性的攻击性导致了他们阅读色情读物。但是，实验发现和相关发现的结合确实让研究者得出了这样一个结论，即当某些男性阅读了暴力性色情读物之后，可能对女性做出暴力性行为的现象是有理可循的。

10.3.4　媒体暴力对暴力性倾向的放大作用

美化的暴力可能使攻击看起来是更为有益的。然而，不可能每个人都会受到同样的影响，因为并非每个人都会认为，与这类对暴力进行描绘的东西接触是一件有益的事情。很多人会竭尽所能避免观看暴力性影片或者充满血腥的拳击赛。而其他人则似乎对诸如此类的体验乐在其中。

蒙特利尔的研究者让电影爱好者在观看一部暴力性或非暴力性影片的前后填写一张简短的关于攻击的问卷。在暴力性影片中，包含了 61 个通过机械枪支、刺刀、小刀和爆炸而对死亡进行描绘的场景；而在非暴力性影片中，则不包含有任何暴力性死亡的场景。研究者发现，**暴力性影片增加了观影者的攻击性倾向，而非暴力性影片则对观影者的攻击性倾向不产生影响**。更为有趣的是，那些选择了攻击性影片的人在观看影片之前所表现出来的攻击性已经明显地高于其他人（Black & Bevan, 1992）。其后的一系列实验也揭示出了同样的结果，即攻击性影片会使人们产生更多的暴力性行为，但是，正是那些具有暴力倾向的人才会在一开始就选择观看这些攻击性影片（Bushman, 1995）。我们再一次地看到了一种存在于个人和情境之间的、动态的交互作用。有些人更容易感到暴力是令人愉快的，因此他们会选择一些暴力得到美化的情境；而其他人则感到暴力是令人不愉快的，因此他们便会选择避免与这类情境进行接触。通过一系列这样的选择之后，人与人之间起初所存在的微小差异可能会得到放大。

10.4　获得或维持社会地位

在乌干达北部的多多斯，一个男子只有在证明自己是一名战士之后才被允许结婚和生子。在全世界范围内的社会中，无论是巴西的雅诺马马还是非洲东部的马赛，都对那些具有“战士身份”的男性赋予极高的敬意，因为这种“战士身份”意味着能够从攻击性行为中得到快乐，并且时刻准备着为了个人的“荣誉”而战（McCarthy, 1994）。

从一个层面上来看，为了获得地位而产生的攻击性行为是为了获得物质和社会奖赏而产生的攻击性行为中的一种。阿尔·卡彭之所以会使用暴力，是为了维持自己作为暴徒群体领袖的地位，并且维护源源不断的走私利益。但是，获得和维持社会地位的目标与攻击性行为之间还存在着另外一种特殊的联系——即便当攻击不能为人们带来有形的物质奖赏的时候，人们仍然有可能为了争夺社会地位而战。事实上，有些人即使是在知道自己将会受到惩罚的情况下，仍然会为了获得社会地位而战。有些心理学家还认为，获得社会地位的目标对攻击性行为起到一个特殊的决定性作用，并且这种作用是与我们的进化史相联系的。

10.4.1　攻击与性选择

攻击与社会地位之间的联系为何如此普遍，以至于无论是在巴西的丛林里还是在芝加哥和纽约的街道上都能看到这种现象？加拿大心理学家马丁·戴利（Martin Daly）和马戈·威尔逊（Margo Wilson）（1988, 1994）将这种联系追溯到这些强大的进化原理——**不同的亲代投入（differential parental investment）**及性选择上面来。根据我们在第 8 章中所讨论的不同的亲代投入原理，女性在一项草率的配偶选择决策中所遭受的损失更大，因为她们可能会怀孕。因此，女性在选择配偶的时候会非常小心，故而她们会在择偶过程中对那些表现出良好基因特征的男性更为偏爱。

那么，女性的择偶选择性与攻击之间有什么关系呢？对于这个问题的答案在于**性选择（sexual selection）**。在这个过程中，任何有助于繁衍的特征都会得到代代相传（Miller 2000）。为了赢得挑剔的女性的关注，男性可以选择做如下很多事情中的一件。他们可以表现出自己的正向特征：孔雀所拥有的漂亮尾巴、建造一个坚固的巢穴或是保卫一片富裕领地的能力。他们也可以直接从竞争中胜出，即通过过关斩将而登上当地统治阶级的领袖之位。无论这种竞赛是出于保卫领地的目的还是为了成为领导者，拥有更大的身躯以及更高的攻击性都是有益的（Alcock, 1993）。

因此，进化论理论家假定，在成功的繁衍和对于社会地位的竞争之间存在着一种内在的关联。在这种平衡中，攻击只是一个附带的产物。性选择理论中的几项假设在人类身上也同样适用。由于人类是哺乳动物，而哺乳动物中的雌性通常会在自己的后代身上花费大量的精力，因此，在通常情况下，哺乳动物中的雄性更有可能为了得到社会地位和领地而进行竞争（Buss & Duntley, 2006; Campbell, 2005）。我们在前面提到过，在最近的几十年里，美国所发生的大多数凶杀案都是由男性犯下的。与进化的观点相一致，这种性别差异在全世界的范围内都同样适用（见图 10-7）。

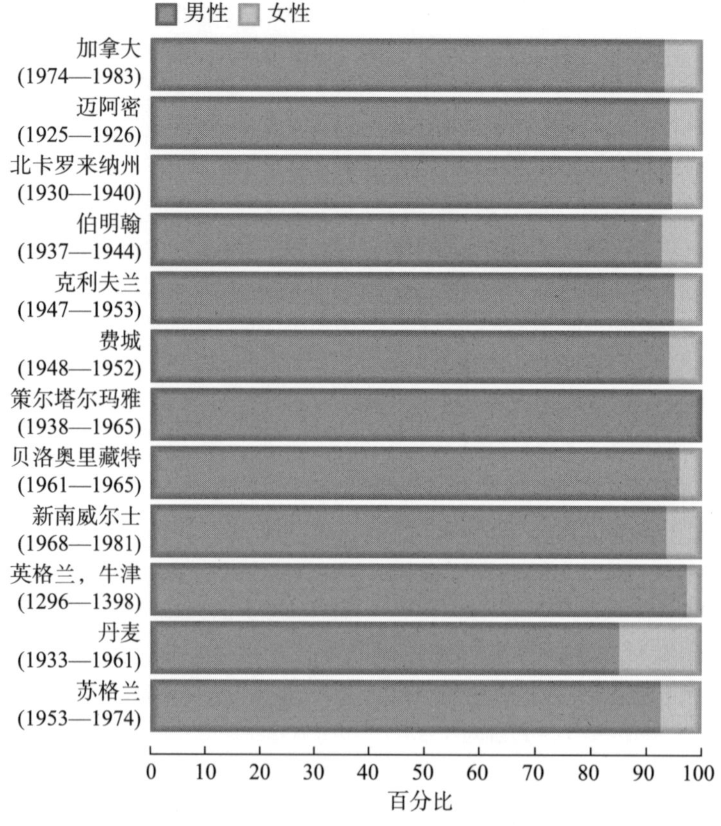

图 10-7　同一性别的凶杀案在不同文化和不同时期的百分比

在不同的文化和不同的历史时期下，由同一性别的成年人所犯下的凶杀案（男人杀男人，女人杀女人）中的大多数都是由男性犯下的。

资料来源：Daly & Wilson (1988).

如果雄性之间的攻击性竞争是出于择偶的目的，那么，这种行为就应当随着特定条件的变化而有所增加或减少。当雄性无法获取其他可以让异性被自己吸引的资源时，它们与其他雄性之间的竞争就应得到增加。同样，当雄性进入繁衍竞争期的时候，其攻击性就应当有所增加。但是，如果当一个雄性已经吸引到了一个异性作为自己的长期伴侣，那么，它就没有那么大的必要去和其他雄性发生冲突。下面，我们将来看一些支持这些预期的证据。除了这种在所有文化下都存在的基于繁衍的性别差异之外，我们还将单独地对与地位相关的攻击中的文化差异进行考察。

社会地位与攻击。这两个高中男生正在为赢得州冠军而竞争。无论得到社会许可与否，攻击都是一种获取社会地位的途径。

10.4.2　性欲与睾酮

动物学家观察到，雄性对于暴力性竞争的倾向性广泛地存在于各种哺乳动物的身上（Boulton, 1994）。你不必为了要从对乌干达的羚羊或是对坦桑尼亚的黑猩猩的研究中寻找证据而心急火燎地离开。你可以到最近的农场去观察公牛和母牛之间或是种马和母马之间所存在的差异，或者，你也可以在社区中观察雄狗和雌狗之间所存在的差异。

为了获得社会地位而进行竞争的生物性动机可能与我们久远的进化史有关，然而，这种激励机制至今仍然存在于我们的体内。睾酮是一种与男性的身体发育和行为相关的激素。这种激素在男性而非女性的血管里大量地流动着，并且，研究者已经发现，这种激素同时与攻击和社会支配之间存在相关关系。

社会心理学家吉姆·达布斯（Jim Dabbs）和他的同事们进行了一系列广泛的研究，其目的是为了考察睾酮与社会行为之间的联系。下面所列的是他们的一些发现：

- 对于年龄处于 9~11 岁之间的男孩而言，较高的睾酮水平与较多的攻击性行为之间存在相关关系（Chance, Brown, Dabbs, & Casey, 2000）。
- 具有较高睾酮水平的狱友与监狱管理者之间存在着更多的冲突。此外，一般而言，在由这些睾酮水平较高的狱友所犯下的罪行中，包含了更多的暴力性成分（Dabbs et al., 1987, 1991, 1995）。
- 在 4 462 名军队老兵中间，那些具有较高睾酮水平的人更有可能扰乱法律、产生暴力性行为以及拥有为数惊人的性伴侣（Dabbs & Morris, 1990）。

具有较高睾酮水平的男性。研究人员吉米·达布斯发现，具有较高睾酮水平的男性更有可能拥有炫耀性的纹身，并且这些人更有可能产生各种各样的反社会行为。在美国南部，那些具有不良行为记录的男性与一群大学生控制组被试相比，其睾酮的水平更高。

所有这些发现都是相关性的，因此，这便让研究者对于睾酮究竟是攻击性和反社会行为的原因还是结果感到难以确定。这一因果关系之所以会受到污染，是因为睾酮水平的升高可能是由于竞争或性行为所引起的（Mazur & Booth, 1998）。例如，在一项研究中，男性大学生被试受到另一个学生的侮辱和推搡（Cohen, Nisbett, Bowdle, & Schwarz, 1996）。结果发现，被试的睾酮水平在这场对峙之后表现出了明显的升高。

然而，实验研究却表明，睾酮是竞争性行为增加的原因，而并非仅仅与后者之间存在相关关系。在一项研究中，一组男性被试在实验过程中所注射的睾酮的剂量逐渐增大，在实验进行的 6 周时间里，该剂量以每两周增加一倍的速度增长（Kouri et al., 1995）。在注射睾酮的这段时间里，每个被试与另一个被试同处于一间实验室里，并且他们都相信，对方每按一下按钮，就能通过减少他们最后所得的报酬来对他们进行惩罚。结果发现，那些注射了睾酮的被试与那些注射了惰性安慰剂的被试相比，更加容易产生报复行为。

荷兰心理学家进行了一系列激动人心的研究，其考察对象是 50 位正在经历变性手术的人。斯蒂芬妮·万戈森（Stephanie Vangoozen）和她的同事们（1995）同时发现了两种变化方向。在这些变性人之中，有 35 位是女性，她们正在接受睾酮的注射，因为这是作为实现她们变成男性的愿望中的一部分。其余 15 位男性接受的则是一些抑制睾酮的药物，因为这是作为实现他们变成女性的愿望中的一部分。结果发现，那些注射了睾酮的女性变得更加具有攻击性，并且她们对于性唤起的易感性也得到了增强；而那些丧失了睾酮的男性则表现出截然相反的巨大变化，他们的攻击性和对于性唤起的易感性都得到了降低。

由于男性和女性的体内都会产生睾酮，因此，这种激素对男性和对女性所产生的影响是相似的（Dabbs et al., 1996; Glickman et al., 1993）。但是，在成年男性的体内所产生的睾酮是成年女性的 7 倍（Mazur & Booth, 1998）。尽管如此，对于男性而言，睾酮对攻击性行为所产生的影响并不是压倒性的，这就与观看暴力性媒体所产生的影响是相同的。有些时候，研究者需要对大量的被试进行考察，才能得出一个明确的结论（Dabbs & Morris, 1990）。

综上所述，对于任何人而言，睾酮的增加几乎不可能自发地引起暴力性或反社会行为。相反，它与竞争性行为之间的关系可能更加紧密，这些竞争性行为中包括橄榄球、网球、象棋以及多米诺骨牌（Bateup et al., 2002; Mazur, Booth, & Dabbs, 1992; Wagner, Flinn, & England, 2002）。阿伦·玛祖尔（Allan Mazur）和艾兰·布斯（Alan Booth）（1998）对这一领域的大量研究进行了综述。他们总结出，人类身上较高的睾酮水平会激发出“以支配为目标的行为，其目的是为了获得比别人更高的社会地位”（p. 353）。这种行为在有些时候是具有攻击性的，而在有些时候则不是。因此，睾酮水平可能只是通过增强对他人进行支配的动机而对攻击性行为产生间接的影响，而不是对后者产生直接的影响。

小调查

有一首老歌，名字叫《女士们爱亡命徒》（*Ladies Love Outlaws*）。你见到过一个女人被一个看起来很粗暴并且具有反社会倾向的男人所吸引的证据吗？诸如这样的例子是如何与那些关于睾酮和性选择的研究相契合的呢？

10.4.3 侮辱与荣誉文化

与社会地位相关的攻击对于男性比对于女性更为重要。与这一假设相一致的是，在男性杀人犯中，由于在先前受到过侮辱或者“受到过贬低”而产生报复愿望的人的比例也更大（Daly & Wilson, 1988）。让我们来看看在本章开头所讨论到的残酷的“曼森家族”凶杀案。尽管犯罪的场景乍看起来是随机选择的，但是，随着调查的深入，所揭露出来的事实真相却是另外一回事。事实上，曼森在先前曾经受过多次侮辱，而这些侮辱都来自于一位与这栋作为案发地点的房子有关的人。在这起凶杀案发生前不久，曼森还曾经到这栋房子里找过特里·梅尔彻斯，这位在先前将他轻蔑地拒绝了的好莱坞经纪人。然而，曼森却发现，该处地产已经被另外一位好莱坞经纪人所购买。而当曼森尝试接近此人的时候，他再一次受到了冷落，并且这次这个人的态度还相当粗鲁。

南方的荣誉文化（和暴力）。威廉·哈特菲尔迪（William Anderson Hatfield）（坐着的那位）是那位与瑞内尔·麦科伊（Ranel Mccoy）的亲戚陷入了长期不和的家族元老。哈特菲尔迪家族和麦科伊家族是分别来自弗吉尼亚州西部和肯塔基州的农业家族。他们所表现出来的很多特征都和“南方的暴力文化”有关。

在大量关于攻击的实验室研究中，都涉及了针对个人的贬低对于引发攻击性行为的强大作用。与那些得到了恭敬待遇的被试相比，实验组的被试更容易对某个侮辱过他们的人进行电击或是做出其他惩罚（e.g., Buss, 1963; Carver & Glass, 1978）。在现实生活中，大学生关于杀人的幻想也通常会发生在当其他人以某种方式对自己进行了羞辱之后（Duntley, 2005; Kenrick & Sheets, 1994）。

人们通常会因捍卫颜面而走上极端。在一项对费城凶杀案的经典研究中，马文·沃尔夫冈（Marvin Wolfgang）（1958）将37%的案件的起因归类到“微不足道的口角”上，即这些争论起初只是集中在一些相对琐碎的话题上，比如一次侮辱事件或者是一个人撞到了另一个人的身上。尽管这些事情被归类成“微不足道”的，但是，这些争论却是杀人犯最常见的动机。然而，似乎只有男性才会因为那些微不足道的争论而让自己陷入杀人的境地。这是为什么呢？在警方对凶杀案的记录进行了一番详尽的考察之后，威尔逊和戴利（1985）提出，那些处于危急关头的事情根本就不是微不足道的。相反，那些发生在男性之间的暴力性争论涉及的是一场日益升级的关于社会地位的战斗。这场战斗从一个人对另一个人进行当众羞辱的时候就已经开始了。

并非每一个人都会通过拿起一把枪来应对别人施于自身的贬损行为。像这类为了获得社会地位而产生的冲突是否会上升为暴力，还要取决于更加广阔的情境中的特征，即一个人成长的文化环境。根据理查德·尼斯比特（Richard Nisbett）（1993）的观点，与那些居住在美国北部的人相比，那些居住在美国南部和西部的人更有可能通过社会化而融入到一种**荣誉文化（culture of honor）**中去。在这种荣誉文化中包含了一套规范，其主要观点是，人们（尤其是男性）应当为了保卫自己的荣誉而做好诉诸武力的准备（Cohen & Nisbett, 1997）。

在过去的美国南部，如果受害人曾经侮辱过罪犯，并且拒绝收回那些侮辱性的话语，那么，就很难为这个杀人犯进行定罪。现在，美国南方的法律仍然反映了这种文化特点（Cohen, 1996）。在美国南方各州，凶杀案案发率仍然居高，然而，这些案件的范围仅限于与争论相关，即那种关乎人的荣誉的凶杀案（Nisbett, Polly, & Lang, 1995）。一般而言，美国南方人并非具有更高的暴力性或者犯罪倾向，他们只是更加容易将杀人作为争论的一部分。一些社会心理学家已经通过一些数据证实，正是南方的暴力文化，而非南方的酷热天气，可以对像休斯顿这类城市中的凶杀案高发率做出解释（Cohn, Rotton, Peterson, & Tarr, 2004）。

多弗·科恩（Dov Cohen）、布赖恩·鲍德勒（Brian

Bowdle）和诺伯特·施沃兹（Norbert Schwarz）同尼斯比特一起，开展了一系列激动人心的同时也存在着少量危险的研究。他们所考察的目标是生长在不同地域的人在攻击性上所存在的差异（Cohen et al., 1996）。实验的场景被设置为，被试必须挤过另外一位正在档案室里工作的学生，从而把那位学生从他原来所在的位置挤掉。然后，被试被要求回到原先那个拥挤的地方，在那里，另外那位学生将装有档案的抽屉砰地一声关住，然后用自己的肩膀推搡被试，并且还把被试叫作"混蛋"。接着，这位实验者的同伙迅速地退到一扇锁住的门的背后。事实证明，这是一个好主意，因为确实有一个被试追在这名同伙的后面，并且还十分生气地试图打开这扇门。站在附近的另两名同伙对被试对这一侮辱事件的反应进行了记录。结果发现，有 65% 的美国北方人会更多地以娱乐的而非愤怒的态度来对这一刺激做出反应。

10.4.4 社会地位在什么时候会起作用

看起来，睾酮会激发出男性的支配动机（Mazur & Booth, 1998）。如果这种动机可以通过除了诉诸暴力以外的方式得到满足，那么，这种情况就很有可能发生。从性选择理论的观点出发，男性之所以会具有争取获得支配地位的倾向，其最终的目的只是为了实现另外一个更为重要的目标：成功地繁衍后代。这种现象表明，在男性之中，与地位相关的攻击只会出现在当那些危险性更小的获得社会地位的途径都受到了阻碍的情况下。同时，受社会地位驱使的攻击在很难吸引女性的情况下会有所增加，而在一位男性已经成功地实现了吸引一位配偶的目标的情况下，攻击则会有所减少。这些相互矛盾的预期都已经获得了一些研究的支持。

受到阻碍的成功之路　戴维德·罗维（David Rowe）（1996）提出，当年轻人的其他选择受到了限制的时候，便会采取做出不良行为的策略。在这些诸多的限制之中，其中一个就是贫穷。生活条件贫困的人在他们青少年后期以及成年早期，其身上所表现出来的暴力和竞争性最为突出（Wilson & Daly, 1985）。而另一个限制就是低智商。在那些智商偏低的人身上，同时出现犯罪性暴力和早期性行为的概率很高。而对于那些智商较高的人而言，由于他们可以通过更为安全和更为常规的方式来积累更多的财富和资源，因此，努力工作、留在学校里读书以及延后组建家庭的时间便显得更有意义。

詹姆斯·达布斯和罗宾·莫里斯（1990）将 4 462 名美国老兵作为样本，对社会地位的高低与较高睾酮水平之间的相关程度进行了考察。图 10-8 对他们的结果进行了描绘。尽管较高的睾酮水平不会使那些社会地位较高的男性产生更多的反社会行为，然而，它却会使那些社会地位较低的成年男性产生不良行为的风险得到显著增加。

为什么会出现这种差异呢？达布斯和莫里斯通过获得社会地位的不同途径对这种差异进行了解释。无论是对于上层社会还是对于下层社会的男性而言，睾酮都极有可能激发他们产生同样的竞争性和支配性动机。但是，上层社会的男性无须依靠将某个人打败的方式来将这种驱力进行释放，因为他们可以在网球场上、象棋赛上或者股票交易所里通过或激烈或危险的活动来将这种驱力释放出来。而对于下层社会的男性来说，由于他们可能遭遇失业或是去从事一些卑微的工作，故而他们无法通过这些方式来获得尊敬。因此，这些人更有可能通过和别人打架或者违反法律的方式，来让自己获得尊敬以及让自己对于社会地位的驱力得以满足。

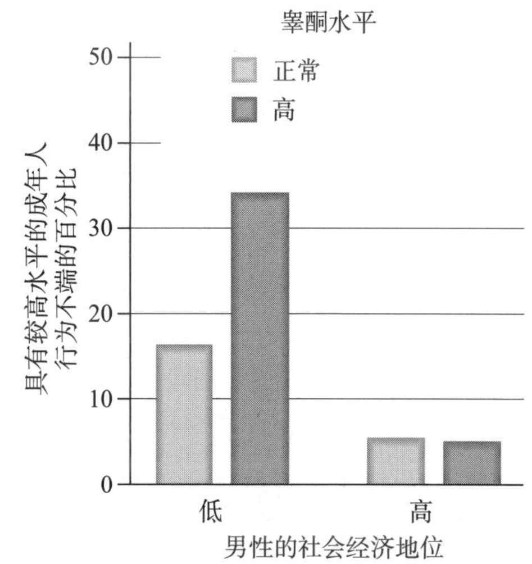

图 10-8　睾酮只会助长下层社会男性产生反社会行为的风险

较高的睾酮水平与处于社会底层的男性产生反社会行为的风险之间存在相关关系，因为这些人所拥有的用于获得社会支配地位的资源可能十分有限。

有一种流行的观点认为，低自尊会导致攻击性行为的产生。尽管大量的研究确实表明，受到拒绝的感觉可以使攻击行为增加（Leary, Twenge, & Quinlivan, 2006; Gaertner, Iuzzini, & O'Mara, 2008），但是，**那些在大多数情况下具有较高自尊心的人（尤其是男性）与那些长期处于低自尊的人相比，更有可能产生攻击性行为**（Baumeister, Bushman, & Campbell, 2000）。尽管如此，我们最需要小心的不是那些对自己的现状感到很满意的人，也不是那些受到尊敬的人（Johnson, Burk, & Kirkpatrick, 2007），而是那些自视过高，并且感到其他人没有给予他们足够尊敬的人，因为这些人才是最危险的（e.g., Kernis, Grannemann, & Barclay, 1989; Johnson et al., 2007; Twenge & Campbell, 2003）。

为了争夺配偶而进行的竞争 多项证据表明，与地位相关的攻击会随着争夺配偶的竞争而有所增减。对于其他物种而言，雄性的攻击性会在交配季的前不久增加，因为在这个时候，雄性只有通过竞争才能得到领地和雌性（Gould & Gould, 1989）。对于人类而言，男孩所表现出来的支配性会在青春期就有所增加，因为从那个时候开始，竞争获得成功（比如成为一个明星运动员）会让男孩在异性之中受到欢迎（Weisfeld, 1994）。在男性的青少年晚期和20多岁的时候，是他们最为危险的时候，因为他们的睾酮水平在这个时期处于最高水平，并且他们还会为了争夺配偶而进行更为激烈的竞争（Daly & Wilson, 1988; Palmer, 1993）。同样，已婚男性，尤其是那些忠于自己的妻子或者是那些已经有了孩子的男性，会比那些单身的男性具有更低的睾酮水平（Gray et al., 2002; McIntyre et al., 2006）。

弗拉德·格里斯科维休斯 (Vlad Griskevicius) 和他的同事们为了对男性“为了给别人留下印象而攻击”的倾向以及这一倾向与交配和地位之间的关系进行考察而进行了几项研究。研究者通过让被试想象自己第一天开始从事一项位高权重的工作（地位竞争动机），或者与一个自己觉得非常有吸引力的人处于一场浪漫的约会之中（交配动机）。接下来，被试需要对一个问题进行回答，即当他们在一次聚会中被一个与自己相识的人粗鲁地泼一身饮料，并且这个人没有为这种行为道歉，那么被试会如何做。与控制组相比，那些受到社会地位激励的男性更有可能回答说，他们会做出一些具有直接攻击性的事情；而女性则更有可能对那位使她们愤怒的人进行间接的报复，因为这种方式不会对这个人的面子造成伤害。但是，当交配动机受到激发的时候，男性会根据观众的不同而产生非常迥异的行为。如果观众被描述为是其他男性，那么，男性被试便会再次倾向于做出具有直接攻击性的行为；而如果观众是女性，那么，男性被试便会更加倾向于将自己的暴力性倾向进行压抑（见图10-9）。与这些发现相一致的是，男性意识到，尽管暴力本身并不会对女性产生吸引力，但是，由于暴力和他们所知觉到的自己处于其他男性之中的地位之间存在相关，而较高的社会地位正好可以增加他们对于女性的吸引力（Griskevicius, Tybur, Gangestad, Perea, Shapiro, & Kenrick, 2009）。

10.5 保护自己或他人

因为天气的炎热而产生愤怒或是为了获得恶势力成员的尊重而杀人的人，陪审团是不会对他们产生同情的。但是有一种攻击的动机，这种动机不仅可以作为一种合理的借口，甚至对于凶杀案也同样适用。马丁·拉米瑞斯（J. Martin Ramirez）（1993）对西班牙、芬兰和波兰人进行了一项调查，该项调查的目的是为了考察在哪些情况下攻击有可能被认为是合理的。这三个国家中的人们都将“自我防卫”和“保护他人”列在合理的攻击理由的首位。从进化的观点来看，人类和其他动物一样，都具有在必要时出于保护自己或近亲的目的而产生攻击性倾向。因此，这种说法具有一定的道理（Duntley, 2005）。

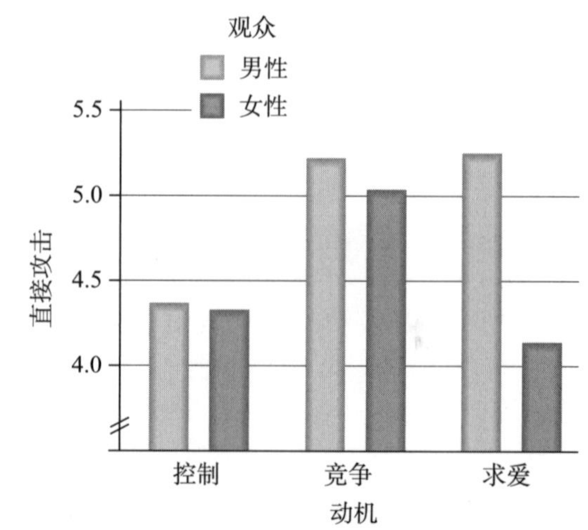

图10-9 为了给别人留下深刻的印象而产生攻击性行为

男性是否会倾向于以直接攻击的方式来对一个想象中的侮辱行为做出反应，取决于其当前的动机状态，以及这种攻击性行为的潜在观众。求爱的动机会增加其产生攻击性行为的倾向，但是这种情况仅仅发生在当观众中有其他男性存在的情况下。

当然，并非每一个人都会通过攻击性行为来保护自己免受暴力的侵害。如我们在下面所要讨论到的那样，有些人特别容易产生自我防卫性的攻击行为，而在有些情境下，防卫性的感觉也更加容易转变成自我保护性的暴力。

10.5.1 自卫者

当汉斯·托克（Hans Toch）（1984）开始着手将暴力性罪犯进行分类的时候，他将其中一种杀人犯称为“自卫者”。这类人对待别人就好像别人会对自己的人身安全造成威胁一样。让这类人所害怕的是，如果自己在刚开始的时候不进行反击，那么，他们自己就将成为受害者（Bertilson, 1990, p. 459）。

有两个关于个人特征可能会导致人们产生自我防卫性攻击的倾向。其中的一种特征与归因风格有关，另一种特征与一个人的身材比例和力量有关。

防御型归因风格 其实，大多数具有攻击性的儿童并不同于年幼而无情的精神变态者，他们反而很害怕受到攻击（Dodge et al., 1990）。这些年幼的攻击者身上通常具有两种重要特征：（1）过度情绪化的倾向；（2）认为他人总是在威胁自己的倾向。根据他们对校园攻击的研究，肯尼思·多吉（Kenneth Dodge）和他的同事们提出了一个关于儿童攻击性行为的社会信息加工模型（Dodge et al., 1990; Hubbard et al., 2001）（见表 10-3）。

表 10-3 防御型儿童和非防御型儿童在社会信息加工方面的差异

			反应	
			非防御型儿童	防御型儿童
第一步	寻找情境中可能的威胁	是否有人以任何形式对我产生威胁	比较不容易注意到另一个孩子在游戏中撞到他	更容易注意到另一个孩子撞到他
第二步	解释线索	那个孩子为什么撞到我的身上	更有可能将原因不明的撞击解释成一场意外	更有可能将这一撞击解释成试图将他推来推去
第三步	思考可能的应答方式	我应该如何对付那个总是撞到我身上的孩子	更有可能想出一个和平的解决方法，比如讲一个笑话	更有可能想出一个具有攻击性的解决方法，比如，换一种方法对另一个孩子进行打击或报复
第四步	选择一种应对	哪种方案能够最好地解决问题	更有可能排除攻击性的应对方式，即使当他考虑到此	更有可能排除和平的应对方式
第五步	执行	我该如何执行自己已经决定的事情	更擅长于执行和平的选项	更擅长于执行攻击性的选项

情绪化的儿童通常具有**防御型归因风格（defensive attributional style）**，这是一种容易对威胁产生注意，并且将其他儿童的行为解释成故意想对自己造成伤害的倾向（Dodge & Coie, 1987）。由于这些具有防御型归因风格的儿童害怕自己受到伤害，因此，他们更有可能考虑并选择对那些受到其他孩子忽视的情境产生攻击性的反应。那些年龄稍大一些的由于暴力行为而被关禁闭的儿童和青少年也通常会表现出同样的防御型行为模式。这些孩子之所以产生攻击性行为，并不仅仅是出于好玩的原因而将别人打倒，而是为了对自己从别人身上所知觉到的威胁进行应对（Hubbard et al., 2001）。事实上，将模棱两可的事件解释为具有敌意性的以及对那些自己所知觉到的威胁进行反复思考的倾向会导致愤怒性情绪的产生，并且还会导致各个年龄段的人产生应对性的攻击性行为（Wilkowski & Robinson, 2008）。

效果 / 危险比率与虐待关系 由于女性的体形相对较小，因此她们更有可能在其与男性的关系中处于受欺辱的地位（Ahmad & Smith, 1994）。一项对等候在医生办公室之外的女性所进行的调查揭示出了一个令人震惊的事实：在这些女性之中，有超过 40% 的人曾经受到过来自丈夫或者男友的肢体虐待，并且有将近 20% 的人目前正处于一种虐待关系中（Coker et al., 2000）。事实上，在美国，半数以上被杀害的女性都是被她们自己的伴侣所杀害的。

女性也会杀害自己的伴侣，但其背后的动机却非常不同（Browne, 1993; Daly & Wilson, 1988）。男性可能会将杀害自己的伴侣部分地看作一种骚扰方式，或者是出于试图对女性进行控制的目的而产生这种行为。而女性则更有可能是出于自我防卫的原因而将伴侣杀害。因此，**女性通常只在极端的情况下，即当她们受到了反复的威胁和虐待的情况下才会诉诸暴力。**

既然女性感到愤怒的频率与男性相当，那么，为什么女性要在更加极端的情况下才会产生严重的肢体暴力性行为呢？这个问题的答案也许与**效果 / 危险比率（effect/danger ratio）**有关。效果 / 危险比率指的是人们对于攻击性行为潜在的有益效果与其潜在的危险进行权衡之后所做出的评估（Bjorkvist et al., 1994）。如果你确实对另一个人感到了愤怒，那么，此时你一拳打在他脸上所产生的效果可能要比你对其进行口头侮辱所产生的效果更令你满意。但是，这种做法也会存在危险，因为这一拳也更有可能引发别人产生同样的肢体暴力。所以，如果你的对手比你重 50 斤，并且其上肢力量是你的两倍，那么，你便很有可能在将肢体暴力作为一种说服性手段之前三思而后行。具有讽刺意味的是，对于那些长期处于男性虐待环境下的女性而言，将这个男性直接杀死的危险性反而不如一个较为温和的反击中所包含的危险性更高，因为后者可能会激发这位男性产生更多的暴力。

10.5.2 知觉到的威胁

当一位研究者向青少年问道，是什么东西导致了他们在日常生活中所产生的愤怒情绪，最常见的回答便是，有人故意对他们做出无理的行为，例如，侮辱他们、嘲笑他们或是对他们进行肢体骚扰（Torestad, 1990）。当大学生被问及是否产生过杀人念头的时候，大多数人至少可以回忆出一次，并且这种念头是由于自己或者是一个自己所珍视的人遭受威胁而引发的（Kenrick & Sheets, 1994）。

对于一些美国的青少年而言，仅仅是在学校就可能会遇到一段险恶的经历。而那些非裔美国人中的青少年则尤其容易受到威胁的困扰。与那些超过 20 岁的成人相比，青少年成为暴力性犯罪事件的受害者的可能性是前者的 2.5 倍，而与白人相比，黑人被谋杀的可能性是前者的 10 倍（Hammock & Yung, 1993）。事实上，谋杀是非裔美国人中的青少年男性最为常见的死因。

正如我们在对效果 / 危险比率进行分析时所讨论的那样，女性可能会因为害怕攻击性的反击而避免做出攻击性行为（Eagly & Steffen, 1986）。那么，当报复的危险被消除之后，会发生些什么呢？詹妮弗·莱特戴尔（Jennifer Lightdale）和黛博拉·普兰迪斯（Deborah Prentice）（1994）对此进行了两项研究，其中，男性和女性被试在匿名或非匿名的情境下分别玩一个攻击性的电子游戏。结果发现，当被试的身份不受到保密的情况下，女性比男性表现出了更少的攻击。而当这个游戏是匿名进行的时候，即当被试可以在不被认出的情况下做出攻击性行为的时候，这种性别差异消失了。尽管这些实验中所包含的攻击具有相对较少的敌意性，即在一个电脑游戏中对另一个人进行攻击，但是，“曼森家族”中的女性成员的行为表现说明，在有些情境下，女性也有可能失去自我控制，甚至可能对陌生人产生极端暴力性的行为。

10.5.3 自我保护性攻击可能会使危险增加

正如我们在前文所指出的那样，那些以敌意的眼光来看待这个世界的孩子更有可能先发制人地产生攻击性行为（Dodge & Frame, 1982）。然而，当一个孩子即使是对一个想象中的威胁都会先发制人地产生攻击性行为的时候，那么，这个世界实际上就变得更加危险了，因为这个孩子的先行攻击性行为可能会引发报复。在这种情况下，信念便会成为一种自我实现预言。事实上，当这个孩子认为这个世界所具有的攻击性越高，那么，他就会以自己的行动创造出一个更加具有攻击性的世界。

由于内陆城市学校里的青少年认为，攻击会对他们自身的安全造成真实的威胁，因此，他们对于攻击感到十分恐惧，有些人甚至随身携带武器以保护自己。实际上，一项调查发现，在美国的高中生中，有 10% 的学生报告自己在过去的 30 天中曾经将武器携带到学校中（Cunningham et al., 2000）。不幸的是，随着越来越多的人开始携带危险武器，发生严重的暴力性事件的可能性也有所上升。并且，在这种恶性循环的影响之下，其他人也越发地感觉到，确实是有携带武器的必要了。

就像受到了惊吓的青少年一样，成年人通常也会出于自我防卫的目的而购买武器（Kellermann et al., 1993）。不幸的是，那些枪支更有可能被使用到朋友或者熟人的身上，而非真正的罪犯身上。事实上，与不携带枪支的人相比，那些购买了枪支的人非但没有减少，反而增加了自己被杀的可能性。具有讽刺意味的是，这一危险的增加是因为，另一个人现在可以用携有枪支的人身上的那把枪来对付他（Sugarmann & Rand, 1994）。如果一个人的家里拥有一把枪，那么，这便极大地提高了这个人被杀的可能性（Cummings et al., 1997; Hepburn & Hemenway, 2004; Kellerman et al., 1993）。

在 2008 年的一项限制令中，美国的最高法院设立了一条禁止枪支在哥伦比亚地区出现的法律，并且，最高法院还规定，任何私藏枪支的需求都是与第二修正案所规定的权利相违背的。哈佛公共健康学院的一些研究者指出，一个人拥有持有枪支的权利并不意味着持有这样一把枪就可以保护一个人自己以及自己的家庭成员免受伤害（Miller & Hemenway, 2008）。事实上，这些研究者指出，枪支所导致的自杀比他杀更多（平均每天有 46 个美国人借助枪械自杀，而平均每天受到他人枪杀的人的数量则在 27 人左右）。绝大多数尝试自杀的人都是在事先不到一小时的时间内想到此事的（在一次暂时性的挫折，比如分手或失业之后）。如果他们当时没有借助枪支，而是用了除此以外的方法自杀，那么，大多数人就会存活下来，并且不再会继续想要自杀。最让人震惊的是，一项统计表明，那些家里拥有枪支的青少年儿童的自杀率是那些家里没有枪支的孩子的 4 倍，并且这一现象在那些没有将枪支上锁，并将枪支上膛的家庭里表现得尤为突出（Miller & Hemenway, 2008）。因此，尽管拥有一把手枪可以让一个人拥有安全感，并且在某些情况下，这把手枪也可以起到保护自身的作用，但是，我们必须对这些潜在的益处与枪支本身为家庭成员所带来的更高的危险进行权衡。

10.6　减少暴力性行为

我们已对这些导致攻击性动机的环境刺激以及它们与个人内部因素之间的联系有所了解，那么，我们是否能够为减少暴力做些什么呢？很多心理学家都认为，答案是肯定的。有一些心理学家还将他们的构想化为了行动，即制定出了一些旨在减少和预防暴力性行为的方案。其中的一个心理学方案成功地减少了小学生间恃强凌弱的行为（Olweus, 1991）。而另一个方案则减少了具有暴力倾向的青少年发生打斗以及受到警方拘留的次数（Hammock & Yung, 1993）。那么，这些使攻击性行为得以减少的方案是如何进行的呢？这些方案采取了几种不同的方法，而每一种方法都将关注点集中在攻击的不同动机之上。有些方案教人们通过其他方法来获得奖赏，而有些方案则教人们如何应对愤怒和不愉快的唤起。有些方案提倡对攻击性行为进行惩罚，而另外一些方案则提议，要通过减少枪支的威胁来预防攻击性行为的产生。

10.6.1　除了攻击以外的替代性奖赏方案

杰拉德·帕特森和他的同事们专门针对具有攻击性的儿童发明了一套程序，这套程序基于的假设是，攻击性行为的目标通常是为了获得奖赏（Patterson, 1997; Patterson, Chamberlain, & Reid, 1982）。根据他们所持有的社会学习的观点，如果敌对行为出现之后奖赏消失，并且同时存在其他获得奖赏的途径的时候，攻击性行为就可能减少。这一程序的关键部分在于，要让父母通过训练而认识到自己是如何对自己孩子的攻击性行为进行奖赏的，并且鼓励他们开始对那些更加可取的替代性行为进行奖赏。

作为这个程序的一部分，父母和他们的孩子需要制定一项协议，根据这项协议，孩子会因行为得当而赢得分数，但是，每当他产生攻击性行为的时候，就会失去分数。如果一个孩子在规定的一天之内赢得了足够的分数，那么，他就会获得一个奖励。这个奖励是根据这个孩子所认为的最具有吸引力的东西而定的，它可以是为了可以看电视而晚睡觉的特权、可以是一份特制的甜品，亦可以是要求妈妈在睡觉之前为自己讲故事。帕特森的研究小组对这个程序进行了严格的考察，他们总结道，这种简单的对非攻击性行为进行奖赏的方法对于大多数儿童都是有效的。

另外一种减少攻击性行为的方法旨在改变人们的认知，它试图教会人们对那些会引发自己产生愤怒情绪的想法进行控制（Meier, Wilkowski, & Robinson, 2008）。下面，我们将对这种方法进行讨论。

联结：理论与应用

用认知来管理愤怒情绪的唤起

之前，我们对多尔夫·希尔曼（1983）的认知加工理论和攻击性情绪进行了讨论。后来，希尔曼（1994）将他的理论进行了扩展，他开始考虑愤怒的情绪与思维在敌意不断加剧的过程中所产生的相互影响。希尔曼对于这些相互影响所建立的模型如表 10-4 所示。

表 10-4　希尔曼关于认知和情绪刺激使攻击性行为升级的相互影响模型

	阶段一	阶段二	阶段三
认知	判断是平衡的	判断开始偏向于对自身更加关注，并且对他人的状态产生更少的共情	判断非常具有偏见——过多地关注自身以及不会受到伤害的假象

续前表

	阶段一	阶段二	阶段三
	个人对情境做出谨慎而又详细的评估	对于情境的评估更加具有选择性	对他人的共情消失了，恶意的想法占据主导地位
情绪（刺激）	生理唤起水平较低或者中等	唤起水平处于中等阶段	唤起水平较高
行为	谨慎而又果断的	不让步的，并且具有敌意性的	冲动的、暴躁的、不负责任的、鲁莽的、暴力的

资料来源：Based on Zillmann (1994).

根据这一模型，人们在变得越发愤怒的过程中经历了三个阶段。在每一个阶段，都存在一个思维、情绪和行为之间的交互作用。让我们想象一下，当一位女性与她楼上那位热爱硬摇滚的邻居对音乐的音量进行讨论的场景。在第一阶段，这位女性并没有产生非常高的情绪唤起，她的思维过程既缜密又平衡，而她的行为也表现出了谨慎而又果断的特征。（“不好意思，打扰你了。但是由于现在已经过了午夜，我想你是否可以将你的黑人百万凶杀专辑的音量调低几个分贝。我开始变得有些紧张了，因为我头顶天花板上的风扇正摇摇欲坠，这看起来很危险。”）如果这位邻居开玩笑似地回答道：“嗨，我们正在举行一个‘感谢上帝今天是星期三派对’，试着让自己放轻松一点！”那么，这位女性就有可能进入第二阶段。在这个阶段中，她的唤起会有所增加，她的思维过程会变得更具有选择性并且更加关注自身，而她的行为也会变得更加强硬以及更具有敌意性（“把这该死的东西关轻点，否则我就要去叫警察了，让他们来将你和你的这些毒鬼朋友们赶出这个地方”）。由于这种敌意性的行为通常会引来报复，因此，楼上的那位邻居可能只是当着她的面将门重重地关上，并且将音乐的音量调得更高。在这个时候，这位女性很有可能进入第三个阶段。在这个阶段中，她的唤起水平变得非常高，她的认知过程仅仅只关注在充满恶意的反击上面。而与此同时，她的共情能力却消失了，因此她无法对邻居对于她那些让人感到不愉快的侮辱所做出的反应产生共情。另外，她也更加倾向于选择做出草率而又暴躁的行为（也许是手里拿着一个棒球球棒回到她邻居的面前）。在这个循环之中，随着情绪性唤起的增强，进行清晰思考的能力也越发地受到损害。只有当人们需要冷静的理性思维时，它才会显露端倪。

一个旨在减少攻击性行为的方案成功地训练了人们将这一不断升级的过程进行抑制。这个方案是通过认知的方法来对这种失控了的负向唤起进行抑制。雷蒙德·诺瓦克（Raymond Novaco）（1975, 1995）所提出的认知方法将重点放在让人们通过事先精心安排好的“自我陈述”训练来对自己的思维和情绪进行修正。

实验者教导被试在想象那些使自己感到尤为愤怒的情境时对着自己说话（不出声地）。这些自我陈述和愤怒的4个阶段有关：

1. 为愤怒做好准备。当被试发现自己处于一些可能使自己产生愤怒情绪的情境中时，他们要反复练习诸如此类的句子，“我可以对这个情境进行掌控”“我知道如何管理自己的愤怒情绪”。
2. 面对愤怒。当被试面对一个令人不安的事件时，他们要反复练习诸如此类的句子，“你不必证明你自己”或者“这个人应该为自己现在的这种行事方式感到羞耻”。
3. 对唤起和愤怒进行处理。如果被试发现他们自己正变得不安的时候，他们会被训练反复练习诸如此类的句子，“现在是时间放松一下了，让我们放慢速度来做事情”。
4. 对自己的愤怒进行反思。当被试经历了一个使他们感到愤怒的情境之后，在那段人们通常会继续生气的时间里，他们被教会说一些诸如此类的句子，“这些情境很艰难，因此他们需要一些时间来使问题得到解决”或者“情况原本可以变得更糟”。

这种治疗方法可被使用在那些无法对自己的愤怒情绪进行控制的人身上。这种认知方法的控制条件有两组：一组被试接受的是深度肌肉休息术的训练，而另一组被试则被指导只对他们自己的愤怒体验进行关注。通过对这几组被试的愤怒情绪和生理指标（比如血压）进行比较，诺瓦克发现，休息和认知治疗都分别表现出了正向的效应。因此，这两种方法的结合，即同时教会人们对自己的思维进行控制以及对自己的身体进行放松是最为有效的治疗方法。

到目前为止，我们所讨论的认知和行为疗法已经在减少个体层面的攻击性行为上取得了一些成功。但是，一些心理学家认为，要使攻击性行为真正得以减少，就需要在社会层面上进行预防。因此，一些研究者对各种合法的惩罚对攻击性行为所产生的影响进行了考察。

10.6.2 合法的惩罚

惩罚不可能总是能够有效地训练人们变得不具有攻击性（Gershoff, 2002）。对孩子们进行惩罚通常会增加他们的愤怒和挫折情绪，而体罚则有可能教会一个孩子，当自己的手中握有权力的时候，做出攻击性行为是正当的。另外，如我们在之前所看到的那样，那些在暴力性罪犯中所占比例众多的精神变态者似乎不会从惩罚的威胁中进行学习。然而，如果这种惩罚是近在眼前的、强烈的，并且是始终如一的，那么，它就有可能对一些攻击性行为进行抑制（Berkowitz, 1993a）。

不幸的是，对于警方和法庭而言，不可能将每一次攻击性行为都抓捕在案，并且迅速地对其做出惩罚。到目前为止，研究者还未发现任何关于资产惩罚对凶杀案的案发率具有显著影响的证据。例如，对于那些具有资产惩罚规定的州和那些不具有资产惩罚规定的州，在凶杀案的案发率上不存在显著的差异。另外，将不同地区进行比较的结果发现，那些具有资产惩罚规定的州的凶杀案案发率实际上还略高于那些不具有资产惩罚规定的州（Ellsworth, Haney, & Costanzo, 2001; Nathanson, 1987; Shin, 1978）。戴维·菲利普斯（David Phillips）（1985）对英国在 1858 年到 1921 年期间那些举世闻名的执行案的新闻覆盖率进行了考察。其结果发现，当一个执行案受到新闻媒体的大力关注的时候，伦敦的凶杀案案发率就会出现暂时性的下降。然而，不幸的是，两个星期之后，凶杀案的案发率又会再次上升。因此，其结果便是，资产惩罚似乎对于总体上的凶杀案案发率并不存在很大的影响（Levitt, 2004）。

10.6.3 通过移除威胁来进行预防

如果威慑并不是一种减少暴力性犯罪的有效策略，那么，它是否能够对暴力性犯罪产生预防作用呢？根据联邦调查局的报告，在 1980 年到 2007 年期间，美国总共发生了 450 369 起凶杀案。这些惨案让社会付出了惨重的代价，它们不仅对受害者产生了侵袭，同时也对亲戚和朋友造成了侵袭，从而把我们的社会变成了一个可怕的居住之地。然而，与那些在为了抓获暴力性罪犯，以及在他们所造成的伤害已经成为既成事实之后而对其进行惩罚的过程中所付出的金钱和资源相比，社会几乎没有投入任何资源来预防暴力性事件发生（Johnson, 1993）。

有一种预防的方法是对年幼的闹事者施行宵禁，从而让他们在晚上远离马路，因为暴力性冲突最有可能发生在晚上（Jones & Sigler, 2002）。另一种可能的预防方法是，一旦当那些尚年幼的孩子开始显露出威胁性或者对其他孩子进行欺辱的迹象时，立即将他们与其他孩子隔离，并且立即从个体、家庭、学校和社区等几个方面对他们进行预防（Curtis, Ronan, & Borduin, 2004）。在这个多系统的方法中，心理学家进入家庭和学校的环境中，他们的工作对象不只是那些年幼的罪犯，还包括了他们的家长、同龄人以及老师。由于很多具有暴力倾向的年轻人都会与其他闹事者厮混在一起，因此，一个重要的目标就是将这个由不良少年所组成的人际关系网络替换成一个更多地参与亲社会活动的朋友网络。因此，如果具有攻击性的儿童拥有音乐家或者运动员的天赋，那么他就有可能被鼓励参加校乐队或者是在放学以后进行体育运动。同时，父母也要学习一些对这些亲社会活动进行鼓励的方法，并且研究者还会说服父母增加与孩子共处的时间，并在其他的时间对孩子的所在之处进行掌控。一项长期的追踪研究发现，在那些爱闹事的青少年之中，参与了这个多系统疗法的人与那些接受了其他常规疗法的人相比，更加不容易受到拘捕，同时也不大可能在其后的 15 年时间里被关进监狱（Schaeffer & Borduin, 2005）。

另外一种预防的方法是对枪支进行控制。而反对者则认为“不是枪支杀死了大家，而是大家自己杀死了自己”。这种观点听上去似乎有理，但是，当我们对联邦调查局的同一份犯罪报告进行调查之后，就会看到美国人是怎样将他人杀死的。在 10 起凶杀案中，有 6 起是使用手枪杀害他人的。1980 年至 2007 年期间，在美国发生的 450 369 起凶杀案之中，有 288 821 起（64%）是借助枪支完成的，并且其中大多数是借助手枪。

反对者对于枪支控制所提出的另外一个担忧便是，武装形式的犯罪会对那些非武装的公民形成恐吓。“如果法律不对个人持有枪支进行保护，那么，只有那些不法之徒才会拥有枪支。”然而，当那些守法的人购买了枪支之后，他们非但不能增加保护自己免受那些坏家伙侵害的可能性，反而会极大地增加自己或自己的一个家庭成员受到杀害的可能性（Cummings et al., 1997; Kellermann et al., 1993; Miller & Hemenway, 2008）。

没有一个发达国家的公民能像美国公民这样，受到手枪和自动化武器“如此好的”保护。然而，这是否让美国人变得更加安全了呢？不幸的是，事实并不是这样。美国的凶杀案案发率比任何一个其他发达国家都要高出数倍。若是将西雅图和华盛顿的犯罪率和在它们附近的温哥华和英属哥伦比亚（在这些地方，手枪非常罕见）相比，你便会发现，在这两个城市中，除了凶杀案案发率以外，绝大多数关于犯罪的统计数字都是相似的，只是温哥华的凶杀案案发率要比其他地方低出几倍（Kellermann et al., 1993）。因此，那些将不拥有枪支的家庭与拥有枪支的家庭，或者将具有枪支限制令以及不具有枪支限制令的国家进行比较的研究表明，对枪支进行严格控制的预防方式可以极大减少这种最为可怕的暴力行为（Duke, Resnick, & Borowski, 2005）。事实上，当华盛顿的官员或公务员们通过了一项对手枪进行限制的法案之后，那些与枪支无关的谋杀案和自杀案的案发率并未发生变化，而那些与枪支有关的致死率却降低了 25%（Loftin et al., 1991）。

回顾

无意义的暴力性行为

30 年之后，“曼森家族”的杀人犯仍然让美国的公众为之着迷。只要你登陆互联网，就能找到一个介绍查尔斯·曼森的网站，里面充满了曼森的照片、曼森的绘画、曼森自创音乐的录音以及近期对于曼森及其“家族成员”的假释听审会的最新报道。在曼森第九次假释听审会的记录中，他继续表现得毫无悔意，并且还声称自己才是受害者、自己是无辜的、自己不应该为这些坏事负责，因为从法学的观点来看，他从来没有亲自用自己的双手杀死过任何人。曼森一生的自我中心化的剥削方式与精神变态者的症状非常相符，因为精神变态者几乎无法感受到悔改之意或者产生共情，并且他们通常会将暴力或者其他反社会行为作为一种工具来达到自己的某个目的（LaLumiere et al., 2001）。

就如我们在基于社会地位的攻击中所讨论的那样，曼森对于攻击、社会支配和性欲的强烈倾向与一个具有较高睾酮水平的男性具有相同的特征。此外，由于曼森来自一个受到贫穷困扰，并且很少受到青睐的家庭。他的亲生母亲遗弃了他；他从来都不知道自己的父亲是谁；并且，当其他孩子正在享受正规教育的时候，他却要时常出入少改所。这种现象与之前的研究发现相符，即很少的社会机会和很高的睾酮水平若是结合到了一起，那便是最为致命的（Dabbs & Morris, 1990）。

然而，当自小就十分守规矩的营火会女孩帕特里夏·克伦维克尔在监狱中服刑的时候，她明显地回到了自己以前的生活方式。现在，她已经到了 60 多岁的高龄。据说，她已经变成了一个安静、隐遁的人，并且她还为自己之前所犯下的罪行感到悔恨。人们将她描述为“模范犯人”。来自得克萨斯州的查尔斯·华生曾经是一名高中生运动员，并且还是一位全面发展的“好小伙子”。他在服刑期间有了更进一步的悔改。在监狱中，他皈依了宗教，并且还被任命为牧师。现在，他的工作是拯救各位狱友的灵魂。同样，苏珊·阿特金斯也为她过去充满血腥的生活方式感到悔恨。她在一个基督教网页上表达了自己对于耶稣的热爱。

人们很容易认为，曼森之所以会犯下如此可怕的罪行，是因为他在过去的一生中一直缺乏机会，并且还曾经有过反社会的生活经历。但是，对于其他家族成员，例如，克伦维克尔和华生而言，由于他们在凶杀案发生前后都没有产生过暴力性行为，因此我们必须和琳达·卡萨比安一起问一个问题，这个问题就是：“他们为什么会做出这样的一件事情？”关于攻击的研究文献为这个问题的解决提供了一些线索，它们使这些凶杀案看起来不再是那么任意而为的。如我们先前所注意到的那样，攻击性行为会随着令人不愉快的情境，比如高温和贫穷的出现而有所上升。这些可怕的凶杀案发生在热浪来袭之时，并且在事发之前的几个月里，在曼森的追随者中已经有很多来自于中产阶级背景的人堕落到了要在垃圾桶里寻找食物的地步。

在对自我保护的动机进行讨论的时候，我们对大家的归因风格会如何激发其攻击性行为进行了考察，即使这些归因风格是错误的。如果一个人将另一个人知觉为潜在的威胁或者是自己不愉快经历的来源，那么，这个人接下来便会产生攻击性行为。显然，曼森正是利用了这种时代精神，从而制造出了“我们与他们处于对立面”这种处于战斗态势的心理状态。这种心理状态会在那些如我们在第 6 章中所讨论到的祭拜仪式中看到。在 20 世纪 60 年代后期，美国社会被清晰地划分为两个处于战争态势的阵营。这两个阵营走向了两个极端：其中的一个极端是以长发、试验毒品以及热爱自由的嬉皮士为特征的（比如曼森及其“家族成员”）；而另一个极端则是以传统的并且让人在财政上感到舒适的“设施”为典型特征的。在这些凶杀案发生之前的那一年里，越来越多的年轻人在一场很多人看来都是不义的战争中死去，警察与抗议战争的大学生之间发生了激烈的冲突，两位公开表示反对战争的英雄（马丁·路德·金先生和罗伯特·肯尼迪）都遭到了暗杀。很多年轻人公开地讨论要对一个被认为是物质主义、资本主义和帝国主义，并且充满了昭然若揭的罪恶的社会进行改造。同很多具有个人魅力的领导者一样，曼森巧妙地对他那些年轻的嬉皮士追随者所感受到的这种群体威胁感和个人正义感进行了操纵。

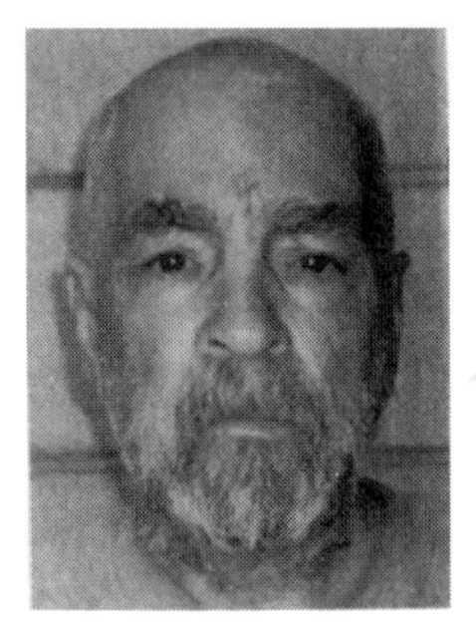

查尔斯·曼森，在 30 年之后仍未悔改。曼森的攻击性行为和他的追随者不同，他的行为似乎更多地来源于其自身所拥有的根深蒂固的人格特征，而非来源于暂时性的情境因素。

本章给我们带来的最为重要的启示便是：**大多数攻击性行为都是“无意义的”，因为它们都是对其他人的利用。**另外，这种行为还很有可能引发其他人对攻击性行为进行抵抗。但是，即使是对诸如一场浩大的凶杀这类看似无意义的行为，也可以通过分析个人因素与情境因素之间是如何通过相互作用而引发基本的社会性动机，从而使其神秘性得到消除。

在尝试对攻击的社会心理学进行理解的时候，我们再一次看到了它与心理学的其他领域之间的联系。这些领域包括：发展心理学（例如，关于具有防御型归因风格的儿童以及关于接触电子游戏的研究发现）、临床心理学（例如，关于精神变态者以及关于攻击性行为控制计划的研究）以及认知神经科学（例如，关于对电子游戏的脑电波反应以及关于睾酮的研究）。同时，我们也看到了攻击的社会心理学和其他学科之间所存在的联系，这些学科包括：人类学、生物学、公共卫生学以及刑学。由于攻击性行为对家庭、学校、社区，甚至是国际关系都会产生巨大的社会影响，因此，已经有来自很多学科的研究者加入到了这个研究队伍之中。

关键词

攻击（aggression）
果敢（assertiveness）
宣泄（catharsis）
认知新联结理论（cognitive-neoassociation theory）
荣誉文化（culture of honor）
防御型归因风格（defensive attributional style）
不同的亲代投入（differential parental investment）
直接攻击（direct aggression）
置换（displacement）
效果 / 危险比率（effect/danger ratio）
情绪性攻击（emotional aggression）
兴奋迁移理论（excitation-transfer theory）
挫折攻击假设（最初的）（frustration-aggression hypothesis [original]）
挫折攻击假设（修订后）（frustration-aggression hypothesis [reformulated]）
间接攻击（indirect aggression）
工具性攻击（instrumental aggression）
元分析（meta-analysis）
精神变态者（psychopath）
相对剥夺（relative deprivation）
性选择（sexual selection）
社会学习理论（social learning theory）
A 型行为模式（type A behavior pattern）
武器效应（weapons effect）

第 11 章

偏见、刻板印象和歧视

安·奥特沃特和埃利斯的不可能之路

1971 年，北卡罗来纳州的达勒姆，紧张的形势正在不断升级。非裔美国人占领了街道，以对那些不愿雇用他们的商家进行抵制。他们在那些拒绝招待他们的餐馆里静坐示威。为了抗议不公正的住宅供给模式，他们还组织了游行示威。他们的这些做法都是为了挑战这一横跨了好几个世纪的种族歧视制度。这些抗议使达勒姆白人群体中的很多人都感到十分恼怒，因为一直以来，他们都将这座城市看作有着良好的种族关系和公正待遇的典范。而事实上，双方的示威者已经在多个场合发生过暴力性冲突。

在这种双方力量发生正面交锋的情况下，官方人员组织了一场公众会议来试图解决所有问题中也许是最具争议性的那个，即学校种族隔离政策的废除。将黑人儿童和白人儿童隔离在不同的公立学校是有违美国宪法的，而在最高法院的这个规定出台整整 17 年后，达勒姆的学校体制依旧呈现出这种几乎将两者完全隔离的状态。黑人群体希望这些学校能够将种族隔离政策废除，并且增加提供给黑人学生的经费资助。然而大多数白人群体中的成员则希望维持既有的体系。

这场会议刚开始时很安静，然而这种安静的状态并没有持续很久。克莱本·保罗“C.P.”埃利斯（Claiborne Paul “C.P.” Ellis）和安·奥特沃特（Ann Atwater）再度以迅雷不及掩耳之势成为对方的眼中钉、肉中刺。“如果我们的学校里没有黑人，我们就不会存在任何问题。现在导致我们这里存在问题的就是那些黑人！”白人埃利斯大声地叫道。黑人妇女奥特沃特随即跳起来说：“实际上，我们所面临的问题是，在我们之中居然存在着像埃利斯这样愚蠢的穷光蛋！”

以上这种在公众场合表明立场的情况已经不是什么新鲜事了（Davidson, 1996; Hochberg, 1996; Terkel, 1992）。埃利斯是享有盛誉的美国 3K 党中的独眼巨人。他经常参加城市参议会和其他公共性会议，并且经常召集那些跟他同属一个阵营的成员去和那些呼吁公民权的游行示威者进行对抗。另外，他还在街道上散发带有种族歧视色彩的文学作品，并且还时常对黑人进行辱骂。就在马丁·路德·金遭到暗杀的当天，他临时起意，举办了一场庆祝聚会。埃利斯还曾经枪杀过一个黑人青年，他不惜用暴力来达成自己的目标。

而作为一个社区工作的积极分子，奥特沃特总是发现，自己为之抗争的每一件事情都是埃利斯所反对的。她所掌握的行政制度的专业知识帮她成为一个反对政府歧视的强大斗士。她的说服能力和她强大的人格使她成为一个活跃的草根领袖。就算只看她强大的气场——她是一个高大的女人，并且她不介意在必要的时刻动用武力来解决问题，便能够推断她是一个值得信赖的人。

由于他们强硬的态度和迥异的目标，埃利斯和奥特沃特之间经常发生冲突。实际上，在一次城市参议会上，埃利斯那些带有种族歧视色彩的粗言秽语使奥特沃特非常愤怒，她甚至想杀了他。只见奥特沃特从她的包里掏出小刀，越过几排椅子，来到她确定无疑的目标人物面前。然而，对于这两个人来说都十分幸运的是，奥特沃特的这一行为在中途被她的几个朋友阻止了。他们冷静地替她解除了武装，从而避免了事故的发生。在人们意料之中的是，他们彼此之间的敌视程度相同，因为埃利斯也曾说自己“讨厌她的野蛮”。

看起来，埃利斯和奥特沃特之间的斗争将永远没有尽头。因此，在第一次废除学校种族隔离政策会议之后所发生的事情出乎了所有人的意料。仅仅在他们这场激烈的争执发生后的几周内，埃利斯和奥特沃特就开始变得相互尊敬对方，并且在之后的几个月里，这两个人成了真正的朋友。这一关系的转变同时使黑人和白人两个群体感到了震惊。几十年后，这位3K党前领袖与意图通过武力方式获得公民权的女性之间仍然保持着这样一段特殊的情感联结。奥特沃特说：“我无法想象，这个世界上有什么东西可以阻碍我们之间的友谊……我们从来不握手，每次见面都是拥抱。”对此，埃利斯也有同感。也许，更让人惊讶的是，这位曾经激动地庆祝了马丁·路德·金暗杀事件的前3K党人如今却宣称，他在促使第一次达勒姆联合合约的签署过程中所起到的作用是他最伟大的一项成就。在这一合约中就包括了将马丁·路德·金的生日定为带薪假期。

我们应当怎样解释这两个人从一开始的敌对关系到后来发展成朋友关系这一激动人心的转变过程呢？为什么他们都曾一度受到强大的种族偏见和刻板印象的侵蚀呢？另外，是什么使他们长久的仇恨转变成了真正的尊敬和友谊呢？在本章中，我们将对下面这些问题进行探讨和考察：负向偏见、刻板印象和歧视所存在的后果；它们之所以能够如此顽固地存在的原因；使这三者产生作用的条件以及我们可以做些什么来消除它们可能带来的后果。

11.1 浩如繁星的偏见

当你翻开报纸或者收听晚间新闻的时候，你便不难发现一些类似于那些曾经使埃利斯和奥特沃特的关系一度陷入紧张状态的敌对事件：在一所声望很高的大学里，穆斯林做祈祷的地方遭到了随意的破坏；一名男性走进了一家同性恋酒吧，要了两杯饮料，然后用短柄斧和手枪袭击了这家店的主人；为了对所谓的侵犯进行报复，一群亚裔男性殴打了一名非裔美国大学生。随后，一群非裔美国人也对一群亚裔大学生进行了殴打，从而使这种以牙还牙的报复行为得以延续，并且永远看不到终结的那天。

每天，无论是在大城市还是在小城镇，无论是在大学校园还是在杂货店，负向偏见总是能以一种偶尔喧闹，但是通常比较微妙的方式在一些虐待他人的事件中得以体现。当然，这一现象并不是美国所特有的。偏见及其所隐含的意义是普遍存在的。在欧洲，“本土的”欧洲人和那些从非洲、中东、亚洲等地的移民之间存在着强烈的敌对性情绪。即使是在像悉尼这种通常被认为具有较大包容性的城市里，澳洲的英国侨民中的一些暴徒也经常会与一些年轻的黎巴嫩侨民之间发生冲突。而日本人对于外国人的种族偏见也十分常见。在沙特阿拉伯，权威机构不允许妇女驾车，并且有将近三分之二的男性认为女性应当被禁止在政府机构中占据领导地位。在印度，父母——尤其是那些受过高等教育的父母，更有可能在发现自己或自己的妻子所怀的是女性胎儿之后选择堕胎。从一个更大的范围来看，在具有不同种族身份和宗教信仰的人群之间所发生的冲突，广泛地分布在世界的每一个角落，比如中东的犹太人和阿拉伯人、土耳其的土耳其人和库尔德人、印度尼西亚的基督徒和伊斯兰教徒、印度的伊斯兰教徒和印度教信徒等。

我们中的很多人都愿意相信，由于仇视型犯罪是一种对于群体间相互尊重和相互宽容的社会规范的偏移，其发生频率并不会很高。我们宁愿相信，负向偏见只存在于那些可以被非常容易辨认出来的“野蛮人”和“极端主义者”身上，并且这种存在于种族之间的冲突只会在其他一些“文明程度”相对较低的地方才会发生。然而，拥有这种想法的人们会轻易地就将我们自己所经历过的那段历史忘记了。在那段时期内，社会产生了奴隶制，并且出现了一些对少数民族、妇女以及同性恋者进行歧视的制度规范。不幸的是，正如本章所要介绍的研究中所显示的那样，几乎所有人都至少持有一些负向偏见和刻板印象。而这些感觉和信念的存在经常会导致我们对他人产生歧视行为。

你也许会问：“但是，情况难道不是正在变得更好吗？”这个问题提得很好，尤其是在奥巴马当选美国总统后的实际背景下。奥巴马是一个由外国黑人父亲和美国白人母亲所生的孩子。确实，与美国历史上的大多数时间相比，美国如今的社会氛围与其以往的社会氛围相比，已经变得更加宽容了，至少对于某些群体而言是这样的。如今，不仅大多数基于群体身份的歧视类型都是不合法的，并且很少有人会像过去几代人那样，公开地表达出一些简单而又老掉牙的观点，比如是基因决定了女性不如男性聪明等（e.g., Schuman et al., 1997）。跟过去几十年相比，人们现在对其他群体的态度变得越加复杂了。例如，白人在持有种族偏见的同时经常会伴随以负罪感，这种负罪感来自于他们使黑人受到了不公正待遇的信念（Devine et al., 1991; Gaertner & Dovidio, 1986; Katz et al., 1986; Swim & Miller, 1990）。

这一项破除旧观念的运动，部分地反映出了人们正在真正变得更加宽容。同时，这一运动同样反映出了当代社会规范也不支持偏见。正是由于这个原因，人们才会较少地表现出他们的偏见，尤其是在陌生人的面前（e.g., Dovidio & Gaertner, 2000; Plant & Devine, 1998）。事实上，偏执的观点经常是以一种微妙的方式，甚至是建立在非偏见的理由之上而得以表达的（e.g., Crandall & Eshleman, 20093; Saucier, Miller, & Doucet, 2005）。人们可以说：“这并不意味着我是一个性别歧视者，我只是认为，表示赞成的行为只是一种反过来的歧视而已。”由于人们可以提出观念性的，而不是歧视性的理由，来对诸如反歧视行动的政策进行反对，偏执的人们可以暗中用这些话题来表达他们的负向刻板印象和偏见，以及依据他们的这些负向刻板印象和偏见行事（Frederico & Sidanius, 2002; Reyna et al., 2006）。如今，人们普遍认为，明目张胆地表达反对非裔美国人和女性的观点是不恰当的。下面，让我们来看一下过去的和现在的人们分别是怎样表达这些观点的（见表 11-1）。

表 11-1　过去和现代对于种族偏见和性别歧视的表达方式：旧瓶装新酒

种族偏见	性别歧视
过去的观点： ● 黑人普遍没有白人聪明 ● 黑人和白人之间通婚不是一个好主意	**过去的观点：** ● 女性在逻辑思维能力上不如男性 ● 鼓励男孩进行体育锻炼比鼓励女孩进行体育锻炼更重要
现代的观点： ● 在美国，对于黑人的歧视已经不再是一个问题 ● 在过去几年中，黑人的经济水平有了明显提升	**现代的观点：** ● 社会发展使得女人和男人同样享有获得成功的机会 ● 在我们这个社会中已经实现了夫妻平等

资料来源：Items adapted from McConahay (1986) and Swim et al. (1995).

另外，对某些特定群体持有负向观点的个体在有些时候会以一些看似正向的方式来表达出自己的意见。例如，性别歧视的本质甚至可以是出于善意的（比如“女人应该受到男人的珍爱和保护”），或者是具有更多的敌意性特征（比如“女人通过对男人取得控制权来获得权力”）（Glick & Fiske, 1996）。然而，即使是在善意的性别歧视中也可能隐含了某些负向的含义，而这也许比带有敌意的性别歧视更为糟糕。在一组实验中，接受善意性性别歧视的女性被试与接受敌意性性别歧视的女性被试相比，前者在解决问题时，表现较差。这一差异产生的原因是，与自我怀疑相关的想法尤其容易进入意识，从而对人们解决问题的效率造成了干扰（Dardenne, Dumont, & Bollier, 2007）。

总之，固执的感觉、信念和行为如今仍然存在于我们的整个社会以及全世界的每一个角落里，这一事实是显而易见的。然而，它们中的大多数与以往相比，已经变得更加复杂，并且在表达的时候也变得更加微妙。

11.1.1 偏见和刻板印象

偏见（prejudice）指的是我们对于一个特定群体的成员所持有的普遍态度，也就是我们对于他们的感觉。你可以回忆一下，当你第一次见到一个穆斯林、同性恋者或者是美洲原住民（并且你对他们的身份已经有所了解）时的感受。如果你最初的反应可以被归为不喜欢，那么这就意味着你已经对那个群体怀有负向偏见了。不同的负向偏见在其强度上是有所差别的：你可能对某些群体感到非常厌恶，但是，对于其他群体，你只是感到有一些轻微的不喜欢。不同的负向偏见在“质”上也会有所差别：当你想到一些群体的时候，你可能会感到非常愤怒或是害怕；然而，在想到另外一些群体的时候，你也许会感到恶心、为他们感到可惜或者是感到沮丧。不同的偏见是被不同的情绪所调控的（Brewer & Alexander, 2002; Cottrell & Neuberg, 2005; Devos et al., 2002; Fiske et al., 2002）。

沃尔特·李普曼（Walter Lippman）(1922）用**刻板印象（stereotype）**这个术语来指代我们对于群体所持有的普遍信念。这些信念反映出我们对于某一特定群体中的成员持有怎样的想法。例如，美国人通常所持有的刻板印象包括：欧洲裔美国人是成就导向的、自我中心主义的、具有种族偏见的；非裔美国人是吵闹的、懒惰的、充满敌意的；亚裔美国人是害羞的、修养良好的、聪明的；而墨西哥裔美国人则是以家庭为中心的、处于社会下层的以及工作努力的（e.g., Niemann et al., 1994）。不仅刻板印象有正向和负向之分，人们也可以同时对自己持有负向偏见的群体产生正向的刻板印象（Maddux et al., 2008）。例如，有些人虽然不喜欢亚洲人，但是，他们却同时认为，亚洲人是聪明的和修养良好的。

社会心理学家通常会对显性的和隐性的刻板印象以及偏见进行区分（e.g., Banaji & Greenwald, 1994; Devine, 1989; Hutchings & Haddock, 2008; Fazio & Olson, 2003; von Hippel, Sekaquaptewa, & Vargas, 1997）。例如，如果你扪心自问自己对于某个群体的感觉是怎样的，这种你所意识到的自己的态度就是你对于这个群体的显性偏见。你可以直接将这种偏见表达出来，正如研究者用调查和问卷的方式所测量到的那样。但是，你也可以对这个群体持有隐性的态度，即这种偏见是你所不能意识到的，也无法被直接地报告出来。隐性偏见和刻板印象只能被间接地测量到。研究者通常会通过记录被试在做某些特定判断任务时的反应的方法来测量隐性偏见和刻板印象。

内隐联想测验（IAT; e.g., Greenwald, McGhee, & Schwartz, 1998; Rudman et al., 1999）是研究者用来间接测量偏见的一项技术。但是，当你看到自己的测验得分时，心里要清楚，目前对于任何一个个体的特定得分在隐性偏见的绝对水平上所表示的确切含义还存在着争议（Blanton & Jaccard, 2006; Greenwald, Nosek, & Siriam, 2006）。但可以确定的是，那些在种族隐性偏见测试上得分偏高的人比那些得分相对偏低的人对白人具有更强烈的隐性偏好。

11.1.2 歧视

歧视（discrimination）指的是由于他人的群体身份而产生的直接针对他人的行为。比如，如果我们区别对待两个除了在性取向上有所不同但在其他所有方面都完全相同的人，那么，别人就完全可以将我们的这种行为指控为基于性取向的歧视。例如，我们可以来看一下这个实验：这是一个在得克萨斯州的某个购物中心进行的实验。经过训练的学生研究人员走进商场中，从表面上看，这些人是来求职的。每一个研究人员都将一个装有磁带的录音机放在自己的口袋里，并且这些人的头上分别戴着印有不同文字的帽子。其中一顶帽子的帽沿上印有“同性恋者”和“骄傲”两个词；而另一个印有“得克萨斯人”和“骄傲”这两个词。这两顶帽子的颜色和款式是一样的。通过一些巧妙的场景管理，这些学生研究人员无法知道戴在他们头上的帽子上印着什么词。当他们进入商场之后，便根据事先编排好的剧本开始行动。然而，有非常明显的证据表明，歧视现象确实存在：当未来的雇主在与表现出同性恋倾向的求职者进行交流的时候，这些雇主所说的话更少，并且会给人留下比较不愿意提供帮助和不感兴趣的印象（Hebl et al., 2002）。由于这些学生在其他方面完全相同，因此，商场管理者在看到不同帽子时所表现出来的不同行为可以被视为一种歧视。

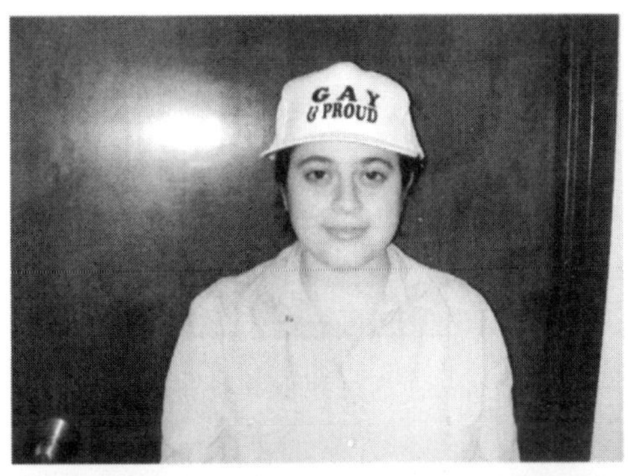

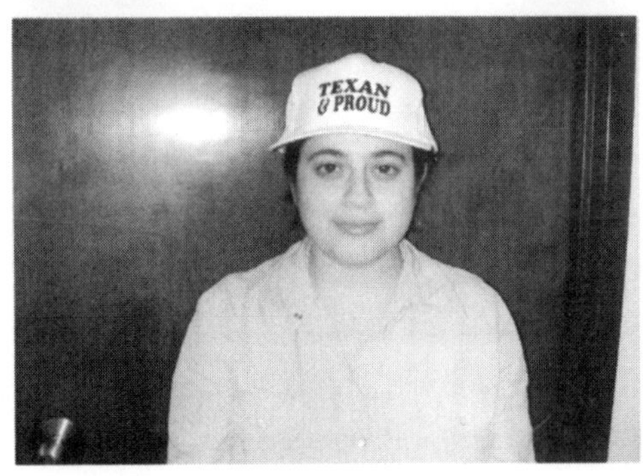

在得克萨斯州进行的歧视偏好的实验。当研究者进入零售商店里进行求职的时候，他们所得到的反馈取决于他们所表现出来的性取向。那些戴着印有“同性恋者”和“骄傲”字样的帽子的求职者与那些戴着印有“得克萨斯人”和“骄傲”字样的帽子的求职者相比，更加不容易受到商场管理人员的礼遇。

性骚扰和性别歧视　在一个全国性的样本中，有大约 80% 的高中生（包括男生和女生），都报告自己曾经受到过同伴的性骚扰（Hostile Hallways, 2001）。根据其他估测数据显示，高达 50% 的美国女性在她们的学业和工作生涯中受到过性骚扰（Fitzgerald, 1993），而在那些曾经参过军的女性之中，大约有 70% 的人报告自己曾经受到过性骚扰（Street et al., 2007）。性骚扰是歧视行为的一种常见形式。

从法律的角度来看，性骚扰具有两种形式。一种是“一物换一物”性质的骚扰（由拉丁语表示）。这种形式的性骚扰指的是那些用性来交换一些有价值的东西的行为，例如，通过别人对自己的性好感来换取工作和好成绩。另一种是敌对情况下的性骚扰。这种形式的性骚扰指的是创造一种特殊场景，在这种场景下的性骚扰具有侵犯性、恐吓性或敌对性。如果要将性骚扰认定为非法，那么，它所实施的对象必须指向一种性别成员。

当然，具有骚扰性的行为不一定都是不合法的。在某些更加微妙的情境里以及就其他形式的歧视而言，一项行为是否会被认定为“性别歧视”通常取决于表现出这一行为的个体、该行为所指向的目标个体以及认定者本身（Frazier et al., 1995）。例如，当一个拥有权势的人（比如老板）做出此类行为时，人们通常更容易将其认定为性骚扰。然而，如果是一个具有吸引力且单身的人做出相同的行为，那么人们便会认为这种行为不那么具有骚扰性了（Pryor & Day, 1988; Sheets & Braver, 1993）。而当诸如调情和凝视这类行为的目标是针对女性而非男性的时候，通常被认为更加具有骚扰性（e.g., U.S. Merit Systems Protections Board, 1988）。并且，尽管男性和女性都倾向于认为暗中要求发生性关系的提议和强迫性质的性行为是骚扰性的，但是，女性，尤其是较为年长的女性与男性相比，更加容易将那些她们所不希望遇到的带有贬低性质的约会以及进行身体接触的请求和行为看作是具有骚扰性的（Ohse & Stockdale, 2008; Rotundo et al., 2001）。

此外，情境因素也可以影响人们对于性骚扰的认定。在一个实验中，男性学生被试中的一部分人看到是从带有暴力性质的电子游戏中所截取的性别刻板印象化的图像，而另一部分人看到的则是关于专业研究人员的非刻板印象化的图像。结果发现，那些看到刻板印象化图像的被试不太容易将一个教授和研究生进行微妙接触的情境解释成性骚扰（Dill, Brown, & Collins, 2008）。

与其他男性相比，有些男性是否更加容易产生骚扰性行为呢？答案是肯定的：那些将自己视为“极度具有男子气概的”以及那些认为权力和性是紧密联系的男性更加容易具有性骚扰的倾向（e.g., Bargh et al., 1995; Pryor & Stoller, 1994）。然而，这些人是否会真正地做出性骚扰的行为还要取决于情境。如图 11-1 所示的那样，那些认为权力和性之间存在紧密联系且还拥有很多进行性骚扰的机会，同时身处于此类行为受到默许的环境中的男性更加容易做出性骚扰的行为（Pryor et al., 1993）。

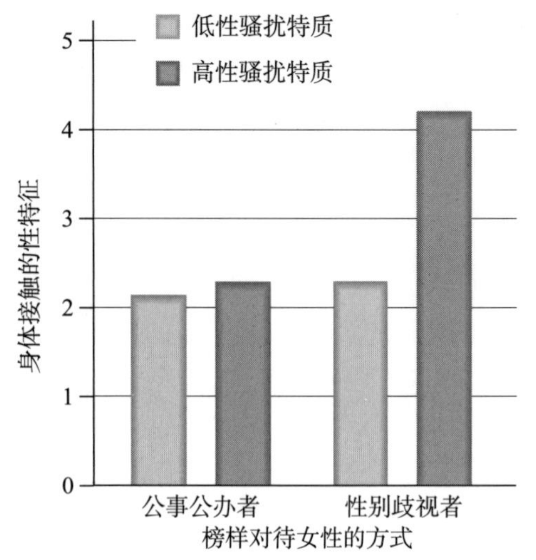

图 11-1 哪些人在哪些时候会发生性骚扰的行为

性骚扰行为的发生通常是由个体的特质以及显著的社会规范之间的相互作用所引发的。在一个实验中，事先受到性爱情境启动的男性被试和其他被试相比，更可能以性骚扰的方式与一位女性实验助理进行身体接触。

资料来源：Data from Pryor, LaVite, & Stoller (1993), Figure 1.

制度化的歧视 我们已经讨论了由个体所表现出来的歧视性行为。然而，有些歧视性行为不是通过个体，而是通过社会制度体现出来的。制度化的歧视是指来自于某一文化下的法律、政治、经济和社会制度的歧视（e.g., Feagin & Feagin, 1999）。这种类型的歧视可以是直接性或敌对性的，就像在有些法律中所规定的，禁止某些群体中的人们居住在某些特定的社区或者是不能从事某些特定的工作那样。显而易见，美国在关于直接性的制度化歧视方面的历史由来已久。尽管人们通常认为，直接性的制度化歧视是非法的，但是，这种现象至今仍以某些形式有所残留。例如，美国的军方一旦发现同性恋者，就要将他们开除。另外，在美国的大多数州，同性恋者都不能建立合法的婚姻关系。

但是，制度化的歧视不总是显而易见的。有些时候，它甚至不是有意的。例如，让我们来看这样一个例子：在通常情况下，处于劣势的少数群体中的成员在求职过程中所遇到的困难可能更大，因为他们的教育背景比其他人更差。尽管为那些在郊区生活的白人学生提供高质量教育机会的体系建立的本意，并不是为了让黑人或西班牙裔美国人的日子变得更难过，但是，这种教育体系确实造成了这一后果。因此，不仅个体会对其他群体成员进行歧视，社会制度也是如此。

总之，偏见、刻板印象和歧视指的都是我们基于自己和某个群体中的成员的关系而进行感觉、思维以及实施具体行为的方式。在通常情况下，负向偏见、刻板印象和歧视的倾向会同时出现，由此产生了为人们所熟知的诸如种族歧视、性别歧视、反犹太主义、同性恋歧视以及年龄歧视等。

11.1.3 偏见、刻板印象和歧视的代价

负向偏见的施受对象通常会付出很大的物质和心理代价。下面，我们仅对其中的一些情况进行讨论。

物质代价 女性音乐家在交响乐音乐会上的地位受到极大忽视历来是一种传统。对于这一现象的解释包括针对女性的所谓“气质与交响乐不符”“技术太差”以及诸如此类的信念。然而，一个针对女性的偏见会在多大程度上发挥作用呢？一项研究通过 11 家主要乐队的雇用记录对这个问题进行了探讨。研究者想要考察的是这些乐队的雇用记录是否会随着他们对其申请者进行试演的方式的不同而发生变化。在试演的时候，有些演奏者坐在评委面前，从而暴露了自己的性别。而另一些演奏者则隐藏在屏幕后面进行试演，从而隐藏了自己的性别。与性别歧视的假设相一致的是，在评委不知道女性演奏家性别的时候会给予更高评价，在隐藏身份的试演条件下，女性演奏者从初轮试演进入后一轮的概率上升了大约 50%。此外，她们最终被录取的概率也提高了将近一倍（Goldin & Rouse, 2000）。而当评委知道她们的性别的时候，这些女性演奏者得到这份有声望的工作的可能性就会变得较低。

以上只是许许多多表明了歧视的有形成本的例子中的一个。让我们再来看一些其他的例子：

- 根据美国联邦调查局的报道，在 2007 年，美国一共发生了超过 9 000 起仇视型犯罪案件。其中，有 50% 的案件被鉴定为是由种族偏见而引起的，有 18% 是由宗教偏见而引起的，有 17% 是由性取向的偏见而引起的，有 13% 是由种族或民族起源偏见而引起的，另外还有 1% 是由于对残疾人的偏见所引起的（“Hate Crime Statistics,” 2007）。另一个由公正部门进行的研究则对仇视型犯罪案件的实际发生数量进行了估计。根据该部门的估计，该类案件的实际发生率要比官方数据所显示的高出 19 ～ 31 倍（Harlow, 2005）。
- 一般而言，女性和少数群体中的成员在同样的工作上所获得的报酬更低。即使在对工作类型、教育背景以及其他相关的因素进行控制之后，这一现象仍然存在（e.g., Blau & Kahn, 2000; Stroh, Brett, & Reilly,

1992）。

- 相比于较瘦的女性，超重的女性从她们的父母那里所获得的上大学的经济资助更少；而超重的男性就没有遇到过类似的歧视（Crandall, 1995）。此外，即使在一些相关的因素（比如受教育程度、智商、从事目前工作的年限）都得到了控制的情况下，严重超重的白人女性与那些比她们更瘦的女性相比，其所得到的薪酬要比后者少 7% 左右。而这种偏见并不出现在支付给超重的西班牙人、黑人女性或是超重的男性的薪酬上（Cawley, 2000）。
- 一项对于汽车工业的审计结果显示，白人男性在买车时所获得的优惠比白人女性更多（后者要比前者多支付 109 美元），而黑人女性和黑人男性则分别需要比白人男性多支付 318 美元和 935 美元。即使是在所有人都采取了相同的谈判策略的时候，这一结果仍然存在（Ayres & Siegelman, 1995）。

被歧视的受害者所付出的代价可能是巨大的。

心理代价　作为负向偏见、刻板印象和歧视的对象，会付出十分惨重的心理代价。我们可以来考虑一下，当我们仅仅是知道其他人对我们自己所处的这个群体持有负向偏见或者刻板印象的时候，我们自己所具有的心理感受（Pinel, 1999）。例如，作为一个群体中的“代表人群”（比如，当某位女性单独处于一个其他所有成员都是男性的群体中），这些“代表”通常就会担心其他成员会对自己产生刻板印象（Cohen & Swim, 1995）。这种自我意识的增强便导致了这些群体中的代表们更加难以将精力集中在自己的任务上，因此，其表现也会变得更加差强人意（e.g., Lord & Saenz, 1985; Saenz, 1994）。

克劳德·斯蒂尔（Claude Steele）和乔舒亚·阿伦森（Joshua Aronson）（1995）提出了**刻板印象威胁（stereotype threat）**的假设，即**对于确认他人对自己所处群体具有负向刻板印象的恐惧同时也会使人们更加难以表现出自己的潜在水平**，并且，这一现象在一些较为困难的任务上表现得尤为明显。后来的研究者进行了一系列的研究来对这个假设进行探讨。在这些研究中，本科生被试被要求回答一些从美国研究生入学考试（GRE）题中所选取出来的难度比较高的问题作答。结果发现，黑人学生的表现低于他们的实际水平，条件是只有当种族信息被明显地表达出来，并且只有当这些黑人学生被试相信，如果他们在这些任务上表现得较差，则会使“黑人不如白人聪明”这一刻板印象得到确认的时候，这种现象才会出现（见图 11-2）。确实，我们可以从很多研究的结果中看到，很多个体会对确认他人对于自己群体所持有的负向刻板印象感到恐惧，而当这一恐惧心理存在的时候，这些群体中的个体的实际表现往往会低于他们的潜在水平（Shapiro & Neuberg, 2007）。例如：

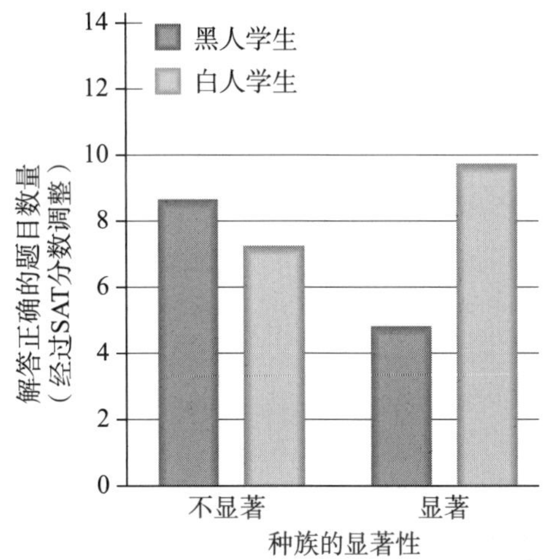

图 11-2　负向刻板印象会在什么时候表现出来

在一项研究中，黑人学生和白人学生共同参加了一个相对其能力（根据 SAT 分数评估）来说很困难的考试。在正常情况下，双方均表现良好；而在要求被试在考试前报告自己的种族，令种族的显著性增强的情况下，黑人学生的表现不如白人学生。

资料来源：Adapted from C. M. Steele and J. Aronson (1995). Stereotype threat and the intellectual test performance of African Americans. Journal of Personality and Social Psychology, 69, 797-811. Reprinted by permission of Claude M. Steele.

- 当性别信息被强调的时候，女性在数学测验中的表现比起当性别信息没有被强调的时候更差（e.g., McIntyre, Paulson, & Lord, 2003; Spencer, Steele, & Quinn, 1999）。
- 当拉丁美洲人相信某项测验可以对他们的智力水平做出评估的时候，他们在一项智力测验上的表现比起当他们相信这一测验与他们的智力水平无关的时候更差（Gonzales, Blanton, & Williams, 2002）。
- 当白人男性认为某项运动任务是与他们的“天生能力”相关的时候，他们在这一任务上的表现比起当他们认为这两者之间不相关的时候更差，而当黑人男性认为某项运动任务与他们的“运动智力”相关的时候，他们的表现比起当他们认为这两者之间不相关的时候更差（Stone et al., 1999）。
- 当女性亚裔美国人的性别信息被强调之后，她们在一项数学测验中的表现会变得更差。而当她们的亚裔身份被强调的时候，她们在相同测验中的表现变得更好（Shih, Pittinsky, & Ambady, 1999）。

- 当白人男性认为自己在被别人与亚洲男性进行比较的时候，他们在一项数学测验上的表现比起他们没有这种想法的时候更差（Aronson et al., 1999）。

当我们对于自己所处群体的负向刻板印象得到公开的时候，我们通常更加难以表现出自己的潜在水平。刻板印象威胁之所以可以产生这些效果，其原因在于，它会使唤醒水平、心理负担、沮丧情绪以及负向想法得到增强，同时，它还会降低人们的努力程度和工作记忆的容量（e.g., Beilock, Rydell, & McConnell, 2007; BenZeev, Fein & Inzlicht, 2005; Cadina et al., 2005; Croizet et al., 2004; Jamieson & Harkins, 2007; Keller & Dauenheimer, 2003; Schmader, Johns, & Forbes, 2008）。

那么，人们是怎样来应对这些由负向偏见、刻板印象和歧视所带来的威胁的呢？有些应对策略可能在短期内有用，但是，从长期来看，这些应对策略却会导致某些代价的产生。比如，当人们面临刻板印象威胁的时候，自己的表现会受到妨碍，也就是说，人们会在追求成功表现的道路上为自己制造障碍（see Chapter 4）（Keller, 2002; Stone, 2002）。然而，尽管采取这种策略可以为他们差劲的表现提供借口，并以此来降低由于真正地确认了负向刻板印象而导致的焦虑情绪（这样的借口可以是“毕竟我连试都没有试过”），但是，这种做法也会同时增加他们在一件对自己很重要的事情上表现不佳的风险。

另外举一个例子，有些时候刻板印象威胁会导致人们与那些在社会期望中他们注定会失败的领域进行**去认同化**（**disidentify**）。他们会将这些领域认定为是一些与他们的自我概念和自尊无关的东西（Crocker & Major, 1989; Steele, 1992）。例如，由于害怕确认他们的群体是不聪明的刻板印象，非裔的美国学生可能会逐渐地将他们在学业上的表现从他们的自我形象中剥离出来；女性可能因为害怕自己在数学上的能力较差的刻板印象得到证实，从而不再认为数学能力与她们的个体身份有关。这样的例子还有很多（e.g., Major et al., 1998）。与此相一致的是，一项研究结果显示：在10年级的时候，黑人儿童的自尊与其学业表现之间的相关性不如在8年级的时候那么高。而这种变化模式在白人儿童的身上则没有被发现（Osbourne, 1995）。从短期来看，将学业表现剥离在自己的身份认同之外可能是具有适应性的，因为这可以帮助那些孩子在面临来自社会的负向刻板印象的时候仍然对自己保持正向的态度。但是，从长期来看，在这样一个知识和学习能力并重的社会中，这种将自己的学业发展和自身脱离开来的做法只会导致这些孩子无法成为一个成功的竞争者。

当然，除此之外，还有其他一些应对策略，这些策略不仅在短期有益，从长期来看亦是如此。例如，当对于数学能力的负向刻板印象被强调之后，那些用幽默的方式来作为自己的应对策略的女性不容易在一项难度较大的数学测验中产生更差的表现。这是因为，这种幽默的应对方式明显地降低了她们在测验中所体验到的焦虑情绪（Ford et al., 2004）。在另一个实验中，研究者通过向女性被试列举一些在建筑、医药以及相关领域中的成功女性的例子，从而消除了女性在“数学方面表现较差”的负向刻板印象，使女性在数学测验中的表现较优秀（McIntyre et al., 2003）。当这些女性得到了负向刻板印象不是对每个人都适用的提示的时候，她们的表现更有可能达到自己的潜在水平。在另外一项研究中，大学生被试被安排参加一个学习计划，该计划的设计增强了这些被试认为智力水平是可以得到提高的信念，也就是说，**智力就像肌肉一样，可以通过努力锻炼而得以增强**。在学期即将结束的时候，参加这个学习计划的黑人学生与那些被随机分配到控制条件下的学生相比，他们对于学习的过程更加喜爱、对于学习具有更强的认同感，并且他们所获得的成绩也比后者更好（Aronson, Fried, & Good, 2002）。当一个人产生了自己的能力可以通过额外的努力锻炼而得到提高的信念之时，就能使由于刻板印象威胁而带来的灾难性后果得到显著减轻。实际上，甚至仅仅是在当人们进行一项难度较大的测验之前教会他们与刻板印象威胁有关的知识，就可以减轻由刻板印象所带来的不好影响（Johns, Schmader, & Martens, 2005）。

但是，即使是在这样的努力之下，负向偏见、刻板印象和歧视还是有可能会导致严重的物质和心理代价的产生（Swim & Stangor, 1998）。并且，这些代价的涉及面要远远地超过那些由于受到直接威胁而造成的伤害。例如，不同的种族群体之间的交流会对具有偏见的个体的认知资源造成负担，从而对其在很多任务上的表现都会造成负向的影响（e.g., Richeson & Shelton, 2007）。不持有偏见的个体可能会无法使自己得到那些持有偏见的朋友的喜爱（e.g., Neuberg et al., 1994; Sigelman et al., 1991）。当这种偏见发展到攻击性行为的时候，它给人类所带来的灾难性后果可能是令人震惊的。这样的例子可以在当前的整个世界范围内所发生的不同种族之间和不同宗教之间的冲突和恐怖主义袭击事件中得到证实。

11.1.4 偏见、刻板印象和歧视的目的

鉴于由负向刻板印象、偏见和歧视所造成的巨大破坏

性后果，你可能会自然地想知道为什么人们会以这些方式来进行思考、感觉和行动。毕竟，用那位在 1991 年众所周知的汽车追尾事件之后受到白人警官教训的洛杉矶黑人摩托手罗德尼·金的话来说就是："如果我们只是得过且过地话，难道我们不会过上更好的日子吗？"

如果对于这个问题的回答是肯定的，那么这也绝对不会是一个简单的肯定回答。偏见性的感觉、刻板印象化的思考方式以及歧视性的行为都是为了一些重要目的而服务的。它们可以起到支持和保护每个人自身所属的那个群体的目的，它们可以提供社会支持，它们可以增强我们对于个体身份和社会身份的认同感，另外，它们还可以帮助我们节省在探索复杂并且充满信息的社会环境时所需动用的心理资源。接下来，我们就来逐个地对上面所列举的这些可能性进行探讨。

11.2　支持和保护自己的群体

安·奥特沃特希望得到属于她自己的"那一块蛋糕"。她与黑人群体中的其他成员一样，都希望可以一同分享美国梦。她想要得到一份薪酬丰厚的工作，住在一个干净并且安全的社区里，另外，她还希望可以把自己的孩子们送进好学校去读书。然而，处于白人统治下的美国法律和社会环境都剥夺了她享有这些生活的机会。

埃利斯也对他自己的家庭有着同样的期望。尽管他是一个白人，但是，他和奥特沃特一样，都属于贫穷阶级。在埃利斯看来，黑人想要得到更多机会的要求其实是一场对于经济战争的宣战。所以他认为，既然蛋糕只有这么大，如果被那些黑人分去了一块，那么，原本就很小的属于他的那一块就会变得更小。

埃利斯的这种想法和其他很多人的一样，都认为黑人和白人是在对有限的经济资源进行竞争。当然，从逻辑上来讲，埃利斯可能是由于同时受到来自于白人竞争者和黑人竞争者的阻碍而无法获得一份薪酬丰厚的工作。于是，读者可能要感到奇怪了，为什么对于他来说，会如此轻易地将黑人、而非白人视为自己的竞争者？为什么埃利斯对于那些同他一起竞争的白人就没有感到同等程度的仇恨和敌意呢？为什么他会和其他白人联合在一起，以阻挠黑人在争取自己的机会时所取得的进展呢？

11.2.1　创造和保持群体内优势

请想象一下你自己处于这样的一个实验场景中：你和其他学生坐在一起，研究者在房间的前方将一系列排列不同的点投射到屏幕上。每一张幻灯片都只呈现很短的一段时间，而你的任务是估计每张幻灯片上点的个数，然后将自己的猜测默默地记在心里。当幻灯片放映结束的时候，会有一个研究者过来带领你走进一个独立的小隔间里，然后，在那个地方，你会被告知，根据你刚才的猜测，你是一个"过高估计者"。（而其他被试则被告知自己是"过低估计者"，但是，实际上，你会被告知是过高估计者还是过低估计者是通过研究者抛硬币的结果来进行随机分配的。）当然，你不会对过高估计者或过低估计者所代表的意义有一个事先的概念，因为研究者会告诉你，在这两个类型之间没有高下之分。

对于接下来的一个任务，你会感到更加有趣。在做这个任务的时候，你仍然会处于你的那间独立小隔间里。你的任务是将金钱奖励和惩罚分配给和你处于同一轮中的其他被试。这些被试的身份将以两种方式进行区分：一种是通过数字编号，以此来隐藏每个被试的身份；而另外一种则是通过每个被试被分配到的组，来将他们贴上过高估计者或过低估计者的标签。你的分配决定将是完全保密的，并且你与其他被试之间不会进行任何接触。在这种情况下，你会怎样对这些金钱进行分配呢？

亨利·塔夫尔（Henri Tajfel）和他的同事们（1971）招募了一批英国青少年来完成这个情境下的实验。他们将这种范式称为**最小化群体间范式（minimal intergroup paradigm）**。这一范式名称的由来是因为实验中的群体（过高估计者或过低估计者）是随机分配、人为造成、短期存在的，并且所有成员之间不会进行任何接触。那么，被试是否会把更多的钱分配给他们自己这个群体中（即群体内）的成员，而非其他群体中（即群体外）的成员呢？对于这个问题的答案是肯定的。实际上，即使当群体是被最小化定义的，人们还是会通常表现出一种**内群体偏见（ingroup bias）**，即人们会将更多的好处给予自己这个群体中的成员，而非群体外的成员（e.g., Brewer, 1979; Halevy et al., 2008; Mullen et al., 1992; Tajfel, 1982）。

群体生活的本质和群体间冲突　内群体偏见的根源可能在于我们在进化意义上的过去（e.g., Campbell, 1965; Kurzban & Neuberg, 2005; Schaller, Park, & Faulkner, 2003）。群体生活在我们祖先的生活中是必不可少的。在小群体中，人类会互相合作，并且发展出互惠的规范来使这种群体关系得到进一步的增强（Axelrod & Hamilton, 1981; Trivers, 1971）。另外，由于这些群体中大部分人是由生物学意义上的亲属组成的，所以，那些可以使群体获益的行为通常也可以使该群体中的每一个个体成员的基因获益，由此增加了其中的每一个个体及其亲属在未来生存和繁殖的可能性（Hamilton, 1964）。这样一来，无论人们是站在群体的立场上来考虑问题，还是将关注点置于自己所属的群体之上，都会产生有益的效果。与此相一致的是，当人们对于自己的群体具有忠诚感，并且对其产生很强烈的认同感的时候，就会表现出更大的内群体偏见（e.g., Hertel & Kerr, 2001; Jetten et al., 1997）。事实上，内群体偏见似乎是一种存在于人类社会生活中的具有跨文化性质的现象。并且，这种对于自己所属群体产生偏好的倾向甚至可以是自发产生的（Ashburn-Nardo, Voils, & Monteith, 2001; Otten & Moskowitz, 2000）。

但是，仅仅凭借这一点还不能解释人们为什么会如此经常性地厌恶其他群体中的成员。例如，为什么美国人在移民问题上会经常性地表现出如此强烈的反对意见呢？根据**现实群体冲突理论（realistic group conflict theory）**，群体间冲突是在当几个群体发现他们在为同一种物质资源进行竞争的时候发生的（e.g., Bonacich, 1972; D. T. Campbell, 1965; Sherif et al., 1961/1988）。这种冲突不仅会使人们对自己所属群体的正向的团结感得到增强，而且还会导致人们对其他群体产生强烈的厌恶。毕竟，"他们"是在尝试剥夺"我们"赖以生存和繁衍的资源。于是，其结果便是，群体成员会以有利于自己群体，但是却有损于其他群体利益的方式行事。

为了理解偏见，研究者在近期创造出了一些新的研究方法。这些方法所关注的是，作为一个社会性的物种，人类是如何在长期的进化过程中对在一个广泛的维度上发生的威胁进行应对的。这些威胁包括，从生活在自己所属的群体或者与自己有较近亲缘关系的群体中的其他人那里遭遇身体暴力的可能性，被其他人身上的传染性疾病感染的可能性，以及让他人从群体中获取比他们所贡献的更多收益的可能性等。正如我们在第2章中所学到的那样，不同类别的威胁所引发的情绪也是不同的。例如，对于身体伤害的威胁会引发出恐惧的情绪，而对于遭受抢劫的恐惧则会引发出愤怒的情绪。这种心理机制虽然部分地是从应对群体内部威胁的目的演化而来，但是，它也同样适用于应对那些来自于群体外部的威胁。从这一现象中所引申出来的一个意义就是，存在于偏见之中的情绪成分会根据人们对于不同群体中存在的各种类型的威胁所产生的不同程度的认知而有所区别。而事实上也的确如此（e.g., Cottrell & Neuberg, 2005; Tapias et al., 2007）。

这种基于威胁的分析角度也同时说明，当人们在感到自己对于那些与某一群体相关的威胁特别没有抵抗力的时候，他们对这个群体的偏见应该会变得更为显著（e.g., Faulkner et al., 2004; Navarrete & Fessler, 2006）。一项研究发现，当美国白人学生刚刚看完一段从一部恐怖电影中所截取的片段的时候，他们特别容易将年轻的黑人男性的面部表情知觉为是愤怒的（即具有威胁性的）。而这一结果也与如今的美国人所持有的刻板印象所表明的情况相一致（Maner et al., 2005）。在另一项研究中发现，在一间能够引起恐惧情绪的漆黑房间里，加拿大白人中那些认为这个世界相当危险的人特别容易将黑人男性（而不是白人男性）评定为具有敌对性的（Schaller, Park, & Mueller, 2003）。从本质上来看，人们的刻板印象和偏见都是受到自己当前所关心的东西、恐惧情绪以及那些自认为是由其他群体中的成员所带来的特定威胁的影响。

为群体优势找到正当的理由 尽管现实的群体冲突理论的支持者们提出，负向偏见和刻板印象是由于群体间经济利益上的冲突而自然产生的，但是其他人却认为，在有些时候，强大的个人和组织会在战略上对刻板印象和偏见进行操纵，以此来使自己处于有利的位置（Cox, 1959; Reich, 1971）。例如，有些人认为，欧洲白人之所以会创造出黑人种族劣等性的概念是为了给他们对非洲所进行的掠夺性侵略找到一个正当的理由。而埃利斯到最后终于相信，是达勒姆的商人支持并赞助了3K党的种族主义活动，而他们这么做的目的只是为了让贫穷的白人和贫穷的黑人之间保持一种争斗的状态，因为这样一来，任何一方都无法注意到这个小城镇的领导们所聚敛的巨额财富。

那么，诸如此类的具有系统性的、由经济利益驱动的，并且以创造或增强负向刻板印象和偏见为目的的尝试是正常的还是具有权力意味呢？由于这些尝试通常被认为是在暗中谋划和进行的，因此，这个问题的答案很难被人们知晓。但是，从现有的研究来看，我们之中的大多数人都希望相信这个世界是公正的，也就是说，好事情会发生在好人的身上，而坏事情则会发生在坏人的身上（Lerner, 1980）。根据这种思路，那么，成功的个体会希望自己相信他们在经济上所获得的成功是自己应得的，即他们是以"公正并且正当的"方式来获得他们在自己的生活中所处的地位，这种想法自然也就变得十分合理了。所以，**人们确实有可能使用刻板印象和偏见来为既有的社会和经济不平等找到正当的理由来做出解释**（Jost & Burgess, 2000; Sidanius & Pratto, 1993）。例如，通过将非裔美国人赋予不聪明和懒惰的刻板印象，美国白人可以为他们自己的群体所拥有的相对较高的经济地位找到正当的理由。

总之，这种支持和保护自己所属群体的愿望会起到制造和保持群体间冲突的作用。接下来，我们就来看一下，个人和情境中的哪些特征会使这些愿望得到增强，并且由此导致负向刻板印象和偏见的产生。

资源是属于我们，还是属于他们？群体间对于经济资源的竞争可能会导致负向偏见及歧视，或者使这两者的效应得到增强。在过去的10年中，美国、加拿大和西欧的公民已经在遏制新移民的过程中进行了很多的斗争，也尽量地寻求削减或者剔除在那些已经落户的移民身上所花费的开支，并且，这些国家的公民已经将那些会对他们自己所珍视的生活方式产生威胁的潜在竞争者刻板印象化为下等人。

11.2.2 社会支配倾向

"某些群体中的人就是与其他人不平等的。""在有些时候，出于为了让自己在工作中得到晋升的目的而将别人踩在脚下是必要的。""有些人就是比其他人更有价值。"上述这些便是那些在社会支配倾向上处于较高水平的个体所持有的言论。**社会支配倾向（social dominance orientation）**描述了一个人希望自己所属的群体对其他群体进行支配，或是比其他群体处于更优地位的程度（Pratto et al., 1994; Sidanius & Pratto, 1999）。而与那些认为所有的人都应当受到公正待遇的人不同的是，拥有强烈的社会支配倾向的个体会更加青睐于那种所有群体都因其自身所具有的不同价值而被赋予不同地位的社会制度。后者认为，那些处于更优地位的群体（通常是指这些人自己所属的群体）应当更加富裕并且更加强大。

具有强烈的社会支配倾向的人特别容易对那些地位较低的群体持有负向刻板印象和偏见。例如，具有强烈的社会支配倾向的美国白人对于黑人会产生更多的偏见；他们在为群体分配资源的时候，会将更多的资源分配给白人组织而非黑人组织；他们对于种族间联姻和同性恋者权利的反对意见更多，他们中间具有性别偏见的人也更多；另外，这些人也更加支持那些允许美国可以对其他国家进行支配的政府政策（Pratto et al., 1994; Sidanius et al., 2007）。当然，这种由偏见引起的社会支配倾向的影响力不仅仅限于美国。费利西娅·普拉托（Felicia Pratto）和她的同事们（1998; Sidanius & Pratto, 1999）分别在加拿大、中国和以色列对人们的社会支配倾向进行了测量。另外，她们还向这些国家的公民询问了他们对于女性以及那些在他们的国家之中社会地位较低的群体的看法。该研究的结果发现了不同国家的人之间所存在的惊人的共性。在所有这些国家之中，那些具有较高水平的社会支配倾向的个体都表现出了更加强烈的性别偏见，并且，在大多数情况下，社会支配倾向与较高水平的偏见之间存在着一种相关关系。

那么，这些较高水平的社会支配倾向是从何而来的呢？当你相信自己所属的群体正在受到威胁，尤其是当你对自己所属的群体具有很高程度的认同感的时候，你的社会支配倾向就会得到增强（Morrison & Ybarra, 2008）。另外，即使是支配群体中的一名成员只是被临时地分配到该群体中，当他对其他人进行支配的时候，也会产生更加富裕的人就应当比更加贫穷的人获得更多的信念，或是使对这一信念的接受程度得到增强（e.g., Guimond et al., 2003）。正如我们在上面所讨论到的那样，这种想法可以帮助一个人为自己所处的享有特权的地位做出正当的解释。而这种正当理由的存在，便能使人们更加容易对那些不如自己富裕的人持有负向偏见、刻板印象以及歧视。

11.2.3 群体间竞争

当经济形势紧张的时候，为自己的群体获取资源就显得尤为紧迫。因此，当人们认为自己的群体在与其他群体为土地、住房、工作之类的问题进行竞争的时候，我们应当可以对强烈的群体内偏好和群体间的敌对情绪进行预期。

在一项经典的研究中，卡尔·霍夫兰德（Carl Hovland）和罗伯特·希尔斯（Robert Sears）（1940）收集了从1882年到1930年间美国南部的数据。他们发现，经济状况和对黑人处以私刑（即将其非法处以绞刑）的数量之间存在相关关系。正如我们在第10章中所看到的那样，经济压力与群体间的敌对情绪之间存在着非常明显的相关关系：当经济形势变得紧张的时候，美国南方的白人会对更多的黑人处以私刑（Hepworth & West, 1988）。并且这一行为倾向不仅仅局限于南方。在北部的城市中，当经济形势变得紧张的时候，同样也会导致更多的白人对黑人以及对华裔移民表现出暴力性行为（Olzak, 1992）。

为了进一步探讨群体间竞争的作用，穆扎弗·谢里夫（Muzafer Sherif）和他的同事们（1961/1988）设计了一个在现实场景中进行的有趣实验。首先，他们挑选了22个适应良好的5年级白人男孩。这些孩子在智力上高于平均水平，在学校里的学业表现处于中等及以上，并且其家庭背景都为双亲家庭、中产阶级和清教徒。这些男孩全部来自于俄克拉何马州的不同学校，因此，他们在这个研究进行之前相互之间都不认识。接着，研究者将这些男孩分成实验条件相同的两个小组，并将他们送进位于俄克拉何马州郊区的罗伯斯洞穴州立公园中露营。

在罗伯斯洞穴州立公园中发生的竞争和敌意。拔河以及其他的竞争性事件在老鹰队和响尾蛇队之间制造出了强烈的敌对情绪，这种敌对情绪在后来发生的争斗中达到了高潮。

在该项研究进行的第一天里，每一个小组的成员都要参加一些典型的露营活动，比如运动、登高、游泳等。但是，每一个小组都不知道在这个公园的另一头还有另外一个小组的存在。很快，这两个由陌生人组成的小组就成了真正的群体。每个群体中都有自己的领导、规范、最喜欢的活动，甚至小组的名字都取好了，两个小组分别叫作响尾蛇队和老鹰队。自此，实验的准备工作初步完成。

接下来，研究者便启动了为期4天的锦标赛。比赛项目包括：棒球、拔河、触身式橄榄球、夺宝奇兵以及检查房间卫生。获胜的小组将会获得一个奖杯，除此之外，获胜小组中的每一个人都可以获得一枚奖牌以及极具吸引力的营地餐刀。而对于失败的小组，则什么东西都不能得到。该研究的结果与现实的群体冲突理论的假设相一致。在第一场棒球赛中，群体间的敌对情绪得到了迅速的增长，并且，这种敌对情绪在整个比赛的过程中得到了剧烈的升级。老鹰队将响尾蛇队的旗子烧了，而响尾蛇队则对老鹰队的大本营进行了袭击，他们将大本营里的床掀翻，并且将其中的物品扔得到处都是。此外，污蔑性的称呼在频率上和剧烈程度上也越发严重。甚至还有几场拳战发生。当老鹰队最终获得了锦标赛的胜利，即将要离开营地去为自己庆功的时候，响尾蛇队袭击了他们的大本营，并且窃取了他们辛辛苦苦赢来的营地餐刀。老鹰队的成员与响尾蛇队进行了当面的对质，于是，这两个群体之间又开始发生冲突。后来，研究者不得不通过武力来将这些男孩分开，从而避免了大规模打斗事件的发生。

两天之后，经过了一个将这两个群体进行隔离从而使营地中的氛围得到冷却的时期，研究者要求这些男孩对每一个小组的特征进行评定。评定的结果证实了研究者的观察结果。营员们一方面将自己群体中的成员看作是勇敢的、坚强的和友好的，另一方面却将其他群体中的成员看作是卑鄙的、自作聪明的混蛋！当我们回想起这些男孩当初是由于他们之间所存在的相似性而被挑选出来进行此项研究的时候，这些数据就让人感到非常震惊了。

实际上，无论是英国人对于印度人，荷兰人对于土耳其人和苏里南人，还是法国人对于非洲人所具有的嫌恶，我们可以看到的是，负向偏见和刻板印象通常是"以竞争为指向"的，人们会将自己的敌对情绪指向那些他们认为正在与自己进行竞争的群体（Pettigrew & Meertens, 1995）。由于在不同地方所进行的经济竞争通常会涉及不同的"玩家"，比如在伦敦是英国人"对抗"印度裔的工人，在洛杉矶中西部是韩国的商家"对抗"黑人顾客。但是，在每一个社会中，都存在着一套与其他社会截然不同的文化刻板印象和偏见。所以，尽管群体间竞争是一个跨文化现象，但是我们发现，被这一现象打上烙印的群体在不同文化下的表现都有所不同。

11.2.4 群体间竞争的自我实现升级

当诸如安·奥特沃特这样的黑人占领了达勒姆的街道，以便对住宅供给不充足、工作收入低下以及学校里肮脏的歧视行为进行抗议的时候，埃利斯和与他一样贫穷的白人所担心的是，无论这些黑人得到什么东西，都会危及到他们自身的利益。当黑人对于机会平等的要求总是被白人否决的时候，黑人进行抗议的频率和强度都得到了提升。如此一来，很多达勒姆的白人公民对黑人的看法就变得更加强硬，甚至比以前更加确定。冲突由此而得到了螺旋式的上升。奥特沃特从一个受人尊敬的家庭主妇转变成了一个以暴力的方式来要求得到公民权的维权者，埃利斯从一个安安静静养家糊口的男人转变为了一个反动的 3K 党领导人。

小调查

美国的“9·11”恐怖袭击事件在哪些方面改变了一个“美国人”的感觉？为什么？这些改变是如何影响你对于美国这个国家中的不同群体所具有的感觉和信念的？这些改变是如何影响你对来自其他国家和社会的不同群体的感觉和信念的？

竞争和敌对会引发更多的竞争和敌对。当人们把别人看作竞争者的时候，他们自己也开始加入了竞争者的行列，并且在无意中导致了或者进一步扩大了他们起初对竞争产生的影响的担忧（Kelley & Stahelski, 1970）（见图 11-3）。这种自我实现的预言（见第 3 章）可以迅速地升级为逐渐加剧的竞争形式，其原因是，那些身陷其中的人们会变得越来越确信别人对自己存有恶意的居心。这一过程在群体层面上显得尤为突出，因为相对于个体而言，群体会针对资源进行更为激烈的竞争（e.g., Takemura & Yuki, 2007; Wildschot et al., 2003）。

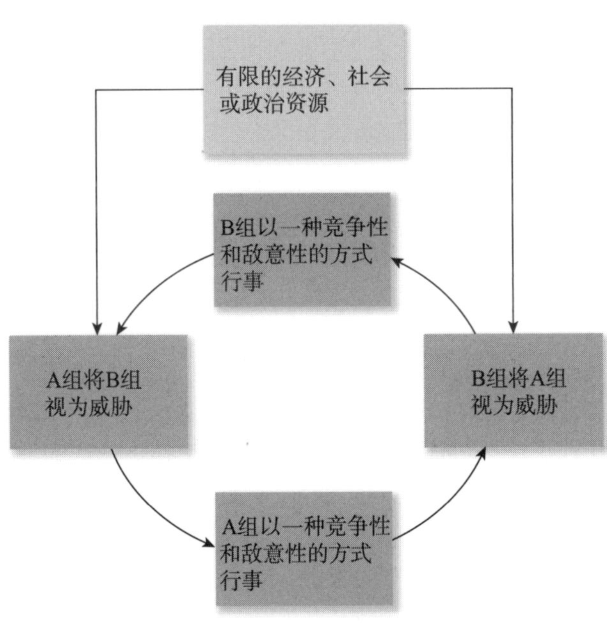

图 11-3　竞争螺旋

由于群体之间会互相将别人看作争夺同一资源的竞争对手，因此，他们便会开始以一些可能会导致或者扩大他们所恐惧的竞争的方式来做出回应。

在这种群体间竞争不断升级的状况下，我们看到存在于个人和情境之间的两种交互作用的基本形式：在第一种形式下，竞争性情境制造出了一批互相之间几乎不存在信任感的个人和群体，这也再一次地说明了情境可以改变人的很多重要方面；在第二种形式下，竞争性和信任感很低的个人和群体制造出了比以往更多的竞争性和敌对的情境。这个例子说明了人们是如何因自己所处的情境做出改变的。我们很容易看出诸如此类的竞争升级是如何制造出顽固的群体间仇恨的，例如，那些发生在中东地区的以色列人和巴勒斯坦人之间的相互仇恨。

11.3　寻求社会赞许

我们之中的大多数人都可以回想起这样的一个对话场景：某人做出了一个带有偏见色彩的评论或者说了一个带有偏见意味的笑话，而对于这样的评论或笑话，我们在私下里都会觉得具有冒犯性。那么，在这种时候，你会做些什么呢？你会公开地表达出自己的反对意见吗？或许你会当这件事没有发生过一样让它过去，或许你甚至还会强忍露出一个小小的笑容？如果是这样的话，你并不是个例。例如，在一项研究中，不具有性别歧视观点的女性会在公开的情况下同意其他三个被试的性别歧视观点。这就表明，即使是不存有偏见心理的人也有可能表达出偏见性的观点（Swim, Ferguson, & Hyers, 1999）。但是，这是为什么呢？

我们猜想，你会对社会拒绝感到害怕。如我们在第 4 章和第 6 章中所看到的那样，人们都会有得到别人赞许的愿望。为了实现这一目的，人们会对自己的观点和行为进行调整，使之与其他人的观点和行为相匹配。**如果那些我们所重视的人对于一个特定群体持有负向的观点，那么，我们就会同意这些观点，因为我们希望使自己“适应”环境并且获得他们的赞许**（Blanchard et al., 1994; Pettigrew, 1958; Zitek & Hebl, 2007）。由于社会赞许的益处（以及社会拒绝的代价）如此显著，即使是那些经常被激励不要对他人进行歧视的个体也会做出某种形式的歧视。例如，在一系列的实验中，发现黑人男性会对来自南美洲的印第安求职者进行歧视，但是，这种情况只有在当他们认为自己的行为会被那些将会对他们做出评价的人看见，并且当他们自己本身就对印第安人怀有偏见的时候才会发生（Shapiro & Neuberg, 2008）。

社会规范和社会期望的作用可能不仅仅局限于引导我们假装出一副自己持有某种刻板印象或偏见的样子。一个怀有偏见的社会环境也有可能成为一张使我们将自己已经持有的偏见进行公开表达的通行证（Ford, Wentzel, & Lorion, 2001; Goodman et al., 2008; Wittenbrink & Henley, 1996）。在一项研究中，研究者发现，当被试在听过一系列带有性别歧视意味的笑话之后，会将性别歧视事件所具有的侮辱性评价为较低，但是，产生这一效应的前提是他们已经存有了性别歧视的信念（Ford, 2000）。此外，由于社会规范的影响已经深深地渗透到了我们的日常生活中，并且由于我们在那些我们意欲寻求赞许的人的身上已经花费了如此多的时间，因此，我们也可以在将这些信息内化后将它们视为己出（e.g., Guimond, 2000）。就像对于埃利斯来说，从公民权尚未受到重视的南部接收到关于种族主义的信息肯定是非常容易的，而对于当今的现代人来说，将我们在家庭、社区、工作以及媒体中所获取的信息刻板印象化，以及将带有歧视性的信息进行内化也是相当容易的一件事。

11.3.1 笃信宗教与偏见

这个世界上的许多主流信仰都源自这样的一条原则：人们应当无条件地接受其他人，无论他们的人种或种族是什么。因此，我们才会对那些自我报告为信奉宗教的人比那些自我报告为不信奉宗教的人更容易产生偏见的现象感到难以理解（Allport & Kramer, 1946; Hunsberger & Jackson, 2005）。那么，其背后可能存在的原因是什么呢？

一项长期研究对这样的一种可能性进行了探讨：通过对人们信奉宗教的不同方式的理解，我们可能对笃信宗教与偏见之间的关系产生一个更为深刻的认识（Allport & Ross, 1967; Batson & Burris, 1994; Hunsberger & Jackson, 2005）。第一，有些人所持有的是一种外在的宗教信仰，也就是说，他们会将宗教信仰看作一种结交朋友、获取地位或者是在困难时期寻求支持的机会。从这个角度来看，宗教是被用来获取一些其他东西的手段。因此，宗教仅仅是作为一种为了达成某些其他的目的而被采取的手段。在这种情况下，它所传达的信息不是作为生活准则而被采纳的。通过对这些具有外在宗教信仰的人进行研究表明，与那些不信奉宗教的人相比，这些人会更多地对种族外群体以及同性恋者产生负向偏见（e.g., Batson & Ventis, 1982）。

第二，人们也可以坚守一种内在的宗教信仰，并且，他们期望能够在自己的日常生活中践行这一信仰并且将它的教义内化（Allport & Ross, 1967）。从这个角度来看，笃信宗教并不是为了达成一些其他的目的而采取的手段，其本身就是一种目的。由于大多数有组织的宗教都会教人宽容，并且由于信奉宗教的人都会将他们的宗教信条结合到他们自己的个体身份以及行为中去，因此，我们可以预期，拥有内在宗教信仰的人很少会有偏见。事实上也确实如此。然而，根据另外一些研究对更加微妙的行为层面进行测量的结果显示，那些拥有内在宗教信仰的人可能更加关注于自己是否能从表现得宽容中得到社会赞许，因为后者往往与前者相伴而生，而非关注于真正地成为一个宽容的人（Batson et al., 1986）。

宗教信仰的第三种形式被称为正统派基督教，其特征是对于自己的宗教信仰作为绝对真理的确信（Altemeyer & Hunsberger, 1992）。在正统派基督教量表上得分较高的个体比起那些不信奉宗教的个体，更倾向于对那些种族及宗教外群体、男女同性恋者以及女性持有更多的负向观点（Hunsberger & Jackson, 2005）。

宗教信仰的第4种形式被称为探求性的宗教信仰（Batson & Ventis, 1982）。从这个角度来看，宗教是一段个人永无止境地追寻真理之旅。那些主要是以探求问题为导向的人对于精神世界的东西一般会比较开明，并且他们不会期望在那些复杂的精神和道德问题上找到一些简单的答案。以问题为导向的个体对于其他事情也同样开明，这也许可以对他们无论是在自我报告中还是在自己的行为中都几乎从来不会表现出偏见的现象做出了解释（Batson & Burris, 1994）。

从上面这4种宗教信仰形式中，我们似乎可以得到这样的一个结论：除了那些将宗教作为探求对象的人以外，宗教信仰通常会起到加剧负向偏见的作用。显然，我们可以很快并且很方便地在全世界范围内观察到那些似乎是具有宗教根基的冲突。这些冲突都与上面所得出的这个结论相符。但是，由吉瑞米·金吉斯（Jeremy Ginges）和他的同事们（2009）进行的一系列研究则提供了另外一种可能的解释。

让这些研究者感兴趣的问题是，宗教信仰是否会影响到针对其他群体而进行的自杀性袭击事件的拥护。但是，他们认为，有必要对宗教信仰的两个方面进行区分。这两个方面分别为：第一，对于宗教信仰的投入程度（通过一些条目，比如做祷告的频率来进行测量）；第二，对于自己所属的宗教群体的承诺（通过一些对出席正式宗教仪式的频率进行估计的条目来进行测量）。这些区分方式与前面刚提到的对于外在的和内在的宗教信仰的区分存在某些异曲同工之处。或许，对于宗教信仰的投入程度是内在的宗教信仰的一个方面，而对于自己所属的宗教群体的承诺则可能是外在的宗教信仰的一个方面。

让我们来看一下这些研究者的推理过程：如果宗教信仰在本质上会增强人们对于其他群体的偏见，那么，那些在宗教信仰上投入更多的人就可能赞成那些以其他群体中的成员为目标的自杀性袭击。然而，如果对于自己所属的宗教群体做出承诺的个体以及希望自己成为群体中的优秀成员的个体都会增强偏见，那么对自己所属的宗教群体的承诺性更高的人就尤其可能赞成那些以其他群体中的成员为目标的自杀性袭击。即使将这些人的宗教投入程度进行控制，这种倾向仍然存在。

上帝的工作？在全球范围内，已经有成千上万的人受到了恐怖分子的迫害。那些计划和执行这些袭击事件的人（比如本·拉丹）之中，有很多人都认为他们是在为正当的宗教信仰准则进行服务。像基地组织这类群体愤世嫉俗地建构出宗教信仰的虚伪外表，其目的就是为了替一个如果不这么做就会备受谴责的政治意识形态进行辩护？这些群体确实相信他们正在为上帝代劳？这些抱有强烈的宗教信仰的人竟然可以对其他群体产生如此强烈的仇视之情，这种现象看上去确实很令人费解。

为了对这些可选择的假设进行探索，研究者们对一个很大范围内的群体进行了调查。这些群体包括：巴勒斯坦的伊斯兰教徒、以色列的犹太教徒、印度的印度教徒、俄罗斯的东正教徒、印度尼西亚的伊斯兰教徒、英国的清教徒以及墨西哥的天主教徒。这项调查的结果很清晰地显示：对于自己所属的宗教群体的承诺（通过对于宗教仪式的出席率进行测量）可以显著地预测一个人对其他群体中的成员进行杀戮的支持程度。而对宗教的投入程度（通过做祷告的频率进行测量）则没有出现这一显著的预测效应（Ginges, Hansen, & Norenzayan, 2009）。这些发现都表明，很有可能是宗教信仰与社会发展之间的相关程度，即对于自己所属群体能够做出良好表现的承诺以及对于自己能够受到其他群体内成员赞许的愿望等，都可以被用来解释宗教信仰与负向偏见和歧视之间的关系。而这些发现与那些有关内在宗教信仰的多项研究结果也是一致的。

11.3.2　偏见标准随时间而变化

由于人们都有寻求社会赞许的需要，因此，他们会愿意采纳一个群体的偏见标准。然而，标准是会随着时间而发生变化的。随着这些变化的发生，人们对于刻板印象和偏见的表达也会发生相应的转变。

在过去的 50 年里，美国白人在那些诸如种族融合、种族间联姻以及黑人竞选总统这类问题上所报告的观点呈现出越发赞成的趋势（e.g., Ludwig, 2004）。然而，从诸如此类的发现中反映出来的到底是人们在偏见和刻板印象上所产生的真正改变，还是仅仅揭示出人们以符合社会期望的方式来对这些调查进行作答了呢？我们已经看到的是，当人们认为其他人是固执己见的时候，他们这种寻求社会赞许的愿望就会导致他们采纳负向的偏见。同样，这一愿望也会导致人们在认为宽容是社会规范的时候采纳宽容的观点。例如，在北卡罗来纳州的高中生之中，当白人学生相信他们的朋友和父母赞成种族间的友谊时，他们对黑人也会产生更多的好感。（Cox, Smith, & Insko, 1996）。

如果诸如此类的发现所代表的不是实际态度的转变，那么，它们所反映出来的就是在一个文化中指令性和示范性规范的改变。就如我们在前几章中讨论的那样，指令性规范告诉我们自己应当做什么并且感觉到什么。例如，如今美国的法律和政策的变化向我们传达的是这样一种信息，即基于种族、性别、人种、宗教以及年龄对他人进行歧视是不合适的，并且这些做法是与美国人的信条相悖的。而示范性规范告诉我们的则是人们实际上做了什么并且感觉到了什么。由于新法律的强制力已经减少了人们可以观察到的歧视事件的数量，这可能会让人们觉得自己的同龄人已经变得不如过去那么固执己见了。那么，在美国，指令性规范随时间改变而发生的变化很有可能与示范性规范的改变而带来的变化相似。因此，和过去相比，人们不仅更加不愿意公开地表达出自己那些固执己见的观点，而且也确实有可能比以往更少地持有这些观点，就像奥巴马最终真的在 2008 年当选美国总统这件事所显示出来的那样。

11.3.3 知觉到的社会地位与偏见的表达

回想一下当你是一个新人的时候，比如街区中新邻居家的小孩、工作岗位上的新雇员或者是宿舍里的新成员。作为这个群体中的一个边缘成员，你一定非常想融入这个群体，并且显示出你对于其他人的价值。其结果便是，你会比其他人更有可能遵守这个群体的规范。

杰弗里·诺埃尔（Jeffrey Noel）、丹尼尔·沃恩（Daniel Wann）和尼拉·布兰斯科姆（Nyla Branscombe）（1995）提供了一个很好的例子，来说明对社会赞许的渴望是如何导致群体中的边缘成员变得对群体外成员尤为敌对的。他们的被试是来自于兄弟会和妇女联谊会的成员以及申请者（即“正在受训中”的成员）。如图 11-4 所示，那些资深的成员不管自己的意见是会被保密还是会被公开，他们对群体外成员所表现出来的偏见程度没有发生变化。反之，那些申请者只有在自己的评价会向所申请的兄弟会或妇女联谊会成员公开的时候，才会对其他群体进行贬低。为了尝试获得社会赞许，申请人会者坚决地遵从了贬低其他群体的规范。这些发现显示出了一个社会赞许过程中的重要特征，即那些寻求赞许的人会在当他们的行为将会被潜在的赞许给予者看到的时候表现出明显的对群体规范的遵从。这些发现也显示出我们之前所看到过的一种个体 – 情境交互作用的形式，即某些特定的人（在这个例子中，是申请者而非既有的成员）会以某种特定的方式来行事（公开表达自己的偏见）。但是，这种现象只有在特定的情境下才会发生（当那些意见是被公开表达的时候）。

总之，因为人们会寻求社会赞许，所以他们可能会在偏见是一种规范的时候采纳并且表达出自己的负向偏见。由于在 1971 年的达勒姆，宽容并不是时代的主流，因此，埃利斯所具有的 3K 党成员的身份为他提供了大量的来自于白人群体的社会赞许和尊敬。故而，他与安·奥特沃特的友谊就给他带来了惨重的代价，因为当埃利斯停止了对黑人的仇恨时，他的朋友们也开始对他产生了仇恨。他难以忍受这种社会赞许网络的丧失以及由于这种丧失而导致的孤独感，埃利斯曾经企图自杀。甚至在 30 年之后他还说道：“有很多人恨我……我打赌若我径直走到某个角落，开口对我说话的不会超过一个人。这一代价所持续的时间就是如此漫长……我希望我拥有过更多的朋友。”（“An Unlikely Friendship,” 2003）确实，人们想要获得社会赞许的愿望非常强烈。

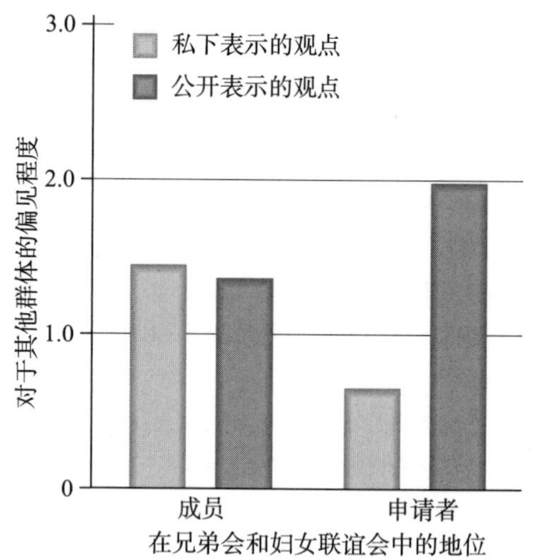

图 11-4 在不同情境下表示讨厌其他群体

堪萨斯大学兄弟会和妇女联谊会的申请者对于其他的兄弟会和妇女联谊会会表现得尤为轻蔑。但是，这一现象只有在当他们相信自己群体中的成员将会看到自己的评价的时候才会发生。群体中的边缘成员，就像这些申请者一样，都希望自己能够被接受，因此，即使这个群体要他们大胆地宣称自己对于外部群体持有偏见也在所不惜。

资料来源：Data from Noel et al. (1995), Figure 3.

11.4 自我形象管理

当埃利斯 8 岁的时候，曾经有一次和他的白人邻居们与一队来自铁路对面的黑人孩子们玩足球。那次比赛的结果是黑人队获胜。于是，在这些白人孩子们回家的路上，埃利斯所在球队里的一个成员由于这场比赛而带来的挫败感，对那些正走远的胜利者们大声地叫道：“你们这些黑鬼给我从铁路对面回来！”对于幼小的埃利斯来说，这句话唤醒了他心中的某种意识。尽管他意识到自己是贫穷的，而且他的家庭也被很多人看不起，但是，在那一刻，他却突然发现，他永远也不可能成为一个“黑鬼”。这也就意味着，总会有人处于比他更低的社会阶层。因此，他所感觉到的这种安全感源于相信自己比另一个人更好（Davidson, 1996, p. 64-65）。

25 年之后，当埃利斯受到 3K 党的欢迎并且投入他们的怀抱的时候，他找到了第二种与安全感有关的感觉。当他不再是一个局外人的时候，他感到，现在的自己是处于一种非常重要的兄弟关系之中的（Davidson, 1996, p. 123）。

在未加入 3K 党之前，埃利斯可以从知道自己不是一个“黑鬼”中寻求安慰；而在这之后，他同时可以从知道自己是一个 3K 党成员中得到快乐和自豪感。

11.4.1　个体身份和社会身份

社会行为经常是被想要获得更好的自我感觉的愿望所激发的。为了实现这一目标，人们所采取的方式是非常具有创造性的（参见第 3 章）。例如，在面对个人失败的时候，我们会尝试将自己的不足归咎于其他群体，也就是**找替罪羊（scapegoating）**，以此来维系一种良好的自我形象。那些被选择成为替罪羊的对象通常是那些很容易被定义的群体，对于这些群体，已经存在着一些为社会所接受的偏见。对于埃利斯来说，将自己在经济上的失败归咎于黑人是一件非常容易的事情。就像他在几年后所说的那样：“在那个时候，我不得不憎恨某个人。但是，憎恨美国是难以做到的，因为你看不见它，因此无法憎恨它。你需要有一些可以看得见的东西，并以这些东西作为憎恨的对象。对于我来说，我会自然而然地将黑人作为我的憎恨对象，因为我的父亲就是 3K 党的成员。”（Terkel, 1992.）**通过将我们自己的不幸和挫败归咎于其他群体，我们能够更好地打消自我怀疑，并且能够更加容易地产生良好的自我感觉。**

此外，通过将自己和其他成功的人联系在一起，并且通过与那些不成功的人划清界限，即通过沾亲带故以及与他人的失败进行隔绝，我们可以提升自我形象（e.g., Cialdini et al., 1976; Snyder et al., 1986）。这些策略表明，自我形象不仅仅会受到我们作为个体的感觉所影响，它还受到我们的**社会身份（social identity）**的影响，即我们对于自己所认同的群体的看法和感觉都会对我们的自我形象产生影响。当埃利斯对 3K 党及白人的基督教传统表示拥护的时候，他的自我形象得到了提升。相类似的是，在我们之中，很多人的自我形象也是通过我们对于自己的群体以及自己的种族背景所具有的自豪感而得到提升的。

对于社会身份会有助于自尊的提升的发现形成了社会身份理论的基础（Tajfel & Turner, 1986）。就如同个体会通过将自己与其他个体进行比较，以此来对自己的个体身份进行管理一样，人们也会通过将自己的群体与其他群体进行比较，以此来对自己的群体身份进行管理。通过将自己的群体与其他群体以一种有利于自己的方式区分，即通过进行一种向下的社会比较，将自己的群体看作比其他群体好，这样，我们就可以创造出一种正向的社会身份，而这也会进而增强我们的自我价值感（e.g., Hunter et al., 1996; Rubin & Hewstone, 1998）。

种族自豪感。我们看待自己所属的社会群体的方式会影响到我们对自己的看法。出于这个原因，我们会希望对自己的社会身份进行颂扬。然而不幸的是，正向社会身份的产生有时候会以轻视其他群体为代价，因为我们是通过将其他群体进行贬低的方式，从而来使我们自己的群体在这种比较之下看起来显得更好的。

为了创造出这种正向的差异，你可以直接通过正向刻板印象的方式来提升自己所属的群体。比如，埃利斯就是通过将 3K 党的荣誉准则、侠义精神以及保卫基督教这些美国人的愿望视作一个独一无二的存在，以此来提升他自己的社会身份。另外，你也可以通过主动地对其他群体进行贬低，以此来使你自己所属群体的形象在这种对比之下显得较为正向（Cialdini & Richardson, 1980）。比如，通过热衷地支持自己文化观念中关于黑人愚蠢而又懒惰的负向刻板印象，埃利斯更有可能将自己群体中的成员看作是聪明和勤奋的。同时，你也可以通过剥夺其他群体的机会来歧视他们，以此来使你的群体获得真正的优势。当然，你可以同时做这些事情。埃利斯就是这样的一个例子。通过夸大 3K 党的良好品质，通过将黑人打上强大的负向刻板印象的标签，通过有效地斗争以阻止黑人获得教育机会、提升经济水平，埃利斯使自己的社会身份得到了提升，并且从而使自己更广泛意义上的自我形象得到了提升。

11.4.2 群体内身份认同

埃利斯投身于3K党的活动中，并且很快地建立起了一个精力充沛并且卓有成效的工作者的形象。埃利斯从这个组织成立之初起就一直效力于它，但是，随着他在这个群体中的地位迅速攀升，先是成为教士，然后又成为尊贵的独眼巨人（即达勒姆的3K党分部中的最高职位），他对于这个组织的认同感也变得越来越强烈。随着他作为一个3K党人的身份认同逐渐变成他的自我形象中的一个重要组成部分，他想要将自己的种族偏见付诸行动的愿望也变得越来越强烈。当人们对自己所属的群体产生了一种强烈的认同感的时候，他们便会从自己所属群体所拥有的良好地位中获得更多的益处，而一旦他们所在群体的地位被削弱了，他们所失去的也更多。

一些研究的结果也确实表明了那些对于自己的群体具有较高认同感的人特别容易将自己的群体置于比其他群体更占优势的地位上（Branscombe, Schmitt, & Schiffhauer, 2007; Hodson, Dovidio, & Esses, 2003）。例如，在一个实验中，加拿大法语区的一所大学的学生要进行一项通过匿名的方式将额外的课程学分分配给自己的同学的任务。在有可能得到这些额外学分的学生之中，有些是这些学生自己群体中的成员，有些则不是。结果发现，那些对于自己所属的群体不具有强烈的身份认同感的学生将这些学分平均地分配给了这两个群体。而与实验的预期相一致的是，那些对于自己所属的群体具有较高的身份认同感的学生则会给自己所在的群体分配更多的学分（Gagnon & Bourhis, 1996）。这一结果表明，群体内身份认同会导致更多的歧视。

11.4.3 权威主义与偏见

很多人都认为，负向偏见是由“病态的”大脑所产生的。毕竟，只有那些有心理疾病的个体才有可能对他人产生负向的感觉，并且以恶劣的方式来对待他们。而导致他们这么做的原因仅仅是因为那些人看起来跟自己不一样或是属于另外一个群体。那么，事实是否如此呢？

群体间敌对是由具有心理缺陷的人格所引起的，这个观点曾经一度成为偏见研究领域中的前沿观点。接下来，我们就会对这个假设进行更为深入的探讨。我们将重点讨论**权威主义（authorita rianism）**这种人格特征。具有这种人格特征的人会屈服于那些具有较多权威的人，而诋毁那些具有较少权威的人。

联结：适应与障碍

权威型人格

当世界各地的人们听说曾经有上百万条生命在纳粹集中营里遭到终结，他们会面临这样一些令人困扰的问题：如此强烈的偏见是从何而来的呢？哪种类型的人会参与到这样的屠杀中呢？哪种类型的人会袖手旁观呢？

从这些问题中便产生了权威型人格这样一个观点（Adorno et al., 1950）。**具有权威型人格的个体容易对权威产生屈从，而对那些被他们知觉为社会地位比自己更低的人则会产生攻击性**。也就是说，这些人对那些社会地位比自己高的人会“阿谀奉承”，而对那些社会地位比自己低的人则会“落井下石”。对这些人来说，采纳并且遵守社会规范是一件极为容易的事情。他们对待那些挑战社会规范的人所采取的态度往往很强硬。他们会以一种简单化的非黑即白的方式来看待这个世界，并且会对那些灰色地带十分厌恶。此外，与我们的研究目的有关的最重要的一点就是，我们假设具有权威型人格特征的人会对少数群体中的成员表现出强烈的偏见。

根据西奥多·阿朵诺（Theodor Adorno）及其同事的观点，如果家长在他们年幼的孩子犯了一些小错之后就对其进行严厉的惩罚和羞辱的话，那么就会培养孩子形成权威型人格。这一人格特征的形成后果便是，这些孩子会对自己的父母以及其他权威个体产生敌对的情绪。然而，其实他们并不想表现出或者甚至是承认他们具有这种敌对情绪。这是因为，如果他们一旦这样做了，就会导致更多的惩罚，同时会给自己造成一种强烈的内部冲突，即一方面憎恨自己惩罚成性的父母，而另一方面则认为自己应当敬爱和尊重自己的父母。这些孩子会学习压制他们对自己父母以及其他权威者的敌对情绪，同时将自己的这些攻击性冲动转移到那些比自己更弱的社会成员的身上。偏见便是从这些内部心理冲突中诞生的。

这种关于偏见的观点很快流行起来。其可能的原因是，它似乎可以解释为什么那些被认为是井然有序、遵守纪律和尊重权威的德国人不但允许了希特勒这样的独裁者上台，而且还对他要将犹太人以及一些其他人种进行灭绝的计划表示赞成。但是，其他研究者发现，在阿朵诺及其同事所提供的解释中也存在着缺陷（e.g., Christie & Jahoda, 1954）。例如，人们也可以通过其他方式形成权威型人格。而根据另外一种观点，青少年仅仅通过观察他们具有权威型人格特征的父母，就可以学会如何变得具有权威性（Altemeyer, 1998; Duriez et al., 2008）。此外，还有一种解释表明，对于权威主义的倾向是通过基因而得到延续的（Scarr, 1981）。而事实上，这三种观点均得到了一些实证研究的支持。

尽管如此，研究的结果仍然发现，阿朵诺和他的同事们关于权威主义和负向偏见的观点是相当正确的。那些会透过权威主义者的眼睛来看待这个世界的人，与那些不会用这种方式来看待这个世界的人相比，会对群体外成员持有更多的负向偏见（e.g., Haddock, Zanna, & Esses, 1993; Whitley & Lee, 2000）。这一结果在美国、加拿大、英国、南非、俄罗斯以及其他许多国家中那些具有权威型人格的人身上都得到了证实（e.g., Duckitt & Farre, 1994; Heaven & St. Quintin, 2003; Napier & Jost, 2008; Stephan et al., 1994）。

当人们所持有的偏见主要存在于明显出现功能障碍并且明显地具有独裁主义的个体头脑中的时候，人们通常可以在心理上得到安慰。毕竟，由于我们与那些患者不同，因此，我们便可以避免这种必须坦白地承认自己具有某种偏见的情况。但是，我们还是不要欺骗自己了。我们之中的很多人所具有的权威主义倾向都比自己愿意承认的要高。我们已经看到，对于普通人来说，服从他人的命令是多么容易的一件事情，即使这种命令很极端（见第 6 章）。此外，有大量证据表明权威主义与偏见之间存在相关关系的研究都是用大学生作为被试的。最后，当我们经历令人沮丧的负向事件或者具有威胁性的事件时，权威主义的倾向会得到增强（e.g., Sales & Friend, 1973）。例如，在 2001 年 9 月 11 日恐怖分子对美国进行袭击之后，美国人比以往更加愿意牺牲一些个人自由来换取更多的政府力量，并且对那些公开反对总统和政府官方政策的人也发出了更多的批评声音。由于诸如此类情况的发生会激发几乎每一个人的权威主义的态度和目标，因此，我们中的绝大多数人都拥有对那些处于更低社会地位的群体造成实质性伤害的能力。

我们之所以应当避免持有这样一种自利的信念，即强烈的负向偏见只存在于那些具有异常人格的个体的头脑之中，其中还有另外的一个原因，那便是：这并不是真的。事实上，就如我们在整章中已经看到的以及在以后的章节中也会继续看到的那样，我们每一个人都持有某种类型的负向偏见，我们每一个人都对某些群体持有负向刻板印象，并且，我们每一个人都会时不时地对他人进行歧视。但是，“我们中的其余那部分人”仍会沉迷于负向偏见、刻板印象以及歧视行为带来的快感。

11.4.4 失败与自我形象威胁

埃利斯工作过的面包房要歇业了，所以，埃利斯现在需要一份新工作。对他来说，当地一家汽油站转让的消息让他获得了一份意外的惊喜。另外，更为幸运的是，一家相邻的店铺主人表示，愿意同他一起签署这项贷款。埃利斯对这次机会感到欣喜若狂，因为他将这件事情看作一次创造好生活的大好机会，因此，埃利斯全身心地投入到了这件事情中去。然而，尽管他在汽车动力方面掌握着很全面的技术，但是令人遗憾的是，他较差的教育经历使他缺少经营一项生意的能力。带着极大的失望和沮丧之情，他在以后每月的月末发现，当自己把账单全部付清之后，还是会像以前一样贫穷。而就是在这段时间，埃利斯申请加入一个 3K 党联盟，并且仅仅在数周之后，他就成了其中的一员。这是一个巧合吗？很有可能不是。

当自我形象遭到挫折、失败或者其他威胁因素撼动的时候，我们便更有可能贬低那些下级群体中的成员（e.g., Rudman, Dohn, & Fairchild, 2007; Sinclair & Kunda, 2000）。让我们来看一个针对密歇根大学的学生进行的实验。在这个实验中，被试首先会进行一项智力测验，接着，他们会得到一个关于自己在测验中的表现的反馈信息，即他们或者会被告知自己在之前的测验中表现得很好，或者会被告知自己在之前的测验中表现不佳（Fein & Spencer, 1997）。随后，他们进行了第二项研究。在这项研究中，被试要对一位应聘者的人格及其职位的要求进行评价。有些被试获知这位女性应聘者是一名犹太人，由此启动了他们对于“犹太裔美国公主”的刻板印象。相对应地，其他被试将会获知这位应聘者是意大利裔，因此这个群体则没有启动负向刻板印象。结果发现，那些认为自己在智力测验上表现良好的学生对两种应聘者的评价之间没有存在显著的差异。而对于那些认为自己在智力测验上表现较差的学生来说，他们对那位犹太裔应聘者所做出的评价显著低于他们对那位意大利籍应聘者所做出的评价。有趣的是，那些学生在贬低犹太裔应聘者之后，自尊得到了增强。这就表明，在有些时候，人们可以通过对负向刻板印象化的群体中的成员进行贬低的方式，来使自己受到威胁的自尊得到重塑。

小调查

之前我们注意到，当大多数美国白人的经济状况变差的时候，他们对非裔美国人和华裔移民所产生的攻击性行为会有所增加。当时我们是以支持和保护自己所属群体为目的来对这些发现进行解释的。但是，如果我们想从管理自我形象的角度出发，该如何对这种现象进行解释呢？在你看来，哪一种解释更为合理呢？另外，你可以通过哪种方法来对你的假设进行检验呢？

11.4.5 自尊与威胁

如果提升群体内部成员或贬低群体外部成员可以帮助一个人重塑自己受到威胁的自尊的话，那么，一个时常遭受较低自尊威胁的人就应该欣然地采取这种策略（Wills, 1981; Wylie, 1979）。事实也的确如此。研究发现，那些具有较低自尊的个体容易对群体外成员持有负向偏见，而对群体内成员则表现出一贯的偏好（Crocker & Schwartz, 1985; Crocker et al., 1987）。然而，你可能会感到奇怪的是，为什么那些具有高自尊的人同样会对自己的群体产生偏好，并且这种偏好的程度相对于那些具有低自尊的人来说更为强烈（Aberson et al., 2000; Guimond, Dif, & Aupy, 2002）。另外，当这些具有高自尊的个体受到失败威胁的时候，其身上所表现出来的这种群体内偏好可能会变得尤为明显。

让我们通过下面的例子来对这个问题作进一步的阐释。当一位具有较高自尊的女性最终在妇女联谊会中获得了一个较低的职位的时候，会发生些什么情况呢？珍妮弗·克罗克（Jennifer Crocker）和她的同事们（1987）猜想，这些女性会认为自己在妇女联谊会中所拥有的这种较低的声望会对她们的自尊产生威胁。毕竟，她们可能会认为，自己理应得到一个更好的职位。如果这种推理正确的话，那么研究者会认为，这些女性就应当特别容易对其他妇女联谊会中的成员进行贬低。为了进一步探讨这种假设，克罗克和她的同事们招募了一批来自西北大学妇女联谊会中的女性，并对她们对于大学校园中的妇女联谊会的意见进行了测量。如图 11-5 所示，大多数妇女联谊会中的女性对那些来自其他妇女联谊会中的成员所做出的评价，都比对自己群体中的成员所做出的评价更加偏向于负向。对于那些具有较低自尊的女性而言，其评价结果不受她们所属妇女联谊会的地位的影响。因为无论其所属群体地位高或低，她们都会贬低其他妇女联谊会中的成员。相反，对于那些具有高自尊的女性而言，她们的评价结果会根据妇女联谊会声望的高低而产生很大的不同。那些属于声望较高的妇女联谊会中的女性对于其他妇女联谊会中的成员几乎没有表现出偏见，而那些属于声望较低的妇女联谊会中的女性则会对其他妇女联谊会中的成员进行强烈的贬损。显而易见，从属于一个声望较低的妇女联谊会会对这些高自尊女性的正向自我形象造成威胁。综上所述，群体内偏好是自尊感高或低以及社会性威胁的存在与否这两个因素交互作用的结果决定的。对于那些具有高自尊的个体而言，对他们自我形象的挑战尤其具有威胁性。因此，在这类人身上有可能表现出更为强烈的群体内偏好。

11.5 寻求心理效率

在将近午夜的时候，纽约城的便衣警察们开着一辆不起眼的小车在街道上巡察。他们希望抓住那个已经威胁了这个地区两年的连环强奸犯。突然，他们发现一个身着黑衣的男子正在一座房子前来回踱步，显得十分焦虑不安。他们认为这位男子具有犯罪嫌疑，因此，这些警察将车停下，想要过去盘查他。然而，当警员靠近他的时候，这位名叫阿曼多·迪埃罗（Amadou Diallo）的男子或者是故意忽视了，或者是没有听到警员的指示，他径直走向了这座房子光线幽暗的入口。突然，他转身朝向这些警员，并且迅速地从口袋里掏出一个黑色的物体。“枪！他有一把枪。”其中的一名警员大声叫道。于是，数秒钟之内，就有 41 发子弹射向这位男子，其中有 19 发直接射穿了他的身体。当警员们靠近他想要对其进行检查的时候，他们发现自己犯下了一个可怕的错误，在这位死者的身旁放着的不是一把枪，而是一个钱包。也就是说，他们刚刚杀死了一个没有武装的人。

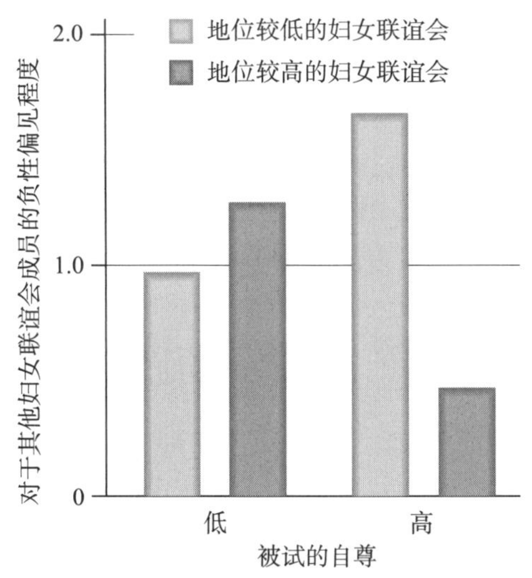

图 11-5　自尊与妇女联谊会地位的威胁

在一项对于西北大学的妇女联谊会女性的研究中，那些具有低自尊的女性对于其他的妇女联谊会中的成员进行了贬低。但是，具有高自尊的女性所持有的观点取决于她们自己所属组织的声望：那些处于高声望妇女联谊会中的女性对于其他妇女联谊会几乎没有表现出偏见，然而，那些处于低声望妇女联谊会中的女性表现出了最大的偏见。很显然，属于一个"配不上她们"的妇女联谊会是相当具有威胁性的，这会导致这些女性对其他联谊会中的成员进行贬低，其目的是为了重建她们受到损害的自我形象。

资料来源：Data from Crocker et al., (1987), Table 2, p. 913.

批评者和检察官指出，这些警员之所以会靠近迪埃罗并对其进行射击，是因为他是一个黑人。所以，迪埃罗的死不是一次意外，而是一场故意杀人案。而这些警员则辩称，他们之所以犯下了这个可怕的错误，是因为他们认为自己当时正处于致命的危险之中。所以，这个错误尽管很可怕，但是却是可以被理解的。于是，陪审团的艰巨任务就是判定哪一种解释才是正确的。这些审判员们很有可能会这么问自己："如果我身为这些警员的话，我当时会做出怎样的反应？我会把这个钱包误认作一把枪吗？我又会不会开枪呢？"

安东尼·格林沃德（Anthony Greenwald）、马克·奥克斯（Mark Oakes）和亨特·霍夫曼（Hunter Hoffman）(2003）让大学生们进行一个实验，让他们模拟当晚那些警员所遇到的情况。在一个类似电子游戏的任务中，被试会被告知，自己所操纵的玩家扮演的是一个便衣警察的角色。他们会在屏幕上看到一些从一个垃圾桶后面不时冒出来的人，对每一个人他们都会有一秒钟的时间来对其做出反应。有些时候，从垃圾桶后面出现的人是一个穿着随意的便衣警察，在这种情况下，被试应当快速地按下键盘上的空格键，以此来模拟一个安全的信号；而有些时候，从垃圾桶后面会出现一个穿着随意的平民，并且这位平民的身上不携带任何危险物品，在这种情况下，被试不需要做出任何反应。而在另外一些时候，则会出现一个穿着随意的持枪罪犯。在这种情况下，被试需要将电脑鼠标移至那个人的身上，然后点击，以此来模拟一个用武器射击罪犯的场景。在这些不时冒出来的人之中，有些是黑人，有些是白人。而研究者所关注的是，种族这个因素是如何对被试做出正确判断的能力产生影响的。

他们的发现令人不安：与白人相比，黑人更加容易被错误地射击，即使当他们是以便衣警察的身份出现的时候。为什么会产生这种现象呢？第一，当枪支和不具有杀伤性

你从刻板印象中看到了什么？在上面这两个人中，哪一个人的手里拿着一把枪？哪一个人的手里拿着钱包？在存在时间压力的时候，美国大学生，无论黑人还是白人，顽固的还是不顽固的，都有可能将一个不具有危害性的物体看作一件武器。并且，当这个物体被握在一个黑人手中的时候，比起当这个物体被握在一个白人手中的时候，这种情况更有可能发生。因此，仅仅是对于这种将黑人与攻击性联系在一起的文化刻板印象的了解就足以导致错误的发生，并且在有些情况下，这种错误的判断甚至有可能是致命的。

的物品是由一个黑人所持有的时候，被试更加难以迅速地区分两者；第二，被试似乎做好了更为充足的心理准备，来将一件黑人身上所带有的物品当成枪，并且对他进行“射击”。其他研究也同样证实了这些发现，并且对这些发现进行了拓展。例如，某项研究发现，当存在时间压力的时候，诸如此类的刻板印象化的偏见都是在无意识的状况下发生的，即偏见的产生无须有意识地注意。它们既存在于那些自身受到歧视的人身上，同时也发生在那些自身没有受到歧视的人身上。它们同时存在于白人和黑人之中。并且，即使当人们试图避免自己受到种族因素影响的时候，这些刻板印象依然存在（Correll et al., 2002; Payne, 2001; Payne, Shimizu, & Jacoby, 2005）。实际上，仅仅是对于文化刻板印象的了解，即仅仅是当我们了解到在美国的文化中，黑人是被视为危险的，似乎就足以制造出认知上的偏差。

诸如此类的发现表明了**刻板印象化（stereotyping）**的一个隐含意义，即先将一个个体归类到一个特定群体中去使之成为其中的一员，并且推断他拥有这个群体成员的普遍特征的过程。刻板印象化是一种理解他人的持续存在的方式，这种理解方式对认知资源的要求很低。通过假定人们与其所在群体中的其他成员具有相似性，我们避免了对个体进行了解的费时又费力的过程（Allport, 1954; Hamilton, 1981; Lippman, 1922; Tajfel, 1969）。并且，由于刻板印象是人们对于群体成员所进行的丰富而又形象的预期，因此，只要我们对一个人所属的群体进行了识别，我们便会感觉到，自己好像已经对那个人有了很多的了解。刻板印象为模棱两可的行为提供了既有的解释，由此导致了那些警员假定迪埃罗从口袋里掏出来的是枪，而不是钱包（e.g., D'Agostino, 2000; Dunning & Sherman, 1997; Eberhardt et al., 2004）。刻板印象为在某个特定时间发生了某件事情提供了既有的解释，因此，当一个男孩在一个数学测验上得到低分时，人们会假设，之所以会出现这种结果是因为他的运气不好或者是他的努力程度不够，而如果同样的事情发生在一个女孩的身上，人们则会认为这个女孩缺乏能力（Deaux & LaFrance, 1998; Frieze et al., 1978; Swim & Sanna, 1996）。另外，刻板印象还为评价不同群体中的成员提供了不同的标准。这就导致了我们很少会考虑到一个亚裔美国学生的学业表现，而当一个美国本土学生在其学业上也有了类似表现的时候，我们便会认为，这个学生是非常具有天赋的（e.g., Biernat, Kobrynowicz, & Weber, 2003）。刻板印象化以很少的努力，为我们提供了大量的信息。

那么，阿曼多·迪埃罗之所以会被误杀，是因为这些警员对黑人所持有的偏见吗？当然，这种情况的可能性是肯定存在的。但是，迪埃罗之死同样也有可能是一个真正的带有悲剧性的错误，因为这一错误是由这种为人类所特有的倾向所引起的。这种倾向指的是，迅速地对他人产生刻板印象，并且伴之以这种非常容易产生的文化观念，即认为黑人都是危险的。不幸的是，我们很有可能永远都不会知道发生在迪埃罗身上令人心碎的事情真相。然而，我们知道的是，刻板印象化是人类认知活动中的基本过程，并且它的结果可能十分严重。

11.5.1 有效率的刻板印象的特征

从长期来看，刻板印象作为一种简化工具，当它们的准确性处于一个合理的水平，即当它们可以对一个群体中的成员特征进行成功描述的时候，那么，这种工具还是能够发挥一些有益的作用的。尽管很多刻板印象都是非常不准确的，比如看起来，女性似乎比男性说的话更少（Mehl et al., 2007），但是，在其他的一些刻板印象之中，还是包含了一些实质性的真实成分（e.g., Lee, Jussim, & McCauley, 1995; Oakes et al., 1994; Ottati & Lee, 1995; Ryan, 1996）。珍妮特·思维姆（Janet Swim）（1994）将真实的性别差异以及大学生对于同样的这些性别差异所做出的评估进行了比较。结果发现，尽管有些时候，学生们的刻板印象会对这些性别差异产生过低的估计，而有些时候则会对这些性别差异产生过高的估计，但是，从大体上来看，这些评估的准确性还是处于一个合理的水平上的。最具有说服力的证据是，这些学生们极少将性别差异的方向弄错。例如，他们几乎从来不会错误地认为女性通常要比男性更具有攻击性。

具有讽刺意义的是，我们往往会发现，那些准确性非常高的刻板印象，即那些完全地反映了真实社会群体的复杂性的刻板印象都太过复杂，以至于无法让我们节省很多时间和精力。结果便是，刻板印象通常会通过“激化”，即夸张的方式来将存在于不同群体之间的实际差异进行夸大，而对于那些群体内的差异，则会采用“柔化”的方式，从而使之得以减少。我们可以在图 11-6 中看到这种趋势（e.g., Dijksterhuis & van Knippenberg, 1999; Krueger & Rothbart, 1990）。这一“柔化”的过程会导致人们将其他群体中的成员视为过度同一化的，或者说是与他人太过相似的（Boldry, Gaertner, & Quinn, 2007; Mullen & Hu, 1989; Park Judd, & Ryan, 1991）。尽管平均而言，女性比男性所产生的身体攻击行为更少，但是，有些女性会特别具有攻击性，而有些女性则特别热爱和平。然而，男性特别容易对这种差异的价值进行低估，因为他们相信，大多数女性也都具有缺乏进取心这一特征。

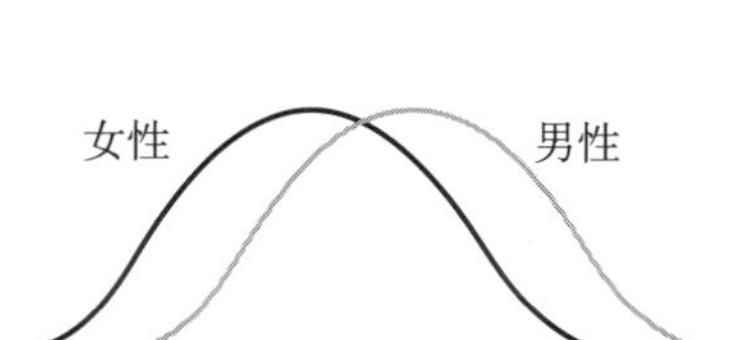

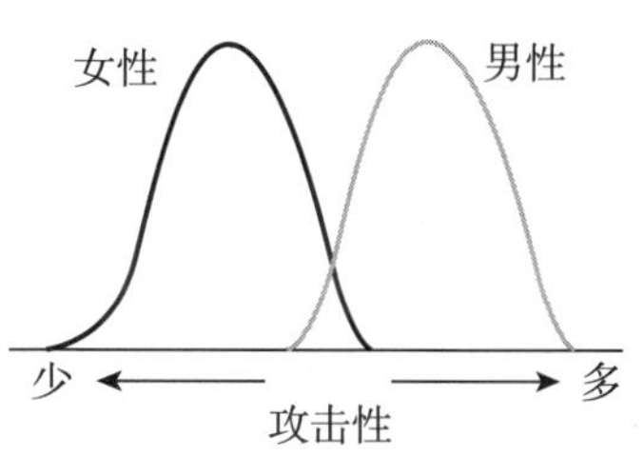

图 11-6　为了创造出有效率的社会类别而进行的激化或柔化

为了让我们自己节省时间以及减少认知上的努力，我们通常会激化群体间的差异，并且削弱群体内的差异。例如，尽管男性和女性确实在他们的攻击性上具有差异，但是，我们还是会倾向于在自己的头脑中将这种差异夸大。

这种“在我看来他们都一样”的现象是**知觉到的群体外一致性（perceived outgroup homogeneity）**效应的一种表现形式。这种效应指的是对其他群体成员之间的相似程度进行过高估计的倾向。由于我们通常会因为习惯于将群体外部成员进行归类，而非将他们作为一个个独立的个体来看待，所以我们无法欣赏到其他种族群体成员面部特征的多样性，故而我们并不擅长对他们进行准确辨认（e.g., Anthony, Copper, & Mullen, 1993; Brigham & Malpass, 1985; Hugenberg & Sacco, 2008）。让我们来看一个在利奈尔·杰特（Lenell Geter）这名黑人身上发生的故事。杰特是一名年轻的工程师，他在达拉斯地区的一家研究中心工作。突然有一天，他被别人从一张照片中指认为一家快餐店的武装抢劫者。尽管没有任何实际的证据将杰特与这件案件联系起来。他没有犯罪记录，他的同事们也可以作证在盗窃案发生的时候，他正在 80 公里外的地方工作。但是，由全体白人成员所组成的陪审团仍然对由白人和西班牙裔目击者所提供的确信无疑的证词感到深信不疑，因此，他们决定判处杰特与这件涉及 615 美元的抢劫案有关，并且将他宣判入狱。后来全美有色人种促进会将这个案件作为例证，受到了全美媒体的注意，同时在杰特同事们锲而不舍的努力之下，这一案件才获得了重审。但是，仅仅是当警方逮捕了与此案有关的另外一个人，即在相同的目击者将另外

一个身份受到误认的案件。在你看来这两个人相似吗？对于一系列抢劫案的白人以及西班牙裔目击者来说是这样的。因此，左图的利奈尔·杰特才会被指控为此案的凶手，而事实上，位于右图的那个人才是真正的凶手。这位凶手最终被逮捕。由于受到一种知觉到的群体外部一致性的影响，人们在对其他种族中的成员进行辨认的时候会遇到困难。因此，为了以示公平，我们似乎可以这样提问：如果这些目击者自己也是黑人的话，杰特还会被他们进行错误地指认吗？毕竟，杰特对本书的其中一位作者是这么说的：“我可比那个家伙好看多了！”

一个人也指认为一系列类似抢劫案的凶手之后，达拉斯的检察机构才对杰特进行了无罪释放的宣判。也就是说，在经历了 16 个月的铁窗生涯之后，杰特才再度恢复了自由身（Applebome, 1983, 1984）。

这种对于其他群体成员的一致性进行过高估计的倾向起到了十分有益的作用：它使我们更容易对他人进行刻板印象化的评价（Lambert et al., 2005; Spencer-Rogers et al., 2007）。比如，如果一位女性认为，所有的男性都是不折不扣的运动迷，那么，她就可以十分自然地假定，她下一次将要遇到的那个人也会是一个富有运动细胞的人。然而，如果她认为男性在这方面的个体差异很大，那么，她就不会对自己下一次将要遇到的那个人是否会是一个富有运动细胞的人感到如此确信。这便迫使她采取一种比较费力的方式，即根据此人的个体特征来形成新的印象（Linville et al., 1989; Ryan et al., 1996）。

由此，我们可以看到，形成并且使用简单而又具有一致性的刻板印象是十分具有认知效率的，尤其是当这些刻板印象的准确性处于一个较为合理的水平时。通过这种方式，我们就能够把我们有限的认知资源分配到其他地方去。由于刻板印象很容易进入我们的思维中，因此，它们的效率得到了进一步的提升（e.g., Banaji & Greenwald, 1995; Devine, 1989; Macrae, Milne, & Bodenhausen, 1994）。这也就意味着，只要你将一个群体外成员进行归类，你就会很快地开始以你看待那个群体中的成员的普遍方式来看待他。接下来，我们来探讨一种研究者用来对刻板印象的自动化激发过程进行研究的方法。

联结：方法与证据

自动化和控制加工的偏见、刻板印象和歧视的社会神经科学

一般而言，白人会表现出一种基于种族的射击者偏见，即当白人大学生在一个电子游戏中看到携带枪支或者其他不具有威胁性的物品（比如手机）的黑人或者白人，并且被要求十分迅速地做出射击或不射击的决定的时候，他们会更加经常并且更加迅速地对那些身负武装的黑人，而不是对那些身负武装的白人进行“射击”。另外，他们也会更加经常并且更加迅速地决定不对那些身上没有武装的白人，而不是对那些身上没有武装的黑人进行射击。为什么会出现这种情况呢？

一种可能性是，当目标人物是黑人的时候，人们会更快地将其判定为是具有威胁性的。另外一种可能是，在目标人物是黑人的情况下，白人更加不能够或者更加不愿意控制和抑制自己在最初所产生的基于刻板印象的射击意图。乔舒亚·科雷尔（Joshua Correll）、杰弗里·厄尔兰德（Geoffrey Urland）和蒂法妮·埃托（Tiffany Ito）（2006）推论，这些可能的解释可以用一种通常被神经科学家用来了解大脑加工过程的方法来进行区分。事件相关电位（ERP）是指大脑的电活动对于特定事件做出反应时所产生的波动。幸运的是，对于那些有兴趣了解射击者偏见的研究者来说，不同的 ERP 成分可以对威胁探测过程和认知控制加工的过程进行区分。比如，像生气的面孔这类具有威胁性的图像会使一个叫作 P200 的 ERP 成分得到激活，而想要对最初所产生的倾向进行控制的意图则会使一个叫作 N200 的 ERP 成分得到激活。

根据这些思路，科雷尔和他的同事们提出了以下的这些假设：如果黑人确实被认为是特别具有威胁性的，那么，他们的 P200（表示对危险的知觉，可以促使人们做出射击的决定）就应该得到更大的激活，并且他们的 N200（表示一个相对较小的控制自己倾向于做出射击决定的意向）就应该得到更小的激活。这些研究者们让被试玩一个“射击或不射击”的游戏，与此同时，被试会被要求戴上一个带有弹性的帽子，在这个帽子上装有电极，用来记录被试的大脑活动。这些研究者发现了怎样的结果呢？首先，与之前的发现相同，在决定要对身负武装的目标做出射击反应的时候，被试对黑人目标做出射击反应的速度要比他们对白人目标做出射击反应的速度更快。另外，在他们决定不对那些身上没有武装的目标做出射击反应的时候，也是对那些白人目标所做出的反应速度比对那些黑人目标所做出的反应速度更快。其次，这两个过程似乎都对这种射击者偏见的发生起到了作用。其中，P200 的激活表明，被试确实能够非常迅速地将黑人知觉为具有威胁性的，他们仅仅在 0.25 秒之内就做出了反应！而 N200 的激活则表明，被试会更慢地对那些可能会使他们做出“射击”决定的意图进行抑制，并且，即使是在有证据表明射击是错误的决

定的时候（即当黑人目标的身上不负有武装的时候），这种情况依然存在。

这一发现是关于目前正在崛起的社会神经科学领域是如何帮助我们更好地了解社会性思维、感觉和行为的一个例子。在这个例子中，这些方法使研究者们能够对一系列关于快速刻板印象化过程的假设进行研究，而如果不借助这些方法的话，对于这个问题的探讨就很难深入下去。如我们在第 1 章中所讨论的那样，社会神经科学是一个交叉性的学科领域，它的目标是理解社会现象与大脑及神经系统过程之间的关系（Cacioppo, 2002; Ochsner & Lieberman, 2001）。这一领域的出现是建立在这样的一个假设之上的：即为了对社会性行为进行全面的理解，研究者们需要对物质世界和存在于大脑中的过程是如何相互影响的，以及这两者是如何通过共同作用而创造出行为的过程进行探讨。

其他社会神经领域的方法对研究刻板印象和偏见的自动化及控制加工过程方面的重要问题也同样有帮助（Amodio, 2008）。

面部肌动电流描记术（EMG）测量的是面部肌肉进行活动时的电冲动，比如那些正向的（微笑）或者负向的（皱眉）的面部表情。实际上，即使人们非常成功地对自己的情绪性表情进行了抑制，以至于一个人类观察者无法探测它们的存在，但是面部 EMG 仍然可以探测到与这些表情相关的早期的、非自主的电活动。面部 EMG 是一个用来测量人们对于社会性事件的非自主化情绪反应的有效工具。利用这一工具，研究者们已经提供了强大的数据来支持下面的这个观点，即我们在有些时候会对其他群体中的成员做出快速的、自发的、情绪丰富的反应。并且，即使是当我们想要，并且确实抑制或者改变这些反应的时候，它们仍将存在（Vanman et al., 1997）。

功能性磁共振成像（以下简称 fMRI）是一种大脑扫描技术，它所测量的是富氧血液的流动，因此，研究者可以从中获知情绪和认知过程是发生在大脑的哪些部位。比如，用 fMRI 进行的研究表明，杏仁核参与了对情绪性事件的加工过程，而前额叶的某些特定区域则参与了控制和管理一个人的思维、感觉和行为的过程。从 fMRI 的研究中所产生的结果（e.g., Cunningham et al., 2004）加深了我们对其他群体成员的自动化的负向联想是如何很快地出现以及如何被可能存在的控制化的、有意识的过程所调节的理解。

那么，这些方法学上的工具在为我们提供了一种理解大脑和神经系统的更好方式的同时，是否也能够成为一种使我们对社会性行为进行理解的最终方法呢？当然不是（Amodio, 2008）。约翰·卡乔波（John Cacioppo）和他的同事们（2003）对那些有志于对社会神经科学的技术了解更多的研究者强调："你掌握了大脑成像技术，然而，这并不意味着你可以就此停止使用你的大脑来思考问题。"通过这句话他们想表达的是，和所有的方法一样，那些从神经科学中诞生的方法也有它们各自的优缺点，因此，它们必须经过慎重考虑后才能被使用。当然，它们也可以成为社会心理学家一个非常有用的工具，并且，毫无疑问，它们将在我们对人类行为的持续探索中扮演越来越重要的角色。

很明显，作为一种对他人进行理解的方式，刻板印象化的过程既有可能是行之有效的，同时，在通常情况下，这种过程也有可能是具有破坏性的。现在，让我们进而探讨一下那些存在于个体与情境之中的因素，这些因素会导致人们出于对认知效率的考虑而对他人进行刻板印象化。

11.5.2　对于结构的需求

有些人喜欢他们的生活相对简单一点、有序一点，而不喜欢突然的扰动以及意料之外的事情。这些个体具有一种较高的对于结构的需求，并且，如我们在第 3 章中所学到的那样，这些人会争取用简单的方式来看待这个世界（Thompson, Naccarato, & Parker, 1989）。由于刻板印象是一种对这个世界进行简单化看待的方式，因此，这些人便更加有可能用他们既有的刻板印象来理解他人（Naccarato, 1988; Neuberg & Newsom, 1993），同时，这些人也更加有可能对新的群体形成刻板印象（Schaller, Boyd, Yohannes, & O'Brien, 1995）。

11.5.3　情绪和情感

感觉会影响到动机以及对问题进行全面思考的能力。同时，它们也会影响到哪些想法会进入到人们的思维之中。因此，我们的情绪和情感可以强烈地影响到我们是否以及怎样对他人进行刻板印象化的理解。

首先，让我们回忆在第3章中所讲到的，当人们处于良好的情绪状态时，会比较缺乏对事情进行全面思考的动力。某些负性情绪，比如沮丧，预示了我们需要对自己身边的人予以更为密切的关注。而正性情绪则预示了我们可以对自己即将着手做的事情抱以相对较少的忧虑，或者更少担心我们自己会在不远的将来遇到麻烦（Schwarz, 1990b）。因此，处于正性情绪状态之下的人应该更不会专注成为一个精确无比的人，同时也应该更愿意寻求诸如刻板印象这类简化了的认知捷径。事实上，**正性情绪确实能够使刻板印象得到加强**（e.g., Bodenhausen, Kramer, & Susser, 1994; Park & Banaji, 2000; Stroessner & Mackie, 1992）。例如，一些被给予良好反馈的澳大利亚学生，即当这些学生被告知自己在前一个任务中表现良好的时候，由于他们被置于了一种正性情绪状态之下，因此，与那些处于中性情绪状态之下的学生相比，前者更加容易对那些戴有穆斯林头饰的目标人物表现出射击者偏见（Unkelbach, Forgas, & Denson, 2008）。

其次，那些正在被唤起的情感，比如愤怒、恐惧和愉悦感，会减少我们可以得到的认知资源，从而限制了我们对他人进行全面思考的能力，并且由此使刻板印象更有可能出现。例如，愤怒和焦虑会导致人们特别容易对他人产生刻板印象化的理解（Bodenhausen, Sheppard, & Kramer, 1994; Wilder, 1993）。事实上，即使当心理唤起与感觉无关，即当这种唤起是发生在练习之后的时候，人们仍然会更有可能出现刻板印象（Kim & Baron, 1988; Paulhus, Martin, & Murphy, 1992）。

情绪和情感同样也能影响到人们理解他人所属的社会类别。我们中的大多数人都会同时属于无数个类别之中，而我们是如何被他人归类的则取决于他人当时是怎样感觉的。比如，本书作者之一是一位犹太裔的大学教授。对于那些喜欢大学教授但是不喜欢犹太人的人，如果他们是在情绪处于良好状态的情况下见到这名作者，那么，他们便更有可能将他视为一名大学教授。然而，如果他们当时的情绪不佳，便会更有可能将这名作者归到犹太人的类别之中。

由此可见，如果当一个人想要避免对他人进行刻板印象化的理解，或者当这个人想要避免对他人进行负面评价的时候，正性情绪和负性情绪这两者都有可能带来问题（见图11-7）。尽管处于负向情绪状态下的人具有更强的动机超越自己的刻板印象来看待他人，但是，他们通常会以较为苛刻的方式来看待他人。而那些处于正性情绪状态下的人便会以一种更为赞许的方式来看待他人，但是，他们同时也更加容易在认知上产生惰性，并且会使用他们的刻板印象来看待他人。最后，当唤起水平很高的时候，无论这种唤起是正向的还是负向的，人们都有可能无法拥有足够的认知资源来使自己超越自己的刻板印象。

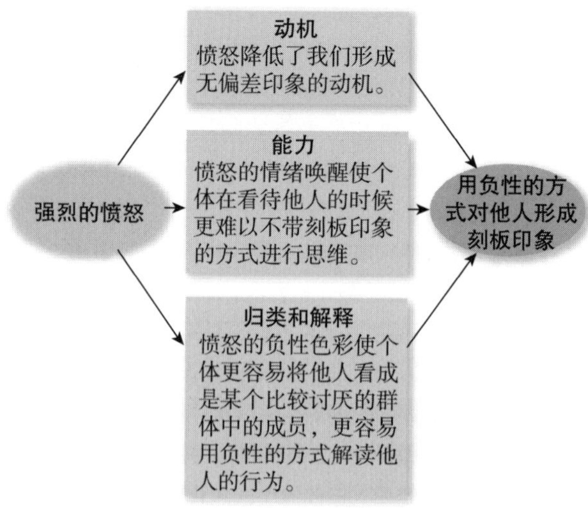

图 11-7　情感和刻板印象

我们的心境和情绪会影响我们对他人的看法，它们会改变：(1) 我们想要克服刻板印象和偏见的意愿程度；(2) 我们克服刻板印象和偏见的能力；(3) 我们对所获得的信息进行归类和解释的方式。举例来说，当我们感受到强烈的愤怒时，我们会用负向的刻板印象来看待他人，因为愤怒使我们的公正动机和仔细思考的能力都降低了，也会使我们更容易获得那些不利的社会归类和信息说明。

11.5.4　认知负载情境

某些特定的情境会限制我们可以用来对他人形成印象的注意资源，由此加重了我们对于诸如刻板印象这类简单而又高效的思维过程的依赖。当情境变得复杂的时候，即当很多事情同时发生的时候，会使我们更加容易产生刻板印象（Bodenhausen & Lichtensteinm, 1987; Miarmi & DeBono, 2007; Stangor & Duan, 1991）。当情境要求我们同时进行其他任务的时候，也会使我们更加容易产生刻板印象。在一项研究中，被试被要求对一个年长的女人形成一个印象。然而，即使当他们受到了对“希尔达”形成一个准确印象的启动的时候，那些同时需要记住一个8位数字的被试仍然无法避免使用他们对这位年长者所形成的刻板印象（Pendry & Macrae, 1994）。最后，有时候，我们需要在处于时间压力的情况下对他人形成印象，比如当一个面试官获知，对于30个应聘者中的每一个人，他只有15分钟的时间来对其进行面试。由于时间压力减少了一个人可以用来对他人进行理解的注意资源的数量，因此，增加了刻板印象的使用（De Dreu, 2003; Dijker & Koomen, 1996; Kruglanski & Freund, 1983; Pratto & Bargh, 1991）。

总而言之，当情境对我们的注意容量带来负担的时候，无论是由于情境非常复杂、情境会要求我们同时进行多项任务或者由于情境将我们置于时间压力之下，我们都会更加依赖于刻板印象。这可以帮助我们解释为什么纽约城的警员会将阿曼多·迪埃罗的钱包误认为一把手枪。由于在认知上受到了情境复杂性的影响，并且由于受到了那名看似是无视他们命令的不明身份男子的唤起，因此，这些警员没能避免刻板印象的出现（Devine, 1989）。

11.5.5　无意中听到种族诽谤

我们时常可以从开过去的小车里听到从中传来的带有种族偏见性质的大声诽谤，我们可以在正在施工的墙上看到这些种族诽谤语以涂鸦的形式呈现，或者我们也可以在一个在其余方面都很寻常的谈话中听见这些声音。这些事情都是以一种十分令人不安的频率发生的。其后果是什么呢？比如，你认为当白人在无意中听到某个人将非裔美国人称为“黑鬼”之后，他们将会怎样看待一个黑人呢？

在一个由琳达·西蒙（Linda Simon）和杰夫·格林伯格（Jeff Greenberg）（1996）进行的研究中，一群在偏见上存在差异的被试参加了这项关于“群体过程”的研究。当白人被试进入实验室后，会首先与一个黑人实验助理一起单独解决一个问题，然后再将他们的解决方案传递给其他那些在不同的小隔间里解决问题的被试看。然而，为这些被试所不知的是，实验人员将这些解决方案替换成了其他事先已经准备好的解决方案，并在写有解决方案的每一张纸上都附带了如下三种评论之中的一种：（1）“我无法相信他们让我们和这个黑人挤在一起！”（2）“我无法相信他们让我们和这个黑鬼挤在一起！”（3）没有任何评论。随后，被试会对彼此的人格特征进行评分。

如图 11-8 所示，种族诽谤在对黑人群体成员的评价上具有一个负向的效应。但是，这种情况只会出现在那些本身就具有强烈的负向偏见的被试身上。而那些具有强烈的亲近黑人态度的被试则不会受到种族诽谤的影响。而最有趣的结果或许是，那些对黑人持有微妙感觉的被试，即那些对黑人同时持有很强的正向观点及很强的负向观点的被试，会在听到这种种族诽谤之后以更为正向的方式对他们团体中的黑人成员做出评价。对于这些态度不明朗的被试来说，这种针对于一个没有做错过任何事情的团体成员的诽谤可能让他们想起了那些他们自己所拥有的更加具有敌意性的观点，而这些观点与他们的自我形象是不相符合的。或许是出于为了保护自己免受一个不良的自我形象威胁的目的，这些态度不明朗的被试便会“竭尽全力地取悦于自己团体中的成员”，从而对他们的团体成员做出了正向的评价（Katz, Wackenhut, & Hass, 1986）。

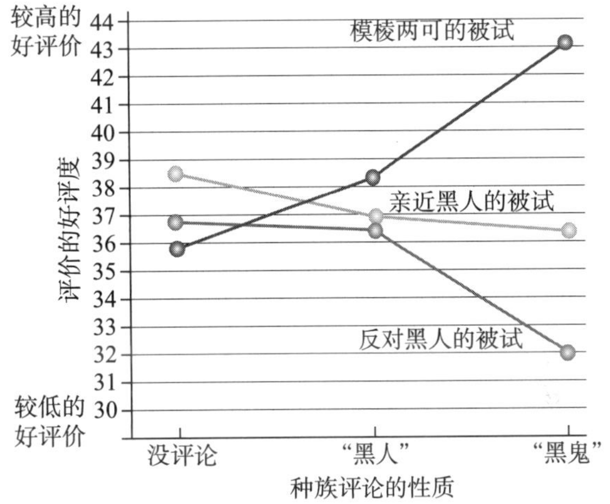

图 11-8　无意中听到种族诽谤

听到或看到种族诽谤是如何影响我们对那些深受其害者所进行的判断的呢？如这个研究的结果所显示的，对这个问题的答案取决于我们对于这个受害群体最初所持有的态度。

资料来源：Data from Simon & Greenberg (1996), Table 1

这些发现表明，不是所有的人都会同等程度地受到无意中听到的种族诽谤的影响。特别是相对于那些不具有负向偏见的人，种族诽谤更加容易导致那些具有负向偏见的人使用负向刻板印象（Lepore & Brown, 1997; Wittenbrink et al., 1997）。于是，我们再一次地看到了个体与情境之间所存在的交互作用。

到目前为止，我们已经看到了刻板印象、偏见以及歧视所能够起到的多种作用。因此，我们并不难想象到，要想让这些东西做出改变是非常困难的。接下来，我们就来对这个话题进行探讨。

11.6　减少偏见、刻板印象与歧视

对于安·奥特沃特和埃利斯来说，种族敌对是他们日常生活中的一部分。因此这件事情显得非常神奇，仅仅是在他们发生敌对性冲突之后的几个星期里，他们就开始尊重对方，并且在几个月的时间里，他们就建立起了一段真正的友谊。我们该如何来解释这一喜剧化的转变呢？

11.6.1 基于忽视假设的干预

如果你在马路上向过路人寻问他们怎样解释偏见和刻板印象的存在，很大一部分人会如此提议：“那仅仅是因为人们对那些人不够了解。”我们可以将这种回答称为忽视假设，即如果人们真正了解其他群体中的成员，他们便不会对其产生刻板印象、偏见或者歧视。这种观点表明，仅仅将来自不同群体的人聚集在一起，或者仅仅是教他们真正了解其他群体中的成员之后，他们便会抛弃自己原先所具有的刻板印象和偏见（Stephan & Stephan, 1984）。

实际上，还是有一些理由让我们相信，通过简单的接触和教育就可以帮助减少群体间的敌对。接触和教育这两者都可以教会人们，其实他们和其他群体中的成员是具有相似性的。这就应当能够使群体外成员更加受到人们的喜爱，使群体内－群体外分离的有用性得以减少，并且还能够降低人们在有些时候所感受到的与群体外部成员进行交流时所产生的焦虑（Stephan & Stephan, 1985）。同时，人们还可能了解到，其他群体中的成员并非全部都是一个样子的，这便对宽泛而又简单的刻板印象的有用性进行了限制。

然而，不幸的是，根据一些研究显示，仅仅是将个体和与之进行接触的敌对群体进行分离并不能减少这两者之间的敌对（Miller & Brewer, 1984; Stephan & Stephan, 1996）。类似地，仅仅是简单地教会人们认识其他群体应该是什么样子并不是一个用来消除群体间敌对的有效方式（Bigler, 1999; Stephan, Renfro, & Stephan, 2004）。仅仅是进行简单的接触和基于事实的教育是不够的，其原因有如下两个：首先，这两种方法所假定的是偏见和冲突都是从对群体外部成员的特征进行直接的逻辑评价中产生的。尽管人们有时候会以这种方式进行推理，但是，一般说来，群体间敌对与我们对其他群体的真实了解之间存在的联系，不如我们对于这些群体的情绪性反应那么强烈（e.g., Haddock et al., 1994; Jussim et al., 1995; Stangor et al., 1991）。其次，这些方法假定，人们很有可能会接受那些证明他们自己的刻板印象不成立的信息，然而这一假定并没有反映出大多数人为了避免改变自己的刻板印象所做出的努力（e.g., Kunda & Oleson, 1995; Pettigrew, 1979; Seta & Seta, 1993; Weber & Crocker, 1983）。

那么，通过假定偏见和冲突是产生于一个对于群体外部成员所具有的特征的直接逻辑评价，并且人们确实想要让自己摆脱错误的刻板印象，忽视假设未能够对刻板印象、偏见以及歧视所起到的重要作用给予应有的赞誉。正是由于这个原因，简单的接触和基于事实的教育只能对减少群体间的冲突起到有限的作用。

11.6.2 基于目标的方法

相对于忽视假设而言，有一种基于目标的策略在减少偏见、刻板印象以及歧视的问题上更有效得多。这种方法将两个现有的观点结合了起来：第一，偏见、刻板印象和歧视都为人们实现重要的目标起到了作用，比如，对于其他群体中的成员歧视可以帮助我们为我们自己的群体获取经济资源；第二，关于个体和情境的特定特征会将这些目标置于突出的地位，比如，对于某些人来说（那些在社会支配倾向上处于较高水平的人）以及就某些情况而言（为了争夺有限的经济资源而产生的群体间竞争），这种使自己的群体内部成员获益的愿望会表现得更加强烈。

这种用来理解偏见、刻板印象和歧视的方法表明了我们在试图减少它们的时候可能需要用到的几个逻辑步骤。首先，我们可以尝试改变个体自身。比如，由于焦虑的人特别容易对他人产生刻板印象，因此，我们可以尝试在他们遇到那些来自很容易被刻板印象化的群体的成员之前降低他们的焦虑情绪。

其次，我们可以尝试改变情境。比如，当偏见在社交上是可以被接受的，因而在人们更加容易形成和表达偏见的时候，一个充满了群体间冲突的社会就有可能将它的能量全部集中在创造和宣传其反对偏见以及支持群体间相互容忍和相互欣赏的社会规范上。

再次，我们可以为人们提供替代方法实现他们的目标。比如，我们已经知道，人们有时候会对其他群体中的成员进行贬低，其目的是为了提升自己的自尊。史蒂文·费恩（Steven Fein）和史蒂文·斯彭斯（Steven Spencer）（1997）提出了如下的这个假设：如果人们拥有其他用来使自己感觉良好的方法，他们便会有更少的理由去对他人进行贬低。在这项研究中，被试需要对女性求职者进行评价。女性求职者或者是以犹太裔美国人的身份出现的，或者是以加拿大裔美国人的身份出现的。而在这个特定的学生群体中，只有犹太女性才是不受到赞许的刻板印象的目标。然而，在对这个求职者做出评价之前，有些被试会被要求写下对他们自己来说非常重要的事情，由此，他们得到了一个对自我价值进行确认的机会。而其他被试则没有被给予这个机会。这些研究者的发现支持了他们的预期：只有那些没有被给予对其自我价值进行确认的机会的被试，才会将这位犹太裔求职者评价为比那位在其他方面都与之相同的加拿大裔求职者差。诸如此类的发现都表明了，为人们提供其他满足需求的替代方法可能会对消除其负向偏见及刻板印象有益。

最后，我们可以尝试提供一些与偏见、刻板印象和歧视不相容的目标。例如，我们在第 3 章中了解到，那些受到激励的人们通常会超越他们自己的刻板印象及偏见，而对他人形成更为个人化的印象（e.g., Neuberg & Fiske, 1987）。在这里，我们将关注点放在两个其他的目标上：对于公平性的目标以及对于其他群体中的成员产生共情的目标。而这两者都具有消除由我们的刻板印象和偏见所带来的影响的可能性。

平等主义价值观和对于负向偏见的压抑　我们已经看到，负向刻板印象和偏见可以自发地进入我们的思维之中，并且导致我们歧视他人。然而，有很多人都认为平等地对待所有群体中的成员是十分重要的。当这样的个体注意到，在他们对于公平的理想与他们偏见化的感觉、思想和行为之间存在差异的时候，他们便会更加容易感到内疚。而这种内疚可能会激励他们对于自己存有偏见的倾向进行压抑、抑制或者是放弃（e.g., Monteith, Sherman, & Devine, 1998）。

米尔顿·洛克伊区（Milton Rokeach）（1971）曾经让一部分密歇根州立大学里的白人大学新生面对一种他们的偏见和他们的平等主义价值观之间存在着不一致的情境。这种干预方式的结果表现出了惊人的成绩：那些处于自我面对情境下的学生对黑人应当取得的平等权利的观点表现出了更大的支持。同时，当这些学生在几个月之后受到邀请的时候也更有可能加入全美有色人种促进会。并且，这些人甚至还更有可能选择种族关系作为自己的专业。当平等的价值变得更加明显的时候，人们也会对他人变得更加宽容，并且更少地对他人产生偏见。

不幸的是，要弃绝一个人的负向偏见不是这么容易的一件事情。偏见通常会以微妙的方式“泄漏”出来，比如，在我们的面部表情和肢体语言中，我们都有可能将偏见泄漏出来。而如果我们没有意识到这些表情，就无法对它们进行有意识的控制（e.g., Vanman et al., 1997）。另外，由于控制思想与情感通常需要集中性的注意，因此，那些处于复杂情境下的、急着想要赶去做某事的或者是在其他方面具有认知负担的人就更加无法将那些并非他们自己所愿的偏见和刻板印象进行抑制（e.g., Gilbert & Hixon, 1991; Macrae, Hewstone, & Griffiths, 1993）。同时，我们也可以从第 2 章中回想起，当我们试图抑制自己的想法的时候，我们的这种尝试只会导致这些想法“再度复活”。其结果便是，在有些时候，这种对于抑制刻板印象化的想法的尝试只会导致这些想法在不久之后又重新回到一个人的思维之中，并且，当它们再度出现的时候，会比之前更加强大（e.g., Ko et al., 2008; Macrae et al., 1994a）。最后，对于那些没有将平等主义理念内化，但是继而又感到不得不对自己对于一个特定群体的负向偏见进行控制的人来说，他们可能在此后表现出一种对那个群体的强烈反对态度，即表现出比他们之前所表现出来的更为强烈的偏见，并且，他们还会将更多的歧视永远地保留下来（Plant & Devine, 2001）。

事实上，无论在哪种情况之下，对于平等的价值观的激发并不足以使大多数人杜绝由自己的负向偏见以及刻板印象而带来的所有影响。但是，根据最近的研究显示，那些具有极其显著的平等主义价值观的人能够更为有效地杜绝由自己的负向偏见以及刻板印象所带来的影响（Moskowitz, Salomon, & Taylor, 2000）。即当一个人的平等主义目标越集中，他的偏见就越少。

从其他人的角度来考虑问题　当人们尝试从其他群体的角度来看待这个世界的时候，就会变得对其他群体更加宽容（Galinsky & Moskowitz, 2000; Stephan & Finlay, 1999）。丹尼尔·巴特森（Daniel Batson）和他的同事们（1997a）发现，那些受到指示从一个特定的艾滋病患者的角度来考虑问题的人，会在随后以更为赞许的眼光来看待艾滋病患者这一群体。

当我们采取那些属于下层群体中的成员的角度来考虑问题的时候，我们会更有可能辨认出导致其行为产生的情境因素，并且会认为这些群体受到了不公正的对待，从而会对他们产生共情（Dovidio et al., 2004; Vescio, Sechrist, & Paolucci, 2003）。这些新的信念和感觉可能是某些角色扮演的干预方式之所以取得成功的原因（McGregor, 1993）。在简·埃利奥特（Jane Elliot）那项著名的用以减少种族偏见的“蓝色眼睛 – 棕色眼睛”的技术中，有些被试会因为他们眼睛的颜色而成为受歧视和受羞辱的目标。在之后几小时的紧张时刻里，他们都要作为歧视的受害者，而在此之后，这些被试都同时地表现出了更少的偏见（Byrnes & Kiger, 1990）以及在种族间问题上更大的敏感性。当情境导致我们从那些被不公平地置于不利地位上的群体的角度来看待事物的时候，我们更有可能对自己的刻板印象和偏见进行挑战。

总而言之，基于目标的方法表明，从广义上来看，存在四种类型的干预策略：改变个体、改变情境、为人们提供替代方法以实现目标及改变目标（见图 11-9）。接下来，我们来看一下这些可以使群体间接触的有效性得到提高的情境是如何从四个策略中得益的。

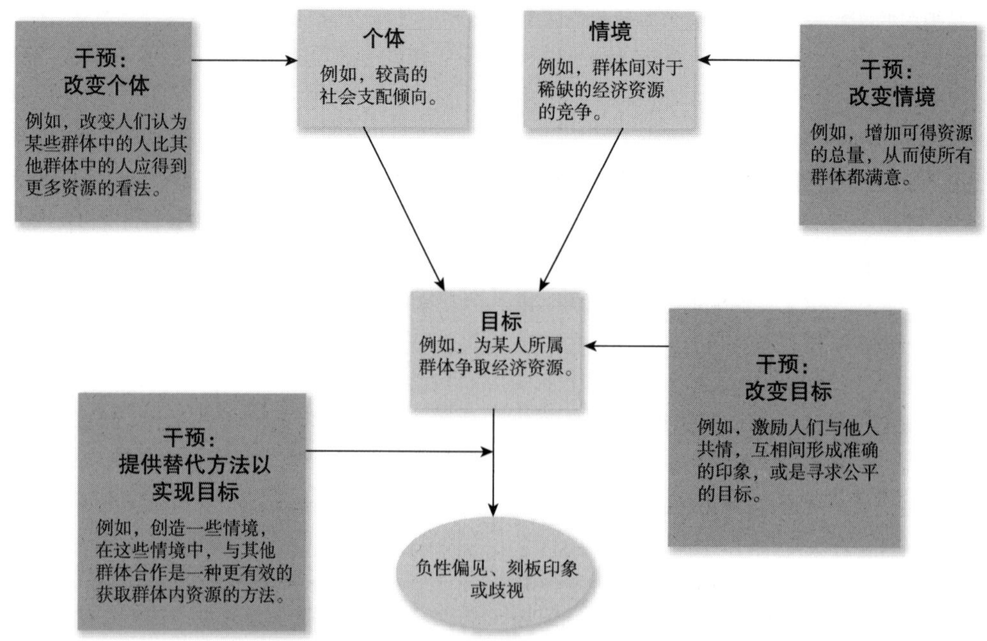

图 11-9　为了减少负向偏见、刻板印象和歧视而采取的基于目标的策略

个人和情境的特征会使一些目标得到激发，而这些目标可以通过偏见、刻板印象和歧视得以实现。因此，绝大多数具有效力的干预都会包括以下几个策略中的至少一个：（1）改变个体自身；（2）改变情境；（3）为人们提供替代方法以实现他们的目标；（4）为人们提供与偏见、刻板印象和歧视不相容的目标。

11.6.3　什么时候接触会起作用

在具有标志性的布朗诉教育委员会案中，美国最高法院听闻了各种支持与反对将堪萨斯州托皮卡市的公立学校去种族隔离化的争论。当时，美国很多享有盛名的社会科学家提出，只要某些情况得到了满足，那么，将黑人儿童和白人儿童放在同一个地方进行教育就会减少种族偏见和敌对行为（e.g., Allport, 1954）。把黑人和白人放在一个可以使之相互接触的环境里，其中的思路是，这两个群体可能会逐渐地以一种更加赞许的态度来看待对方，并且可以因此而形成更好的相处关系。然而，不幸的是，这些条件很少得到人们的关注，并且有很多早期的去种族隔离化的尝试实际上反而加剧了种族间的紧张气氛（Stephan, 1978）。

在此之前，我们了解到，**人们的偏见有时候是建立在他们认为其他群体中的成员在某些方面具有威胁性这一信念的基础上的**。拥有刻板印象的人，比如，那些相信黑人可以对他人造成实质性人身威胁的白人，或者是那些认为黑人得到的比他们应得的更多的白人，可能会在与黑人的交流中感觉到少许的焦虑。然而，即使是那些不持有此类刻板印象的白人以及那些实际上可能不具有偏见的白人，还是可能会在他们所经历的种族冲突中感到紧张。这可能是由于他们想要以某些方式行事的愿望，以及想让别人觉得自己是在以一些不具有偏见的方式行事的愿望导致的（e.g., Plant, 2004; Plant & Devine, 2003; Stephan & Stephan, 2000; Vorauer & Turpie, 2004）。此外，面对这些来自于白人的偏见，黑人往往发现，自己很难对一个白人的友好举动进行断定。他们无法断定这种友好的举动到底是由真正的感觉和信念推动的，还是仅仅是受到为了避免自己被列为一个种族主义者的愿望所驱使的（e.g., Crocker, Voelkl, Testa, & Major, 1991; Pinel, 1999; Shelton, Richeson, & Salvatore, 2005）。在所有的这些想法上，很多黑人都对白人持有负向的刻板印象，并且他们也知道，很多白人都对他们具有偏见。那么，无论是对于白人还是对于黑人而言，种族间的交流都可能会变得非常复杂、具有多重性以及难以掌控。这种情况对于那些没有经历过种族交流的人来说尤其如此。

幸运的是，我们已经可以从过去的研究中得知群体间接触——无论是种族间的还是其他的，在哪些时候可能会起到减少群体间冲突的作用（Dovidio, Gaertner, & Kawakami, 2003; Miller & Brewer, 1984; Pettigrew & Tropp, 2006）：

- 群体外部成员必然拥有那些可以向他们自己所属群体的负向刻板印象发起挑战的特质和能力（Blanchard, Weigel, & Cook, 1975）。比如，去种族隔离化的学校或者以能力为标准聘用员工的公司会以减少偏见为目标的干预方式将白人男性和来自少数群体中有优异表现的女性放在一起，让他们进行接触，而以这种方式相接触效果最好。

- 由于当人们相信，宽容是这个社会所公认的合理的行为方式时，他们会对其他群体产生更大的包容性，因此，群体间接触应当受到本地权威机构和社会规范的支持（Cook, 1978）。比如，当学区主动地雇用了更多来自少数群体中的教师，并且当这些教师之间形成了良好的种族间友谊的时候，学生们会更有可能将来自于其他群体的学生所进行的接触看作正当的。
- 这些群体应当具有同等的地位，至少对于他们之间进行相互接触的情境而言应该是这样（Aronson et al., 1978; Weigel et al., 1975）。如果一位老师对白人学生比对黑人学生有更大的优待，或者当一个公司只会在那些处于较低社会地位的职位上才雇用女性，那么诸如此类的种族间接触要想使刻板印象和偏见发生改变是不太可能的。
- 这种群体间接触应当发生在个体的层面，即这种接触是存在于个人与个人之间的。因为只有这样，才能让人们注意到，他们在一些重要的方面与其他群体中的成员存在着相似性，即意识到他们并非在所有方面都是不尽相同的（Herek & Capitanio, 1996; Pettigrew, 1997）。比如，同那些在个人层面上没有与任何具有伊斯兰教信仰的人进行过接触的人相比，那些至少与一个穆斯林相识的美国青少年更有可能相信，大多数的穆斯林都希望得到和平，并且会包容那些具有其他宗教信仰的人（Gallup, 2003）。个人与个人之间所进行的接触同样也使友谊的形成成为可能，那些拥有来自于其他群体中的朋友的人更加容易对那些群体产生良好的感觉，同时也会对他们更加信任（Van Laar et al., 2005; Paolini et al., 2004; Pettigrew et al., 2007; Tam et al., 2009）。而如果在个体层面缺乏接触，比如，当那些废除了种族隔离制度的学校中的学生在午餐时间以及其他空余时间根据他们的种族分成小组的时候，就会使负向刻板印象和偏见的减少变得更加困难。
- 这种群体间接触应当是具有丰厚回报的（Blanchard et al., 1975）。比如，如果男性和女性共同为了一个项目工作，然而这个项目到后来却失败了，那么，无论是对于男性群体还是对于女性群体而言，都不可能改变他们对于对方群体的负向刻板印象。
- 最后，与那些来自不同群体，但是却是为了同一个目标的实现而共同努力的成员进行接触，特别容易促进群体之间实现相互宽容（Cook, 1985）。

我们在本章之前所讨论的俄克拉何马州的露营活动中那些敌对营员的经历对于最后一点进行了极好的阐释。当我们上一次访问响尾蛇队和老鹰队的时候，这两个群体正处于即将交战的状态。而随着这两个群体之间的接触越来越多，从而也带来了愈演愈烈的各种带有辱骂性质的绰号、为了夺取食物而发生的打斗以及身体上的冲突。在成功地制造了这种激烈的敌对群体之后，穆扎弗·谢里夫（Muzafer Sherif）和他的同事们（1961/1988）将他们的关注点转向了寻找出一种可以使这种敌意得以消除的方法。他们所采取的是一种设计精巧而又很直接的方法：他们推理，如果敌意是由群体之间的竞争制造出来的，那么，消除这种竞争性的倾向以及用一种合作性的倾向来代替它就应当可以起到减少敌意的作用。根据这种思路，研究者们将这两个群体置于一些特定的情境之下，这些情境要求他们通过合作来获取那些他们想要得到的东西。在其中的一种情境下，那个用来运送营员的卡车引擎“熄火了”。于是，这些营员终于意识到，只有在他们的同心协作之下，才能够使这辆卡车重新开动。通过诸如此类的合作性质的活动，这两个群体开始抛掉他们的敌意，并且在这次活动即将结束时，他们将自己的钱拿出来放在一起，通过投票的方式决定了在他们返程的途中共同乘坐同一辆车（见图 11-10）。通过将一个竞争性的倾向换成一个合作性的倾向，谢里夫和他的同事们使存在于两个群体之间的敌意减少了。

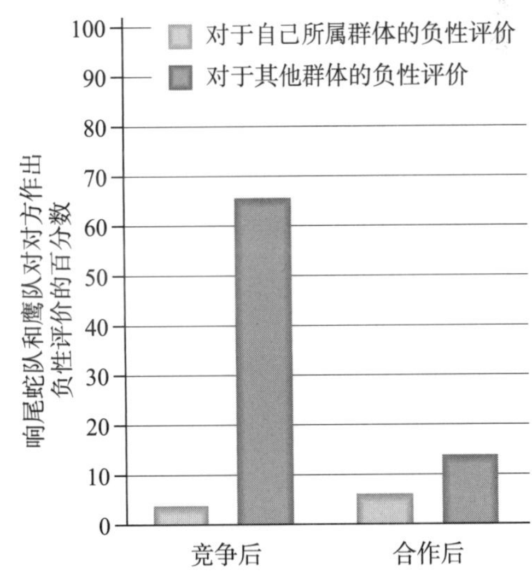

图 11-10 从敌对到友谊

当响尾蛇队和老鹰队停止了竞争并且开始了与对方进行合作之后，原本存在于这两个队伍之间的敌对最终转变为了友谊与接纳。

资料来源：Data from Sherif et al., (1961/1988), Tables 7.5 and 7.6, pp. 194-195.

不同群体成员之间所进行的合作之所以能够有效地减少群体间的敌意，存在着如下的几个原因：首先，这种合作将竞争替换成了一种获取经济和社会资本的方式；其次，它激励人们对于群体外部成员进行更加准确的理解，而由此降低了互相竞争的群体之间以简化的方式来看待对方的倾向（Ruscher et al., 1991）。而当我们与他人进行合作的时候，我们更有可能将他们纳入到在我们自己理解之下的“我们”的范畴中，也就是将他们看作同伴（Dovidio et al., 1997a; Nier et al., 2001）。如我们在第 9 章中所讨论到的那样，有些时候，人们会将许多他人也纳入到“我们”的这个概念中，由此扩大了他们对于“我们”这个概念的理解；而有些时候人们则会缩小“我们”这个概念的范畴，使之仅仅包括一小部分人（Allport, 1954; Brewer, 1991）。然而，不管人们将这条分界线划在哪里，比之这条分界线以外的人，人们都更加倾向于对这条分界线以内的人产生偏爱。所以，当我们在与其他群体中的成员一起进行合作，即让我们产生一种“我们在这件事情上是在一起的”这种心理状态的时候，我们便会开始用看待自己的方式来看待其他人，从而打破了群体间的偏见和刻板印象。

但是，除了利用这些由合作而产生的有利效应，谢里夫的干预方法还具有其他的作用。它同时还运用到了有效接触中的其他五项原则。由于所有的男孩都是根据他们之间的高度相似性而被挑选出来的，因此，由这两个群体所持有的错误的刻板印象是相对比较容易受到人们的驳斥的。此外，在这两个群体之间所进行的合作是受到营地权威机构的支持和认可的。而这两个群体也是被营地里的工作人员赋予了同等地位的。另外，这些合作性任务要求两个群体中的成员在个体层面上进行相互交流。最后，他们的合作是成功的，因此他们的这次接触成了一次有益的经历。通过精心的设计和对于情境的正确设置，谢里夫和他的同事们成功地将群体间敌对状态转化成了相互之间接纳并建立友谊的状态。

联结：理论与应用

课堂中的合作

在很多早期的对于废除学校种族隔离的尝试中，都几乎没有包括减少负向偏见和刻板印象的措施。面对这一失败，几个团队的研究者和教育人员从诸如谢里夫所进行的研究中汲取了教训，并且开始着手将课堂情境进行重新构建（DeVries& Slavin, 1978; Johnson & Johnson, 1975; Weigel et al., 1975）。

比如，让我们来看一个由伊利伊特·阿伦森（Elliot Aronson）及其同事设计的拼图课堂。这种课堂情境最早是在得克萨斯州的奥斯汀学区中施行的。在这一情境中，每个学生都被分配到一个由大约 6 个不同种族和不同性别的学生组成的团队中。同时，这节课也被刻意地分成了 6 个部分（比如林肯的童年、林肯的律师生涯、林肯被选举为总统等）。每一个学生都会首先分配到这节课的一部分，然后与一个来自其他团队中的学生所组成的，并且被分配到同一任务（比如林肯的童年）中的“专家”小组见面。接着，学生们会回到自己原先的团队中，并将他们所获得的新知识传达给团队中的其他成员。由于每一个学生的信息都只是拼图之中的一块，因此他需要依靠自己团队中的其他 5 个成员来对整节课进行学习。

诸如此类的课堂结构利用了有效接触的 6 个原则。第一，通过这种划分专家小组的方式，所有的学生都对将自己所学的部分有效地教给团队里的成员做好了更充足的准备。这就帮助了那些来自少数群体中的学生打消了认为自己自身能力不足的刻板印象。第二，由于是老师将这些学生分配到不同的团队中去的，因此，这种不同种族以及不同性别之间的接触便有了来自一个重要权威的支持和首肯。第三，这些学生在这节课堂中被赋予了同等的地位，即他们并没有因种族或者性别的不同而被隔离起来，并且，所有学生都被赋予了相同的责任。第四，这种接触是在个体的层面上进行的，从而使这些学生可以互相看到对方身上的良好品质，并且消除了他们对于群体外部成员所具有同一性的错觉。第五，这些学生之所以会进行相互合作，是为了实现对当天的那节课进行学习的共同目标。第六，由于学生们的表现通常会在这样的课堂中得到提高，尤其是对于那些之前表现较差的学生而言。因此，如果评分规则被设计成可以从每一个团队成员的进步中获益的话，那么，这种接触就有可能会使所有的学生都获益。

共同将拼图拼完整。通过让不同种族和不同性别的学生以协调和合作的方式共同工作和学习，就像在“拼图课堂”中一样，学校可以增进同学间的友谊，并提高学生的学习成绩。

实际上，那些在合作性课堂中进行学习的学生更有可能形成亲密的种族间友谊，即使是在与那些在他们课堂之外的学生之间也是如此（Johnson et al., 1984; Slavin & Cooper, 1999）。此外，在这样的课堂中，学生们的表现都得到了提高（Johnson et al., 1984; Slavin & Cooper, 1999）。鉴于这些被记录下来的研究结果，即降低了的群体间敌对情绪和更好的总体学业表现，合作性课堂可能是一种对付负向偏见、刻板印象和歧视的重要武器。

小调查

在你的第一项“真正的”工作中，你发现自己正在管理的办公室中存在着常见而且广泛的种族间和性别间的冲突。从你已经学习到的减少偏见、刻板印象和歧视的方法出发，你可以怎样着手使这种情境得以改善呢？为什么？

回顾

安・奥特沃特和埃利斯的道路

安・奥特沃特和埃利斯之间的冲突曾经一度非常激烈并且毫不动摇。他们互相蔑视，并且他们两个人对彼此恨之入骨。那么，我们所探讨过的那些研究如何帮助我们对这两者之间相互仇恨的白热化状态以及导致这种仇恨发生偏见的力量做出解释呢？

首先，让我们来回想一下这两个人的经济状况，即他们都是贫穷的。他们都需要更多的物质资源来使自己的家庭富裕。因此，当公民权运动取得了很大进展的时候，像埃利斯这样的贫穷白人的担忧和偏见也都得到了升级。他们的想法是，黑人的所得可能是出自于贫穷白人的口袋，而这种信念也得到了那些真正掌握财富和权力的人的强化。于是，存在于奥特沃特和埃利斯之间的冲突的核心就在于，他们都具有为自己的群体获得经济资源和社会资本的共同愿望。

但是这只是使他们之间的这种敌对状况得以形成的部分原因，因为偏见和刻板印象同时也会起到其他重要作用。根据当时的社会规范，奥特沃特和埃利斯都因为公开表达他们的偏见而获得了社会支持。尤其是，由于埃利斯的父亲是 3K 党的成员，因此，在他的早期生活经历中，就已经受到了过去在南部所存在的种族主义观念的影响。此外，负向偏见和刻板印象都帮助奥特沃特和埃利斯保持了良好的自我形象。通过将白人看作是不道德的，奥特沃特可以更有立场声称自己是拥

有优秀品质的。而通过贬低黑人的方式来抵抗自己所遭受的挫折和失败，埃利斯得以将自己视为更具有价值的。此外，通过加入3K党，他还可以将自己与那些在他看来是为了保护白人的基督教文化而进行的英勇而又侠义的尝试联系起来。最后，由于奥特沃特和埃利斯的生活中充斥着无穷无尽的工作和焦虑，刻板印象将事物进行简化的特性对于他们来说，无疑都是具有价值的。

他们的偏见就这样被逐步地加强。当他们发现自己与对方的冲突正在升级的时候，埃利斯开始将奥特沃特视为所有一切针对白人的邪恶力量的代表，而奥特沃特也开始将埃利斯视为一切针对黑人的低俗并且具有威胁性的力量的代表。于是，读者们也许会感到很奇怪，为什么仅仅在第一次学校废除种族隔离化会议结束后的数周时间内，这两个人就开始变得互相尊重，并且没过多久就成了真正的好朋友？我们应怎样解释这一戏剧化的转变呢？

这一转变的发生始于那次会议组织者天才般的灵机一动，当然也有可能只是出于好运气。组织者说服了奥特沃特和埃利斯来共同领导这个群体寻找种族隔离问题的解决方案。如果要说这两个人一开始是不愿意成为合作者的，那么，这也有点言过其实了。但是，他们确实答应了一起努力，或者更确切地说，他们都想要监视对方的心理。不管是出于什么原因，这已经成了他们之间走向和解非常关键的第一步。这是因为，他们身上所承担的新责任要求他们进行合作。上面这步是在双方自愿的情况下发生的。然而，他们之间走出的第二步却不是这样的。黑人群体中的成员窃窃私语道："她怎么可以答应与3K党合作？"同时，埃利斯的追随者们也争论道："我们的领导者怎么居然会考虑与那个女人进行合作？"对于埃利斯来说，他所遭遇到的阻抗力量是具有灾难性的，他只不过想要保护贫穷白人群体的利益，然而，他没有想到自己的结局竟然是这个群体再也不能接受他作为其中的一分子了。就这样，埃利斯和奥特沃特在受到那些希望将他们两个分隔开来的极端分子的推动之下，反而变得和对方的距离更加接近了。

当他们开始更加深入地对对方进行评价的时候，并且这一次他们将关注点放在评价的准确性上，这两个人开始注意到，在他们身上其实存在着很多共同点。他们都是努力工作但却穷困潦倒的人；他们都有着热切的愿望，想要为自己的孩子创造更好的机会；他们的性格都属于那种心直口快的类型，并且他们都是有原则的人。让奥特沃特感到很惊奇的是，埃利斯居然说他害怕走进黑人的社区。这正如她自己也很害怕走进白人社区一样。埃利斯注意到，黑人的学校正处于可怕的状况之下，然而，其原因不是他之前想到的那样，因为黑人不在乎是否将这些学校维持在一个良好的状态之下。其真正的原因是，就如同他自己的孩子所上的学校一样，由于学校的经费非常有限，因此，对于这两个人来说，是非常容易对对方产生共情的。于是，他们开始想道：或许我们之间并不是敌对的关系。或许，他们之间存在着一个共同的敌人，即那些想要否决穷人拥有一个正当的"安身之所"的权利，无论这些穷人是黑人还是白人。埃利斯和奥特沃特开始将对方纳入到"我们"这个概念的范畴中，因而使"我们"这个概念所能涵盖的范围更广了。

他们之间再也不会回到和过去一样的关系。随着会议的继续，他们之间的关系也变得更加紧密，直到埃利斯2005年去世之前，他们之间一直都是以"朋友"相称的。在埃利斯的葬礼上，奥特沃特回忆了当年在学校废除种族隔离的会议上，在两人之间同时存在于种族关系和个人关系上的紧张状况，以及他们在后来所发展出的持续一生的友谊。"在最后的十天里，他和我坠入爱河，并且，自此之后，我们一直保持着对对方的这种爱，直到他在星期四闭上了他的眼睛。"(" Activist Mourns ex-KKK leader" 2005.）尽管奥特沃特和埃利斯之间的故事从某种意义上来看是异乎寻常的，但是，从另一个意义上来看，这个故事也只是稀松平常的。这不仅仅是因为那些导致他们对对方产生仇恨的社会力量同时也正是我们自己身上偏见和刻板印象的根源，而且还因为那些鼓舞他们克服自己的敌对情绪的力量同时也可以帮助我们实现同样的目标。

在研究奥特沃特和埃利斯这两个人错综复杂的生活的时候，我们看到了社会心理学对于偏见、刻板印象和歧视的分析方法是如何架起生活中各个领域之间的桥梁的。比如，我们谈到过宪法条例和公共政策、军队中的性骚扰、教育中的种族歧视以及消费者在购物中心里所受到的待遇。我们看到，由于受到负向刻板印象和偏见的影响，人们没有机会得到自己想要的工作，这便使他们很难发挥自己的潜力，并且还导致了他们被误认为罪犯。在智力拼图游戏课堂中，我们也看到了一个对于社会心理学基本理论的理解是如何使偏见得以减少，并且使容忍度得以提升的。

同时，我们也看到了社会心理学对于偏见的分析方法是如何起到将一个很大范围内的学科联系起来的作用的。这些学科的涵盖范围从神经科学到教育，从认知科学到文化人类学。作为社会性的动物，人们理应从群体成员身份的角度来看待他人。因此，我们也不会对偏见、刻板印象和歧视都是由这个深至大脑并且广及各种文化的交互系统所形成的现象感到奇怪了。

关键词

权威主义（authoritarianism）
歧视（discrimination）
去认同化（disidentify）
内群体偏见（ingroup bias）
最小化群体间范式（minimal intergroup paradigm）
知觉到的群体外一致性（perceived outgroup homogeneity）
偏见（prejudice）
现实群体冲突理论（realistic group conflict theory）
找替罪羊（scapegoating）
社会支配倾向（social dominance orientation）
社会身份（social identity）
刻板印象（stereotype）
刻板印象威胁（stereotype threat）
刻板印象化（stereotyping）

第 12 章

群体

揭露隐藏的群体病变

想象一下在 2001 年“9·11”恐怖袭击后的那些天里，当科琳·罗利（Coleen Rowley）听到美国联邦调查局局长反复向公众表示他们并没有得到关于可能发生这次袭击的预先警告时，她是多么意外与震惊。他难道不知道她所在的明尼阿波利斯外地情报站反复多次请求总部允许其搜索扎卡利亚·穆萨维（Zacarias Moussaoui）的电脑，这名来自摩洛哥的游客因违反移民法而被拘禁。他难道不知道穆萨维是多么可疑吗，法国情报机构认为他与一个已知的恐怖组织有关联，且被一家飞行学校录取去学习如何驾驶大型喷气机。他难道不知道美国联邦情报局总部不仅拒绝提供他们深入调查穆萨维的许可，还主动地干预妨碍他们的调查吗？可以想象这个混乱的沟通多么可怕，科琳及她的同事将通过多种途径得到的信息经由多层官僚机构最后才能送到局长的手中。

然而几周后，积累的证据表明穆萨维可能是“失踪”的第 20 名劫机者，明尼阿波利斯的机构继续试图澄清事实，可来自美国联邦情报局总部的口径依然如旧，“我们什么都不知道”。科琳·罗利不情愿地屈服于她后来定义的“可悲的现实”。世界上首屈一指的执法机构领导层已决定“严阵以待……以保护美国联邦调查局及相关机构避免陷入尴尬境地及受到审查”。对于一位如此努力致力于这件事的女人来说，这个现实非常令人震惊，她不停地思考着这个问题：“如果被允许深入地调查，这场悲剧是否能够避免，或者至少能部分被避免？”

罗利不知道这个问题的答案，然而她知道自己反复提出的进一步调查的请求被认为不重要而被忽略，美国联邦调查局局长却公开发表一些她认为不是事实的言论。即便这样，她在写给美国联邦调查局局长的内部备忘录体现出作为一个忠实的情报机构的行为，意在帮助美国联邦调查局修复其组织问题。她从未想过这些信息会被透露给公众并且她将会成为国会听证会上的明星证人。她也未曾想过她试图改善美国联邦调查局的努力会导致很多组织内部的人将她视为叛徒。

莎朗·沃尔特金斯（Sherron Watkins）与辛西娅·库珀（Cynthia Cooper）并没有为美国联邦调查局工作，而是为 20 世纪 90 年代美国两家最顶级的公司工作。在其发展顶峰的 2000 年，安然成为美国第七大公司；在 1999 年，世界通信市值 1 150 亿美元，在全世界范围内拥有雇员 80 000 余人。两家公司都以其创新改革与把握各自领域的最前沿的潮流而著名。安然将自己由一家天然气管道公司成功转变为一家经营天然气与电力到互联网带宽等多种贸易的大集团。世界通信也从一家经营本地电话服务的公司成长为占有美国大部分地区的电话、互联网及无线通信网络市场的公司。两家公司都拥有富有魅力的“有远见”的领导者——华尔街专家所指的那些将美国商业带入21世纪的新道路的领袖。他们的雇员都非常勤勉地工作，并受到高期望的挑战，同时被他们得到的作为部分报酬的公司股票期权所带来的价值增长激励着。大多数人认为这都是成功的大企业。

告密者。为了与他们各自所在组织的问题做斗争而有益于美国民众，科琳·罗利、莎朗·沃尔特金斯与辛西娅·库珀被《时代周刊》提名为2002年年度人物。

因此当莎朗·沃尔特金斯就主要会计违规向安然首席执行官寻求帮助时，辛西娅·库珀在世界通信也开始了类似的调查，但她们的同事和老板的反应大大超出了预期。事实上，沃尔特金斯现在也承认她天真地认为自己递交给首席执行官的是一个“展现领导力的时刻”，是一次表明她的诚信与品格的机会。实际上，两家公司管理层的反应都是轻视的且还略带威胁。“没有什么大不了的事情。”“事情不是表面看起来的那样。”“你没有其他你应该做的事情了吗？”但是，因为怀疑事情已经变得非常糟糕，这两位女性不顾来自上级要求“放弃”的压力，而是更进一步进行了调查。他们的怀疑被证明是有充分依据的：两家公司的高级职员使用了非法的会计伎俩制造了盈利的假象，从而夸大了公司在股票市场的表面价值，这样也增加了他们自己所持有的股票期权的价值和他们的年末红利。当沃尔特金斯与库珀的发现被外界获知后，两家公司的股价迅速跌向其实际价值，那些先前热情高涨的投资者损失了数百亿美元。公司被迫破产，成千上万的人失去了工作，很多人失去了退休储备金。

科琳·罗利、莎朗·沃尔特金斯、辛西娅·库珀与美国联邦调查局、安然以及世界通信的故事交织在一起告诉我们，很多群体能够运行的方式以及有时并不能够运行的方式。是什么导致这三个备受尊敬的、拥有如此多有才能以及有经验的员工的组织，竟做出了如此糟糕的决定？这些群体的哪些本质使罗利、沃尔特金斯与库珀的想法没有得到公平和充分的倾听？这些组织的领导阶层如何走向了失败？而我们从这些惨重的失败中可以学到哪些关于决策与领导力的更为普遍性的教训？

我们知道人都是“群体动物”，我们出生在家庭中，与朋友玩耍，与同学一起学习，在体育赛场上与陌生人一起欢呼，与同事一起辛苦工作以谋生，加入军队与战友并肩作战。从家庭到学校，从体育场到工作岗位再到军队，我们都过着群居生活。

在本章中，我们将考察群体如何影响个体以及个体如何影响群体。我们将看到人群通常会带来人性的最坏或最好的倾向，比如攻击与同情、冷漠与帮助、懒惰与团队精神。我们将看到偶然聚集的人们如何合并成一个统一的群体。我们将看到群体有时会令人吃惊地表现出高效能而有时又会令人晕倒地表现出无能。我们同样要探索领导者及其追随者之间的动态关系，去发现领导者如何被选择、什么使他们成功以及什么使他们失败。总的来说，我们将仔细观察影响你日常生活的群体。

12.1 群体的实质

按照广泛的定义，一个**群体（group）**包含两个或两个以上互相影响的个体。当然，这是一个比较低层次的定义，既包含了仅仅在相同时间、相同地点偶遇的人们的集合（比如在一个公交站台等车的人们），也包含了高度结构化的组织，其成员共享相同的目标和身份（比如妇女联谊会与兄弟会）。尽管等待公交的一群陌生人看起来不如妇女联谊会更像一个“真正”的群体，但任何一个人都可以影响我们的行为。我们首先来探索“群体形成”——个体的聚集，然后再将我们的注意力转向“真正”的群体的特点与运作。

12.1.1 仅仅他人在场与社会助长

诺曼·特里普利特（Norman Triplett）是一位自行车竞赛的爱好者，他同时也是一位心理学家。因此，当他看到自行车手在与其他自行车手竞争时比单独与时间赛跑时表现出更快的速度。他带领实验室进行了一项社会心理学实验。特里普利特（1897—1898）要求实验中的儿童尽可能快地缠绕渔线。如同自行车选手，儿童在有他人在场时比单独工作时完成得更快。

特里普利特将这个现象归因于他人激发了个体的竞争本能。然而，特里普利特不知道的是，即使在场的他人不是竞争者或即使附近的他人仅仅碰巧在微笑也可以提高个体的任务表现。为什么他人仅仅在场就能提升实验者的表现呢？他人在旁能引起一种生理上的唤醒，即会增加心率、加快呼吸等。此外，被唤醒的人们更可能表现出优势反应即熟悉的、良好习得的行为（Spence, 1956）。将这些结合起来，通过简单地唤醒我们，会导致我们表现出优势反应（Zajonc, 1965）。

如果这种逻辑是正确的，那么他人在旁有时会促进表现力而有时会降低表现力。当一个优势反应能够促进任务时，他人在场可以提高表现力。想象一个例子，一位有经验的流水线汽车工人负责安装左前边的防护板，这个工作要求该工人调整防护板的位置，然后将其使劲地推进恰当的位置。对这位汽车工人来说，安装防护板是一个非常熟练和简单的任务，意味着这个优势反应使这个工人能够成功地完成这个工作。因此，当他人在工作间来回走动而加强了该工人的唤醒状态时，这位工人可能会比平时更加多产。

但是如果一个设计改变要求一种不同的安装程序，比如先对准防护板，然后将其钩住相应的地方，那么会发生什么呢？他人的存在是否依然能够提高工人的表现呢？扎伊翁茨（Zajonc）认为可能不会，因为工人的优势反应将不再有利于这项任务。当更多的人在汽车工人旁边来回走动时，这种优势反应，即使劲地推动使防护板快速进入，可能会干扰工人将防护板轻轻钩住扣件的能力。当我们非常熟练的优势反应并不能促进这项任务时，比如执行未掌握的全新任务时他人在场可能会降低表现力。

很多研究支持**社会助长（social facilitation）**的理论（Zajonc, 1965），即**他人在场确实促进了人们在非常熟练的简单任务中的表现，但是也抑制了人们在未掌握的复杂任务中的表现**，如图 12-1 所示（Bond & Titus, 1983; Guerin, 1993）。以詹姆斯·迈克尔（James Michaels）及其同事（1982）的研究为例。他们调查了弗吉尼亚理工学院的落袋台球选手并评估了他们的击球能力。研究者的 4 个助手通过在四周溜达观察这些选手。正如社会助长理论的预期，优秀的选手——台球对他们来说是相对熟练的游戏，在被观察时成绩更好，击球率从 71% 提高到 80%，相反，那些不优秀的选手——还未掌握这个游戏在被观察时表现更差，击球率从 36% 下降到 25%。

他人仅仅在场看起来就足以促进优势反应（例如，Schmitt et al., 1986）。事实上，即使一个“虚拟的”他人显示在附近的电脑屏幕上也会促进优势反应（Park & Catrambone, 2007），即使简单的生物比如蟑螂的优势反应也会在其他蟑螂存在的情况下得到增强（例如，Zajonc et al., 1969）。在人类身上，这些效应在特定情境下通常会被强化（Aiello & Douthitt, 2001）。考虑一个例子，评价恐惧。当人们认为观察者会评价自己的表现时，他们更加容易被唤醒，这种唤醒就会进一步促进他们的优势反应（Cottrell, 1968; Seta & Seta, 1992; Seta, Crisson, Seta, & Wang, 1989）。比如，可以评价汽车工人表现的人比蒙眼而无法评价的人更容易促进优势反应（Cottrell et al., 1968）。引发分心的事物看起来同样会强化社会助长。任何一个在拥挤的宿舍里复习备考的人都有很深的体会，他人在场会让自己分心，而这就会使人们更努力将注意力集中在手边的任务上。想象一下汽车工人，当他们试图去忽视一大群在工作场所走来走去的嘈杂人群时，他们抑制现在已经过时的优势反应时所体验到的唤醒的状态（Baron, 1986; Sanders, 1981）。**人们容易分心的本质以及经常性地认为他人会评价自己的倾向，共同增加了我们的唤醒，因此也促进了我们的优势反应。**

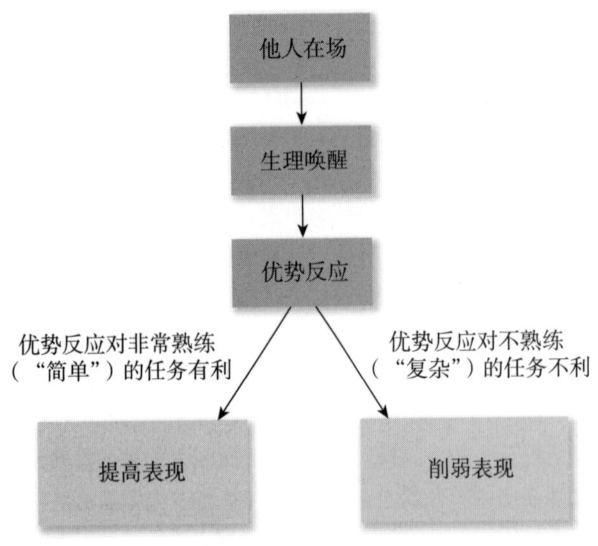

图 12-1　他人在场时的表现

其他人在旁边可以令人振奋，并且当我们被唤醒时，我们更可能表现出良好的习得性行为。这些优势反应有益于非常熟悉的"简单"任务。因此，当他人在场时我们会在熟悉的任务上表现更好。相反，优势反应不利于不熟练的复杂任务。因此，当他人在场时我们会在不精通的任务中表现更差。

总结来说，仅仅在他人身边就使个体更可能表现得更好。我们在接下来的内容中可以看到，随机形成的群体也会以其他方式影响个体。

12.1.2　人群与去个体化

"成为其他人"，这是一款流行的在线游戏《模拟人生》（*Sims Online*）提出的挑战，正如广告中所宣传的模拟网上社区那样，成千上万的用户在网上模拟生活、工作以及扮演他们所选择的角色。在一个叫阿尔法城的社区，社会氛围一般是友好与合作的。但是情况并不总是这样，成群结队的"苦难者"有时在网上闲逛，他们会突然袭击无辜的玩家，不惜破坏自己数日数月的努力而赢得的良好名声。你认为自己会对他人做这样的事情吗？如果你认为不会，你可能需要再想一下。那些极少发生在个体身上的行为更可能发生在已融合到某个群体中的个体身上（Mann, 1981; Mullen, 1986）。这是为什么呢？

在群体中，人们可能会失去个体身份感，因此会放松自己对不符合普遍价值观的行为的约束。这个过程被称之为**去个体化（deindividuation）**（Festinger et al., 1952; Le Bon, 1895/1960; Zimbardo, 1969）。群体通过两种方式使其成员去个体化。首先，人群有时会掩盖个体成员的身份，使他们变成匿名者，或不需要为自己的行为负责（Prentice- Dunn & Rogers, 1980）。回顾一下第 1 章中简要描述的那个经典的现场实验的结果（Diener et al., 1976）。在西雅图一个万圣节的夜晚，成千上万个装扮一新的孩子们在街上徘徊寻找糖果和其他乐事（可能是一些玩恶作剧的淘气鬼），研究者分散在城市中的 27 所房子里等待他们的到来。在每间房子的门厅里，放着一张桌子，桌子上放着两个碗：一个装着糖果，另一个装着便士和 5 分镍币。在迎接完这些小朋友后，研究者告诉孩子们只能取走一个糖果，然后研究者离开了房间，只留下孩子们和一个藏起来的观察者。57% 的随群到来的淘气鬼们偷走了多余的糖果或钱，而只有 21% 独自到来的孩子只取走了糖果。与假设一致的是，群体提供的匿名性明显地促使偷窃行为增加。当群体中的孩子们被研究者询问他们的姓名和地址时，他们的匿名性被消除了，他们的越界行为就降到了 21%。

群体也会通过分散成员在其个人价值上的注意力而实现去个体化（Prentice-Dunn & Rogers, 1982）。在第二个万圣节研究中，阿瑟·比曼（Arthur Beaman）及其同事（1979）发现被询问了姓名及住址的较大儿童（9 岁或 9 岁以上），在面对糖果碗后面摆放的一面镜子时，偷拿糖果的可能性更小。很明显，从镜子里看到自己使这些儿童能客观地自我觉察，因此他们不太可能将自己不耻偷窃的个人价值观置之不理。

这些研究揭示了处于群体之中时的一个潜在的问题：人们会变得去个体化。这些研究同样也告诉我们关于"真正的"群体如何由人们的简单聚集形成。在每个研究中，第一个群体成员的行为对追随者的行为有较大的影响，如果第一个孩子偷拿了糖果，其他人更可能实施偷窃；如果第一个孩子只拿了被允许的一个糖果，其他的孩子也更可能学习这个榜样（Beaman et al., 1979; Diener

在人群中，你失去的不仅是你的钱包。他人在场可能会掩盖我们的身份从而放松自我约束，导致人们忘掉自我价值观，去做一些从未在其他情况下考虑去做的事情。

et al., 1976）。这些发现支持了对 60 个去个体化的研究综述所得出的结论。根据汤姆·普斯特茅斯（Tom Postmes）和罗素·斯皮尔斯（Russell Spears）（1998）的研究，群体中的人们变得对即时环境中他人的行为更为敏感。这样，规则开始出现，人群开始变为真正的群体。

确实，即使是一个单独的个体行为也可以为最初随意选择的陌生人群提供一种架构。正如一个反社会的个体在平静的网络社区可以制造各种动乱事件，而一个亲社会个体可以为社会做出很多贡献。

小调查

回想一个时期，这个时期你曾处于某个群体中并且表现出与你单独行动时很不一样的行为。群体中的哪些因素导致你以那种方式行动呢？如果你再次回到相同的情境中，你还会表现出类似的行为吗？为什么？

12.1.3　作为动态系统的群体：规范的出现

想象你住在一个大约有 100 个房间的大学新生宿舍楼里。一天，你收到了一个邮件传单告知你在两周后有一个会议将决定如何花费宿舍楼的社交预算。可能大家会有很广泛的初始选择：一些学生可能想把钱花在一两个较大的派对上，有些学生可能想在一年中举办很多场小型的聚会，而其他有些学生可能不会在意怎样分配这些预算。然而，不论你初始选择的倾向如何，你们中的大多数人都至少会部分接受其他很合理及有说服力的观点。因此，当你与其他学生讨论这个问题时，你可能会发现自己略微改变了一下自己的想法。当然，你的同学也一样，他们可能也受到彼此的影响。总之，这 100 个学生中的每一个都与一些朋友及宿舍里的熟人有了互动，而整个宿舍楼的意见将很可能以看似混乱的方式发生改变。

在这样的条件下，你认为你可以预测你所在的宿舍楼的最终决定或者可能出现的偏好类型吗？尽管社会心理学家对决定较大群体中相互影响的一般因素了解很多，并且构建了理论来揭示群体过程的复杂性（例如 Arrow, McGrath, & Berdahl, 2000; Harton & Bourgeois, 2004; Latané et al., 1995），可类似这样的情况还是非常复杂，要想追踪每件事情尤其困难。这里面有非常多相互联系的人，他们的观点互相影响着，且持续了很长时间。但是当你对此无可奈何时，你应该了解一些相对简单的研究这种复杂群体互动的工具，比如计算机。

联结：方法与证据

使用计算机模拟探讨复杂的组织过程

我们面对的复杂问题不仅仅包括社会心理学家试图理解的组织影响力，也包括气象学家试图预测的全球气候类型、经济学家试图通过全球经济来理解的资金流动或动物生物学家希望理解的非洲大草原上捕食者与被捕食者的联系。然而，随着计算机时代的到来，这些曾经无法解决的问题变得容易了。科学家不仅开发了类似于**动态系统**（**dynamical system**）这样更为复杂的模型，即包含很多互相联系的成分且会随着时间改变与发展的系统，同时还发现了一些未曾预期到的特点，即看似杂乱的事物中包含着秩序（Lewin, 1992; Lorenz, 1963; Waldrop, 1992）。

为了说明这一点，我们回溯到个人计算机刚出现的年代。第二次世界大战结束时，美国的士兵回到美国开始或继续他们的大学教育。为了接纳涌入的新生，麻省理工学院很快创立了第一个旨在帮助已婚退伍军人学生及其家人的大学住宅计划。对社会心理学家来说，这是一个难得的机会可以探索真正的群体如何建立与发展。因此，在 1946 年的夏天，麻省理工学院群体动态性研究中心的利昂·费斯廷格、斯坦利·斯坎特和库尔特·巴克（Kurt Back）（1950）开始了一个后来被认为是群体心理学经典的研究。

这个研究有一个突出的发现：**随着时间的流逝，相邻而住的居民对社区委员持有相似的态度**。参与住宅计划的 100 个家庭被安排在 9 个公寓中，每个公寓中的大多数房子都是相互对立的。因为麻省理工学院随机地给家庭分配房子，这样就可以很充分地确保对住房协会的态度也是随意分布的。然而随着时间的流逝，这些分散的观点开始慢慢趋同，不是因为人们为了跟持有相同观点的人离得更近而重新定居，而是因为人们对他人施加了影响或者被那些住得很近的人影响了。因为居民与同一个公寓的人交流更加频繁，公寓开始变成一个独特的群体，拥有他们自己对社区委员会的态度以及他们自己或支持它或反对它的规范，从而在杂乱中诞生了组织。

没有必要的工具，费斯廷格及他的同事不可能深度考察类似的群体态度的聚集是如何发生的，但是在现代计算机以及一个简单的电子表格的帮助下，我们就可以观察结构如何在混乱中表现出来（Harton & Bourgeois, 2003; Latané & Bourgeois, 1996）。在图 12-2 中的 A 部分上，我们仿照了宿舍区的设计，同时将对社区委员会这个问题上的观点在全镇随机分配。然后我们根据费斯廷格及同事的发现，让这些计算机“假定”这 100 个“居民”主要与他们自己所在庭院的居民交流。我们同样会增加第二个简单假设，即居民会受到他们交谈的大多数邻居观点的影响。最后，计算机让居民在两周内“每周”与暂时的邻居沟通两次。尽管要预测在我们模拟的社区中的居民如何每天互相影响，即使对一名国际象棋特级大师来说也过于复杂，但让一台计算机完成这种计算就比较简单了。

在图 12-2 中的 B 部分，我们看到仅仅凭借计算机模拟的几个回合，对社区委员会的态度就明显集中了，托尔曼公寓和理查德公寓多数时候是支持委员会的，而卡森、哈维和梅因三个公寓则多数时候是反对的。尽管在多数公寓中一些个体与主流观点不符，但是居住在公寓中的居民一般还是会互相认同。最初那些持有同等观点的分散个体聚集成的群体形成了一致的规范（e.g., Bourgeois & Bowen, 2001）。

这样的计算机模拟是非常有价值的，不仅仅是因为它们可以帮助我们解释现有的问题，同样因为它们可以帮助我们产生新奇的预期。例如，如果一些持有反对观点的居民被替代地安排到每个庭院，那么会发生什么呢？我们可以通过改变输入计算机的初始值来检验。结果发现：即使很小的改变也会发生很大的效应，一些公寓中的规范发生了戏剧性的转变。

计算机模拟从一开始就被证明对理解群体动态及心理学的其他领域具有很大的益处（e.g., Hastie & Strasser, 2000; Ilgen & Hulin, 2000; Rousseau & Van derVeen, 2005; Tesser & Achee, 1994; Vallacher, Read, & Nowak, 2002）。当研究者“整个周期”地模拟检验相对于实际人类行为的新预期时，这些模拟就更加有效（e.g., Latané & Bourgeois, 2001）。因此正如计算机模拟可以帮助气候学家预测全欧洲的天气类型，可以帮助经济学家理解华尔街股票的涨跌，它们同样也可以协助社会心理学家确认发生在群体中的个体之间的这种引人好奇而又复杂的互动过程。

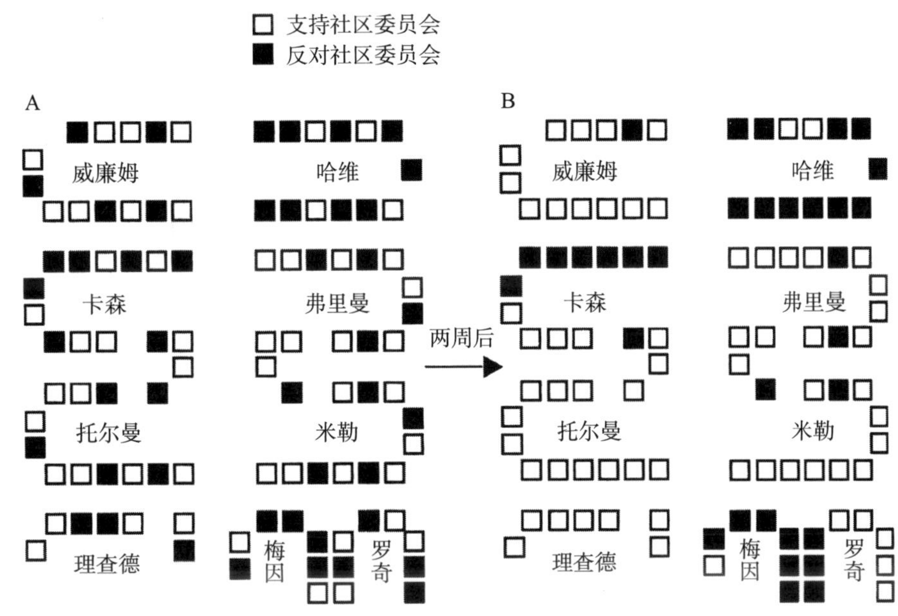

图 12-2　社区群体规范表现

在我们对麻省理工学院宿舍区的电脑模拟中，我们开始时将对社区委员会的不同态度分散在这整个社区（A 部分），之后看见了大多数公寓很快采纳了共同的规范（B 部分）。

12.1.4 “真正的”群体

在音乐会上跳舞的一群陌生人与在一条繁忙的街道上擦身而过的一群陌生人是不同的。去音乐会的人会互相影响，因此会表现出群体形成的第一个信号。然而，互相影响只是“群体”的一个特征。事实上，我们将公司、社交俱乐部、社区委员会和家庭做对比，很明显这些群体也具有一些其他的特征。特别突出的是，真正的群体可能拥有一些相互依存和分享共同身份的成员，它们同样可能具有稳定的结构。

互相依存　“真正的”群体成员倾向于互相依存，他们需要彼此以实现共同目标。我们称群体成员互相依存的含义超过了仅仅是拥有同一个目标的含义。例如，尽管上百万的美国市民申请成为民主党和共和党的成员，期望达成选出代表来促使自己所偏好的政策得以落实的目标，但这些政党成员可以在不与他人互动的情况下独立地做自己的事——投票。相反，每个政党中选出的国会成员则是互相依存的，他们需要每天共同工作来增加他们政党的政策落实为法律的可能性。民主党和共和党在国会的核心小组比起登记的民主党和共和党的选民来说更像是一个真正的群体。

群体认同　你所在大学里的学生是否组成了一个真正的群体呢？答案部分取决于你是否完全将自己看作群体的一员（Campbell, 1958; Hogg et al., 2004; Lickel, Hamilton, & Sherman, 2001）。在平常的一天中，当校园里的学生往返于课堂时，可能很少有人意识到你们在共享一个相同的身份。然而，在年度足球比赛中对抗来自其他州的对手时，这种身份却变得很显著，学生之间的互动使他们看起来更加像群体。尽管有一些群体身份以这种方式表现得时强时弱，但是也有其他一些身份却在每天的生活中表现得很显著。妇女联谊会的成员，在一起居住、吃饭和聚会，在大多数的日子里可能都能意识到她们属于群体。她们经常到尽可能远的地方，身穿印着巨大希腊字母的衣服，自豪地为自己的群体宣传。

那些强烈认同某个群体的人通常会为了群体而更加努力工作。例如，强烈的认同者倾向于忠诚，相对而言更不可能为了他人而抛弃自己的群体，即使这种离开是有利于自己的（Blair & Jost, 2003; Van Vugt & Hart, 2004）。

群体结构　很多群体建立了稳定的结构。他们可能制订了禁止性规范，即对于群体成员为了获得社会认可及避免不认可所应该具有的行为的共同期望（Levine & Moreland, 1998）（见第 2 章和第 6 章）。一个特定的妇女联谊会的成员可能会期待彼此穿着更为保守，远离戴鼻环的男性，获得更优秀的成绩。群体可能会为其成员设定**角**

色（role）。鉴于禁令性规范描述了所有成员所应该具有的行为，角色则是对特定的群体成员应该如何去做的共同期望。妇女联谊会的主席可能被期望能为分会会议制定日程，与其他组织定期协商，而出纳员则可能被期望收取会费及平衡联谊会的银行账户。角色权力的行使通常使群体更加有效，因为很难期望群体中每个成员都以相同的方式做出贡献（Barley & Bechky, 1994; Strijbos et al., 2004）。例如，仅仅想象一下如果联谊会的每个姐妹都试图来主持每周的例会或收取会费，那会是怎样一个混乱的场面啊！

妇女联谊会是“真正”的群体。妇女联谊会具有我们通常理解的真正的群体的所有特征。她们具有以角色（主席、出纳员）以及禁止性规范（不准与摩托车组织成员约会）形式存在的结构。当她们希望去为社区行使社会功能及主持慈善会议时，她们的成员依赖于彼此而达到共同的目标。同时她们的成员共享相同的群体身份，她们将自己看作群体中的一员。

一个群体可能还具有**地位层级（status hierarchy）**，群体成员会依据社会权力和他们对其他成员的影响力被分出等级（Kipnis, 1984）。比如，在一个妇女联谊会中，主席比其他职员有更高的职务等级，而其他职员又比一般成员有更高的职务等级。一个结构化的群体通常也具有比较稳定的**沟通网络（communication network）**，信息通过这个网络传递给其成员。比如，在高度中心化的网络结构中，信息主要由一个成员（通常是领导）同时传递给所有其他成员，比如一个妇女联谊会的主席在一次全员大会上发出通知。在分散型的网络结构中，信息会在成员之间传递而不必通过一个特定的人。在很多商业机构中，上级职员下达的指示通常通过经理层呈链状传播，直到下达给工厂的工人。看起来，美国联邦调查局这种严格的地位层级和沟通网络，使它对科琳·罗利所在的明尼阿波利斯外地办事处请求调查卡利亚·穆萨维及其电脑的请求缺乏及时反应。

群体结构的最后一个特征是**凝聚力（cohesiveness）**，或者说群体成员间联结的强度。群体是凝聚的或紧密结合的，因为他们的成员喜欢彼此在一起（人际间的凝聚力）或者因为他们投入到群体的任务中（任务凝聚力）。**当一个工作需要沟通与协调时，有凝聚力的群体会将工作完成得非常出色**（Gully et al., 1995; Mullen & Copper, 1994; Zaccaro, 1991）。但是凝聚力不是一直都能发挥积极作用的。具有人际间凝聚力的团队有时很难持续将注意力集中在任务上（e.g., Zaccaro & Lowe, 1988），且更容易受到特定决策的错误影响（e.g., Mullen et al., 1994）。这部分内容我们将在后面详细说明。

总的来说，稳定的群体通常由禁止性规范、角色、地位层级、稳定的沟通网络及凝聚力组成。更广泛地说，我们认为结构、互相依存及共同的群体身份将真正的群体与小组（彼此互相影响的人们聚集起来）区分开来。然而，这种区分是不明确的区分。真正的群体可以脱离明确界定的结构而存在，比如足球赛场上欢呼的球迷。那么我们最好将群体看作一个连续体（见图 12-3），即群体具有结构，其成员享有共同的身份，依赖彼此达成共同的目标，是“组合”而非拥有较少特征的集合。在本章余下的部分，我们主要集中于这些更加“群体化”的集合。

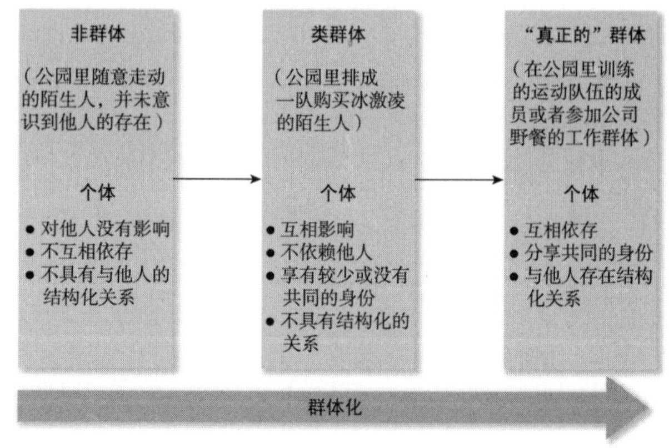

图 12-3　群体的连续体

最小的群体包含两个或更多的互相影响的人们。然而，当群体成员互相依存、享有共同的身份以及当他们形成结构（比如禁止性规范、角色、地位层级、沟通网络和凝聚力）时，个体的聚集开始增长为“类群体”。

12.1.5　为什么人们要归属于群体

人们看上去都具有一个基本的归属需求（Baumeister & Leary, 1995; McDougall, 1908），群体生存是人类生活的一个普遍特征（Coon, 1946; Mann, 1980）。正如我们在第 7 章所看到的，被一个群体排斥是一种非常不舒服，甚至痛苦的体验，人们会在很大程度上希望被他人接受（e.g., Pickett & Gardner, 2005; Williams, Forgas, & von Hippel, 2005）。但是为什么群体如此重要以至于我们都希望为了它而放弃我们生命中的很多东西呢？群体究竟为我们带来了什么呢？

人们出于各种各样的原因寻找群体（Mackie & Goethals, 1987; Hogg, Hohman, & Rivera, 2008; Moreland, 1987）。我们可能加入允许我们公开表达自己价值观的群体，比如死刑反对者会在确定的计划实施的烛光晚会上共同祈祷。我们可能会加入那些帮助我们定义自己的群体，帮助我们“了解自己是谁”。其他时候，我们会加入那些提供给我们所需的情感支持的群体，比如癌症病人参加支持性群体。本章将关注其他两种归属于群体的主要原因：为了完成他们在其他情况下无法完成的任务并以非常有效的方式获得或分享信息。我们也将探索一个更为次要的目标，即获得成为领导的资源及社会利益。尽管很少有人会为了成为领导而加入群体，但是当他们意识到这个获益后就会寻求成为领导。

12.2　完成任务

你的家庭与美国联邦调查局，卡帕·卡帕·伽马（Kappa Kappa Gamma）妇女联谊会与麻省理工学院宿舍区理事会，高级中学国际象棋俱乐部与美国，环境组织塞拉俱乐部与安然公司等，尽管这些群体在很多方面不同，但它们却有一个共同点：它们帮助其成员完成独立进行将存在很大困难的任务。

12.2.1　减轻负担与分配工作

我们的祖先在很久以前就发现当与他人群居时会极大地增加个体生存的机会。在群体中，他们更有能力进行狩猎、采集和耕作来获取食物；他们也更有能力去修建住所和保卫自己；同时他们也会在生病时得到他人的照顾（Brewer, 1997; Caporael & Baron, 1997）。当哲学家巴鲁克·斯宾诺沙（Baruch Spinoza）注意到“因为没有人在独自一个人时足够强壮地保护自己以及取得生活必需品，因此人类天性倾向于社会组织”的论断是非常正确的（Durant & Durant, 1963, 651）。

当然，群体也会在那些非基本的任务中给予惠赠。国际象棋俱乐部会为其成员提供练习棋艺的同伴以及比赛的机会。政党和社会行为群体帮助人们共同影响公共政策。甚至群体本身也会看到团结在一起可以更好地完成任务的优势。家庭与家庭的结合创造出小的社区，这些社区结合在一起形成州，之后形成国家，然后形成联盟甚至更大的组织，比如联合国。

共同工作。人们通常会在工作量大到单个个体或家庭难以独自承受的时候，采取共享劳动力的方法去完成任务，比如一起抵御上涨的洪水。

群体表现会比个体表现更有潜在的效率，主要出于两个原因。首先，“很多帮手使工作更加轻松”，在群体中，个体可以分担责任。比如，在很多农业社会，家庭之间通常互相帮忙收种植物、将牲畜成群地赶向市场以及修建新的谷仓。尽管一个单独的家庭能够修建谷仓，但是乐于帮忙的邻居会使修建谷仓这件事更加容易。其次，群体中的成员可以分工。一项工作有很多人做，就可以让不同的人承担不同的任务。因此，个体可以实现专业化——一些人会成为建筑师，一些人会成为木匠，一些人会成为检测员或庭院设计师。因为专家比普通人在某些方面更加精通，所以群体通常可以比某个个体更好及更快速地完成任务。

但是，这不等于说群体总是可以比个体更好地完成任务。而且，群体成员很少会表现出竭尽全力的状态（Davis, 1969; Laughlin, 1980; Steiner, 1972）。颇具讽刺意味的是，对群体有效表现的一个主要威胁恰恰与人们想要归属于群体的最初理由有关，即他们希望减轻个体的负担。

联结：适应与障碍

社会懈怠的社会疾病

新英格兰的泡菜工厂陷入了混乱之中。看起来负责将泡菜装坛的泡菜包装工人变得有些粗心大意。本应只将标准体积的泡菜放入罐子，有些人却开始将很小的泡菜也倒入坛中。短小的泡菜毫无吸引力地在盐水中到处漂浮和振动，质量控制的检察员不得不抽出一坛坛已经包装好的泡菜。泡菜包装产品出产效率很低（Turner, 1978）。

但是你可能会问，为什么可以将腌制的小黄瓜泡菜进行包装呢？要回答这个问题，先让我们回到 19 世纪末期，回到一位法国农业工程师马克斯·林格曼（Max Ringelmann）的实验室中。林格曼对农业产品进行了研究，观察到额外的工人很难如预期一样增加产出。在一个实验中，林格曼让一些男性被试单独或者在群体中使出全力拖手推车。他发现一些很奇怪的现象：随着在一起工作的男性被试数量的增加，每个人所用的力气会减少。在 2 个人的团队里，平均每个人只使出单独工作时的 93% 的力气；在 4 个人的团体中，每个人只是付出 77% 的力气；在 8 个人的团队中，每个人只使出了 49% 的力气（Kravitz & Martin, 1986; Ringelmann, 1913）。

林格曼将这种无效的成分归因于协调人手的困难，即要使他们同时出力的困难。然而，在其他的一些研究中林格曼也曾经认为协调性的降低是群体失效的唯一原因（Steiner, 1972）。值得注意的是，正如林格曼自己所怀疑的那样，作为群体的个体成员通常会表现出**社会懈怠（social loafing）**，即当群体人数增多时他们倾向于降低个人的努力程度（Ingham et al., 1974; Latané, Williams, & Harkins, 1979）。

在一些任务中，社会懈怠不是太大的问题，如果 5 个人可以将一辆车从沟里推出来，那么让 10 个人的团队使出全力也没有太大意义。毕竟，目标不是要出汗而只是让车重新开动。然而对其他一些任务，社会懈怠可能会是一个问题。比如，泡菜公司的目标不仅仅是每天生产出一定数量的泡菜。相反，他们希望能够尽可能多地包装泡菜。然而，经理可能很少怀疑他们雇用如此多的泡菜包装员以期增加总产量的策略是否有效，他们同样可能增加了每个包装员搭便车让别人努力的倾向性，即自己偷懒而依靠同事的努力（Kerr & Bruun, 1983）。他们可能也没有意识到一旦雇员看到有能力做却不做的同事开始搭便车，他们就会降低自己的努力以免让自己陷入不公平地承担他人负担的境地（Kerr, 1983）。泡菜公司付给员工他们并不应该得到的报酬，而消费者也需要为工厂的无效买单。正如比布·拉坦内（Bibb Latané）和他的同事（1979）提出的那样，社会懈怠可能会成为社会疾病。

群体成员在个人贡献无法评估的时候更可能表现出懈怠（Harkins, 1987）。比如，社会懈怠可能会发生在当群体成员的贡献不能够衡量时，即他们自己与他人不能够明确说出那些贡献是谁的（e.g., Williams, Harkins, & Latané, 1981）。泡菜包装流水线的配置使传送带将包装好的泡菜坛堆积到同样的检查员面前。检查员因此不能够确认哪些泡菜包装员应该为违规包装的泡菜坛负责。对于那些不按规则包装泡菜的人需要付出的直接成本几乎没有。

然而，一名泡菜检查员能够促进产量吗？当承担一个群体项目时，你怎么做才能够控制社会懈怠？基于对将近 80 个研究进行的元分析，史蒂文·卡劳（Steven Karau）和吉卜林·威廉姆斯（Kipling Williams）（1993, 2001）提供了一些建议：

- 明确每个群体成员的贡献（Kerr & Bruun, 1981; Williams et al., 1981）。典型的足球队教练通常会拍摄每个球员的表现并给每个球员打分。
- 使任务对个人来说是有意义的、有挑战性的或重要的（Brickner, Harkins, &Ostrom, 1986; Smith et al., 2001; Zaccaro，1984）。例如，在一个研究中，当工人认为口香糖会被很好地包装并送到驻外的美国士兵站的时候就不会在包口香糖时懈怠（见图 12-4; Shepperd, 2001）。
- 向群体成员明确他们个人的努力会带来更好的群体绩效（Shepperd & Taylor, 1999）。比如，当人们相信他们能够对群体目标做出特殊贡献时更不可能懈怠；如果每个群体成员都承担不同的工作，他们不可能轻易地假定他人的工作会隐藏自己的懒惰（Gockel et al., 2008）。

- 尽力增强群体间的凝聚力。比如，当人们与朋友一起工作时会比与陌生人工作时产生更少的懈怠。当然，你不可能总是能与朋友在一个群体中。然而，你可以尽力增强你所在群体成员对彼此的感情。比如，尊重群体中的同伴会增加他们的群体认同感和他们为了群体而努力工作的意愿（Simon & Stürmer, 2003）。
- 招募那些在人际取向上更倾向于集体主义的成员。那些有集体主义取向的人（比如妇女以及日本等东方国家的居民）比那些个人主义取向的人（比如男性或美国等西方国家的居民）更不可能懈怠（e.g., Earley, 1989; Gabrenya et al., 1985; Klehe & Anderson, 2007）。

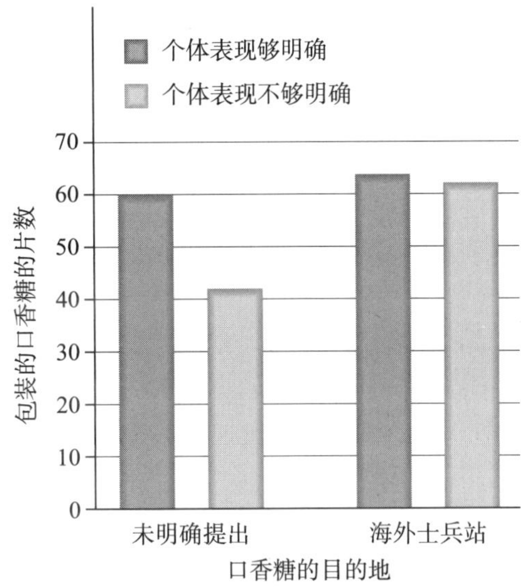

图 12-4 出于好的原因而不会懈怠

在一个研究中被试需要包口香糖 10 分钟，这是一项十分乏味的任务！左边的两个柱状图表现出非常典型的社会懈怠效应：当被试认为他们的表现不能被评估（即他们认为没有人会了解他们所做的工作）时会包更少的口香糖。然而，当这些任务被赋予额外的意义，当被试被告知这些口香糖会在小心地包装之后送至海外服务的士兵手中时，社会懈怠便消失了。即使被试知道他们个人的成果不可能被评估时他们也会包足够多的口香糖（Shepperd, 2001）。通过强调任务对群体成员更有意义和更重要，我们可以降低社会懈怠的概率。

资料来源：Data from Shepperd (2001)，Table 1.

尽管人们在群体中工作时有很强的懈怠动机，但是群体行为的优势使任务的完成比个体单独工作时更有效率。并且在一些任务中，人们甚至在群体中会比单独工作时更努力。比如，当群体成员相信任务足够重要，他们通常更加努力工作来弥补他人所欠缺的努力（e.g., Liden et al., 2004; William & Karau, 1991）。并且，当群体成员认为他们只花一半心思的努力可能会阻碍群体时，他们可能会增加自己的贡献（e.g., Hertel, Kerr, & Messé, 2000; Messé et al., 2002）。总之，很少有人希望被看作（或者把自己看作）阻碍群体完成任务的人。

12.2.2 个体失败与群体成功的预期

你是否加入过某个学习小组？为什么？我们猜想你决定加入或者不加入主要有两种直接的考虑：（1）如果你独自学习你可以在考试中取得什么成绩；（2）如果你与其他人一起学习你可以在考试中取得什么成绩。当你相信你与他人在一起时会比你独自学习时能够取得更好的成绩，你就更可能组织或者参加一个群体（Zander, 1985）。

当人们担心个人可能会失败时就更可能加入一个群体（Loher et al., 1994）。比如，杰弗里·温哥华（Jeffrey Vancouver）和丹尼尔·伊尔根（Daniel Ilgen）（1989）让密歇根州立大学的男女学生被试选择独立承担或者与其他学生一起承担 6 项任务。一些任务是典型的“男性”任务，比如为车换油或设计一个工具棚。而其他的一些任务是典型的“女性”任务，比如设计一个商店橱窗或进行一个关于花的测验。温哥华与伊尔根假定男性会对完成女性任务的能力缺乏信心，而女性也会对完成男性任务缺乏信心。因此，他们假设这些学生会在具有性别优势的任务中更偏好独自工作，而在不具有性别优势的任务中更愿意与他人一起工作。他们的这个发现说明，当学生对个人成功的预期降低时，他们更愿意与他人一起工作。

我们假定这些态度不确定的学生偏好与他人一起工作是因为他们认为自己的同伴更擅长这些任务，或者至少“两个头脑甚于一个”。这就将我们带入另外一部分规则：当人们认为群体能够更有效地朝向目标时会更愿意加入群体。在特拉华大学的一个研究中，埃德加·汤森（Edgar Townsend）（1973）发现，当人们认为组织是达到个人和社群目标的有效途径时更可能加入校外的志愿群体。毫不令人惊讶的是，那些曾经在过去的群体中获得成功的人在将来更愿意在群体中工作（Eby & Dobbins, 1977; Loher et al., 1994）。

12.2.3 当前的需求，个人主义社会

在一些情境中，加入一个群体是使完成任务更有吸引力的策略。有的时候没有任务选择，比如当一个工人必须加入一个劳动工会以得到本地工厂的一份工作时。然而，当现实情境下一个人很难独立成功时，人们加入共同工作群体的概率更高。比如，正如工人们会组成工会来增加对自己薪水及工作条件的控制感，美国市民也会成立诸如全美有色人种促进会以及全美步枪协会以实现其偏好的社会理想。当人际或社会情境变得令人不快，使人们很难达到目标，个体可能会更愿意共同工作来维护个人的利益（Tropp & Brown, 2004; Zander, 1985）。

一些社会比其他社会看起来更能“培育”任务群体。哪种人会参加更多的任务群体呢？是个人主义社会还是集体主义社会的成员呢？你可能会认为是集体主义社会的人。毕竟，我们看到集体主义更加重视群体：重视与他人互相依赖，重视个人需求让位给群体需求，重视强调忠诚与承诺。有意思的是，结果刚好相反，集体主义社会中的人们会参加更少的任务群体：集体主义社会的人们对已加入的群体的承诺太高以至于他们不会去寻找他们所需要的其他群体来帮助自己完成任务。另外，想象一下典型的个人主义者们。因为他们与所属群体的联系不紧密，他们就能很自由地四处寻找符合即时需求的群体。在个人主义社会，人们能很快速加入一些群体，尽管他们对这些群体的承诺通常会很短暂（Triandis, 1995）。

个人主义社会的民众也会出于其他原因加入多种任务群体。个人主义社会通常会比集体主义社会更加富裕，文化程度更高，且有更多的城市，这些因素使他们可以加入多种群体（Meister, 1979; Stinchcombe, 1965）。城市生活将陌生人聚集在同一个地方，比如为了共同的目标在一起工作的一大群人。而且，高度文明的社会居民有很多与他人联系的机会，通过报纸、杂志、布告栏和网络。而文明程度不高的社会居民只能通过个体接触、电视与广播或者口口相传而了解到可能有用的群体。

保护环境。有些人类需求很大，有些任务很多，这样就只能通过很多人的共同努力才可能成功。全世界数百万的人们认为对地球自然生态系统的威胁创造出一种需求。这种需求就是成千上万的人组成群体清洁公园与河流的垃圾，减缓热带雨林的砍伐，降低机动车辆与工厂的污染排放物，鼓励循环利用。

12.2.4 什么时候群体最多产

有效群体的特征有哪些？具有特定人格类型的群体成员是否比其他成员更有价值呢？由相同的人组成的群体是否比背景、经历或技能迥异的人组成的群体更有效呢？

对这些问题以及类似问题的回答通常都一样：视情况而定。而且答案尤其取决于群体希望完成的任务类型（Davis, 1973; Hackman & Morris, 1975; Holland, 1985; McGrath, 1984; Steiner, 1972）。不同的任务需要不同的技能。将一辆巴士从沟壑里拉出来所需的技能不同于维护一个国家的安全所需的技能。在这一部分我们将探讨群体的特征如何与任务的需求交互影响群体的产出。

谁应该在群体中 为特定的工作找到合适的人是所有经理都面临的挑战。这些经理或者来自主要的政府机构以及世界500强企业，或者是个体经营者。什么类型的人们在一起工作会对什么样的任务最好呢？罗伯特·霍根（Robert Hogan）及其同事（Driskell, Hogan, & Salas, 1987; Hoganet al., 1989）提出一个模型来探讨这个问题。他们依据成功所需要的技能对任务进行区分，并根据基本的人格特征对工人进行区分，随后就做出对不同工作最适宜人群的假设。比如，那些谨慎的和顺从的小组成员擅长例如会计类的传统常规任务，但是不适合

那些需要创造力、反叛以及冒险的艺术类工作。相反，由具有良好社交技能的个体组成的群体会擅长教育类的任务，但是不擅长传统的任务，在这些任务中这种社会化可能会干扰所需的墨守成规以及重视细节的能力。

沿着类似的逻辑，那些解决问题的群体需要至少一名成就动机很强且精力充沛的成员（否则小组不能做任何工作）、一名富有想象力以及充满好奇心的成员（否则群体不会产生好的想法）以及一名令人愉快的及宽容的成员（否则小组成员不能友好相处）（Morrison, 1993）。而且，拥有太多非常善于交往成员的群体通常会在关注任务上存在困难，而拥有太少善于交往成员的群体很难形成想要自由产生新想法所需要的和谐气氛（Barry & Stewart, 1997）。总的经验大致如下：最高产的群体更可能拥有可以互相弥补，以及具有与群体任务的需求紧密匹配的人格特征的成员。

多样化有价值吗　想象两个男子篮球队，其首发队员平均身高均为 2 米。其中队伍 A 中五位首发队员都是 2 米，这支队伍所有人的身高都相同。而队伍 B 中第一位首发队员为 2.4 米，第二位为 2.2 米，第三位为 2.1 米，第四位为 1.9 米，第五位为 1.8 米。这支队伍更多样化或者说在身高上更异质化。当其他条件相同时，你更愿意执教哪支队伍呢？

我们猜想你会选择 B 队，因为身高上的较大不同使你可以更容易将不同的人安排到不同的位置上。更加异质化的队伍 B 能够更好地满足篮球比赛的不同需求。而事实上，不仅仅在运动项目上异质化的团队更有价值（Widmeyer, 1990），在其他领域异质化的群体比同质化的群体也更有优势（e.g., Horwitz & Horwitz, 2007; Levine & Moreland, 1998; Schulz-Hardt et al., 2002; van Knippenberg & Schippers, 2007）。

如同不同人格的价值一样，群体多样化的价值在很大程度上取决于任务性质（Laughlin, 1980; Steiner, 1972）。群体异质化会有利于那些只需要一个成员得到正确答案的群体。更普遍的是，异质的群体看起来会在需要新方法、灵活性以及快速适应变化的情境任务中表现最好（e.g., Nemeth, 1992）。比如，工作中需要有改革精神与创造性的科学家，这样才能在与其他学科领域进行合作时取得更好的成绩（Pelz, 1956）。同样，当管理团队的成员拥有不同专业知识和教育背景时更有创造力（Bantel & Jackson, 1989; Wiersema & Bantel, 1992）。

但这并不是说多样化是没有成本的。经验的多样化通常会损害一些团队的表现，即那些只有当所有群体成员都履行好各自的角色才能获得成功的团队。并且，商业团队在人格、价值观或背景上的差异通常会导致较高的人员流动率（Cohen & Bailey, McCain et al., 1983），同时高度差异化群体的内部沟通发生的频率较低且更加正式化（Zenger & Lawrence, 1989）。异质化群体的优势与劣势需要好好权衡。

文化多样性与群体表现　群体异质性的问题对如今美国越来越多样性的工作场所有重要启示。到 2008 年，47% 的美国雇员为女性，30% 的雇员来自少数民族（美国劳工组织，2009）。并且，少数民族为劳动市场的增长做出了很大贡献。既然现在的商业文化更加多样性并更可能进行全球的合作，那么理解文化多样性如何影响商业活动的产出十分重要。

正如其他多样性一样，文化多样性对群体的产出有利也有弊（e.g., van Knippenberg, De Dreu, & Homan, 2004）。就有利方面而言，研究发现当白种学生加入到种族多样化的群体时，会以更加复杂以及全面的方式来思考跟种族有关的问题以及社会政策问题（Antonio et al., 2004; Sommers, Wrap, & Mahoney, 2008）。并且，文化多样性的群体可能会产生解决问题的更多方法，特别当这种多样性与任务相关时（McLeod & Lobel, 1992）。

然而，正如我们之前所看到的那样，多样性也需要付出成本。当多样性涉及种族或民族时，成本尤其大。人们可能会对其他种族和民族的群体存在偏见因而通常不能很好地理解对方。因此，种族多样性以及民族多样性的工作场所中经常存在沟通问题以及缺少和谐的氛围，而且，团队中的雇员对群体有更少的承诺，并经常遗忘工作，也更可能寻找其他的工作。看起来工作场所的种族及民族多样性的成本可能会比较大，并经常会超过其有利的方面（Maznevski, 1994; Milliken & Martins, 1996; Pelled, 1996）。

事实可能也并非这样。沃伦·沃森（Warren Watson）、卡姆莱什·库马尔（Kamalesh Kumar）以及拉里·迈克尔森（Larry Michaelsen）（1993）创建了由四五名学生组成的工作团体，并将该团体作为一个高级管理课程中的一部分。其中一半的团体是同质的，只包含白种美国人；而其他的团体都是文化多样性的团体，包括一位白种美国人、一位非裔美国人，一位西班牙裔美国人以及一位来自亚洲的外籍人（5 人团体还包括一位西班牙裔美国人或者一位外籍人）。这些团体面临的挑战是要在一学期的课程中解决 4 个不同的商业问题。如图 12-5 所示，多样性的群体最初面临的困难是：他们的表现比那些同质化的群体差并且很难很好地相处。然而，随着学习的深入，这些多样性群体的成员学会了如何一起工作，到最后与同质化群体的成员相处得一样好。更重要的是，他们的总体表现在最后一次作业中也与同质化群体同样好。

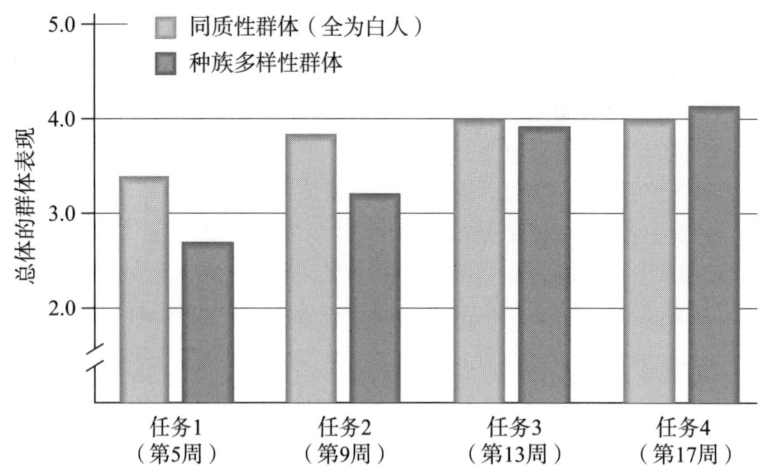

图 12-5　克服文化多样性的潜在困难

在一个研究中，研究者将管理课程的学生分配到同种族的群体中（所有人都是白人）或种族不同的群体中共同工作，结果发现，多样性的群体最初存在相处上的问题并且表现相对较差。但是在学期末，这些问题消失了，学生们的表现也随之提高了。
资料来源：Data from Waston et al. (1993), Table 2.

这个发现表明，当文化多样性群体有足够的动机和机会时，他们也可以克服最初的困难，提高产出。当经理们找到了增强群体沟通、合作、承诺以及凝聚力的方法时，文化多样性的益处就会显现出来了。

小调查

想象一个你最近工作过的“任务群体”。在哪种模式下它最有效或者最无效？假设你现在已经知道了群体的产量，下一次你会采取什么行动来增加群体的有效性？

12.3　做出正确的决策

群体通常拥有大量有用的信息，即使是那种很小的、随意的朋友圈也富含很多信息。他们可以推荐好的比萨店、有意思的心理学课程或者有利的投资机会；他们会告诉你你的政治观点是否基于错误的信息或者你是否如同你自己所认为的那样有吸引力、聪明及有创造力。

正如与他人一起工作可以帮助你完成体力任务，与他人合作可以帮助你完成认知以及决策任务（Laughlin, Carey, & Kerr, 2008）。随着单个决策者解决任务的难度加大（Frings et al., 2008; Wilson, Timmel, & Miller, 2004）且群体成员可以互相自由地共享信息（e.g., Resnick et al., 1991; Stasser, 1992; Thompson, Levine, & Messick, 1999; Tindale & Sheffen, 2002），认知上的合作优势也更加明显。想象一下任何一个公司的高层管理者，一位可能精通制造加工，另一位可能熟知市场，其余的分别擅长财务、销售或法律。正因为如此，首席执行官就不需要精通每个方面的知识，而他们只是需要寻找到那些拥有某个方面相关知识且愿意共享的人。在社会心理学术语里，一个稳定的运行良好的公司拥有**交互记忆（transactive memory）**，即存储在个体成员头脑中的知识以及通过沟通而传播的路径（Wegner, 1987, 1995）。很多群体都拥有交互记忆，作为群体所拥有的知识比任何一个成员所拥有的知识更多（e.g., Austin, 2003; Littlepage et al., 2008; Wegner, Erber, & Raymond, 1991; Zhang et al., 2007）。

因为交互记忆提供了如此丰富的信息，群体的决策可以比个体决策更加准确。拉里·迈克尔森（Larry Michaelsen）、沃伦·沃森（Warren Watson）与罗伯特·布莱克（Robert Black）（1989）的研究很好地证明了这一点。在组织行为学的课堂上，25个学生被分配到小组里，要求在一个学期里完成解决多个问题的任务。除此而外，这些学生也要参加6次测验，首先是学生自己作答，继而当他们上交答卷后，再以小组的方式参加测验。学生个人测验及小组测验的分数都将构成该学生最后的课程分数。结果发现群体的分数不仅比每个个体成员的平均分数高，同时也高于成员中的最高分数。事实上，在222个小组中只有三个小组的最优秀的成员的分数超过了群体的分数。那么，在这样的条件下，所有成员都会从群体知识中获益（Watson et al., 1991）。

当然，群体并不总会带领其成员做出更好的决策。有些时候群体拥有不正确的信息。而且，有用的信息也不总是能被有效地分享，即使群体成员确实进行了分享（Sargis & Larson, 2002; Wittenbaum & Stasser, 1996）。最后，即使知识在群体中得到了有效的分享，这些信息可能仍然会以一种存在偏差的、不令人满意的方式得到加工。比如，如同个体独自思考，群体也会支持那些能够证明自己最初观点的信息（Brownstein, 2003; Frey & Schulz-Hardlt, 2001; Kray & Galinsky, 2003）。随后，我们将探讨处在群体中的境况将如何影响人们做决策。然而，首先我们将思考导致人们使用群体作为信息来源以及决策辅助的个体与情境因素。

12.3.1 了解的需要

有强烈求知欲望的个体通常会在群体中减灭这种热情。事实上，成千上万个群体及组织致力于提供信息。有共同兴趣的人们聚集在学习小组共同准备即将到来的测验，聚集在投资俱乐部共享金融分析，聚集在天文学俱乐部共享关于宇宙的发现。计算机革命创造了聊天室、博客及聚友网站（如 MySpace.com）等。回想欧洲的“咖啡社会”，有共同兴趣的人们会聚在一起讨论艺术、哲学、文学、每天的重要事件，如今的网络群体聚集在互联网上讨论一些有共同兴趣的主题。**有“了解的需要”的人们通常会在群体中寻找答案。**

这种了解的需要可能远远超过智力上的好奇心。比如，面临终生疾病的人可能会求助于一个自助性的团体以获得信息。尽管这些群体可能会有其他功能，比如提供情感上的支持或友谊，一些人加入这些群体只是为了获得信息。例如，一个对患有艾滋病的男性同性恋群体的研究发现，当群体不再提供新的信息时，相当多的成员会停止参加聚会（Sandstrom, 1996）。

从咖啡社会到英特网。正如19世纪巴黎的作家与艺术家聚集在一起分享、讨论及评论他们的艺术，随着时间的流逝，如今的学生们聚集在“网络空间”分享、讨论及评论时下流行的话题。

12.3.2 不确定的情境

不确定的情境激发了大多数人了解的需要。你可能会很容易想象自己置于下面的情境中：当你的约谈接近尾声，你的医生重新进入检查室，看起来有些担忧地说道：“我们得到一个不好的消息，你脑里长了肿瘤，需要进行神经外科手术。”在震惊中，你问了几个问题，但是在随后的日子里，新的问题持续不断地在你的脑海中浮现。你想知道这个手术是什么样的手术，以及在术后自己会感觉怎样。你也想知道你的担忧是否合理或者你是否反应过度。面对这些不确定性，你需要信息。

斯坦利·斯坎特（1959）进行了一系列经典的研究，来探讨不确定情境是否会增加人们与他人联系的意愿。研究的被试要参与“非常痛苦”的电击（高恐惧条件）或者“丝毫不痛苦”的电击（低恐惧条件）。当仪器表面上准备好之后，被试被允许选择独自等待或与他人一起等待。高恐惧组的被试通常更偏好与他人一起等待，只要他人同样也在等待被电击。正如斯坎特所提出的那样：“痛苦不爱其他任何类型的同伴，它只爱同样苦难的同伴。”（p. 24.）他提出这种偏好是在为研究中被试的信息性目标服务，与这些潜在的“受苦”他人待在一起以及观察他人的行为，恐惧的被试可以评估自己的恐惧是否合理。不确定情境会促使人们从他人那里寻求信息，并进行社会比较（Festinger, 1954）。

12.3.3 讨论与决策

我们看到群体可以提供给个体有用的信息以做出重要的决定。然而，对很多决策来说，仅有信息是不够的。幸运的是，群体可以提供第二种形式的帮助，提供讨论可用信息及信息使用方法的机会。群体讨论以各种方式影响到个体的决策，这取决于大量的交互因素。

多数人的影响与群体极化 “同性婚姻”（同性恋是否在法律上被允许结婚）的问题是人们谈话中一个有争议的主题。让我们假定当你与10个朋友或者舍友坐在一起谈论这个话题时，你还未形成一个非常强烈的意念。同样让我们假定与你交谈的其他人中有7个人认为同性恋伴侣应该被法律允许结婚或建立法律所承认的关系，而另外3个人认为同性恋不应该被允许结婚或建立被法律承认的结合（这是年龄在18 ~ 29岁的支持者与反对者的真实比率；哥伦比亚广播公司新闻调查，2008）。我们在第5章曾讨论过我们渴望正确以及得到社会支持的想法如何使我们的信念与态度趋向多数人的观点（Wolf & Latané, 1985）。这种可能性很有意义，随后你的个人意见就会部分地转向支持同性婚姻的一方。

你不愿意独自一个人。你朋友的意见可能会使你更加偏向支持同性婚姻的一方。这导致社会心理学家所定义的**群体极化（group polarization）**的出现，即经过对一个问题的讨论，群体成员的平均判断会比讨论之前更加极端（Brauer, Judd, & Jacquelin, 2001; Isenberg, 1986; Lamm & Myers, 1978）。因此，你设想的小组成员，在讨论之前平均持有较为温和的支持同性婚姻的看法，而在讨论之后他们更可能变得强烈支持同性婚姻（见图12-6）。

早期的研究者观察到讨论使群体成员做出比个体更加冒险的决策，他们将这个现象称为冒险转移（e.g., Stoner, 1961; Wallach et al., 1962）。然而，随后的研究发现这种朝向冒险决策的转移只发生在最初便倾向于冒险的群体之中。当最初的倾向支持谨慎，则讨论会导致更加谨慎的决策（e.g., Knox & Safford, 1976; Wallach et al., 1962）。群体讨论激化了风险决策。比如，相对怀有偏见的个体组成的群体在讨论种族问题后会加剧固有的偏见（Myers & Bishop, 1970），温和的女权主义者组成的群体在讨论过后会更加坚持女权主义（Myers, 1975）等。讨论夸大和强化了群体讨论前的观点。

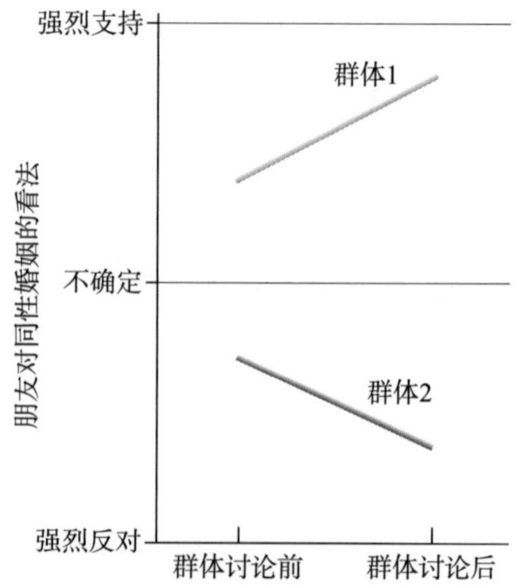

图12-6 群体讨论的极化现象

如果一个群体平均的基本态度认为同性婚姻应该被合法化，那么在群体讨论之后他们可能会更加强烈地支持同性婚姻。相反，如果第二个群体平均认为同性婚姻应该是非法的，那么在经过讨论后他们对同性婚姻的热情会更低。

为什么会出现这种情况呢？首先，群体成员可能会听到更多支持群体偏好而非反对群体偏好的论点。如果在你的群体中大多数人都支持同性婚姻，你可能会听到大量支持它的论据。其中一些论据可能对你来说是有说服力且新奇的，因此你将被推向支持同性婚姻的阵地。当然，群体中的其他人也会听到支持同性婚姻的新论据，因此他们也可能更加偏向这个观点。这种说服性争辩的结果就是，群体的总体观点会比讨论前更加极端（e.g., Burnstein & Vinokur, 1977）。

其次，讨论同样会阐明群体规范。以你设想的朋友群体为例，你可能会在很早的时候就发现群体的规范略微支持同性婚姻。如果你喜欢群体成员且有动力去赢得他们积极的尊重，你可能会倾向于让你的判断与他们一致。而且，当人们与他人做有利的比较时往往对自己感觉更好。群体讨论则提供了一个绝佳的机会可以通过表明一种强烈地支持同性婚姻的方式来提升自己的社会尊重。毕竟如果群体支持同性恋婚姻，当你更加支持的时候你会成为群体中一个更加重要的成员。如果大多数群体成员的动机相似，随着每个成员都尽力去取得更加支持同性婚姻的位置，群体的整体观点会迅速变成支持同性婚姻。经过社会比较过程，群体的意见也就在讨论之后变得更加极端化（Baron & Roper, 1976; Blascovich et al., 1975; Goethals & Zanna, 1979; Myers, 1978）。

与意见相似的他人讨论同性婚姻。你对同性婚姻的看法是什么？如果你发现你处在一个意见一致的群体中时，你的意见会如何改变？对群体极化的研究发现，与持有相同观点的人讨论问题通常会使个体的观点比谈话前更加极端。

大多数人影响观点的力量可以用来解释最终导致安然公司极端冒险的生意决策以及会计操作。安然雇用了那些相信自己能使用“新方法”挣钱的人。当雇员了解到他人的观点后，他们创造出的规范变得极化，这种有利的比较动机越强，交易会越冒险、会计操作也越“创新”。

少数人的影响　正如我们刚刚看到的以及在本书中看到的，多数人的信念与态度对少数人的判断有非常强烈的影响。但是那些少数人的不同观点会怎么样呢？他们有时不也是会影响他人吗？安然公司和世界通信公司中那些认为他们的商业运作可能会极大危害公司员工的是什么人呢？美国联邦调查局认为需要全面调查扎卡利亚·穆萨维信息的人又是谁呢？这些个体有影响力吗？

少数人的影响（minority influence）很难实现，有几点原因：首先，少数人的意见通常不能够对他人施加社会压力。因为群体成员很少，所以少数人不能如同多数人一般，提供足够的社会接受度以及足够的社会隔离的威胁。实际上，在安然公司，那些反对主流观点的人们通常被忽视或者被调到那些能避免制造麻烦的部门。其次，正如我们在第 6 章所讨论的，大多数人表达的意见具有更高的可信度与有效性。一位安然公司的雇员可能会这么想：“如果大多数同事都认为这是一个 21 世纪商业运作的方法，那么可能它真的是我们应该去用的方法。”

由于缺乏人群对自己意见的支持，少数个体若要希望他人相信自己的意见，必须提供高质量的论据以及展示很高的可信度。与此一致的是，少数人的意见在以下一些情形中最具说服力：

- 他们坚定地捍卫自己的观点（Maas & Clark, 1984; Moscovici et al., 1969）。通过坚定地信奉自己的意见，少数人会证明这些观点可以很清晰地使自己信服也同样可以使别人确信。提出少数观点的人们在尽管已经厌倦了去说服却仍然坚信自己的观点时，其论点特别具有说服力（Baron & Bellman, 2007）。
- 他们曾经站在大多数人的立场（e.g., Clark, 1990; Levine & Ranelli, 1978）。毕竟，人们可能会想：“如果他确信大多数人的观点错了，那可能是真的有问题。”
- 他们愿意做出一点妥协。即使非常坚定地捍卫自己的观点，愿意谈判的少数人会给人留下通情达理的以及不苛刻的印象（Mugny, 1982）。因为没有任何观点是完美的，我们会发现那些固守自己信念的人更不可信，因此也更不容易被其说服。
- 他们至少获得了一些支持（e.g., Asch, 1955; Clark, 2001; Gordjin et al., 2002; Mullen, 1983）。一些持有少数意见的人比孤独的异议者的声音更有影响力，部分原因是一些异议者而不是一个异议者，更不容易因被看作“脱离接触”而被轻易忽略。
- 他们陈述的观点与大多数人的观点相吻合，仅仅是有一些超前（e.g., Maass et al., 1982; Paicheler, 1977）。通过指出自己的观点与群体中大多数人的观点有共同的地方，持有少数意见者可以使他人更容易改变观点。
- 听众需要做出正确的决策。这是指听众会十分注意两方呈现的论据的质量（Laughlin & Ellis, 1986）。

然而，即使少数人具有说服力，他们的影响也可能很间接或者被隐藏（e.g., Crano & Seyranian, 2007; W. Wood et al., 1994）。比如，即使人们私下偏向少数人的意见，但他们仍然会公开宣称与大多数人的意见一致（Maass & Clark,

1984）。为什么呢？通过隐藏他们偏向少数人的观点，个体可以避免社会指责。除此以外，偏向少数人的观点并不总是以一种戏剧化、全或无的转变形式发生。然而，尽管被较好阐述的少数人的观点还不能立刻让人确信，但他们却能够让人们重新评价自己的观点，更加努力且更有创造性地思考当前的问题（e.g., DeDreu & West, 2001; Martin et al., 2002; Nemeth et al., 1990）。随着时间的流逝，这种再评价可能就会使人们改变自己的观点，并且观点一旦改变，受到少数人的影响而产生的观点看上去能够更能抵制随后的改变（Martin, Hewstone, & Martin, 2008）。

我们可以看到很多群体讨论中的交互因素都会影响群体成员的决策。多数人的观点具有很强的影响力，当人们担忧社会认同、当多数人的群体规模很大或者当人们的决策与观点相关而非事实相关时尤其突出。相反，因为持有少数意见的人们更不可能依靠社会奖励或惩罚的力量，所以他们面临艰难的抗争：他们必须提出强有力的证据，同时以可信的方式呈现论据，并且要激励听众去发现最好的答案。

联结：理论和应用

陪审室里多数人与少数人的影响

想象这么一个时刻，你作为一名检察官将要对一个 12 人的陪审团宣读你的结案陈词。为了定罪，你需要一个无异议的裁定。那么你需要几名陪审员确信你的陈词呢？

如果你回答 12 名，那肯定是正确的，因为“无异议”意味着“每个人都同意”，而这里有 12 名陪审员。然而事实上，检察官的案件没有那样复杂。尽管这种估计会发生变化，一个检察官只要能使 12 名陪审员中的 8 名确信自己的陈词，就有 90% 的可能性成功定罪（Davis et al., 1975; Kalven & Zeisel, 1966; MacCoun & Kerr, 1988）。这是怎么做到的呢？

近乎虚构的孤独但极有说服力的坚持者。神话故事以及畅销小说给我们塑造了这种理性的、有非常强烈主见的异议者。他们能够经受住多数人的争论以及压力并被说服相信真理，如同在《十二怒汉》（*Twelve Angry Men*）中亨利·方达扮演的角色。然而事实上，这种坚定的人非常少见。只在十分有限的情况下，持有少数意见的单独个体能成功地改变多数成员的看法。

你需要记住的是陪审团是一个群体—— 一个在做出裁决之前需要商讨的群体。尽管陪审员在 30% 的案件中能够快速达成一致，剩下的 70% 的案件仍然需要商谈以及辩论（Kalven & Zeisel, 1966）。并且，如同其他决策群体的成员一样，陪审员试图互相说服。因此即使检察官只说服了 8 名陪审员，他们也可以有足够的信心认为他们的立场在陪审室里得到了很好的呈现。毕竟，大多数人的意见更有力量。基于数量上的优势，他们拥有的不仅仅是更多的说服力论据，还包含一定的社会压力。

当然，大多数人的观点并不总是能够胜出。随着少数人构成的群体规模的增加，他们也更能够抵御多数意见的影响，从而增加对持有多数意见的陪审员的影响力（e.g., Tindale et al., 1990）。并且由于陪审员容易表现出仁慈的偏向，即更愿意赦免被告而非给他们定罪。如果小部分的审判员持有“无罪”的立场，会比他们支持有罪立场更容易说服多数人的观点（MacCoun & Kerr, 1988; Tindale & Davis, 1983）。虽然如此，少数陪审员的影响力仍然不大，并且两种法律趋势会更进一步削弱这种影响力。首先，在很多司法权中，陪审团的成员数量下降到六名成员，这就使持有少数意见的陪审员往往是独自一个人，而我们知道孤独的陪审员更难坚守自己的立场（Kerr & MacCoun, 1985; Sakes, 1977）。其次，一些法庭不再要求陪审团达成无异议的判决，取而代之的是达到四分之三或三分之二以上的陪审员同意的裁决。在这些情况下，持有多数意见的陪审员就更没有理由去仔细考虑少数人的立场了（Hastie, Penrod, & Pennington, 1983; Kerr et al., 1976）。因此，持有少数意见的陪审员的前景不容乐观。

我们理想化地认为陪审团的裁决会经过群体讨论后做出，但我们看到的是他们通常在商讨开始之前就已经决定。当一个微弱的多数陪审员群体最初共享一个偏好的裁决时，群体的最后裁决很可能就会无异议地向这个方向发展。而个别的持有不同意见的陪审员希望说服其余的陪审员认同自己观点的可能性就变得微乎其微。在一部经典的影片《十二怒汉》中，亨利·方达（Henry Fonda）扮演了一名能言善辩的陪审员，他成功地说服了其余 11 名陪审员认同自己代表的少数者的观点。在北美文化中，我们可以认为一个孤独的、理性的陪审员可能同样会坚持反对犯错的同事，甚至最后能够促使他们接受真相。毕竟，陪审员是正义的守护者。可惜的是，这样的人更可能出现在电影屏幕上而并非真实的法庭上。

群体思维及有缺陷的讨论　陪审团系统的出现是因为人们相信通过讨论，个体组成的群体可以更好地筛选证据来找到真相和保持公正。公司以及政府机构组成管理团体是因为他们相信通过讨论，这些群体可以创造出更为有效的商业策略。人们与朋友群体讨论重要的问题是因为他们相信这样做可以形成更好的个人决策。

不幸的是，群体并不总是会比个体做出更好的决策。这种情况部分是因为讨论并非我们认为的那种讨论，即一种开放的、充分的信息与观点的分享。欧文·贾尼斯（Irving Janis）（1972, 1983）总结了美国总统们的决策败笔，包括约翰·肯尼迪发动注定失败的对古巴进行攻击的决策，以及理查德·尼克松搞砸了的掩盖水门事件的决策。贾尼斯认为这些和其他灾难性的决策都包含一定的共同特征。最基本的是，这些决策的特征可以被定义为**群体思维（groupthink）**，即更多的是由成员和谐相处的愿望所驱动，而非由现实地评估所有潜在方法的动机所驱动的一种群体决策风格。当群体成员感觉有很大的压力需要去认同他人的时候——为了达成一致，他们通常不能够让彼此参与到有效的讨论中（e.g., Postmes, Spears, & Cihangir, 2001; Quinn & Schlenker, 2002），因而可能导致无法避免的错误。

图 12-7 描述了群体及情境的这些特点如何导致成员将自己的注意力转向互相认同和维持群体的共同决策，从而导致错误的决策。比如，当有权势的领导在讨论之初表达了自己的观点后，群体成员就更不可能参与到甄别错误观点所需要的批判性讨论中（e.g., McCauley, 1989; Mullen et al., 1994; Shafer & Crichlow, 1996; Tetlock et al., 1992）。我们在这里讨论的每个案例，比如安然、世界通信公司及美国联邦调查局，看起来都受到这个问题的危害：领导的偏好众人所知，他们看起来扼杀掉了低层经理及代理商之间进行的辩论，最后带来灾难性的结果。

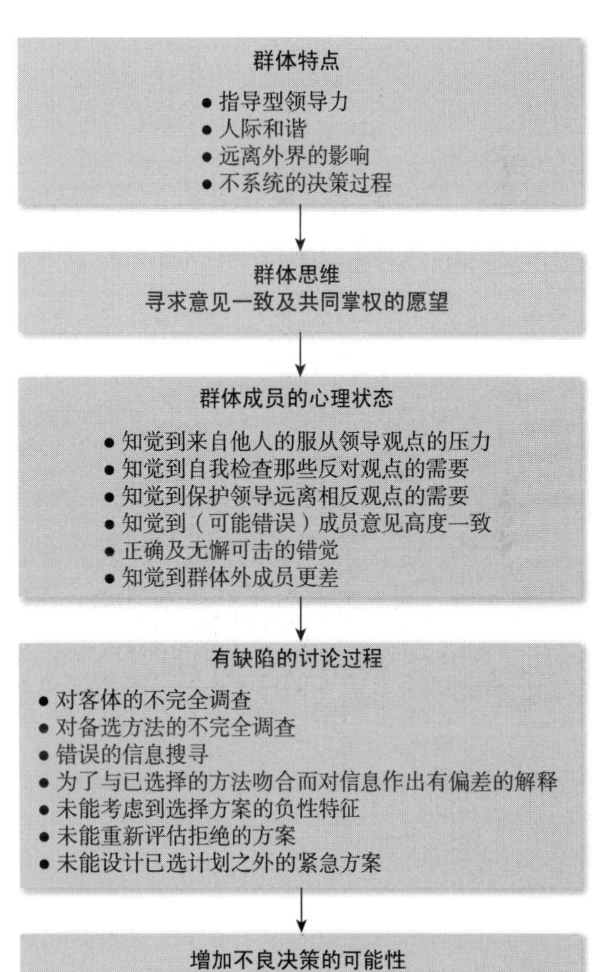

图 12-7　当群体讨论被好的决策干扰时

受到贾尼斯（1972,1973）对“群体思维”经典研究的启发，社会和决策科学家对从群体认同的需要到形成不利于良好决策的讨论过程的经过有了更深的理解。

资料来源：Adapted from Janis & Mann (1977).

随着群体成员变得过度自信及开始相信（可能是错误的）每个人都同意适当的行动方针，他们的讨论就会陷入有不同缺陷的过程（Tetlock et al., 1992）。他们未能全面地考虑他们的客体，未能研究各种可选的方案，未能检验与所偏好的选择相关的风险，或者并没有为他们可能错误的方案做出适当的计划。因此，他们更可能做出错误的决策（Galinsky & Kray, 2004; Herek, Janis, & Huth, 1987）。

我们可以看到，群体讨论并没有使个体做出更好的决策。而很多因素交互影响着群体何时讨论会产生较优决策以及何时讨论会导致不良决策（Aldag & Fuller, 1993; DeDreu et al., 2008; Whyte, 1989）。当群体成员关注任务而非社会和谐时，领导鼓励成员开放交流不同的观点；当群体拥有程序来确保每个成员批判性地评估所有的提案并搜集了外部的反馈时，决策结果更好。这些特点增加了群体成员对最好的可用知识的分享以及倾听异议的少数成员的机会。在这些情况下，群体的信息价值确实很大。

致命的决策？哥伦比亚号航天飞机的机翼严重损坏后，它刚刚进入地球大气层就立即分解，导致机上的 7 名宇航员全部身亡。事后对灾难的调查不仅关注了制造航天飞机的技术失误，同时也包含了美国宇航局决策的失误。有效的决策需要对各种观点进行认真的考虑。依据这一点，让我们来思考一下调查者对太空行动管理团队女领导的一个访谈。这位女管理者驳回了一位低级别工程师要求对机翼拍摄卫星照片的请求，这位工程师怀疑航天飞机起飞时机翼受损。

调查者：作为一名管理者，你如何获取不同的意见？

管理者：当我接到他们的消息……

调查者：基于他们的身份你可能并不会接收到他们的消息……你用什么技术去获得他们的信息？

她说不出话来（Langewiesche, 2003, p.82）。

若检查出航天飞机有损坏是否能够成功挽救宇航员的生命呢？这个问题仍然有待争议。而没有争议的是，没有了那些可能发现机翼受损的照片，宇航员失去了任何生还的机会。

以计算机为中介的决策 当今人们比以往任何时候都更经常与他人通过计算机交流——通过电子邮件、在线聊天室以及即时消息。然而，计算机作为中介的沟通并不局限在从朋友那里获取最新的八卦消息，与远方的家庭成员保持联系或者制定周六晚上的计划。很多组织也每天使用它将群体成员“聚集”在一起做出重要的决策。以计算机为中介的沟通好处看起来非常明显：通过网络联系在不同办公室、城市甚至国家工作的决策者，可以为商务活动节省将所有人聚集在同一个房间所需的时间和经费。事实上，这也是公司会花费数亿美元构建以及升级计算机系统的原因。

这些费用是否花得值当呢？如果你考虑它会节省飞机票、宾馆住宿费、会议津贴、汽车租赁费用，那么你的答案会是肯定的。但是如果你考虑群体成员所做出的决策质量，你可能会给出否定的答案：一个元分析的综述发现，当群体通过计算机沟通会比当面沟通所做出的决策更差（Baltes et al., 2002）。事实上，以计算机为中介的讨论只有在群体有充足的时间来讨论这个问题以及愿意匿名地讨论时才与面对面的讨论效果一样好。当然，因为群体经常不得不在一个有限的时间范围内做出决策，也很少匿名地讨论重要的问题，因而这种少见的有效例外可能很难对所需花费提供支持。

那么这些公司是否应该放弃计算机网络，让决策者回到原来的状态呢？也不需要这样！沟通技术在以一个快速的方式发展着，对以计算机为中介的沟通的研究仍然处于初期的尝试阶段。虽然如此，但是目前这样一种技术是否可以如它所宣称的那样带来比面对面讨论更好的决策尚不清楚。

小调查

想象一下你最近参加的一个决策群体。它通过何种方式进行最有效或者最无效？考虑一下你现在已经知道的群体决策过程，你下一次会采用什么方法来增加群体决策的质量？

12.4 获得领导地位

群体希望甚至需要领导的原因是显而易见的。随着群体规模的增大，群体会变得难以控制及无组织化。为了克服这个问题，群体选择特定的个体来领导——协调群体的多个任务、引导相关信息的恰当流动、鼓励成员实现群体的目标等。事实上，领导如此重要以至于所有著名的社会团体都会拥有领导作为他们社会组织的一部分（Van Vugt, 2006）。

而人们希望成为领导的原因却可能不那么清晰。**领导必须花费大量的时间，为群体的结果负责，有时甚至以个人的安全与生命为代价**。近些年来首相、总统以及主教们常常成为暗杀的目标。即使他们没有受到致命的伤害，也仍然会遭遇接二连三的批评、抱怨以及个人侵犯。奥斯卡·王尔德（Oscar Wilde）曾经说过："除了你的成功，人们会原谅你做的任何事情。"而当这些事情发生在他们的领导者身上时，人们通常不会原谅。

既然成为领导的代价如此高，那么为什么每个人都希望成为领导呢？最简单的回答是领导的回报通常也较高。当群体比较成功时，他们的领导会因为工作取得的成就而获得极大的个人满足感。而且，群体也会将很多资源赋予领导，回报他们的不仅是认可及高社会地位，同样也有较高的薪水以及特别的商业机会等物质回报。让我们来看一下甲骨文公司的首席执行官劳伦斯·埃里森（Lawrence Ellison），他在 2007 年的薪酬高达 5.57 亿美元（首席执行官薪酬，2008）。如表 12-1 所示，其他处于同样地位的人也获到了很高的报酬。事实上，在 2004 年首席执行官平均薪水约为普通工人的 430 倍。即使处于较低领导岗位的人们，比如快餐店的助理经理、妇女联谊会的主席，也比处于更低群体地位层级的人们获得更多的社会或金钱上的收益。正如美国有名的银行抢匪威利·萨顿（Willie Sutton）在被问到为什么要去抢银行时，他直言不讳地回答："因为那里是放钱的地方。"为什么人们希望成为领导？在很大程度上答案是一样的：因为它是金钱与社会地位之所系。

对某些人来说，获得领导地位是归属于某个群体的一个主要因素：他们加入（或创建）群体，因此他们就拥有可领导的追随者及可获得的资源。然而，对于其他人来讲，获得领导的收益只是群体成员的一个次级目标：人们可能首先加入群体来更好地完成任务，获得有用的信息或者获得情感支持，但是当他们进入之后可能看到领导所得到的利益，因而自己会去追逐领导地位。

在这里我们主要探讨两个主要问题：（1）谁会成为领导者，为什么？即什么样的个体及情境因素会激发个体寻求领导地位的欲望，以及什么因素会促使群体接受某个个体成为领导？（2）什么时候领导一个团体会最有效？什么时候他们能够激发群体成员追随他们的方向并表现良好？

表 12-1　美国大型公司的领导薪酬前 10 位排行表

1. 劳伦斯·埃里森（甲骨文公司）	556.98 百万美元	6. 威廉·伯克利（西铁伯克利）	87.48 百万美元
2. 雷·伊朗尼（西方石油公司）	743.55 百万美元	7. 马修·罗斯（伯灵顿北方圣特菲公司）	68.62 百万美元
3. 约翰·赫斯（阿美拉达赫斯公司）	154.58 百万美元	8. 保罗·埃文森（阿勒格尼电力公司）	67.26 百万美元
4. 迈克尔·瓦特弗（犹特拉石油公司）	116.93 百万美元	9. 休·格兰特（孟山都公司）	64.60 百万美元
5. 马克·帕帕（依欧格资源公司）	90.47 百万美元	10. 罗伯特·莱恩（迪尔公司）	61.30 百万美元

12.4.1 谁想当领导

领导者的付出和获益同样明显，同时很显然并非每个人都想当领导。那么什么样的人当领导的动机最强呢？

领导拥有权力与地位，可促进目标的实现，也是成功的一个标志。从逻辑上来讲，那些有雄心的人们应该更想当领导，即他们有很强的对他人行使权力的欲望，或者他们有很强的做大事的欲望（McClelland, 1984; Winter, 1973）。权力需求是一种获得名誉、地位以及对他人施加影响的欲望。例如，根据他们公开的陈述以及传记作家的判断，美国总统哈里·杜鲁门以及约翰·肯尼迪在权力需求上评分尤其高（Simonton, 1994），这样的总统也更可能将国家置于战争冲突之中（Winter, 1987）。相反，在第 4 章所提到的成就动机，是一种仅仅为了干得出色的愿望（McClelland, 1984）。吉米·卡特（Jimmy Carter）与赫伯特·胡佛被评价为有很高的成就需求，而成就取向的总统更愿意制定新的立法以及尝试革新的领导方法。不论领导是由权力动机还是成就动机驱动，有一点是共同的，那就是他们总是有较高的志向（Hogan & Hogan, 1991; Sorrentino & Field, 1986）。

然而，仅有雄心壮志对于领导来说也是不够的。事实上，我们都认识一些虽然有非常崇高的志向，但是却没有获得领导地位的人。除了雄心壮志，领导通常也是精力非常充沛的，这使他们能够将雄心变为现实（Hogan & Hogan, 1991; Simonton, 1994）。一位白手起家的千万富翁安德鲁·卡耐基（Andrew Carnegie），经营着钢铁厂并成了美国伟大的慈善家。当谈到努力的重要性时他指出一般人“只将25%的精力与能力投入到工作中”，而这个世界上“只有那些寥寥可数的愿意付出100%灵魂的人可以高高在上”。在很多不同的领域对领导的系统研究都证实了雄心壮志与努力工作的能力和意愿这两方面同样重要（Simonton, 1994）。

一般来说，**男性看起来比女性更有兴趣成为领导者**（Konrad et al., 2000）。比如，霍夫斯塔德（Hofstede）（1980）在对国际商业机器公司在40多个分公司职员的跨文化研究中发现，全球的男性员工对权力、领导以及自我实现的关注更高，而女性员工则更强调生活的质量以及人际关系。男性对领导的偏好无疑受到男性与女性社会化过程的影响（Geis, 1993）。比如，尽管具有支配型人格的男性比类似有支配型人格的女性更愿意寻求领导地位，但如果这些女性看到其他女性领导时，也更可能寻求领导地位（Carbonell & Castro, 2008）。然而，这种男性偏好可能也与更基本的性别差异有关。正如我们在第10章所看到的，男性体内分泌更多的睾酮，更能够激发地位竞争（Mazur & Booth, 1998）。当然，男性平均拥有更高的欲望并不能说明男性与女性作为领导的效率大小，这是我们接下来要探讨的问题。

一位杰出的领导。作为在线拍卖公司易贝网的首席执行官，梅格·惠特曼（Meg Whitman）带领她的公司赢得了雄厚的金融资本以及巨大的声望。同时，她还以另外一种方式证明了自己的杰出，与托马斯·卡莱尔（Thomas Carlyle）的断言“世界历史是一部伟大的男性传记”（1841, in Simonton, 1994）相违背的是，惠特曼冲破了这层“玻璃天花板”进入到以男性为主的高级商业领导层。如同我们即将了解到的事实一样，女性领导相对较少并不意味着她们不能成为有效的领导者。

12.4.2 当机会来敲门

哪些情境因素会激发个体希望获得领导角色的愿望呢？有两个情境因素看起来尤其重要。第一个因素我们称之为“上层的空缺”。当现任领导去世或者离开群体时，领导的大门就为你敞开了。同样当群体规模扩大时也会增加机会（Hemphill, 1950; Mullen, Salas, & Driskell, 1989）。随着更多的人试图一起工作，协调、管理以及沟通的问题就会增加，群体成员就会寻找领导来管理他们，并将事情处理好。此外，当群体成员面临危机时，更渴望一个领导（e.g., Helmreich & Collins, 1967）。海军上将威廉姆·哈尔西（William Halsey）在提到第二次世界大战的军事领导时指出：“没有伟大的人，只有普通的人在环境的逼迫下不得不迎接巨大的挑战。”（Simonton, 1994, 404.）遇到严重的困难促使群体寻找领导，这种需求更可能激发有雄心壮志以及负责任的个体。

第二个因素是，人们有时候碰巧符合领导职位的要求，他们在合适的时候出现在合适的地方。比如，凭借处于沟通网络的中心或坐在桌子的首席位，一些个体与他人有更多的联系，因此也就更可能被提名为领导（Forsyth, 1990; Nemeth & Wachtler, 1974）。与更多类别个体的联系也很重要。确实，很多人认为“不是你知道什么，而是你认识谁”决定了你是否能够走在世界的前列。无论是安然公司的首席执行官肯尼斯·雷（Kenneth Lay）的儿子可以在他父亲的公司谋取一份舒适的工作，还是美国前总统乔治·布什（George H. W. Bush）和老参议员艾伯特·戈尔（Albert Gore Sr.)的儿子有机会在2000年作为对手竞选总统，关系最重要。

12.4.3 谁会成为领导

在成为美国总统之前，巴拉克·奥巴马有一个关于应该如何统治美国的愿景。其他很多人也有如此的愿景，但是大多数人的政治抱负却仅限于在晚餐时分与伴侣讨论时事新闻。不是每一个有能量的个体都有如此高的成就需求，即想成为总统、公司首席执行官甚至是地方曲棍球队队长。群体也不会将机会均等地呈现给每一个希望成为领导的人。相反，他们会尽力选择那些拥有与群体需求最匹配特征的个体（Fieldler, 1993; Hollander, 1993）。

人们通常会对好领导是什么样的人形成印象及看法，并尽力去寻找那些符合自己印象的人（Chemers, 1997; Lord et al., 1984）。首先，好领导通常会被认为是拥有相关技能。那些被认为有较高智慧或者专业知识水平很高的人更可能被选作领导，这不足为奇（e.g., Rice et al., 1984; Rubin, Bartels, & Bommer, 2002）。其次，好领导被期望能够全心全意投入到群体中，这可能也是为什么那些在群体会议时发言较多以及参与性强的人更可能被选为领导，即使他们参与的质量不高（e.g., Jones & Kelly, 2007; Mullen et al., 1989）。最后，群体成员选择那些具有与当前情境相匹配"风格"的个体作为领导。比如，在一个研究中，让被试想到死亡会增加其对有魅力、有梦想的政治候选人的偏好，因为这种类型的领导可以为其追随者创造更大的意义感（Cohen et al., 2004）。

尝试"看上去很像"。在美国与伊拉克作战期间，美国前总统乔治·布什穿上海军飞行服，在海上的航空母舰上高调接受了电视访问。理解到外表的重要性，或许是意识到自身缺乏军事经验，布什可能知道看上去很像会增强他成为一名战场领导的能力。

在人们的头脑中，领导也有一种特定的"长相"。比如，人们希望领导者具有生理上成熟的脸部特征——狭窄的眼睛、广阔的下巴、有棱角的脸；而那种"娃娃脸"（大眼睛，小下巴，圆脸）看起来更加顺从和可爱，因此不太符合特定类型的领导形象（Zebrowitz, 1994; Zebrowitz et al., 1991）。在美国社会中，恰当的长相也意味着高个子。比如，美国历史上最伟大的 5 位总统依次为 1.9 米的林肯，1.85 米的华盛顿、杰斐逊、富兰克林·罗斯福，以及安德鲁·杰克逊，杰克逊是其中最矮的一位，身高也为 1.8 米（Simonton, 1994）。而过去 28 届美国总统大选中的 23 届胜出的都是个头高的候选人。

这种依据我们对好领导的刻板印象而对潜在领导做出评价的倾向，可能会带来不幸的后果，因为我们的想象可能比较肤浅而且只是部分符合能够真正实现有效领导的特征。比如，其他一些不符合我们印象但却非常有资格的个体很可能就与重要的领导岗位失之交臂。这可以部分解释为什么女性会更容易被排除在领导岗位之外（Bartol & Martin, 1986; Eagly, 1983）。正如我们之前所讨论的那样，不仅仅是男性比女性有更强的动机去寻求领导地位。女性甚至仅仅因为看起来不符合刻板印象中的领导形象就更不可能被选为领导（Eagly & Karau, 2002）。事实上，即使有资格的女性成为候选人，一般情况下男性也更可能胜出（Eagly & Karau, 1991）。然而，正如我们接下来要看到的，这种对男性和女性领导的刻板印象可能是一种误解。

12.4.4　什么时候领导最有效

一个个体成为领导并不意味着他或她是一位有能力的领导者。事实上几乎所有的群体，国家、公司以及运动团队都曾因为糟糕的领导者而使局面变得混乱。那么，哪些因素会影响一个领导成功地带领群体实现其目标呢？这个问题取决于领导的个人特征如何与群体成员的动机相符合。正如拥有特定人格特质的人会更适合某些任务而不适合另一些任务，一些领导风格在某些群体中会比在其他群体中更为有效。领导的成功因此也取决于群体的需要（Fielder, 1993）。比如，在常规职业中（会计）工人更响应任务取向以及权威型领导，而在研究职位上（大学教授）则更偏好自我管理（Hogan, Curphy, & Hogan, 1994）。

并且，随着群体环境的变化，如果希望继续保持领导者的有效性，领导风格通常也必须改变（Fielder, 1993; Hersey & Blanchard, 1982）。新员工更喜欢那些会给他们分配明确的结构化任务的领导，而更多有经验的员工则不喜欢命令式领导。最后，一种特定的领导风格是否有效可能取决于该领导掌握的其他资源。在库尔特·勒温、雷纳·利比特（Ronald Lippitt）以及拉尔夫·怀特（Ralph White）（White, 1939; White & Lippitt, 1960）早期的一个经典研究中，儿童们在采用独裁型领导风格或民主型领导风格的成人带领下，以小组的形式从事业余休闲活动。独裁型领导者被指示独断地决定这个群体将要做什么以及如何去做，而民主型领导则被告知要鼓励群体成员自己做决定。当领导站在旁边监视时，独裁型领导者带领的群体会比民主型领导者带领的群体工作时间更长。这个结果是否意味着独裁型领导风格比民主型更加有效呢？也不尽然。当领导不在身边时，独裁型领导者带领的群体会降低他们的努力，而民主型领导者带领的群体则不会这样。独裁型领导者的作用只在领导近距离地监督群体时更加有效（见图 12-8）。领导的有效性应取决于任务的性质。

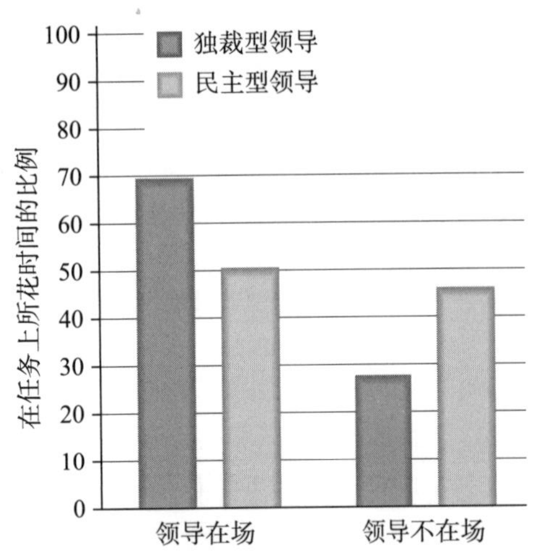

图 12-8　独裁型与民主型领导

发展业余爱好的儿童们分别被独裁型或民主型成人指导（Lewin, Lippitt, & White, 1939; White & Lippitt, 1960）。被分配到独裁型领导带领的儿童比民主型领导带领的儿童会花更多的时间工作，但是仅仅发生在领导在场监督他们的活动时。当他们的领导不在场时，他们迅速地降低努力，独裁型领导可能只在密切监督群体成员时有效。

资料来源：Data from White & Lippitt (1960)，p.65

变革型领导　当领导的风格与群体需要匹配时领导的作用会很明显，但是这个规则也有一些例外，有些领导的有效性不是因为他们改变了自己而是因为他们改变了群体（e.g., Bass, 1998; Burns, 1978）。你是否曾经遇到过一位老师、一位教练或者一位老板，他们激发了你提升日常的个人关注，为了你的群体甚至你所在的整个社会而尽最大的努力？纽约州立大学领导力研究中心的伯纳德·巴斯（Bernard Bass）和布鲁斯·阿沃利奥（Bruce Avolio）通过对南非的商业执行官和美国军队上校提出同样的问题进行了一个广泛的研究项目。从被试的回答出发他们建立了多因素领导力量表（Multifactor Leadership Questionnaire, MLQ），并在随后的几年里在世界无数的群体中进行测量，对象包括新西兰、印度以及日本的管理者，世界 500 强企业的执行官和中层管理者，加拿大及德国的军事官员们。基于这些研究，他们总结出一些可以激发下属满意感和促进高产出的领导特质（领导力研究中心，2000）。他们将拥有这些特质的个体称为**变革型领导（transformational leadership）**，正如同约翰·肯尼迪、马丁·路德·金，甚至阿道夫·希特勒，这些领导们都显著地改变了追随者的动机、观点以及行为。变革型领导是富有魅力的，可以影响追随者的愿望和自我认知，从而使群体的成功变为追随者的个人成功，领导的使命也成为他们自己的使命（House & Shamir, 1993）。这些领导很聪明地激发了他们的追随者，并促使他们去检验自己生活的价值和方式，促使他们感受个体的重要性及其所做出的重要贡献（见表 12-2）。变革型领导帮助具有不同技能的群体成员更好地发掘他们的潜力（e.g., Shin & Zhou, 2007）。当群体面临有挑战性的任务、不确定的未来或需要做出改变的压力时，变革型领导会表现得很出色（De Hoogh, Den Hartog, & Koopman, 2005; Shamir & Howell, 1999）。比如，正如我们在第 2 章所看到的那样，非裔美国人在寻求他们的民主权利时所面临的挑战不仅仅是需要一名像马丁·路德·金那样的变革型领导，同样也需要一个背景使这种领导风格最为有效。

表 12-2　变革型领导的特征

特征	领导如何表现
理想化的影响或“超凡魅力”	在追随者中传达一种“联合使命”的感觉 表达对追随者的热爱 激发追随者的希望与梦想 愿意牺牲自我利益而成全群体的利益
才智激发	开放性地接纳新思维方式 构建“全局图”来整合问题的不同观点 愿意去思考那些看起来甚至有些愚蠢的想法
鼓舞性激励	让追随者确信他们有能力完成更多的事情 事先思考各种可能性 为他人树立一个奋斗的榜样 呈现一个乐观的未来愿景
人性化关怀	识别个体的强项及弱项 表现出对他人健康的关注 支持员工，以便让他们在工作中做得更好

资料来源：Bass & Avolio (1993).

我们已经看到领导者在两种方式下会取得成绩：他们的风格符合群体当前的需求，或者他们可以激励群体向自己的目标努力。

性别与领导力　在历史上的大部分时期，劳动的性别区分都很清晰：女性养育孩子，男性外出工作。这种状况从第二次世界大战开始发生变化，而如今美国的工作人群中女性占了 50%。尽管处于国家领导及高级管理者位置的女性屈指可数，但越来越多的女性开始领导她们的群体，而且这种趋势还在继续。女性如何才能获得领导地位呢？这个问题很有实际意义。如果女性与男性在领导角色上都同样有效，但是却因为她们不符合人们对领导的印象就被挡在领导的位置之外，那么组织会失去一个宝贵的人才，女性也会受到不公平的对待。

我们知道领导者会在他们的领导风格与群体任务相匹配时更为有效。为了验证这个现象，爱丽丝·伊格里（Alice Eagly）、史蒂文·卡劳（Steven Karau）和莫纳·马可贾尼（Mona Makhijani）（1995）搜集了 74 个组织和 22 个实验室的研究来比较男性与女性领导者的有效性。使用元分析技术来综合这些结果，他们发现领导者的平均性别差异为零，男性与女性在领导有效性方面没有显著差异。然而，对数据做进一步分析，依据每种职业与男性和女性的性别角色适应性来进行评价。可以看到，例如小学校长类的职位被编码为“女性”职位，而教官的职位被编码为“男性”职位。他们同样对职位是否需要与他人建立联系以及是否需要控制影响他人进行了评价。结合这两种补充的因素，数据表现出了性别上的差异：**女性在那些被认为是女性化的或需要人际技能的工作中表现更好；而男性在被认为是男性化的或需要坚定的任务取向的工作中表现更出色。**

伊格里及他的同事（1995）用社会角色理论解释了他们的结果。根据这个观点，我们都会依据文化所定义的性别角色去表现自己的行为。因为对男性来说，与文化相适应的行为是控制和命令，男性领导者更易于在需要有人去督促成员努力工作的群体任务中有效。相反，对女性来说与文化相适应的行为是人际取向，女性领导者更易于在需要有人去关心成员的需求与感受的群体任务中有效。

我们已经了解领导者可以改变追随者的梦想与需要，因此也可以改变群体朝向成功的路径。尽管这种差别很小，但女性领导者比男性领导者表现出更多的变革型领导风格（Eagly, Johannesen-Schmidt, & Van Engen, 2003）。考虑到变革型领导的有效性，女性领导者的无效性的刻板印象会错误地减小群体挑选领导的人才选择范围。

总的来说，当考虑到领导情境时，我们可以看到典型的男性领导者会在某些任务中更有效，而典型的女性领导者则在另一些任务中更为有效。然而，因为女性易于表现出变革型领导风格，这使她们在某种程度上更容易实现有效的领导。**因此最有效的领导——无论男性或女性，是那些能够在情境的许可范围内调整自己策略的人。**如同领导的出现一样，我们看到领导的有效性应由个体（潜在的领导者）与情境（群体）交互决定。

小调查

回想自己曾经参加过的“任务”和“决策”群体，谁最后成了这些群体的领导？为什么是他们而不是其他人成了领导？他们以何种方式实现领导者的有效性？根据你所学到的内容，你会给他们（或你自己）什么建议以便在将来实现更有效的领导？

回顾

在美国联邦调查局、安然公司以及世界通信公司发现的病变

安然公司与世界通信公司曾经在世界企业中处于领先地位，而美国联邦调查局凭借其先进的侦察技术受到全球的尊重。是什么导致这些组织犯下如此可怕的错误呢？我们如何解释最终导致前两家机构倒闭以及使第三家机构的名誉受到重挫的行为呢？

美国总统哈里·杜鲁门在他的书桌上写下“责无旁贷”几个字。它传达出一个很直接的意思：“作为领导，我对在我管辖内的所有行为负有最终的责任。”那么接下来，我们可以开始我们的分析。毕竟，领导有这个能力去向他们的追随者灌输他们的目标和愿景、制定群体的规范以及塑造群体进行决策的文化。

肯尼斯·雷（Kenneth Lay）和杰弗里·斯基林（Jeffrey Skilling）共同将安然公司发展壮大。雷是一名“表演家”，在政界广有人脉，为出色的组织培养了一群强大的人才，他还是一位有名的慈善家。他的工作是为安然培育一个神奇的光环，而斯基林则要在内部运行公司。对于没有耐心的斯基林来说，每个问题都有一个解决方法。他认为如果一个人有足够的创造力、足够勇敢，那么他就能实现每个目标。他急躁的性格和喜欢竞争的个人风格也赋予了公司这样的特点。如果一个员工在冒险的工作上比较犹豫或者不愿意去做一些必要的事情来完成任务，那么他在公司便时日不多了。“失败者”将会离开安然的快车道，去追求一个相对慢节奏的工作和生活。

斯基林的方法有一些好的地方，他鼓励创新。他与徒弟们的一些创造性想法为能源工业带来了极大的收益。但是这种方法也有一些弊端，由于他强调冒险工作以及创造出一些前人未曾使用的方式，最终可能导致无法避免的失败。对商业的一个合理的预期是，偶尔的失败是可以控制的，但是安然希望成为“世界顶级公司”，且斯基林不能忍受任何失败。因此当经济形势开始下滑，而其对手的竞争力提高时，安然开始斗争。非常不幸的是，在那个时候一位聪明的财务管理者创造了一种新的方法（毕竟，每位优秀的安然员工都知道，每个问题都有解决方法）。他开始创造复杂的“合伙经营”来掩盖安然的亏损局面，这使公司的资产负债表体现出他们仍有丰厚的利润。

安然公司的肯尼斯·雷。基于雷在安然公司丑闻中所担任的角色，陪审团将要判定雷的10项欺诈罪名。由于每项罪名都被建议处以5～10年的刑期，这些有罪判决很可能使他在监狱里度过余生。然而，雷在判决之前因心脏病而猝死。

一些人质疑这种会计伎俩的适宜性。然而，安然培育出来的这种冒险的恃强凌弱的规范，结合安然员工认为自己比其他地方的人都聪明的这种信念，干扰了这个组织准确评估风险并做出合理决策的能力。而群体压力的机制，比如“其他所有人都认为没有问题”“如果我指出它的不恰当性，我就将被标记为失败者”，使少数人的影响不可能实现。安然很快成为一栋因太多的商业冒险而根基不稳定的大厦，且仅仅依靠会计伎俩带来的数字增长维持着不倒。因此，当莎朗·沃尔特金斯写给肯尼斯·雷的内部备忘录曝光后，安然大厦轰然倒塌。正如像马丁·路德·金这一类的魅力型领导者告诉我们的，变革型领导者的力量能够创造出伟大的事情，但是这种力量也可以导致群体步入危险的路径。

世界通信公司也是由一位魅力型领导者——柏纳德·埃贝斯（Bernard Ebbers）掌舵，他相信通信领域的增长方式在于购买相关的公司并将其组合为一个更大的网络。确实，这种策略在一段时间内非常有效，这也使世界通信公司很快成为国际巨头。然而，埃贝斯更重视业务扩展而非公司的实际运作和提供更好的客户服务，这种态度也随着管理层往下渗透。那些有其他想法的人得不到任何支持，很多人离开了公司。因此当没有更大的生意可做的时候，世界通信公司的无效运作以及不满意的客户基础使它很难满足不断增加的投资者对盈利与效益增长的期望。如同安然公司一样，世界通信也采取了受到质疑的会计操作来掩盖亏损。同样，类似安然，当辛西娅·库珀带着她的疑问走进世界通信董事会，这个曾经强大的公司也瞬间成了一座卡片大厦，轰然倒塌。我们再一次看到一个不欣赏异议者以及不认真考虑少数人意见的组织如何失去了它的目标。

美国联邦调查局的领导力问题可能不太像一个受高层变革型领导者误导的例子，而更像是一种对所管辖的办事处缺乏控制的例子。美国联邦调查局是一个高度结构化、层级化的组织，即通过预先设定的锁定程序推进信息的流动和授权。每一个情报员都害怕得罪自己的上级，而上级也害怕得罪更高的上级。正如科琳·罗利在她的国会证词中所陈述的一样，这些考虑到职业生涯而犹豫的情报员，做出了后来饱受责难的决定，而这个决定阻碍了他们采取直接而快速的行动。我们看到太多这种模式：当群体成员考虑融入、友好相处、被接受或者维持自己的地位时，群体利用成员之间可以潜在地分享所有的信息与智慧的优势就会被削弱。因此，正如安然与世界通信阻止异议者的决策文化带来了它们的毁灭，美国联邦调查局总部的决策迟疑文化压制了罗利所在的明尼阿波利斯外地情报站进一步调查扎卡利亚·穆萨维的请求。

什么时候美国联邦调查局、安然以及世界通信的组织文化中的问题特征会显露出来，而它们获得高报酬的领导者是否会采取杜鲁门总统的原则来要求自己，是否会为他们的失败承担责任呢？他们会采取下一步行动来医治困扰自己所在组织的病症吗？似乎他们会说：“他人责无旁贷。”

确实是他人为此负了责任。这次错误在科琳·罗利、莎朗·沃尔特金斯与辛西娅·库珀以及其他人的努力下得到遏制，他们尝试去修补自己所发现的组织问题。而他们的领导者会赞赏他们的努力吗？一点也不。他们的同事甚至也把他们看成背叛者而非英雄。毕竟，对所在群体忠诚难道不是一个有助于维持良好工作凝聚力的基本价值观吗？在某种程度上它确实是。当然，这些女性认为她们在以一种真正的、最基本的方式忠诚于她们的组织。想一下科琳·罗利：美国联邦调查局的目的是要保护美国公民，这比维持机构的名誉要重要得多。再想一下莎朗·沃尔特金斯与辛西娅·库珀：公司最根本的使命是要为他们的股东负责，因此根除这些欺骗股东的问题比维持一个正向的公司形象更重要。她们都相信她们的行为是最终为组织的长远利益服务的。为了指出组织中存在的问题而不惜牺牲自己的事业，她们重申了什么是对组织更正确的行为，揭示出真正有勇气的领导即使在最困难的时刻也会挺身而出。

我们在本章中看到社会心理学与组织科学的联系——对大型公司和政府机构，对社区和朋友圈，对社交俱乐部和刑事陪审团的研究。作为群居动物，我们日常生活的大多数时间都在群体中度过，因此很多社会心理学的发现与理论都会关注提高管理实践、陪审团的决策过程、社区的渗透与参与、团队表现等方面的内容。当我们进入下一章，我们将会看到社会心理学不仅有助于理解个体与他人之间的联系，同时也有助于理解更大的群体以及整个社会。

关键词

凝聚力（cohesiveness）
沟通网络（communication network）
去个体化（deindividuation）
动态系统（dynamical system）
群体（group）
群体极化（group polarization）
群体思维（groupthink）
少数人的影响（minority influence）
角色（role）
社会助长（social facilitation）
社会懈怠（social loafing）
地位层级（status hierarchy）
交互记忆（transactive memory）
变革型领导（transformational leadership）

第13章

社会困境：是合作还是冲突

两种截然不同的未来世界

早在1971年，意大利和孟加拉国均是人口稠密的国家。意大利约有5 400万人口，是国土面积相近的新墨西哥人口数量的50倍。而孟加拉国则更是人多地少，其人口总量高达6 600万，而国土面积还不足意大利的一半。

在接下来的40年里，孟加拉国人口翻了两番。目前，这片捉襟见肘的土地上生活着1.56亿人口。尽管孟加拉国的土地富饶肥沃，但有限的农田实在难以养活这么多人，人民的生活每况愈下。比如，孟加拉国的人均粮食产量曾一度与美国相当，而如今则下降至历史记录的三分之一。因此，约有一半人口在贫困线以下挣扎。如果你最近觉得钱不够花，不妨试想自己的收入是孟加拉国的平均收入水平，该国的平均收入水平是美国平均收入水平的二十分之一，想想如何依靠如此微薄的薪水来维持收支平衡。文盲率居高不下加剧了孟加拉国的落后，只有43%的成年人口具有读写能力（而在美国，该比例为99%）。

为了摆脱孟加拉国这种惨淡的局面，大批孟加拉人潜入毗邻的印度，即便印度向来不欢迎孟加拉人。1983年，印度一个村庄的居民对附近居住的孟加拉人发起进攻，1 700名孟加拉人在5小时内遭受屠杀。直至2009年，印度仍试图阻止孟加拉人入境，两国就此问题争论不休。

与此相反，意大利则走上了一条截然不同的道路。在过去的35年间，意大利人口仅增长了6%，而且目前人口呈现轻微的负增长。不仅如此，意大利还从第三世界阵营逐步发展成为世界上最富裕的国家之一。意大利的识字率高达99%，与美国相当。

同时，意大利与欧洲其他国家发展了友好合作关系，完全颠覆了20世纪初期冲突不断的局面。事实上，意大利与这些曾经的敌国联合，结成欧洲联盟（European Union，EU），简称欧盟。这是与美国实力相当的欧洲联合体，通用的护照和统一的货币正将传统的国家边界逐渐消融。与意大利相同，其他西欧国家也呈现出人口增长放缓、经济加速繁荣的良好局面。欧洲各国在环境保护方面也做出了积极贡献，处于世界领先地位。

印度和欧洲次大陆为未来世界描绘出了两幅反差鲜明的图景。如果孟加拉国和印度再不控制人口增长的速度，那么森林、海洋、河流等资源将被耗尽，气候将会变得更加恶劣，更多物种将走向灭绝，甚至国际间的争端也将继续升级。然而，如果发生在意大利和欧洲其他国家的变革能够在全球范围内得以实践，人口爆炸以及人口压力为脆弱的地球生态系统带来的沉重压力将大大缓解，甚至完全扭转。

其实，一些经济学理论研究者早已构想出一场即将到来的变革。变革后的车辆以水蒸气为燃料，既安静又高效，工业垃圾几乎不再排放，失业问题也完全解决，节能型房屋能够自行生产能量以供使用，消失的森林重新生长出来，煤矿、核反应堆和石油所产生的废弃物被完全清除。

那么，为什么整个世界并没有选择欧洲的发展路径？既然人口过度增长、环境恶化和国际冲突使孟加拉国、印度和巴基斯坦蒙受着沉痛的代价，他们为什么不采取任何行动呢？

无限制的人口增长、地球环境资源的破坏以及国际冲突可能是当今人类社会所面临的最重要问题。在本章中，我们将一起来探讨这些问题，主要出于以下两方面相互关联的原因。首先，这些群体层面的社会现象帮助我们从个体心理学的探讨过渡到更加复杂的人与环境的互动中。其次，这些全球性的社会困境生动地展示了人们各自独立产生的思想和感受将如何在群体层面上共同导致意想不到的结果。事实上，只有在相当大的群体层面才会出现人口过剩、环境恶化和国际冲突等问题。

我们首先定义什么是社会困境，寻找这三种社会问题存在哪些相同之处。然后，我们再分析这些巨大困境背后的努力方向，并考察个人和情境中有哪些因素有助于解决这些困境。

13.1 定义社会困境

人口过剩、环境破坏和国际冲突等现代问题皆是基于自利性心理机制而出现的。这种心理机制原本是为小群体中的成员服务，但不幸的是，在全球层面上它们却导致灾难性的后果。实际上，每个全球性问题都将具有自利、自我欺骗倾向的个体与更大范围的群体利益相互对立起来。这样，每个问题都构成一种**社会困境（social dilemma）**。在这种情境下，个体通常会通过自私的行为获益，如果所有人都选择自私，那么整个群体的利益将遭受损失（Allisons, Beggan, & Midgley, 1996; Parks, Rumble, & Posey, 2002; Penner, Dovidio, Piliavin, & Schroeder, 2005）。

社会困境方面的研究起源于一种非常简单的游戏，名叫囚徒困境（prisoner's dilemma）（Axelrod, Riolo, & Cohen, 2002; Van Vugt & Van Lange, 2006）。假想你是一名职业小偷，你和你的同伙由于涉嫌最近的一起盗窃案而被逮捕入狱。你的辩护律师向你解释了目前面临的两难困境，如图13-1所示。你该怎么办呢？在实验室研究中，让学生来参加这个游戏的各种变式，如果参加者A选择背叛同伙（认罪）而参加者B选择合作（保持沉默），则结果对A而言是最好的，同时对B则是最不利的。如果两个人都选择背叛对方（即两名盗贼都同意为对方的罪行提供证据），则双方均获得轻微的负向结果。最后，如果两个人都选择合作（即两名盗贼一致保持沉默），则双方均获得中等程度的好结果（Sheldon, 1999; Tenbrunsel & Messick, 1999）。

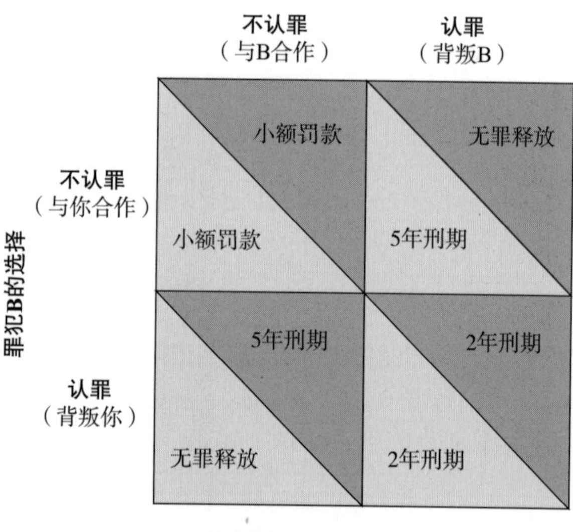

图 13-1　囚徒困境

假想你和你的同伙是两名盗贼，在非法闯入作案现场准备盗窃时被逮捕。由于涉嫌近期发生的一系列盗窃事件，你们被警方拘留了。你现在有两种选择：保持沉默（也就是与另一位同伙合作，共同逃过起诉）或者向地方检察官认罪（也就是背叛你与同伙"保持沉默"的约定）。如果两个人中只有一位认罪，即向地方检察官提供同伙犯罪的确凿证据，那么他便可获得保释。若将你们两个人作为一个整体来看，你们两个人都保持沉默将获得最好的结果。但是，这种决策意味着一个两难困境：如果你保持沉默，但另一位同伙选择认罪，你将陷于极其不利的境地。

国际冲突也时常带有囚徒困境中的这种一对一的特征，因为两个相互对峙的国家领导人都试图压倒对方。然而，国际问题更多地涉及群体层面的困境。在这种局面中，个体的直接利益与更大范围的群体利益相对立（Foddy et al.,

1999; Koole, 2001）。这些群体层面的困境每时每刻都在困扰着上亿的人口；这些困境也正是人口过剩和环境破坏等问题的根源所在。这些深层次社会困境的原型就是“公地悲剧”（tragedy of the commons），我们将在下文中深入探讨。

联结：适应与障碍

公地悲剧

在环境保护问题上，个体的自私自利可能为所在群体带来严重的破坏性后果。为了阐释这种现象，生态学家加勒特·哈丁（Garrett Hardin）（1986）描述了新英格兰的公共草场过度放牧的现象。那些草场属于公有区域，放牧者可以免费地放养他们的牲畜。放牧者在私人草场上放牧时，会按照草场能够承载的牲畜数量进行放养，他们担心过度放牧将会破坏草皮，致使整个羊群挨饿。然而，在公有区域上，放牧者则不受这样的约束。结果，公地经常因为过度放牧而遭到破坏。

是什么因素造成了公地悲剧呢？多放养一头牲畜能够为放牧者个人带来直接的利益。然而，这头牲畜所耗费的成本则是由公地的所有使用者共同承担。因此，短期内个体所能够采取的对自己最为有利的行动就是增加放牧的数量。如果大量放牧者都依照这种短视的策略行事，那么整个群体所面临的长期成本就是放牧区域的破坏。

公地困境是**可再生资源管理困境（replenishing resource management dilemma）**（Schroeder, 1995a）的一个例子。在这种社会困境中，群体成员共同拥有一种可再生资源，只要群体成员不过度使用，这种资源便能持续性地提供利益。试分析阿拉斯加帝皇蟹（Alaska king crab）的案例。在 1980 至 1984 年间，尽管出海捕蟹的渔船越来越多，设备也越来越先进，但阿拉斯加帝皇蟹的年产量却下滑了 92%。如图 13-2 所示，如果所有渔民都试图在某一年中将自己的利润最大化，那么剩下的为数不多的螃蟹则无法支持整个种群的再生，而且会很快死掉。同样的困境也导致许多鱼类物种濒临灭绝，包括红鲷、大西洋鳕鱼和蓝鳍金枪鱼（Hayden, 2003）。

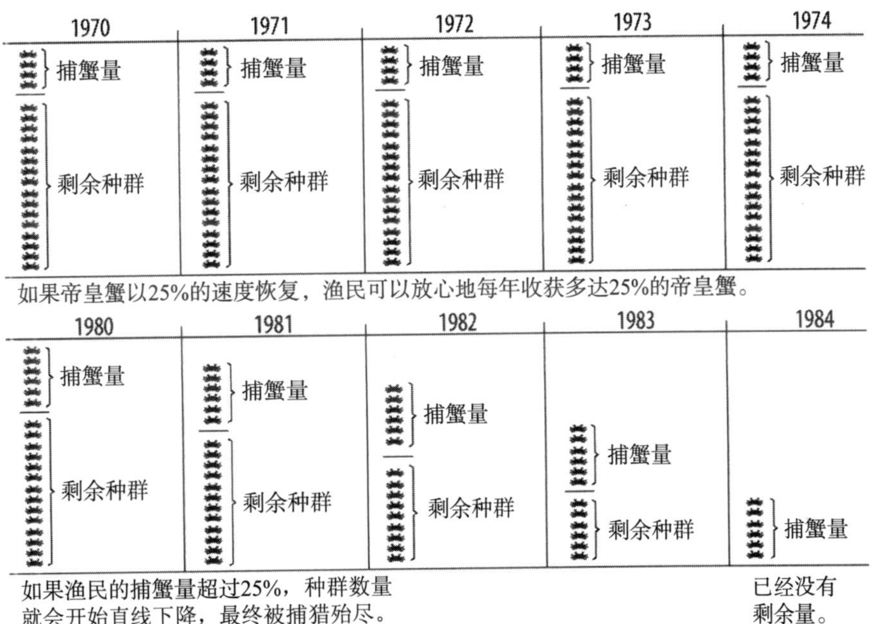

图 13-2　贪之毫厘，失之千里

如果渔人以较慢的速度捕蟹，种群得以持续地自我恢复，渔人得以获得持续性的未来收益。尽管保守捕捞合乎行业的整体利益，但捕蟹的渔民还是被个体获得的直接利益诱使，他们选择尽可能多地去捕捞帝皇蟹。但如果所有渔民都这样做，繁殖种群则被大量破坏，正如 20 世纪 80 年代所发生的悲剧一样。这是可再生资源管理困境的一个例证。

社会心理学家凯文·布雷克纳（Kevin Brechner）（1977）在实验室中模拟了这种公地困境。他让三名学生组成一个小组参加游戏，并为他们提供机会，只要能够在游戏中成功赢得 150 分，便可仅用半小时时间挣得一学期的实验学分（通常要三个小时）。要赢得分数，学生们只需按下按钮，从公有账户中扣减一分加到自己的个人账户中。公有账户中原有 24 分，分数在一块装有 24 盏灯的牌子上显示出来。当任何参加者从公有账户中拿走一分，则显示牌上的一盏灯会熄灭。像生长在公有牧场上的草地和阿拉斯加帝皇蟹的繁殖种群一样，公有账户中的分数也能够自我恢复。当公有账户接近满分时，账户能够迅速恢复满分——每 2 秒恢复一次。如果公有账户中的分数低于四分之三，则恢复速率减慢——每 4 秒才能恢复一次。若账户中的分数低于二分之一，恢复速率则下降到每 6 秒一次。如果账户遭遇"过度放牧"，分数降至原先的四分之一，则每 8 秒才能恢复一次。一旦账户中最后几分也被"吃掉"，则宣判游戏结束，公有账户完全失去自我恢复能力（见图 13-3）。

要成功地赢得高分，参加游戏的学生必须相互合作，以确保公共账户的分数维持在较高水平上，这样才能以较快的速率进行自我恢复。学生在不允许相互交流的条件下，获得的成绩往往很差。事实上，大多数不能交流的小组在不到一分钟内就用干了公有账户中的所有分数。这些学生平均每人仅挣得 14 分。当学生之间可以相互交流时，尽管他们通常还是达不到最佳水平，但成绩已然有所改观，平均每个人能挣得 70 分。正像帝皇蟹大幅减产的现实案例那样，严格操控的实验室研究也证明了人们往往很难维护好公有资源（e.g. Seijts & Latham, 2000）。尽管个体成员约束自身的行为，避免过多、过快地占用资源，能够使整个群体因此而获益，但个体的利己倾向常常导致整个群体的损失。

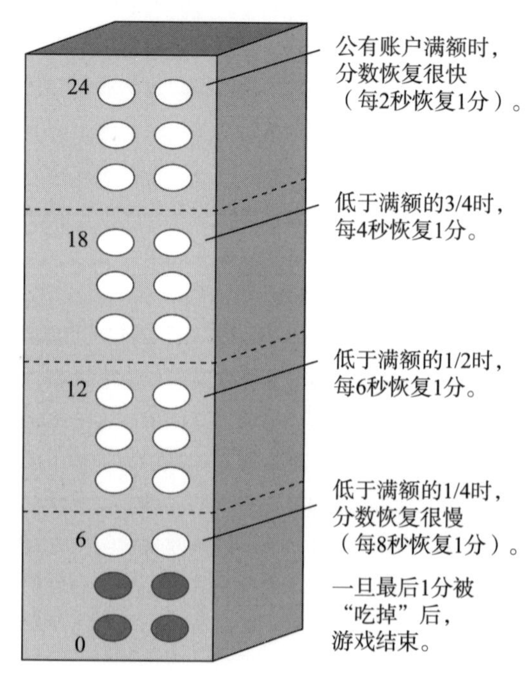

图 13-3　实验室中的社会陷阱

凯文·布雷克纳（1977）中的群体所共有的资源像帝皇蟹种群一样，如果慢慢取用，则会很快恢复原状。由于个体的利己倾向，公有账户的分数很快被用光，尤其是在群体成员间无法相互沟通的情况下。

在公地悲剧这样的社会困境中，任何个体均可从有限的公有池中取用一些资源。在这里，有必要把这种类型的困境区别于**公共物品困境（public goods dilemma）**。公共物品困境是指一种情境，如果某些个体为公共物品贡献出一些资源，那么整个群体将因此而获益，然而，如果有足够多的其他成员做出贡献，个体可从"搭便车"中获益（Allison & Kerr, 1994; Abele & Ehrhardt, 2005; Kurzban & DeScioli, 2008）。比如，公共广播站正在募集捐款。如果捐款的听众达到最低数目要求，广播站将拿出一笔经费来制作广播节目，供所有听众收听。但如果愿意捐款的听众太少，这项公共物品便无法筹建了。困境的根源就在于，没有哪一个听众必须为公共物品做出贡献。从纯经济学的角度出发，最有利于自己的策略是对筹款的号召视而不见，寄希望于别人承担起社会责任。这样，个体可同样享受到公共福利，而无须花费任何成本。

那些重要的全球性问题无一不是规模宏大的社会困境。我们将在本章中详细阐明，每个困境实质上都是简单的维护自身利益的个体机制与全球社会共同的福祉相互对立的结果。这些全球性问题之间存在着相互关联（Howard, 2000; Oskamp, 2000）。

13.1.1　紧扣问题和解决方案

究竟是什么原因导致印度阿萨姆的村民对 1 700 名孟加拉移民进行了长达 5 小时的暴力袭击和屠杀呢？30 名研究者组成了研究小组，对这次暴力事件以及世界上其他类似的现象进行分析（Homer-Dixon et al., 1993）。研究者们发现了一个共同的规律：在许多国家，人口过剩导致自然资源日趋匮乏，从而对该国的经济发展构成了严重制约。这些经济问题的短期解决方案（比如过度砍伐热带雨林牟取短期暴利）在长期看来，无疑使问题进一步恶化。

毋庸置疑，世界人口正以惊人的速度持续增长（见图 13-4），研究小组由此推论，环境破坏和国际冲突问题将日益升级。比如，孟加拉国、中美和非洲等地区的人口增长已经严重地破坏了当地环境和食物资源，迫使本地居民背井离乡，寻找更适宜他们居住的地方。这些移民潮进而引发国际争端，因为整个人类都在为稀缺的土地和资源而相互争夺不休。孟加拉人所遭遇的这些残忍的暴行并非历史的偶然。近年来，这类种族屠杀行为在非洲、中美和中东地区变得越来越常见。

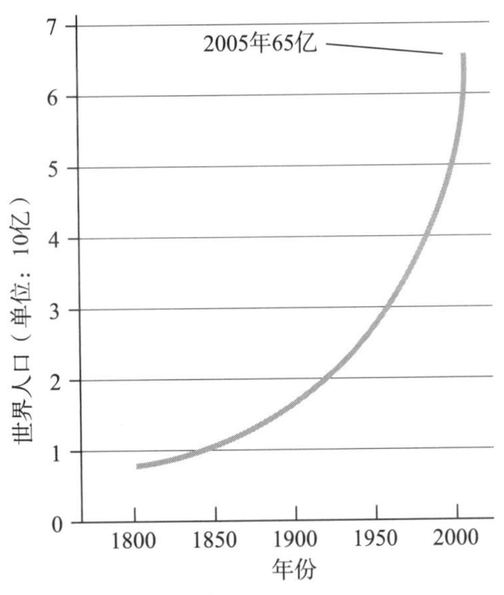

图 13-4　人口爆炸

全球人口曾经一度在 100 万年间维持在较低水平上（1 000 万以下）。然而，在过去的 200 年中，世界人口出现了惊人的增长。在未来几十年内，世界人口预计达到 100 亿。人口增长对环境构成了严重的破坏，进而引发更多的国际冲突。

13.1.2　全球社会困境背后的目标

人们为什么会陷入这些逐步升级的社会困境中呢？几乎没有人每天早晨一觉醒来就刻意蓄谋如何加剧人口过剩、环境破坏或国际冲突问题。事实上，大多数人都是在无意间导致了这些问题的恶化。我们生活中所奉行的目标看起来一贯都是对人类有利的。全球性问题之所以成为“困境”，很大程度上是因为我们的动机，这些动机对小群体生活的人类祖先而言非常有益，但如今，同样的动机却成为问题的根源所在（Penn, 2003）。

我们在本书中探讨过的许多动机都在个体决策过程中发挥着作用，进而加剧了全球性社会问题。比如，在第 8 章中讨论过的繁殖目标，是人口问题的根源所在。而在第 2 章和第 3 章中谈到的将复杂信息简单化的一般目标，往往导致人们一味坚持用简单化的手段解决政治或经济问题，而不去仔细分析这种解决方式在复杂的真实环境中效果如何（Gardner & Stern, 1996）。不过，我们在讨论全球性社会问题时将重点关注两种目标，这两种目标在大群体中将会呈现出不一样的特征——获得立即满足的愿望以及保护自己及所重视之人的愿望。

以获得立即满足的愿望为例能够很好地说明，服务于个体需求的目标会引发群体层面的问题。我们的祖先不会在风雪中无助地踌躇，也不会寻求最困难的方法来捕鱼或砍伐树木。他们之所以能够繁衍到今天，是因为他们留心为自己谋求生存的特殊优势，比如：冬天取暖，夏天乘凉；尽可能地保证充足的水果、鱼类和肉类的供给；发明各种技术以节省时间和体能。**讽刺之处在于，我们的祖先用以“征服”环境的技能却导致了子孙后代对环境的破坏。**

幸运的是，人类的另一项特征就是能够（至少有时能够）延迟短期的满足以获得长期的利益（Insko et al., 1998; Yamagishi & Cook, 1993）。不仅如此，人们为了维持生存，会与其他群体成员展开合作，许多人甚至甘愿牺牲自己来成就群体的利益（Van Vugt & Van Lange, 2006）。人们在怎样的情境下会违反长期的群体利益而寻求短期的利己回报呢？理解这个问题将为解决当今这些重大困境提供些许思路。

影响人们自私倾向及合作程度的一个变量是我们与亲戚之间联系的紧密程度。我们的祖先大多数时间都是和具有家庭血亲以及有长期合作关系的人一起生活的。而在现代社会中，人们每天交往的是成百上千没有血缘关系的人，许多甚至完全是陌生人。正如前面章节中探讨过的源于基因的利己和助人行为（genetic self-interest and helping）（见第 9 章），不少实验证据表明，与毫不相干的陌生人相比，人们对自己的亲属或相貌与亲属相近的人合作得更多（Ackerman, Kenrick, & Schaller, 2007; Krupp, DeBruine, & Barclay, 2008）。

现代生活方式的另一个特征同样阻碍了人们之间的相互合作。人类普遍持有的一个内在目标与国际冲突具有密切联系，即人们都希望保护自己以及我们所重视之人。这里同样有两股相反的力量在相互较量，要维护我们的特殊利益，就要求这两股力量之间实现妥善的平衡。正如我们在第11章中谈到，群体间时常为了争夺稀缺资源而相互竞争，这种竞争会因为资源日趋紧俏而进一步升级。因此，国家之间以及国家内部的不同群族之间存在内在的利益冲突（Mitchell, 1999）。如果这种竞争最终导致公开的战争，竞争者自身以及他们所重视的其他群体更是被置身于危难境地，尤其是当今世界充斥着大量危险的武器。

基于此，我们将围绕这两个基本目标深入地探讨全球性社会问题：在便利和资源上获得立即满足的目标，以及保护自己及所重视之人的目标。

13.2 获得立即满足

20世纪60年代，有句话盛行一时："只要感觉好，就去做吧！"（If it feels good, do it）事实上，生理心理学家在哺乳动物脑部发现一块脑区，似乎专门负责控制"感觉良好"。奥尔兹（Olds）和米尔纳（Milner）（1954）进行了有关"感觉良好"的研究。在下丘脑的某区域中植入电极，该区域后来被称为"愉悦中枢"，为了让这个脑区获得一次震动刺激，动物愿意连续几小时压动杠杆。自那时以来，对人类大脑的神经心理学研究表明，人类像其他哺乳动物一样，也有特定的脑区以及一整套相互联系的神经化学和激素系统，任何时候只要我们感觉到愉悦，该脑区连同整个系统都会被激活（Kelley, 2005）。这些机制似乎是大脑以其独特的方式向身体传达着信号："不管你刚才做了什么，再来一次！"然而，这种寻求短期满足的愿望有时会将我们置于困境，我们将在下文中探讨。

13.2.1 社会陷阱

几十年前，行为心理学家约翰·普拉特（John Platt）（1973）精辟地阐释了人类寻求立即满足的驱力何以导致社会困境。普拉特认为，寻求即刻满足的愿望会导致**社会陷阱**（**social trap**）。在这种情境下，个体或群体会被即时的回报所引诱，即使这些利益后来被证明会产生不愉快的甚至极其严重的后果。普拉特强调指出，社会陷阱根本不是什么神秘的现象，其背后的机制非常简单，即强化原理：人们会重复那些能够获得立即强化物的行为。不幸的是，一旦这些当前能带来立即强化的行为背后隐藏着成本，我们便置身于陷阱中了。由于多方面的原因，这些成本被隐藏起来。

短期和长期后果的区别 有时候，我们的行为所获得的短期后果是正向的，但长期后果却是负向的。如果你独自开车去上班，或不考虑户外温度如何，将屋内的温度调节器维持在23摄氏度，你将立即获得直接的个体满足。尽管能源耗竭的代价会在若干年后显现出来，但我们大多数人在寻求舒适的捷径时根本不会想到这些问题。与此相反，在公交车上多耽误半小时，在室内还要穿毛衣，在炎炎夏日中全身冒汗，这种种的代价同样是个体立即要承受的。尽管这些行为最终将有助于保护能源和改善空气质量，但这些好处遥不可及，几乎忽略不计。

忽视长期后果 汽车产生的辐射可能诱发癌症、心血管疾病、高血压以及智力迟钝（Doyle, 1997）。内燃机的最初发明者根本没有料想到这样的后果，他可能更加难以想象人们驾驶着越野车在八车道的高速公路上遭遇塞车的景象。由此可见，人们之所以有时会踏入某些行为的陷阱，是因为这些行为将在短期内带来巨大的回报，但其成本却在相当长时间以后才会暴露出来。

贬值强化物 **贬值强化物**（**sliding reinforcer**）是一种刺激物，小剂量使用将产生正向奖励，剂量增大则会导致负向惩罚。洛杉矶曾经一度被列为美国空气污染最严重的大城市之一。污染有相当一部分来自汽车尾气。然而，当第一辆汽车引入洛杉矶地区时，汽车所带来的只有舒适便利，对空气质量几乎不构成任何影响。假如只有少数一些车辆在洛杉矶的马路上行驶，那么这座城市至今仍不会出现大气污染问题。不幸的是，当几百万辆汽车同时涌入街道，城市晴朗的天空被笼罩上一片污浊的烟雾。

由此可见，在一些条件下，社会陷阱是基于适应性原则而出现的。困于陷阱中的个体，其行为并非病态或异常。事实上，每个人都在进行理性的决策，即寻求即时的自身利益！当这些个体结合成一个群体时，个人的利己需求与整个群体的利益相左，问题便出现了。社会陷阱这个概念不仅能够帮助我们理解环境破坏问题，还能解释人口过剩和国际冲突等问题。个体或群体寻求短期的、利己的回报，导致的长期损失却由群体共同承担，正因如此，这些问题才变得日趋严重（Howard, 2000; Lynn & Oldenquist, 1986）。

哪些因素会影响个体寻求即时的个人满足而牺牲群体的长期利益呢？满足某些条件的人格和情境因素均可能与这种倾向相关，即这些因素能够：（1）提升利己的自我中心倾向；（2）使个体关注立即满足，而相对忽视长期的、延迟的利益；（3）降低社会责任感或相互依赖感；（4）加剧竞争而非促进合作。下面我们介绍一些探讨这些因素的研究。

13.2.2　利己取向和亲社会取向

个体的哪些因素可能会导致他努力追求“第一名”，而不顾及群体的长期利益呢？近年来，大量研究致力于区分人们在寻求自身利益和他人利益方面所持有的不同价值观（e.g. Chen, Mannix, & Okamura, 2003; DeCremer & Van Dijk, 2002）。

沦为了雾都。洛杉矶多年来以烟雾污染严重著称。当只有少数洛杉矶人驾车出行时，汽车纯粹是一种便捷的交通工具，几乎不会造成任何空气质量问题。然而，如今有几百万机动车辆在街道上行驶，它们所带来的回报在减少，甚至导致更严重的负面惩罚，包括大规模交通堵塞和持续性的烟雾。

区别不同的价值取向　假想你正在玩一场游戏，你和其他参加者都有机会赢钱。以下 4 种结果你更喜欢哪一个？

1. 你牺牲自己的回报，帮助小组中的其他人多挣了很多钱。
2. 你与其他参加者共同合作，虽然谁也没能挣得最高的回报，但你们获得的钱都比自己单独参加要略微多一些。
3. 在有利于自身利益的情况下你采取合作策略，一旦发现了获得更多利润的途径，你将转而与其他人竞争。
4. 为了获胜你坚持竞争，只要能超过其他对手，你宁愿牺牲自己而赢得一些收益。

社会心理学家向不同国家的被试呈现一系列标准化问题，让他们在自己和所在群体间进行利益分配，结果发现，人们对这些问题采取的策略能大致归为以下 4 类（e.g. Liebrand & Van Run, 1985; McClintock et al., 1973）。**利他主义者（altruist）**认为群体利益至上，哪怕需要做出个人牺牲。**合作者（cooperator）**注重合作，以达成自己和群体共同利益的最大化。**个人主义者（individualist）**致力于将个人的获益最大化，不考虑群体中其他人的得失。**竞争者（competitor）**力争使自己的相对结果好于他人，只要能够“获胜”，他们不考虑自己利益的绝对水平是高还是低。大多数人被归为合作者和个人主义者两类，属于利他主义者和竞争者类型的相对较少（Liebrand & VanRun, 1985; Van Lange et al., 1997a）。为方便起见，一些研究者将利他主义者和合作者归为“亲社会”类型，将个人主义者和竞争者归为“利己”类型（Biel & Garling, 1995; Chen et al., 2003），详见表 13-1。

表 13-1　**社会价值取向**

价值取向	具体的策略	描述
亲社会	利他主义者 合作者	以帮助他人为目的，哪怕牺牲自己的利益 以最大化自己和群体成员的共同利益为目的
利己	个人主义者 竞争者	以自我收益最大化为目的，不考虑他人的损失或利益 以相对结果好于其他人为目的，甚至不惜投入更高的成本

一项实验邀请学生参加一个有关“能源保护”的游戏。7 名学生结成一组，共同拥有 100 美元的起始资金池。在 5 轮游戏中，每位参加者从资金池中取出的金额即为自己挣得的金额，只要所有参加者取出的总金额不超过池中剩余的金额。一旦池中的资金少于零，则游戏结束。被试每次从池中取出的金额应在 1.5 美元至 9 美元之间，以 1.5 美元为增量。考虑到 5 轮游戏中有 7 位同学共同参与，每位同学每次必须只取用很小的金额（1.5 美元和 3 美元通常是最安全的方案），才能保证整个团队最后获得成功。

第一次取钱时，只有利他主义者的做法最为接近群体利益的要求，为自己取出了 3 美元多。合作者取用的金额约为 4 美元，个人主义者约为 5 美元，而竞争者则大于 5 美元。随着游戏的进行，所有参加者都逐渐意识到钱可能会被取完，因而取用的金额呈现出减少的趋势。然而，个人主义者和竞争者尽管也充分意识到自己在第一轮中取钱太多，但在以后几轮取钱时并没有任何减少，他们仍然尽可能多地取钱以满足固有的利己倾向。甚至在最后一轮，当公有资源几乎消耗殆尽，竞争者取走的钱数仍然略微高于其他几类人（Liebran & Van Run, 1985）。

与上述结果相一致，其他研究也发现具有利己取向的人比具有亲社会取向的人表现出更少的合作行为（Allison & Messick, 1990; Utz, Ouwerkerk, & Van Lange, 2004）。还有一系列研究与此相关，其中一个实验比较了自恋与非自恋的学生在社会困境中的表现。自恋学生倾向于高看自己，认为自己比其他人价值更高，对"如果我能统治世界，世界将变得更加美好"这类问题给予更加正面的评分。在游戏中，参加者共同管理一片森林，在每一轮砍伐之后，剩余的森林以10%的速率生长（假设每一轮代表一年）。起初，自恋的参加者表现好于不自恋的人，他们在开始几轮中砍伐的更多。然而，长期来看，他们自我中心的行为拖累了整个团队的成绩，由于自恋者比重较高的团队过度消耗了公有资源，所以提前结束游戏的可能性更高（Campbell, Bush, Brunell, & Shelton, 2005）。自利行为所导致的另一个适得其反的后果就是：**群体中的成员们总是小心提防不合作的个体，并对自私的个体采取惩罚措施**（Kurzban, DeScioli, & O'Brien, 2007; Vanneste et al., 2007）。

亲社会取向和利己取向的发展 为什么人们会存在社会价值取向上的差异？保罗·万·兰格（Paul Van Lange）和他的同事提出，这种差异可能要追溯到个体与他人相互依赖的经历，这种经历从童年开始累积，并在成年期和老年期的互动中进一步形成（Van Lange et al., 1997b; Van Lange, 2000）。研究者通过不同的方法来验证上述假说。在一项研究中，研究者调查了631名德国男性和女性的家庭情况。比如有多少兄弟姐妹？在家中的排行第几？与利己的个体（个人主义者和竞争者）相比，亲社会的个体（利他主义者和合作者）有更多的兄弟姐妹。尤其是，亲社会的个体有更多的兄长或姐姐。兰格及其同事对该结果进行了解释，在有兄弟姐妹的家庭中成长要求人们形成相互分享的习惯，年长的孩子能更好地遵照分享原则做出表率，并强化这种行为。研究者们的发现为合作行为的发展心理学研究指明了积极的方向：人们的亲社会取向通常会随着年龄的增长而提高（Benenson, Pascoe, & Radmore, 2007）。

小调查

按照表13-1中的定义，你的社会价值取向应归为哪一类？结合你家兄弟姐妹的个数，你的社会价值取向在多大程度上符合上文讲到的？

研究者还考察了亲社会取向和依恋风格（如第8章所述）之间的关系。研究发现，具有亲社会取向的个体在恋爱关系中更可能表现出安全型依恋风格。也就是说，**与利己者相比，亲社会的个体较少地担心在恋爱关系中被对方抛弃，他们在与他人的亲密关系中会感到舒适。**相关研究还表明，个体在信任方面的差异也在社会困境中发挥着重要作用（Van Lange & Semin-Goosens, 1998）。在社会困境的实验室研究中，通常较为信任他人的个体更容易与群体中的其他成员合作（Parks, Henager, & Scamahorn, 1996; Yamagishi, 1988b）。

手足之谊与亲社会取向。荷兰研究者发现，在兄弟姐妹众多的家庭中长大往往具有较强的合作取向，尤其当个体有年长的姐姐时，其合作取向更强。

13.2.3 改变短视的自私自利所造成的后果

社会情境中有哪些因素能扭转人们为寻求即刻的自我满足而忽略群体长期利益的倾向呢？普拉特（1973）指出，选取合适的时机对自私行为和群体导向行为予以奖励或惩罚，是至关重要的一环。另有研究表明，激活社会规范也起着非常关键的作用。

择时进行奖励和惩罚 约翰·普拉特（1973）指明了若干种方法来克服寻求个人回报的自私倾向，从而走出社会陷阱。

1. 采用多样化的技术手段来改变长期的负面后果。2003年，本田和丰田引进了革命性的混合动力汽车，每加仑油耗行驶80公里。更加令人振奋的是氢动力汽车，无须消耗汽油，而且排放的气体主要是水蒸气，不是目前燃耗汽油的轿车和卡车排放出的碳基污染物。氢动力汽车的面世还有一些难题尚待解决，尽管有若干辆已处于紧锣密鼓的筹备中，但这种车型的大规模投产还要若干年时间。

购买一辆崭新的、超级节能的轿车只是你实现享受现代生活与减少环境破坏一举两得的办法之一。太阳能电池能吸收富余的太阳能，也同样为你带来低能耗的舒适享受。将房屋进行隔热处理也是一项不错的方案。尽管房屋隔热听起来不像太阳能电池和电动轿车那样新潮，但它的确是帮助人们减少能源浪费的一项重要措施（Gardner & Stern, 1996）。事实上，利用太阳能电池、隔热装置、窗帘、回转热风炉可节省加热房屋耗能的75%（Yates & Aronson, 1983）。科技革新通常是非常有效的手段，因为这种变革只要一次性投入便可完成，比如，购置一辆节能型轿车在未来若干年中都能做到节省能源。

2. 将未来的负面结果转移到当下。在八月的第一周，如果你将空调调到令人凉爽的20摄氏度，同时又将后门敞开留给猫咪进出，你不必立刻为这种低效的决策付出代价，直到在九月的第二周你收到八月的电费账单。另一种方法是，在屋内的温度调节器上安装醒目的数码显示器，时刻提醒各位家庭成员消耗的电量和金额。这样，屋门紧闭、白天用窗帘盖好窗户，便能看到立竿见影的切实效益，而打开空调则立即产生切实可见的惩罚。事实上，研究支持了普拉特的理论：对能量消耗提供即时的反馈能够有效地促进能源节约（Seligman, Becker, & Darley, 1981; Van Vugt & Samuelson, 1999）。

3. 对不适宜的行为立即予以惩罚。如果你因为随地乱扔垃圾而被罚款，公司由于污染环境而受到处罚，这些破坏环境的行为所带来的即时愉悦恐怕就不复存在了。如果惩罚力度足够大，人们预计自己可能被抓住，便会采取避免惩罚的措施，从而减少对环境的破坏行为（DiMento, 1989; Yamagishi, 1988a）。更广义地看，环境心理学家认为，只要责令那些制造污染的生产商自己掏钱来治理他们所排放的毒气和有害废弃物，禁止污染物直接排放到空气和河流中，便可获得意想不到的效果（Howard, 2000; Winter, 2000）。而目前普遍的做法是，大多数制造污染的生产商破坏环境以后把恶果抛给公众社会来清理。事实上，目前工业生产所带来的污染远远多于居民日常污染的总和；美国等一些科技发达的国家所造成的污染最为严重（Stern, 2000）。而在丹麦等国家，一些行业领先者正致力于模仿自然界生态系统中普遍存在的回收循环机制，从而极大程度上降低了成本并提高了利润（Hawken, et al., 1999）。

4. 对有益的选项进行强化。对希望出现的行为予以奖励很奏效，且不会引发不良情绪反应。北美的许多城市都在推广回收计划，人们可以方便地将杯子、塑料袋和废纸丢入路旁的回收箱，等待回收。另一项相似的计划是对那些乘坐公共交通工具或节约能源的行为提供奖励（比如赠送彩票）（Geller, 1992）。研究表明，尽管这些举措可能意味着需要的开销很大，但不失为成功的方法（Gardner & Stern, 1996; McKenzie-Mohr, 2000）。

利用新技术保护环境。正如这辆宝马混合动力汽车，新技术能够减轻那些原先由寻求个人回报的行为所导致的长期负面结果。一个障碍是，许多技术（如房屋隔热和太阳能电池板）并不像购置新车那样风光无限，必须说服人们乐意采纳这些新技术。

除了上述这些针对个体的自私动机采取的措施之外，帕特（1973）还建议利用社会压力的作用。这些基于社会性因素的解决方法通常需要激活人们有关正确行为的社会规范（Kerr, 1995; Oskamp, 2000）。

激活社会规范 我们已经注意到，规范可分为示范性和禁止性两类（Kallgren, Reno, & Cialdini, 2000）。正如第6章中的定义，示范性规范就是在某种情境下大多数人的做法，没有对与错的内在含义。例如，大多数生活在新墨西哥的墨西哥裔美国人相比于生活在南达科他州北部的瑞典裔美国人食用更多的辛辣食品。不论是瑞典裔美国人食用辛辣食品，还是墨西哥裔美国人喜欢吃口味清淡的土豆泥而不吃沙拉，都完全不存在道德问题。相反，禁止性规范则表达了人们在某种情境下应当做什么的一种社会期望。不管周围有多少人做到了或没有做到，将垃圾扔进垃圾箱而不是随手扔出车窗被认为是正确的、合适的行为。示范性行为规范和禁止性行为规范都能在社会困境中对人产生影响，促使人们愿意做出更加无私的举动。

示范性规范——“人人皆如此” 人们会调整自己的合作性与群体中的其他成员保持一致，这说明了示范性规范的重要性（Parks, Sanna, & Berd, 2001）。比如，在一项社会困境的研究中，小组中为公共利益做出贡献的成员比例越高，个体被试对公共利益的贡献则越多（Komorita, Parks, & Hulbert, 1992）。不仅如此，处于社会困境中的个体还会预期相同情境下的他人会如何行事，这种预期也将影响自己的合作行为。比如，由经济学家组成的小组比其他各组表现得更为自私，因为他们素来假设人类行为就是为了贪婪地满足个体利益（Braver, 1995; Miller, 1999）。如果你预期其他所有人都会按照自私的方式决策，那么你自然有充分的理由选择自私（Caruso, Epley, & Bazerman, 2006）。反之，在荷兰和美国进行的研究让学生相信，参加社会困境游戏的其他成员都具有很高的道德水准，学生们因而更加愿意合作（Van Lange & Liebrand, 1991）。与此相似，参加者之间相互沟通有利于在社会困境中增加合作，尤其是对那些通常不愿轻易信任他人的参加者更是如此（Tazelaar, Van Lange, & Ouwerkerk, 2004）。

禁止性规范——“做正确的事” 以下几种禁止性规范都能影响人们在社会困境中的表现，增加或减少自私行为。它们包括：承诺规范、互惠规范、公平性规范以及社会责任规范（Kerr, 1995; Lynn & Oldenquist, 1986; Stern, Dietz, & Kalof, 1993）。举例说明，根据承诺规范，**如果你许诺别人要做一件事，正确的做法就是要坚持把这件事情做完。**实际上，人们确实会坚守自己的承诺而为团队利益努力，即便有时可能对个人造成相应的损失（e.g. Kerr & Kaufman-Gilliland, 1994; Neidert & Linder, 1990）。

如果禁止性规范能够遏制社会困境中人性的贪婪，那么在身份可被识别的条件下，人们会表现出更有责任感的一面。事实上，当人们认为其他成员能够观察到自己的个体决策时，他们会表现得更加合作（Messick & Brewer, 1983; Neidert & Linder, 1990）。这些研究成果都是基于美国大学生群体获得的，这说明即使在个人主义和资本主义社会环境中，人们也充分意识到“时刻追求第一”并不被社会赞许。然而，界定正确行为的社会规范的确存在文化差异。克雷格·帕克思（Craig Parks）和安·胡（Anh Vu）（1994）发现，与美国人相比，越南人在社会困境中更愿意合作，作者将这种差异归因于越南社会的集体主义规范和美国社会的个人主义规范之间的反差。同时，近期还有一项研究比较了美国人和15个小型传统社会成员（比如生活在秘鲁森林中的玛奇古恩嘎人）在社会困境中的慷慨程度。研究揭示了两个鼓舞人心的发现：首先，在所有这些社会中，人们的慷慨程度都要高于标准经济学模型的预测水平；其次，美国人通常要比那些生活在传统社会中的人表现得更为慷慨（Heinrich et al., 2006）。

最近，有关社会困境的一个研究表明，**如果群体中的某些成员一直坚持为公共利益做贡献，那么社会规范将被改变，那些原本自私的成员也开始做贡献**（Weber & Murnighan, 2008）。另有研究发现，群体成员通常很乐意对那些为群体利益做出贡献的人予以特殊奖励（Kiyonari & Barclay, 2008）。由此可见，合作是可以“传染”的。

还有一些研究发现，一些情境线索能在社会困境中彻底转变人们对于什么是正确行为的思想观念。比如，在一项研究中，不同小组的学生依照完全相同的规则进行困境游戏，只是游戏的名称有所不同。当游戏取名为“社区游戏”时，学生们表现出的慷慨和合作程度要高于取名为“华尔街游戏”的条件（Liberman, Samuels, & Ross, 2004）。另一项研究用更为微妙的手段操控社会规范，实验者对一半学生启动互依（用“群体”、“友谊”或“一起”等词语组成完整的句子），而对另一半学生启动独立（用“独立”“个体”“自给自足”等词语组成完整的句子）。接受了“互依”启动的学生在后续进行的公共物品困境中表现得更加合作，也更加信任他人（Utz, 2004a）。

社会责任规范。一条强有力的社会规范约束着社会中的个体，即人们有责任为解决世界问题出力。绿色和平组织（Greenpeace）和自然保护协会（Nature Conservancy）等正是致力于履行这种社会责任的组织。

13.2.4 干预措施和动机的匹配

通过社会干预措施来避免大规模的自私行为对环境造成破坏，必须考虑一个非常重要的问题，即不同的个体动机如何与各种干预措施产生交互作用？某种干预措施有助于促进一类人群的合作行为，而对另一类人群而言，则可能恰恰降低了他们的合作性（Bogaert, Boone, & Declerck, 2008; Utz, 2004b）。表13-2将环境干预措施归纳为三类（Karp & Galding, 1995）。

指令和控制政策（command-and -control policy） 是

硬性规定的法律规范，即借助行政力量对违反者加以惩罚。比如，美国国家环境保护局（U.S. Environmental Protection Agency, EPA）责令汽车生产厂商，如果他们生产的低油耗汽车达不到规定的数量，将被处以罚款。与之相反，**基于市场的政策（market-based policy）**则是对那些减少环境破坏行为的个人予以奖励（比如，对安装太阳能电池的用户给予部分现金返还）。最后，**志愿政策（voluntarist policy）**既不使用强制性威胁，也不采用经济奖励，而是直接唤起人们内心的社会责任感。不是所有人都认为自己有义务为公共利益尽一份力。比如，在荷兰，公交设施非常完备，但有些人还是喜欢自己开车出门。经常使用公共交通工具的人群普遍具有以下两种特征：（1）认为私家车污染环境；（2）对长远的未来比较关注（Joireman, Van Lange, & Van Vugt, 2004）。

这些作用于不同动机的政策所带来的社会影响不尽相同。比如，指令和控制政策有可能诱发抵制行为。每一项政策干预出台，汽车生产厂商和石油公司都会联合反抗，对惩罚性条款加以抵制。基于市场的政策（比如对节能措施予以退税）代价非常高昂，但这种措施不会产生抵制，也无须借助行政手段（人们一旦从自己的行为中获得好处，便乐意坚持自己的做法）。志愿政策也无须施行强制性的政府规定，也不要求行政管理和政府机构的介入。事实上，人们并不完全符合经济学模型中的自私自利假设，而是经常自发地做出合作、助人的行为（Henrich et al., 2006）。比如，许多人匿名为世界另一端的饥民寄送食物，还有些人不管其他人如何做，都一直坚持将废物回收利用，因为他们相信这才是“正确的行为”。（Clinton, 2007; Weber & Murnighan, 2008）。

小调查

你的任务：拯救地球，至少要保护你周边的环境。利用这一节中讲到的各种研究成果，想出合理的方法来帮助你所在城市或省的官员促进市民的环保行为。

表 13-2　　各种环境干预政策与不同个体动机的交互作用

干预的类型	唤起的动机	举例
指令和控制政策	恐惧	对超量生产大油耗轿车的厂家加以罚款 对超生的家庭剥夺教育福利
基于市场的政策	贪婪	对购买太阳能加热板的消费者提供退税 对自愿节育的家庭发放奖金（比如印度）
志愿政策	社会责任	山岳协会（Sierra Club）号召会员们联名向国会写信，要求对野生区域加以保护 计划生育组织呼吁志愿者为欠发达国家普及节育措施而努力

13.3 捍卫自己以及自己重视的人

到目前为止，我们一直在探讨急于追求正向满足的本能性动机如何在大范围内招致不良后果。此外，还有另一方面尚待讨论：人们总试图防御外群体成员的剥削和侵害，这种本能性动机也会造成严重的社会问题。

13.3.1 外群体偏见和国际冲突

1913 年，一位人类学家描述了他在澳大利亚土著部落中观察到的一种奇特的习俗（Radcliffe-Brown, 1913）。在进入村落之前，人类学家的土著翻译会一直在村落外围等候，直到村中的长者们向他走过来。长者会询问翻译的父辈的近况，然后花上几分钟时间谈论他的族谱。如果他们能找到一位共同的亲戚，翻译便可以进入村落。不过有一次，翻译没能找到与自己有任何一点亲缘关系的人。他被这样的局面吓坏了，当晚只能睡在离村子很远的地方。翻译解释说，他是塔莱基人（Talainji），而这些人来自卡瑞拉（Karieria）部落，不是他的亲戚。翻译继续向有些迷惑的人类学家解释道：“在这片土地上，其他人要么是你的亲戚，要么就是你的敌人。如果他是我的敌人，我必须抢占先机杀掉他，否则他日后便会杀掉我。”（p. 164）

不幸的是，这种偏向自己群体的成员而不喜欢外人的倾向是普遍存在的（LeVine & Campbell, 1972）。实验研究发现，人们认为外群体成员不如自己群体中的成员那么有人情味，对“他们”的情绪推测比较简单化，而在推测“我们”的情绪时，则演绎出一系列复杂的人性化的情感（Cortes et al., 2005）。颇具讽刺意味的是，如果提醒被试注意到自己的群体曾不公正地对待过外群体（比如提醒英国人他们曾对土著民进行过大规模屠杀，或提醒美国白人他们曾对美洲土著民进行过大规模屠杀）这种倾向反而会加剧（Castano & Giner-Sorolla, 2006）。

在第 11 章中，我们分析了现代社会中外群体偏见如何引发地方性问题，如加利福尼亚北部的公民权益活动家与三 K 党成员之间的冲突。当外群体成员是由与本国存在竞争关系的外国人组成时，该群体则尤其被认为是格格不入、充满威胁的。比如冷战时期，罗纳德·里根将苏联称为“邪恶的帝国”。反过来，苏联人当时也认为美国人是邪恶而贪婪的帝国主义者，利用自身的势力在全世界扶植独裁者。

本书第 11 章中谈到的关于种族群体偏见的所有因素都同时适用于国际间的外群体。例如，不同国家常常由于实质性的利益而发生争执，包括领土和自然资源等，对外国人的蔑视是助长群体自尊的途径之一。在本节中，我们将探讨更重大的政治冲突，但仍旧是基于对心理过程的分析来理解人格和情境因素究竟如何诱发人们维护自己和所重视之人的动机。

对外群体的仇恨和不信任。纵观世界，人们常常不信任其他群体，并且认为他们不如自己。图中这些阿拉伯抗议者正在烧毁美国国旗，在他们看来，这是邪恶的象征。另一方面，许多美国人却认为阿拉伯人及阿拉伯文化远远不及美国。

13.3.2 有些个体比一般人的防御性更强

哪些个体内部的因素会导致他们倾向于对国际外群体的威胁保持警惕呢？这是个非常重要的问题，主要有两方面原因：首先，了解哪些个体对这类威胁尤其敏感有助于帮助领导者个人之间更好地相处，并能更好地量身设计谈判的策略以避免外群体敌意所造成的危险；其次，考察这种个体差异有助于理解那些势力较强的群体以及相对弱势的群体是如何决策的，因为他们会通过“舆论”对国际政策构成间接影响。

社会支配倾向 正如在第 11 章中所述，社会支配倾向是指人们希望自己的群体能够支配其他群体的愿望（Haley & Sidanius, 2005; Levin et al., 2002; Sidanius et al., 2000）。社会支配倾向不仅与某个社会内部的群体间偏见有关，还影响着人们对军事力量及国际冲突的态度（Nelson & Milburn, 1999）。

社会支配倾向得分较高的人倾向于支持增加军事投资，赞成以激进的方式处理国际冲突。1990 年，伊拉克领袖萨达姆·侯赛因对邻国科威特发动侵略战争。美国组织了一场大规模的军事反击，导致上万伊拉克人丧生。在这场战争进行的同时，费莉西亚·普拉多（Felicia Pratto）和她的同事测量了斯坦福大学本科生的社会支配倾向，并调查这些学生认为应当如何处置伊拉克。与社会支配倾向得分较低的学生相比，得分较高的学生表示他们愿意为这场战争做出更多的个人牺牲，更加支持发展军事力量和限制公民自由（如媒体言论自由）以支持这场战争。

种族中心主义和军国主义的性别差异 如果更多女性担任领袖，国际争端是否会减少呢？部分研究证据表明，答案可能是肯定的。编制出社会支配倾向量表的研究者发现，这种倾向与性别存在重要联系。在包括瑞典、印度、英国和美国在内的许多国家中，男性比女性具有更强的军国主义倾向、保守主义的政治倾向和种族中心主义倾向，同时还更加严厉、更具有惩罚性（Sidanius et al., 1994）。

在一项研究中，吉姆·西丹尼尔斯（Jim Sidanius）、费莉西亚·普拉多和劳伦斯·鲍伯（Lawrence Bobo）（1994）在洛杉矶随机抽取样本，对 1 897 名男性和女性的社会支配倾向进行调查。由于洛杉矶是一座文化多元的城市，该样

性别与社会支配倾向。跨群体来看，男性的社会支配动机水平普遍高于女性。从图中这位男士的 T 恤衫可以看出，他相信他所在的群体——基督徒、美国人、异性恋者、保守主义者，优于其他群体。

本中包含了不同种族、宗教和籍贯的人群。研究者发现，用所有社会分类进行数据分析，男性都比女性更倾向于社会支配。不论年轻还是年长，富有还是贫穷，教育程度高还是低，共和党派还是民主党派，亚裔、欧裔还是拉丁裔，男性的社会支配倾向的得分都要高于女性。另一项更大样本的研究调查了 6 个不同国家的 7 000 名被试，结果同样印证了上述性别差异（Sidanius et al., 2000）。

哪些因素造成了社会支配倾向的性别差异呢？西丹尼尔斯和普拉多认为，单纯考虑生物因素或社会文化因素都无法给出完整的解释。他们提倡采用一种生物文化交互主义视角来阐释这个问题。普拉多（1996）发现，将自然因素和文化因素区分开来完全是伪命题，因为人类在进化过程中一直处于社会群体之中。根据生物文化交互主义，在人类的所有文化中，男性总倾向于被“等级”显赫的地位吸引（比如首领、贵族以及当今社会中的政府官员），并热衷于与外群体竞争的角色（比如武士或现代社会中的军人）。

研究者认为，社会支配倾向的差异在不同文化中普遍存在，因为在远古先民的所有社群中，男性社会地位的高低取决于他们的繁殖成功率。正如第 8 章中讲到的，女性在选择配偶时选择性更强，男性之间必须相互竞争以争取女性的注意。纵观历史中所有的人类群族，但凡那些成功地战胜了其他群族并保护了自己群族的武士，都获得了直接或间接的回报。

性别化的文化角色。在不同文化中，强调社会支配的社会角色更容易受到男性青睐，比如军人或武士等身份。根据生物文化交互理论的观点，古老的倾向与当今社会所产生的角色和规范存在交互影响。

西丹尼尔斯和普拉多提出生物文化交互理论来阐释社会支配倾向，突破了“全部源于我们的基因”的假设（Sidanius & Pratto, 2003）。相反，他们关注男性的竞争性倾向如何影响他们对职业和政治群体的选择。比如，有 84% 的警察是男性，而军队中也有 80% 为男性。这类职业中层级最高的人群表现出更为显著的性别差异，比如，美国国防部级别最高的官员绝大多数为男性。这种差异一部分原因是男性和女性乐于选择的职业不同，而另一部分原因则是文化中的许多方面都在鼓励这种既有的性别差异继续延续下去。在许多国家，女性仍然不允许参军，女性警官也是凤毛麟角（Pratto et al., 1997）。人类学、生物学和社会心理学等领域的交叉研究洞悉了一条重要的规律：**人类的固有倾向和我们围绕这些倾向所构建出的复杂文化环境之间存在着持续性的交互影响**（Cohen, 2001; Kenrick, Nieweboer, & Buunk, in press; Krebs & Janicki, 2004; Norenzayan, Schaller, & Heine, 2006）。

权威主义和威胁感 正如第 11 章所述，权威主义反映了对权力的尊敬，遵从权威，并严格按照社会习俗行事的倾向（Feather, 1998; Jost et al., 2003）。在国际争端中，权威主义者通常更加赞成扩充军事力量，对别国抱有更为敌对的态度（Doty, Peterson, & Winter, 1991; Tibon & Blumburg, 1999）。针对 1990 年的波斯湾战争，权威主义得分较高的学生更希望美国利用武力打击伊拉克，甚至支持使用核武器。战争结束后，他们对伊拉克百姓的死难的后悔程度较低，而对美国在战争中获胜感到得意（Doty et al., 1997）。

蒂莫西·麦克维（Timothy McVeigh）制造了 1995 年俄克拉何马州联邦办公大楼爆炸案，导致 168 人丧生，并因此被判处死刑。此人就表现出权威主义人格的若干特征。据报道，他具有极强的种族主义情节，并相信"新世界秩序"正逐步使美国政府土崩瓦解。他坚持相信，这场大爆炸作为对美国政府侵犯行为的报复，在道义上完全是合理的。他中途退出美国全国枪械协会，因为觉得他们太"软弱"。他最喜爱的文学作品是在远东地区非常流行的一本反犹太的种族主义著作（Morganthau & Annin, 1997）。麦克维的个人特征恰好符合玛丽娜·阿芭拉柯娜·帕普（Marina Abalakina-Paap）及同事沃尔特·史蒂文（Walter Stephen）、翠茜·克雷（Traci Craig）和拉里·格里高里（Larry Gregory）（1999）的一项研究。这些研究者希望寻找出那些接受阴谋理论的人们有哪些独特的人格特征。结果发现，**相信阴谋理论的人通常都具有较高的权威主义倾向，有较强的报复心、无力感和敌意。**

另一些研究也表明，权威主义者较容易感受到威胁（Lambert, Burroughs, & Nguyen, 1999; Lavin et al., 1999）。因此，他们对新环境的开放度通常较低，并且认为旁观者都是充满防备且带有偏见的（Butler, 2000; Lippa & Arad, 1999; Saucier, 2000）。对 1 600 名南非人进行的一项有趣的研究进一步支持了上述论点，偏见使个体倾向于认为自己不如别人，但该研究同时发现，那些明显好于其他人的个体也具有很强的偏见（Dambrun et al., 2006）。一种可能的解释是，处于弱势可能启动了权威主义的防御机制，而处于相对优势则使个体感受到社会支配。

尽管社会支配倾向和权威主义均与国家主义和对外国的偏见有关，但两者却存在着重要的差异（Altermeyer, 2004; Roccato & Ricolfi, 2005）。权威主义强的个体通常倾向于顺服，希望跟从一位强大的领导者；相反，社会支配倾向较强的人则通常希望自己来领导别人。此外，社会支配倾向并不涵盖与权威主义相联系的严格的道德准则（Altemeyer, 2004; Whiteley, 1999）。一位研究者对加拿大的一个权威主义和社会支配倾向双高群体进行了调查。结果发现，这群人虔诚而刻板地信奉宗教（这正是权威主义者的特征），同时却比典型的权威主义者更为渴望权力，喜欢操控权术，且更反对平等。研究者指出，这类人群对社会构成潜在的威胁，那些激进的武力组织领袖很可能就在他们中诞生（Altemeyer, 2004）。

国际冲突的简单化观点 政治心理学家菲利普·泰特洛克（Philip Tetlock）（1983b）分析了国际冲突当中的决策制定者发表的言论。他注意到，国家领导人在制定重要决策时常常依赖于他们对世界过度简单化的理解。比如，在美国和苏联冷战期间，关于这场冲突主要存在着两种简单化的观点。其中一种观点是**威慑论（deterrence view）**，即认为一旦表现出任何示弱都会为对手所利用，领导人必须表示出使用武力的决心。从威慑论的视角来看，展现出攻击性是一种必要的防御手段，它能有效地防止自己的群体遭受对方的攻击。持威慑论观点的人，即相信暴露弱点必将被对手利用的人支持核裁军的可能性较低（Chibnall & Wiener, 1988）。另一种盛行的观点是**冲突螺旋升级论（conflict spiral view）**，这种观点认为国际威胁的每一次升级都使对方国家的领导者感到更大的威胁，因此领导者需要表达出我方寻求和平的意向，以减轻对手的防御性敌意。

泰特洛克（1983b）指出，上述每种观点在一些特定环境中都是正确的，但在另一些条件下则是错误的。面对希特勒这样的对手，威慑论的观点可能比主张和解的论调更有效。另一方面，国际政治专家认为，美国入侵伊拉克尽管被美国总统乔治·布什称为"反恐"战争中的核心行动，但似乎反而加速了"基地"组织规模的扩张（2001 年制造"9·11"恐怖袭击事件的恐怖组织）（Karon, 2004）。

小调查

请翻阅最近的报纸和杂志或上网查找国际冲突中的当事人（比如巴勒斯坦或以色列的国家首脑、军事领袖或政治活动家）所发表的一两条言论。他们的言论是否暗含着威慑论或冲突螺旋升级论的观点？

13.3.3 竞争和威胁

20 世纪的前 50 年，意大利、德国、法国和英国的民众曾两次陷入大规模杀戮的世界大战中。同样是这些国家，如今却结为合作联盟。参与结盟的不仅包括这些曾在两次世界大战中相互敌对的国家，最近，欧洲联盟还在进一步扩张，并将曾经是苏联成员国的一些国家纳入进来（比如捷克斯洛伐克、立陶宛和波兰）。国际合作何以取代了相互威胁和敌对的局面？一些情境因素能够激发人们保护自己所在群体的动机，考察这些情境因素将帮助我们找到部分答案。

在本节中，我们探讨两个相互关联的因素，资源竞争和威胁，这两者均与外群体敌意的升级和弱化存在相关。在第 11 章中，我们分析了这些因素与群体间偏见存在怎样的联系；现在，我们来探讨这些因素如何超越地方性偏见的范畴，在国际冲突中发挥作用。

群体对资源的竞争　在本章的开篇，我们描述了孟加拉移民和印度阿萨姆本地居民的流血冲突。这场冲突事件可以归因为对稀缺资源的争夺。在人口高速增长的地区，肥沃的土地无疑是竞争关系的重点问题。

尽管国际冲突时常是由现实冲突直接引起的，但冲突当事人常常无法清晰地认识到其中的经济动机。事实上，当我们与另一个群体的成员竞争时，我们对这个群体的知觉和印象会向负面方向转变，我们对该群体产生气愤的阈限也会降低（Butz & Plant, 2006; Wann & Grieve, 2005）。正如我们在第 11 章中所述，在罗伯斯洞穴露营实验中，响尾蛇队和老鹰队的男孩们在争夺了稀缺的奖励之后，对外群体的印象都变得更差。而当两个小组重新联合在一起为相同的目标共同奋斗时，先前敌对的两组对对方群体的看法逐渐扭转为正向（Sherif et al., 1961）。

经济威胁和权威主义。从历史来看，经济困难时期往往导致权威主义滋长，最明显的例子出现于第一次世界大战之后，德国由于战败而经历了严重的经济萧条，并且在国际社会蒙羞，纳粹主义就是在此背景下兴起的。在这样的艰难时期，希特勒提出要扩张德国的领土，并在国际社会为德国赢得更多尊重，他的计划在德国民众中立即赢得了广泛的赞同。

在更广泛的社会范围内，当经济出现衰退，人们面临失业和饥饿威胁时，军国主义和惩罚性的权威主义倾向更易于出现（McCann, 1999; Sales, 1973）。比如，一项研究将 1978 年至 1982 年（在此期间失业率上升，利率上升，民众对经济局面不满）与 1983 年至 1987 年（在此期间个人收入增长，利率下降，经济增长前景良好）这两段时期进行了对比。结果发现，经济困难时期存在着更强的种族偏见，并且更为强调权威和刚性（比如对攻击行为予以更严格的管制）（Doty et al., 1991）。

不少研究者发现，只需将个体置于群体之中，就能增强其竞争性，尽管竞争可能导致各方面的损失（e.g., Bornstein, 2003; Insko et al., 1990, 1994; Meier & Hinz, 2004; Wildschut et al., 2003）。比如，一项研究让学生记录下自己的日常互动情况，并将其分为群体间互动和个体间互动两类。大多数群体间的互动都是竞争性的，尤其有男性参与时更是如此（Pemberton, Insko, & Schopler, 1996）（见图 13-5）。这种一般性规律也得到了其他研究的支持，处于群体中的人们在处理令人气恼的事物时更可能由温和的抱怨转化为威胁和肢体冲突（Mikolic, Parker, & Pruitt, 1997）。

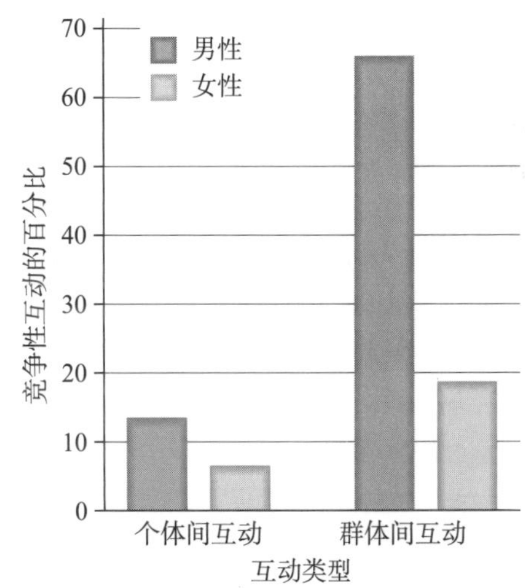

图 13-5　日常生活中的群体竞争

米歇尔·彭伯顿（Micheal Pemberton）、贾斯特·因斯科（Chester Insko）和约翰·修普勒（John Schopler）让学生记录他们的日常互动情况并进行分类。学生记录下来的竞争性互动中，产生于群体间的互动多于个体间互动。此规律对男性和女性均成立，但女性发生竞争性互动的可能性较低，甚至在群体中也是如此，而男性大多数互动则均为竞争性的。

为什么群体互动的竞争性更强呢？一部分问题在于，个体假设大群体会促使人表现出最坏的一面，因此估计其他群体中的成员的行为将更具竞争性，从而使双方同时提高竞争性并形成了永续的恶性循环（Winquist & Larsen, 2004）。研究者对群体成员内部讨论的内容进行了分析，发现竞争性与对另一方意图的不信任感存在正相关（Pemberton et al., 1996）。

那么群体之间怎样才能由不信任转变为相互信任呢？首先，鼓励群体相互合作的个体经验有助于减轻对外群体的偏见（Gaertner, Iuzzini, Witt, & Orina, 2006; Gaertner et al., 1990; Thompson, 1999）。如果A群体中的个体获得一次机会与B群体中的个体进行一对一谈判，而且两个人最终达成了满意的解决方案，那么谈判结束后，这两个人对对方群体的整体印象都会更加积极（Thompson, 1993）。这些正向的一对一交流的经历使群体成员明白对方群体中的个人与“我方”成员具有相似的动机。简单地提醒人们两个群体在某些方面是相互关联的同样有助于化解“我们和他们”的敌对心态（Kramer & Brewer, 1984; Levine et al., 2005; Wit & Kerr, 2002）。比如，当美国奥林匹克国家队与其他国家竞技时，选手们会摒弃原先在密歇根、内布拉斯加州和加利福尼亚州代表队时相互竞争的关系。

赫伯特·凯尔曼（Herbert Kelman）和他的同事运用群体竞争与合作领域的许多研究成果来促进国际冲突的解决（Kelman, 1998, 1999; Rouhana & Kelman, 1994）。在官方谈判中，双方面临的压力加剧了竞争。比如，双方都需要在谈判中争取有利于本方的条款，还需要考虑到那些愤怒的选民即将从报纸中获悉谈判结果，必须尽量满足他们的诉求等。凯尔曼将一些具有影响力的以色列人和巴勒斯坦人聚集起来，组建了非竞争性的、互动性问题解决小组。小组成员包括两国的政治领袖、议会成员、有影响的记者、前任军官以及政府官员。小组成员聚集在一起并不是为了谈判，而只是为了相互了解对方的观点，并就未来正式谈判中可能遇到的问题探讨可能的解决方案。在这种非竞争性的群体环境中，小组成员得以关注到对方更为丰富的形象。这有助于他们克服由偏见引起的过度简化。这种在群体环境中消除敌意的方式还有利于产生解决问题的新思路。最终，小组成员跨越了冲突的边界，形成了新的联盟（Kelman, 1998）。

在漫长的历史进程中，国家间的相互合作不仅能消除国际侵略，还能在其他方面产生积极作用。为了阐明这个问题，我们将回顾日本历史，思考日本在闭关锁国和开放交融这两种国际交往状态之间来回摆动对国家产生的影响。

联结：方法和证据

时间序列分析和国际合作

自从社会心理学家开始涉足于政治研究领域以来，他们一直在探索一个有趣的问题：如何从杂乱无序的历史数据中分离出因果关系？研究者不可能进行回顾性实验，比如，探讨假若英国没有对希特勒采用绥靖政策，而是率先攻打德国，将会发生何种后果？我们知道，孤立地分析单独某个历史事件具有个案研究所固有的所有因果模糊性。就像我们在第1章中讲到的那样，个案研究可以有多种解释方式，因为任何事件都是由多方面因素同时导致的。然而，历史学家们总爱告诉我们，“历史在惊人地重复着”。当相似的事件在历史上反复发生时，人们便能对这些事件的前因后果进行分析，并从中发现重复性的规律。研究者在分析跨时期的历史事件时运用的一种方法叫作“时间序列分析”。

简单地说，**时间序列分析（time-series analysis）**就是分析两个或两个以上重复发生的事件之间的纵向关系的一种方法，是对历史反复重复的验证。比如，我们知道，**经济衰退通常会导致种族暴力事件的增加**（Hepworth & West, 1998）。如果经济困难是引发种族暴力的原因，我们应当能发现，种族暴力往往发生在经济衰退之后。但如果种族暴力在经济衰退前和衰退后发生的频率同样高，则经济衰退可能并不是造成种族暴力的原因。

迪安·基思·西蒙顿（Dean Keith Simonton）（1997）发现，一些文化表现出某种程度上的全民性**恐外症（xenophobia）**（对外国人的恐惧和不信任），而另一些则开放地接受其他国家的影响，他的研究兴趣在于考察两种截然不同的心态所产生的文化后果。为了探讨这个问题，他考察了日本历史上富有创造性的成就。日本是一个单一文化的国家，在第二次世界大战前的一千多年中，日本从未遭受过外敌入侵。几个世纪过去了，日本接受外来影响的开放程度几度出现明显的转变。在一些时期内，日本明确地鼓励人们与外界进行思想和商品的交换，而另一些时期则对接触了外来影响的人处以死刑。西蒙顿发现，恐外倾向的产生通常是由于人们感受到外来的思想正在侵蚀传统理念或社会规范，整个国家正常秩序受到了威胁。

西蒙顿希望通过时间序列分析回答以下问题：外来思想和外国人的涌入究竟对日本取得的成就起到了积极作用还是消极作用？西蒙顿从 580 年至 1939 年间日本在艺术、医学、商业、政治和军事等方面所取得的成就中寻找历史波动规律。他考察了这些成就到底是否发生于国家对外来影响的开放程度（通过日本赴境外旅行的数量以及访问日本的外籍教师的数量等变量衡量）有所转变之后。

为了解决这个问题，西蒙顿将 580 年至 1939 年的这段时期以 20 年为单位划分为 68 个连续的世代。比如，1880 至 1899 这 20 年构成一个世代。接下来，他考察了每一个世代中那些举世瞩目的政治家、艺术家、企业家和军事人物创造出的历史成就的数量，并分析这些成就是否与其他世代的国家开放性存在联系。比如，19 世纪 60 年代及 70 年代这一世代中，国家对外来影响是否持开放态度，这种态度是否增加或减少了 19 世纪 80 年代及 90 年代国家创造成就的数量？

西蒙顿发现，在许多领域中，国家对外来影响的开放程度与创造出成就的数量存在正相关。图 13-6 显示了他对艺术领域的研究结果。对外来影响的开放性对创造性的艺术造诣的积极作用存在一定的时滞。也就是说，外来影响所带来的积极效果需要两个世代（即 40 年）才能显现出来。

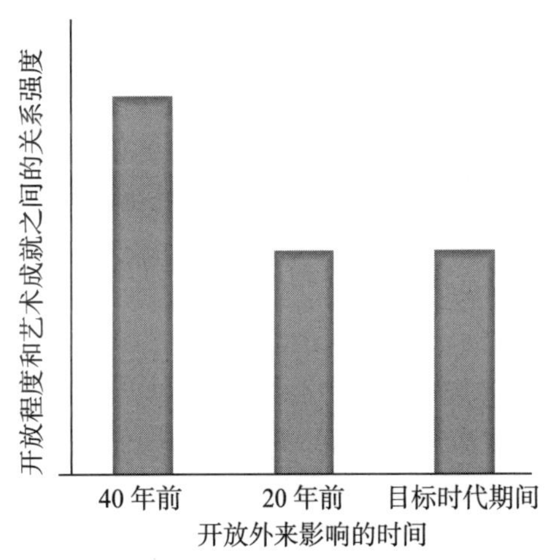

图 13-6 日本对外界影响的开放性与艺术成就

通过时间序列分析，迪安·基思·西蒙顿发现，日本的艺术成就与国家在 40 年前对外来影响的开放程度密切相关。也就是说，外来影响所产生的效果存在一定时滞。如果不采用时间序列分析的方法，这种效应可能无法被揭示出来。

文化开放性对国家艺术创造力的积极作用为什么在两个世代之后才能显现出来呢？西蒙顿（1997）指出，艺术创造往往需要将多种不同的思维方式相融合，而对其他文化的创造性见解提供了新鲜的元素，与本国文化中既有的理念很好地结合起来。而且，人们广泛接触了多种视角之后，能够更加自如地抛开传统的枷锁，最大程度地发挥创造性想象力（Simonton, 1994, 1997）。西蒙顿（1997）注意到，对日本的时间序列数据分析与历史学发现相一致，比如，希腊在充分吸收了波斯、埃及和美索不达米亚等不同文化的精髓后，才迎来了历史上的黄金时期（Golden Age）。

西蒙顿（1997）对日本所取得历史成就的时间序列分析向我们展示出严谨的研究方法能够补充我们对历史的理解。不仅如此，他的研究还说明了国际合作的另一个原因——对其他文化保持开放心态能够提升本国的文化造诣。

威胁 印度总理比哈里·瓦杰帕伊（Behari Vajpayee）公然认为，核武器能够防止印度与邻国发生战争。世界舆论对 1998 年 5 月印度频繁进行地下核武器试验表示强烈声讨，瓦杰帕伊对此发表声明，印度制造武器纯粹是为了维护和平共处，并不准备攻击巴基斯坦。不幸的是，巴基斯坦将此视为威胁，于是开始研发自己的核武器以达到相互制衡。这种局面并不令人惊讶，已有研究表明，威胁将会增加而非减少冲突的发生。

在一项经典的研究中，主试告知学生：

> 你们其中的两位将要参加一个游戏，你们既可能赢钱，也可能输钱。我希望你们尽可能多地赢钱，不用考虑另一位赢了多少。这些钱都是真的，你挣得的钱全部归你所有。（Deutsch, 1986, p. 164）

这项游戏包含若干轮。每一轮中参加者可从合作、攻击和防御等策略中选择一种。

真正的被试并不知道，他们的对手其实是主试者安排的实验助理。实验助理尝试各种不同的策略来诱导被试的合作行为。其中一种策略叫作惩罚性威胁策略，实验助理在第一轮中采用合作性的回报策略，如果被试不合作，则对其进行攻击。另一种策略叫作非惩罚性威胁策略。在这种情况下，实验助理对被试的攻击采取防御策略，其他情况下都采用合作策略。最后，还有些实验助理采用的是甘于容忍策略。在这种策略下，实验助理一开始就采取合作策略，而且始终坚持合作。如果被对方攻击，他反而会变得更加合作。

实验结果如图 13-7 所示（Deutsch, 1986）。我们不难注意到，最成功的策略当属非惩罚性威胁策略，而最不成功的策略则是完全合作的甘于容忍策略。惩罚性威胁策略在开始阶段比较成功，但随着对手被逐渐激怒，并开始进行反击，该策略的有效性呈现下降趋势。

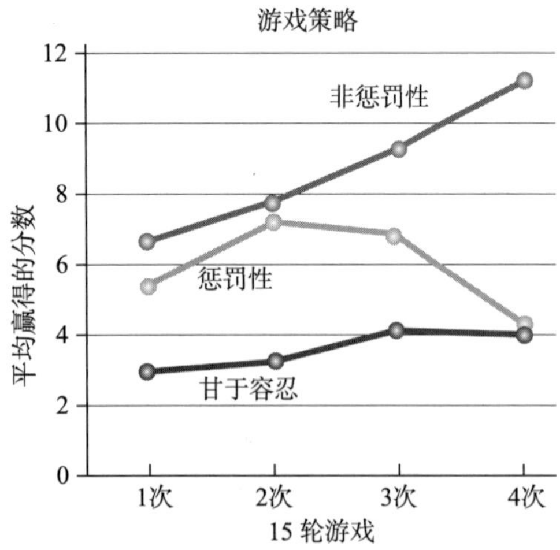

图 13-7　成功和失败的策略

在默顿·德驰（Morton Deutsch）进行的实验室困境研究中，主试的实验助理在实验室困境中以三种策略中的一种来应对被试。惩罚性威胁策略的有效性随着时间推移而递减，并常常引发愤怒的报复行为。甘于容忍策略将招致对手的欺负。非惩罚性威胁策略在整个游戏过程中赢得的分数最多。

资料来源：Deutsch (1986).

研究者认为，这项实验室研究所揭示出的冲突与合作规律在国际互动中同样适用（Deutsch, 1986）。如果一个国家对别国使用武力威胁，比如美国对伊拉克发动战争，很可能引起对方的愤怒和反击。相反，如果某国家对其他国家的进攻一贯坚持隐忍，比如第二次世界大战中希特勒率先开始侵略邻国时，同盟国却对希特勒采取“绥靖”策略。一个国家的最佳策略是通常选择合作，但受到攻击时则除外。

这些经典的实验室研究与近期的一些研究结果相吻合。这些研究发现，某些类型的威胁能多方面助长爱国主义情绪。比如，一系列研究发现，思考自己的死亡或回忆 2001 年“9·11”恐怖袭击事件都会增加美国学生对乔治·布什的支持（Landau et al., 2004）。对这一现象的跨文化研究表明，美国学生想到死亡或丧失资源等问题时，就会表现出更强的爱国主义倾向以应对这些威胁。而哥斯达黎加人在死亡的想法面前更为泰然自若，但当他们想到自己被其他人孤立时，则表现出更强的爱国主义和支持哥斯达黎加的倾向（Navarrete, Kurzban, Fessler, & Kirkpatrick, 2004）。另一项研究分析了盖洛普公司（Gallup）对美国前总统乔治·布什的民意调查得分，结果发现，美国政府每次发布恐怖警报都会在接下来一周内导致民众对布什的支持率显著提升（Willer, 2004）。

民族主义和军国主义仇恨情绪不仅来自外敌入侵或恐怖主义的威胁。杰伊·福克纳（Jay Faulkner）、马克·沙勒（Mark Schaller）、贾斯汀·帕克（Justin Park）和莱斯利·邓肯（Leslie Duncan）（2004）发现，对疾病的担忧（比如看到某人面露病容所引起的担心）使加拿大人对来自第三世界国家（比如斯里兰卡）的外国人持有更深的偏见，而且更加支持反移民法禁止外国人进入加拿大境内。可能的原因是，来自第三世界国家的人更可能被视为危险病原的携带者。

萨达姆·侯赛因。1990 年，这位伊拉克领袖领导了对科威特的战争，致使美国进行了一场耗资巨大的反击。对包括萨达姆·侯赛因和乔治·布什在内的领导者发表的言论进行分析发现，在激烈的冲突时期人们会反映出更多的简单化思维。彼特·聚德费尔德和他的同事（1993）指出，焦虑情绪使认知资源受到局限，因而导致简单化的启发式思维。

还有一系列结合了心理学和政治学之间的交叉研究也很精彩，探讨的是国际威胁对国家领导人及选民决策过程的影响（e.g. Mandel, Axelrod, & Lehman, 1993; Satterfield, 1998; Tibon, 2000; Winter, 2007）。在一项研究中，加拿大心理学家彼特·聚德费尔德（Peter Suedfeld）、米歇尔·华莱士（Michael Wallace）和金伯利·沙查克（Kimberly Thachuk）

（1993）分析了 1990 年波斯湾战乱之前、之中和之后国家领导人发表的 1 200 条言论。聚德费尔德和他的同事考察了这些领导人公开言论的“整合复杂性”。**整合复杂性（integrative complexity）**是指领导者所发布的言论在多大程度上反映出简单化的“非黑即白”类别化思维，而未能充分考虑到冲突的各个方面。比如，一个简单的言论，可能反复强调伊拉克邪恶的所作所为，并描述伊拉克领袖萨达姆·侯赛因的恶行。一个复杂的言论也会表示对伊拉克的反对，但同时会讨论此次冲突的多方面历史原因，包括科威特拒绝与伊拉克就波斯湾安全问题举行会谈，科威特违反石油输出国家组织（OPEC）的价格管制协议。研究者发现，直接卷入冲突当中的国家领导者（比如美国总统乔治·布什和伊拉克总统萨达姆·侯赛因）发表的复杂言论少于那些较少参与冲突的国家领袖。进一步说，随着趋势日趋升温，言论也变得越来越简单化。

当不同国家的成员不了解对方对世界形势的看法时，简单化思维将造成更加严重的问题。下一节中我们将继续探讨这个话题。

13.3.4　文化间的误解和国际冲突

在乔治·布什准备挥师 50 万大军，发动大规模科技武装力量攻打伊拉克的几天前，一位新闻记者发表了如下报道：

> 五个月前，乔治·布什还拒绝相信萨达姆会对科威特实施武力威胁，但武力威胁果然发生了。伊拉克的独裁者势不可当地对美发起进攻。今天，萨达姆不确定是否该相信布什将依照承诺对他进行武力打击。

根据社会心理学家保罗·基梅尔（Paul Kimmel）（1997）的理论，由于国际间存在沟通障碍，乔治·布什和萨达姆·侯赛因双方都错误地理解了对方发起的威胁。在萨达姆·侯赛因入侵科威特以前，他曾会见过美国大使阿普里尔·格拉斯皮（April Glaspie）并阐明了自己入侵科威特的意图。在与美国大使交流互动的基础上，他相信即便他入侵，华盛顿也不会介入。后来，他显然不相信美国真的会发起反击，相反，他认为美国的军事准备都是在虚张声势。

这些误解造成了巨大的损失，最终导致几千名伊拉克人和几百名美国人身亡，甚至为 2003 年美国再次挑起伊拉克战争埋下隐患。是哪些因素导致这些沟通失误呢？部分问题在于，西方人和阿拉伯人在沟通中常常让对方感到困惑。战争期间，当地一位西方国家的外交官表示：“中东地区所有人都在说谎。如果你说了真话，人们将认为你无比幼稚甚至是危险的，因为人们发现在所有说法中，真话是最难理解的。”（Lane, 1991, p.18）

当美国军队被派往沙特阿拉伯时，他们拿到了一本培训手册，用来帮助他们尽量避免与当地阿拉伯人发生冲突。其中包括这样的忠告：“阿拉伯人讲话向来具有双重用意，任何美国人不注意到这一点，都会犯下愚蠢的错误。”（Dickey, 1991, p.27）

阿拉伯人在与其他国家交流时显然也遭遇过重重困难。侯赛因的谈判代表曾表露过自己的感受，他认为美国人并没有严肃地进行谈判，而是在侮辱他们。在谈判之后，谈判代表甚至拒绝接受布什写给侯赛因的信，他们指出信中包含“与国家首脑身份不符的言辞”。一位伊拉克谈判代表说：“我从未料想到你们美国人居然如此狂妄自大，你们是如此自由和开放的国家，却连我们的观点都拒绝接受。”（quoted in Kimmel, 1997, p. 408.）

基于与国际谈判代表共事的经验，基梅尔（1997）建议他们在谈判过程中加入“跨文化探索”这个环节。跨文化探索环节要求各方明确各自文化的基本假设，并在双方共同寻找解决方案之前要进行清晰的沟通。比如，他指出美国和伊拉克谈判代表所持有的假设存在几点基本差异。美国人是任务导向的，人情味淡薄，指令清晰明确，且习惯于快节奏。而伊拉克人喜欢节奏缓慢的个人化的谈判，以便双方相互了解。另一点重要的差别在于，美国人倾向于关注未来，而阿拉伯人则强调应当更多地考虑历史因素。一位埃及外交官观察道：“你必须记住，你所在的这个地方人们还在谈论着十字军，仿佛那是昨天发生的事。”（quoted in McGrath, 1991, p.24.）

基梅尔将跨文化意识分为若干层次，包括：

- **文化沙文主义**（cultural chauvinism）：完全不能意识到其他文化的存在，从而导致谈判代表认为对方傲慢无礼、动机不良。
- **种族中心主义**（ethnocentrism）：意识到种族、宗教、民族或国家的差异，但同时坚信自己的方式才是“正确”的。
- **容忍**（tolerance）：意识到并能充分尊重差异，但同时觉得自己的文化更为有效且符合现实，从而促使谈判代表试图“教育”或“发展”与他们不同的人。
- **最小化**（minimization）：意识到文化的差异，但较多地关注所有人类文化的共性，从而导致在谈判的关键时刻忽略了重要的差异。
- **理解**（understanding）：认识到自己的行为方式只是

许多方式中的一种，其他方式绝对不是反常的。

基梅尔注意到，大多数谈判代表很难持续相互“理解”。部分原因在于，谈判代表更习惯于他们本群体所熟悉的规范，而另一部分原因在于，如果他们与对手国家表现得过于亲密，国内的选民们将不再信任他们。尽管如此，谈判如果能建立在充分认识文化假设的重要差异的基础之上，将会进行得更加顺利。

根据基梅尔（1997）的观点，作为谈判代表，培养跨文化意识的关键目标之一是从关注“我们”与“他们”的对抗转变为关注“我们”双方。当两个群体开始关注他们的共同目标时，欺骗和威胁就不再那么重要了。

13.3.5 合作与冲突的互惠性动力学

谈判困境是一个动态的互动过程，以彼此关联的方式随时间变化。回顾图 13-8，我们可以发现惩罚性威胁策略所产生的效果随着时间推移变得越来越糟，而非惩罚性威胁策略的效果则有所提升（Deutsch, 1986）。对手们在实验室困境中往往“锁定”合作性模式或竞争性模式（Rapoport, Diekmann, & Franzen, 1995）。在真实世界中，这样的案例层出不穷，比如 2009 年以色列和巴勒斯坦冲突的升级。现在，我们将梳理这些互动过程所涉及的几个研究领域，并思考这些研究成果对缓和日趋激烈的冲突有哪些借鉴意义。

以牙还牙策略 互惠谈判中最为“稳定”的策略被称作“**以牙还牙策略**”（**tit-for-tat strategy**）（Axelrod, 1984; Komorita, Hilty, & Parks, 1991; Nowak, Sasaki, Taylor, & Fundenberg, 2004）。如果对手合作，采用以牙还牙策略的参与者也会以合作来回应。如果对手竞争，则参与者也回应以竞争策略，但随后重新转为合作策略，来“诱使”对手恢复到双方互利的合作模式。根据社会心理学家塞缪尔·小森田（Samuel Komorita）及其同事（1991）的研究，以牙还牙策略的效果极大程度上依赖于强有力的互惠规范（第 9 章中有详细论述）。该策略以合作回报合作，以竞争报复竞争。因而，它将“投桃报李”的互惠行为和“以牙还牙，以眼还眼”的报复行为结合于一体。事实上，与采用以牙还牙策略的对手共同参加游戏能使竞争性个体感受到互惠的信号，从而转向合作（Sheldon, 1999）。

美元游戏 以色列和巴勒斯坦、印度、巴基斯坦以及美国和伊拉克间的争端诠释出社会陷阱的一种特殊类型。这些不断升级的竞争中所蕴含的“陷阱”通过一种困境游戏全面地展现出来，这种困境叫作“美元游戏”（Teger, 1980）。

你能否想象，一群平时机智聪颖的大学生正在以几美元的价格竞拍一个价值一美元的奖品？本书的每位作者都曾在课堂上组织过这个游戏，并目睹了这种场景一次又一次发生。游戏开始时宣布，对出价最高的竞拍者给予一美元奖励。游戏的初始阶段唤起了贪婪的欲望。如果最高出价为 4 美分，便可用 4 美分赢得 1 美元，出价者将盈利 96 美分。然而，其他学生看到某人几乎要免费赢得 1 美元，便竞相给出更高的价格。游戏之所以成为社会陷阱是基于以下特征：出价第二高的竞拍者也需按其出价支付。因此，如果一名学生出价 4 美分，而另一名学生出价 10 美分，出价最高的这位赢得了 90 美分，而第二高的出价者则损失了四美分。由于这个特征，没有人愿意成为第二名，因此，如果你先前的出价是第二高的，而你的对手继而出价一美元，此时，你给出高于一美元的价格实际上更有利于你。随着游戏的进行，对损失的恐惧已逐渐取代了初始阶段的贪婪动机。我们经常在课堂中看到学生在此过程中陷入这个陷阱中，曾有一次出价甚至超过 20 美元。这种过高的出价在小群体的美元游戏实验中也多次反复出现（Teger, 1980）。这种社会困境的特征时常反映在国际冲突中，初衷是希望获得一个看似理想的结果（赢得一美元或把潜在的敌国吓跑），但最终却演变为害怕丢面子，并为此投入越来越多的资源。

知觉困境 大量证据表明，敌对行为会导致对方也采用敌对行为予以报复，历史上以攻击性胁迫作为谈判技巧的尝试也屡屡遭遇失败。比如，纳粹党人在伦敦市民区制造爆炸案的本意是要强迫英国投降。但结果适得其反，此举反而增强了英国军民抗争的决心。尽管如此，当美国与英国联合对抗德国，历史又一次重演。他们轰炸了德国的居民区，希望以此唤起德国人的悔改。再一次地，爆炸丝毫没有削弱德国人抵抗的意志（Rothbart & Hallmark, 1988）。既然威慑和胁迫频频以失败告终，为什么人们还愿意屡次尝试呢？社会心理学家麦隆·罗特巴特（Myron Rothbart）和威廉姆·霍尔马克（William Hallmark）（1988）指出，部分原因与“内群体赞同”和“外群体偏差”这些简单化的认知倾向有关。

罗特巴特和霍尔马克在两个实验中让学生进行角色扮演，担任两个虚拟国家塔科尼亚或纳维利亚的国防部部长，两国同在一座岛屿上，历史上曾冲突不断。国防部部长的任务是判断若干条对付邻国的策略有效性如何。这些策略从合作（比如，单方面将潜艇的产量削减 20%，以期对方国家对炮兵部队进行裁军）到威慑（建造更多的潜艇，并威胁对方如果不削减远程炮兵力量便使用潜艇袭击）。虽然塔科尼亚和纳维利亚国防部长阅读的冲突相同，但他们对策略有效性的理解却互为镜像。扮演塔科尼亚国防部长的学生认为本国对合作策略予以回应，但对待纳维利亚必须采用胁迫手段。而纳维利亚则认为本国对合作的姿态将积极配合，但对待塔科尼亚则需要以胁迫的方式逼迫其就范。

因为扮演纳维利亚和塔科尼亚国防部部长的学生不可能感受到引发越南战争和德国爆炸事件的那种强烈的怒火，罗特巴特和霍尔马克（1988）指出，他们的研究结果仅仅是“微群体”（第 11 章探讨偏见时进行的探讨）中获得结论的延伸。

将人们分派到两个群体中会使他们以正面的词汇判定自己的群体（比如“合作的”），而以负面的词汇描述对方的群体（比如“固执”和“不服从”）。

学生在实验室模拟情境下扮演塔科尼亚和纳维利亚国防部部长所表现出的内群体偏见并不构成真正的危害。然而，类似的内群体偏见同样发生在真实世界中，并很可能造成灾难性后果。斯科特·普劳斯（Scott Plous）（1985）获得的证据表明，冷战期间，美国和苏联领导人都希望双方裁减军备，但同时认为对方希望在核武器方面占据优势。普劳斯指出，双方都陷入了**知觉困境（perceptual dillemma）**之中，即社会困境和外群体偏见的悲惨组合。在知觉困境中，冲突中的各方均相信双方共同合作能产生最佳结果，但同时相信另一方会乐于榨取利益，而不会主动做出合作的姿态。

为了证明苏联和美国领导人在 20 世纪 80 年代均处于知觉困境中，普劳斯对美国参议员进行问卷调查。他让参议员判断，在苏联增加或削减武装力量的情况下，美国持续增加或削减武装力量的做法是否合适。问卷还调查了这些参议员认为苏联更可能倾向于增加还是削减武装力量。结果显示（见图 13-8），美国参议员认为双方同时削减军事力量对美国最为有利。他们对双方持续增加武装力量表示坚决反对，同时也强烈不赞成美国在苏联增加武装力量的情况下削减自身的武装力量。不幸的是，美国参议员认为苏联领导者持有截然不同的观点。尽管他们认为苏联也希望双方同时削减武装力量，但他们觉得苏联还是更倾向于继续增加武装力量，而美国单方面削减。在此状况下，美国人只有一种选择，即继续扩充军事力量。然而，对苏联领导人的调查显示，苏联人的想法正好相反（Guroff & Grant, 1981）。苏联人认为军备控制非常必要，但同时坚决相信美国人总是喜欢扩充自己的军事力量。

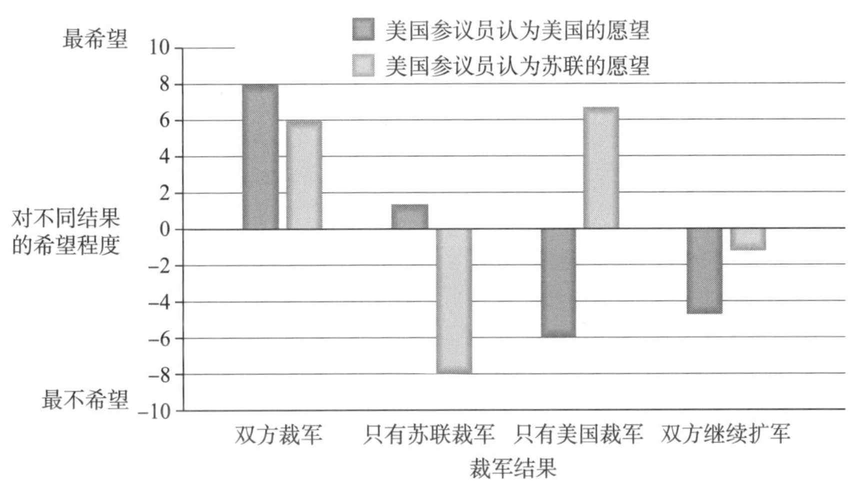

图 13-8　知觉困境

在冷战期间接受调查的美国参议员认为双方都不愿意削减武装力量，对方还继续扩充武装力量。但是，他们认为自己的“内群体”（美国）非常希望双方削减武装力量，而“外群体”（苏联）却相对倾向于在美国削减军备的同时暗自继续筹备核战争。对苏联领导人的调查结果显示，苏联希望削减军事力量，但美国很可能在苏联力量有所削弱的情况下继续扩充核武器。

这些结果表明，无论是苏联人还是美国人，其扩充核武器装备的本意都不是单纯的攻击对方。相反，他们主要是试图向另一方传达潜在的威胁信号。不幸的是，当双方都用强硬的威胁手段来应对对方时，这种威胁便会无可遏制地逐步升级。一项研究对 99 场严重的国际争端进行分析，结果发现，如果争端前没有进行过军备竞赛，只有 4% 的争端演化为战争。而那些进行过军备竞赛的争端则有 82% 导致战争爆发（Wallace, 1979）。

虽然冷战早已结束，苏联也以解体告终，但苏联和美国制造的大部分核武器还在。这些武器为数不少，因此爆发核战争的危险依然存在。此外，中国、印度、以色列、伊朗、巴基斯坦和韩国等其他国家也拥有了自己的核武器，或已开发出自行生产核武器的技术。社会科学的进步能否帮助我们解决科技进步在军事领域埋下的隐患呢？

联结：理论与应用

运用GRIT策略增进群体间合作

我们探讨了国际合作的若干种障碍。人们很自然地将人群分为内群体和外群体，并且偏私内群体、鄙视外群体（Kreb & Denton, 1997; Tajfel & Turner, 1979）。冲突一旦开始，便倾向于进一步升级（Deutsch, 1986）。国家之间的军备竞赛常常引发战争（Wallace, 1979）。然而幸运的是，冲突的螺旋升级并非不可避免：这种局面完全是可以扭转的。

在第11章中，我们关注过罗伯斯洞穴露营实验中相互竞争的营员们（Sherif et al., 1961）。当所有营员被强制性地联合在一起为共同的目标而努力时，响尾蛇组和老鹰组克服了敌对心态，甚至开始喜欢对方的成员。这些结果说明，冲突中的国家不妨为双方共赢的目标而共同努力（比如共同寻找癌症和艾滋病的治愈方法），并以此为手段促进和平。然而，用国际合作来取代竞争并非想象中的那么简单。当双方被困于冲突之中，各方都不能信任对手的意图，同时还会担心自己受欺负。同时，正如前文中提到的，实验证据表明，无条件合作的确常常被对手利用（Deutsch, 1986）。

要么进一步威慑对方，要么采用绥靖策略被对方利用，面对这种非此即彼的困境，心理学家查尔斯·奥斯古德（Charles Osgood）提出**缓解紧张的渐进与互惠策略（graduated and reciprocated initiatives in tension reduction，GRIT）**，即公开强制对手同步进行冲突降级，以打破冲突螺旋升级的局面。奥斯古德指出，要停止冲突螺旋升级，冲突一方必须率先开始采取和平行动。为了避免这次和解行为在表面或实质上削弱自身的力量，奥斯古德建议第一步的幅度一定要小。在这次微小的和平性让步之后，采用GRIT倡议和平的一方将发表公开声明，如果对方能配合我方进行同步的和平行动，我方将进一步采取更大幅度的冲突降级行动。采用双方互惠性渐进削减武装力量的做法，双方均能避免陷于明显不利的境地。GRIT策略的妙处在于，冲突双方不再以相互威胁的方式加剧竞争，而是在相互制衡中逐步走向合作。

GRIT策略在实验室冲突模拟情境中获得了较好的效果（Lindskold, 1983）。还有一种非常类似的策略被演化经济学家称为“提高赌注”，它同样宣告了鼓舞人心的消息（Van den Bergh & Dewitte, 2006）。在真实世界的国际关系中，这些策略能够发挥作用吗？20世纪80年代，苏联领导人米哈伊尔·戈尔巴乔夫采用类似的策略将美国总统罗纳德·里根引向了和平谈判的进程。戈尔巴乔夫率先公布了苏联计划禁止武器试验，并且提出如果美国愿意做出同样的公告，苏联将继续停止核武器试验。当时，美国并没有予以配合，于是戈尔巴乔夫重新开始核武器试验以示报复。然而，他的第一个动作毕竟使美国对苏联的态度有所回暖，因此，戈尔巴乔夫于次年再次尝试这项策略，他邀请美国检察员监督苏联削减武器装备。这次，他成功了，里根同意两国达成协定，双方均按规定数量削减核武器。事实上，戈尔巴乔夫采用的互惠性让步策略最终获得了完满的结局，并且成为结束冷战的关键因素之一。

小调查

假设你被任命为政府领导人，你的任务是仔细研读本章的材料，并提出两项积极的措施以帮助美国政府或同盟国缓和目前紧张的世界局势，并指出两项需要预防的负面后果。你将如何抉择？

GRIT策略同以牙还牙策略和惩罚性威胁策略相似，都将竞争对手置于动态的互动模式中。然而，GRIT策略与其他两种策略存在着显著的差别。它既不会激化冲突，也不只是用来稳定既已形成的和平局势，而是促进和平调解的逐步升级。

GRIT 与冷战的结束。政府领导人戈尔巴乔夫采用了 GRIT（缓解紧张的渐进与互惠）策略的变式，旨在平息核武器制造所引发的冲突螺旋升级。由于不懈的努力，他获得了诺贝尔和平奖。照片中是他与美国前总统里根和布什进行会晤。

回顾

展望未来

在本章开篇，我们为未来世界描绘出两条截然不同的发展道路。一条道路伸向印度次大陆，在 20 世纪的多数时间里，孟加拉、印度和巴基斯坦的人口持续激增，邻国间冲突不断恶化。而另一种道路则指向欧盟，那里的人口增长逐步放缓以至于停止增长，人们的环保意识取得了丰硕成果，先前的敌对国家如今结成了联盟。如果沿着第一条道路发展下去，人们将继续破坏地球的资源，为了仅剩的一点资源相互争斗，对海洋、大气以及其他物种造成不可逆转的危害。如果沿着欧盟的道路发展，人类终将生活在一个更加宁静、和谐、绿意盎然的环境中，从而真正拯救这个星球。

在本章中我们看到，人口过剩、环境污染和国际冲突都与社会陷阱现象存在概念上的联系。在这种情境下，即刻满足的自私行为在长期来看将导致群体性灾难。以人口过剩为例，个体的行为是出于最基本的利己动机——希望将自己的基因繁衍下去。由于人口增长需要越来越多的食物，那些以海洋和森林资源为生的人每天置身于传统的社会困境之中。尽管增加今天的食物将导致长期的灾难性后果，但从个体渔民或伐木工的私人利益出发，他们眼前要做的就是尽可能多地取用资源。与此类似，国际冲突通常表现出另一类社会陷阱的特征，正如"美元游戏"所诠释的一样。在这类陷阱中，人们的初衷是希望获得一个看似理想的结果（赢得 1 美元或把潜在的敌国吓跑），但最终却演变为害怕丢面子，并为此投入越来越多的资源。我们再一次看到社会心理学与其他学科之间的纽带。经济学家、生物学家、政治学家都在深入地研究社会困境，因为不同领域的研究者都意识到，研究社会困境过程对解决最为棘手的国际问题有着深远的意义。

尽管人口过剩和国际冲突的局面有时看起来势不可当，意大利和西欧诸国的范例启示我们，这种潮流是可以逆转的。人口统计学家提出一条简单的解决途径，即广泛宣传计划生育知识和技术手段。计划生育技术能够妥善解决问题，因为它无须说服亿万人禁欲，而是让自然生殖系统短路，并同时唤起了另一种人类普遍存在的动机——在人口密度增加时控制家庭的规模。剩余的问题则不再是技术问题，而成为社会性问题，即人们需要用已有的知识和技术来控制生育数量，并更加明智地利用地球资源（e.g. Bryan, Aiken, & West, 1996; Oskamp, 2000）。

社会陷阱在智力层面极具吸引力，因为它诠释了秩序如何产生于复杂的系统中。个体动机导致人们"锁定"于循环模式中，若干位国际领导人，成千上万捕蟹的渔民或几十亿正在考虑是否计划生育或资源循环利用的个体都是如此。这种复杂系统的一个最具吸引力的特征就是，只需施加小小的外力，系统就被推向完全不同的方向（Cohen, 2001; Kenrick, Li, &

Butner, 2003; Nowak & Vallacher, 1998)。比如区区几个威胁就能导致模式锁定于冲突状态，而在 GRIT 策略中做出几个令人信任的举动，将使两国锁定于合作模式中。

我们从复杂的全球性问题背后揭示出社会陷阱的简单动力学，进而期待一种乐观的前景。心理学家、生物学家和经济学家将共同致力于解决那些单靠新技术无法解决的难题。这些重大问题的根源在于行为、情感和认知，解决这些问题将可能孕育出本世纪最为重要、也最为激动人心的科学发现。

关键词

利他主义者（altruist）
指令和控制政策（command-and-control policy）
竞争者（competitor）
冲突螺旋升级论（conflict spiral view）
合作者（cooperator）
威慑论（deterrence view）
缓解紧张的渐进与互惠策略（GRIT[graduated and reciprocated initiatives in tension reduction]）
个人主义者（individualist）
整合复杂性（integrative complexity）
基于市场的政策（market-based policy）
知觉困境（perceptual dillemma）
公共物品困境（public goods dilemma）
可再生资源管理困境（replenishing resource management dilemma）
贬值强化物（sliding reinforcer）
社会困境（social dilemma）
社会陷阱（social trap）
时间序列分析（time-series analysis）
以牙还牙策略（tit-for-tat strategy）
志愿政策（voluntarist policy）
恐外症（xenophobia）

第 14 章

整合社会心理学

奥巴马的登顶之路

2009 年 1 月 20 日，巴拉克·奥巴马面向上百万人发表了他的就职演讲。在演讲中，他明确指出了美国现在发展的程度——能够选举一个毫无背景的人作为总统，这个人的父亲甚至没有进过餐馆。作为一个来自中等收入家庭的非裔美国人，奥巴马的竞选之路可谓充满艰辛。然而他却有一个优势：他的父母都接受过高等教育。他的父亲，一个出生在肯尼亚农村地区的黑人，获得了哈佛大学经济学的研究生学位；而他的母亲，一位出生在堪萨斯州的白人女性，获得了人类学的博士学位。奥巴马自己在学校也很出色，他以优异的成绩毕业于哈佛法学院。毕业之后，他放弃了在待遇优厚的律师事务所工作的机会，而选择到芝加哥备受歧视的城区中担任民权律师。后来奥巴马进入政坛，他能够与各种不同的团体（从城市贫民区的非裔美国儿童到农村地区的保守的中年白人）进行恰当而有效的沟通，这种能力使观察家们大为惊奇。具有黑人文化和白人文化双重根基的奥巴马，本身就是种族融合的鲜明例证，甚至是完美典型。尽管奥巴马拥有众多的才能和品质，但如果没有大约 50 年前华盛顿特区那场鼓舞人心的演说（那场演说与奥巴马的演说地点几乎相同），他绝不可能有机会发表他的就职演讲。

1963 年，在八月酷热的某一天，20 万美国人聚集在林肯纪念碑前抗议种族歧视。在那个时候，整个南部的公立学校仍然存在着种族隔离，黑人们一直都没有选举权，民权工作者也总是被警犬袭击。

当尊敬的马丁·路德·金先生走上讲坛、发表历史上最伟大的一次演讲时，大批人站在那里聆听着。路德·金以亚伯拉罕·林肯的名义开场：“100 年前，一位伟大的美国人签署了《解放宣言》，今天我们就站在他的身影下。”路德·金指出，当时“带来如硕大灯塔般希望之光”的承诺与美国宪法和独立宣言一样，当那些美国黑人试图争取他们自由的保障时，它们却像是一张空头支票。路德·金预言道：“反抗的旋风将继续震撼我们国家的基石，直至光辉灿烂的正义之日来临。”他也说道：“只要我们的孩子被‘仅供白人’的牌子剥夺了个性，损毁了尊严，我们就绝不会满意。”

在演讲即将结束时，路德·金说道：

“我梦想有一天，在佐治亚州的红色山岗上，昔日奴隶的儿子能够同昔日奴隶主的儿子同席而坐，亲如手足……我梦想有一天，我的 4 个孩子将在一个不是以他们的肤色，而是以他们的品格优劣来评价他们的国度里生活。

“那时上帝的所有儿女，黑人和白人，犹太教徒和非犹太教徒，耶稣教徒和天主教徒，都将手携手，合唱一首古老的黑人灵歌：终于自由啦！终于自由啦！感谢全能的上帝，我们终于自由啦！”路德·金带着这样的期望，结束了自己的演说。

在这些重大的事件背后，马丁·路德·金的个人世界却被扰乱至四分五裂。就在那次游行之前，约翰·肯尼迪总统和他的兄弟——司法部长罗伯特，说服路德·金断绝和斯坦利·莱文森（Stanley Levison）以及杰克·奥戴尔（Jack O'Dell）的友谊，这是两个在民权运动中非常杰出的白人。为什么尽管肯尼迪兄弟越来越多地承诺解决种族问题，却试图分裂这些运动的领导人的关系呢？这牵涉到另一个著名人物——美国联邦调查局（FBI）局长埃德加·胡佛（J.Edgar Hoover）的秘密。

在另一项旨在暗中破坏伟大的民权运动的行动中，胡佛和他的特工们也颇具策略地泄露了游行组织者贝亚德·拉斯廷（Bayard Rustin）曾经因为同性恋行为被捕的信息。并且就在那次游行之前，在和路德·金友好会面期间，罗伯特·肯尼迪秘密地批准了联邦调查局对路德·金的窃听行动。通过窃听发现了路德·金对他婚外性行为"成就"的吹嘘，这无意间给胡佛反对"黑人传道士"的恶意行动提供了可乘之机。

为什么联邦调查局局长策划了对路德·金如此猛烈的个人攻击呢？为什么肯尼迪兄弟要与胡佛进行密谋合作呢？为什么路德·金屈服于胡佛分裂他友谊的阴谋呢？并且巨大的社会变革是怎样从这个阴谋所涉及的每个人（从许多伟大的领导人物到成千上万的在"改革的旋风"和种族平等的梦想之间无所适从的游行者）的自我中心主义的动机中产生的呢？

华盛顿特区这场颇具历史意义的社会性互动，阐释了社会生活的许多神秘之处。在本章，我们将尝试着把本书中讨论的这个谜题的不同部分整合起来。我们将可以看到，许多分离的线索的确可以结合起来产生一些重要的经验，比如关于性别、文化、异常的社会性行为以及怎样把社会心理学中的发现和理论应用到日常生活中。在把这些部分整合到一起的过程中，我们将再一次思考引发社会性行为的基础动机以及人和社会环境之间的重要交互关系。

巴拉克·奥巴马在就职典礼上。

马丁·路德·金在华盛顿特区游行。

14.1 我们已经取得了什么样的进展

我们在本书的开始将社会心理学定义为：研究人们的想法、感受和行为如何受到他人影响的学科。我们从最简单的入门，考虑个人的动机、感受和思维过程以及这些部分是怎样和它所处的情境匹配一致。在第2章中讨论个体和环境时，我们引用了马丁·路德·金的例子。在华盛顿特区游行时期，我们可以看到当他面临一种艰难的状况——在个人友谊和民权运动的利益之间抉择时，金的不同动机再一次出现激烈的冲突。在第3章，我们考察了人们在理解别人和自己时所用的心理过程，突出显示了人们对参议员希拉里·克林顿所持有的非常不同的观点。同样，金在被一些人看成英雄的同时却被另外一些人看作无赖。对于美国联邦调查局局长胡佛来说，金是一个危险的麻烦制造者。

我们继续思考人们怎样向他人展示自己，考虑一下最伟大的骗子费迪南德·戴马拉（Ferdinand DeMara）的例子，并且注意我们所有人都会管理自我呈现来帮助我们达到重要的个人目标。在华盛顿特区游行时期，约翰和罗伯特·肯尼迪就处在一个复杂的自我呈现困境中。他们的一个目标是让美国公众认为他们在推动民权运动，这促使他们和金交好，而他们的另一个目标，即传达对共产主义者的否定，却催生了相反的动机，并激发他们在胡佛对金的袭击中选择合作。

自我呈现和公共生活。约翰·肯尼迪和罗伯特·肯尼迪处在一个自我呈现的困境中，这个困境涉及马丁·路德·金和埃德加·胡佛（他当时正在筹备针对金的凶恶的仇杀）。

在第 5 章和第 6 章，我们考察了人们怎样说服和互相影响。金在华盛顿对游行者们发表的 15 分钟的演说无疑是具有历史性社会影响的最杰出的演讲之一。借助于亚伯拉罕·林肯和美国宪法的信誉，他呈现出自由和正义的形象，这些形象最终使数百万的人去重新思考他们对种族关系的态度。

接下来我们来讨论归属和友谊。有了来自于社会网络的支持，人们就能够登上珠穆朗玛峰或是到达月球。没有这些支持，人们在生活中将寸步难行。即便是具有雄才大略，马丁·路德·金也不可能把成千上万的人带到华盛顿。他需要有实权的政治家和一大批的民权运动者的支持才可能做到这些。

我们接着友谊继续讨论爱情和浪漫关系，它们是有力量改变历史进程的一种社会互动，就像路德·金的婚外情的秘密可能造成的结果一样。我们注意到，提升对方的幸福感如何使人们对自己与爱人、家庭成员间的关系更为满意。第 9 章依然继续讨论了这个主题，我们讨论了诸如杉原千亩在纳粹德国为犹太人所做出的伟大的个人牺牲这样的亲社会行为，这与金对民权事业的奉献是相似的。

在第 10 章，我们讨论了人类社会生活中令人烦恼的一面——攻击性。我们可以看到残暴的行为是怎样发生在正常人身上的，也可以看到，推动华盛顿游行的积极的群体动机也能引发暴力。诸如此类的一些主题在第 11 章再次出现，我们讨论了刻板印象、偏见和歧视，引用了三 K 党徒和民权工作者的例子来证明正常的认知和动机过程是怎样导致痛苦的偏见或愉快与和谐的。

最终，我们超越个体层面来讨论只有在群体情况下才会发生的过程，比如美国联邦调查局、美国安然公司和华盛顿游行者这个群体。这么多人的交互，伴随着众多的个人动机，看起来似乎会导致事情呈现出无法预测和混乱的状态，但是我们却经常会发现一种更规律化的、动态的自我组织的模式在群体内出现。我们讨论了这些自我组织模式中的一种——社会陷阱是怎样构成诸如人口过剩、环境破坏以及国际冲突这样的全球性社会问题的基础，这些过程同时出现在印度阿萨姆居民对 1 700 位孟加拉人长达 5 小时的屠杀中。

正如上面所回顾的，我们从探究个体头脑中的内容开始。然后我们一步一步地向外探究逐渐复杂的交互形式——人们向他人展现自我、社会影响的协调网络、爱和恨，并最终汇集到组织、群体和国家中。

14.1.1　研究结果和理论

在对社会心理学广泛的调查中，我们发现了不同领域大量而有趣的研究结果。这里仅列出一部分社会心理学调查研究结果的例子。

- 给予能使你更快乐并且更健康（Brown et al., 2003; Dunn, Aknin, & Norton, 2008）。
- 被排除在一个社会互动之外能够激活与生理疼痛相同的神经回路（Eisenberger et al., 2003; MacDonald & Leary, 2005）。
- 女性是否倾向于不忠，是否认为男性身上的什么特征具有吸引力和她的激素水平相关（Durante & Li, 2008; Gangestad, Garver-Apgar, Simpson, & Cousins, 2007）。
- 消除对种族外群体成员的恐惧感是很难的，但是只有当外群体成员是男性的时候才会这样（Navarette et al., 2009; Olsson, Ebert, Banaji, Phelps, 2005）。
- 当他们赢或是输了一场比赛时，先天失明的运动员和正常视力的运动员会有相同的表情。（Matsumoto & Willingham, 2009）。
- 人们的政治态度和他们的求偶策略以及宗教信仰

相关，但是这些关联会因为是白人还是黑人而发生变化（Cohen et al., 2009; Weeden, Cohen, & Kenrick, 2008）。

- 当女性认为男性是因为她的外貌而拒绝她的话，她的自尊会降低；而当男性认为自己被拒绝是因为地位不够时，他的自尊会降低（Pass, Lindenberg, & Park, in press）。

社会心理学家已经发现了许多其他的研究“事实”，但是正如朱尔·昂利·彭加勒（Jules Henri Poincaré）在1905年观察到的那样：“很多事实的合集并不是科学，正如一堆石头并不是一幢房子一样。”在社会心理学的学习告一段落时，你应该形成一套相互联系的理论原则。这些理论原则能够为你理解在工作中、学习上、邻里之间或者是旅行期间的社会互动打下基础，而不是带着一堆各种各样的无价值的东西结束对社会心理学的学习。

14.2　社会心理学的主要理论视角

在第1章，我们讲述了四种具有历史性重要意义的理论视角。让我们回顾一下这些观点来看看他们是怎样贯穿于社会心理学领域的。更重要的是，我们来探索一下他们之间的联系。

不同的视角并不是互不相容的。相反，他们是同一种社会现象的相互联系的观点。理解这些联系的一种方式就是在一个从**临近解释（proximate explanation）**水平到**根本性解释（ultimate explanation）**水平的连续体上来考察这些观点（见图14-1）。一个临近的解释水平关注于当下和当时的原因（对金与共产主义者有来往的指控导致罗伯特·肯尼迪支持联邦调查局对金的窃听行动）。相反，一个相对更根本性的解释水平则关注于背景或是历史性的原因（共产主义者曾秘密参与美国几十年来的许多主要社会性运动）。临近的和根本性的解释并不是相互替代的选择。相反，它们密切地交织在一起，比如，历史性的背景因素会影响对当前情境的知觉（对与共产主义者有来往的担忧只有结合历史背景来思考的时候才有意义）。

正如图14-1指出的那样，相对临近的问题关注的范围很窄（为什么大众媒体那么关注那些离我们很遥远的明星们的爱情生活，并且把他们放在更广泛、更根本性的问题中（为什么人们总是对他人的婚姻行为如此关心）。现在我们来看看这些不同解释水平之间的联系吧！

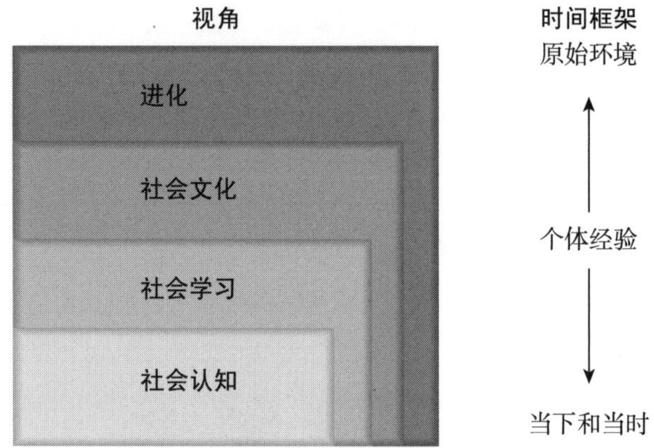

图14-1　理论视角之间是相互联系的

不同的理论视角并不是不兼容的，相反，它们为同一种社会现象提供了不同的解释。认知视角倾向于对行为采用临近的观点，考察及时的原因，但同时将正在进行的事情同长时记忆以及过去个体受到奖励和惩罚的经历相联系。社会文化和进化论视角考虑更广泛的文化背景因素和进化的历史是怎样影响学习和正在进行的思维和知觉的。

14.2.1　社会文化视角

在第1章，你认识了罗斯（E.A.Ross, 1908），他把社会心理学看作对时尚、狂热、暴乱和其他一些群体现象的研究。在全面审视社会心理学时，你已经看到许多只出现在群体中的社会过程。一个例子就是少数人的影响，即群体内的观点少数方用其观点说服多数方的过程（Kerr, 2002; Phillips, 2003; Tormala & DeSensi, 2009）。民权运动就是一个好例子：最开始的一小帮人最终把成千上万的来自“佐治亚州的红色山岗上……新罕布什尔州的巍峨峰巅……密西西比州的每一座山峰，每一个土丘”的人聚集到一起（马丁·路德·金）。这些努力最终改变了美国社会的规范，使来自堪萨斯州的白人妇女和来自肯尼亚的黑人的儿子能够成为美国总统。

暴乱群体中几百名群众或庞大社会中的几十万个个体之间如何相互影响，似乎一直是个复杂的问题，很难科学地进行研究。然而最近几年，从生态学到经济学各个领域的科学家已经开始发展出强有力的新的数学和概念工具来研究复杂的动态系统，比如人群和社会性运动这样涉及许多相互影响的元素的系统（Harton & Bourgeois, 2004; Kenrick et al., 2002; Vallacher et al., 2002）。为什么不同的群体之间，发型和态度呈现出一种集中的趋势，而不是随机分布呢？比如，你一般不可能在共和党人的妇女午宴上看到有多种纹身和紫色头发的人，正如你不可能看到一个穿着职业装、有修养的人在麦加帝斯音乐会上跳舞一样。新的概念工具正逐渐允许研究者来研究态度和行为怎样在大群体中传播和汇集（Latané, 1996; Latané & Bourgeois, 2001）。

社会文化视角的一个核心的传统就是对社会规范（某个社会内及不同社会之间对合适的行为的社会预期）的关注（Conwa, Sexton, & Tweed, 2006; Kaplan, 2003; Lal-wani, Shavitt, & Johnson, 2006）。在 20 世纪 90 年代后期，商业组织和他们的员工有时会在对人体穿孔装饰的不同规范上出现冲突（一个加拿大妇女曾经因为在舌头上戴了一个小的舌钉而被星巴克咖啡厅解雇）。在北美社会的法人商业亚文化群中，只有在耳垂上的穿孔装饰才被认为是合适的。在其他亚文化群中（比如那些从事艺术活动的年轻人），在耳朵、鼻子、眉、舌头、乳头甚至是生殖器上戴金属都能被认为是很有吸引力的。而在其他一些社会，人们则会纵容更极端的身体穿孔形式，即在他们的嘴唇和耳朵上戴些巨大的物体，把他们的脖子拉伸到正常长度的两倍，或者非常紧地包裹脚骨以至于变跛。这些广泛的差异表明了规范对社会行为具有强有力的影响。

文化对人体穿孔装饰的影响。在不同的文化中，在历史的不同时代，对男性和女性来说，人体穿孔装饰的得体性和规范都有很大的差异。

在本书的每一章，我们都已经讨论了文化的影响，比如北美社会的个人主义规范和亚洲或拉丁美洲国家的集体主义规范（e.g., Galin & Avraham, 2009; Navarrete, 2005; Oishi, Wyer, & Colcome, 2000）。采用跨文化的关注点帮助我们注意到一些可能比较难以理解的情况，比如为什么和美国人相比，日本人在答录机前会不自在。美国式的交流更多地注重将信息讲清楚，而日式的对话则更关注行为礼貌和得体。结果，当日本人对着答录机讲话时会感觉要迫不得已为社会性细节花费很多时间；而在美国人看来，这完全没有必要（Miyamoto & Schwarz, 2006）。文化差异并不仅限于不同的国家之间，它同时也能够帮我们理解一个国家内部由于种族、宗教信仰或是地域不同而出现的有趣的差异。在波士顿的意大利天主教家庭长大的美国人的得体的行为规范很可能与在纽约犹太教家庭长大的美国人非常不同，或者与阿拉巴马州南部浸礼教徒的规范存在较大差异（e.g., Cohen, 2009; Cohen et al., 2006; Vandello & Cohen, 2003）。

14.2.2 进化论视角

进化论视角透过达尔文自然选择进化理论的镜头来看待社会行为（Kenrick, in press; Ketelaar & Ellis, 2000）。基本假设是：在继承直立姿势和用两条腿行走的能力的同时，我们同样继承了祖辈的头脑，其功能之一就是帮助我们处理人类社会群体生活中的问题。研究者开始采用这种视角来考察社会心理学中的许多问题，包括利他主义、爱、家庭关系、友谊、攻击性和偏见（e.g., Campbell & Ellis, 2005;

Cottrell & Neuberg, 2005; Mccullough, 2008; Sagarin et al., 2003; Tybur, Lieberman, & Griskevicius, 2009）。

和社会文化理论家一样，进化心理学家关注文化间的差别，但是他们更多地探索人类的共性而不是人与人之间的差异（e.g., Daly & Wilson, 1988; Kenrick & Keefe, 1992; Schmitt et al., 2003）。对不同文化的探索不仅揭示了有趣的差异，也发现了全人类之间基本的相似之处。

普遍性和特殊性。对婚姻的特殊规范在不同的文化之间有所不同，但是双亲之间的长期的联结却是一个普遍性的特征，在全人类社会都存在。

通过众多的社会差异来看我们的共性 我们已经讨论了许多不同文化间社会规则的差异。带来甜点或是礼貌地拒绝他人给你夹菜可能在西班牙的托莱多省是得体的方式，但是在东京却是粗鲁的举止。在美国堪萨斯州的托皮卡（Topeka），一个妇女同时和两个兄弟结婚是可憎的，但是这种情况在中国西藏却可能是可以理解的。了解这些文化差异可以减少我们民族的优越感，让我们知道除了我们从小习得的方式以外，还有很多其他的社会生活方式存在。并且通过进一步观察其他文化能够教给我们另外一个道理：在所有的文化差异之下，存在着一个基本的共性联系着我们每一个人。

在浏览本书的过程中我们已经遇到了许多诸如此类的共同点。回忆一下，比如，尽管每个社会在杀人率和对于暴力的文化规范上有显著差异（e.g., Vandello & Cohen, 2003），但在每个社会中的杀人犯里 80% 以上都是男性。此外，这些杀人犯的犯罪动机通常是相似的，比如男性对地位或是求偶机会的竞争（Daly & Wilson, 1988; Minkov, 2009）。类似地，尽管世界上的婚姻模式千差万别，包括一夫多妻制和一妻多夫制，但我们也能够从这些差异中看到与之相伴的一些潜在的普遍性（Kenrick, Nieuweboer, & Buunk, in press; Shackelford. Schmitt, & Buss, 2005）。所有的人类文化都有特定的婚姻形式，甚至是在允许多个配偶的社会里，大多数人仍然坚持一夫一妻制（Daly & Wilson, 1983）。

同样，我们也看到了在送礼的规矩上的跨文化差异，同时也看到了全世界通用的礼尚往来的原则；我们看到了个人主义的跨文化差异，同时也看到了家庭群体中的普遍的集体主义倾向等。因此如果我们遇到的人来自和我们所在的社会差异较大的社会或是亚文化时，我们应该预料到这些人的举止行为规范有时可能会跟我们的规范非常不同。但是我们也应该能够发现，在这些有时令人目眩的差异之下，每个地方的人都有着和我们一样基本的目标和关注点。

文化和进化的相互影响 尽管进化心理学家和社会文

化理论家对普遍性和差异性的认知侧重点不同，但是要说社会文化理论家忽视了普遍性，进化心理学家忽视了差异性就过于简单化了（Kenrick, Ackerman, & Ledlow, 2003; Triandis, 1994）。事实上，这两种理论视角是看到了同一个问题的两个侧面，而试图在文化和进化之间画出一条清晰界限的想法并不可取（Janicki & Krebs, 1998; Norenzayan, Schaller, & Heine, 2006）。在过去的很长一段时间，心理学家把头脑概念化为一块"白板"（Pinker, 2002）。我们认为一个更好的比喻应该是一本彩色的书（Kenrick, Nieuweboer, & Buunk, in press）。比如，人类的头脑被用来学习一种语言以及一系列文化规范（Fiske et al., 1998; MacNeilage & Davis, 2005）。反过来，正如人类的语言被人类的头脑塑造一样，人类的文化也是由头脑来塑造。也就是说，文化在被人类进化程度所设定的潜力和局限内逐渐发展，人类的进化也在文化所设定的潜力和局限内逐渐发展（见图 14-2）。

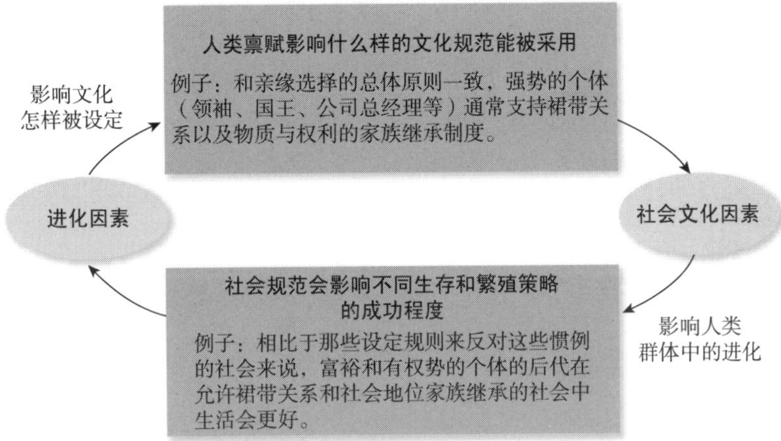

图 14-2　进化和社会文化因素并不是相互独立的

人类一直都生活在文化群体中，群体的规范已经影响了物种的进化。反过来，文化规范也在因为它们与人类本质的匹配成功程度而在不断地被采用或是更改。这个过程是生物和文化因素之间的连续环路。

除了观察不同文化之间的相似性，进化研究者也探索不同物种之间在社会行为上的相似处（e.g., Kurland & Gaulin, 2005; Salmon, 2005）。比如，一般来说，与雄性很少参与后代抚养的物种（比如狒狒）相比，在雄性帮忙照看后代的物种内（比如大部分鸟类和人类），雄性和雌性的行为更相似(Geary, 2000)。关注不同文化和物种之间在情感上、攻击性和利他行为上的相似性能够帮助我们从更广的角度来看待自己的社会行为。

采用进化视角的社会心理学家并不会戴着太阳帽去非洲挖掘原始人类的骨头或者是和大猩猩一起生活。这些研究虽然和人类进化相关，但是他们却属于人类学和动物学的研究范围。相反，社会心理学家用进化的原则来追溯那些能够通过实验室实验、现场实验、调查或利用行为档案等进行验证的社会互动的理论起源（e.g., Faulkner, Schaller, Park, &Duncan, 2004; Haselton & Nettle, 2006; Maner et al., 2005）。比如，我们在第 8 章讨论过，研究者是怎样利用进化的模型，对在看到更具魅力或地位显著的异性后，男性或女性会怎样评价他们的浪漫关系做出不同的预测（Dijkstra & Buunk, 1998; Kenrick et al., 1994）。心理学家寻找的"化石"不是埋在地下的骨头，而是我们继承下来的心理机制，它们至今留存于我们的头脑中，继续发挥作用（Buss & Kenrick, 1998; Todd, Hertwig, & Hoffrage, 2005）。

14.2.3　社会学习视角

社会学习视角把我们从社会和进化历史的宽泛的水平上带到了更小的维度上——个体对其所处环境中奖励或惩罚的反应。比如我们看到，如果人们第一次见到一个人或者一个群体时情绪因为一些事情有所高涨（甚至是因为吃了比较美味的东西这样简单的事情），那么他们就会对这个人或者这个群体有比较正向的观点。马丁·路德·金在华盛顿特区游行的演讲非常成功地运用了联结的原则：把他的事业和强烈的爱国主义象征以及幸福的小孩子的形象联系在一起。巴拉克·奥巴马不仅受益于金改变白人同非裔美国人关系的努力，而且还从其他一些有助于他个人成功的关键的学习经历中获益颇深，包括拥有受过良好教育的双亲。在第 10 章，研究结果发现，影像游戏能够促进暴力思维和暴力冲动，并使个体对看到其他人经受痛苦这一正常神经心理反应去敏感化，从这个结果中我们看到了社会学习经历的一个负面效应。

在社会学习和社会文化视角之间存在一种直接的关联（Navarette et al., 2009; Ohman & Mineka, 2001）。实际上，我们从多年的条件化和模仿性经历中了解到了不同的文化规范（比如对吃牛肉、马肉或狗肉是否感觉舒服）。我们也探讨过一些证据，说明社会学习有时会按照我们种群的进化历史所铺下的轨迹发展。比如，在一个以色列集体农场一起长大的孩子会互相喜欢，但他们并不会结婚。很显然，导致邻里之间的人们相互吸引的正常过程会被在同一个屋檐下成长的经历所抑制。这说明了存在着这样一种进化机制，可以防止兄弟姐妹感受到相互之间强烈的吸引（Lieberman, Tooby, & Cosmides, 2007; Shepher, 1971）。在这种情况下，一种独特的文化学习环境可能掩盖了这种机制。

小调查

想一个旨在控制与生俱来的利己主义的社会规范以及一个对利己主义更宽容的社会规范。是违反第一个还是违反第二个社会规范的社会惩罚更严厉呢？为什么？

14.2.4 社会认知视角

社会学习视角关注客观世界的事件，比如一位家长会吓唬一个不听话的孩子说要拿走他的点心。但是如果这个吵闹的孩子不听家长的吓唬话语或是根本就不相信家长说的话将会怎样呢？我们对社会性世界的反应取决于注意、解释、判断和记忆的心理过程，这些过程都是社会认知观点所关注的。社会认知观点很可能是当今社会心理学领域最具有影响力的视角（e.g., Malle, 1999; Sherman et al., 2009; Tesser & Bau, 2002）。

社会认知视角能够帮助我们理解一个美国联邦调查局的特工对金在华盛顿特区游行中讲话的反应。这个特工指出这个“强大的有煽动性的演讲”让他相信“金已经受到了共产主义的影响”，并且“从共产主义和国家安全的立场来看，我们必须把他当成是最危险的黑人”。一个全面遵循美国宪法和《共和国战歌》的演说怎么会得到这样的诠释呢？美国联邦调查局对共产主义者和民权运动可能的联系的调查，胡佛对共产主义阴谋的几乎强迫性的关注，使一些认知线索变得非常突出，而这些认知线索正是社会认知视角所关注的。

作为相互作用模型的重要组成部分，社会认知的观点已经贯穿于本书的各个章节中。例如，“自动化”和“需要努力的”认知加工过程在对说服和态度改变的研究中处于非常核心的地位（e.g., Gregg, Seibt, & Banaji, 2006）。社会归因的过程（比如判断一个褒扬到底是真诚的还是有目的的）在我们对友谊、爱情、亲社会行为、攻击性和刻板印象的讨论中也具有非常重要的意义。实际上，以寻求社会性信息为目标是社会互动的基础。

社会认知视角和其他理论视角之间有重要的联系。没有即时的认知加工，就没有学习；没有过去的学习或者是不具备处理复杂的社会性信息的大脑，就不会有因果归因、社会图式、启发式判断或是群体刻板印象。文化环境中的因素也会对个体注意环境中什么事物以及怎样解释他看到的事物产生重要的影响（e.g., Miyamoto, Nisbett, & Masuda, 2006）。图 14-3 通过强调社会认知和社会学习之间的一些联系描述了一个诸如此类的联结。

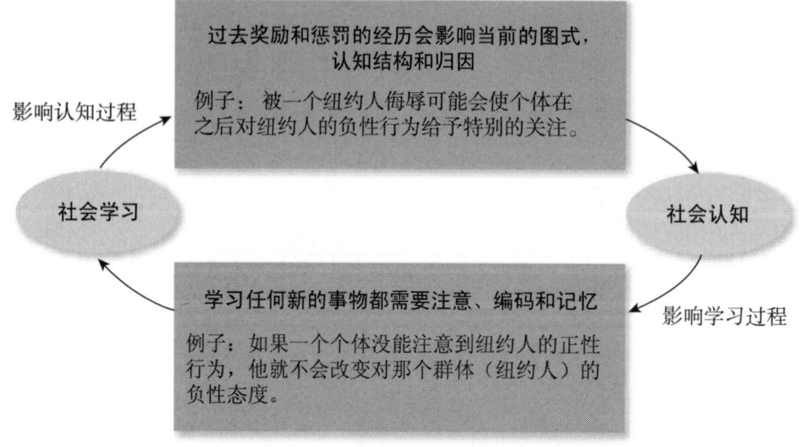

图 14-3 认知和学习之间相互影响

为了学着喜欢或是不喜欢另一个群体，我们必须注意那个群体并且在我们的长时记忆中记下和他们相关的经验。一旦我们学会了一种对他人的习惯反应方式，它就会影响我们之后注意和记忆他们的趋势。这是一个学习和认知怎样密切相关的一个例子。

在这些视角之间都有类似的双向联系（正如之前社会文化和进化视角之间的关系一样）。多角度考虑问题的重要性在我们对性别的探讨中也可见一斑。

小调查

回顾一个这个学期你记住的社会心理学的研究结论。是什么使这个结论在你的记忆里如此突出。将这个结论与社会规范、进化的利己主义、以及社会奖赏和惩罚相联系。

14.2.5 性别差异是存在于我们的基因中、文化学习经验中还是我们所有人的思想中

你可能并不太在意能否从一个人的口音中判断其来自波士顿还是纽约。而如果你不能立即辨别出这个人是男是女，这种不确定感就会引起你的注意和兴趣。

为什么人们对这些罕见的性别不确定性如此着迷呢？社会心理学家苏珊（Susan）和马库斯（Hazel Markus）（1993）指出，这是因为性别是一个非常生动形象的社会类别。在许多日常情境中，一个人是男还是女是瞬间可视同时也是很有意义的。采取认知视角的研究者认为，性别刻板印象有与其他类别一样的功能，包括种族刻板印象。一旦我们把个体归入一个简单的类别中，我们就不需要花费额外的认知努力来理解或和他交流了。

和这个观点一致，当儿童看到一些人做出与他们心中的性别刻板印象不一致的行为时，他们会在心理上“曲解”这些行为以使之落入正常范围内。比如，一个五六岁的儿童看到一张女孩正在锯一块木头的图片时会错误地将图片记忆成一个男孩正在锯木头（Martin & Halverson, 1983）。成人也会使他们的认知符合性别角色图式。在一个研究中，研究者让成人判断，当一个玩偶盒突然打开、一个奇异小人跳出的时候一个婴儿的反应。那么这个婴儿是害怕得哭泣还是会愤怒呢？把这个婴儿看作女孩的观察者会更倾向于认为是前者；那些认为婴儿是男孩的观察者则会更多地认为是愤怒（Condry & Condry, 1976）。

诸如此类的研究结果说明了社会判断领域内存在的性别偏见。但这些能够说明性别仅仅是凭头脑想象出来的吗？卡罗尔·马丁（Carol Martin, 1987, 2000）指出，性别刻板印象像其他一些刻板印象一样，至少是以部分事实为基础的。加拿大的被试报告：典型的“北美男性”和典型的“北美女性”之间有很大的性别差异。男性被认为有明显更高的支配欲、攻击性和做决定的意愿；女性则被认为更温柔、体贴，更具有同情心同时也更热情。人们在相同维度上的自评也报告出相同的刻板印象差异，但是差异程度却小一些。他们认为一个典型的男性是具有高攻击性、高进取心的，但也更冷漠。但是男性却认为自己仅仅具有中度攻击性，不是那么有进取心也不是那么冷漠。如此看来，认知偏见会使我们放大实际的性别差异（Martin, 1987）。

爱丽丝·伊格里（Alice Eagly, 1995）回顾了大量的考察行为中的实际性别差异以及关于这些差异的刻板印象的研究。她总结：一般人能够非常准确地判断出不同性别的个体，在哪些方面差异大（比如身体攻击和对婚外性行为的态度），在哪些方面差异小（比如愤怒的感觉和对长期关系的态度）。为什么尽管存在认知偏差，但人们仍然能够对性别差异的程度有很好的判断呢？伊格里指出这是因为性别是一个非常显著的认知方法，人们对男性和女性之间的相似性和差异性给予了很多关注。

为什么男性和女性要按照性别刻板印象来行动，这仍然是一个颇具争议的问题，需要通过研究来解决。毫无疑问，儿童可以习得某些行为更适合男性，某些行为更适合女性（Eagly & Wood, 1999）。性别角色规范的某些部分在不同文化间是相似的，而其他部分在文化之间却又不同（Archer, in press）。比如，在俄罗斯从事医学工作的女性比男性多，而在美国情况却正好相反。但这两个国家的女性中犯杀人罪的比例均较少，因为她们用来照顾孩子的时间更多。了解这些差异和相似之处无疑会有助于儿童的性别角色图式的发展并且能够让男孩或女孩知道他们应该有怎样的行为举止。

在另一个水平上，我们可以探究社会性差异和相似性的最初起源（Gangestad, Haselton, & Buss, 2006; Kenrick & Li, 2000）。从进化的视角来看，一些类型的劳动分工可能自然地起源于生殖生物学上的差异，另外一些则可能是更随意的。我们的女性祖先生育和抚养孩子的事实能够帮助我们解释为什么女性普遍在照顾孩子上花费更多时间和精力，也能够解释为什么她们一般来说对随意的性机会热情较低。因此，基本的生理差异能够帮助儿童学习到社会角色方面的性别差异。然而，我们的繁殖历史和许多当今时代随意分配给一种性别或另一种性别的角色并不相关，比如医疗实践、会计或社会工作。简而言之，探讨性别差异究竟是存在于我们基因中、存在于在我们的文化学习经验中还是存在我们所有人的思想中，这样的问题或许本身就是错误。所有的这些影响因素共同催生了社会性行为（Kenrick &

Luce, 2000)。

正如我们对性别的讨论所阐释的那样，不同的视角能够帮助我们理解社会性行为，并且综合不同的视角能更清晰地了解整体情况（见图 14-4）。我们用相互联系的框架来组织这本书，就是对各种具有重要历史意义的视角进行整合。在下一部分，我们来重述一下我们的主要观点。

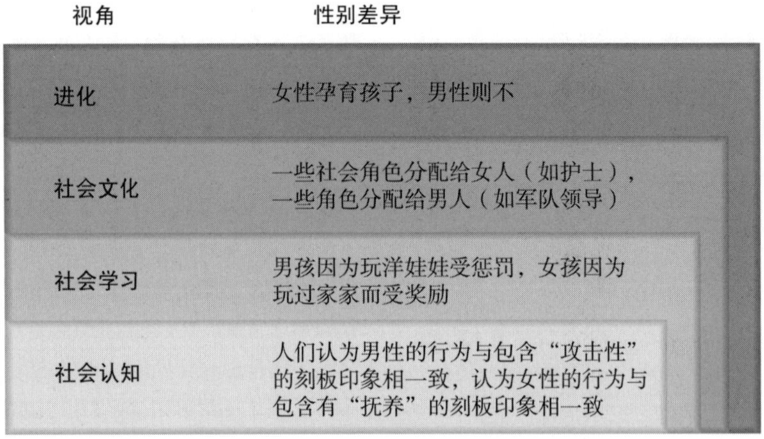

视角	性别差异
进化	女性孕育孩子，男性则不
社会文化	一些社会角色分配给女人（如护士），一些角色分配给男人（如军队领导）
社会学习	男孩因为玩洋娃娃受惩罚，女孩因为玩过家家而受奖励
社会认知	人们认为男性的行为与包含“攻击性”的刻板印象相一致，认为女性的行为与包含有“抚养”的刻板印象相一致

图 14-4　不同的视角对性别的观点

可以从不同的视角思考男性和女性之间的相似性和差异性，并且这样做能够帮助我们理解这些不同视角之间的联系。

14.3　结合不同的观点

在第 1 章中，我们从不同的具有重要历史意义的视角中推理出两个主要原则:（1）社会行为是目标取向的;（2）社会行为表征了个体和环境之间连续的交互作用。既然我们已经回顾了社会心理学领域，让我们回到这两个主要原则以及已有的与之相关的结论上。

14.3.1　社会行为是目标取向的

对于社会心理学领域的每一个主题，我们都可以问这样一个简单的问题：产生这种特定行为的目标或动机是什么？为什么杉原千亩，一个日本的公务员，在数百位犹太人的邻居都不愿伸出援助之手的情况下，甘愿冒着职业风险去帮助他们逃离纳粹的魔掌？是什么使一些人，比如阿尔·卡彭或查尔斯·曼森变得如此凶恶残暴？我们能从这些特殊的个案中得出关于日常动机的什么线索呢？

带着对这些问题的思考，比如为什么像杉原千亩这样的人会去帮助别人，我们考虑了四种一般性的目标：获得遗传的和物质的利益、获得社会地位和支持、保持自己形象以及管理情绪和心境。我们根据四种可能的目标讨论了为什么阿尔·卡彭和查尔斯·曼森如此凶暴这个问题：应对恼怒的感觉、得到物质或者社会性的奖励、获得或保持社会地位以及保护自己和他人。我们也按照这四种目标思考了为什么像亨利奇·哈利尔（Heinrich Harrer）这样的问题：获得社会性的支持、得到信息、获得地位以及交换物质利益。

回头看看这些不同的目标，我们可以看到相同的目标有时能够构成不同的社会行为基础（Horowitz et al., 2006; Griskevicius, Goldstein, Mortensen, et al., 2006; Griskevicius, Tybur, et al., 2007; 2009）。比如，我们讨论了提升或保持地位的目标是怎样影响到自我呈现、友谊、助人行为、爱、攻击性和偏见的。伴随着我们对这些广泛的社会行为的讨论，我们应该思考这些不同的社会行为背后的目标有哪些共同之处。我们能否发现一些基础性的动机，当它们组合在一起的时候，能够解释大多数的社会互动呢?

在第 1 章，我们讨论了一些社会行为的主要的动机:（1）建立社会纽带;（2）理解自己以及他人;（3）获得以及保持地位;（4）捍卫自己以及自己重视的人;（5）吸引以及留住配偶。我们出于某些原因选择这些特定的动机。在纵览了社会心理学的这个广泛的领域之后，我们总结发现，这些动机中的一个或多个同我们这本书中讨论的几乎所有行为都直接或间接相关。可以说在一定意义上，这些重要的动机给予我们许多有关我们和他人、对他人以及为他人所做的事情根本用途的暗示。

鉴于以下两个问题，让我们再一次思考一下这些重要的动机。这些重要的动机是如何解释从利他主义到陌生恐怖症这些社会行为的功能的？以及这些重要的动机是怎样同人际交往中特定的日常和即时目标相联系的?

只有能建立起良好联结的个体才能生存。美国流行的电视系列节目《生存者》的参与者会被安置在世界上某个孤立的地区，与此同时还有其他一两组陌生人也被安排在相同的地方。这些组之间为了食物、住所以及其他必需物而相互竞争，失败的一组将被迫选出一个组员离开孤岛。最终只能有一个个体在岛上生存下来，然后这个胜利者将会赢得 100 万美元的奖励。和现实生活相同，在这个游戏中胜出的人都是那些能够建立起较强的合作同盟的人。

建立社会纽带　社会性行为的一个主要目的就是同他人建立和保持友好的关系（Deci & Ryan, 2000; MacDonald & Leary, 2005; Maner et al., 2007）。有了他人的支持，我们能够完成一些靠自己不可能完成的任务，正如巴拉克·奥巴马，有成千上万的人为他的总统竞选奉献时间、金钱及劳动力，并成为他力量的源泉。相反，若有人反对我们，最简单的任务也可能变成一个“噩梦”。在回顾本书的过程中，我们可以看到建立社会联系的动机本身就呈现出不同的形式：在第 4 章我们讨论了表现得招人喜欢的目标，在第 5 章、第 6 章、第 9 章和第 11 章我们探讨了许多不同的社会性行为背后的目标都是获得社会支持。实际上，第 7 章是在讨论归属和友谊。在第 7 章我们所讨论的那一系列目标（获得社会支持和信息，提升个人的社会地位以及交换物质利益）告诉我们关于社会行为不同目标的一些重要信息。它们之间通常是相互联系的。特别是当你和其他人建立联系的时候，你也同时开启了满足其他社会性目标的大门。**为了理解自己以及他人，为了获得以及保持地位，为了吸引以及留住配偶，为了捍卫自己以及自己重视的人，寻找他人的陪伴并维持下去是至关重要的。**

马克·利里（Mark Leary）和他的同事们（1995）指出，社会联系是另外一个重要目标——保持自尊的基础。比如，当学生被排除在一个工作小组之外，或者当他们只想着要去做一些可能导致社会拒绝他们的事情（造成一次事故或者考试作弊），他们会报告较低水平的自尊。利里和其他一些研究者所做的一些研究支持了自尊是一种社会标尺（一个衡量我们是否感觉被他人包容或者排斥的指标）的假设（e.g., Anthony, Holmes & Wood, 2007; Denissen, Penke, & Schmitt, 2008）。

理解自己以及他人　马丁·路德·金真的是像胡佛所说的那样，是一个被共产主义影响，蛊惑民心的伪君子吗？你真的就像你最好的朋友所说，是一个有魅力且令人喜爱的人吗？你真的像与异性初次约会时所表现出的那样不善交际吗？人们在社会互动的过程中很难不去思考一些问题，如其中的参与者是谁，他们为什么会做那样的事情以及他们怎么看待你、对你有什么样的期望等（Fiske, 2004; Stevens & Fiske, 1995）。因此，理解我们自己和他人的动机这个主题反复地出现在这本书中。这是第 3 章的核心，同时对其他一些章节来说也是非常重要的。比如，我们在对态度、友谊、偏见和群体的讨论中涉及与得到和组织社会信息相关联的目标，并且我们在关于态度、自我呈现、社会影响、亲社会行为和偏见的章节中探讨了以一种或多种方式发展和管理自我形象的目标。

我们在第 3 章中讨论了关于重要社会动机的另一个要点：它们能够被分解为一些子目标。有时候我们搜寻信息来简化这个世界，有些时候搜寻信息是为了保护我们对自我的观念，有的时候搜寻信息则是为了获得一个对自己和他人详细的、准确的描述（Griskevicius, Goldstein, Mortensen, et al., 2006; Eibach & Ehrlinger, 2006; Pittman, 1998）。哪一种信息目标被激活则取决于环境中的其他因素。有些时候用一种认知快捷方式就足够了，就像我们会期望下一个开着有顶灯的黄色轿车的人会顺道搭载我们去机场一样。有些时候我们则需要更深入地搜索准确的信息，正如我们以为某人并不聪明，却在下棋时输给了对方。有时候我们需要保护自尊心，就像我们拒绝之前的恋人打来的电话，以避免他们指责自己的诸多缺点。

获得以及保持地位　就像我们之前提到的那样，获得和保持地位的目标对很多主题来说都很重要，包括自我呈现、归属和友谊、爱和浪漫关系、攻击性、偏见和群体动态。自尊不仅仅和我们是否被别人喜爱相联系，而且和我们是否被他人尊重相关。当他人尊重我们的时候就会自我感觉很好。就像我们在第 3 章所提到的，北美人和欧洲人更倾向于认为自己和他人相比更有竞争力、更有智慧或者更值得尊重（e.g.Steele, 1998; Tessar, 1988）。类似的是，在第 11 章中，有时候人们会为了使自己感觉更好而去关注那些地位低于自己的个体或群体（Hogg, 2003）。

地位不仅仅具有直接获得奖励的益处，正如我们在第

8章讨论的那样，它也带来了吸引同伴和提升我们后代生存水平的间接利益。我们在第7章讨论到，全世界的人们都从两个主要的维度思考自己和他人——宜人性和社会支配（White, 1980; Wiggins & Broughton, 1985）。我们不仅想要知道其他人是否足够好，我们也需要知道他在地位等级上是高于我们还是低于我们。

心理学家罗伯特（Robert）和霍根（Joyee Hogan）（1991）曾注意到受欢迎和获得地位这两种基本动机有时会发生冲突。如果你急于在社会地位等级上超越他人，有可能在宜人性维度上失分。与此同时，如果其他人喜欢你、信任你，感觉你像是家庭或团队中的一部分，他们不仅会帮助你成功，同时也会分享你的光荣（Tessar, 1988）。比如在奥巴马赢得总统竞选的那天夜里，全美的支持者都在为他的胜利欢呼庆祝。

捍卫自己以及自己重视的人 暴力和偏见，就如我们在第10章、第11章和第13章所看到的，经常由我们保护自己以及我们群体成员的目标所引发。我们已经了解到由思考死亡、疾病或者是处于黑暗中所带来的担忧是怎样导致人们不喜欢或不信任外人的（Faulkner et al., 2004; Navarrete et al., 2004; Pyszczynski, Solomon, & Greenberg, 2002）。然而，相同的动机也能引发亲社会行为，因为自己冒险去救另外一个人通常意味着为他而拼搏。因为金能够想象到那些愤怒的、没有得到满足的黑人的状况，也能感受到黑人儿童因偏见而受到的伤害，所以他相信自己的探索，在一定意义上，那是一场为他自己孩子的未来而进行的斗争。

与有荣焉。奥巴马的支持者们在他赢得总统选举的那天夜里展示出个人的胜利感。

最近一项基于司法的攻击性的研究表明了社会心理学、行为经济学和神经生物学之间另一个非常有意思的联系。罗丝·麦克德莫特（Rose McDermott）和她的同事们发现单胺氧化酶A（monoamine oxidase A，MAOA，有时也称为“战士基因”）与人们宁愿花费自己的钱财来惩罚他们认为有不公平行为的游戏玩家的意愿有关（McDermott et al., 2009）。

在本章开始，我们讨论了埃德加·胡佛对金的宿怨。在进一步的探讨中，胡佛对金及民权运动的敌对，与其被放大的自我与群体保护的目标相关。接下来，我们将要讨论偏执性怀疑、正常社会性怀疑和自我保护之间的细微区别。

联结：适应与障碍

正常和异常的社会性功能的一线之差

历史学家阿瑟·施莱辛格（Arthur Schlesinger）（1978）、肯尼迪总统的前特别助理，描述说埃德加·胡佛患有“早期妄想症”。类似地，胡佛的另一部传记在书的封面上也说他有“妄想症”（Gentry, 1991）。这个统治了美国联邦调查局将近50年的人真的有妄想症吗?

胡佛当然没有偏执型精神分裂症的幻想症状或是紊乱的言语模式。然而他的确有别人认为是幻觉的信念，并且他也符合轻微的偏执型人格障碍的各项标准。偏执型人格障碍的症状包括无端地怀疑别人欺骗自己；对于朋友或同事的忠诚毫无根据地怀疑；有怀恨别人的倾向；对被他人轻视的过度敏感；对性伴侣不忠的妄想；以及对知觉到的轻视或侵犯进行反击的倾向（依据Barlow & Durand, 1995）。

胡佛拥有许多敌人，而马丁·路德·金则是其中非常重要的一个。金因为曾经说过反对联邦调查局的话而得罪了胡佛。路德·金的怠慢仅仅是由于他曾经提到自己赞同《纽约时报》上一篇文章的观点，而这篇文章是批评联邦调查局对某起民权事件的处理方式的。胡佛对他的对手的性生活了如指掌，在任何他感觉到某个人对他存在威胁的时候，他就会把这些信息透露给新闻界。和胡佛在政策观点上存在分歧的前特工们会被定为“叛徒”。胡佛的某位前助理说道：“如果他不喜欢你，他就会毁了你。”当1950年一本批评联邦调查局的书出版时，胡佛在反美活动委员会审议会之前就找过出版商的麻烦并且诽谤说他和共产党有联系。

胡佛毫无疑问是一个自我保护的、多疑的、怀有敌意的人，但他是疯狂的吗？事实上，他的行为显示了正常和异常的社会过程之间某些时候的细微差别。考虑一下有关他的情况的其他一些事实。大多数观察者，包括司法部部长罗伯特·肯尼迪和联邦调查局的许多其他成员，都相信其实民权运动和共产党并没有多少联系。美国的共产党党员数量几十年来都呈递减趋势，并且在斯大林极端统治时期开始后几乎消失了；然而在大萧条时期共产党员却非常普遍。社会主义者和共产党员在劳动联盟的成长过程中非常活跃，而且他们也帮助推动了减少贫困的政策的施行，比如推动失业保险的施行。马丁·路德·金的一些盟友，包括杰克·奥戴尔、斯坦利·莱文森和贝阿德·拉斯廷，实际上都是那个时候的共产党成员或是社会主义者。胡佛发现了许多这样的联盟，并且出版了一本书——《欺诈大师》(*Masters of Deceit*)，讨论共产党是怎样慢慢渗透到这些社会活动群体的。事实上，的确存在一个“共产主义阴谋”试图煽动世界范围的革命，参与者包括胡佛以及联邦调查局在美国境内发现的那些间谍和地下组织。

因此，胡佛把模糊的联系理解成是与共产主义阴谋相连的倾向，证明了先前章节中讨论的正常的认知偏差，比如易得性启发法（过高估计容易进入头脑中的事件的概率）和确证性偏差（寻找能够验证我们自己理论的事实而不考虑其他的可能性）。这些类型的认知偏差困扰我们每个人，所以对一个花费了他一生大部分的时间搜寻隐秘阴谋的人来说，对于任何人们之间细微的、值得怀疑的联系都高度警惕是说得通的。因为胡佛把共产党看成是美国面临的一种严重威胁，他对待任何与共产党相关的事情的过度防备态度是内群体保护倾向的一种自然产物。

当考虑到对另一个推测——胡佛是同性恋的报道时，胡佛搜集其敌人性生活方面具有毁灭性的证据的特殊癖好就会更合理了。在那个时候，如果美国公众被告知与罪犯斗争的美国价值观的捍卫者是一个同性恋，他的强权高位（依靠某些竞选政客的连续任命而获得的）就会受到严重的威胁。通过掌握有影响力的人们的性生活方面的大量情报，包括参议员、国会议员、总统和他们的妻子；并且由于他显示出利用这些信息的一种意愿，胡佛成功地保住了自己在联邦调查局 50 多年的领导地位。

贯穿本章始终的胡佛的例子证明了“联结：适应与障碍”这一专栏的主要内容。紊乱的社会行为常常使正常的心理机制显得更加明晰。反过来，理解正常的心理机制常常能够帮助我们理解看起来紊乱的社会行为。

埃德加·胡佛和克莱德·托尔森（Clyde Tolson）。据说胡佛和他的助手——克莱德·托尔森曾经有过同性恋关系。这张图片展示的是他们某次共度假期的情景。了解到如果自己的私生活被揭露时会对自己产生的影响激发了胡佛搜集他人性生活信息的倾向。

吸引以及留住配偶　从进化的角度来看，所有动物包括人类的社会性行为，最终都服务于一种重要动机，即成功繁殖，这种机制广泛地影响着社会行为。就像我们在第 8 章对爱和浪漫关系的讨论中所提到的那样，虽说动物为繁殖而生但并不意味着他们所做的所有事情最终都是为了导致性行为的发生（Kenrick, Griskevicius, Neuberg, & Schaller, in press）。繁殖不仅仅关乎交配的过程。所有的哺乳动物，尤其是人类，只有较少的后代，他们在这些后代上倾注了大量的心血（Zeifman & Hazan, 1997）。某些种类的鱼在每一个季节都能产生成百上千的后代，而对于人类来说，当孩子多于 5 个的时候就会被看作一个大家庭。所以，和许多其他物种相比，人类显示出很强的“家庭价值”并且在照料孩子上投入了大量的资源。

人类在另一个重要的方面和大多数哺乳动物不同。好的教养不仅是女性的目标，同样也是男性的目标（Geary, 2005）。为人父母所要提供给后代的，不仅仅是食物和容身之处，还有多年的心理支持和社会生存能力的培养。在许多情况下，当孩子成年时，父母甚至为他们的孩子安排好了工作和婚姻。正如我们在第 8 章所讨论的那样，在每一种人类文化中，男性和女性共同承担抚养孩子的责任。这种亲情的联结是我们生物性传承的一部分，但这些联结像语言一样具有可塑性且对环境变化很敏感。

吸引以及留住配偶的目标也验证了另外两个要点：第一，目标不一定非要被明确意识到；第二，目标涉及并不完美的调节机制。生物学家指出当今世界上的所有动物，包括现代人类，之所以存在是因为他们的祖先比其竞争者的繁殖效率更高。但是生物学家却并不认为蚂蚁、鹅或人类的祖先能清醒地意识到复制自己的基因的目的（Haselton & Nettle, 2006）。这些祖先在做出什么是最具适应性的选择时也未必是一贯正确的。蚂蚁有时候也会自寻死路，比如袭击一个手里拿着杀虫剂的人；由人类饲养的鹅通常会错误地和其他物种交配。在这种情况下，这些动物只是在执行在其他大多数情况下帮助它们的祖先生存和繁殖的程序。对于人类来说，我们可以觉察到，我们对配偶的选择很多情况下并不是被一种有意识的繁殖动力驱使，也不会为其他任何明显的“理性”策略驱动。比如，人们会回避与自己在同一个大家庭中长大，却毫无血缘关系的异性，并不是基于一种有意识的适应性选择。相反，它似乎反映了一种我们的祖先避免近亲繁殖的机制（Lieberman, Tooby, & Cosmides, 2007）。

有其他解释社会行为的基本动机吗 相信我们在本书中讨论的大多数特定目标都可以和 5 个基本的社会动机的其中一种联系起来：组成联盟、搜集社会信息、获得地位、保护自己和自己的群体以及吸引配偶。很多时候，某种特定的社会行为能够服务于多个动机，比如加入一个群体会带来社会支持、社会信息、地位的提升以及得到保护；找到一个配偶也同样如此，除了建立起一个家庭的直接目标外，还可以促进其他许多目标的实现。

事实上，我们并非时时刻刻都能清醒地意识到这些广泛的根本性动机并受它们驱使。相反，我们的生活更多的是实现短期的、较直接的目标（Little, 1989）。当马丁·路德·金和埃德加·胡佛最终相遇，两个人之间的友善程度不相上下（Gentry, 1991）。路德·金之所以这样，其目的很有可能是很简单的，即想要给这个潜在的危险人物形成一个较好的印象，而不是使自己的孩子受益或是推进民族平等。同样，我们所讨论的每一个基础动机都可以被分成几个更直接的目标。吸引配偶、建立关系、回应一个竞争者对自己伴侣的调戏以及分担照料孩子的责任等，都是成功繁殖这个根本目标的一部分，但是我们需要采取不同的行动来达到这些多样的子目标（Kenrick, Sundie, & Kurzban, 2008）。

在一些案例中，我们讨论的行为并不是服务于社会目标，而是服务于更为普遍的动机：寻求奖励或者回避不愉快体验。有些时候，心理学家试图将所有的行为简化到一两个更宽泛的动机上，比如“寻求奖励”。然而，许多心理学家现在正在寻找旨在解决特定问题的更具体的目标（Neuberg, Kenrick, & Schaller, in press; Sedikides & Skowronski, 1997; Tooby & Cosmides, 2005）。毫无疑问，某些领域的资源相对来说更具激励性，比如地位的上升或者是食物的获得。但是特定的社会情境也会有重要的作用。一块巧克力、一次握手、一个绯闻、一个吻、一些成就或是一次胜利，其意义究竟是强化、惩罚还是中性的，关键取决于它发生的社会背景以及在当时被激活的目标。比如，来自我们想要与之拥抱的人的握手、我们视为敌人的人的亲吻、与孩子下棋时本不想取得的胜利，可能更多的是惩罚而不是奖励。因此，当我们试图理解社会行为的根本原因时，从某个特定的水平考虑目标以及思考这些目标是如何同个体所处的环境产生交互作用则会更有收获。

小调查

列举你和他人关系中你最近在思考的两个问题。它们和我们刚才讨论的动机是怎么联系起来的？

14.3.2 人和环境之间的交互作用

正如我们所了解到的，人们对社会支持、社会信息、地位、性和个人安全感方面的需求是不同的。在其他影响社会关系的方面，比如信念、归因方式、自尊及其他方面也存在差异。一些人，像胡佛，更多的时候是自我保护性的敌意；而像路德·金，更经常的是自我牺牲性的利他主义。对个体间的这些差别，研究者已从各种不同的理论视角进行探究（见图 14-5）。

视角	个体	情境
进化	•遗传特质 •人类本质	•我们祖先生活的环境中与生存和繁殖相联系的特征
社会文化	•内部社会标准	•社会规范
社会学习	•习惯 •条件性偏好	•奖励 •惩罚
社会认知	•图式 •记忆的情节 •归因策略	•捕获值得注意的社会环境特征

图 14-5　关于个体和环境的不同视角

对于个体内部因素和环境因素，每一种理论视角都采用了一种稍微有所不同，但却兼容的观点。

我们也看到，不同的情境能够激发不同的动机。一些情境，比如受到侮辱或看到他人与自己的爱人调情，都能够引发我们大多数人的防卫行为。其他情境，比如看到一个饥饿的孩子，能够引发我们大多数人的利他主义倾向。这些环境因素范围变化较大，从社会环境的瞬时改变到童年的经历。

最后，我们也看到在个体内部因素和社会情境因素之间存在连续的交互作用。个体和环境因素交互的许多方式可以被总结为以下 6 个基本原则。

不同的个体对相同环境的反应不同　正如我们在第 2 章所看到的那样，阿尔波特（Gordon Allport）观察到“火焰能软化黄油，却使鸡蛋变硬”。两个人可能关注相同环境的相同细节却对其产生不同的反应。比如，**当自我价值感受到威胁时，高自尊的人会寻求他人的陪伴，然而低自尊的人则回避其他人**（Park & Maner, 2009）。对我们生命的威胁可能会使大多数人停止我们所坚持的事情，但是对于马丁·路德·金，这个将自己的生命建立在牺牲的烈士，比如耶稣、圣人甘地的教义上的人，这样的威胁却似乎能使他更加坚强地战斗。同样，我们可以看到，人们对有说服力的论证、对权威的命令、对敌意的侮辱、对有吸引力的异性个体怎样反应，都会因他们的人格差异而产生不同。

环境选择个体　其他人也有能力发起蒙哥马利市的公交抵制活动，但是马丁·路德·金却被他的同伴选拔出来领导此任务；其他人也想领导联邦调查局，但是胡佛却被任命为局长；其他的人也可能梦想成为美国 2009 年的总统，但是巴拉克·奥巴马却是那个被选中的人。很显然，并不是每个人都能进入自己想进入的环境。我们有时候被潜在的约会对象、潜在的朋友、潜在的运动队、潜在的大学、潜在的工作所选择，有时候被忽视，有时候被拒绝。这些选择本身就是我们稳定的特征和自我表征的一个函数，包括他人怎样评价我们受欢迎的程度、我们的能力以及我们的社会优势等。从根本上说，社会环境和个体相互之间不可分离，所以，探究一个方面从哪儿开始另一个方面在哪儿结束是没有意义的。事实上，我们的人格和环境可以说是互相影响的。

环境选择个体。有些人像茱儿·芭莉摩（Drew Barrymore），本身很有天赋，且漂亮而有魅力，从许多著名演员中被挑选出来进入一些其他人无法进入的情境（比如舞会、约会和演出工作）。

个体选择环境 我们大多数人都很清楚环境的力量。父母告诫他们的孩子不要受到品行不端的朋友和爱人的不良影响，高中老师会建议学生选择合适的大学，宗教领袖劝告我们要避免去产生诱惑的地方。尽管我们并不总是听从这些劝告，但我们大多数人的确会回避特定的情境而追寻其他的情境。比如，我们知道，男性化的男性个体会主动去看一些色情的电影而女性化的男性个体则不会。类似地，暴力倾向的人更可能去选择看暴力电影，然而性情温和的人则不会这样。在这一方面，个体和环境之间的关系就被放大了，比如少年犯选择和其他流氓在一起；而行为端正的青少年则选择教会群体；脑力运用者则选择科学俱乐部。因此，他们各自不良的、行为端正的或有高深文化的趋势会进一步被加强。

不同的环境激活个体的不同方面 有的时候我们希望别人喜欢我们，有的时候我们希望别人尊重我们，而有的时候我们希望别人害怕我们。在一些情况下，我们希望另一个人坦诚地对待我们，而另外的情况下，我们希望这个人是礼貌而老成的。这些动机很少是凭空产生的，它们更多的是被我们所处的环境激发出来的。比如当其他人拒绝我们时，我们会试图避免更多的伤害，于是我们会回避社会接触。然而当其他人忽视我们的时候，我们会避免更多的展示自己并试图重新和他人建立联系（Molden et al., 2009）。

个体改变环境 在我们对群体的讨论中，我们看到单独的个体可以改变整个群体的方向，或者是从上而下，或者是从下向上。担任局长期间，胡佛把联邦调查局转变成一个比之前任何时候都更强大、更偏执的组织。这些改变不仅仅影响了几任总统施政，也同样影响了成千上万的美国民众，包括马丁·路德·金。

环境改变个体 尽管我们会尽最大的努力选择跟自己个体特质相匹配的环境，但是我们不可能总是得到完全符合预期的环境。一个矜持的女性可能会选择某个文科学院，因为她想回避大城市里综合性大学的大量人群，却发现一种不符合传统的社会氛围。在大学毕业时，其政治观念更可能变得开明（Newcomb, 1961）。一些这样的改变会发生得很快。比如，日本人总的来说比美国人更倾向于关注个体所处的环境，而美国人更可能忽略背景而把个体放在中心位置。然而，如果美国人只能看到远比美国复杂的日本街头情景，美国人就会转变思维方式，更为接近日本人（Miyamoto et al., 2006）。

个体和情境的交互常常会有多重的发展方向。比如，**情绪化的人相对来说更不可能成为父母，但是如果他们有了孩子，他们会变得更情绪化**（Jokela et al., 2009）。这些交互也会随着时间逐渐融合。比如，试图参加运动队的年幼孩子，如果他们刚好在生日分割点之前出生，他们就处于劣势。如果这个分割点是1月1日，那么出生在12月在“试练”期间的孩子则比同年1月出生的孩子小11个月（当孩子只有6岁的时候，11个月的年龄差距会在成熟度、协调性及经验上有很大区别）。结果就是，相对年龄大的孩子更可能被正式选入运动队，获得更多的训练和更高水平的指导，并且之后更高年级时会再次被选入运动队。那么久而久之，最初很小的差异被扩大化了。几年之后，出生日期的偶然性则转变成现实中技能和自信的差异，造成职业运动队中不平衡的分布（Mush & Grondin, 2001）。

不同的环境激活自我的不同方面。和其他人一样，即使公众人物像巴拉克·奥巴马也会根据被不同环境激活的目标来显示出他自己的不同侧面。

为什么要如此深入地探究个体和环境之间的交互作用呢？难道不能阐述得简单一点吗？答案过分简单化的解释通常是不正确的。尽管我们之中的认知吝啬者经常满足于简单的非黑即白的答案，但现实通常却需要更深入的思考，就像带有灰色阴影的各种方格和曲线的混合体。在这些复杂性之中仔细地探索能够帮助我们避免把过多责任归咎于某个人，或是犯相反的错误把个体当作环境的被动棋子。查尔斯·曼森被一个行为不端的母亲忽视，而成长在一个成功的浸礼教徒的牧师家中的马丁·路德·金则有一个幸福的童年，环境的不同足以在许多重要方面塑造出两个人的差异。但是并不是每个被忽视的孩子长大后都会成为一个残忍的杀人犯，也不是每个幸福的孩子都会长大后成为伟大的社会改革者。

小调查

将你所在大学里的专业或者一种重要的关系与我们刚才讨论的不同类型的交互作用联系起来。

14.4 研究方法为什么重要

如果这个社会性的世界简单点，我们就可以只凭眼睛和耳朵来解释为什么人们会有那样的行为表现。但是自我呈现及社会认知的研究告诉我们，我们的眼睛和耳朵所得到的信息并不全面。不仅其他人试图用不同的技巧隐藏他们的动机，我们自己的头脑也会歪曲、过分简化或是否认我们看到的和听到的。如果我们能在认知和动机上消除所有偏差，我们有限的知觉容量和现实的限制也仍然会增加混乱（Fiedler & Wanke, in press; Kenrick, Delton, et al., 2007）。即使是显微镜也没法让我们清楚了解不同基因之间的交互作用以及基因和先前生活经验的交互作用是怎样影响不同的人对日常生活状况的反应的。就像我们刚才讨论的那样，个体和环境之间以高度复杂和相互影响的方式交互作用，这样的方式使仅靠头脑对因果关系进行探索变得很困难。

为社会行为寻找科学的解释需要一种非常特别的侦查工作。而研究方法就是使这项侦查工作得以完成的工具。因为这个原因，理解研究方法不仅对社会科学家并且对我们所有人都很重要。毕竟，我们所有人都是社会科学信息的使用者。我们能够完全相信某本杂志上的文章或是一个电视纪录片中给出的关于团伙暴力、女性青少年怀孕以及种族冲突发生原因的结论吗？一个善于辞令且有魅力的新闻评论者满怀信心发表的结论并不一定是正确的。如果没有研究来支持他的结论，专家的观点也同样会受制于社会知觉和社会认知中的偏差，正如你自己、你的父亲或祖辈曾经犯过的错误一样。

联结：方法与证据

对于社会科学信息使用者的一些结论

在整本书中，我们已经讨论了一些心理学家用来克服他们自己知觉和认知限制的侦查性的工具。这些工具包括通用的工具，比如元分析和隐蔽测量；特异性的工具，比如面部动作编码和对出生后分开两地的双胞胎的行为遗传学研究。社会心理学家正在继续开发具有创造性的、新的研究方法来研究社会行为。比如，一组社会心理学家正在使用现代计算机技术的发展成果来研究虚拟现实中的社会互动（Bailenson, Blascovich, & Guadagno, 2008; Bailenson et al., 2005）。正如我们在本书中所看到的，现代神经科学方法正在被用于帮助我们理解大脑中的活动同社会经历的联系，这些社会经历包括从拒绝到爱到偏见等（e.g., Bartholow et al., 2006; Eisenberger, Lieberman & Williams, 2003; Phelps et al., 2000）。

纵观这些方法所产生的一些普遍性的结论，对于业余爱好者和职业社会心理学家的侦查性工作都同样适用。

1. 寻找合适的描述来补充解释。在考虑一项犯罪的动机时，一个侦探需要对犯罪现场发生的事情有一个精确的了解。实验可帮助揭示因果关系但是并不能描绘出现实世界行为的全部信息。描述性的方法，比如调查和档案法能够帮助我们更加全面地了解情况。理想情况下，研究项目在实验（用于阐明因果机制）和现场研究（用于帮助研究者追溯在外部世界中真正有意义的现象）之间充分循环（Cialdini, 1995）。

好的观察不仅仅要使用眼睛。正如望远镜对天文学家的意义一样，一些技术能够帮助心理学家探究其他情况下看不见的社会现象。比如，因素分析运用计算机的容量来帮助研究者洞察态度、情感、行为之间的统计模式，比如大五人格或是爱的三因素（Lemieux & Hale, 2002; Pytlik-Zillig, Hemenover, & Dienstbier, 2002）。并不是所有的方法都要求独特的技术。对情绪表情的分析则采用简单的、慢动作的录像技术；列出想法技术则只需要让人们将他人的思考过程公开（Ekman & Friesen, 1971; Vohs &Schmeichel, 2003）。

2. 不是人们所说的每一件事情都要相信。一个嫌犯可能以一副诚挚的面孔表现出自己是清白的，但是陪审团仍然要重新仔细研究证据。就像我们所提到的，人们的报告可能是偏颇的或是完全错误的。比如，你可能不愿意或者无法说出你的愤怒是否因为缺乏安全感，或者你对一个饥饿的孩子的同情心是否基于一种广泛的人类养育后代的倾向。一些技术，包括隐蔽测量和行为遗传学方法，可帮助我们了解超越人们有限见解之外的情况。

作为一个信息使用者，你不必成为一个方法学专家，但是当你听到和你有关的研究的时候，你应该问一问是否这些结论是基于人们对于他们不能或者不愿精确描述的事情的报告。再者，正如一个优秀的侦探那样，你必须考察全部的情况。当调查对象承认一些行为，比如自慰、杀人幻想等时，我们可以猜测，如果的确有这些行为的话，他们会做出过低的估计。但是如果他们以比较理想的方式来描述他们自己的话，比如他们没有种族偏见，则最好寻找隐蔽的方法来确认他们的情况。

3. 意识到混淆因素的存在。仅仅因为一个人当时在犯罪现场并且有枪并不能表明他犯了罪。在实验中，混淆变量是那些随着自变量变化偶然变化的因素，就像一个正在看攻击性电影的孩子遇到一个有大片纹身、长相较凶恶的实验者，而控制组的孩子却遇到一个长相和蔼、有祖母般慈祥面孔的实验者。可能在这个设计并不够好的假想实验中，祖母般的人压抑了孩子的敌意表达，或者是有纹身的男人激起了他们的敌意，或者不是。如果两种实验条件下实验者并不相同，我们就不能分辨出究竟是电影还是实验者的行为对孩子的攻击性产生了效应。

混淆因素也经常困扰描述性研究，就像一个研究者发现财产犯罪和种族背景之间相关，却忘了考虑社会阶层这个因素。社会阶层是一个潜在的混淆因素，因为它和种族以及财产犯罪都有系统性的关联（有钱人更没必要盗窃）。如果不测量社会阶层，我们不能判别出（或者说不混淆）它的效应。

我们在第 9 章讨论的行为遗传学方法综合了几种技术来分离出混淆因素。儿童在社会行为上，包括从利他主义到暴力，会模仿他们的家长和兄弟姐妹。这些相似性可以被归因到共同的家庭环境或者共同的基因。如果没有特别的方法，我们无法分辨出两者各自的影响。通过研究被收养的兄弟姐妹（共享一个环境但是没有共享的基因）或者是在出生时就分开的同卵双胞胎（共享基因却没有共同的环境），我们可以将这些一般情况下产生混淆的因素分离出来（e.g., Abrahamson, Baker, & Caspi, 2002）。

4. 寻找趋同的证据。正如一个侦探不能不调查其他情况就相信单个目击者一样，我们不能太过于相信单个的研究结论（McGrath, Martin, &Kukla, 1982; Simpson & Campbell, 2005）。偶然因素或无意识的错误可能就会导致不正确的结论。一种解决这种问题的方法是元分析。比如，在第 10 章提到过的很多研究都考察了暴力性媒体节目对观看者攻击性的影响（Wood, Woog, & Chachere, 1991）。一些人发现了正向的结果，一些人则发现了负向的结果，而有的人什么结果都没得到。这些不同的结果来源于随机误差、自变量和因变量的变异等。元分析综合不同研究来减少来源于这些偶然因素的统计风险，从而能够得到更令人信服的结论。

元分析无法排除不同研究间的系统性偏差。比如，如果有 100 个考察大学生在实验室中对其他学生施加电击的研究，我们不能确定是否这些结果能够应用于实验室之外的攻击性情境。为了解决这个问题，研究者使用**三角分析模式（triangulation）**，即用不同的研究方法考察相同的问题，每种研究方法各自存在偏差。表明观看更多暴力性电视节目的儿童更具攻击性的现场研究并不能分出因果，因为暴力倾向的儿童会选择暴力的电视节目。在一项实验室研究中，儿童被随机安排观看暴力或非暴力的节目解决了这个问题，但是却引发了现场研究所不具有的缺乏真实性的问题。对父母的调查可以了解到更多自然情况下的日常攻击性但是却会因家长的记忆而有偏差。不过如果这些研究都旨在关注相同的方面，尽管各自具有不同的优缺点，但通过它们我们能够得到更令人信服的结论（Anderson & Bushman, 2001）。就像在第 1 章所讨论的那样，这样的情境就像是一个面临着不同的、不够完美的目击者的侦探一样：一个目击者喜欢这个管家但耳朵却有点聋，一个讨厌这个管家却没有戴眼镜，而另外一个人有完整的视力和听力却不够了解这个管家以至于无法做出正确的鉴定。然而如果他们都同意是管家做了这件事，那么这个侦探也可以对管家的罪行得出更可信的结论。

这些研究方法能帮助我们克服许多问题，包括人们在报告他们自己的社会行为时的偏见和限制。作为社会科学信息的使用者，我们在结交朋友、感化爱人、消除潜在敌人以及培养出幸福的孩子方面应当小心谨慎，避免轻易接受无确凿支持的专家意见。

14.5　社会心理学是怎样嵌入知识网络的

在第 1 章中，我们看到了社会心理学和心理学其他领域之间的许多联系。在之后的章节中，我们看到了它和发展心理学之间的诸多联系：比如观察成人的攻击、利他行为和爱是怎样从基本的特质和早期的学习中发展起来的（见表 14-1）。社会心理学和人格心理学的联系在每一章中都有所体现，因为我们会考虑个体内在的特质是怎样持续地和社会环境产生交互的。它和环境心理学的联系出现在我们对愤怒和攻击性、过度拥挤和环境破坏的讨论中。在每个章节中，我们在“联结：适应与障碍”专栏中讨论中度强迫、偏执行为等主题，从中不难看到社会心理学和临床心理学的联系。类似地，在每一章，当我们探索注意、知觉、记忆和决策这些心理过程是如何同个体–环境的交互交织在一起的时候，我们都能看到它和认知心理学的联系。神经科学对于激素对性行为和攻击性行为影响的讨论是至关重要的，同时对于与不同的社会反应（如恋爱的感觉或者是试图记住外群体成员的面孔）相对应的分化的脑活动的讨论也非常必要（Grey et al., 2004a; Hamann et al., 2004; Golby et al., 2001）。根据一些认知心理学家的观点，许多人类大脑独特的特征涉及对在社会群体中生活的问题的解决（Schaller et al., 2007; Tooby & Cosmides, 2005），这样就能够理解我们人类在处理和他人的交往方面会花费很多心思。社会心理学就这样和脑科学及行为科学的其他领域紧密联系起来了（Brewer, Kenny, & Norem, 2000; Cacioppo, 2002; Harmon-Jones & Devine, 2003）。

社会心理学同心理学以外的学科也有联系。在最根本的水平上，对利他主义、攻击性和爱的研究同遗传学及生物化学紧密相连。在一个更广的范围内，对群体、组织和社会团体的研究将社会心理学同社会科学，如社会学、人类学、经济学和政治科学交织在一起。在这个水平上，社会心理学也和动物行为学、生态学这些领域中对于动物群体同它们的自然环境之间的复杂关系的生物学研究相联系。表 14-2 列举了一些例子来说明社会心理学和其他基础科学之间的联系。

表 14-1　社会心理学同心理学其他领域的联系

心理学领域	重叠问题的举例
发展	早期母婴之间的依恋是否对后来的恋爱关系有影响
人格	什么样的个体差异能够预测攻击性行为
环境	什么样的社会条件使人们进行废物利用
临床	偏执症是怎样和正常群体的防卫相联系的
认知	人类有限的注意广度是怎样影响刻板印象的
神经科学	睾酮怎样影响人类的关系

表 14-2　社会心理学同其他基础科学之间的联系

研究领域	重叠领域问题的举例
遗传学	利他主义和家族中共享的基因之间是否有联系
生物化学	睾酮对男性和女性的行为有相似的影响吗
社会学	群体成员怎样选择领导
人类学	人类的婚姻是否有普遍的模式
经济学	是否存在这样的情境：享有共同资源（比如森林或是海洋）的人们会控制自己过度消耗的自利倾向
政治科学	群体过程怎样影响国际冲突情境中的政策决定
动物行为学	孔雀的求偶模式是否揭示了人类的求婚行为
生态学	森林中捕食者和被捕食者之间的动态平衡和在实验室玩囚徒困境游戏的学生行为之间有着怎样的联系

联结：理论与应用

社会心理学对商业、医学和法律的益处

进行社会心理学研究的其中一个目标就是满足我们的求知欲。人类的头脑渴望了解有关人类的爱、自我牺牲的利他主义、偏见和暴力的原因及目的。我们想知道是什么使我们自己和其他人相区别。基础科学总是和实践应用相联系。古代专注于观察星星的天文学家的发现使探索者和冒险家能够环球航行并且回到最初出发的地点；早期生物学家对于人体以及对于在显微镜下移动的微小生物的好奇心最终促成了现代医学的发展；对引力和运动抽象原则感兴趣的物理学家们的发现最后使人类登上月球成为可能（Boorstin, 1983）。实际上，引发基础科学研究的哲学问题通常能够激起我们的兴趣，因为它们是在处理复杂的实证性问题。我们越能够理解爱、友谊及内群体偏向，我们就越有可能去阻止离婚、孤独及破坏性的偏见。

在本书的每个章节，我们都阐释了社会心理学和应用科学之间的联系。比如，我们看到了它和商业的一些联系，正如第 2 章关于工作场所的个人 – 情境匹配专栏里所提到的那样。工作中不愉快的关系会使我们的工作时间充满痛苦，会损害我们的身体，甚至是影响到家庭的生活（Barling & Rosenbaum, 1986）。胡佛不是唯一的一个使其下属长期生活于恐惧之中的老板。社会关系不仅仅是我们工作生活的“糖衣”，他们本身就是那块“蛋糕”。绝大多数工作都需要一定程度的协调、说服、指导、训练、建议和与其他人的合作。因此，社会心理学和商业领域之间诸如组织行为、市场营销和管理等有内在的紧密联系（e.g., Griskevicius, Goldstein, Mortensen et al., in press; Thaler & Sunstein, 2008）。大致浏览这些领域相关的教科书，我们都会发现和本书的话题有很多重叠的地方。学习过社会心理学的学生会从事商业领域中的职业，相反，学习商业的学生通常也会将社会心理学的学习作为他们培训的一部分。

社会心理学家也和医学及其他健康科学之间建立了联系（Salovey et al., 1998; Taylor et al., 2003）。健康心理学干预在本书的许多地方都有讨论。医生、护士和公共健康官员通常会发现他们的说服力很难使病人停止吸烟，改变不健康的饮食习惯，加强锻炼或是采取避孕手段，甚至是仅仅服用指定的药物。据一些专家估计，公众健康可能更多地受益于行为的简单改变，而不是重大的医疗发现（Matarazzo, 1980）。比如设想一下，如果所有未婚的性伴侣都能够被说服使用避孕套，那会对性疾病传播有怎样的影响；或者是整个时代的年轻人都能被说服不去吸烟，这会对肺癌有怎样的影响。不需要医学技术上的任何进步，西方社会所关注的这两大主要健康问题就有可能消失。正是因为这个，越来越多的社会心理学家正在进行关于预防医学的研究（e.g., Bryan, Aiken & West, 1999）。

第三个社会心理学被广泛应用的领域是法律（e.g., Ellsworth & Mauro, 1998; Wells & Olson, 2003）。我们可以思考一下社会心理学在谎言探测、错误坦白和减少整个社会的暴力技术方面的这些应用。社会心理学家同样也在进行陪审团决策和目击者证词等方面的研究（Leippe, 1995; Wells, Olsen, & Charman, 2002）。很明显，律师辩护和陪审团决策涉及归因、说服及群体互动这些社会心理学家已经研究了几十年的知识。社会心理学的学生正在越来越多地获得组织心理学、健康心理学和法律心理学领域的更高学位。

除了商业、医学和法律，社会心理学和教育（涉及我们在本书中讨论的许多过程）甚至是和工程学（当代社会交流变得越来越依赖于科技）都有很明显的联系。尽管社会心理学的研究通常关注于基本的理论问题，但这些理论发现也会有大量的实际应用。正如社会心理学的先驱库尔特·勒温曾经说过的：“没有任何事物能像一个好的理论那样具有实际意义。”如果他能看到自己曾经做出颇具影响力的理论贡献的领域有如此广泛的实际应用，那么他应该会非常高兴（见表 14-3）。

表 14-3　社会心理学和应用科学之间的联系

应用领域	重叠问题的举例
法律	陪审团的社会压力是怎样影响单个陪审团成员的决策的
医学	医生和护士能否和病人以促进依从医疗建议的方式互动
商业	是否存在减少员工不诚实行为的管理方式
教育	教室中教师的期望是怎样影响儿童的表现的
工程学	计算机网络应该怎样设计才能够促进员工之间的交流

小调查

至少想出一个联系社会心理学和其他学科的问题（除了表 14-2 和表 14-3 所列出的）。

14.6　社会心理学的未来

一个非常受欢迎的科学作家最近指出，科学家可能很快就没有问题可问了。那个作家显然不了解社会心理学这个领域。研究者才刚刚开始理解个体和环境之间的复杂交互，而且这些交互对我们了解利他主义、种族偏见、攻击性和群体行为的观点和感情具有重要意义。实际上，这个领域就像一块大陆一样广阔，并且迄今为止研究者仅成功地绘制出海岸线上断断续续的一些点。当社会心理学家探索这些问题时，他们会越来越多地联结新的综合性学科，比如认知科学、进化心理学和动态系统理论的研究（Haselton & Funder, 2006; Kenrick, Li, & Butner, 2003）。认知科学联系了社会认知领域和其他对人类大脑研究的学科；进化理论让我们能够洞察社会行为的根本目标；动态系统理论的研究使我们有可能理解个体的思想和动机是怎样发展为群体理念这一过程的，甚至包括像民权运动游行到国际冲突这样浩大的群体行为。

因为我们人类的祖先一直是在群体中生活，各种行为和脑科学的综合最终定会涉及社会心理学问题（Schaller, Park, & Kenrick, 2007）。相应地，对社会心理过程的研究也让我们从新的角度理解人类大脑中单一机制的进化如何促进了人类文化的出现。（e.g., Gangestad, Haselton, & Buss, 2006; Kenrick, Nieuweboer, & Buunk, in press; Norenzayan et al., 2006）。

将心理和社会行为整合为一个综合性学科不仅仅有哲学意义，也同样有着巨大的实际应用的潜在价值。一方面，对积极社会心理学的重视日益增加，从而使我们开始洞察怎样使人们对他们的社会关系满意，哪些因素有助于英雄主义、善行和爱的出现（e.g., Gable & Haidt, 2005; Lyubomirsky, king, &Diener, 2005; Penner, Dovidio, Piliavin, &Schroeder, 2005）。另一方面，对消极社会行为如攻击性、偏见和自私等的动机的真正的科学理解，可能为解决当今世界一些至关重要的问题提供了解决的思路。我们已经能和地球另一端的人聊天，能在一个下午从纽约飞到伦敦，能拍摄到其他星球的近距离照片，人类的这些创新、智慧和技能同样能解决人口过剩、国际冲突和地球毁灭等重大社会问题（Oskamp, 2000; Penn, 2003）。

尽管这样的希望可能现在看起来不现实，但是值得我们记住的是，从胡佛担心共产党和华盛顿游行群众有联系开始的几十年来，苏联和美国之间的冷战已经结束，人口激增已经减缓。当马丁·路德·金开始为民权做斗争的时候，种族歧视从美国法律文本中消失仍然看起来像是一个梦，并且很少有人相信在夏威夷州的一个两岁的黑人男孩会在未来的某一天成为美国总统。然而，一批笃实的人共同努力会使这个梦想成真。或许 21 世纪将会见证社会行为科学的进步，这些进步将会使不同肤色的男孩和女孩在同一个既没有种族偏见也没有人口过剩、污染及战争的世界中共同生活成为可能。或许这一代人的科学探索研究将会迎来这么一天，即让所有人欢呼“我们终于自由了”。

从个体心理学到社会。单独个体的决策有可能会交互作用，在群体层面产生出复杂以及有时无法预期的现象。民权运动为个体和环境双向的交互提供了一个很好的例子。

关键词

临近解释（proximate explanation）

根本性解释（ultimate explanation）

三角分析模式（triangulation）

术 语 表

A

adaptation　适应特质　有利于个体在特定环境中生存、繁衍的优良特质。

affordance　适宜性　情境所提供的机遇或威胁。

aggression　攻击　意图伤害他人的行为。

altruist　利他主义者　以帮助群体获益为导向，甚至甘愿做出个人牺牲的一类人。

anchoring and adjustment heuristic　锚定与调整启发式　这是一种思维捷径，个体首先对起始状况做一个粗略的估计，然后根据当前情境的特点对这个估计做出相应调整。

androgynous　双性化　指个体的行为兼有男性化与女性化的特质。

anxious/ambivalent attachment style　焦虑/矛盾型依恋　该类型的个体害怕被抛弃，常感到自己的需求没有得到满足。

archival method　档案法　对一些系统收集的数据（如结婚证、逮捕记录等）进行检视，这些数据最初是为其他目的而收集的。

arousal/cost-reward model　唤醒/成本–回报模型　此观点认为见证他人遭受痛苦的个体会通过帮助行为来缓解自身痛苦。

assertiveness　果敢　意图表达支配力或信心的行为。

attention　注意　个体有意识地关注环境或自身某些方面的过程。

attitude　态度　对特定的人、物体、事件或想法的积极或消极评价。

attribution theory　归因理论　该理论致力于探讨人们如何确定行为的起因。

augmenting principle　扩大原则　该判断规则认为，如果一件事情在重重阻力下依旧发生了，那么我们应该给予导致该事件的可能原因以更大的权重。

authoritarianism　权威主义　服从高权威者，贬低低权威者的倾向。

authority ranking　权力等级　一种交换形式，物品依据个体在群体中的地位进行分配。

automaticity　自动化　一种行为或认知过程的能力，一旦启动，便无须意识的引导。

availablility heuristic　易得性启发式　在这种思维捷径下，人们根据客观事件在脑海中获得的难易程度来估计该事件发生的可能性。

avoidant attachment style　回避型依恋　这种依恋类型以对另一方的离开心存戒备为标志。

B

bait-and-switch technique　诱饵–掉包技术　首先诱使对方同意某个方案，然后设法使该方案无法实行，再提供一个更为苛刻的方案。

balance theory　平衡理论　该理论由海德提出，认为人们希望自己对世界的认识能够保持和谐一致。

basking in reflected glory　沾亲带故　将自己和成功的、高声望的个体或事件建立联系的过程。

body language　身体语言　非言语行为的一种常用表达，包括面部表情、姿势、身体倾向和手势等。

bystander effect　旁观者效应　在紧急情况下，在知道有其他旁观者存在时，旁观者提供帮助的可能性降低的倾向。

C

case study　个案研究　对一个个体或群体进行深入、细致检视的研究方法。

catharsis　宣泄　释放攻击性冲动。

central route to persuasion　说服的中心路径　人们通过关注信息中论据的质量，从而被说服的一种方式。

chronically accessible　长期可得　容易被激活、被启动以供随时使用的状态。

cognitive dissonance　认知失调　一种不愉快的心理唤起状态，源于个体的某些重要态度、观念或行为中出现了不一致。

cognitive heuristic　认知启发式　个体用于判断的一种思维捷径。

cognitive response model　认知反应模型　该理论认为，说服的最直接原因是说服目标的自我对话。

cognitive-neoassociation theory　认知新联结理论　该理论认为，任何不愉快的情境都会引发个体内部心理活动的复杂连锁反应，包括负面情绪、负面思绪。依据情境中的其他线索（比如武器），这些负面的情感将会以攻击或逃跑的形式得到表达。

cohesiveness 凝聚力 群体成员间联结的强度。

collectivistic culture 集体主义文化 一种文化，通过特有的社会化过程，使其成员在考虑自己时，将自己放置在人际网络中，把自己看作是一个更大社群中的一员，且优先考虑与自己相关的他人和群体的利益。

command-and-control policy 指令和控制政策 硬性规定的法律规范，借助行政力量对违反者加以惩罚。

communal sharing 群体共享 一种交换形式，群体成员共享资源，互通有无。

communication network 沟通网络 群体内信息流通的形式。

companionate love 伙伴之爱 对那些与我们的生活紧密相关的个体的喜爱和温柔之情。

competence motivation 胜任动机 有所作为的渴望。

competitor 竞争者 以相对结果好于他人为导向的一类人，不考虑个人利益的绝对水平的高低。

compliance 顺从 因直接的请求而导致的行为改变。

conflict spiral view 冲突螺旋升级论 这种观点认为，国际威胁的升级常使对手感受到更多的威胁，因此领导者应该表达出我方寻求和平的意向，从而减少对手的防御性敌意。

conformity 从众 为和他人行为保持一致所做出的行为改变。

confound 混淆变量 和自变量一起发生系统改变的变量，潜在的后果是使人对自变量的效果做出错误的推论。

consistency principle 一致性原则 该原则认为，人们会改变自己的态度、信念、知觉以及行为来使彼此间保持一致。

cooperator 合作者 以合作并最大化自己和群体的共同利益为导向的一类人。

correlation 相关 两个或两个以上变量彼此间关联的程度。

correlation coefficient 相关系数 描述两个变量间关系的一种数学表达。

correspondence bias（fundamental attribution error） 对应偏差（基本归因错误） 观察者在归因时，常常高估了人格因素对行为的影响而低估了情境因素对行为的影响的一种倾向。

correspondent inference theory 对应推论理论 该理论认为，人们通过询问以下问题来确定行动者的行为是否与其内部性格一致：（1）行为是不是有意的；（2）行为的后果是不是可预见的；（3）行为是不是自由选择的；（4）行为是否在阻力之下依旧发生了。

counterargument 反驳论据 这种论据挑战、反对其他论据。

counterattitudinal action 反态度行为 与现有态度不一致的行为。

counterfactual thinking 反事实思维 对于事实，想象还有另外一些可能发生但并未发生的版本的过程。

covariation model 归因共变模型 该理论认为，人们通过以下方式确定行动者行为的原因：评估他人是否以相同的方式行动（一致性）；行动者是否在相似的情境下表现出相似的行为（特异性）；在同一情境下，行动者的行为是否任何时候都能保持相似（一贯性）。

culture 文化 生活在特定的时间和空间内的人们所共享的一套信念、风俗、习惯以及语言。

culture of honor 荣誉文化 一组社会规范，其中心思想是，在必要时人们（特别是男性）应该随时准备好以暴力反击的方式捍卫自己的荣誉。

cutting off reflected failure 明哲保身 使自己远离不成功的、低声望的个体或事件的过程。

D

debriefing 事后解释 在研究结束后，对程序、假设以及参与者的反应所进行的讨论。

decision/commitment 决定/承诺 爱情量表中的一个因素，由测量个体与他人相爱及彼此承诺决心的项目组成。

defensive attributional style 防御型归因风格 一种容易对威胁产生注意，并且将其他人的行为解释成故意想对自己造成伤害的倾向。

deindividuation 去个体化 失去自我身份感，从而导致个体不按照自身价值规范行事的过程。

demand characteristic 需求特征 使被试意识到实验者期望他们如何反应的一种提示。

dependent variable 因变量 实验者所测量的变量。

descriptive method 描述法 在自然状态下，测量或记录行为、思考和感受的过程（包括自然观察、个案研究、档案法、调查法以及心理测验）。

descriptive norm 示范性规范 一种规范，用于定义在某种情形下的通常做法。

deterrence view 威慑论 这种观点认为，示弱会令对手得寸进尺，因此领导者需要表露自己采取武力措施的意愿。

differential parental investment 不同的亲代投入 该原则认为，对后代投入更多的动物（比如雌性哺乳动物，较之其雄性同类），在选择配偶时会更加谨慎小心。

diffusion of responsibility 责任扩散 每个群体成员倾向于通过将行动的责任分散给其他群体成员，以减轻个人所应承担的责任。

direct aggression 直接攻击 意图当面伤害某人的行为。

discounting principle 折扣原则 该判断原则认为，当事件发生的可能原因增多时，我们对某一特定原因的信心指数会降低。

discrimination 歧视 由于他人的群体身份而产生的直接针对他人的行为。

disidentify 去认同化 个体在脑海中减少某一特定领域（比如学业成就）与其自尊的相关程度。

displacement 置换 把攻击冲动指向另一客体，而不是直接指向引发冲动的客体（人或动物）。

dispositional inference 特质推论 个体的行为是由其人格的某个方面决定的。

disrupt-then-reframe technique 中断－再构造技术 一种使他人顺从的技巧，这种策略先终止个体起初对某一要求的抗拒态度，然后迅速地用更有利的措辞重构该要求。

domain-general model 领域一般性模型 该模型试图根据简单且广泛适用的规则（比如如果有益就做）来解释广泛领域中的不同行为。

domain-specific model 领域特异性模型 该模型认为行为的指导原则会随领域的变化而变化（比如爱情、亲子关系）。

door-in-the-face technique 留面子技术 该技术首先向说服目标提出一个很大的要求，遭拒绝后，再提出一个较为适中的要求，这样可以增加说服目标顺从的可能性。

downward social comparison 下行社会比较 将自己与不如自己的他人进行比较的过程。

dramaturgical perspective 拟剧论 该观点认为，社会互动中的很多内容都可以看作是一出戏剧中的某个部分，包括演员、演出、布景、剧本、道具、角色等。

dual process model of persuasion 说服的双加工模型 该模型认为，态度的改变以两种基本的方式进行：深思和浅虑。

dynamicl system 动态系统 由许多互动元素（比如人）构成的一个系统（比如一个群体），会随时间变化和演化。

E

effect/danger ratio 效果／危险比率 对攻击行为的有利效果和可能危险所做出的权衡评估。

elaboration likelihood model 精细加工可能性模型 说服沟通中的一个模型，认为态度的改变有两条路径：中心路径和外周路径。

emotional aggression 情绪性攻击 由愤怒情绪所导致的伤害性行为。

emotion 情绪 相对强烈的情感，其特征包括生理唤起以及复杂的认知。

empathic concern 共情式关怀 由于站在求助者的立场上而引发的对求助者同情的感觉。

empathy-altruism hypothesis 共情－利他假设 假定当一个人同情他人的困境时，个体将出于纯粹的利他原因而帮助他人。

equality matching 平等分配 一种交换形式，每个人获得的资源一样多。

equity 公平 一个人在社会关系中的获益和成本与他搭档的获益和成本是成比例的。

equity rule 公平规则 每个人在社会关系中的获益和成本应与他人的获益和成本相匹配。

erotomania 钟情妄想症 一种精神障碍，个体拥有偏执的（但并不正确的）自己被另一个人所爱的信念，即使面对有力的反面证据也依然坚持。

evolutionary perspective 进化论视角 该理论取向认为，人类社会行为的原因存在于帮助我们祖先存活以及繁衍的先天生理、心理倾向中。

excitation-transfer theory 兴奋迁移理论 该理论认为，愤怒在生理上与其他情绪状态相似，并且任何形式的情绪唤醒都能增强攻击性反应。

exemplar 样例 某个特定情节、事件或个体的心理表征。

experience sampling method 经验取样法 一种观察技术，被试需要经常填写问卷，描述他们和谁在一起以及发生了什么事情。

experiment 实验 一种研究方法，研究者系统地操纵产生影响的一个因素而保持其他的因素恒定。

experimental method 实验法 一种程序，通过系统地操纵一个情境的某些方面从而揭示因果关系。

expert power 专家权力 一种影响力，来自对某人假定的智慧或知识。

external validity 外部效度 一个实验的结果能被推广到其

他情境中的程度。

F

factor analysis 因素分析 一种统计技术，可以将测验条目或者行为表现归类到概念相似的组中。

false consensus effect 虚假一致性效应 一种过高估计他人同意自己程度的倾向。

field experimentation 现场实验 在自然环境中以没有觉察的人作为被试来操纵因变量。

foot-in-the-door technique 登门槛技术 一种技术，在同意了一个相关的小要求后，个体同意一个较大要求的可能性就会增加。

friend 朋友 我们与之有情感联系的人。

frustration-aggression hypothesis（original） 挫折攻击假设（最初的） 该假设认为，攻击是一种对任何阻碍目标达成行为的自发反应。

frustration-aggression hypothesis（reformulated） 挫折攻击假设（修订后） 该假设认为，任何不愉快的刺激都会导致情绪攻击，从而在一定程度上产生不愉快的感觉。

G

generalizability 普遍性 一个特定的研究结果能推广到其他相似情境或事例中的程度。

goal 目标 一个想得到的结果，一个人想取得或完成的事情。

GRIT（graduated and reciprocated initiatives in tension reduction） 缓解紧张的渐进与互惠策略 一种策略，通过公开强制对手同步进行冲突降级来打破冲突螺旋升级的局面。

group 群体 群体最少包含两个或多个互相影响的个体。当群体成员相互依赖、具有共同的身份、形成组织结构时，个体的聚集就会逐渐“像群体一样”。

group polarization 群体极化 群体讨论导致成员在群体偏好的方向上做出更加极端的决策。

groupthink 群体思维 一种群体决策的风格，其特点是群体成员渴望友好相处并相互同意对方的观点，而非提出并批判性地评价其他的观点和立场。

H

health psychology 健康心理学 研究影响疾病的行为、心理因素的学科。

hypothesis 假设 研究者对他将要发现的结果的预测。

I

impression motivation 印象动机 通过给别人留下好印象来获得认可的一种动机。

inclusive fitness 族内适宜性 个体基因在自己后代及帮助过的亲属中的延续。

independent variable 自变量 实验者操纵的变量。

indirect aggression 间接攻击 在没有面对面冲突的情境企图伤害他人的行为。

individualist 个人主义者 以个人获益最大化为导向的一类人，不考虑群体中其他人的得失。

individualistic culture 个人主义文化 一种文化，通过特有的社会化过程，使其成员将自己看作是一个单独的个体，并致力于优先实现个人目标。

ingratiation 逢迎 一种为了让别人喜欢我们而做出的努力。

ingroup bias 内群体偏见 使自己群体的成员比其他群体的成员获益更多的倾向。

injunctive norm 禁止性规范 一种规范，用于定义通常被认可或不被认可的做法。

inoculation procedure 接种程序 这种技术为了让个体增强对有力论据的抵抗力，就先给其呈现一个无力的、不堪一击的论据。

instrumental aggression 工具性攻击 伤害另一个人以达到其他的（非攻击性的）目的。

integrative complexity 整合复杂性 个体表现出简单化的“非黑即白”类别化思维，而未能充分考虑到问题各个方面的程度。

internal validity 内部效度 实验得出的因果关系间的明确程度。

intimacy 亲密 爱情量表中的一个因素，由测量与另一个人紧密关系的项目组成。

L

labeling technique 标记技术 分配给个体一个标记，之后提出与标签相一致的要求。

low-ball technique 低球技术 在获得执行计划的承诺后，提升执行这一计划的成本。

M

market pricing 市场定价 一种交换的形式，每个人的付出与回报成比例。

market-based policy 基于市场的政策 奖励那些自觉减少具有社会性危害行为的个人。

mere exposure effect 曝光效应 对频繁看见的人、地方或事物抱有正向态度的倾向。

meta-analysis 元分析 对关于同一个主题的不同研究结果进行统计上的合并。

minimal intergroup paradigm 最小化群体间范式 一种探索偏见、刻板印象和歧视产生原因的实验程序。在这个范式之中，被试被短期、随机且人为地进行分组。

minority influence 少数人的影响 观点少数方用其观点说服其他多数人。

monogamy 一夫一妻制 一个男人娶一个女人的婚俗。

mood management hypothesis 心境管理假设 该观点认为人们会策略性地使用助人行为来管理他们的心境。

mood 心境 弥散的、不指向特定目标的、持续时间相对较长的情感。

motivation 动机 促进人们获得渴望的结果的力量。

motive 动机 一种高水平的目标，是社会生存的基础。

multiple audience dilemma 多观众困境 个体（常常是在同时）需要对不同观众呈现不同形象的情境。

N

natural selection 自然选择 动物将有利于其生存和繁衍的特征传递给后代的过程。

naturalistic observation 自然观察 在人们不知道时，记录他们在自然场景中的日常行为。

need for cognition 认知需求 个体进行深入思考并乐在其中的倾向性。

need to belong 归属感的需求 人类需要建立并维持强健稳定的人际关系。

need-based rule 以需求为基础的规则 社会关系中的个体会根据他人的需要，不计个人得失地为他人付出。

nonreactive measurement 非反应性测量 在记录被试反应时不改变其反应的一种测量。

norm of reciprocity 互惠规范 要求我们以别人给我们的行为方式回报他人。

O

obedience 服从 响应权威人物指令时的顺从行为。

observer bias 观察者偏差 一种测量误差，源于观察者过于关注他期望发现的行为，而忽视了他没有期望发现的行为。

P

participant observation 参与性观察 一种研究方法，研究者参与到拟研究的场景中并从内部观察其工作。

passion 激情 爱情量表中的一个因素，由测量浪漫吸引和性欲望的项目组成。

passionate love 激情之爱 一种非常渴望与他人结合的状态。

perceived outgroup homogeneity 知觉到的群体外一致性 对其他群体的成员之间的相似程度进行过高估计的现象。

perceptual dillemma 知觉困境 社会困境和外群体偏见的结合，即冲突双方都认为最好合作，但同时也都认为另一方更倾向于“我们”合作、“他们”背叛。

peripheral route to persuasion 说服的外周路径 人们通过关注一些其他因素（比如论据的个数），而非信息中论据本身的质量，从而被说服的一种方式。

personal commitment 个人承诺 任何将个人身份与地位、行动联结更紧密的事物。

personal norm 个人规范 内化的信念与价值观共同形成个体内在的行为标准。

person 个人 个体在社会情境中的特征或特质。

person-situation fit 个人–情境匹配 个人和情境相容的程度。

perspective taking 观点采择 将自己置于其他人的立场上进行思考的心理过程。

persuasion 说服 接收信息后个体态度或信念的改变。

pluralistic ignorance 多数无知 因为每个人的行为都与自己的想法不一致，所以群体中的成员错误感知到别人想法的一种现象。

polyandry 一妻多夫制 一个妻子有多个丈夫的婚姻风俗。

polygamy 多配偶制 一种男人娶多个女人（一夫多妻制）或女人嫁多个男人（一妻多夫制）的婚俗。

polygyny 一夫多妻制 一个丈夫有多个妻子的婚姻风俗。

postdecisional dissonance 决策后失调 个体对于一个可能错误的既定决策所感受到的冲突。

prejudice 偏见 对一个特定群体的成员所持有的普遍态度。

priming 启动 激活知识或目标，以备使用。

prosocial behavior 亲社会行为 有益于他人的行为。

proximate explanation 临近解释 关注于相对即时的原因。

proximity-attraction principle 接近–吸引原则 与那些住所临近或工作场所临近的人容易成为朋友。

psychological test　心理测验　测量一个人能力、认知或动机的工具。

psychopath　精神变态者　具有冲动、无责任感、低同情心、浮夸自负、对惩罚缺乏敏感性等特点的个体。这些个体会为了个人获益而采取极端行动。

public goods dilemma　公共物品困境　一种情境下，如果某些个体为公共物品贡献出一些资源，整个群体将因此而获益；但如果有足够多其他成员做出贡献，个体可从“搭便车”中获益。

public self-consciousness　公众性自我意识　习惯性地意识到自己正处于公众目光下的一种倾向。

pure (true) altruism　纯粹（真正的）利他主义　单纯为了使他人获益的行为。

R

random assignment　随机分配　分配被试的一种方法，每个被试有均等的机会被分配到任何一个条件中。

reactance theory　抗拒理论　认为我们通过反复强调我们的自由，更经常通过做一些与我们被迫要做的相反的事情来反抗对自由的威胁。

realistic group conflict theory　现实群体冲突理论　该理论认为，群集冲突、负向偏见和刻板印象会在群体间实际争夺资源时出现。

reciprocal aid　互惠帮助　为了报答之前获得的帮助而给予帮助。

reflected appraisal process　反射性评价过程　人们通过观察或想象他人如何看待自己从而了解自己的过程。

reinforcement-affect model　强化情感模型　一种理论，认为人们都喜欢那些与我们的正性情绪相联系的人，不喜欢那些与我们的负性情绪相联系的人。

relative deprivation　相对剥夺　与他人相比，个体觉得自己拥有的比他人少。

reliability　信度　心理测验得分的一致性。

replenishing resource management dilemma　可再生资源管理困境　群体成员共同拥有一种可再生资源，只要群体成员不过度使用，这种资源便能持续性地提供利益，但对任意个体成员而言，尽可能多地使用这种资源能使他们获益。

representative sample　代表性样本　一群被试的特点与研究者想描述的更大人群的特点相匹配。

representative heuristic　代表性启发式　人们在归类过程中常采用的认知捷径，即由于某事物与某个类别中典型成员的相似程度较高而将其归入该类别。

role　角色　群体对特定位置的成员的行为表现的期望。

S

scapegoating　找替罪羊　将自身的挫折和失败归咎于其他群体中的成员。

schema　图式　能够反映某一类情境、事件或个体的一般特征的心理表征。

scripted situation　脚本情境　某些事件按特定顺序依次发生的情境。

secure attachment style　安全型依恋　以信任为标志的依恋关系，即相信对方将持续地提供关爱与支持。

secure base　安全基地　依恋对象提供的安全感，使个体更加自信地冒险，探索外部的环境。

self-concept　自我概念　人们对自己观点和信念所形成的心理表征。

self-disclosure　自我表露　分享关于自己私密信息的行为。

self-esteem　自尊　人们对自我的态度。

self-fulfilling prophecy　自我实现预言　最初持有的错误期望引发某些行为，从而使期望变成现实的现象。

self-handicapping　自我妨碍　停止努力或为将来的成功制造障碍的行为。

self-monitoring　自我监控　人们习惯性地关注自己的公众形象，并调整自身行为来迎合当前情境需要的一种倾向。

self-perception process　自我知觉过程　人们观察自身行为，以推断自己的内在特征（比如特质、能力和态度）的过程。

self-presentation　自我呈现　人们试图对他人对自己形成的印象进行控制的过程，与印象管理同义。

self-promotion　自我推销　一种为了让别人认为我们有能力而做出的努力。

self-regulation　自我调节　人们选择、监控并调整策略，以试图达成目标的过程。

self-serving bias　自利偏差　将成功归功于自己，将失败归咎于外部因素的倾向。

sexual selection　性选择　一种自然选择的形式，即那些帮助动物吸引配偶或有利于同性间争夺配偶的特征占有进化优势。

shyness　羞怯　在陌生的社交情境中或不熟悉的人面前感到紧张、焦虑或尴尬的倾向。

situation　情境　个体所处环境中的事件或状况。

sliding reinforcer 贬值强化物 一种刺激物，小剂量使用将产生正向奖励，当剂量增大则导致负向惩罚。

social anxiety 社交焦虑 人们因为怀疑自己不能给他人留下好印象而体验到的恐惧。

social capital 社会资本 个体从人际网络中获得资源。

social cognition 社会认知 思考并理解自己和他人的过程。

social cognitive perspective 社会认知视角 一种理论观点，关注人们注意、理解和记忆社会经验的心理过程。

social comparison 社会比较 人们将自己的能力、态度和信念与他人进行比较从而了解自身的过程。

social desirability bias 社会赞许性偏差 人们倾向于报告他们认为恰当的或可接受的内容。

social dilemma 社会困境 一种情境下，个体通常会通过自私行为获益，除非所有人都选择自私选项，这时整个群体的利益将遭受损失。

social dominance orientation 社会支配倾向 个体希望自己的群体能够支配其他群体并在社会地位和物质方面占据优势的程度。

social exchange 社会交换 社会关系中的利益交换。

social facilitation 社会助长 他人在场增加优势反应的过程，由此导致熟练任务的绩效提高以及不熟练任务的绩效降低。

social identity 社会身份 人们对群体抱有的一种信念或感受，认为自己归属于这个群体。

social influence 社会影响 由真实或假想的他人压力导致的外显行为的转变。

social learning perspective 社会学习视角 一种关注过去的学习经历是如何决定个体社会行为的理论观点。

social learning theory 社会学习理论 该理论认为，攻击性行为可通过直接奖励或观察到他人因攻击获得奖励而习得。

social loafing 社会懈怠 当个体处于群体中时倾向于降低个人努力。

social norm 社会规范 对恰当的社会行为的规定或者期望。

social psychology 社会心理学 以科学方法研究人们的思想、情感和行为是如何受到他人影响的一门学科。

social responsibility norm 社会责任规范 一种认为人们应该帮助那些需要帮助的人的社会规则。

social support 社会支持 他人提供的情感、物质或信息上的帮助。

social trap 社会陷阱 个体或群体被即时的回报所引诱，即使这些利益后来被证明会产生不愉快的甚至极其严重的后果。

social validation 社会确认 通过人际互动寻找并确认正确选项的方法。

socialization 社会化 文化在信念、风俗、行为习惯及语言等方面教化其成员的过程。

sociocultural perspective 社会文化视角 从更广阔的社会群体中寻找个体社会行为原因的一种理论取向。

sociosexual orientation 社会性性行为取向 倾向于无约束的性（无须以爱情为前提）和倾向于有约束的性（将性行为只局限于长期的、相互爱慕的感情关系中）的个体差异。

status hierarchy 地位层级 根据群体成员的权力及对其他成员的影响力而设定的群体成员的等级。

stereotype 刻板印象 对某一社会群体成员的一般信念。

stereotype threat 刻板印象威胁 由于担心自己证实所属群体的负向刻板印象所产生的恐惧感。

stereotyping 刻板印象化 将个体归类为某个群体中的成员，进而推断他具有该群体通常表现出的特征的过程。

survey method 调查法 研究者让人们自我报告他们的信念、感受和行为的一种研究方法。

T

that's-not-all technique 折扣技术 通过提供额外利益来“粉饰”要求，以增加服从的一种技巧。

theory 理论 联结、组织已有的观察资料并为未来研究指明方向的科学化的解释。

theory of planned behavior 计划行为理论 该理论认为，行为意图是预测行为的最佳变量；行为意图受三方面的影响：个体对该行为的态度、行为主观规范以及个体知觉到的对行为的控制感。

time-series analysis 时间序列分析 分析两个或两个以上重复发生的事件之间的纵向相关的一种方法。

tit-for-tat strategy 以牙还牙策略 以竞争策略回应竞争策略，以合作策略回应合作策略的一种谈判技巧。

transactive memory 交互记忆 由两部分组成的群体记忆系统：(1)群体成员各自掌握的知识；(2)成员间进行知识共享的沟通网络。

transformation leadership 变革型领导 改变追随者的动机、风貌和行为，从而促使团队更好地达成目标的领导风格。

triangulation 三角分析模式 以不同研究方法考察同一个

问题的技术，每种研究方法各自存在偏差。

two-factor theory of love　爱情双因素理论　该理论认为，爱情包含两个因素：由具有吸引力的他人出现所引起的一般性的唤醒（因素一）和将此理解为爱情的标签（因素二）。

type A behavior pattern　A 型行为模式　包括时间紧迫感和竞争性在内的一系列人格特征，这类人群患冠状动脉疾病的风险性更高。

U

ultimate explanation　根本性解释　对背景或历史性原因的关注。

upward social comparison　上行社会比较　与优于自己的人进行比较的过程。

V

validity　效度　测量手段能够测得预期建构的程度。

voluntarist policy　志愿政策　呼吁个体内在的社会责任感。

W

weapons effect　武器效应　武器（比如手枪）容易诱发攻击性想法、感受及行为。

willpower　意志力　用来克服反方向冲动以达成艰巨目标的自我控制力。

X

xenophobia　恐外症　对外国人的恐惧和不信任。

译后记

从认识自我、表现自我，到感受亲情、友情、爱情，再到理解群体认同以及社会偏见，社会心理学大概是所有心理学的研究领域中最贴近生活，且能让每个人迅速产生共鸣的学科。

本书独特的地方，也许就是以“目标”这样一个独特的线索来为我们展开社会生活的方方面面，整合认知、文化和进化视角的心理学观点，读者从中可以了解各种社会现象和社会行为背后的原因，了解人格与情境因素在这些现象和行为中如何发挥作用。穿插不同的专栏是国外图书常用的方法，本书也充分发挥了这一特长，将研究方法与实际应用自然而然地融入了书中的各个章节。此外，更新后的第 5 版中还增加了社会心理学领域许多最新的研究发现。

社会心理学类的图书是可以当作休闲读物来阅读的，本书更是以现实中的人生百态来阐述和印证学术理论与观点。作者涉猎广博，对各色人物故事都信手拈来，有时候我们会随着作者的笔触漂洋过海、穿越历史，探究那些传奇中的奥秘；有时则发现作者竟是在分析昨日的新闻热点或身边的点滴趣事，因而会不由自主地会心一笑。

感谢每位译者尽力将这本书的内容传达给国内的读者。本书的翻译工作分别由刘慧敏（前言、作者简介、第 1 章、第 2 章）、胡振北（第 3 章）、胡天翊（第 4 章、第 5 章）、陆静怡（第 6 章）、朱冬青（第 7 章、第 8 章）、谢佳秋（第 9 章、第 12 章）、唐辰颖（第 10 章、第 11 章）、徐惊蛰（第 13 章）以及王秋鸿（第 14 章）等北京大学心理学系的学生担任。这些文字也渗透着我们对社会心理学的理解和热爱。同时，也非常感谢湛庐文化的编辑为这本书所付出的辛勤工作，让译本在原书出版后便能迅速付梓。

我们诚恳地希望本书能够让大家对社会心理学有新的感受和体验。我们非常认真地对待书中的每个段落，努力将作者的思想表达出来，但书中仍可能有理解不当以及疏漏之处，还请读者加以指正。

参考文献

考虑到环保的因素，也为了节省纸张、降低图书定价，本书编辑制作了电子版的《西奥迪尼社会心理学》的英文参考文献。

扫码查看本书参考文献内容。

未来，属于终身学习者

我这辈子遇到的聪明人（来自各行各业的聪明人）没有不每天阅读的——没有，一个都没有。巴菲特读书之多，我读书之多，可能会让你感到吃惊。孩子们都笑话我。他们觉得我是一本长了两条腿的书。

——查理·芒格

互联网改变了信息连接的方式；指数型技术在迅速颠覆着现有的商业世界；人工智能已经开始抢占人类的工作岗位……

未来，到底需要什么样的人才？

改变命运唯一的策略是你要变成终身学习者。未来世界将不再需要单一的技能型人才，而是需要具备完善的知识结构、极强逻辑思考力和高感知力的复合型人才。优秀的人往往通过阅读建立足够强大的抽象思维能力，获得异于众人的思考和整合能力。未来，将属于终身学习者！而阅读必定和终身学习形影不离。

很多人读书，追求的是干货，寻求的是立刻行之有效的解决方案。其实这是一种留在舒适区的阅读方法。在这个充满不确定性的年代，答案不会简单地出现在书里，因为生活根本就没有标准确切的答案，你也不能期望过去的经验能解决未来的问题。

而真正的阅读，应该在书中与智者同行思考，借他们的视角看到世界的多元性，提出比答案更重要的好问题，在不确定的时代中领先起跑。

湛庐阅读App：与最聪明的人共同进化

有人常常把成本支出的焦点放在书价上，把读完一本书当作阅读的终结。其实不然。

时间是读者付出的最大阅读成本

怎么读是读者面临的最大阅读障碍

“读书破万卷”不仅仅在“万”，更重要的是在“破”！

现在，我们构建了全新的“湛庐阅读”App。它将成为你“破万卷”的新居所。在这里：

- 不用考虑读什么，你可以便捷找到纸书、电子书、有声书和各种声音产品；
- 你可以学会怎么读，你将发现集泛读、通读、精读于一体的阅读解决方案；
- 你会与作者、译者、专家、推荐人和阅读教练相遇，他们是优质思想的发源地；
- 你会与优秀的读者和终身学习者为伍，他们对阅读和学习有着持久的热情和源源不绝的内驱力。

从单一到复合，从知道到精通，从理解到创造，湛庐希望建立一个“与最聪明的人共同进化”的社区，成为人类先进思想交汇的聚集地，与你共同迎接未来。

与此同时，我们希望能够重新定义你的学习场景，让你随时随地收获有内容、有价值的思想，通过阅读实现终身学习。这是我们的使命和价值。

CHEERS

本书阅读资料包

给你便捷、高效、全面的阅读体验

本书参考资料

湛庐独家策划

- ☑ 参考文献
  为了环保、节约纸张，部分图书的参考文献以电子版方式提供
- ☑ 主题书单
  编辑精心推荐的延伸阅读书单，助你开启主题式阅读
- ☑ 图片资料
  提供部分图片的高清彩色原版大图，方便保存和分享

相关阅读服务

终身学习者必备

- ☑ 电子书
  便捷、高效，方便检索，易于携带，随时更新
- ☑ 有声书
  保护视力，随时随地，有温度、有情感地听本书
- ☑ 精读班
  2~4周，最懂这本书的人带你读完、读懂、读透这本好书
- ☑ 课　程
  课程权威专家给你开书单，带你快速浏览一个领域的知识概貌
- ☑ 讲　书
  30分钟，大咖给你讲本书，让你挑书不费劲

湛庐编辑为你独家呈现
助你更好获得书里和书外的思想和智慧，请扫码查收！

（阅读资料包的内容因书而异，最终以湛庐阅读App页面为准）

倡导亲自阅读

不逐高效，提倡大家亲自阅读，通过独立思考领悟一本书的妙趣，把思想变为己有。

阅读体验一站满足

不只是提供纸质书、电子书、有声书，更为读者打造了满足泛读、通读、精读需求的全方位阅读服务产品——讲书、课程、精读班等。

以阅读之名汇聪明人之力

第一类是作者，他们是思想的发源地；第二类是译者、专家、推荐人和教练，他们是思想的代言人和诠释者；第三类是读者和学习者，他们对阅读和学习有着持久的热情和源源不绝的内驱力。

CHEERS

以一本书为核心

遇见书里书外，更大的世界

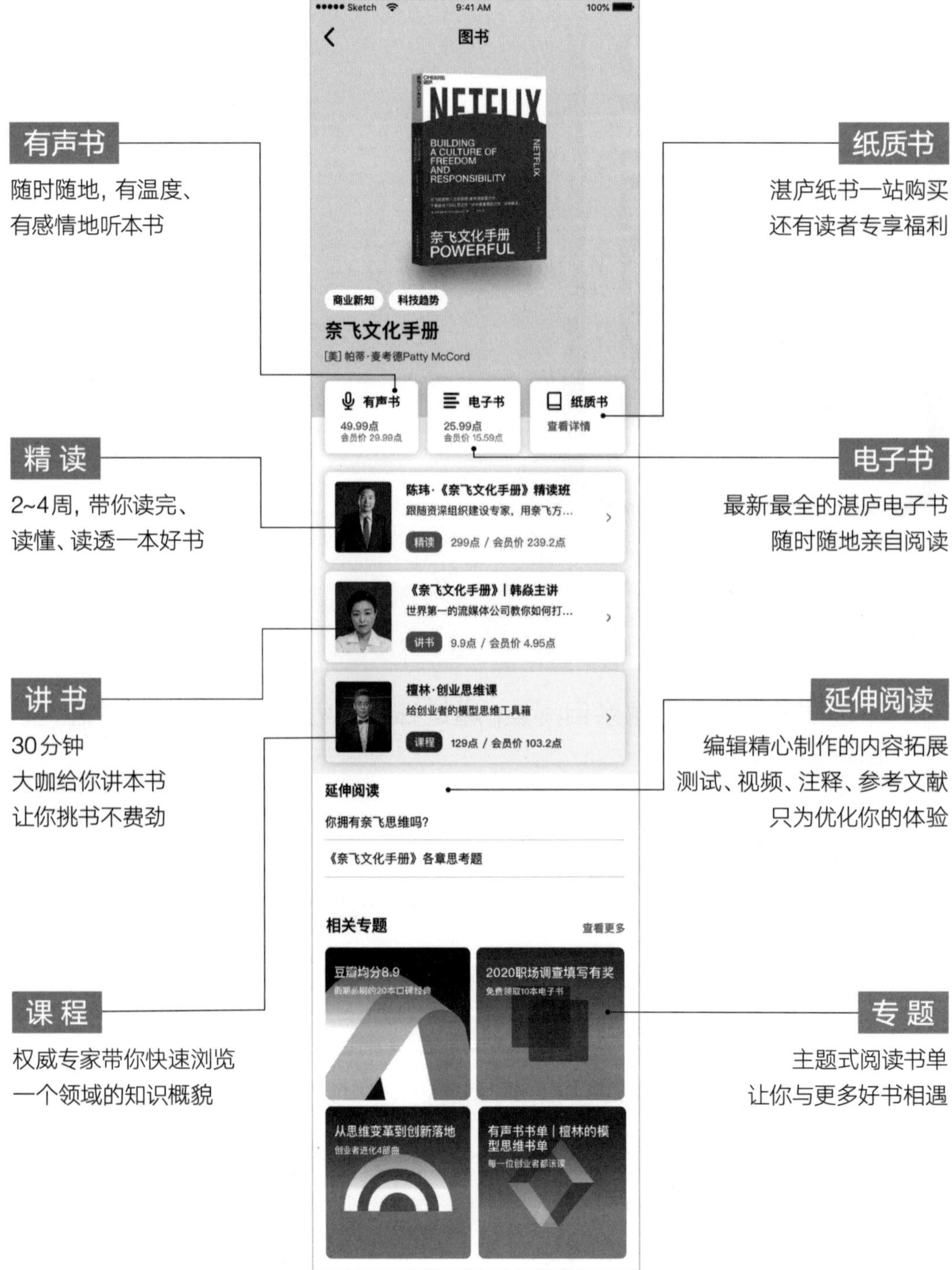

湛庐文化获奖书目

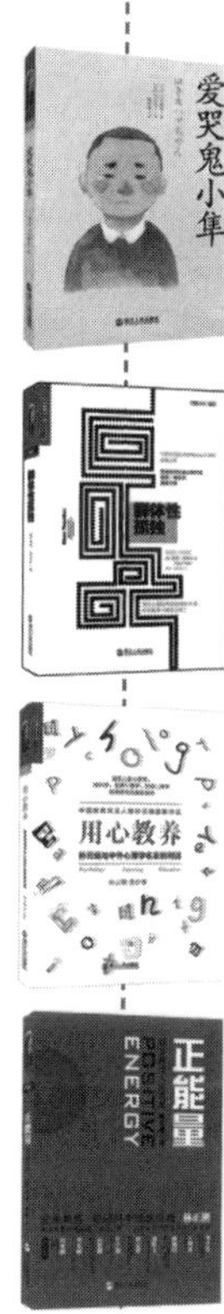

《爱哭鬼小隼》
国家图书馆"第九届文津奖"十本获奖图书之一
《新京报》2013年度童书
《中国教育报》2013年度教师推荐的10大童书
新阅读研究所"2013年度最佳童书"

《群体性孤独》
国家图书馆"第十届文津奖"十本获奖图书之一
2014"腾讯网•啖书局"TMT十大最佳图书

《用心教养》
国家新闻出版广电总局2014年度"大众喜爱的50种图书"生活与科普类TOP6

《正能量》
《新智囊》2012年经管类十大图书，京东2012好书榜年度新书

《正义之心》
《第一财经周刊》2014年度商业图书TOP10

《神话的力量》
《心理月刊》2011年度最佳图书奖

《当音乐停止之后》
《中欧商业评论》2014年度经管好书榜•经济金融类

《富足》
《哈佛商业评论》2015年最值得读的八本好书
2014"腾讯网•啖书局"TMT十大最佳图书

《稀缺》
《第一财经周刊》2014年度商业图书TOP10
《中欧商业评论》2014年度经管好书榜•企业管理类

《大爆炸式创新》
《中欧商业评论》2014年度经管好书榜•企业管理类

《技术的本质》
2014"腾讯网•啖书局"TMT十大最佳图书

《社交网络改变世界》
新华网、中国出版传媒2013年度中国影响力图书

《孵化Twitter》
2013年11月亚马逊(美国)月度最佳图书
《第一财经周刊》2014年度商业图书TOP10

《谁是谷歌想要的人才？》
《出版商务周报》2013年度风云图书•励志类上榜书籍

《卡普新生儿安抚法》《最快乐的宝宝1•0~1岁)
2013新浪"养育有道"年度论坛养育类图书推荐奖

Authorized translation from the English language edition, entitled SOCIAL PSYCHOLOGY: GOALS IN INTERACTION, 5th Edition by KENRICK, DOUGLAS T.; NEUBERG, STEVEN L.; CIALDINI, ROBERT B., published by Pearson Education, Inc, Copyright © 2010 by Pearson Education, Inc.

All rights reserved. No part of this book may be reproduced or transmitted in any form or by any means, electronic or mechanical, including photocopying, recording or by any information storage retrieval system, without permission from Pearson Education, Inc.

CHINESE SIMPLIFIED language edition published by CHEERS PUBLISHING COMPANY., Copyright © 2017.

本书中文简体字版由 Pearson Education 培生教育出版集团授权在中华人民共和国境内独家出版发行。未经出版者书面许可，不得以任何方式抄袭、复制或节录本书中的任何部分。

本书封面贴有 Pearson Education (培生教育出版集团) 激光防伪标签。

无标签者不得销售。

版权所有，侵权必究。

图书在版编目（CIP）数据

西奥迪尼社会心理学：群体与社会如何影响自我：原书第 5 版 /（美）道格拉斯 · 肯里克,（美）史蒂文 · 纽伯格,（美）罗伯特 · 西奥迪尼著；谢晓非等译 .—北京：北京联合出版公司，2017.6 （2021.7重印）
ISBN 978-7-5596-0418-7

Ⅰ.①西… Ⅱ.①道… ②史… ③罗… ④谢… Ⅲ.①社会心理学 Ⅳ.①C912.6-0

中国版本图书馆CIP数据核字（2017）第090922号

著作权合同登记号
图字：01-2017-4000

上架指导：心理学 / 社会心理学

版权所有，侵权必究
本书法律顾问　北京市盈科律师事务所　崔爽律师
张雅琴律师

西奥迪尼社会心理学：群体与社会如何影响自我：原书第5版

作　　者：[美] 道格拉斯 · 肯里克　史蒂文 · 纽伯格　罗伯特 · 西奥迪尼
译　　者：谢晓非等
选题策划：
责任编辑：孙志文
封面设计：　李新泉
版式设计：

北京联合出版公司出版
（北京市西城区德外大街 83 号楼 9 层　100088）
天津中印联印务有限公司印刷　新华书店经销
字数 842 千字　214 毫米 ×275 毫米　1/16　25.5 印张　1 插页
2017 年 6 月第 1 版　2021 年 7 月第 2 次印刷
ISBN　978-7-5596-0418-7
定价：99.90 元

未经许可，不得以任何方式复制或抄袭本书部分或全部内容
版权所有，侵权必究
本书若有质量问题，请与本公司图书销售中心联系调换。电话：010-56676356